Via Ulisse Aldrovandi
Museo Africano
Museo Zoologico
Giardino Zoologico
Villa Borghese
Viale dell' Uccelliera
Via S. Mercadante
Via Pietro Raimondi
Museo e Galleria Borghese
Piazza di Siena
Viale Pietro Canonica
Viale del Museo Borghese
Viale S. Paolo del Brasile
Via Pinciana
Via Giovanni Paisiello
Piazza G. Verdi
Via G. Donizetti
Viale Liegi
Via Salaria
Via Tagliamento
Via Clitunno
Via Po
Viale Regina Margherita
Villa Torlonia (Villa Albani)
Piazza Dalmazia
Villa Torlonia
Via Lazzaro Spallanzani
Via di Villa Massimo
Via Ravenna
Piazza Bologna
BOLOGNA
Via Catanzaro
Viale XXI Aprile
Via di Villa Rocotti
Via della Provincie
Via Isonzo
Via Nizza
Piazza Alessandria
Via Nomentana
Piazza Galeno
Piazza Salerno
Via Bari
Via Catania
Corso d'Italia
Piazzale Brasile
Via Sardegna
Via Sicilia
Via Toscana
Via Piave
Piazzale di Porta Pia
Via Gian Batista Morgagni
Via G. M. Lancisi
Piazza Sassari
POLICLINICO
Via Treviso
Via Pavia
Via Ippocrate
Via A. Borelli
Via Lombardia
Via Vitt. Veneto
Via Boncompagni
Via Piemonte
Via Q. Sella
Via XX Settembre
Viale del Policlinico
Viale Castro Pretorio
Castro Pretorio
CASTRO PRETORIO
Biblioteca Nazionale Vittorio Emanuele II
Viale Regina Elena
Via Castro Laurenziano
Via Ludovisi
Via L. Bissolati
Via V. Veneto
S. Maria della Concezione
Largo S. Susanna
Via Sistina
Via F. Crispi
BARBERINI
Via Barberini
Palazzo Barberini
Fontana del Tritone
Via Cernaia
Planetario
Museo Nazionale Romano
S. Maria degli Angeli
Terme di Diocleziano
Via Goito
Via S. Martino della Battaglia
Piazza Indipendenza
Via Palestro
Viale dell' Università
Città Universitaria
Via Tiburtina
Piazzale S. Lorenzo
S. Lorenzo fuori le mura
Quirinale
S. Carlo alle Quattro Fontane
Via delle Quattro Fontane
Palazzo del Quirinale
Via del Quirinale
Piazza del Quirinale
REPUBBLICA
Piazza della Repubblica
Via Nazionale
Piazza dei Cinquecento
Palazzo Massimo alle Terme
TERMINI
STAZIONE TERMINI
Via dei Mille
Via Castro Pretorio
Via Marsala
Viale delle Scienze
Viale P. Gobetti
Via dei Frentani
Via dei Marrucini
Via C. De Lollis
Via del Verano
Via A. Depretis
Via del Viminale
Viminale
Via Milano
Via Cavour
Piazza dell' Esquilino
S. Maria Maggiore
Piazza S. Maria Maggiore
Via Principe Amedeo
Via Giovanni Giolitti
Piazza Manfredo Fanti
Viale Pretoriano
Via dei Ramni
Via dei Volsci
Via dei Reti
Via Urbana
Via Panisperna
Via XXIV Maggio
Largo Magnanapoli
Via dei Serpenti
Via d. Zingari
S. Prassede
Via C. Alberto
Largo d. Osci
Via dei Marsi
Via dei Sardi
Via dei Campani
Via Porta Tiburtina
Via dello Scalo S. Lorenzo
Circonvallazione Tiburtina
CAVOUR
Via Baccina
Via Giovanni Lanza
Via Merulana
Via dello Statuto
Piazza Vittorio Em II
VITTORIO EMANUELE
Via Principe Eugenio
S. Pietro in Vincoli
Parco di Traiano
Viale del Monte Oppio
Esquilino
Via dei Fori Imperiali
Via d. Annibaldi
Via Macchiavelli
Via Conte Verde
Viale A. Manzoni
Via di Porta Maggiore
Piazza di Porta Maggiore
Via Prenestina
COLOSSEO
Via Terme di Tito
Domus Aurea
Terme di Traiano
Via Mecenate
Piazza Dante
Via Emanuele Filiberto
Via S. Croce in Gerusalemme
Via Statilia
V.le Domus Aurea
Via Ruggero Bonghi
Colosseo
Via Labicana
V.le A. Manzoni
MANZONI
Via S. Quintino
Via Celio Vibenna
S. Clemente
Via Casilina
Via Eleniana

Rom

SENATVS
POPVLVSQVEROMANVS
DIVOTITODIVIVESPASIANIF
VESPASIANOAVGVSTO

(comitas) zusammensetzte und dem die Hofbeamten unterstanden. Das Heer aus 75 Legionen mit insgesamt 900 000 Mann wurde von Heermeistern (magistri militum) geführt, während vier Präfekten die römischen Provinzen verwalteten. Der Senat von Rom wurde zum kommunalen Stadtparlament degradiert. Auch der christliche Bischof von Rom war als neuer »pontifex maximus« anfangs nur eine religiöse Lokalgröße.
Diese auf die Stärkung des Kaisertums zielende, alle republikanischen Traditionen negierende Reichsreform sowie die oben erwähnte »Emanzipation« des Gottkaisertums bildeten die Grundlage für jenes Gottesgnadentum der mittelalterlichen europäischen Welt, dessen endgültiges Ende erst das Jahr 1918 bringen sollte.

SPQR (Senatus Populusque Romanus) – der Senat und das römische Volk Traditions-Inschrift über dem Eingang zur Centrale Montemartini (Via Ostiense), Roms ältestem Elektrizitätswerk (jetzt Museum). Die Straßenbeleuchtung imitiert den päpstlichen Hirtenstab.

Forum Romanum

Tempel des Antoninus Pius und der Faustina, S. 90 f.

Septimius-Severus-Bogen, S. 82 f.

Haus der Vestalinnen, S. 89

Weitere Sehenswürdigkeiten:

1 Basilica Aemilia, S. 78f

2 Basilica Iulia, S. 80

3 Tabularium und die vorgelagerten Tempel, S. 81

4 Decennalienbasis, S. 86f

5 Dioskuren-Tempel, S. 87

6 Vesta-Tempel, S. 88

7 Tempel der Venus und Roma, S. 91

Titus-Bogen, S. 94 f.

KUNST & ARCHITEKTUR

ROM

Brigitte Hintzen-Bohlen
Mit Beiträgen von Jürgen Sorges

KÖNEMANN

Frontispiz
Titus-Bogen mit Blick auf das Forum Romanum

Anmerkung zum vorliegenden Band:
Angaben zur Werkplatzierung
in Museen und Kirchen sowie zu
Öffnungszeiten können Änderungen
unterliegen.

Art Direktion: Peter Feierabend
Projektmanagement: Ute Edda Hammer, Kerstin Ludolph
Redaktion: Uta Büxel, Daniela Müller
Lektorat: Jutta Allekotte, Frank Zimmer
Layout und Satz: Holger Crump
Bildredaktion: Monika Bergmann, Astrid Schünemann

Printed in China

ISBN 3-8331-1304-9

10 9 8 7 6 5 4 3 2
X IX VIII VII VI V IV III II

Inhaltsverzeichnis

Blick vom Gianicolo über Rom

Ansicht von Rom mit dem Nationaldenkmal für Vittorio Emanuele II

Vatikanstadt und Petersdom, Luftbild

Tivoli, Villa Hadriana, Canopus-Tal

Roma aeterna – die Ewige Stadt

»Außer Rom ist fast nichts Schönes in der Welt.«
(Johann Joachim Winckelmann, 1756)

Rom – Nabel der Welt, Ewige Stadt, Zentrum der abendländischen Christenheit, so oder ähnlich lauten die Beinamen, mit denen man die Einzigartigkeit der Kapitale Italiens zu umschreiben versucht. 3000 Jahre Geschichte haben die Stadt bestimmt und Spuren hinterlassen, die eine in der Welt einzigartige Symbiose bilden. In allen Jahrhunderten haben die Herren Roms, ob römische Feldherren und Kaiser oder Päpste und Fürsten, der Stadt ihren persönlichen Stempel aufgedrückt. Sie ließen berühmte Architekten und Künstler herbeirufen, die mit Bauten, Skulpturen und Gemälden der Kapitale jenes Antlitz verliehen, das noch heute ihren Reiz ausmacht. So sind hier Vergangenheit und Gegenwart, Profanes und Christliches, Alltag und Kunst untrennbar verbunden. Immer wieder hat die Stadt im Verlauf ihrer langen Geschichte entscheidende politische und kulturelle Anstöße für die europäische Kultur- und Geistesgeschichte geliefert. Latein, die Sprache des antiken Imperiums, bildet die Grundlage für viele Sprachen des Abendlandes. Das Staats- und das Rechtssystem des alten Rom wurde zum Vorbild vieler neuzeitlicher Staats- und Gesetzeswesen. In Rom hatte die christlich geprägte Reichsidee im Mittelalter ihren Ursprung, die päpstliche Macht festigte sich im Zeitalter der Renaissance und der päpstliche Hof wurde zum Zentrum humanistischer Kultur. Von der römischen Architektur, Malerei und Skulptur sind in der Antike wie in der Neuzeit stets wesentliche Impulse in das ganze Abendland ausgegangen. Unabhängig von all den Metamorphosen, die die Ewige Stadt durchlebt hat, ist ihr eine unermessliche Vielfalt an Kunstschätzen erhalten geblieben, die seit allen Zeiten Millionen von kulturinteressierten Besuchern anlockt und sie zugleich überwältigt. Manch einer, der nur einen kurzen Besuch geplant hatte, ist ob der machtvollen Anziehungskraft der Stadt Monate oder Jahre geblieben. Die Liste der berühmten Gäste ist lang, und viele haben die Flut ihrer Eindrücke in Worte zu fassen versucht. Die bekanntesten stammen wohl von Johann Wolfgang von Goethe: »Ich kann sagen, dass ich nur in Rom empfunden habe, was eigentlich ein Mensch ist. Zu dieser Höhe, zu diesem Glück der Empfindung bin ich später nie wieder gekommen, ich bin, mit meinem Zustand in Rom verglichen, eigentlich nachher nie wieder froh geworden.«

Blick vom Gianicolo auf die Piazza Venezia mit dem Nationaldenkmal für Vittorio Emanuele II

Aus der Geschichte der Ewigen Stadt: die Anfänge – Mythos und Historie

Wie bei allen Städten, deren Anfänge im Dunkeln liegen, ranken sich um die Gründung Roms viele Mythen. Aeneas, der nach seiner Flucht aus dem brennenden Troja mit seinem Vater Anchises und seinem Sohn Ascanius an die Küste Latiums floh und dort die Tochter des Königs heiratete, wird als Ahnherr der Römer gefeiert. Einer seiner Nachfahren ist Numitor, König von Alba Longa, dessen Tochter Rhea Silvia von dem Kriegsgott Mars die Zwillinge Romulus und Remus empfängt. Ihr Onkel Amulius, der den Thron für sich beansprucht, setzt die beiden nach ihrer Geburt in einem Körbchen auf dem Tiber aus, doch eine glückliche Vorsehung will, dass sie gerettet werden. Eine Wölfin säugt die Brüder, bis der Hirte Faustulus sich ihrer annimmt. Als junge Männer rächen beide den entthronten Großvater und gründen, wie es ein Orakel vorhergesagt hatte, auf dem Hügel Palatin eine Stadt – Rom. Sie geraten in Streit, weil Remus die von seinem Bruder gezogene heilige Stadtgrenze, das »pomerium«, missachtet und überschreitet. Aus diesem Grund tötet ihn Romulus. Eine Siedlung entsteht, doch den Latinern fehlt es an Frauen, die ihnen Nachkommen schenken, wie die Sage weiter berichtet. So entführen sie die Sabinerinnen, Töchter eines Nachbarvolkes in den nahe gelegenen Bergen, das daraufhin den Latinern den Krieg erklärt. Dank des Verrats der Tarpeia, der Tochter des römischen Burgwächters, können die Sabiner die römische Festung erobern. Erst der mutige Einsatz der Sabinerinnen, die sich zwischen die Kämpfenden – ihre Ehemänner auf der einen, ihre Väter und Brüder auf der anderen Seite – werfen, führt ein glückliches Ende des Krieges herbei. Die Sabiner lassen sich auf dem Quirinal nieder,

Johann Heinrich Wilhelm Tischbein, Goethe in der Campagna, 1787, Öl auf Leinwand, 164 x 206 cm, Städelsches Kunstinstitut, Frankfurt/M

beide Stämme werden vereint und fortan gemeinsam regiert. Romulus aber sei später in den Himmel aufgenommen worden, gleichwohl man auf dem Forum den Lapis Niger, ein Stück schwarzen Marmors, als sein Grab verehrte.

Pietro da Cortona, Faustulus findet Romulus und Remus, 1643, Öl auf Leinwand, 251 x 265 cm, Musée du Louvre, Paris

Anders als die römische Geschichtsschreibung, die für die Stadtgründung den 21. April 753 v. Chr. errechnet hat – mit diesem Tag, »ab urbe condita«, beginnt die römische Zeitrechnung –, lassen archäologische Funde unterhalb des Kapitols und auf dem Palatin darauf schließen, dass bereits im 10. Jh. v. Chr. erste Siedlungen existiert haben. Vermutlich waren es Hirten und Bauern, die auf dem Palatin, Esquilin und Quirinal Schutz vor den regelmäßigen Überschwemmungen des Tibers und vor feindlichen Überfällen suchten. Als sich die Ansiedlungen immer weiter ausbreiteten, schlossen sie sich im 8. Jh. v. Chr. zu einem größeren Gemeinwesen zusammen, dessen politische und religiöse Mitte das Kapitol bildete. Unter der Herrschaft der aus dem Norden eingewanderten Etrusker entwickelte es sich sich im Übergang vom 7. zum 6. Jh. v. Chr. zu einer Stadt. Nach der sagenhaften Überlieferung sollen auf Romulus sieben etruskische Könige gefolgt sein, bis der letzte, Tarquinius Superbus, 510 v. Chr. vertrieben und durch eine republikanische Verwaltungsform abgelöst wurde. Etruskischen Einfluss spiegeln die Einteilung der Stadt in Verwaltungsbezirke sowie der Bürger in Klassen. In etruskischer Zeit wird mit dem Bau der Cloaca Maxima, einem großen Entwässerungsprojekt, begonnen, das Forum gepflastert, der Jupiter-Tempel auf dem Kapitol errichtet und die Stadt mit der Servianischen Mauer umgeben, die nach ihrem vermeintlichen Bauherrn, dem sechsten König Servius Tullius, benannt ist.

Auf dem Weg zur Weltmacht: Die römische Republik

Nach der Vertreibung der Könige am Ende des 6. Jh.s v. Chr. übernimmt der Adel, die so genannten Patrizier, die politische und religiöse Führung, und das Zeitalter der römischen Republik beginnt. Während sich Rom im 5. und 4. Jh. v. Chr. gegen die etruskische Stadt Veji, Kelten, Latiner und Samniten zur Wehr setzen muss, toben im Innern heftige Ständekämpfe zwischen Patriziern und Plebejern, der Schicht der einfachen Bürger. Erst nachdem sich die Plebejer eine eigene politische Organisation geschaffen haben, gesetzliche Regelungen im Zwölftafelgesetz festgeschrieben werden und sie Zugang zu den Staatsämtern bekommen, können die Kämpfe beigelegt werden. Die Befriedung im Innern geht einher mit einer geschickten Bündnispolitik, dank der Rom die Etrusker im Norden, die Samniten in Mittelitalien und schließlich zu Beginn des 3. Jh.s v. Chr. die Grie-

Rekonstruktion des Forum Romanum, 19. Jh., Aquarell, Soprintendenza alle Antichità, Rom

chen in Süditalien unterwerfen kann. Rom wird zur stärksten Macht im Land. Dem folgt der Kampf um die Vorherrschaft im Mittelmeerraum. Am Ende von drei Punischen Kriegen sind der mächtige Konkurrent Karthago 146 v. Chr. besiegt und die Küste Nordafrikas, weite Teile Spaniens, Westsizilien, Sardinien und Korsika dem Reich einverleibt. Der Eroberungsdrang der Römer ist grenzenlos, und bis zum späten 1. Jh. v. Chr. stehen auch das Gebiet des östlichen Mittelmeeres, von Griechenland bis nach Kleinasien, ganz Spanien und Oberitalien unter römischer Vorherrschaft. Rom ist zur Weltmacht aufgestiegen, doch im Innern wird es im letzten vorchristlichen Jahrhundert von schweren Krisen erfasst, die allmählich das Gefüge des republikanischen Staates zerstören. Sklavenaufstände, Verschwörungen und Bürgerkriege erschüttern das Reich und gipfeln in der Ermordung Caesars im Jahre 44 v. Chr.

Vincenzo Camuccini (1773–1844), Ermordung Iulius Caesars, Museo di Capodimonte, Neapel

Die Stadt ist in den Jahrhunderten der Republik herangewachsen und erstreckt sich nun über die sieben Hügel – Kapitol, Palatin, Aventin, Caelius, Esquilin, Viminal und Quirinal. Aus ganz Italien strömen Einwanderer in die Stadt und lassen die Bevölkerung auf fast eine halbe Million anschwellen. Aber das Stadtbild entspricht in keiner Weise der Hauptstadt eines Weltreiches und kann sich weder mit den Städten im griechischen Osten noch mit denen in Campanien und Latium messen. Zwar sind das Straßennetz ausgebaut, Aquädukte zur Wasserversorgung und andere Zweckbauten errichtet worden, doch fehlt es an prächtigen Heiligtümern und repräsentativen Platzanlagen. Das Stadtbild spiegelt vor allem den krassen Unterschied zwischen Arm und Reich: Vor den Mauern liegen die luxuriösen Villen der Adeligen; in der Stadt drängen sich in engen und dunklen Straßen hohe Mietskasernen, die Wohnungen der Armen, zwischen denen vereinzelt große Stadtpaläste aufragen. Auch die Ausbildung einer eigenen Bildersprache ist bislang nicht gelungen, sondern man hat unter dem Einfluss der aus Griechenland eingewanderten Künstler und den als Kriegsbeute nach Rom gebrachten griechischen Skulpturen viele Elemente hellenischer Kunst und Kultur übernommen.

Das Imperium Romanum

Der junge Octavian, ein Neffe Caesars, übernimmt dieses schwere Erbe und stellt nach 17-jährigem Bürgerkrieg den inneren Frieden im Reich wieder her. Pro forma setzt er die römische Republik zwar wieder ein, doch in Wirklichkeit hält er als »princeps« (der Erste) alle Macht in seinen Händen. Während der 41 Jahre seiner Herrschaft (27 v. Chr. – 14 n. Chr.) schafft Augustus (der Erhabene), so sein offizieller Ehrenname, die Grundlagen für die Regierung der Hauptstadt und ihres Imperiums in den folgenden drei Jahrhunderten. Mit ihm beginnt die römische Kaiserzeit, und in seiner Regentschaft sehen die Zeitgenossen den Anfang des goldenen Zeitalters, wie es die Reliefs des Altares der Ara Pacis feiern. Augustus erobert die Völker des Alpenraums, sichert die Grenzen, befriedet die Provinzen und führt notwendige Verwaltungsreformen durch. Er initiiert große Bauvorhaben im Reich, teilt Rom in 14 Regionen und entfaltet eine umfangreiche Baupolitik, die nicht nur der Stadt zu neuem Glanz verhilft, sondern auch durch eine eigene Programmatik den neuen Herrscher und seine Familie rühmt. Darüber hinaus wird ein religiöses Reformprogramm in Gang gesetzt, durch das alte Kulte neu konstituiert, Vorschriften erneuert und alte Tempel saniert werden. Unter der Regierung des Augustus kommt es zu einer kulturellen Blüte der bildenden Künste, Literatur – es sei nur an die Werke von Ovid, Vergil und Horaz erinnert – und Wis-

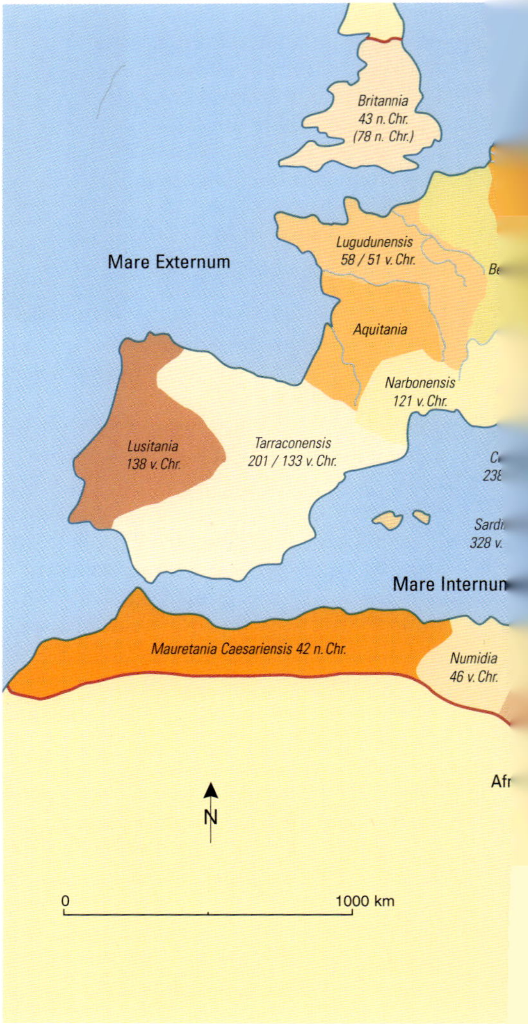

Grenzen des Römischen Reichs im 2. Jh. n. Chr.
Grenzen vorübergehend eroberter Gebiete
Sicilia 241 v. Chr.
Provinz und Jahr der Eroberung
Sirmium
Haupt- und Residenzstadt
Raetia
Noricum 15 v. Chr.
Pannonia 10 n. Chr.
Dacia 107 n. Chr.
Sirmium
Dalmatia 33 v. Chr.
Moesia 29 v. Chr.
Pontus Euxinus
Armenia 114–117 n. Chr.
Roma
Thracia 46 n. Chr.
Byzantium
Pontus
Thessalonice
Nicomedia
Galatia
Cappadocia 18 n. Chr.
146 v. Chr.
Asia 133 v. Chr.
Lycaonia 67 v. Chr.
Sicilia 241 v. Chr.
Mesopotamia
Carthago
Antiochia
Syria 63 v. Chr.
Cyprus 58 v. Chr.
Creta 67 v. Chr.
Judaea 6 n. Chr.
Proconsularis 12 v. Chr.
Libya 20 v. Chr.
Alexandria
Arabia 105 n. Chr.
Aegyptus 30 v. Chr.

Detail der Ara Pacis Augustae, Pax (Personifikation des Friedens), Weihe 9 v. Chr., Marmorrelief, Rom

senschaften. Eine neue Bildersprache entsteht, die ihr Vorbild in der klassischen griechischen Kunst sieht und sich von der üppigen Formensprache des Hellenismus abwendet.

Nach seinem Tode wird Augustus vom Senat zum Gott erhoben. Der Kaiserkult, den Italien und die Provinzen übernehmen, wird zum Bindeglied zwischen diesen und dem Reich. Er bringt ihre Loyalität gegenüber einer Dynastie zum Ausdruck, die für den friedlichen Bestand des Imperiums garantiert. Unter Augustus' Nachfolgern expandiert und festigt sich in den folgenden beiden Jahrhunderten das römische Herrschaftsgebiet, das schließlich weite Teile Europas, Nordafrikas und Vorderasiens umfasst. Rom wird zum »caput mundi«, zum Haupt der Welt. Handel und Steuern aus allen Provinzen bringen große Reichtümer in die Hauptstadt, die alle Kaiser in dem Versuch, einander zu übertreffen, mit prachtvollen Bauten schmücken. Die meisten der heute noch sichtbaren antiken Überreste entstammen den ersten beiden Jahrhunderten. Es ist dies die Zeit der groß angelegten städtebaulichen Projekte, von denen nur die Domus Aurea des Nero, die flavische Palastanlage auf dem Palatin und das Kolosseum, das Forum und die Marktanlage des Trajan, das Pantheon des Hadrian, die Villa Hadriana in Tivoli, der dreitorige Ehrenbogen des Septimius Severus auf dem Forum oder die beiden eindrucksvollen Thermenanlagen des Caracalla und Diokletian genannt seien. Einen letzten großen Akt stellt die nach ihrem Bauherrn Aurelian benannte Stadtmauer aus der Mitte des 3. Jh.s n. Chr dar, die mit 18 km Länge das weit über die einstigen Grenzen hinaus gewachsene Stadtgebiet schützt. Eine stärkere Befestigung war inzwischen wieder notwendig geworden, denn längst gehört die Glanzzeit des Imperiums der Vergangenheit an. Wirtschaftskrisen, Aufstände und militärische Rückschläge charakterisieren das turbulente 3. Jh., dem Kaiser Diokletian (284 –305) durch eine umfassende Neuordnung des Reiches und eine damit verbundene Dezentralisierung der Verwaltung entgegenzuwirken versucht. Seine Teilung in vier Herrschaftsbereiche (Tetrarchie) hat nur für wenige Jahre Bestand. Im Jahre 312 besiegt Konstantin (306–337) in der Schlacht an der Milvischen Brücke seinen Mitregenten Maxentius und erhebt sich wenige Jahre später zum Alleinherrscher. 330 verlegt er die Residenz von Rom in den Osten nach Konstantinopel und leitet damit den Verfall des ehemaligen Weltreiches ein.

Nach Andrea Mantegna, Julius Caesar auf dem Triumphwagen, um 1480/1495, Kunsthistorisches Museum, Wien

Das frühchristliche Rom

Schon als die Apostel Petrus und Paulus im 1. Jh. n. Chr. nach Rom gekommen sind, haben sie eine kleine Christengemeinde vorgefunden, die sich im Laufe der nächsten Jahrhunderte trotz fortgesetzter Verfolgung beständig vergrößert und langsam erstarkt. Im Toleranzedikt von 311 werden den Christen alle zuvor beschlagnahmten Kirchen, Privathäuser, Güter und Ländereien zurückgegeben; zwei Jahre später wird das Christentum im Mailänder Edikt durch Konstantin als offizielle Religion anerkannt. Der Kaiser, der auf dem Sterbebett selbst zum christlichen Glauben übertritt, stiftet die Kirche S. Giovanni in Laterano und schenkt dem Nachfolger Petri aus seinem Besitz den zu dem Gelände gehörigen Lateranspalast. In den folgenden Jahrhunderten entstehen aus ursprünglich meist bescheidenen Privathäusern eigenständige und prachtvoll mit Mosaiken ausgestattete Kirchen wie S. Agnese fuori le mura, S. Maria Maggiore, SS. Cosma e Damiano oder S. Lorenzo. Die Formen kaiserlicher Repräsentationsarchitektur werden für die neuen christli-

chen Bauten übernommen und abgewandelt, wie der Typus der Basilika für S. Pietro oder S. Paolo fuori le mura oder der des Mausoleums für S. Costanza.
Mit dem Aufschwung und der Ausbreitung des christlichen Glaubens geht der Niedergang des Imperium Romanum einher, das nach dem Tode des Theodosius 395 unter seinen Söhnen in ein ost- und weströmisches Reich aufgeteilt wird. Unter dem Ansturm der Barbaren – 410 plündern die Westgoten Rom, 455 fallen die Vandalen ein – zerfällt Westrom, dessen Ende mit der Absetzung des letzten Kaisers Romulus Augustulus im Jahre 476 besiegelt ist. Zwar werden im Zuge des Wiederaufbaus schöne neue Kirchen wie S. Sabina oder S. Stefano Rotondo errichtet, doch die antiken Bauten verfallen zunehmend und werden als Steinbrüche oder zur Kalkgewinnung geplündert. Die Ostgoten übernehmen mit Ravenna als neuem Zentrum die Herrschaft in Italien, und Rom wird bedeutungslos.

Der Weg zum Heiligen Römischen Reich

Kaum dass sich die Situation nach dem Krieg zwischen Ostgoten und Byzanz (535–553) in Rom beruhigt hat, droht die Invasion der Langobarden (568). Immer mehr Menschen verlassen die zerstörte und geplünderte Stadt, die im 6. Jh. nur noch 50 000 Einwohner (in der Kaiserzeit waren es über eine Million Einwohner), im 8. und 9. Jh. weniger als 25 000 zählt. Als einziger Machthaber bleibt der Bischof Roms, das Haupt der Christenheit – bald allgemein Papst (Vater) genannt – in der Stadt und wird zur alleinigen Hoffnung für die Bewohner. Zu den großen Kirchenführern des frühen Mittelalters gehört Papst Gregor I. (Pontifikat 590–604), der mit seiner weitsichtigen Politik die Grundlagen der weltlichen Herrschaft des Papstes in Rom schafft. Nach dem Ende der Pest, an das die Statue des Erzengels Michael auf der Engelsburg erinnert, initiiert er ein großes Missionsprogramm in Nordeuropa. In dessen Folge strömen Scharen von Pilgern in die Stadt, die erstmals wieder einen Aufschwung verspürt. Immer mehr schwindet der Einfluss fremder Herrscher, doch besitzen die Päpste nicht ausreichende militärische Mittel, um sich auf Dauer gegen Feinde schützen zu können. Als 753 die Langobarden erneut Rom bedrohen, sucht Papst Stephan II. (Pontifikat 752–757) im fränkischen König Pippin einen Verbündeten. Nach dem Sieg über die Aggressoren garantiert Pippin der Kirche in der pippinischen Schenkung (754) die Herrschaft über Rom und weite Teile Oberitaliens und legt damit den Grundstein für den späteren Kirchenstaat. Im Gegenzug salbt der Papst den Franken zum ersten »König von Gottes Gnaden«. Diese Verbindung festigt sich unter Karl dem Großen, welcher der Kirche weitere Gebiete zuspricht und am 25. Dezember 800 feierlich in St. Peter von Papst Leo III. (Pontifikat 795–816) zum Kaiser gekrönt wird. Damit beginnt die

Französischer Meister, Handschrift »De civitate Dei«, Die Goten überfallen Rom, 1469–1473, 5,25 x 3,70 cm, Bibliothèque Nationale, Paris

wechselvolle Geschichte des Heiligen Römischen Reiches, dessen geistlicher Mittelpunkt Rom ist. Seine reale Machtbasis aber liegt nördlich der Alpen. Der Konflikt ist vorprogrammiert: Wie die Kaiser ein Mitspracherecht bei der Papstwahl fordern, beanspruchen die Päpste das Privileg der Kaiserkrönung sowie das alleinige Recht

Rom im Mittelalter: Kampf um die Macht

Raffael, Krönung Karls des Großen (Detail), um 1516/17, Fresko, Stanza dell' Incendio di Borgo, Musei Vaticani, Rom

der Einsetzung von Bischöfen in ihr Amt. Dieser Kampf zwischen Papsttum und Kaisertum sollte die nächsten Jahrhunderte bestimmen.

Während der durch die Frankenkönige stabilisierten Herrschaft der Päpste erlebt Rom im 8. und 9. Jh. einen kurzzeitigen Aufschwung, von dem insbesondere die Kirchen S. Giorgio in Velabro, S. Prassede, S. Marco, S. Cecilia in Trastevere und S. Maria in Domnica mit ihren reichen Ausschmückungen Zeugnis ablegen.

Die Jahrhunderte des Mittelalters sind finstere Kapitel in der Geschichte Roms. Die Stadt leidet unter den Auseinandersetzungen zwischen den Päpsten und Kaisern, ist Einfällen und Plünderungen wie der Sarazenen (846) oder Normannen (1084) schutzlos ausgeliefert und versinkt durch die Machtkämpfe der mächtigen Adelsgeschlechter untereinander und mit dem Papst in Anarchie. Sie liegt anders als die oberitalienischen Kommunen Florenz, Mailand, Venedig, Pisa und Genua abseits der großen Handels- und Seefahrtswege und kann nicht von dem allgemeinen wirtschaftlichen Aufschwung profitieren. Im 12. Jh. rebelliert das Bürgertum unter Arnold von Brescia gegen die weltliche Herrschaft der Päpste und richtet kurzzeitig eine demokratisch-republikanische Regierung ein (1143/1144). Sie hatte jedoch ebenso wenig Bestand wie die zwei Jahrhunderte später von Cola di Rienzo gegründete Republik.

Die Ausrufung des ersten heiligen Jahres 1300 verhilft der Stadt zu einer kurzen Blüte, aber schon bald bestimmt wieder das Machtgerangel der Adelsfamilien um die Besetzung des heiligen Stuhls und der Kardinalsposten das Geschehen. Zudem kommt es zu einem folgenreichen Konflikt mit Frankreich: Als unter Bonifatius VIII. (Pontifikat 1294–1303) der Streit um die Vorherrschaft des Papstes vor den weltlichen Herrschern seinen Höhepunkt erreicht, wird dieser vom französischen König abgesetzt und mit Klemens V. (Pontifikat 1305–1314) erstmals ein französischer Papst gewählt. Er lässt 1309 die päpstliche Residenz nach Avignon verlegen, wo sie 70 Jahre lang verbleibt. Während der »Babylonischen Gefangenschaft der Päpste« – so genannt, weil sie länger als die Gefangenschaft der Juden in Babylon dauerte – durchlebt Rom seinen schlimmsten Niedergang. Daran änderte auch die Rückkehr Gregors XI. (Pontifikat 1370–1378) im Jahre 1377 nicht viel, denn bis 1417 spaltet das »große Abendländische Schisma« die Christenheit, als mehrere Päpste gleichzeitig den Anspruch auf den heiligen Stuhl erheben. Eine Lösung bringt schließlich das Konzil von Konstanz (1414–1418), das mit der Wahl Martins V. aus der Familie Colonna 1417 das Schisma beendet. Dieser Papst (Pontifikat 1417–1431) lässt Rom aus den

Italienischer Codex, 15. Jh., Bibliothèque Nationale, Paris

Ruinen auferstehen und läutet das Zeitalter des Humanismus und der Renaissance ein. Der wehrhafte Charakter des Stadtbildes jener Zeit mit befestigten Wohnhäusern und Geschlechtertürmen ist ein Spiegel der ständigen Auseinandersetzungen. Und dennoch sind in diesen für die Stadt verhängnisvollen Jahrhunderten immer wieder bedeutende Kunstwerke wie die Mosaike der Cosmaten oder die Malereien von Giotto di Bondone oder Pietro Cavallini geschaffen worden. Erst das 14. Jh. mit dem Exil der Päpste in Avignon setzt dem künstlerischen Schaffen ein Ende. Als Folge der drastisch gesunkenen Einwohnerzahlen veröden Kirchen, Paläste, Straßen und Plätze.

Die Renaissance

Unter Martin V. und seinen Nachfolgern auf dem Stuhl Petri werden die Voraussetzungen für eine geistige und politische Erneuerung der Kirche geschaffen. Begleitet von zahlreichen Auseinandersetzungen gelingt es ihnen im Verlauf des 15. Jh.s, dem päpstlichen Territorialstaat endlich jene weltliche Machtfülle zu verleihen, welche seit den Zeiten Karls des Großen nur nominell bestanden hatte. Damit werden die Bedingungen für den Wiederaufbau der Stadt geschaffen, deren Status als ideeller Mittelpunkt der Christenheit durch neuen Glanz visualisiert werden soll. Rom wird einer komplizierten Verwaltung, der Kurie, mit dem Papst und den Kardinälen an der Spitze, unterstellt. Deren Schlüsselpositionen vergeben die Päpste bevorzugt an Mitglieder ihrer Familien (sog. Nepotismus). Gestützt auf eine derart breite Machtbasis, konkurrieren die Kirchenfürsten um die Ausschmückung ihrer Stadt. Sie rufen die besten Architekten, Bildhauer und Maler herbei, die einander in dem Bemühen überbieten, Rom zu einer Kunstmetropole zu machen, welche dem Vergleich mit anderen europäischen Städten standhalten kann. Schon bald läuft Rom dem im 15. Jh. führenden Florenz den Rang ab und wird zum Zentrum der Hochrenaissance. So werden Bramante mit dem Neubau von St. Peter, Raffael mit der Ausmalung der Stanzen und Loggien des päpstlichen Appartements im Vatikan und Michelangelo Buonarroti mit den Deckenfresken der Sixtinischen Kapelle betraut. Selbst der »Sacco di Roma« im Jahre 1527 – jene schreckliche Plünderung Roms durch die Truppen Karls V., die große Zerstörungen anrichtet – kann die Bautätigkeit der Päpste nur für kurze Zeit unterbrechen. Als weltliche Fürsten und Kirchenmänner zugleich interessieren sie sich stärker für Kunst und Architektur, für das eigene und das Prestige der Familie und weniger für theologische Fragen. Finanziert wird das alles durch Steuern und gewaltige Ablass-Summen, die schließlich zur protestantischen Reformation und Kirchenspaltung führen.

Ignazio Danti (1536–1586), Plan von Rom, Fresko, Galleria delle Carte Geografiche Vaticana, Musei Vaticani, Rom

ROMA
PER SACRAM B.PETRI SEDEM CAPVT ORBIS EFFECTA. S.LE

Das Zeitalter der Gegenreformation

Um die römisch-katholischen Glaubensinhalte gegen die reformatorischen Bestrebungen abzugrenzen und die Einheit von Glauben und Kirche zu sichern, beruft Paul III. (Pontifikat 1534–1549) das Konzil von Trient (1545–1563) ein. Dieses wird zum Ausgangspunkt der Gegenreformation, in welcher der Jesuitenorden eine bedeutende Rolle spielt. Seine Ordensregeln werden zum wichtigen Instrumentarium im Kampf gegen Ketzer sowie Reformatoren und tragen entscheidend zur Christianisierung der Neuen Welt bei. Auch in Rom fordert die Gegenreformation ihre Opfer, zu deren bekanntesten der Dominikanermönch und Philosoph Giordano Bruno gehört, der 1600 auf dem Campo dei Fiori verbrannt wird.

Rom profitiert von der neuen Bewegung. Die Einwohnerzahl nimmt weiter zu, und das Bemühen, die theologische und innere Erneuerung der katholischen Kirche in Wort und Bild zu verkünden, löst einen Bauboom in bisher ungekanntem Maße aus. Die Päpste bleiben bis zum Ende des 17. Jh.s die unangefochtenen Fürsten des Kirchenstaates und regieren im Einvernehmen mit dem hohen Klerus und dem Adel. Sie geben immer neue Kunstwerke in Auftrag, die das »caput mundi« in noch größerem Glanz erstrahlen lassen und ihm eine bis heute sichtbare Gestalt verleihen. Michelangelo Buonarroti malt unter Paul III. (Pontifikat 1534–1549) das »Jüngste Gericht« in der Sixtinischen Kapelle und beginnt als neuer Bauleiter der Peterskirche mit dem Entwurf der alles dominierenden Kuppel. Vignola und Giovanni della Porta prägen mit der für den Jesuitenorden entworfenen Kirche Il Gesù den neuen Bautypus der Gegenreformation. Überall bereichern neue Kirchen und Adelspaläste das Bild der Stadt, die unter Sixtus V. (Pontifikat 1585–1590) und seinem Architekten Domenico Fontana eine groß angelegte urbanistische Umgestaltung

Ansicht von Rom, nach einem Kupferstich von Antoine A

erfährt. An die Stelle der strengen klassischen Formen der Renaissance treten nun die kraftvoll bewegten des Barock, dessen konkurrierende Hauptmeister Bernini und Borromini der Stadt im 17. Jh. unter den Päpsten Urban VIII., Innozenz X. und Alexander VII. ihren Stempel aufdrücken. So verleiht Bernini mit der Neugestaltung des Petersplatzes und seinen umfassenden Kolonnaden dem Machtanspruch der Kirche Ausdruck, setzt im Innenraum der Peterskirche mit dem Bronzebaldachin und der Cathedra Petri neue Akzente und gibt der Piazza Navona mit der monumentalen Fontana dei Fiume eine neue Mitte. Borrominis rhythmisch geschwungene Architekturen wie S. Agnese in Agone, S. Carlo alle Quattro Fontane oder S. Ivo alla Sapienza beleben das Stadtbild, und Carlo Maderno vollendet den Petersdom. Die Malerei erfährt um 1600 durch Caravaggio, An nibale Carracci, Domenichino und Gui-

ıe (1691–1743), Kupferstichdruck, Broscheles & Co., Hamburg

do Reni neue Impulse, bis ab der Mitte des 17. Jh.s die illusionistischen Deckenfresken von Pietro da Cortona, Andrea Pozzo und Baciccia bestimmend werden.

Italien gegen den Papst

Die barocke Stadt und ihre unzähligen Kunstschätze locken im 18. Jh. viele Menschen an – Pilger, Künstler, Kunstinteressierte wie junge Bildungsreisende. Bedeutende Gelehrte wie Johann Joachim Winckelmann halten sich in Rom auf und widmen sich der Erforschung der Altertümer, in deren Folge die ersten Museen gegründet werden. Einzelne Bauten wie die Spanische Treppe oder die Fontana di Trevi zeugen von einer fortgesetzten Bautätigkeit in Rom, doch ist der Stern der päpstlichen Macht im Sinken begriffen. Der Kirchenstaat spielt im sich verändernden

Aus dem verwandelten Rom, Originalzeichnung von H. Effenberger, aus: Illustrierte Zeitung No. 2547, 23. 4. 1892, S. 444/445

Europa nur noch eine untergeordnete Rolle. Auch Rom treffen die Folgen der Französischen Revolution. 1798 ziehen die napoleonischen Truppen in die Stadt ein, rufen die römische Republik aus und setzen den Papst als Staatsoberhaupt ab. Zwar wird seine Macht durch den Wiener Kongress 1814 wieder hergestellt, doch gerät er schon bald durch die nationale Einheitsbewegung des »Risorgimento« unter Druck. Mit Hilfe der Franzosen wehrt sich Pius IX. (1846–1878) erfolgreich gegen die revolutionären Truppen von Mazzini und Garibaldi. Auf die Forderung von Camillo Cavour und König Vittorio Emanuele II, Rom zur Hauptstadt des 1861 proklamierten italienischen Königreiches zu erheben, antwortet Pius IX. zur Verteidigung seiner Macht mit dem Dogma der päpstlichen Unfehlbarkeit. Als aber die französischen Truppen wegen des Deutsch- Französischen Krieges zum Abzug gezwungen werden, ist es nur noch eine Frage von Wochen, bis der Papst auf seine weltlichen Machtansprüche verzichten muss. In einem symbolischen Sturm auf die Porta Pia nehmen die italienischen Truppen am 20. September 1870 die Stadt ein, die sich durch Volksabstimmung dem geeinten Italien anschließt. 1871 wird Rom zur Hauptstadt des Königreiches. Der Papst jedoch zieht sich aus Protest hinter die Mauern des Vatikan zurück.

Städtebaulich haben die Zeit der napoleonischen Kriege und des Risorgimento, sieht man von der Gestaltung des Pincio-Parks und der Piazza del Popolo durch Giuseppe

Filippo Palizzi (1818–1899), Porträt von Giuseppe Garibaldi, Museo del Risorgimento, Rom

Valadier einmal ab, in Rom wenig verändert. Große Neuerungen bringt erst die Einigung Italiens, die sich die Stätten ihrer Machtausübung noch schaffen muss. Für die Verwaltung des Staates werden Ministerien wie der Palazzo Giustizia errichtet, für die rasch wachsende Einwohnerzahl ganze Stadtviertel neu gebaut. Repräsentative Straßen wie die Via Veneto, die Via Nazionale oder der Corso Vittorio Emanuele geben der Hauptstadt eine neue Struktur.

Von Mussolini bis heute

Die »Gefangenschaft« des Papstes wird erst durch Mussolini beendet, der in den 1929 mit Pius XI. (Pontifikat 1922–1939) geschlossenen Lateranverträgen die Souveränität des Kirchenstaates anerkennt. Nach dem »Marsch auf Rom« zwingt Mussolini, der »Duce« (Führer) der faschistischen Bewegung, König Vittorio Emanuele III 1922 zur Abdankung. Sein Traum ist die Wiederherstellung des alten Imperiums, dem er durch ein gewaltiges Bauprogramm Ausdruck verleihen will. Quer durch die antiken Kaiserforen lässt Mussolini eine Aufmarschstraße, die heutige Via dei Fori Imperiali, schlagen und das alte Borgo-Viertel abreißen, um die Via della Conciliazione als Verbindung zum Petersplatz anzulegen. Im Norden der Stadt wird ein pompöses Stadion, das Foro Italico, errichtet und anlässlich der Weltausstellung von 1942 im Süden der Stadt das EUR-Viertel geplant. Außenpolitische Stationen des imperialen Traums des Duce sind die Beteiligung am Spanischen Bürgerkrieg, Einfälle in Nordafrika, der Bund mit Hitler und der Eintritt in den Zweiten Weltkrieg, der gegen Ende Mussolinis Sturz herbeiführte: Als die Alliierten im Juli 1943 Rom angreifen, wird Mussolini gefangen genommen, von den Deutschen wieder befreit und schließlich 1945 von Partisanen ermordet.

1946 beschließt das italienische Volk in einem Referendum die Absetzung der Monarchie, und am 18. Juni wird die Republik proklamiert, deren Hauptstadt seitdem Rom ist. Ereignisse wie die Unterzeichnung der »Römischen Verträge« zur Gründung der Europäischen Gemeinschaft (1957), die Olympischen Spiele (1960), das zweite Vatikanische Konzil (1962–1965) oder die Fußball-Weltmeisterschaft (1990) rücken die Stadt zwar immer wieder in den Blickpunkt der Öffentlichkeit, doch hat sie bis heute auf wirtschaftlicher Ebene keinen Anschluss an die Städte Norditaliens gefunden. Auch entbehrt sie einer systematischen Stadtplanung. Inzwischen sind die von den Massen der Zuwanderer aus dem Süden in der Nachkriegszeit errichteten »borgate« (Baracken) in den Vorstädten abgerissen, dafür aber trostlosen Hochhaussiedlungen gewichen. Obwohl Rom heute über einen Autobahnring, zwei Flughäfen, einen internationalen Bahnhof und zwei U-Bahn-Linien verfügt, war und ist das Hauptproblem der Drei-Millionen-Stadt ihr Verkehrschaos. Alle Versuche, dieses Problem zu bewältigen, sind bisher gescheitert. Eine Folge davon ist die hohe Luftverschmutzung, die der ganzen Stadt und insbesondere den Kunstdenkmälern jeden Tag aufs Neue zusetzt.

Doch für die Feier des heiligen Jahres an der Jahrtausendwende haben Stadt, Papst und italienisches Kulturministerium ein gigantisches Restaurierungsprogramm in die Wege geleitet, das die alten Bauten und Kunstwerke in neuem Glanz erstrahlen lässt. Darüber hinaus wurden einige Gebiete des antiken Rom erstmals freigelegt, wie z. B. die Kaiserforen an der Via dei Fori Imperiali. Die Domus Aurea wurde wieder

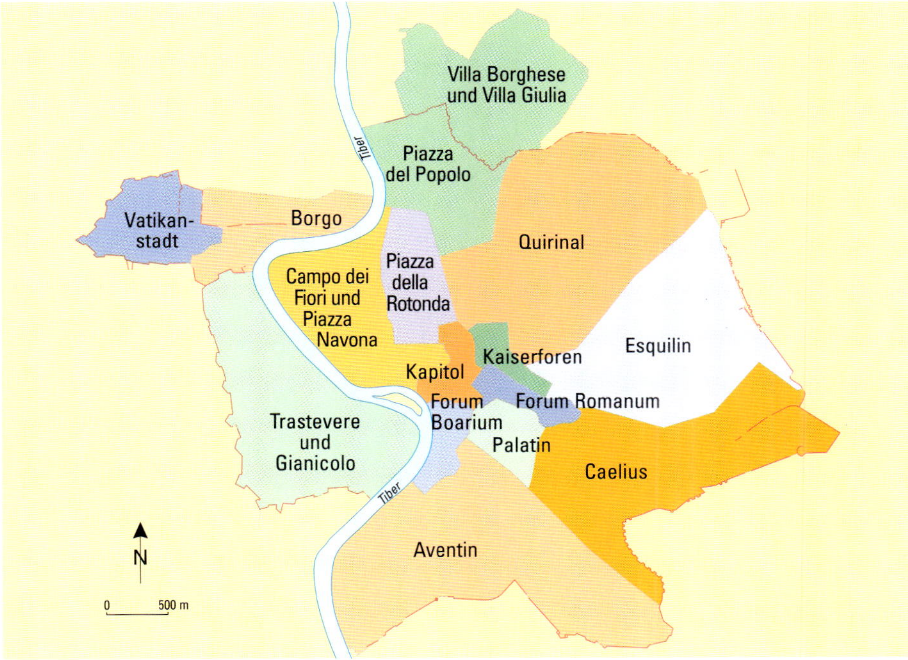

für Besucher zugänglich gemacht, Sammlungen geordnet und Museen neu eröffnet. Aber überall lassen sich die Spuren der Vergänglichkeit nicht beseitigen, und gerade diese machen deutlich, vor welchem schier unlösbaren Problem Rom zu Beginn des dritten Jahrtausends steht: Es muss die Bedürfnisse seiner Bewohner mit dem Erhalt der Schätze aus vielen Jahrhunderten in Einklang bringen, ohne dabei Vergangenes zu zerstören und die Zukunft zu beeinträchtigen.

Eine Anleitung für den Besuch der Ewigen Stadt

Rom besuchen heißt nicht, Rom kennen zu lernen. Man kann mehrere Jahre in der Ewigen Stadt verbringen, ohne dass man sie in allen Facetten erfassen würde. So gab der dänische Bildhauer Thorvaldsen auf die Frage, er müsse Rom doch sehr gut kennen, zur Antwort: »Ich beginne gerade damit, es zu verstehen, ich lebe hier erst dreißig Jahre.«

Allumiere
Tolfa
Monti della Tolfa
Monte La Tolfáccia 579 m
M. Ansino 496 m
Oriolo Romano
Montevirginio
Canale Monterano
Manziana
Macchia della Manziana
Vicarello
Trevignano Romano
Lago di Bracciano
Bracciano
Lago di Martignano
Anguillara Sabazia
Fosso Arrone
Cesano
Bosco Castagneta
Sasso
Fosso la Mola
S. Marinella
S. Severa
Necropoli Etrusca
Tomba
Cervéteri
Osteria Nuova
S. Maria di Galeria
Fosso delle Cadute
Boccea
Ottávia
Ladíspoli
Valcanneto
Fiume Arrone
Casalotti
Via Aurelia
Maccarese
Fregene
Palo
MAR TIRRENO
Via Portuense
Fiume Tevere
Aeroporto Intercontinentale Leonardo da Vinci
Acília
Fiumicino
Ostia Antica
Isola Sacra
Lido di Ostia
Lido di Castel Fusano
Villa di Plinio
Laurentum
N
0
1 km

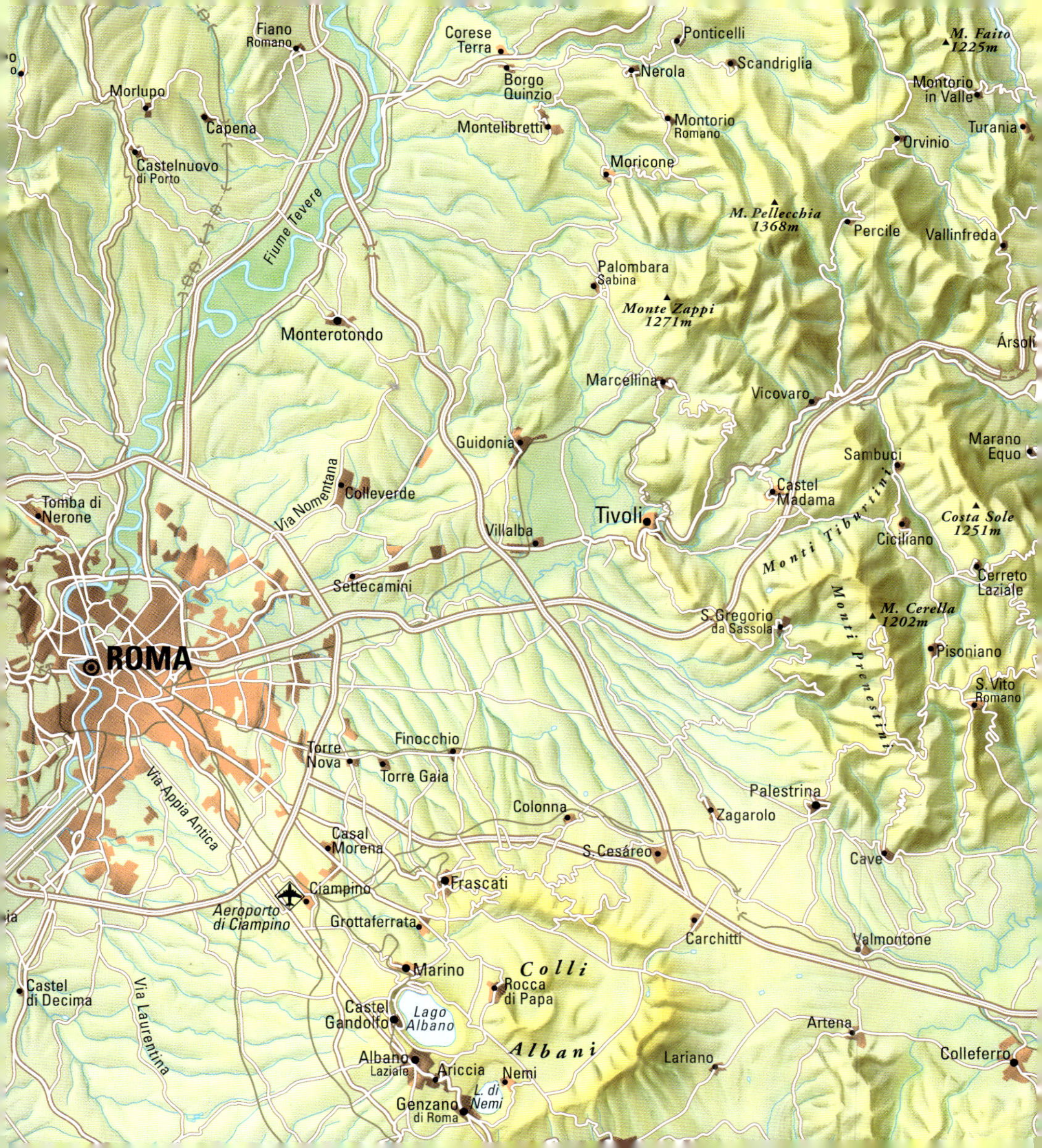
Fiano
Romano
Corese
Terra
Ponticelli
M. Faito
1225m
Morlupo
Borgo
Quinzio
Nerola
Scandriglia
Montorio
in Valle
Capena
Montelibretti
Montorio
Romano
Turania
Orvinio
Castelnuovo
di Porto
Moricone
Fiume Tevere
M. Pellecchia
1368m
Percile
Vallinfreda
Palombara
Sabina
Monte Zappi
1271m
Monterotondo
Ársoli
Marcellina
Vicovaro
Guidonia
Marano
Equo
Sambuci
Via Nomentana
Colleverde
Castel
Madama
Tomba di
Nerone
Tivoli
Costa Sole
1251m
Villalba
Ciciliano
Monti Tiburtini
Settecamini
Cerreto
Laziale
Monti Prenestini
S. Gregorio
da Sassola
M. Cerella
1202m
ROMA
Pisoniano
S. Vito
Romano
Finocchio
Torre
Nova
Torre Gaia
Via Appia Antica
Palestrina
Colonna
Zagarolo
Casal
Morena
S. Cesáreo
Cave
Frascati
Ciampino
Aeroporto
di Ciampino
Grottaferrata
Carchitti
Valmontone
Marino
Colli
Castel
di Decima
Via Laurentina
Rocca
di Papa
Castel
Gandolfo
Lago
Albano
Artena
Albani
Albano
Laziale
Lariano
Colleferro
Ariccia
Nemi
L. di
Nemi
Genzano
di Roma

Rom und Vatikan in Zahlen

Lage

- Hauptstadt der Republik Italien und der Provinz Comune di Roma
- gelegen in Mittelitalien in der Ebene der Campagna Romana am Fuße des vulkanischen Hügellandes der Region Latium
- Meeresspiegel: 13 m am Tiberknie – 138 m am Monte Mario
- erstreckt sich zu beiden Seiten des Tibers, der in das etwa 20 km entfernte Tyrrhenische Meer bei Ostia mündet

Fläche

- Stadtgebiet: 209 km^2
- Comune di Roma mit 35 äußeren Stadtvierteln und sechs Vorstädten: 1508 km^2

Klima und Reisezeit

- mediterranes Klima mit milden Wintern und heißen Sommern
- ideale Reisezeit: Frühsommer und Oktober mit sonnigen, nicht zu heißen Tagen
- besonders viele Besucher in der Osterzeit
- August ist der traditionelle Ferienmonat der Italiener; sehr heiß; viele Lokale und Geschäfte sind geschlossen

Bevölkerung

- Einwohnerzahl 1991: 2,77 Millionen
- starker Bevölkerungszuwachs seit der Ernennung Roms zur Hauptstadt Italiens, v. a. aus den südlichen Provinzen des Landes
- 1951 ging die Einwohnerzahl im historischen Zentrum der Stadt von 424 400 auf 150 000 zurück

Verwaltung

- städtische Verwaltungsorgane: Oberbürgermeister mit Sitz im Palazzo dei Senatori, Kapitol
  Magistrat mit 14, Stadtrat mit 80 Mitgliedern

Staatliche Verwaltungsorgane

- Staatspräsident mit Sitz im Palazzo Quirinale
- Abgeordnetenparlament (Palazzo Montecitorio)
- Senat (Palazzo Madama)

Wirtschaft

- Dienstleistungssektor (Tourismus, Rundfunk, Fernsehen, Werbe- und Modebranche) beschäftigt 1,1 Mio. Arbeitnehmer, d. h. knapp 80 %
- 250 000 Beschäftigte in der Verwaltung, wobei Banken, Börsen und Versicherungen ständig an Bedeutung gewinnen
- nur rund ein Fünftel Beschäftigte in der Industrie, wobei in den Außenbezirken zunehmend neue Unternehmen (Elektronik, Telekommunikation, Informatik und Pharmaindustrie) entstehen

Vatikan

- Fläche der Città del Vaticano: 0,5 km²; exterritoriale Gebiete der großen Pilgerkirchen, des Laterans, der Cancelleria und der Sommerresidenz Castel Gandolfo
- Verwaltung: untersteht der Oberhoheit des Papstes
- Einwohnerzahl: 1 200, davon etwa 700 mit vatikanischer Staatsbürgerschaft
- Staatsbürger genießen Steuerfreiheit
- eigene Münz- und Posthoheit, Radiostation und Tageszeitung »Osservatore Romano«

Wichtige Adressen für die Reisevorbereitungen

- ENIT Deutschland:
  Friedrichstr.187, 10117 Berlin,
  Tel. 0 30/2 47 83 97 oder 98, Fax 0 30/
  2 47 83 99, E-mail Enit-berlin@t-online.de
  Kaiserstr. 65, 60329 Frankfurt am Main,
  Tel. 0 69/23 74 34, Fax 0 69/23 28 94, E-mail
  Enit.ffm@t-online.de
  Lenbachplatz 2, 80333 München, Tel. 0 89/
  53 13 17, Fax 0 89/53 45 27
- ENIT Österreich:
  Kärnter Ring 4, 1010 Wien, Tel. 01/5 05 43 74,
  Fax 01/5 05 02 48
- ENIT Schweiz:
  Uraniastr. 32, 8001 Zürich, Tel. 43 466 40 40,
  Fax 43 466 40 41
- ENIT Rom:
  Via Marghera 2, Tel. 06/4 97 11,
  Fax 06/4 46 33 79
- APT Rom:
  Via Parigi 11, Tel. 06/48 89 91,
  Fax 06/48 193 16

Rom im Internet

- www.roma2000.it
- www.inforoma.it
- www.roma-online.de
- www.roma-antiqua.de
- www.romaturismo.it
- www.romeguide.it
- www.enit.it
- www.venere.it
- www.vatican.va

Klimadaten

Durchschnittstemperatur in °C	Jan.	Febr.	März	April	Mai	Juni	Juli	Aug.	Sept.	Okt.	Nov.	Dez.
Tag	11	13	15	19	23	28	30	30	26	22	16	13
Nacht	4	4,5	7	10	13	17	20	20	17	13	9	5
Sonnenstd. pro Tag	4	4	5	7	8	10	11	10	7	6	5	4
Regentage	8	9	8	8	7	4	2	2	5	8	10	10

Öffnungszeiten (ohne Gewähr)

Ara Pacis Augustae: zurzeit geschlossen

Catacombe di Callisto, di Domitilla, di S. Sebastiano, di Priscilla: Do–Di 8.30–12 und 14.30–17 Uhr (März–Okt. bis 17.30 Uhr), Mi geschlossen S. Sebastiano: So; Priscilla: Mo

Circo di Massenzio: 9–13 Uhr

Colosseo: 9 Uhr bis 1Std. vor Sonnenuntergang

Domus Aurea: 9–19.45 Uhr, besser mit telefonischer Anmeldung (06/39749907), Di geschlossen

Foro Romano und Palatino: 9 Uhr bis 1Std. vor Sonnenuntergang

Galleria Borghese: 8.30–19 Uhr, geschlossen: Montags, 1.1. und 25.12.

Galleria Doria Pamphilj: Fr–Mi 10–17 Uhr, Do geschlossen

Galleria Nazionale d' Arte Antica, Palazzo Barberini: 8.30–19.30 Uhr, Mo geschlossen

Galleria Nazionale d' Arte Antica, Palazzo Corsini: 8.30–13.30 Uhr, Mo geschlossen

Il Gesù: 6–12.30 Uhr, 16.30–19.15 Uhr (März–Okt.), 16–19.15 Uhr (Nov.–Febr.)

Mausoleo di Augusto: Eintritt nur nach vorheriger schriftlicher Genehmigung

Mercati Traianei: Di–So 9–18.30 Uhr (Nov.–Febr. bis 16 Uhr), Mo geschlossen

Musei Capitolini: Di–So 9–19 Uhr, Mo geschlossen

Musei Vaticani: April–Okt. Mo–Fr 8.45–16.45 Uhr, Nov.–März 8.45–16.45 Uhr, Sa und an Sonn- und kirchlichen Feiertagen sowie am 1. Mai geschlossen

Museo Barracco: Di–So 9–19 Uhr, Mo geschlossen

Museo della Civiltà Romana: Di–Sa 9–19 Uhr, So 9–14 Uhr, Mo geschlossen

Museo delle Terme: 9–19.45 Uhr

Museo di Palazzo Venezia: Di–So 9–13.30 Uhr, Mo geschlossen

Museo Nazionale di Castel Sant' Angelo: Di–So 9–19 Uhr, Mo geschlossen

Museo Nazionale di Villa Giulia: Di–So 9–19.30 Uhr, Mo geschlossen

Oratorio dei Filippini: meist vormittags

Palazzo Altemps: Di–So 9–19.45 Uhr, Mo geschlossen

Palazzo Braschi: zurzeit geschlossen

Palazzo und Galleria Colonna: Sa 9–13.00 Uhr

Palazzo della Cancelleria: Mo–Sa 16–20 Uhr, nur mit Genehmigung

Palazzo del Quirinale: jeden 2. und 4. So im Monat

Palazzo di Montecitorio: nicht zugänglich

Palazzo Farnese: nicht zugänglich; in regelmäßigen Abständen werden Führungen angeboten, Information unter 0360/975413.

Palazzo Massimo alle Terme: Di–So 9–19.45 Uhr, Mo geschlossen

Palazzo Massimo alle Colonne: nur am 16. März 7–13 Uhr

Palazzo Pamphilj: nicht zugänglich

Palazzo Spada: Di–Sa 9–19 Uhr, So 9–13 Uhr, Mo geschlossen

Pantheon: Mo–Sa 9–19.30 Uhr, So 9–18 Uhr

Parco Archeologico di Via Appia Antica: 9.30–18 Uhr

Planetario (Aula Ottagona): Sonn- und Feiertags 9–13 Uhr

S. Agnese fuori le mura: 8–12 Uhr, 16–18 Uhr

S. Agnese in Agone: Mo–Sa 17–18.30 Uhr, So 10–13 Uhr

S. Andrea della Valle: 8–12.30 Uhr, 16.30–19.30 Uhr

S. Carlo ai Catinari: 7–12 Uhr, 16–20 Uhr
S. Carlo alle Quattro Fontane: Mo–Sa 9–13 Uhr, Mo–Fr 16–18 Uhr, So kein Publikumsverkehr
S. Cecilia in Trastevere: 10–12 Uhr, 16–18 Uhr
S. Clemente: Mo–Sa 9–12.30 Uhr, 15–18 Uhr, So 10–12.30 Uhr, 15–18 Uhr
S. Costanza: Mo, Mi–Sa 9–12 Uhr, 16–18 Uhr, So 16–18 Uhr, Di geschlossen
S. Croce in Gerusalemme: 6.30–12.30 Uhr, 15.30–19 Uhr
S. Giovanni in Laterano: 7–18.30 Uhr
S. Ignazio di Loyola: 7.30–12.30 Uhr, 16–19.15 Uhr
S. Ivo alla Sapienza: So 10–12 Uhr
S. Lorenzo fuori le mura: 7–12.30 Uhr, 15.30–18.30 Uhr (Nov.–Febr.), 16–19.30 Uhr (März–Okt.)
S. Maria dei Angeli: 10.30–12 Uhr, 16–19 Uhr
S. Maria della Pace: 8–12 Uhr, 16–19 Uhr
S. Maria del Popolo: 7–12 Uhr, 16–19 Uhr
S. Maria in Aracoeli: 6.30–18.30 Uhr
S. Maria in Cosmedin: 10–13 Uhr, 15–18 Uhr (Nov.–Febr.), 9–13 Uhr, 15–19 Uhr (März–Okt.)
S. Maria in Trastevere: 7.30–13 Uhr, 15.30–19 Uhr
S. Maria in Vallicella (Chiesa Nuova): 8–12 Uhr, 16.30–19 Uhr
S. Maria Maggiore: 7–18.50 Uhr
S. Maria sopra Minerva: 7–12 Uhr, 16–19 Uhr
S. Paolo fuori le mura: 7–18.45 Uhr
S. Pietro in Montorio: 9–12 Uhr, 16–18 Uhr
S. Pietro in Vaticano: 7–18 Uhr (Nov.–Febr.), 7–19 Uhr (März–Okt.)
S. Pietro in Vincoli: 7–12.30 Uhr, 15.30–18 Uhr (Nov.–Febr.), 15.30–19 Uhr (März–Okt.)
S. Prassede: 7.30–12 Uhr, 16–18.30 Uhr
S. Saba: 7–12 Uhr, 16.30–19 Uhr
S. Sabina: 6.30–12.30 Uhr, 16–19 Uhr
S. Stefano in Rotondo: 9–12 Uhr
SS. Quattro Coronati: Mo–Sa 6.10–12.35 Uhr, 15.15–18 Uhr, So 6.40–12.35 Uhr, 15.30–19.30 Uhr; Oratorio di S. Silvestro: Mo–Sa 9.30–12 Uhr, 16.30–18 Uhr, So 9.30–10.30 Uhr, 16.30–18 Uhr
Scala Santa und Sancta Sanctuorum: März–Okt. 6–12 Uhr, 14.30–18.30 Uhr, Nov.–Febr. 6–12.30 Uhr, 15–19 Uhr
Scavi di Ostia: Di–So 9–16 Uhr (März–Okt. bis 18 Uhr), Mo geschlossen
Tempietto: 9–12 Uhr, 16–18 Uhr
Terme di Caracalla: Di–So 9 bis eine Stunde vor Sonnenuntergang
Tivoli, Villa d'Este: 9–19.45 Uhr, Mo geschlossen
Tivoli, Villa Hadriana: 9–17 Uhr (Mai–Aug. bis 19.30 Uhr)
Tomba di Cecilia Metella: Mo–Fr 9–16 Uhr (März–Okt. bis 18 Uhr), Sa–So 9–13 Uhr
Villa Chigi (La Farnesina): Mo–Sa 9–13 Uhr, So geschlossen
Villa Medici: Öffnungszeiten telefonisch erfragen (Tel. 67611 oder 6798381)

Aktuelle Grabungen in Rom können in diesem Band nicht berücksichtigt werden, da die Ergebnisse noch nicht abschließend publiziert sind. Angaben zur Werkplatzierung in Museen und Kirchen sowie zu Öffnungszeiten können Änderungen unterliegen.

Rom

Kapitol (Campidoglio)

Obwohl der niedrigste der sieben Hügel Roms, ist das Kapitol, dessen beide Kuppen durch eine Senke getrennt sind, schon in der Antike die politische und religiöse Mitte der Stadt gewesen. Da es außer gegen den Quirinal von unzugänglichen Felsen begrenzt war, eignete es sich am besten als Festung. So konnten die Sabiner der Sage nach den Hügel nur einnehmen, weil ihnen Tarpeia, die Tochter des Burgwächters, die Tore geöffnet hatte. Nach ihr ist der Tarpejische Felsen benannt, von dem in späterer Zeit Verbrecher in die Tiefe gestürzt wurden. In der Antike war das Kapitol zum Forum Romanum hin ausgerichtet: Auf dem südlichen »Capitolium« erhob sich der Tempel der obersten Staatsgötter Jupiter, Juno und Minerva. Auf der nördlichen »arx« (Festungsanhöhe) stand an der Stelle von S. Maria in Aracoeli seit dem 4. Jh. v. Chr. der Tempel der Iuno Moneta. In der Senke, die heute von der Piazza del Campidoglio eingenommen wird, lag das Asylum, eine der Legende nach auf Romulus zurückgehende heilige Freistätte, die Verfolgten Zuflucht bot. An der Ostseite befand sich das Tabularium, das römische Staatsarchiv. Am Fuße des Hügels, wo heute die Kirche S. Giuseppe dei Falegnami steht, war der Mamertinische Kerker, das römische Staatsgefängnis, in dem vermutlich die Apostel Petrus und Paulus gefangen gehalten wurden.

Blick auf den Kapitolshügel

Vorhergehende Doppelseite: Blick vom Gianicolo über Rom

Rekonstruktion des Kapitolkomplexes

Durch alle Jahrhunderte hinweg ist das Kapitol der Mittelpunkt der Stadt geblieben. Dieser Bedeutung wollte Papst Paul III. Ausdruck verleihen, als er Michelangelo Buonarroti 1536 mit der Umgestaltung des Platzes beauftragte. Erst durch Michelangelos Konzeption der Piazza mit den Palästen und der gewaltigen Rampentreppe hat das Kapitol den würdevollen Rahmen erhalten, der ihm als Sinnbild des »caput mundi« gebührt. Heute sind hier zwei der bedeutendsten Museen Roms untergebracht. Und nach wie vor spielt das Kapitol auch für die Politik eine bedeutende Rolle. 1957 wurden hier die »Römischen Verträge« zur Gründung der Europäischen Wirtschaftsgemeinschaft unterzeichnet, und der römische Bürgermeister hat im Senatorenpalast seinen Amtssitz.

Kapitol

Palazzo Venezia, Zugang Viale del Plebiscito 118, S. 43

Piazza del Campidoglio mit Palazzo Nuovo und Palazzo dei Conservatori, S. 50 f.

Marcellus-Theater, Via del Teatro di Marcello, S. 47

S. Maria in Aracoeli, Piazza d' Aracoeli, S. 48 f.

Monumento Nazionale a Vittorio Emanuele II, Piazza Venezia, S. 42

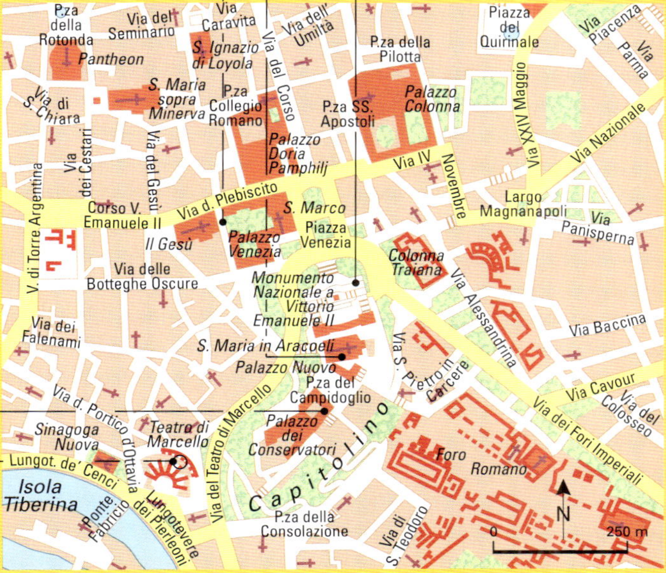

Piazza Venezia mit dem Monumento Nazionale a Vittorio Emanuele II

Die Piazza Venezia ist einer der wichtigsten Verkehrsknotenpunkte der Stadt, in den u. a. die Via del Corso, die Via dei Fori Imperiali und die Via del Teatro di Marcello münden. In ihrer heutigen Gestalt geht sie auf das späte 19. Jh. zurück und wird von dem riesigen Nationaldenkmal für Vittorio Emanuele II aus blendend weißem Bresciamarmor beherrscht, das im Volksmund spöttisch »Hochzeitskuchen« oder »Schreibmaschine« genannt wird. Es wurde zwischen 1885 und 1911 errichtet, um die Vereinigung Italiens unter König Vittorio Emanuele II von Savoyen zu feiern. Seine 12 m hohe, goldbronzene Reiterstatue erhebt sich vor der hohen Säulenhalle und bildet den Mittelpunkt des reich mit Bildwerken geschmückten Siegesdenkmals für den ersten König. Über der mächtigen Freitreppe befinden sich auf halber Höhe der Altar des Vaterlandes und das Grab des Unbekannten Soldaten, deren Besuch zum Pflichtprogramm ausländischer Staatsgäste gehört.

Palazzo Venezia

Den Palazzo Venezia, einen der ersten weltlichen Renaissancebauten Roms, hat der venezianische Kardinal Pietro Barbo ab 1455 auf dem Gelände seiner Titelkirche S. Marco von Francesco del Borgo errichten lassen und seit seiner Thronbesteigung als Papst Paul II. (1464) als Residenz genutzt. Später diente das Gebäude als venezianische Botschaft, ging 1797 in österreichischen Besitz über, bevor es 1916 Eigentum des Staates wurde. Die Architektur weist die typischen Charakteristika des römischen Kardinalspalastes der zweiten Hälfte des 15. Jh.s auf. Der durch das hohe Sockelgeschoss, den Eckturm und den Zinnenkranz hervorgerufene wehrhafte Charakter, die Asymmetrie der Fassade sowie die Betonung der Horizontalen gegenüber der Vertikalen unterscheiden den römischen Palazzo grundlegend von den florentinischen Palästen, die ein Gleichgewicht von horizontalen und vertikalen Gewichten anstreben. Eines der bezeichnenden Architekturelemente der römischen Frührenaissance stellen die marmornen Kreuzstockfenster im Obergeschoss dar, die an zahlreichen Palästen und Häusern begegnen. In den großen, zum Teil freskierten repräsentativen Sälen im Innern ist heute ein Museum untergebracht, das neben Skulpturen, Gemälden und Gobelins viele Schätze aus dem Bereich der angewandten Kunst birgt.

An seiner Südseite liegen S. Marco, eine der frühesten Titelkirchen Roms und später die Kirche der venezianischen Gemeinde in Rom, der Paul II. (Pontifikat 1464–1471) eine zweigeschossige, als Benediktionsloggia dienende Vorhalle hinzufügte, und der Palazzetto Venezia. Er wurde beim Bau des Nationaldenkmals abgerissen und an den jetzigen Platz versetzt. Diente er ehemals als Einfassung eines botanischen Gartens, umschließt er heute mit seinen zweigeschossigen Arkaden und achteckigen Säulen einen Innenhof, der die Erinnerung an florentinische Kreuzgänge hervorruft.

Vittorio Emanuele II – ein König für Italien

von Jürgen Sorges

»Torta nuziale«, Hochzeitstorte, »Dentiera«, Gebissprothese! Der Römerspott während der vorschnell 1911 erfolgten Einweihung des »Vittoriano«, des monumentalen Erinnerungsdenkmals für König Vittorio Emanuele II an der Piazza Venezia, war deftig. Das ab 1885 von Guiseppe Sacconi projektierte und von Pio Piacentini, Manfredo Manfredi und Gaetano Koch realisierte Marmormonstrum sollte endgültig erst 1927 unter einem »Duce«, Benito I. (Mussolini), fertig gestellt werden. Als »altare della patria«, Altar des Vaterlandes, hat es seither Roms und Italiens Gemüter nicht nur hinsichtlich seiner künstlerischen Bewertung mehr entzweit als geeint. Denn das »kolossale« städtebauliche Ungetüm riegelt die Sicht auf das Forum Romanum komplett ab. Vor ihm erhebt sich die größte Reiterstatue des 19. Jh.s: zwölf Meter hoch und 50 Tonnen schwer, paradiert Vittorio Emanuele II samt Ross für die Ewigkeit! Hinzu kommt, dass sein blendend weißer Kalkstein (aus der Gegend von Brescia) mit dem in Rom vorherrschenden Travertin keine glückliche Verbindung darstellt.

Um die Polarisierung der Meinungen über dieses Denkmal zu verstehen, ist ein Blick in die Geschichte des 19. Jh.s sinnvoll: »Fare un quarantotto«, »ein 48 veranstalten«, bezeichnet kein römisches Karten- oder Lotteriespiel, sondern die chaotische innenpolitische Lage Italiens während der bürgerlichen Revolte des Jahres 1848. Der Appenin-Stiefel präsentierte sich damals als politischer Flickenteppich: Bourbonen im Süden, Kirchenstaat im Zentrum, unabhängige Fürsten- und Herzogtümer im Norden. Dazu kam noch die österreichische Besetzung Venetiens durch Feldmarschall Radetzky. Allein das Königshaus Piemont-Savoyen im Nordwesten behauptete sich und den politischen Willen nach der Einheit Italiens – dank Rückendeckung Napoleons III. und damit Frankreichs.1849 übernahm Vittorio Emanuele II die Staatsgeschäfte von Carlo Alberto von Savoyen. Zehntausende Liberale, Demokraten und Sozialrevolutionäre strömten daraufhin zu diesem neuen Hoffnungsträger nach Turin. Denn das auch wirtschaftlich aufstrebende Piemont garantierte die neuen Werte von 1848: Gedanken- und Redefreiheit sowie politische Betätigung.

Damals lag Italiens Kulturschaffen vollständig darnieder. Die Ausnahme bildete Guiseppe Verdi, der seither als Synonym für diese Epoche des »Risorgimento«, Italiens Wiedererblühen, steht. Seine stark von der Spätromantik beeinflussten sozialkritischen Texte, vor allem aber seine Opernpartituren waren umjubelt. Verdis pathetischer »Gefangenenchor« aus »Nabucco« oder - etwas später - die Opern »Macbeth« und »Rigoletto« trafen den Zeitgeist und den Geschmack des Publikums. In den Pausen prosteten sich Italiens Operngänger mit dem Cocktail der Saison, der »Coppa Bellini«, zu und raunten den Namen des »Maestro«: Denn Einfallsreiche hatten Guiseppes Familiennamen als ideales Synonym für die Einigung Italiens entdeckt. »V.E.R.D.I.«: Die Buchstaben standen als Geheimzeichen für den Hoffnungsträger »V«ittorio »E«manuele, »R«e »d«'»I«talia, Vittorio Emanuele, König von Italien. Die Liaison zwischen Musiker und Monarch war geboren – und hielt.

Vittorio Emanuele II, seit 1861 König von Italien, Radierung von Pierre Guillaume Metzmacher, 1859

Mehrere, heiß ersehnte Wunder ließen diese Einheit Realität werden: Garibaldis legendärer Marsch der »mille«, der Tausend, ausgehend von Marsala auf Sizilien, schlug Süditalien 1860 zu Piemont.

Auch Anita Garibaldi, die Generalsgattin, war pistolenschwingend mit von der Partie. So suggeriert es jedenfalls ihr Reiterstandbild auf Roms Gianicolo-Hügel. In Turin zog derweil ein Mitkämpfer, Vittorio Emanueles Premierminister Graf Camillo Benso di Cavour, geschickt die politischen Fäden.

Im Jahr 1865 löste Florenz Turin als Hauptstadt ab, und ein Jahr später fiel Venedig »zurück« ans neue italienische Königshaus. Am 20. September 1870 musste schließlich auch Rom aufgeben: Grollend zog sich Pius IX. in den Vatikan zurück. Nur massiver Einsatz von Gewehrkolben öffnete die Pforten des Quirinalspalastes, der privaten päpstlichen Sommerresidenz. Der neue Hausherr Vittorio Emanuele II konnte erst Silvester 1870 einziehen, um noch in der Neujahrsnacht Rom zur neuen Hauptstadt zu küren. Dynastische Gründe bewogen ihn übrigens, seinen Namen beizubehalten: Italiens erster König der Neuzeit ging somit gleich als »Secondo«, als »Zweiter«, in die Geschichtsbücher ein.

»Kolossal« war dann erst einmal nur die Bereicherung des römischen Kulturlebens: Königssohn und Nachfolger Umberto I. (gestorben 1900) bat mit Gattin Margherita (gestorben 1926) im Quirinalspalast mittwochs zum pompösen Ball, donnerstags lauschte der Hof pathetischen

Lesungen im Literatursalon. Denn kaum waren die emphatischen Fanfarenstöße verhallt, regierte die Ernüchterung: Der König herrschte über ein Land, dessen Kassen jährlich zu 60 Prozent von Schuldentilgung und Militärausgaben geleert wurden. Italien bildete das europäische Schlusslicht der industriellen Revolution. Im neuen Parlament herrschte Katerstimmung: Ganze zwei Prozent der Bevölkerung, 500 000 Bürger, hatten gewählt! Weder aktives noch passives Wahlrecht für Frauen, ein gestrenges Zensuswahlrecht im Norden, rigoroser Ausschluss aller Analphabeten im ländlichen Süden der »Stiefelmonarchie«: Fast vier Fünftel aller Italiener waren des Lesens unkundig, somit nicht im Parlament repräsentiert! Garibaldi (gestorben 1882) und viele enttäuschte Demokraten zogen sich ins Privatleben zurück.

Vor diesem Hintergrund besitzt die aktuelle römische Bezeichnung für das überdimensionierte Monumento a Vittorio Emanuele II einen höchst treffenden Kern. Als »Macchina da scrivere«, Schreibmaschine, ist sie ein treffendes steinernes Symbol für Italiens erste umfassende Alphabetisierungskampagne der Neuzeit: 1878 wurde die kostenfreie Schulpflicht für Sechs- bis Neunjährige eingeführt. In das ereignisreiche Jahr 1878 fallen der Tod von Vittorio Emanuele II und der erste große Ansturm der ländlichen Bevölkerung Italiens auf die neue Hauptstadt. In der Nähe des Machtzentrums suchten viele Verarmte bessere Lebensbedingungen. Noch mehr Italiener wanderten aus: Die USA, Argentinien und Australien symbolisierten für sie das glückverheißende Utopia mit strahlender Zukunft. Für viele Daheimgebliebene besaß der neue Reichtum des »Onkels aus Amerika« bald größere Attraktivität als Savoyens Königshaus.

Reiterstandbild König Vittorio Emanueles II vor dem »Vittoriano« an der Piazza Venezia

Marcellus-Theater

(Teatro di Marcello)

Augustus vollendete um 13 v. Chr. das unter Caesar begonnene Theater, das seinem früh verstorbenen Neffen, Schwiegersohn und designierten Nachfolger Marcellus geweiht war. Der halbkreisförmige Travertinbau war anders als griechische Theater nicht in einen Berghang gebaut, sondern stand völlig frei. Mit einer einstigen Höhe von 33 m bot er ca. 15 000 Zuschauern Platz. Seine beiden Arkadengeschosse und die Attika waren durch dorische, ionische und korinthische Halbsäulen gegliedert. Heute sind nur noch die beiden unteren Stockwerke erhalten. Im 13. Jh. wurde das Theater von der Familie Savelli als Festung genutzt, und Baldassare Peruzzi errichtete im 16. Jh. auf den Ruinen des Bauwerks einen Palast, der 1712 in den Besitz der Familie Orsini gelangte. Unmittelbar vor dem Theater stehen noch drei Säulen mit Gebälk des Apollo-Tempels aufrecht, den der Konsul C. Sosius 34 v. Chr. wieder herstellen ließ und mit prachtvollen Kunstwerken ausstattete.

S. Maria in Aracoeli

Eine majestätische weiße Marmortreppe mit 124 eng gestellten Stufen, die das römische Volk der Muttergottes von Aracoeli im Jahre 1348 zum Dank für die Errettung von der Pest schenkte, führt zur schlichten Backsteinfassade der dreischiffigen Säulenbasilika. Sie erhebt sich nach der Legende an der Stelle, an der die tiburtinische Sibylle dem Kaiser Augustus kurz vor seinem Tode die Ankunft Christi prophezeite. Daraufhin weihte dieser dem Gottessohn einen Altar, die »ara coeli« (lateinisch Himmelsaltar). Über diesem Ort wurde später die Hl. Helena, Mutter Konstantins des Großen, bestattet. Ihre Gebeine sollen in der Porphyrwanne unter der achteckigen Kuppel der Aedikula ruhen, die man 1602 an der Stelle des Altares im linken Querschiff errichtete. Schon im 6. Jh. war über den Fundamenten des römischen Tempels der Iuno Moneta eine Klosteranlage errichtet worden, die Innozenz IV. 1250 den Franziskanern übergab. Diese begannen im späten 13. Jh. mit dem Neubau, der als Kirche der römischen Senatoren und des Volkes zum Zentrum des politischen Lebens im mittelalterlichen Rom wurde. Hier tagte das Stadtparlament und wurden städtische Feiern abgehalten.

Innenraum

Im Innern präsentiert sich eine Kirche, die im Osten gemäß der Tradition der Bettelordenskirchen von einem gerade abgeschlossenen Chor mit Nebenchören begrenzt wird. 22 antike Säulen, die von Bauten des

Forums und des Palatins stammen, tragen die sich in rechteckigen Fenstern öffnende Hochwand. Die geschnitzte, mit Symbolen von Seeschlachten verzierte Kassettendecke des Mittelschiffs wurde aus Anlass des Seesieges Venedigs über die Türken bei Lepanto im Jahre 1571 von Marcantonio Colonna gestiftet. Fresken zum Leben und Tod des Hl. Bernadinus von Siena (1380–1444) – eines von den Franziskanern hoch verehrten, berühmten Predigers, der diese Kirche oftmals besucht hat – schmücken die Cappella Bufalini am Beginn des rechten Seitenschiffs. Sie wurden von Pinturicchio um 1485 ausgeführt und zählen zu den bedeutendsten Werken des umbrischen Künstlers. In einer Kapelle neben der Sakristei ist der (1994 gestohlene und heute durch eine Kopie ersetzte) Santo Bambino zu besichtigen, das wundertätige Christkind von Aracoeli, das der Legende nach aus dem Holz eines Ölbaums vom Garten Gethsemane geschnitzt ist. Dem Bambino wird wundersame Heilkraft zugeschrieben, weshalb er sogar an die Krankenbetten getragen wird. In der Weihnachtszeit wird die 60 cm hohe Statue inmitten einer großen Krippe aufgestellt, und die römischen Kinder halten vor ihm ihre Kinderpredigten.

Piazza del Campidoglio

Als Michelangelo Buonarroti anlässlich des Besuches von Kaiser Karl V. im Jahre 1536 von Papst Paul III. mit der Konzeption einer repräsentativen Platzanlage auf dem Kapitol betraut wurde, musste er den im 12. Jh. über den Fundamenten des Tabulariums erbauten Senatorenpalast an der Rückseite und das Zunftgericht aus der Mitte des 14. Jh.s an der Südseite miteinbeziehen. Seit ihrer Errichtung war die Schauseite des Kapitols nicht mehr wie in der Antike zum Forum, sondern zu den gegenüberliegenden Bezirken ausgerichtet. Nach Michelangelos Planung sollte das 1538 auf das Kapitol überführte Reitermonument des Kaisers Marc Aurel zur beherrschenden Mitte des Platzes werden. Für die durch die bestehenden Gebäude vorgegebene trapezförmige Fläche des Platzes konzipierte er einen stufenförmigen Ovalring, der mit einem sternförmigen Ornament gefüllt ist und in seinem Zentrum den Sockel der Statue aufnimmt. Auch die bereits vorhandene Architektur wurde Änderungen unterzogen: So sah Michelangelo eine Erneuerung der Frontseiten der beiden bestehenden Paläste und die Errichtung eines dritten Palastes, des Palazzo Nuovo, als Gegenstück zum Palazzo dei Conservatori vor. Indem die beiden seitlichen Fassaden nicht direkt auf die Front des Palazzo Senatorio an der Langseite stoßen, sondern einen Abstand wahren, schuf Michelangelo einen freien Platz, der sich nun endgültig nach Westen hin zu St. Peter, dem christlichen Gegenstück des Kapitols, öffnet. Eine breite Rampe, die »Cordonata«, ermöglicht den Zugang zum Platz. Ihre Balustraden sind mit antiken Bildwerken, darunter die Kolossalstatuen der Dioskuren, geschmückt. Da die Bauarbeiten nur sehr langsam voranschritten, blieb es anderen Baumeistern vorbehalten, die Konzeption Michelangelos auszuführen. Endgültig fertiggestellt war die Piazza erst im 17. Jh.

Palazzo dei Conservatori

In dem alten Palast des 14. Jh.s auf der rechten Seite der Piazza del Campidoglio hatten die »scholae« (Zünfte) im Untergeschoss ihren Amts- und Gerichtssitz, während im Obergeschoss die Amtsräume der Konservatoren lagen. Mit der wachsenden Bedeutung des städtischen Bauamts und der Denkmalpflege im 15. Jh. gaben diese dem 1520 zuletzt umgebauten Palast seinen Namen: Palazzo dei Conservatori. Michelangelo Buonarroti sah für dieses Bauwerk eine Erneuerung des vorderen Flügels vor, die Giacomo della Porta 1564–1568 nach seinen Plänen ausführte. Die Fassade beeindruckt durch ihre korinthische Kolossalordnung, die hier zum ersten Mal an einem Profanbau der römischen Renaissance begegnet: Korinthische Pilaster fassen beide Stockwerke der Fassade zusammen. Sie öffnet sich im Erdgeschoss in einen Portikus mit geradem Gebälk, das auf ionischen Säulen ruht. Diesen entsprechen an der Rückwand Halbsäulen. Das Obergeschoss wird durch Fenster gegliedert, die von Säulen gerahmt und von einem Segmentgiebel bekrönt sind. Über dem hohen Gebälk schließt sich eine Balustrade an, auf der jeweils in der Achse der Kolossalpilaster antike Statuen aufgestellt sind. Das Bauwerk unterscheidet sich von dem ursprünglichen Entwurf nur in einem Punkt: Giacomo della Porta betonte die von Michelangelo kleiner geplante Mittelachse durch ein einzelnes größeres Fenster.

Zusammen mit dem Palazzo Nuovo wird im Palazzo dei Conservatori die bedeutende Sammlung der Musei Capitolini ausgestellt, deren Grundstock die 1471 von Papst Sixtus IV. gegründete Kunstsammlung bildet. Neben antiken Skulpturen und Bildwerken sind hier Fresken aus dem 15.–17. Jh. sowie zahlreiche Gemälde zu besichtigen.

Dornauszieher (Spinario), 2. Jh. v. Chr.
Bronze, H. 73 cm

Zu den schönsten Genrefiguren der Antike zählt diese römische Bronze, die aufgrund ihrer eklektizistischen Elemente schwer zu datieren ist. Sie zeigt einen Knaben, der auf einem Felsblock sitzt und seinen linken Knöchel über den rechten Oberschenkel gelegt hat, um sich einen Dorn aus dem Fuße zu ziehen. Während der Kopf an Werke aus dem Strengen Stil (5. Jh. v. Chr.) erinnert, verweisen die ausgewogene Komposition und die realistische Darstellung auf hellenistische Vorbilder des 2. Jh.s v. Chr. Antike und Renaissance haben diesem Werk große Beachtung geschenkt, wovon viele Nachbildungen und Zitate in der Malerei und der Skulptur zeugen.

Palazzo dei Conservatori

Bilderzyklus mit Szenen aus den Anfängen Roms von Cavaliere d' Arpino, 1595–1612

Dornauszieher, S. 53

1 Sala degli Orazi e Curiazi

2 Sala dei Capitani

3 Sala dei Trionfi

4 Sala della Lupa

5 Sala delle Oche

6 Sala delle Aquile

7 Sala Arcaica

8 Sala Arcaica

9 Sala dei Magistrati

10 Sala degli Arazzi

11 Sala di Annibale

12 Kapelle

13 Innenhof

Kopf und Hand Konstantins des Großen: Fragmente der vermutlich 10 m hohen Sitzstatue aus der Westapsis der Maxentius-Basilika, 306–312

Guercino, Das Begräbnis der Hl. Petronilla: Das Altarbild, das Guercino 1623 für Papst Gregor XV. schuf, hing bis 1730 in St. Peter und wurde dann in den Quirinal gebracht.

2. Obergeschoss

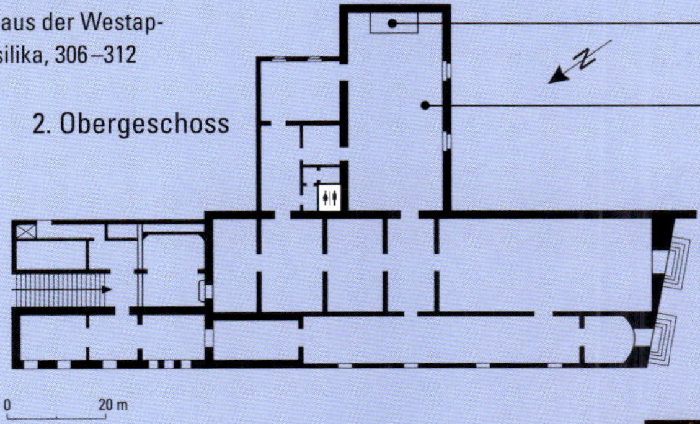

Kapitolinische Wölfin, S. 110

Caravaggio, Johannes der Täufer: ganzfigurige Darstellung des Heiligen als Knaben, um 1600

Palazzo Nuovo

Als eine genaue Nachbildung des gegenüberliegenden Palazzo dei Conservatori konzipierte Michelangelo Buonarroti einen weiteren, den »neuen« Palast, dessen Erbauung für eine ausgewogene Platzgestaltung notwendig war. 1603 begonnen, wurde er erst zwischen 1644–1654 unter Papst Innozenz X. von Girolamo und Carlo Rainaldi vollendet. Sie übernahmen von Giacomo della Porta die von Michelangelos Entwurf abweichende stärkere Akzentuierung der Fassadenmitte. In den Neubau brachte man zunächst einen Teil der antiken Statuen, die bis dahin im Palazzo dei Conservatori aufbewahrt worden waren. Erst als Papst Clemens XII. 1734 verfügte, dass in den Räumen die städtische Antikensammlung auszustellen und der Öffentlichkeit zur Besichtigung freizugeben sei, wurde das eigentliche Kapitolinische Museum, das erste Museum der Welt, gegründet.

Reiterstatue des Marc Aurel, 176/177
vergoldete Bronze, H. 424 cm

Als beherrschenden Mittelpunkt der neu gestalteten Piazza del Campidoglio hatte Michelangelo Buonarroti die berühmte antike Reiterstatue des Kaisers Marc Aurel gewählt, die 1538 von ihrem Platz vor der Lateransbasilika auf das Kapitol überführt wurde. Seit dem 10. Jh. war das bronzene, ursprünglich vergoldete Standbild, das im Mittelalter als bedeutendstes Gerichtssymbol in Rom galt, dort aufgestellt gewesen. Seinen symbolischen Wert als Rechtszeichen verdankte das Monument einer falschen Benennung, die es zugleich – im Gegensatz zu den meisten anderen antiken Bronzeskulpturen – vor einer Zerstörung im Mittelalter bewahrte: Als »caballus Constantini« wurde es verehrt, denn man hielt den Reiter für den ersten christlichen Kaiser Konstantin den Großen. Die vormittelalterliche Geschichte des Standbildes liegt im Dunkeln: Weder der Anlass seiner Fertigung noch der Aufstellungsort in der Antike sind bekannt.

Die Reiterstatue nimmt innerhalb der abendländichen Kunstgeschichte einen hohen Stellenwert ein, darf sie doch als Prototyp aller neueren Reiterstandbilder gelten. Sie stellt den für sein staatliches Engagement wie für seine Güte und Weisheit berühmten Philosophenkaiser Marc Aurel (121–180) dar, der mit Tunika und »paludamentum«, dem Mantel des Feldherrn, bekleidet ist und seine Rechte zum Gruß der Truppen erhoben hat. Möglicherweise war das Monument aus Anlass eines militärischen Sieges errichtet worden, denn einst befand sich unter dem rechten erhobenen Vorderhuf des Pferdes die Statue eines unterworfenen Königs mit gebundenen Händen.

Zwei Varianten einer Legende ranken sich um das Monument: Nach der einen werde der Jüngste Tag anbrechen, wenn alles Gold von der Bronze verschwunden sei, während die andere besagt, wenn Pferd und Reiter wieder ganz mit Gold überzogen seien, werde Rom erneut Herr der Welt sein. Unabhängig davon wurde die Reiterstatue 1981 von ihrem Aufstellungsort entfernt und einer modernen Restaurierung und Materialuntersuchung unterzogen. Wegen der schweren Beschädigungen durch die Witterungseinflüsse wird sie seitdem im Hof des Palazzo Nuovo aufbewahrt. Auf dem Kapitolsplatz aber steht seit 1997 eine bronzene Replik.

Palazzo Nuovo

Marforio, Brunnenfigur eines Flußgottes aus dem 1. Jh. n. Chr.

Reiterstatue des Marc Aurel, S. 56 f.

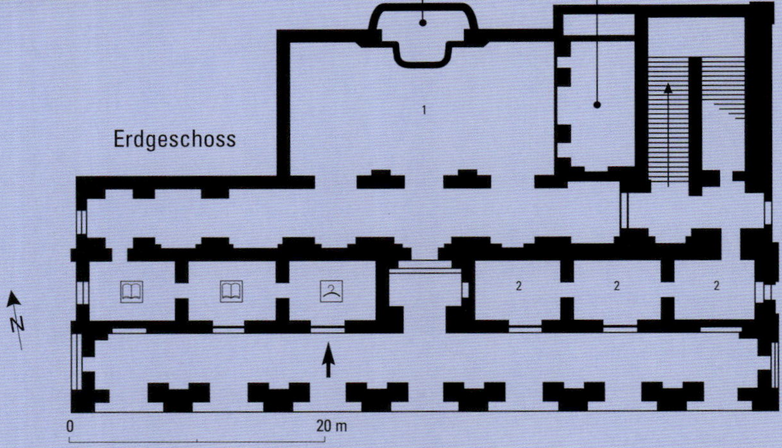

Statue eines verwundeten Kriegers. Pierre Etienne Monnot (1658-1733) interpretierte in dieser Rekonstruktion den Torso eines Diskuswerfers als gestürzten Schwertkämpfer.

1 Cortile

2 Stanzette terrene

Verwundete Amazone: Statue und Kopf sind nach zwei der vier berühmten Amazonen aus dem Artemis–Heiligtum in Ephesos kopiert

Taubenmosaik aus der Villa Hadriana: Kopie eines berühmten Mosaiks des pergamenischen Künstlers Sosos

1. Obergeschoss

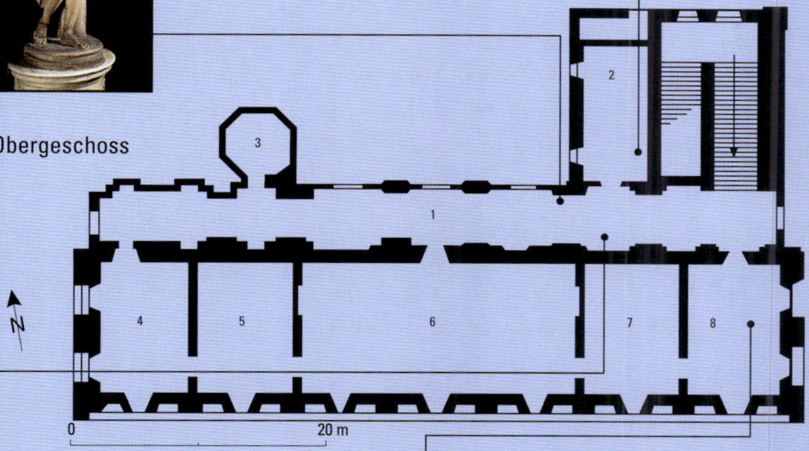

1 Galleria
2 Sale delle Colombe
3 Gabinetto della Venere
4 Sala degli Imperatori
5 Sala dei Filosofi
6 Salone
7 Sala del Fauno
8 Sala del Galata Morente

Sterbender Gallier: Kopie eines hellenistischen Bronzeoriginals aus dem kleinasiatischen Pergamon, das Teil eines größeren Siegesdenkmals war

Die römischen Kaiser und ihre Zeit

Iulisch-claudische Kaiser

Augustus (27 v. Chr.–14.n.Chr.), Abb.

Tiberius (14–37), Abb.
Caligula (37–41)
Claudius (41–54)

Nero (54–68), Abb.

Vierkaiserjahr und die Flavier

Galba, Otho, Vitellius (69)

Vespasian (69–79), Abb.
Titus (79–81)
Domitian (81–96)

0 | **25** | **50** | **75**

29 v. Chr. Curia Iulia, Augustus-Mausoleum

27 v. Chr. Tempel des Apollo auf dem Palatin

9 v. Chr. Ara Pacis (Abb.)

2 v. Chr. Augustus-Forum

45 Hafen in Ostia
52 Aqua Claudia

52 Porta Maggiore (Abb.)

nach 54 Domus Transitoria

64 Domus Aurea (Abb.)

71–75 Templum Pacis
80 Kolosseum (Abb.)

80 Jupitertempel auf dem Kapitol
81 Titus-Bogen
81–92 Domus Flavia und Domus Augustana

31 v. Chr. Sieg des Octavian über Marc Anton in der Schlacht von Actium

20 v. Chr. Rückgabe der von Crassus verlorenen Legionsadler durch die Parther

16–9 v. Chr. Eingliederung von Gallien, Pannonien und Germanien in das Reich

14–16 Feldzug des Tiberius (Abb.) gegen die Germanen

17 Einrichtung der Provinz Cappadocia

43 Eroberung Südbritanniens durch Claudius

46 Einrichtung der Provinz Thracia

62 Nach der Ermordung seiner Mutter Agrippina (Abb.) und seiner Ehefrau Octavia beginnt Neros Wilkürherrschaft

70 Eroberung Jerusalems (Abb.)

78–84 Ausdehnung der Provinz Britannia bis Schottland

85–89 Kämpfe gegen die Daker

27 v. Chr. Wiederherstellung der Republik; Octavian wird der Ehrenname »Augustus« verliehen

17 v. Chr. Säkularfeier der Stadt Rom

2 v. Chr. Augustus erhält den Ehrentitel »Pater patriae« (»Vater des Vaterlandes«)

4 n. Chr. Adoption des Tiberius

14 Vergöttlichung des verstorbenen Augustus (Abb.)

64 Brand Roms und Christenverfolgung

65 sog. Pisonische Verschwörung

68 Selbstmord Neros nach Ächtung durch den Senat

69 Vierkaiserjahr

81 Domitian (Abb.) wird dritte römischer Kaiser aus der Plebejer-Familie der Flavier

79 Ausbruch des Vesuv

96 Beanspruchung des Titels »Dominius et Deus« und Opfer vor de Kaiserstatue führen zu Ermordung des Domitian

Agrippa (63–12 v. Chr.), Schwiegersohn des Augustus

Horaz (65–8 v. Chr.), Dichter

Livius (59 v. Chr.–17 n.Chr.), Historiker

Vergil (70–19 v. Chr.), Dichter (Abb.)

Thrasyllos (gest. 36), Astrologe

Ovid (43 v. Chr.–18 n. Chr.), Dichter

Livia (58 v. Chr.–29 n. Chr., Abb.), Ehefrau des Augustus und Mutter des Tiberius

Agrippina d. J. (15/16–59), Ehefrau des Claudius und Mutter des Nero

Seneca (3 v. Chr.–65, Abb.), Philosoph und Erzieher Neros

Lukan (39–65), Dichter

Petronius (gest. 66), Schriftsteller

Severus und Celer, Architekten

Plinius d. Ä. (24–79), Schriftsteller

Quintilian (35–95), Lehrer der Rhetorik

Flavius Josephus (37–97), jüdischer Historiker und Feldherr

Martial (41–100), Epigrammdichter, Schriftsteller

Kaiser

Adoptivkaiser

Nerva (96–98), Abb.
Trajan (98–117)

Hadrian (117–138), Abb.

Antoninen
Antoninus Pius (138–161)

Marc Aurel (161–180), Abb.
Lucius Verus (161–169)
Commodus (180–192)

Severer
Pertinax (193)
Didius Iulianus (193)
Pescennius Niger (193–195)

Septimius Severus (193–211), Abb.
Clodius Albinus (195–197)

100 | 125 | 150 | 200

Kunst & Architektur

97 Nerva-Forum (Abb.)

107–113 Trajansforum, Trajanssäule und Trajansmärkte

109 Trajansthermen

113 Restaurierung des Caesarforums, Hafen in Ostia

118–125 Pantheon

ab 121 Tempel der Venus und Roma

134 Hadriansmausoleum (Engelsburg)

117–138 Villa Hadriana in Tivoli (Abb.)

Athenäum (erste universitätsähnliche Institution in Rom)

141 Tempel des Antonius Pius und der Faustina

145 Hadrianstempel (Abb.)

um 161 Sockel der Antoninus-Pius-Säule

180 Marc-Aurel-Säule

ab 193 Domus Severiana

203 Septimius Severus-Bogen

204 Argentarier-Bogen (Abb)

um 300 Mithras-Heiligtum in San Clemente

Taten

101–102, 105 Dakienfeldzüge (Abb.)
Unter Trajan erreicht das Römische Reich mit den neuen Provinzen Dacia, Arabia (106), Armenia, Assyria und Mesopotamia (114–117) seine größte Ausdehnung.

132–135 Aufstand der Juden unter Bar Kochba und Eroberung Jerusalems

Befriedung des Reiches durch Bau von Befestigungsanlagen

Unter Antoninus Pius erlebt das Römische Reich seine glücklichste Friedensperiode.

162–165 Partherkrieg (Abb.)

167–175, 178–180 Markomannenkriege

195–198 Partherkriege (Abb.)

208–211 Britannischer Krieg; Septimius Severus stirbt in Begleitung seiner Söhne Caracalla und Geta

Zeitgeschehen

96 Nerva wird vom Senat zum Princeps bestimmt; er adoptiert den Spanier Trajan, der als erster römischer Kaiser aus einer Provinz stammt!

112 gesetzliche Einschränkung willkürlicher Christenverfolgungen (Abb.)

121–125, 126–129 ausgedehnte Reisen durch das Reich zur Überwachung der Reichsverwaltung

Ausbildung eines juristisch gebildetem Berufsbeamtentums in der römischen Verwaltung (anstelle der alten Wahlämter)

164–180 große Pestseuche im Reich

Septimius Severus, geboren in der nordafrikanischen Stadt Leptis Magna, begründet seinen Herrschaftsanspruch mit der fiktiven Adoption durch Marc Aurel.

176 wird Commodus (Abb.) Mitregent und damit die dynastische Erbfolge wieder aufgenommen.

Zeitgenossen

Plutarch (46–120), Historiker, Philosoph und Schriftsteller

Plinius d. J. (62–113), Schriftsteller

Dion Chrysostomos (um 98–120), Redner und Philosoph

Apollodorus von Damaskus, Architekt Trajans

Tacitus (50–116), Historiker (Abb.)

Juvenal (ca. 65–128), Dichter

Sueton (70–130), Schriftsteller

Epiktet (gest. 138), stoischer Philosoph

Lukian (120–180), griechischer Schriftsteller

Apuleius (125–180), Schriftsteller und Wanderredner

Aelius Aristeides (117–180), Schriftsteller

Galenos (129–199), Leibarzt des Marc Aurel (Abb.)

Dio Cassius (154–229), griechischer Geschichtsschreiber in Rom

Philostratos (geboren um 170), griechischer Philosoph

Die römischen Kaiser und ihre Zeit

Caracalla (211–217)
Geta (211)
Macrinus (217–218)

Elagabal (218–222), Abb.

Severus Alexander (222–235)

Soldatenkaiser

Maximinus Thrax (235–238)
Gordianus I. (238)
Gordianus II. (238)
Balbinus (238)
Pupienus (238)
Gordianus III. (238–244)
Philippus Arabs (244–249)
Decius (249–251), Abb.

Trebonianus Gallus (251–253)
Aemilianus (253)
Valerianus (253–260)
Gallienus (253–268)
Postumus (260–268)

Claudius II. Gothicus (268–270)
Quintillus (270)
Aurelianus (270–275)
Tacitus (275–276)
Florianus (276)
Probus (276–282)
Carus (282–283)
Carinus (283–285)
Numerianus (283–284)

225 | **250** | **260** | **280**

216 Caracalla-Thermen (Abb.)

nach 218 Sol-Tempel am Palatin

Katakomben des Hl. Calixtus (Abb.)

270 Aurelianische Stadtmauer (Abb.)

ab 270 Porta San Sebastiano (Abb.)

212 lässt Caracalla seinen Bruder und Mitregenten Geta ermorden.

213, 234–235 Germanenkriege

216–217 Partherkrieg

231–233 Sieg über das neupersische Reich der Sassaniden, die in der Folge zu Roms gefährlichstem Gegner werden sollten.

235–236 Germanienfeldzug

237 Einfall der Sassaniden in Mesopotamien

243 Sieg über die Sassaniden in der Schlacht von Resaina und Rückeroberung von Antiochia

246–247 Daker- und Germanenkrieg

254–256 Reichsgrenzen werden durch den Ansturm der Goten, Quaden und Sarmaten, der Parther, Franken und Alamannen sowie mauretanischer Stämme bedroht

260 Sieg über die Alamannen bei Mailand

268 Sieg über die Goten

268, 271 Siege über die Alamannen

269 Sieg über die Goten in der Schlacht bei Naissus

272 Unterwerfung des palmyrischen Reiches der Kaiserin Zenobia

274 Unterwerfung des gallischen Sonderreiches und Wiederherstellung der Reichseinheit

212 Constitutio Antoniniana: Verleihung des römischen Bürgerrechts an alle freien Bewohner der Provinzen

220 Erhebung des syrischen Sonnengottes durch Heliogabal (Abb.) zum höchsten Staatsgott

Zeit der »Soldatenkaiser«, die von den Truppen auf den Thron gehoben, jedoch meist nach kurzer Zeit ermordet werden. Sie sind fortwährend in wechselvolle Kämpfe um die Sicherung der Reichsgrenzen verwickelt. (Abb.)

248 1000-Jahr-Feier in Rom

249–251, 257–258 Christenverfolgungen unter Decius und Valerian

ab 258 Finanzkrise und zunehmende Münzverschlechterung im Römischen Reich

260 Toleranzedikt für die Christen

nach 269 Heeresreform

274 Aurelian nimmt den Titel »Dominus et Deus« an und führt den Kult des Sol Invictus mit dem Kaiserkult als Staatskult ein

Claudius Aelianus (175–235), Schriftsteller

Pontianus (230–235), 1. Papst, dessen Datum der Abdankung genau bezeugt ist

Plotin (205–270), ägyptischer Philosoph in Rom (Abb.)

Diogenes Laertius, Verfasser einer Philosophengeschichte

Kaiser

Tetrarchen (Abb.)

Diokletian (284–305)
Maximianus (285–310)
Constantius I. Chlorus (293–306)
Galerius (293–311)
Severus II. (305–307)

Konstantin und seine Nachfolger

Konstantin I. der Große (306–337), Abb.

Maxentius (306–312) Licinius (308–324)
Maximinus II. Daia (305–313)

Konstantin II. (337–340)
Constans I. (337–350)
Constantius II. (337–361)
Magnentius (350–353)
Iulianus Apostata (361–363), Abb.

Iovianus (363–364)

Valentinian und seine Nachfolger

Valentinian I. (364–375)
Valens (364–378)
Gratianus (367–383)
Valentinian II. (375–392)
Theodosius I. (379–395)

300 | 325 | 350 | 375

Kunst & Architektur

298–306 Diokletiansthermen (Abb.)

303 Decennalienbasis

306–310 Maxentius-Basilika

Maxentiuscircus

312 Konstantinsbogen (Abb.)

312 1. Lateranbasilika

319 1. Petersbasilika

Mausoleum der Helena

Ianus Quadrifrons (Abb.)

3. Viertel 4. Jh. Mosaike in Santa Costanza

um 385 Apsismosaik von Santa Pudenziana (Abb.)

422–432 Holztür von Santa Sabina

432–440 Mosaiken im Langhaus von Santa Maria Maggiore

Taten

Einführung der Tetrarchie: Regierung durch zwei Augusti und zwei Caesares

293 umfassende Reichsreform

297 Einteilung des Reiches in 12 Diözesen und 101 Provinzen

Niederschlagung von Aufständen im Innern, Sicherung der Reichsgrenzen und Erweiterung des Reiches nach Osten

312 Sieg Konstantins über Maxentius an der Milvischen Brücke (Abb.)

324 Sieg Konstantins über Licinius bei Adrianopel, durch den er Alleinherrscher wird.

Konstantin teilt das Reich unter seinen drei Söhnen auf, die sich jedoch bekämpfen.

330 Byzanz wird nach seiner Umbenennung in Konstantinopel christliche Reichshauptstadt.

um 375 Beginn der Völkerwanderung

394 Theodosius vereinigt noch einmal das ganze Römische Reich.

395 Nach seinem Tode wird es unter seinen Söhnen in ein west- und ein oströmisches Reich geteilt: Ende der Reichseinheit

476 Ende des Weströmischen Reiches nach der Absetzung des Romulus Augustulus (475–476)

Zeitgeschehen

Römisches Reich wird eine absolute Monarchie nach orientalischem Vorbild: Gottkaiser, dessen Untertanen die Bürger sind.

303–311 Große Christenverfolgung unter Diokletian

Das System der Tetrarchie scheitert an den dynastischen Ansprüchen der Einzelherrscher.

313 Toleranzedikt von Mailand, durch das das Christentum völlige Religionsfreiheit und Gleichberechtigung erhält

337 Konstantin tritt auf dem Sterbebett zum christlichen Glauben über.

Iulian, der wegen seiner heimlichen Bevorzugung heidnischer Kulte den Beinamen »Apostata« (»der Abtrünnige«) erhält, versucht die Einführung des Mithraismus als Religion. (Abb.)

354 Schließung aller heidnischen Tempel

391 Christentum wird zur Staatsreligion (Abb.)

Zeitgenossen

Eusebios (260–340, Abb.), Verfasser der 1. Kirchengeschichte

Athanasius (295–373), griechischer Kirchenvater, Bischof von Alexandria

Cyrillus von Jerusalem (315–386), Kirchenvater

Ausonius (311–393), Dichter

Ammianus Marcellinus (um 300–um 400), Historiker

Ambrosius (340–397, Abb.), Kirchenlehrer Mailand

Augustinus (354–430), Kirchenvater

Forum Romanum (Foro Romano)

Vom Kapitol führt die Via Sacra (heilige Straße), die für Prozessionen und Triumphzüge genutzt wurde, zum Forum Romanum, dem Zentrum des politischen, religiösen, kommerziellen und gerichtlichen Lebens im alten Rom. In den Anfängen ein sumpfiges und unwirtschaftliches Tal, in dem man die Toten bestattete, wurde es nach der Besiedlung der umliegenden Hügel dank seiner zentralen Lage zum natürlichen Mittelpunkt der Stadt. Der Beginn seiner Geschichte fällt mit der Herrschaft der Tarquinier zusammen: So soll der fünfte König, Tarquinius Priscus, mehrere öffentliche Bauten, vor allem aber ein groß angelegtes Kanalsystem zur Entwässerung der Talsenke, errichtet haben. Von diesem Zeitpunkt an begann die Gliederung des Gebiets unterhalb des Kapitols in zwei Teile mit genau bestimmten Funktionen. Den nördlichen Bezirk nahm das »comitium« (Versammlungsplatz) ein, auf dem politische Versammlungen stattfanden und die hohen Feste des Volkes gefeiert wurden. An seiner Seite entstanden in den Anfängen der Republik im 5. Jh. v. Chr. die »curia«, in der die Mitglieder des Senats zusammentraten, und die »rostra«, die Rednertribüne. Weiter südlich erstreckte sich der eigentliche Markt, auf dem Bauern und Händler ihre Waren zum Verkauf und Wechsler ihre Dienste anboten. Zugleich war das Forum ein Ort der Götterverehrung: Zu den frühesten Tempeln gehören die für Saturn, die Dioskuren und Concordia. Andere sakrale Stätten sind der Tempel der Vesta an der Grenze des alten Forums, das Haus ihrer Priesterinnen, der Vestalinnen, und die Regia, Sitz des obersten Priesters, des »pontifex maximus«.

Der eigentliche städtebauliche Aufschwung des Forums erfolgte aber erst im 2. Jh. v. Chr. nach den Punischen Kriegen und der Eroberung des östlichen Mittelmeergebietes, in deren Folge Rom zur führenden Großmacht aufgestiegen war. Innerhalb nur weniger Jahre veränderte sich das Bild

Giovanni Battista Piranesi, Forum Romanum, 1775, Radierung

Forum Romanum, Blick auf die Ruinen

Forum Romanum, Tempel des Saturn

männern – von der Republik zum Prinzipat – eine Verlagerung sowohl der politischen Funktionen als auch des Marktbereichs zur Folge. Bereits 54 v. Chr. hatte Caesar mit der Erweiterung des Forums nach Norden begonnen, indem er auf dem Gebiet des »comitiums« das Forum Iulium erbauen ließ und dabei die »curia« und die »rostra« an anderer Stelle neu errichtete. Mit dem Bau der Basilica Iulia und dem Wiederaufbau der Basilica Aemilia erfuhren zudem die Längsseiten des Forums eine vollkommene Umgestaltung. Unter Augustus wurde das Forum vollends in den Dienst der kaiserlichen Propaganda gestellt: Die östliche Schmalseite nahm nun der Tempel des vergöttlichten Caesar ein, zu dessen Seiten je ein Ehrenbogen für Augustus und dessen für die Thronfolge vorgesehene Enkel stand. Über Jahrhunderte blieb das Forum das, was es durch den ersten Kaiser geworden war: ein Instrument dynastischer Repräsentation. Die meisten der späteren Bauten – Heiligtümer vergöttlichter Kaiser oder Ehrenbogen – durchbrachen die Struktur des Platzes nur geringfügig. Erst als am Ende des 3. Jh.s das Römische Reich, das bis dahin auf der fiktiven Dop-

des Zentrums grundlegend: Repräsentative Basiliken für das Markt- und Gerichtswesen wurden erbaut, die dem Forum eine regelmäßige Form verliehen. Mit der Errichtung des Tabulariums, des römischen Staatsarchivs, zu Beginn des 1. Jh.s v. Chr. erhielt der Platz einen würdigen und prachtvollen Hintergrund. Damit waren die Voraussetzungen für eine organische Neugestaltung geschaffen, die von Caesar und Augustus zum Abschluss gebracht wurde. Jedoch hatten die politischen Veränderungen unter diesen beiden Staats-

pelherrschaft von Senat und Kaiser beruht hatte, auch rechtlich eine Monarchie geworden war, wurden einschneidende Baumaßnahmen vorgenommen. Zu ihnen gehören die Ehrensäulen auf der Südseite, Denkmäler zur Erinnerung an die Decennalienfeier und die Reiterstatue Konstantins in der Mitte des Platzes. Mit der Phokassäule, die 608 zu Ehren des byzantinischen Kaisers errichtet wurde, endet die Geschichte des antiken Forums.

Nachdem es jahrhundertelang in Vergessenheit geraten war, setzte in der Renaissance ein neues Interesse an dieser antiken Stätte ein. Für die alten Bauten hatte diese Entwicklung jedoch verheerende Folgen. Waren sie bisher durch eine hohe Erdschicht und Bewuchs geschützt, begann nun – wie überall in der Stadt – eine intensive Ausbeutung der antiken Baudenkmäler. Denn die Rückverlegung des heiligen Stuhls von Avignon nach Rom löste eine ungeheure Bauwut aus, für die Materialien aller Art benötigt wurden. So wandelte sich das Forum zum Steinbruch. Erst Ende des 17. Jh.s zeichnete sich mit dem Beginn der wissenschaftlichen Archäologie ein Wandel ab. 1788 fand die erste Ausgrabung auf dem Forum statt, und zu Beginn des 19. Jh.s begann man mit der systematischen Freilegung der Ruinen, die noch heute nicht beendet ist.

Rekonstruktion des Forum Romanum, 19. Jh., Aquarell, Soprintendenza alle Antichità, Rom

SPQR – der römische Staat von der Königs- bis zur Kaiserzeit

von Jürgen Sorges

Die Fundamente des römischen Staatswesens wurden während der sagenumwobenen Herrschaft der sieben Könige Roms (angeblich ab dem 21. April 753 v. Chr.) gelegt. Sesshaften Bauern und Grundbesitzern standen damals Hirten und Handwerker gegenüber. Tauschmittel für Waren und Naturalien war das Vieh, »pecus«. Aus dieser historischen Tradition leitet sich das lateinische Wort für Geld, »pecunia«, ab, dessen Sachwalter seit der Mitte des 3. Jh.s v. Chr. die damals auf dem Forum Romanum dominierenden Fleischerläden verdrängten. Die neuen Wechselstuben an der Via Sacra waren deutliches Symbol für die markanten Veränderungen in der Ökonomie der Stadt, die selbstverständlich in großem Umfang politische Umwälzungen mit sich brachten.

Schon mit der Stadtgründung hatte das politische Konzept der Stammesherrschaft (»gens«) an Bedeutung verloren. An seine Stelle trat einerseits die starke Bindung an die Familie, andererseits übernahm der »populus«, der Heerbann der Gemeinde, die Rolle des Stammes. Diese Fixierung auf militärische Zwecke sollte in der Folge die Struktur des römischen Staates maßgeblich bestimmen. Der mit dem Segen der Götter eingesetzte König (»rex«) vereinigte alle Staatsgewalt in Form des »imperium«, das heißt der Befehlsgewalt, sowie des »auspicium«, der Erkundung des Götterwillens durch Vorzeichen, besonders den Vogelflug, auf sich. Er war oberster Heerführer, Priester und Richter zugleich. Beratend stand ihm die Ältestenversammlung (»senatus«) der Stammeshäupter (»senes«) zur Seite, aus denen später die Senatoren wurden. Das Volk wieder-

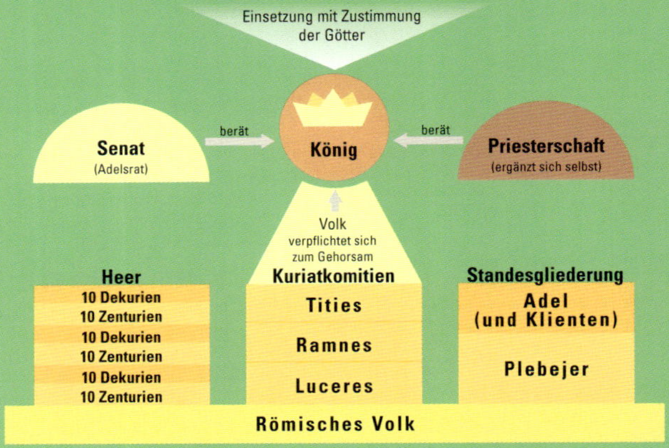

Oberster Machthaber der römischen Königszeit ist der »rex«, der gleichzeitig das höchste Priesteramt des »pontifex maximus« innehat. Priesterschaft und Senat (Rat der Adligen) beraten ihn. Die strenge Trennung von Adel und Plebejern spiegelt sich im Heer und in den Kuriatkomitien wider. (Quelle s. S. 619)

um organisierte sich in 30 Kurien (lat. »curia« = »coviria« = Männergemeinschaft), die sich räumlich in drei Bezirke (»tribus«: Tities, Ramnes, Luceres) mit jeweils zehn Kurien gliederten. Aus diesen ging das römische Heer hervor, wobei anfangs pro Bezirk hundert Reiter und zehn mal hundert Fußsoldaten gestellt werden mussten. Auf diesem System basierte auch die Erhebung der Steuern.

Das Ende der Königszeit, das allgemein um 509 v. Chr. datiert wird, zog einschneidende Veränderungen nach sich: Das erweiterte Stadtgebiet wurde nunmehr in 21, später sogar in 35 »tribus« organisiert. Endgültig setzte sich die räumliche gegenüber der auf den Stämmen basierenden Stadtgliederung durch. Aus der Versammlung der »tribus« erfolgte die streng nach fünf Vermögensklassen aufgeteilte Heeresaufstellung, insgesamt 193 Hundertschaften (»centuriae«): 18 durch den Adel gestellte Reiterstaffeln, 80 schwer bewaffnete Hoplitenzenturien, die sich aus den reichen Grundbesitzern zusammensetzten, sodann 90 leicht bewaffnete Hundertschaften, 400 Techniker und Musikanten, 100 Besitzlose. Nur »iuniores« (Männer bis zum 46. Lebensjahr) zogen in den Krieg, während »seniores« über Haus, Hof und Stadtmauer wachten. Die Entscheidung über Krieg und Frieden fiel durch Beschluss der Heeresversammlung, die auch die obersten Beamten wählte, Gesetze verabschiedete und über die Bürger der Stadt richtete. Waren Hopliten und

Das Innere der Curia Iulia mit Darstellung einer Senatsversammlung, Illustration von Peter Connolly, 1998

Sog. Brutus Capitolinus, Datierung umstritten: 4. Jh. v. Chr., Bronze, Höhe 69 cm, Museo Capitolino, Rom; einziges erhaltenes Porträt eines Römers aus der Zeit der mittleren Republik

die Häupter der Geschlechter, die ehemaligen Konsuln und später die Plebejer vertreten waren. Er beriet anfangs den Magistrat des Staates, später erteilte er diesem Weisungen. Der Magistrat (Beamte) wiederum wurde aus den Volksversammlungen (Komitien) der Kurien, Tribus und Zenturien gewählt. Eine besondere Regelung gab es für die plebejische Volksversammlung, die plebejische Ädilen und Volkstribunen als Vertreter ihrer Anliegen wählte. Alle Mitglieder des Magistrates wurden auf ein Jahr gewählt, um der Rückkehr autokratischer Herrschaft und Despotie vorzubeugen. Die Konsuln erhielten Befehlsgewalt über die Staatsfinanzen, die Kriegsführung und die Gerichtsbarkeit. Uneingeschränkte Machtbefugnis besaßen auch die ihnen untergeordneten, für die Rechtsprechung zwischen römischen Bürgern verantwortlichen Prätoren (Richter). Ihnen zur Seite trat ab 247 v. Chr. der »praetor

Reiter einer Meinung, erreichten sie automatisch die Mehrheit.

Die römische Republik führten die Konsuln (»consules«) an, die das »imperium« (die Befehlsgewalt) auf ein Jahr erhielten. Ihnen zur Seite stand der Senat (300 Mitglieder), in dem

peregrinus« für Streitigkeiten zwischen Fremden und Römern. Die für die gestrenge römische Sittenaufsicht und Vermögensschätzung (und damit Klassenzuteilung) verantwortlichen Zensoren, meist ehemalige Konsuln, wurden – als einzige Ausnahme – auf fünf Jahre gewählt.

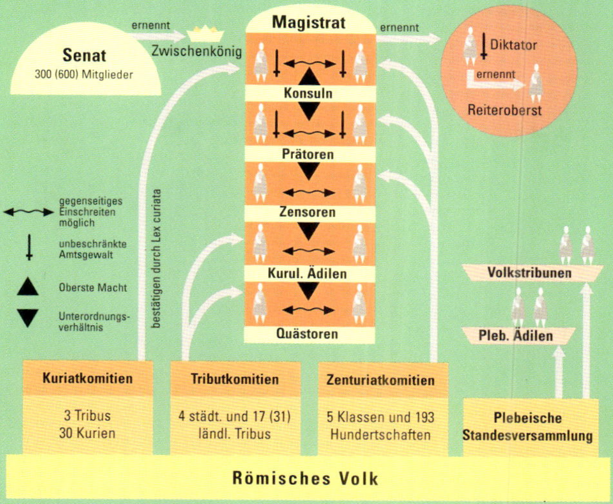

Roms im Senat vertretener Adel und das durch Ädilen und Tribunen repräsentierte Volk sind die Stützen der römischen Republik. Aus dem Volk gewählte Zenturiats- (Heeresversammlung) und Tributkomitien (städtische Bezirke) wählen die Verwaltung, den römischen Magistrat (Quästoren, Ädilen, Zensoren, Prätoren, Konsuln). Der Senat bestätigt die Konsuln (zeitlich begrenztes Amt), die in Krisenzeiten diktatorische Vollmachten (zeitlich begrenzt) zuerkennen bzw. selbst erhalten. (Quelle s. S. 619)

Die Ädilen waren für die Aufsicht der Märkte, die Ausrichtung von Spielen und Staatsbegräbnissen sowie den Unterhalt der Tempel und Polizeimaßnahmen verantwortlich. Schließlich beaufsichtigten die Quästoren den nie verebbenden Geldfluss in die Staatskasse.

In der Folge bestimmten langwierige Auseinandersetzungen zwischen Patriziern und Plebejern die Geschicke der Stadt. Diese Ständekämpfe führten immer wieder zu Zerreißproben und damit einhergehenden Veränderungen der Staatsgewalt. Letztlich wurde die römische Gesetzgebung gestärkt: So musste zum Beispiel schon fünf Jahre nach der Erstfassung der berühmten Zwölftafelgesetze (um 450 v. Chr.) das Verbot der Eheschließung zwischen den Ständen aufgehoben werden. Die Einführung des Widerspruchsrechts innerhalb der Magistratur, vor allem aber der »provocatio«, der Berufungsverhandlung vor der gesamten Bürgerschaft, stärkten die Rechte des Einzelnen vor der Willkür des Staates. Regelmäßig mussten auch Schuldenerlasse sowie die Beschränkung des Grundbesitzes (366 v. Chr. auf 135 Hektar) zur Befriedung der kulminierenden Streitigkeiten her. Nach den »licinisch-sextischen Gesetzen« sorgte vor allem die Reformbewegung der Gracchen (133–121 v. Chr.) für eine Stärkung der Plebejerrechte. Lebensmittelgaben und Landzuweisungen für Arme sowie die Beschränkung des Grundbesitzes auf 250 Hektar sollten den Frieden ebenso gewährleisten wie die Ausweitung der Bürgerrechte auf die Völker Italiens.

Zu Iulius Caesars Zeiten änderte sich der Staat entscheidend: Die Armenversorgung wurde auf

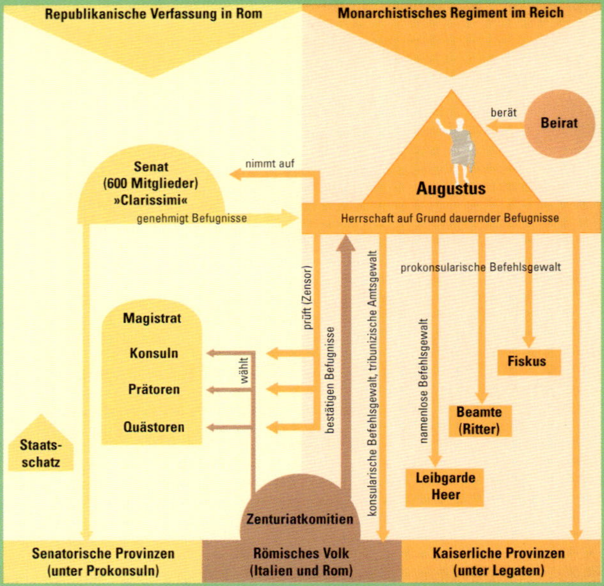

Kennzeichnend für die frühe Kaiserzeit ist das Nebeneinander von monarchischer Gewalt und republikanischer Restverfassung, vertreten durch den Senat. Während Letzterer (auf 600 Mitglieder erweitert) die Kontrolle über den Staatssschatz sowie den römischen Magistrat und die senatorischen Provinzen behält, erstreckt sich die kaiserliche Gewalt auf das Heer, die neu eroberten kaiserlichen Provinzen sowie die allgemeine Steuererhebung. Das Volk hat nurmehr Einfluss über die Heeresversammlung und Plebiszite. (Quelle s. S. 619)

150 000 (männliche) Bürger beschränkt, sowie Kommunalverfassungen in Italien erlassen. Nur kurz übernahm der Senat nach Caesars Ermordung die Staatsgewalt – und erhob ihn zum Gott. Die Kaiserzeit begann endgültig im Jahr 12 v. Chr. mit dem Prinzipat des Augustus: Während für die eroberten Provinzen eine monarchische Reichsstruktur mit dem Kaiser als Herrscher (»imperium« auf Lebenszeit) entstand, blieb Rom selbst bei seiner republikanischen Verfassung. Ständig kam es zu Reibereien zwischen dem Kaiser und dem auf 600 Mitglieder erweiterten Senat, der die kaiserlichen Befugnisse bestätigen musste. Der Kaiser erhielt Tribunal- und Konsulargewalt auf Lebenszeit, ohne jedoch die zugehörigen Ämter ständig innezuhaben. Getreideversorgung und Straßenbau waren exklusive kaiserliche Domänen wie auch das Amt des »pontifex maximus«, des obersten Priesters von Rom. Unter Caligula und Nero erfolgte die Vergöttlichung der Cäsaren schon zu Lebzeiten (Anbetung des »genius Augusti«), die weit reichende Folgen mit sich brachte, weil sie zur Vereidigung neuer Rekruten eingesetzt und damit reichsunmittelbar und für alle verbindlich wurde. Mit der diokletianisch-konstantinischen Verfassung um 300 n. Chr. wurde endgültig der absolutistische Kaiserstaat festgeschrieben. Die Staatsgewalt teilten drei Autoritäten: der Kaiser, der Hof und der Kronrat, der sich aus den Ministern

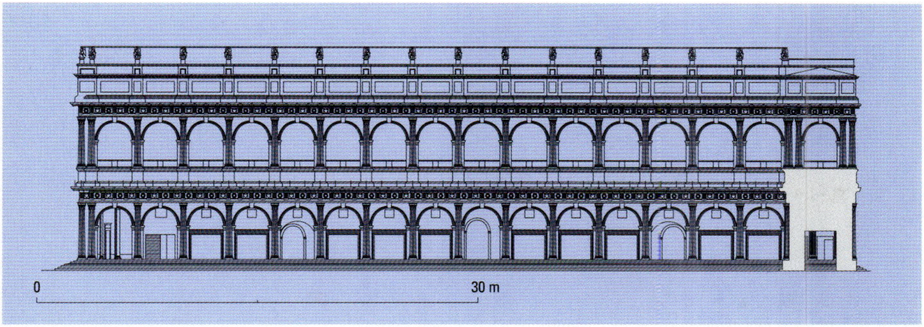

Basilica Aemilia, Rekonstruktion der Front

kleiner Geschäftsräume, sog. tabernae angeordnet waren. An jedem Ende lag eine Treppe, die zum Obergeschoss führte. Zwischen den »tabernae« gelangte man durch drei Durchgänge in die dahinter liegende vierschiffige Aula, die im Mittelgeschoss von einer Galerie umgeben war. Die erhaltenen Bauglieder lassen die frühere Pracht der Ausstattung noch erahnen: Fußboden, Säulenreihen und Wandverkleidungen des Innenraums bestanden aus verschiedenfarbigem Marmor, feine Ornamentik zierte die einzelnen Architekturteile, und ein Fries mit Szenen aus der Frühgeschichte Roms schmückte das Gebälk des dreistöckigen Mittelschiffs. 40 Statuen, die Orientalen darstellten, machten die Basilika zu einer Art Ruhmeshalle des römischen Volkes.

Basilica Iulia

Den gleichen Bautypus wie die Basilica Aemilia vertritt das Gebäude im Südosten des Saturn-Tempels, an das heute nur noch die Fundamente und Säulenstümpfe erinnern. Caesar hatte 54 v. Chr. an der Stelle der alten Basilica Sempronia die große Basilika beginnen lassen, die nach seinem Familiengeschlecht benannt ist. Augustus vollendete das Bauwerk, das aber wenige Jahre später vollständig abbrannte. Der Neubau, den er seinen Enkeln und Adoptivsöhnen Gaius und Lucius Caesar weihte, wurde nach einem weiteren Brand im 3. Jh. von Diokletian wieder hergestellt. Das 101 m lange und 49 m breite Gebäude war fünfschiffig angelegt und bestand aus einem großen, dreigeschossigen Mittelraum, der auf allen vier Seiten von zwei Portiken umgeben war. Wie bei der Basilica Aemilia gab es auch hier »tabernae«, die jedoch an der Rückseite lagen. Die Basilica Iulia war eine Gerichtshalle, in der das Tribunal der »centumviri« (Hundertmänner) tagte, welches für Eigentums- und Erbschaftsprozesse zuständig war.

Tabularium und die vorgelagerten Tempel

An der Rückseite des Forums zum Kapitol hin blickt man auf den hohen Unterbau und die Reste der Arkadengalerie des Tabulariums, das seit dem Mittelalter das Untergeschoss des Senatorenpalastes bildet. 78 v. Chr. errichtet, beherbergte es die römischen Staatsarchive und überragte mit seiner mächtigen Fassade den gesamten nördlichen Forumsbereich. Davor erinnern einige aufrecht stehende Säulen noch an die Tempel dieses Bezirks: Die acht ionischen Säulen neben der Basilica Iulia stammen von einem der ältesten römischen Tempel zu Ehren des Saturn, der zur Aufbewahrung des Staatsschatzes (»aerarium«) diente. Die Reste der Säulenkolonnade gehören zum Portikus der Dei Consentes, der dem Rat der zwölf obersten Götter geweiht war und im Jahre 367 n. Chr. wieder hergestellt wurde. Das Fundament und die drei korinthischen Marmorsäulen daneben stammen vom Tempel zu Ehren der vergöttlichten Kaiser Vespasian und Titus.

Septimius-Severus-Bogen

(Arco di Settimio Severo)

Der mächtige dreitorige Ehrenbogen mit einer Höhe von 20,88 m und einer Breite von 23,27 m zählt zu den besterhaltenen Monumenten des Forums. Nach Aussage der Weihinschrift auf der Attika wurde er aus Anlass des zehnten Jahrestages des Amtsantritts zu Ehren des Kaisers Septimius Severus und seines Sohnes Caracalla im Jahre 203 n. Chr. vom Senat und Volk von Rom (darauf verweist das Kürzel SPQR = Senatus Populusque Romanus) errichtet. Ursprünglich war in der Inschrift auch der zweite Sohn Geta genannt, den sein Bruder Caracalla jedoch nach dem Tode des Vaters ermordete und dessen Namen er auf allen Staatsdenkmälern entfernen ließ (sog. »damnatio memoriae«). Der mit Marmor verkleidete Bogen weist einen überreichen, heute stark verwitterten Reliefschmuck auf, der die Siege des Kaisers über die Parther und Araber feiert. Neben großformatigen Statuen römischer Soldaten mit gefangenen Parthern auf den Säulensockeln werden auf den Relieffeldern, oberhalb der seitlichen Durchgänge, Szenen aus den beiden Feldzügen dargestellt. Der Fries zeigt den Triumph des Kaisers. Von Münzbildern weiß man, dass den Bogen ein bronzenes Viergespann mit den Statuen der beiden Kaiser bekrönte.

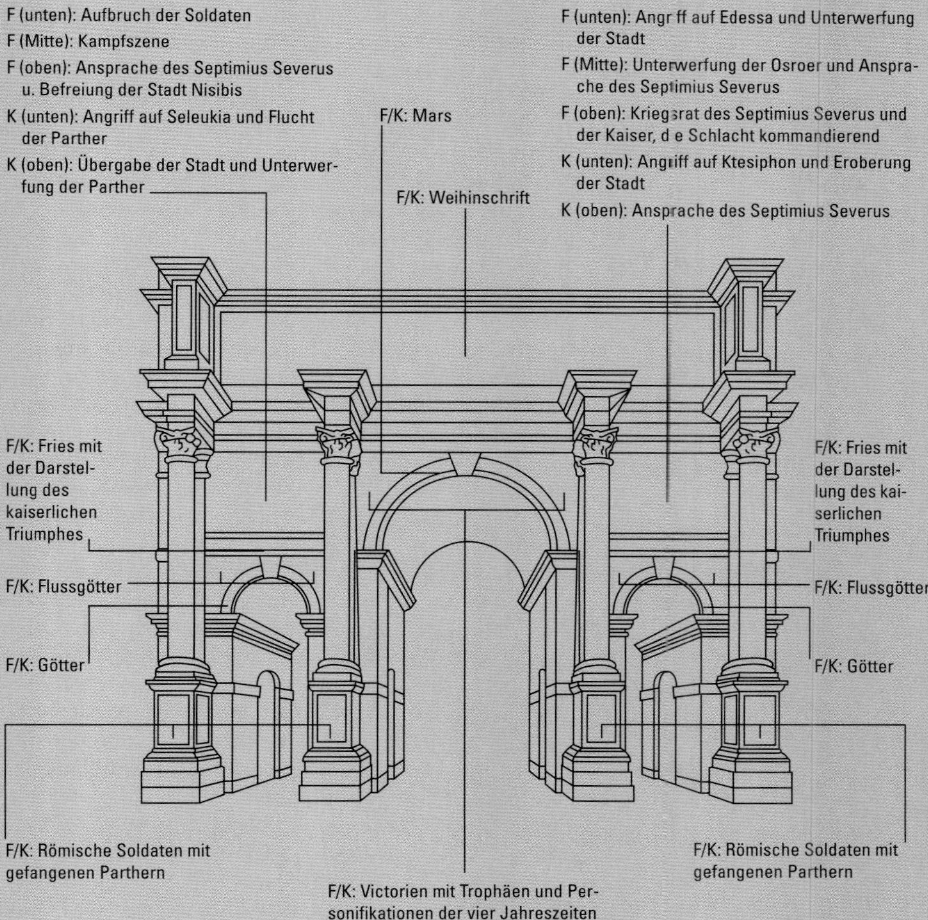

F: Forumseite, K: Kapitolseite
(Quelle s. S. 619)

Curia

Mit der Curia betritt man die Versammlungsstätte des Senats, der das politisch wichtigste Organ der römischen Republik darstellte und das Aufsichtsrecht über alles, was im Staate geschah, innehatte. Unmittelbar neben seinem Forum hatte Caesar als Ersatz für die alte, 52 v. Chr. abgebrannte Curia Hostilia einen Neubau errichten lassen, den Augustus 29 v. Chr. weihte. Doch geht der jetzige große Ziegelbau auf den Wiederaufbau unter Diokletian nach dem Brand im Jahre 283 n. Chr. zurück, dem das ganze Viertel zwischen Forum Iulium und Basilica Iulia zum Opfer fiel. Dank einer umfangreichen Restaurierung in den 30er-Jahren ist das Gebäude, das im 7. Jh. in die Kirche S. Adriano umgewandelt worden war, in seinen Originalzustand versetzt worden. Ursprünglich waren die Außenmauern im unteren Teil mit Marmor-, im oberen mit Stuckplatten – welche Marmor imitierten – verkleidet. Zu dem ungewöhnlich hohen Innenraum führt eine Bronzetür, deren originale Flügel sich seit dem 17. Jh. am Hauptportal von S. Giovanni in Laterano befinden. Der Marmorfußboden aus »opus sectile« und die architektonische Gestaltung der Wände mit säulengerahmten Statuennischen stammen aus diokletianischer Zeit. Auf den Stufenpodien seitlich des Mittelgangs standen einst die Sessel der ungefähr 300 Senatoren, die »per sessionem« abstimmten, d. h., die Befürworter nahmen auf der einen, die Gegner auf der anderen Seite Platz. An der rückwärtigen Schmalseite zwischen den beiden Türen stand ein großes Podest für die Konsuln, die höchsten Beamten des Staates, mit einer von Augustus gestifteten Statue der Victoria.

Plutei oder Anaglypha Traiani, frühes 2. Jh.
Marmor, H.1,68 m
L. Alimenta-Relief: 5,26 m
L. Verbrennungs-Relief: 4,34 m

In der Curia sind zwei große Reliefs aus trajanischer oder hadrianischer Zeit ausgestellt, deren ursprüngliche Anordnung umstritten ist. Möglicherweise dienten sie als Brüstungen einer Rednerbühne oder als

Balustrade. Als zeitgenössische Darstellung des Forums sind sie von hohem Wert, zeigen sie doch Amtshandlungen: Auf dem oben abgebildeten Relief werden den Bürgern Steuern erlassen und die Schuldenverzeichnisse in Anwesenheit des Kaisers verbrannt. Das unten abgebildete Relief stellt die Einsetzung der »alimenta« dar, bei denen es sich um niedrig verzinste Darlehen für die Landwirtschaft handelt, aus deren Ertrag notleidende Kinder unterstützt wurden. Die Rückseite zeigt Opfertiere der großen römische Feste: Schwein, Schaf und Stier (»suovetaurilia«).

Decennalienbasis

In der Nähe des Septimius-Severus-Bogens steht die sog. Decennalienbasis. Dabei handelt es sich um den Marmorsockel einer Ehrensäule, auf dessen Vorderseite zwei Victorien dargestellt sind, die einen Schild mit der Weihinschrift halten. Demnach ist das Denkmal dem zehnjährigen Bestehen der Tetrachie – der Herrschaft der vier Kaiser, zwei Augusti und zwei Cäsaren – im Jahre 303 n. Chr. gewidmet. Ein Relief am Konstantinsbogen gibt die ursprüngliche Anordnung des Denkmals wieder: Es war eines von fünf Säulenmonumenten, die hinter der Rostra aufgestellt waren und Statuen trugen. Die Mitte wurde von einer Jupiterstatue eingenommen, seitlich davon standen je zwei Bildnisse der Kaiser. Die Basis mit der Weihinschrift ist auch auf den anderen Seiten mit Reliefs geschmückt, die Opferszenen zeigen. Auf die Darstellung der »suovetauralia«, der Opferung eines Stiers, eines Schafs und eines Schweins, folgt ein Trankopfer des Kaisers Diokletian an den Kriegsgott Mars. Den Kaiser, den die Siegesgöttin bekrönt, begleiten der »flamen martialis« (Marspriester), ein Knabe mit einem Kästchen mit Räucherwerk und ein Bläser. Der Togaträger auf der rechten Seite ist das

Konstantinsbogen (Detail)

Sinnbild des Senats («genius senatus«), auf der linken Seite hinter dem Kaiser erkennt man die sitzende Stadtgöttin Roma und den Kopf des Sonnengottes Sol mit dem charakteristischen Strahlenkranz. Auf der dritten Seite ist die Prozession der Senatoren dargestellt.

Dioskuren-Tempel
(Tempio dei Dioscuri)

Einzige Überreste des »peripteros«, eines Tempels mit Ringhalle auf hohem Podium, sind die 12 m hohen korinthischen Säulen neben der Basilica Iulia, die im Volksmund die »Drei Schwestern« genannt werden. Der in Griechenland beheimatete Kult der Zwillinge Castor und Pollux breitete sich zu Beginn des 5. Jh.s v. Chr. in Rom aus. Nach der Legende sollen während des Kampfes der Römer gegen die Latiner am Lacus Regillus (499 v. Chr.) zwei geheimnisvolle Reiter erschienen sein, die den Römern zum Sieg verhalfen. Kurz danach hätten die beiden ihre Pferde an der Iuturna-Quelle auf dem Forum getränkt, den Sieg in der Stadt verkündet und seien verschwunden. Das Volk erkannte in ihnen die Dioskuren, und der Diktator Aulus Postumius Albinus gelobte ihnen zum Dank, einen Tempel zu errichten, den sein Sohn 484 v. Chr. weihte. Die heute noch sichtbaren monumentalen Reste gehören zu einem Neubau aus der Zeit des Tiberius (14–37 n. Chr.). Der Tempel war Sitz des städtischen Eichamts, das hier die staatlichen Maße und Gewichte aufbewahrte.

Vesta -Tempel
(Tempio della Vesta)

Gegenüber der Regia, dem Sitz des obersten Priesters, stand der Tempel der Göttin Vesta, der zusammen mit dem Haus ihrer Priesterinnen das Atrium Vestae bildete. Im Innern der »cella«, dem Tempelkern, brannte das heilige Feuer als Symbol für das Herdfeuer im Haus des Königs, dem ideellen Mittelpunkt des Staates. Jeweils am römischen Neujahrstag holten die Römer es in ihre frisch gereinigten Wohnungen. Wurde es ursprünglich durch die Töchter des Königs bewacht, übertrug man diese Aufgabe in republikanischer Zeit sechs Priesterinnen. Die Vestalinnen, Töchter aus vornehmen Patrizierfamilien, traten im Alter von sechs bis zehn Jahren den Kultdienst an. Für 30 Jahre mussten sie in der Priesterschaft bleiben und waren zur Keuschheit verpflichtet. Brach eine Vestalin das Gelübde, hatte dies den Tod zur Folge. Im Gegenzug wurden den Priesterinnen jedoch bedeutende Privilegien zuerkannt: Sie unterstanden nicht mehr der väterlichen Aufsichtspflicht, verfügten über beträchtliche finanzielle Mittel und genossen hohes Ansehen. Neben dem heiligen Feuer bewahrte der Tempel außerdem die Gegenstände auf, die Aeneas aus Troja gerettet hatte und die das ewige Bestehen des Reiches garantieren sollten. Zu ihnen gehörte das »palladium«, das archaische Kultbild der Minerva. Der kleine marmorne Rundtempel auf hohem Podium, der einst von 20 korinthischen, auf eigenen Sockeln stehenden Säulen umgeben war, geht auf eine Wiederherstellung nach dem Brand von 191 n. Chr. durch Iulia Domna, der Frau des Kaisers Septimius Severus, zurück. Da er als Aufbewahrungsort des heiligen Feuers besonders der Brandgefahr ausgesetzt war, muss sich in der Mitte des konischen Daches eine Öffnung für den Rauchabzug befunden haben.

Haus der Vestalinnen

(Casa delle Vestali)

Neben dem Vesta-Tempel erstreckt sich das Haus der Vestalinnen – der einzigen weiblichen Priesterschaft in Rom –, dessen Überreste ebenfalls dem Wiederaufbau unter Septimius Severus zuzuschreiben sind. Es bestand aus einem rechteckigen Hof mit drei Wasserbecken in seiner Mitte, der von einer zweistöckigen Säulenhalle umgeben war. An den Seiten schlossen sich mehrgeschossige Gebäude mit den Wohnräumen der Priesterinnen und dem Wirtschaftsbereich an. In den Portiken des Hofes waren Statuen der obersten Vestalinnen aufgestellt, von denen heute noch einige Bildwerke und Sockel Zeugnis ablegen. Rechts des Eingangs steht eine kleine Aedikula, die nach Aussage der Inschrift im Fries auf Senatsbeschluss errichtet worden war. Bis zur offiziellen Abschaffung der heidnischen Kulte durch Kaiser Theodosius im Jahre 391 n. Chr. blieb das Atrium Vestae bestehen und wurde dann von kaiserlichen und später von päpstlichen Beamten genutzt.

Tempel des Antoninus Pius und der Faustina

(Tempio di Antonino Pio e Faustina)

Nördlich der Regia, dem Amtssitz des obersten Priesters, blickt man auf einen großen, gut erhaltenen Tempel, dessen Benennung durch die Weihinschrift auf dem Architrav gesichert ist. 141 n. Chr. von Antoninus Pius zu Ehren seiner verstorbenen und vergöttlichten Frau Faustina errichtet, wurde der Tempel nach dem Tode des Kaisers 161 n. Chr. auch diesem geweiht. Veränderungen am Innen- und Außenbau gehen auf die Umwandlung des Bauwerks in die Kirche S. Lorenzo in Miranda (1150) zurück. Die Vermauerung der Säulen wurde jedoch anlässlich des Besuches von Kaiser Karl V. 1536 in Rom wieder entfernt; die barocke Fassade stammt aus dem Jahre 1602. Von der Via Sacra führt eine breite Treppe auf das hohe Podium. Sechs 17 m hohe Säulen mit Schäften aus Cipollino (euböischem Marmor) und korinthischen Kapitellen aus weißem Marmor stehen an

der Front, je zwei weitere schließen sich an den Längsseiten an. Ein Fries mit geflügelten Greifen, Kandelabern und anderen pflanzlichen Motiven, der zu den herausragenden Arbeiten römischer Dekorationskunst zählt, schmückt das Gebälk.

Tempel der Venus und Roma
(Tempio di Venere e Roma)

Im Bereich des Atriums der neronischen Domus Aurea ließ Kaiser Hadrian 121 n. Chr. seinen Architekten Apollodorus mit den Bauarbeiten des Tempels beginnen, der innerhalb eines auf den Längsseiten von einer doppelten Säulenreihe eingefassten Areals lag. Er erhob sich auf einem hohen Podium als korinthischer »peripteros«, ein von einer Ringhalle umgebener Tempel, mit zehn Säulen an der Front und 20 an den Längsseiten. Im Innern der Ringhalle lagen zwei »cellae«, deren Rückwände aneinander grenzten und die ursprünglich eine flache Balkendecke besaßen. Bei der Restaurierung durch Maxentius im Jahre 307 n. Chr. erhielten sie ihre jetzige Gestalt mit Apsiden und Tonnengewölben. Große Porphyrsäulen gliederten die Wände und fassten die Apsiden ein, kleinere, von Konsolen getragene Säulen rahmten Statuennischen. Ein Fußboden aus buntem Marmor und mit Stuck verzierte Kassetten an der Decke ergänzten die prachtvolle Ausstattung des Raumes. Der Tempel war der Stadtgöttin Roma und der Venus, der Schutzgöttin des Kaiserhauses, geweiht: In der westlichen, zum Forum hin gerichteten »cella« (sie wurde später in das Kloster S. Francesca Romana einbezogen, in dem heute das Antiquarium Forense untergebracht ist) stand die Statue der Roma, während in der östlichen »cella« die Statue der Venus zum Kolosseum blickte

Maxentius-Basilika
(Basilica di Massenzio)

Drei riesige tonnengewölbte Räume sind die einzigen Überreste der Basilika, die zu den großartigsten Bauwerken des kaiserzeitlichen Rom gehört. Die Basilika leuchtete dem antiken Besucher des Forums schon von weitem entgegen, denn ihr Dach war einst mit vergoldeten Ziegeln gedeckt. Doch diese wurden im 7. Jh. entfernt und für den Bau der alten Peterskirche wiederverwendet. Maxentius hatte auf dem Gelände einer großen flavischen Anlage mit Lagerräumen und anderen Nutzbauten zwischen 306 und 310 n. Chr. mit den Bauarbeiten begonnen. Vollendet wurden sie später unter seinem Gegenspieler Konstantin, der den ursprünglichen Plan durch eine Drehung der Hauptachse um 90 Grad wesentlich veränderte und den Eingang von der Ost- auf die Südseite verlegte. Welch imposante Ausmaße die dreischiffige Basilika besessen hat, mag die Grundfläche verdeutlichen, die 6500 m² betrug; allein das Mittelschiff war 80 m lang, 25 m breit und 35 m hoch.

Rekonstruktion

Das Mittelschiff öffnete sich im Westen in eine Apsis, in der man die Überreste der kolossalen Sitzstatue Konstantins (heute im Hof des Palazzo dei Conservatori) gefunden hat. Seine Ausmaße und das Konstruktionsprinzip mit den mächtigen Kreuzgratgewölben leiten sich aus der Thermenarchitektur ab, deren zentrale Räume ebenfalls als Basiliken bezeichnet wurden. Die prachtvollen Gewölbe ruhten auf acht korinthischen Marmorsäulen von 14,5 m Höhe, von denen nur eine einzige erhalten geblieben ist. Papst Paul V. ließ sie 1613 auf dem Platz vor S. Maria Maggiore aufstellen. Die niedrigeren Seitenschiffe waren jeweils in drei Räume mit kassettenverzierten Tonnengewölben unterteilt. Auf der Nordseite endete der mittlere Raum in einer Apsis, in deren Wände Statuennischen eingetieft waren. Die Apsis war durch eine Schranke aus Säulen und Gittern abgetrennt und diente als Gerichtssaal. Gegenüber auf der Südseite lag der unter Konstantin errichtete Eingangsbereich, der von der Via Sacra aus über eine Treppe in einen Portikus aus vier Porphyrsäulen führte.

Titus-Bogen
(Arco di Tito)

Über dem höchsten Punkt der Via Sacra erhebt sich der älteste noch stadtrömische Ehrenbogen, der seinen guten Erhaltungszustand vermutlich der Tatsache zu verdanken hat, dass er in die mittelalterliche Befestigungsanlage der Familie Frangipani einbezogen wurde. Als der Restaurator Valadier 1822 im Auftrag von Papst Pius VII. mit der Wiederherstellung des antiken Zustandes begann, musste er zunächst den

ganzen Bogen abtragen. Beim Wiederaufbau ersetzte er fehlendes Material durch den dunkleren Kalkstein Travertin.

Den eintorigen Bogen erbaute nach Aussage der Weihinschrift auf der Attika Kaiser Domitian nach 81 n. Chr. zu Ehren seines vergöttlichten Bruders und Vorgängers Titus. Er erinnert an die Niederschlagung des jüdischen Aufstandes in Palästina und an die Besetzung Jerusalems durch Titus und seinen Vater Vespasian im Jahre 71 n. Chr. Auf dieses Ereignis nimmt auch der Reliefschmuck Bezug: Im Fries an der Außenseite war der Triumphzug beider Herrscher dargestellt – heute ist nur noch das Relief auf der Ostseite erhalten –, in den Bogenzwickeln tragen Siegesgöttinnen die Feldzeichen.

Relief des südlichen Bogendurchgangs, nach 81 n. Chr.
Marmor, 240 x 385 cm

Zwei Ereignisse aus dem jüdischen Triumph werden auf den großen Relieffeldern im Bogendurchgang vorgeführt: Die Südseite zeigt den Beginn des Triumphzuges. Hier führen römische Legionäre die kostbarsten Beutestücke mit sich, darunter den siebenarmigen Leuchter und die silbernen Trompeten aus dem Tempel von Jerusalem. Gegenüber ist der wichtigste Moment des Triumphes zu sehen: Titus, von seinen Amtsdienern, den Liktoren, begleitet, steht in der Quadriga, die die Stadtgöttin Roma anführt, und wird von der Siegesgöttin Victoria mit einem Lorbeerkranz bekrönt.

Konstantinsbogen

(Arco di Costantino)

Zum Dank für den Sieg Konstantins über seinen Mitkaiser Maxentius in der Schlacht an der Milvischen Brücke 312 n. Chr. errichteten der Senat und das römische Volk einen Ehrenbogen in der Senke zwischen Caelius und Palatin. Er liegt an der Via Triumphalis, der Straße, durch die der Triumphzug hindurchführte. Mit einer Höhe von fast 25 m, einer Breite von 25,7 m und einer Tiefe von 7,4 m ist er das größte und besterhaltene der römischen Siegesdenkmäler. Er nimmt das dreitorige Schema des Septimius-Severus-Bogens mit der vorgesetzten Säulengliederung auf und besitzt darüber hinaus eine starke farbige Wirkung durch die Verwendung polychromer Marmorsorten. Im Gegensatz zu früheren Bauwerken ist der Konstantinsbogen jedoch keine völlige Neuschöpfung. Die meisten seiner Reliefs sind älteren Bauten aus der Zeit Trajans, Hadrians und Marc Aurels entnommen. Dabei wurden die Kaiserporträts in der Regel durch das des Konstantin und gelegentlich das seines Mit-Kaisers Licinius ersetzt, um bereits historische Ereignisse zu aktualisieren. Der Grund für ein solches Vorgehen der Wiederverwertung ist in dem Machtverlust Roms zu suchen, das seine einstige Stellung als Hauptstadt des Reiches an Konstantinopel abgetreten hatte. Eine Folge dieser politischen Entwicklung war der Abzug von großen Bildhauerwerkstätten, die hauptsächlich von Aufträgen des Hofes lebten. Als dann für große öffentliche Projekte nicht mehr genügend Bildhauer zur Verfügung standen, wurden ältere Denkmäler zerstört und ihre Materialien als Spolien neu verbaut.

N: Nordseite
S: Südseite
O: Ostseite
W: Westseite
(Quelle s. S. 619)

Kolosseum
(Colosseo)

Das Kolosseum im Tal zwischen Palatin, Esquilin und Caelius ist das Wahrzeichen Roms. Trotz vielfacher Beschädigungen durch Brände, Erdbeben und Plünderungen hat es die Jahrhunderte überdauert und beeindruckt noch heute durch seine »kolossalen« Maße. Mehr als 70 000 Menschen fanden hier Platz, um die Gladiatorenkämpfe, Tierhatzen und »Naumachien« (Schiffskämpfe) zu verfolgen. Den Namen »Colosseo« hat das »Amphiteatrum Flavium« erst im Mittelalter erhalten, vermutlich weil es in der Nähe der 20 m hohen Kolossalstatue Neros lag. Vespasian begann 72 n. Chr. mit dem Bau des größten Amphitheaters der römischen Welt auf dem Gelände eines künstlichen Sees, der ursprünglich zur Domus Aurea, dem neronischen Kaiserpalast, gehörte. Anlässlich der Einweihung durch seinen Sohn und Nachfolger Titus im Jahre 80 n. Chr. fanden 100-tägige Festspiele statt, bei denen 5000 Tiere getötet wurden. Der elliptische Bau misst 188 m in der Längs- und 156 m in der

Querachse. Vom äußeren, ganz aus Travertin errichteten Ring (Höhe 50 m) sind heute nur noch etwa zwei Drittel erhalten. Er ist viergeschossig und besteht in den drei unteren Stockwerken aus je 80 Arkaden, denen Halbsäulen verschiedener Ordnungen – dorische im ersten, ionische im zweiten und korinthische im dritten – vorgesetzt sind. Das vierte Geschoss ist wie eine Attika gebildet, die durch korinthische Pilaster gegliedert und in jedem zweiten Mauerabschnitt von einem rechteckigen Fenster durchbrochen wird. In den Löchern oberhalb der Konsolen steckten einst die Masten für das Sonnensegel, das bei Bedarf ausgespannt werden konnte.

Innengänge

Der Zugang zum Kolosseum war durch ein wohl durchdachtes System geregelt. Bis auf die vier Zugänge in den Hauptachsen, die ausschließlich privilegierten Personen vorbehalten waren, trugen alle Arkadenbogen des Erdgeschosses Ziffern. Da diese den Nummern auf den Eintrittsmarken (»tesserae«) entsprachen, konnten die Zuschauer somit leicht zu ihren Plätzen finden und im Notfall rasch evakuiert werden. Ein ausgeklügeltes System aus umlaufenden tonnengewölbten Gängen, von denen strahlenförmig Treppen und Rampen abgingen, ermöglichte den schnellen Zugang zu jedem Rang und dort zu der entsprechenden Sitzreihe.

Zuschauerraum und Arena (mit Rekonstruktion)

Der Zuschauerraum war in fünf übereinander angeordnete Ränge eingeteilt. Zwar war der Eintritt kostenlos, aber die einzelnen Ränge waren der römischen Klassengesellschaft entsprechend bestimmten Bevölkerungsgruppen zugewiesen: Auf den Plätzen an der Arena saßen die Mitglieder der Senatorenschicht, wobei in den Achsen die Ehrenplätze für den Kaiser und seine Familie, für Staatsbeamte, Vestalinnen und Priester lagen. Der zweite Rang war für die Ritter bestimmt, der dritte und vierte für die übrigen Schichten, während der oberste Rang mit Holzbänken – die anderen waren in Stein errichtet – den Frauen vorbehalten war.
Im Untergeschoss der 78 auf 46 m messenden Arena, die mit Holzbrettern abgedeckt

war, lagen alle für die Spiele benötigten Einrichtungen wie Ankleideräume, Maschinerien, Käfige für wilde Tiere oder Waffen. In den 30 Nischen der unterirdischen Umfassungsmauer waren kleine Flaschenzüge untergebracht, die die wilden Tiere und Gladiatoren in die Arena beförderten. Über schiefe Ebenen aus Tuffblöcken konnten mit Hilfe von Scharnieren und Gegengewichten alle möglichen Kulissen durch Drehung in die Arena befördert werden, welche die Tierhetzen in Landschaften mit Hügeln oder Wäldern versetzten.

Bis zum Jahr 523 n. Chr. wurde in der Arena das Bedürfnis des römischen Volkes nach »panem et circenses« (Brot und Zirkusspielen) gestillt. Unter dem Ostgotenkönig Theoderich (473–526 n. Chr.) fanden die letzten bekannten Spiele statt. Im Mittelalter lag das Kolosseum verlassen, lediglich eine apokalyptische Prophezeiung des angelsächsischen Mönches Beda erinnerte an seine einstige Bedeutung: »Solange das Kolosseum steht, wird Rom stehen; wenn das Kolosseum fällt, fällt auch Rom, wenn Rom untergeht, vergeht auch die Welt.« Im Mittelalter wurde es von der römischen Adelsfamilie Frangipani zur Festung ausgebaut und diente später wie viele andere antike Bauten vor allem als Steinbruch. Erst als das monumentale Bauwerk 1744 in eine Gedenkstätte christlicher Märtyrer umgewandelt und in der Arena ein bronzenes Kreuz aufgestellt wurde, war es vor weiteren Plünderungen bewahrt. Bald sollen die unterirdischen Gänge jedoch nicht mehr offen liegen, sondern wie in der Antike von einem hölzernen Arenaboden bedeckt sein.

Das Kolosseum – Gladiatorenkämpfe und Christenverfolgungen

von Jürgen Sorges

»Habet! Hoc habet!« – »Er hat es! Nun hat er's!« Die aufgeheizte Stimmung im flavischen Amphitheater kochte über! Rasch trennte der »lanista«, der Schiedsrichter in der Arena, die Kontrahenten mit seinem Langstab. Das Trompetensignal unterbrach den Zweikampf, als der schwer verletzte Gladiator zu Boden ging. Ohne jede Gemütsregung bat der Unterlegene den auf der Ehrentribüne sitzenden »editor«, den Spieleveranstalter, mit ritueller Geste um »missio«, Lebensaufschub. Sofort ermunterte dieser das fanatisierte Publikum, mit Heben oder Senken des Daumens über das Schicksal des Verlierers zu richten. Heute kannte es keine Gnade, der junge Kämpfer hatte sich beim Publikum noch keinen Namen gemacht. Nun griff ein Hauptschiedsrichter, der aus der griechischen Mythologie entlehnte Unterweltfährmann Charon, zum glühenden Brenneisen und presste es auf seinen regungslosen Körper. Das Duell auf Leben und Tod war beendet. Am Haken wurde der Leichnam durch die »porta libitina«, das Tor der Hinrichtungen, aus dem Kolosseum geschleift. Zufrieden strömten die Zuschauer durch die »vomitoria« (Aufgänge) zu einem der 76 farbenfroh bemalten, stuckverzierten Ausgänge.

Der Tag im Kolosseum war wie üblich verlaufen. Vormittags »venationes«, Tierkämpfe, deren reibungsloser Ablauf ein logistisches Kunststück verlangte. Auf dem meterdicken Betonfunda-

Römisches Mosaik mit Gladiatoren und Kampf mit einem Leoparden, 4. Jh. n. Chr., Galleria Borghese, Rom

ment des Kolosseums, das an der Stelle eines Sees in Neros Domus Aurea gegossen wurde, ruhte das Kellergeschoss: 6 m tief, 75 m lang und 44 m breit, war es ein gigantischer Tierkäfig. Im Mittelgang ließen sich hölzerne Rampen herunterklappen, über die Großtiere in die Arena gelangten. In den fünf schmalen Seitenkorridoren öffneten sich vergitterte Zwinger mittels Winden. Stege und Aufzugsschächte führten zu 62 in den hölzernen Arenaboden eingelassenen, mechanisch bewegbaren Falltüren: jede 1,5 m x 0,6 m groß. Wie durch Zauberhand gelangten so Leoparden und junge Braunbären in die Manege. Mechanische Hebebühnen förderten manchen Gladiator wie einen »deus ex machina« urplötzlich in die Sandarena.

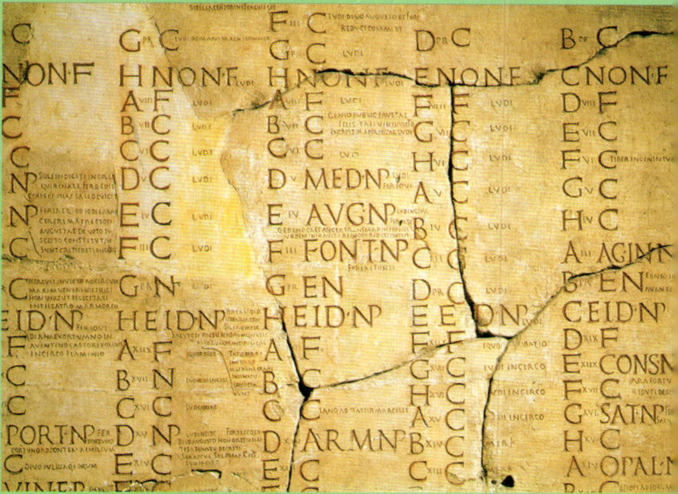

Ludi, ludi, ludi – Spiele, Spiele, Spiele! Der Kalenderausschnitt zeigt die große Bedeutung der Spiele an den römischen Feiertagen, um 25, Marmor, Museo Cincio, L' Aquila

Mittags, zum höchsten Stand der Sonne, wurden die Hinrichtungen vollzogen. Dann fielen die Sonnenstrahlen senkrecht durch die ovale Öffnung des 24,4 Tonnen schweren, schattenspendenden Segeldachs. 1000 Marinesoldaten hissten und refften das Monstrum in mehr als 50 m Höhe über die bis zu 70 000 Zuschauer. Zusätzlich sprengten sie Wasser und Parfüm-Essenzen über die Menge, die durch ein ausgeklügeltes Leitsystem mit nummerierten Sitzplatzmarken auf die vier Ränge gelotst worden war. Meist fanden die Exekutionen als »damnatio ad bestias« statt. Dabei wurde der Akt, Menschen Tieren zum Fraß vorzuwerfen, keineswegs kulturlos, sondern als zynisches antikes Reality-Theater inszeniert: Kulissen für antike Mythen und Sagen sorgten für eine angemessene Rahmenhandlung.

Nachmittags schlug die Stunde der »munera«, der Gladiatorenkämpfe. Vom »ludus magnus«, der kasernenähnlichen, nur 60 Schritte vom Kolosseum entfernten Gladiatorenschule, gelangten die Kämpfer durch einen Tunnel zum nach den Pyramiden zweitgrößten Bau der Antike: Bei 188 m Länge und 156 m Breite umfasste das Marmoroval insgesamt 517 m. Durch zwei nur ihnen vorbehaltenen Tore hielten die Gladiatoren ihren feierlichen Einzug vor die Kaiser-

Zweikampf der Gladiatoren, rechts ein secutor, links ein retiarius, in der Mitte ein lanista (Schiedsrichter), dessen Hoheitszeichen ein langer Stab war, Mosaik aus der römischen Villa von Nennig, 3. Jh. n. Chr.

Die Einzel- und Gruppenkämpfe bestritten bis zu 20 verschiedene Gladiatorentypen, darunter »essedarii«, britische Kämpfer auf Kleinwagen. Rüstungsfunde haben die »Samniten« bis heute am bekanntesten gemacht: Sie trugen einen mächtigen Helm samt Kamm und Visier, dazu das Kurzschwert (»gladius«) der römischen Legionäre und ein rechteckiges Langschild. »Gallisch« Bewaffnete griffen zum großen Buckelschild und dem Schlitzschwert mit langer Klinge, um behelmte »Thraker« mit einem quadratischem Schild und Krummschwert zu bekämpfen. Der als »retiarius« bekannte Netzkämpfer verwendete Netz und Dreizack, die Insignien der Fischerzunft. Der »secutor« trug »gladius« und »scutum«, Kurzschwert und Schild der römischen Le-

loge: »Ave Caesar! Morituri te salutant!« Nach dem Gruß der Todgeweihten an den Herrscher, der nicht selten, wie Julius Caesar (100–44 v. Chr.) oder Marc Aurel (121–180 n. Chr.), gelangweilt in Staatspapieren blätterte, begann zur Einstimmung des streng nach Gesellschaftszugehörigkeit platzierten Publikums die »prolusio«: Scheinkämpfe mit stumpfen Waffen. Ein Trompeter signalisierte den wirklichen Kampfbeginn, der oft mit Wasserorgelmusik untermalt wurde.

gionäre, dazu einen Armschutz (»manica«) sowie den Helm mit aufschwellendem Kamm. Zwischen dem Beginn (264 v. Chr.) und dem Jahr der endgültigen Abschaffung der Gladiatorenkämpfe, 404 n. Chr., ließen Tausende, darunter zahlreiche christliche Märtyrer, im Kolosseum ihr Leben. Vor der Eröffnung des Kolosseums im Jahr 80 n. Chr. fanden die tödlichen 'Spiele' u. a. im Circus Maximus statt. Während der römischen Republik dienten sie den aufstrebenden Politikern als Wahlkampfmittel: Das

Darstellung des Beginns einer Tierhatz. Ein Löwe wird in die Arena gelassen, wo ein schwer bewaffneter Gladiator wartet. Das Publikum wohnte dem Spektakel auch in Logen (rechts oben) bei. Römisches Relief, 1. Jh. v.–1. Jh. n. Chr., Museo Nazionale Romano, Rom

Volk wählte diejenigen, die ihm die prächtigsten Schaukämpfe mit den berühmtesten Gladiatoren ausrichteten. Aus dem »munus«, einer religiösen Beerdigungszeremonie für Adlige, hatte sich laut dem Geschichtsschreiber Livius (59 v. Chr. – 17 n. Chr.) ein Wahnsinn entwickelt. In der Kaiserzeit degenerierte der Gladiatorenkampf dann zum Massenspektakel, das in mehr als 170 Arenen des Imperiums frenetisch bejubelt wurde. Der satirische Dichter Juvenal (um 65 bis etwa 128 n. Chr.) brachte den Zweck der blutrünstigen »ludi«, der Spiele, für die Nachwelt auf den Nenner: »panem et circenses«, »Brot und Spiele«, für das Volk sollten das Reich zusammenhalten.

Palatin (Palatino)

Vom Titus-Bogen führt die antike Straße Clivus Palatinus auf den Palatin, der durch seine Lage in der Mitte der sieben Hügel Roms seit altersher einen besonderen Rang einnahm. Der Sage nach sollen sich hier schon früh griechische Siedler aus Arkadien unter der Führung des Evandras und seines Sohnes Pallas angesiedelt haben. Auf diese sei (so schrieb Vergil) Romulus gestoßen, als er sich auf dem Palatin niederließ und die Stadt Rom gründete. Legende und Geschichte treffen hier zusammen: Reste einer eisenzeitlichen Hütte an der Südwestseite des Hügels bestätigen die Überlieferung von der Casa Romuli, die als Behausung des Stadtgründers galt und immer wieder aufgebaut wurde. Unterhalb des Palatin verehrte man eine Grotte, das »lupercal«, in dem Romulus und Remus gesäugt worden sein sollen. Später wurden auch andere Gottheiten, die aus Kleinasien stammende Kybele, Vesta und Apollo, und ihre Kulte eingeführt. Während der Republik entwickelte sich der Hügel zum bevorzugten Wohnsitz der römischen Oberschicht. Davon zeugen heute noch die Überreste repräsentativer Wohnhäuser wie die Casa dei Grifi. Mit Augustus veränderten sich Aussehen und Bedeutung des Palatin entscheidend. Der Kaiser ließ einen Tempel zu Ehren seines Schutzgottes Apollo errichten und verband diesen mit seinem Wohnhaus. In der Folgezeit wurde der Palatin Wohnsitz der Kaiser: Nacheinander entstanden die Paläste des Tiberius, des Nero, der Flavier und des Septimius Severus, die schließlich zu einem Gebäudekomplex zusammenwuchsen und wie ein einziger Kaiserpalast erchienen. Der Begriff Palast leitet sich von Palatin ab. Noch heute vermitteln die Ruinen einen anschaulichen Eindruck von der einst prachtvollen Anlage. Dabei sind die einzelnen Bauschichten kaum auseinander zu halten, so oft hat es auch in späterer Zeit Um- und Neubauten gegeben. Neben Kirchen und Klöstern errichtete die römische Familie der Frangipani im Mittelalter eine Festungsanlage, und am Ende der Renaissance bevorzugten Adelige diesen Ort für ihre ausgedehnten Gärten und Weinberge, wovon die »orti farnesiani« noch heute ein eindrucksvolles Zeugnis ablegen.

Giovanni Battista Falda, Ansicht der Terrassen im Garten des Fürsten von Parma auf dem Palatin, 17. Jh., Radierung

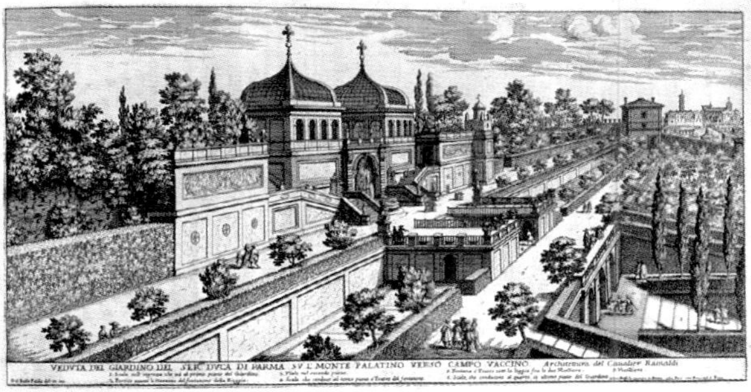

Palatin, Ansicht

Palatin

Domus Flavia, S. 123 f.

Haus der Livia, S. 114 f.

Haus des Augustus, S. 116

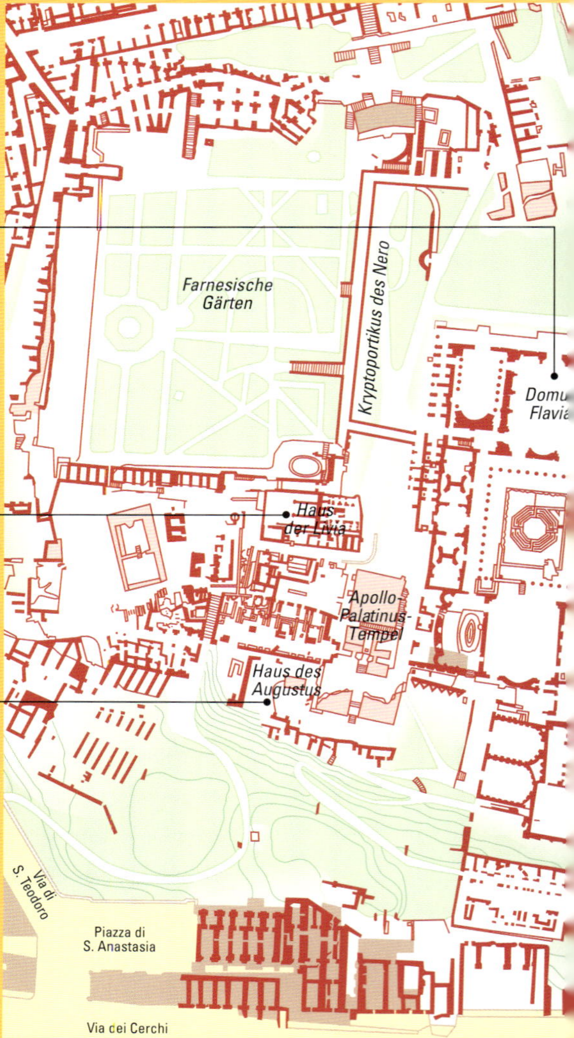

Domus Augustana, S. 125

Museo Palatino, S. 117

Stadion des Domitian, S. 125

Ab urbe condita – die mythischen Anfänge Roms

von Jürgen Sorges

»Sieben – fünf – drei, Rom kroch aus dem Ei!« Zahlreich sind die Mythen über die Entstehungsgeschichte der Ewigen Stadt. Die vorläufig letzte Variante lieferten Kreise römischer Feministinnen, die das Wahrzeichen der Stadt Rom, die Kapitolinische Wölfin, mit einer antiken »lupa«, »Wölfin«, besonderer Art verknüpfen. Denn so nannten Roms Bürger im Altertum auch die zahllosen Prostituierten der Stadt. Deren Arbeitsstätten, die »lupanari«, die »Höhlen der Wölfinnen«, lagen im gesamten Stadtgebiet verteilt: Während der Kaiserzeit waren insbesondere die Untergeschosse der Stadien und Amphitheater als Bordelle beliebt. Natürlich ist diese Interpretation der die Gründerzwillinge Romulus und Remus säugenden »Raubtiermutter« mehr provokativ als wissenschaftlich ernst gemeint. Dennoch ist sie weder von der Hand zu weisen noch endgültig belegbar.

Die Rezeption der Gründungsmythen Roms war immer von Pathos und starken Emotionen geprägt. Denn mit den Legenden verbanden sich Antworten auf hochbrisante Fragen. So machten Roms Herrscher seit Augustus die Erfüllung der sibyllinischen Weissagungen zur Grundlage ihrer Politik. Diese uralten, göttlichen Prophezeiungen genossen die Verehrung des Volkes und waren somit ein probates Mittel, politische Entscheidungen religiös zu untermauern.

Schon zu Zeiten des wichtigsten römischen Geschichtsschreibers Livius (59 v. Chr. – 17 n. Chr.) gestaltete sich die Rekonstruktion der Frühzeit schwierig: Der Brand der Stadt nach der Einnahme durch die Gallier im Jahr 390 v. Chr. hatte

Die Kapitolinische Wölfin, 5. Jh. v. Chr., Bronze, 75 x 114 cm, Museo Capitolino, Rom. Die Applikation der Zwillinge Romulus und Remus schuf erst Antonio Pollaiuolo. Bis heute repräsentiert sie den starken, zukunftsorientierten Lebenswillen der Tiberstädter.

Antike Künstlerphantasie, Doppelbildnis der Zwillinge Romulus und Remus, das Marmorrelief entstand erst in der römischen Kaiserzeit

einen Großteil der Archive vernichtet. Mündliche Überlieferung sowie die vom obersten Priester, dem »pontifex maximus«, alljährlich niedergeschriebenen Festchroniken, die Annalen, bildeten die Grundlage. Aber schon Livius kritisierte, dass gerade Letztere überwiegend rückwirkend, im Abstand von über drei Jahrhunderten, verfasst worden waren. Gestützt auf diese schwache Quellenlage hatte die starke Fraktion der »Annalisten« Roms Gründung auf den 21. April des Jahres 753 v. Chr. datiert.

Im Altertum glaubte die Bevölkerung den überlieferte Sagen wortwörtlich. Und man fand vielerorts handfeste Beweise für die Korrektheit der Legende von den Zwillingsbrüdern Romulus und Remus: Die Wolfshöhle, das »Lupercal«, wurde zwischen Palatin und Circus Maximus lokalisiert und periodisch verehrt. Nach der Volkstradition vermutete man im sumpfigen Gebiet des »Velabrum«, nahe der heutigen Kirche San Giorgio in Velabro, jene Stelle, an der die in einem Bastkörbchen ausgesetzten Säuglinge vom Tiber angespült wurden. Hochheilig war die »Hütte des Romulus« auf dem Palatin, aus heutiger Sicht Überreste einer eisenzeitlichen Siedlung (9./8. Jh. v. Chr.). Sie wurde in der Antike immer wieder aufgebaut und ausgebessert. Das Erbe der Annalisten ist auch in moderner Zeit noch präsent: Als 1948 auf dem Germal, einem Ausläufer des Palatin, Pfahleinlassungen von drei winzigen Hütten entdeckt wurden, brachten Forscher diese flugs mit jenem Hirten Faustulus in Verbindung, der die Zwillinge mit seiner Gattin aufgezogen haben soll. Auf dem Forum Romanum verehrten die Römer das unter dem Lapis Niger vermutete »Grab des Romulus«; insofern ein korrekter Bezug, da neuere Forschungen dieses Areal tatsächlich als Friedhof vor den Toren der Keimzelle Roms, der Palisadensiedlung auf dem Palatin, ausweisen. Sogar für den legendären Raub der Sabinerinnen fanden sich Belege: Der Lacus Curtius auf dem Forum wurde als der Abgrund identifiziert, in dem Curtius, ein sabinischer Krieger, mitsamt seinem Pferd während eines Kampfes gegen die Römer verschwand. Der Tarpejische Felsen wiederum, Roms berühmteste Hinrichtungsstätte, war nach jener Tarpeia benannt, die Rom an die Sabiner verraten wollte. Und Antemnae, eines der drei Sabinerdörfer, die den Verlust ihrer Frauen zu beklagen hatten, lag tatsächlich nur zehn Kilometer vom Palatin entfernt: Um 1985 fanden Forscher an der Via Salaria, unter

Matthias Merian d. Ä., Romulus und Remus bestimmen die Lage der zu erbauenden Stadt aus dem Vogelflug-Orakel, 1630, Kupferstich, Sammlung Archiv f. Kunst & Geschichte, Berlin

der Militäranlage auf dem Monte Antenne, die Reste dieser Siedlung.

Schon zu Livius' Zeiten existierte die »Aeneas«-Fraktion: Wer wollte schon von einem des Lesens unkundigen Viehdieb wie Romulus abstammen, wenn andere Völker Dichter wie Homer und zahllose Krieger-Heroen besaßen? Die allgemeine Hellenisierung verlangte nach weiter in die Vergangenheit reichenden Mythen, die Roms Überlegenheit auch in dieser Hinsicht dokumentieren konnten. Nichts lag da näher, als die bedeutendsten mythischen Gegner Griechenlands, die kultivierten Trojaner, zu Vorfahren zu machen. Schon die benachbarten Etrusker hatten ihre Abstammung aus dem östlichen Mittelmeer betont. Somit bildet Vergils (70–19 v. Chr.) »Aeneis« nur den Endpunkt dieser jahrhundertelang verfeinerten Historikerposition, deren Wahrheitskern am Ende selbst schärfste Kritiker akzeptierten und übernahmen. Julius Caesar stammte von Julus ab, dem ältesten Sohn des Aeneas, der eher unter dem Namen Ascanius bekannt war. Und Augustus hatte die Weissagungen der Sibylle von Cumae, die Aeneas nach Latium geführt hatten, geschickt genutzt: Denn die Irrfahrt des Aeneas und die damit konstruierte Verbindung Troja-Karthago-Rom lieferten die ideale Begründung für die römische Hegemonie im Mittelmeerraum. Die Erfüllung dieser himmlischen Prophezeiungen machte Roms Herrscher letztendlich selbst zu Göttern.

Ein gerade 24 cm hoher, 1877 nahe dem etruskischen Caere (heute Cerveteri) gemachter Fund führt in die Frühgeschichte Roms: Die Kanne von Tragliatella ist heute in der Sala del Camino der Kapitolinischen Museen ausgestellt. Das um 620 v. Chr. datierte Gefäß aus lokaler Produktion mit der Inventarnummer 358 zeigt ein spätestens seit dem 3. Jh. v. Chr. durch Inschriften verbürgtes und von Vergil detailliert beschriebenes gesellschaftliches Ereignis, den »troiae lusus«, das Trojaspiel. Dieser Schreit- und Reit-»Tanz« wurde nicht nur zu Leichenfeiern aufgeführt. Seit der Zeit des Augustus diente das alljährlich von Knaben in »mannesfähigem Alter« aufgeführte kultische Reiterspiel dazu, die Gründungsrituale der Stadt Rom zu fei-

ern. Das latinische Wort »truia« bezeichnete jedoch eine Arena, einen Kampfplatz, hatte also nichts mit dem antiken Troja zu tun. Zwei Schritte vor, einer zurück: Der jugendliche Initiationstanz führt tief zurück in archaische Zeit. Doch Aeneas dürfte ihn wohl nicht gekannt haben.
Heutige Forscher haben isolierte Siedlungsspuren in Rom schon für das 12. Jh. v. Chr. ausgemacht. Siedlungen entstanden zunächst auf dem Palatin, auf dem Esquilin sowie dem Caelius und sind für das 8./7. Jh. auch auf dem Quirinal belegt. Einen historischen Romulus hat es, wenn überhaupt, um 650 v. Chr. gegeben, als diese verschiedenen Keimzellen Roms miteinander verschmolzen. Und möglicherweise ist die Stadtgründung dabei so gewaltsam verlaufen, wie Plutarch (um 46–120 n. Chr.) sie überliefert:
Romulus zog mit einem Pflug eine Ackerfurche, die als Graben die Grenzlinie der neuen Siedlung festlegte. Die nach innen aufgehäufte Erde diente als Basis für einen Palisadenwall. Die Position der Stadttore markierte Romulus durch Anheben des Pfluges. Nach alter Sitte entstand so ein neues Gemeinwesen, das von einem »pomerium«, einer heiligen Grenze, umgeben war. Hier trennten sich fortan Stadt und Land, Kultur und Natur, Frieden und Krieg, Geist und Handwerk von Ackerbau und Viehzucht. Das Tragen von Waffen war innerhalb des Pomeriums untersagt: Belustigt übersprang Remus jedoch den Wall und entweihte so das göttlich vorgeschriebene Gründungsritual. Daraufhin erschlug Romulus seinen Bruder voller Zorn und avancierte zum ersten Herrscher der neuen, gesamtrömischen Siedlung.
Das Miteinander der Römer beruht also auf zwei Gewalttaten: einem Brudermord (d. h. einem Mord an Siedlungsnachbarn) und dem sich anschließenden Bruch eines heiligen Vertrages. Denn der berühmte Raub der Sabinerinnen ist aus historischer Sicht vor allem eines: die gewaltsame Übernahme des lukrativen Salzhandels von den Sabinern an der Via Salaria – Roms eigentliche Quelle zur Macht.

Nicolas Poussin, L'enlèvement des Sabines (Der Raub der Sabinerinnen), vor 1665, Öl auf Leinwand, 157 cm x 203 cm, Musée du Louvre, Paris

Haus der Livia
(Casa di Livia)

Der neronische, mit kunstvollen Stuckreliefs verzierte Kryptoportikus endete im Süden an einer Gruppe republikanischer Häuser, von denen eines nach dem Fund einer Bleiröhre mit dem Namen der Gattin des Augustus als Haus der Livia bezeichnet wird. Erhalten sind ein rechteckiger, von Pfeilern umgebener Hof mit drei Räumen, deren Besichtigung wegen ihrer schönen Fresken im sog. Zweiten Pompejanischen Stil (um 30 v. Chr.) lohnenswert ist. Die rechte Wand im mittleren, als »tablinum«, Hauptraum und Empfangssaal, bezeichneten Raum ist am besten erhalten. Ihre Gliederung erinnert an eine Bühnendekoration: Korinthische Säulen teilen die Wandfläche in drei Felder. Die weißen Säulen auf hohen Basen scheinen vor der dunkelroten Wand zu stehen und die perspektivisch dargestellte Kassettendecke zu tragen. Über den auf halber Höhe vorkragenden Gesimsen sind kleine Genrebilder, Sphingen und geflügelte Gottheiten dargestellt. Durch die Öffnungen der seitlichen Felder blickt man auf perspektivische, durch Figuren belebte Architekturen, während das mittlere Feld von einer mythologischen Darstellung eingenommen wird: Io, die Geliebte des Zeus, unter einer Säule mit dem Standbild einer Göttin sitzend, wird im Auftrage der eifersüchtigen Hera von Argus bewacht. Von links nähert sich der Götterbote Merkur, um sie zu befreien. Die Mitte der Schmalseite ziert eine leider stark beschädigte Darstellung des Polyphem und der Galatea. Ein kleiner Eros hält den mächtigen Kyklopen am Zügel, sodass er nur einen sehnsüchtigen Blick auf die schöne Galatea werfen kann, die ihn von ihrem Seepferd aus neckt. Die Wände von Raum E auf der rechten Seite werden von vorgelagerten Säulen, an denen Girlanden mit Laub und Früchten aufgehängt sind, in einfache Felder unterteilt. Darüber befindet sich ein schmaler gelbgrundiger Fries (»fregio giallo«), auf dem in impressionistischer Manier gemäß der damaligen Mode Szenen aus Ägypten dargestellt sind.

Haus der Livia, Wand des Raumes E mit »fregio giallo«, um 30 v. Chr.

Haus der Livia, sog. »tablinium«, Fresko mit Io, Argus und Merkur, um 30 v. Chr.

Haus des Augustus

(Casa di Augusto)

Südlich des Hauses der Livia hat man die Überreste republikanischer Häuser sowie einen größeren Gebäudekomplex mit kleineren Wohnräumen im Westen und einem Repräsentationsbereich im Osten ausgegraben, das sog. Haus des Augustus. Nach dem Bericht von Sueton hat Augustus nach dem Erwerb des Hauses weitere Grundstücke und Häuser hinzugekauft. Es wird heute angenommen, dass der gesamte Bezirk mit dem Haus der Livia im Besitz des Kaisers war.

Maskenzimmer (»ambiente delle maschere«), um 30 v. Chr. (Detail)

In zwei der kleineren Räume im Westflügel haben sich illusionistische Wandmalereien aus der Zeit um 30 v. Chr. erhalten. Die Wände des sog. »ambiente delle maschere« (Maskenzimmer) zeigen auf drei Seiten eine kompliziert aufgebaute Bühnenarchitektur, auf der in halber Höhe Theatermasken aufgestellt sind. An der Stelle der bei Bühnen üblichen Mitteltür befindet sich jeweils ein Bild mit einem ländlichen Heiligtum. Im Nebenraum ist oberhalb einer Wand ein Hof mit einer Säulenhalle zu sehen.

Museo Palatino

Über einem Teil des Geländes des Palazzo dei Flavi wurde im 19. Jh. das Kloster der Suore della Visitazione errichtet, in dessen Räumen heute das Museo Palatino untergebracht ist. Hier werden Wandmalereien, Skulpturen und andere archäologische Funde vom Palatin ausgestellt.

Fresko des Apoll, spätes 1. Jh. v. Chr.–frühes 1. Jh. n. Chr.
Fresko, H. 56 cm, B. 69 cm,
27 v. Chr.–14 n. Chr.

Im Museo Palatino ist ein blaugrundiges Wandmalereifragment mit der Darstellung des Apoll ausgestellt, das als typisches Beispiel für den Klassizismus der augusteischen Kunst angesehen werden darf. Der Gott sitzt mit entblößtem Oberkörper auf einem Thronsessel und hält mit der linken Hand die Kithara. Vor ihm steht der mit einem netzartigen Geflecht überzogene Omphalos von Delphi, der den Nabel der Welt bezeichnet. Apoll war der persönliche Schutzgott des Augustus, dem er seinen Sieg über Marcus Antonius in der Schlacht von Actium (31 v. Chr.) zu verdanken glaubte. Zu seinen Ehren erbaute der Kaiser zwischen 36 und 28 v. Chr. neben seinem Wohnhaus ein prachtvolles Heiligtum, in dem der ursprüngliche Anbringungsort des Freskos zu vermuten sein dürfte. Nach Augustus' Willen sollte der Palatin zu einem religiösen Zentrum werden, das dem Kapitol an Rang ebenbürtig war. So ließ er vom Tempel des Jupiter Capitolinus die Sibyllinischen Bücher, die im römischen Kult eine wichtige Rolle spielen, in den Apollo-Tempel überführen. Zudem errichtete er in seinem Haus ein Heiligtum der Vesta, weil er als neu gewählter »pontifex maximus« (oberster Priester) in der Nähe des Herdfeuers residieren musste. Es war dem Kult der Vesta zugehörig und symbolisierte das Zentrum des Staates.

Museo Palatino

Rekonstruktion einer archaischen Hütte

Verkleidungsplatte aus bemalter Terrakotta vom Apollo-Tempel: Apoll und Herakles im Streit um den delphischen Dreifuß, 27 v. Chr.–14 n. Chr., augusteisch

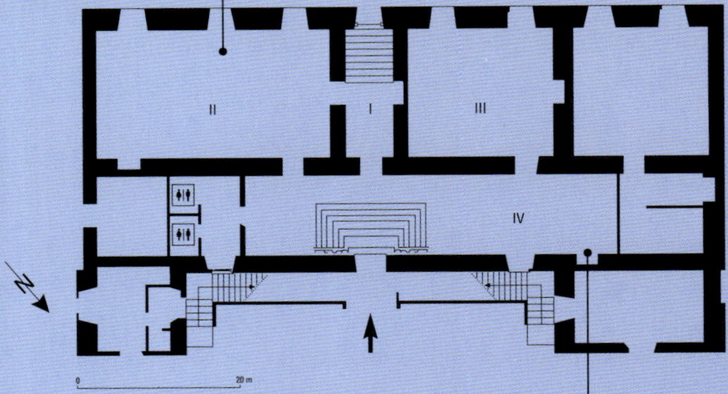

Erdgeschoss

Bemalter Terrakottatopf aus dem Giebel des Victoria-Tempels, 3. Jh. v. Chr.

Deckenmalerei aus der Domus Transitoria, dem ersten Palast des Kaisers Nero, Mitte 1. Jh.

Zwei Tafeln aus der Domus Transitoria, Mitte 1. Jh.

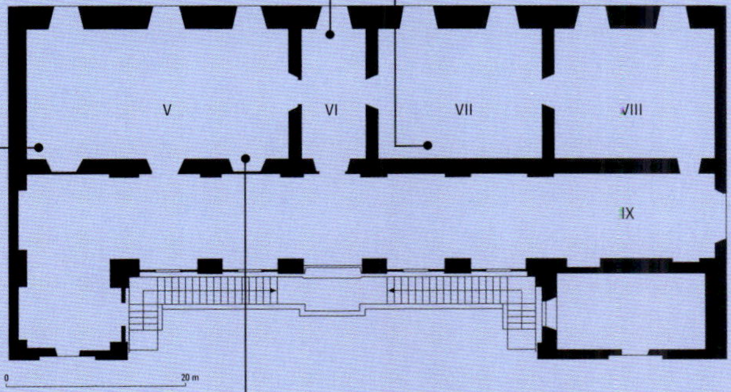

1. Obergeschoss

Fresko des Apoll, spätes 1. Jh. v. Chr.,S. 117

Antike Tapeten – Technik und Dekorationsformen der römischen Wandmalerei

Von den Griechen hatten die Römer die Sitte übernommen, Wände zu verputzen und zu bemalen. Noch heute lassen die erhaltenen Zeugnisse römischer Wandmalerei in den Vesuvstädten Pompeji oder Herculaneum, in Rom und anderen Orten des römischen Reiches etwas von der Farbenpracht erahnen, die einst die antiken Häuser, Paläste und Villen auszeichnete. Farbigkeit und Technik beeindrucken den modernen Betrachter gleichermaßen, hatten die Malereien doch bis zu ihrer Auffindung nach fast 2000 Jahren nur wenig von ihrer einstigen Leuchtkraft verloren. Erst Oxydation, Verwitterung und moderne Umwelteinflüsse ließen ihren Glanz allmählich verblassen.

Fresko des ersten Stils, Casa dei Grifi, Antiquarium Palatino, Rom

Auf den Wänden dominieren die Grundfarben Ocker, Blau, Schwarz und das Pompejanischrot, aus denen weitere Mischtöne hergestellt wurden. Die Gewinnung des so charakteristischen Pompejanischrot wirft heute noch immer Rätsel auf. Über die einzelnen Maltechniken hingegen geben uns römische Autoren der Kaiserzeit – wie der Architekt Vitruv oder der Schriftsteller Plinius – Auskunft, die die einzelnen Verfahren detailliert beschreiben: Voraussetzung für die spätere Bemalung war eine glatte Wandfläche, die weder Risse noch andere Beschädigungen aufwies. Dazu wurden mehrere, zunehmend feiner werdende Mörtelschichten –

'rster Stil

Zweiter Stil

Dritter Stil

Vierter Stil

mindestens je drei aus feinem Sand- und je drei aus Marmormörtel – auf den trocknenden Untergrund aufgetragen und abschließend mit hartem, festem Marmorweiß (Marmormehl) geschliffen. Vor dem Farbauftrag, der mit Wasserfarben ausgeführt wurde, musste die zu bemalende Fläche – ähnlich der späteren Freskotechnik – befeuchtet werden, wie Vitruv erklärt: »Wenn aber die Farben bei noch feuchtem Verputz aufgetragen werden, dann lösen sie sich nicht, sondern halten sich immerwährend, weil der Kalk, nachdem aus ihm im Kalkofen die Feuchtigkeit herausgekocht und er durch die Porösität kraftlos gemacht ist, durch seinen Durst gezwungen, alles in sich schlürft, was mit ihm zufällig in Berührung gekommen ist.« Als Farben verwendete man aus Mineralien und Tieren gewonnene Farbstoffe, die mit Wasser gemischt und mit Leim, Milch, Ei und Gummi gebunden waren. Zuletzt polierten die Maler die fertige Malerei gründlich mit punischem Wachs. Diese erhaltenen Malereien, die immer Architektur imitieren, weisen unterschiedliche Dekorationsformen auf, welche man im späten 19. Jh. auf der Basis der reichen Funde in Pompeji in vier Stile einteilte. Heute sehen die Archäologen dieses Schema weniger als festes chronologisches Gerüst an, sondern eher als Hilfsmittel zur Beschreibung der Unterschiede, da verschiedene Dekorationssysteme zeitlich nebeneinander existieren konnten. Die farbenfrohe Wanddekoration des ersten Stils (2. Jh.–80 v. Chr.), der auch Inkrustationsstil genannt wird, ahmt mit Putz, Stuck und Farben eine marmorne Wand aus Quadern nach, die sich über einer Sockelzone erhebt und der Säulen vorgeblendet sein können. Kennzeichend für den zweiten Stil ist das Bemühen, den Raum mit illusionistischen Mitteln zu erweitern. Hinter plastisch gemalten Säulen oder Pilastern auf einem Gesims oberhalb der Sockelzone scheint die Wand zurückzuspringen und öffnet sich zunehmend zu Architekturausblicken. Am Ende des 1. Jh.s v. Chr. setzt sich der dritte Stil durch, der den architektonischen Illusionismus des zweiten Stils durch gemäldeartige Architektur- und Landschaftsansichten steigert und die zuvor naturalistisch wiedergegebenen Architekturen durch ornamentale Zierformen ersetzt. Säulen und Gesimse werden zu dünnen, irrationalen Gebilden, Kandelabern und Bändern reduziert, die Wände nur noch in Felder und Streifen unterteilt. Im vierten Stil, dessen Beginn die Archäologen mit dem Erdbeben in Pompeji im Jahre 63 n. Chr. ansetzen, erscheinen die Wände als Raumbegrenzung aufgelöst und nur noch als neutrale, in drei horizontale Zonen unterteilte Hintergrundflächen aufgefasst, die dem Spiel der Phantasie freien Lauf lassen. Sie können beliebig mit flächigen Feldern, perspektivischen Architekturen und ornamentalen oder figürlichen Motiven versehen sein. Mit dem Untergang der Vesuvstädte durch den Vulkanausbruch im Jahre 79 endet zwar die Stileinteilung der archäologischen Forschung, nicht aber die römische Wandmalerei. Wenn auch in geringerem Umfang, so sind dennoch zahlreiche Beispiele aus Häusern, Gräbern und Katakomben der Hauptstadt sowie aus den Provinzen überliefert.

Fresko des vierten Stils, Domus Aurea, Saal 114, Rom

Domus Flavia

Vom Kryptoportikus des Nero führt eine Treppe zu der Palastanlage der Flavier. Sie wurde über den Resten republikanischer Häuser – das bekannteste ist die nach ihren Stuckdekorationen benannte Casa dei Griffi (Haus der Greifen) – und den neronischen Palastbauten unter Kaiser Domitian von seinem Architekten Rabirius errichtet und nahm den gesamten mittleren Bereich des Palatin ein. Bis in die späte Kaiserzeit blieb sie die kaiserliche Residenz. So wurde der Komplex zwar restauriert und erweitert, aber nie durch einen Neubau ersetzt. Mit dem flavischen Bau wurde der in der römischen Architekturgeschichte bis dahin unbekannte Typus des Herrscherpalastes ausgebildet. Er ist zugleich ein Zeugnis für die veränderten politischen Verhältnisse, denn unter der Herrschaft Domitians war aus dem Prinzipat des Augustus endgültig eine absolutistische Monarchie geworden. Die herausgehobene Stellung des Kaisers in der Öffentlichkeit musste nun auch in der Architektur visualisiert werden. Und so sind in der flavischen Palastanlage öffentlicher und privater Bereich streng voneinander getrennt. Sie ist dreigeteilt und gliedert sich in den Repräsentationstrakt, die Domus Flavia, den Wohnpalast, die Domus August(i)ana, und das Stadion. Noch heute vermitteln der Grundriss und die Überreste einen Eindruck von der ungeheuren Weitläufigkeit und prachtvollen Ausstattung des oft überschwänglich gepriesenen Palastes.

Rekonstruktion (nach P. Connolly)

Zentrum der Anlage war ein großes marmornes Peristyl mit einem achteckigen Brunnen, um den die weiteren Räume angelegt waren. In der Mitte der Nordseite lag eine riesige Halle, die »aula regia« (Thronsaal), deren Wände mit farbigen Marmorinkrustationen und verschiedenfarbigen Säulen verziert und durch Nischen mit Kolossalstatuen aus schwarzem Basalt gegliedert waren. Hier fanden die kaiserlichen Audienzen statt, wobei der Kaiser wie ein Gott in der Apsis thronte. Westlich schloss sich ein kleinerer dreischiffiger Raum ebenfalls mit einer Apsis an, der vermutlich als »auditorium« für Versammlungen des kaiserlichen Rates diente. Schwieriger ist die Deutung des im Osten gelegenen Eingangssaales – willkürlich als »lararium«, als Kapelle für die Hausgötter oder »Laren bezeichnet« –, in dem die Leibwache untergebracht gewesen sein könnte. Im Süden wurde das Peristyl von einem großen Raum mit einer Apsis begrenzt, der aus den Quellen als »cenatio Jovis«, der prunkvolle Speisesaal des Kaisers, bekannt ist. Von der einstigen Pracht zeugen die beachtlichen Teile des vielfarbigen Marmorfußbodens in »opus sectile« und Reste der Fußbodenheizung. Zu beiden Seiten öffnete sich der Saal mit zwei großen Fenstern auf zwei symmetrisch angelegte Nymphäen.

Domus August(i)ana

Direkt an die Repräsentationszwecken vorbehaltenen Räume schloss sich der private Wohnpalast an, der den Gegebenheiten des Geländes entsprechend über zwei Ebenen erbaut wurde. Kern der nördlichen Räume bildete ein Säulenhof mit einem Wasserbecken, in dessen Mitte sich ein kleiner Tempel zu Ehren der Minerva erhob. Im tiefer gelegenen südlichen Teil gruppierten sich die Räume ebenfalls um ein Peristyl, das durch vier halbkreisförmige gegeneinander gesetzte Becken gegliedert ist. Der Haupteingang lag an der repräsentativen Seite des Palastes zum Circus Maximus hin, die als große Exedra mit einer vorgesetzten Säulenhalle konzipiert war.

Stadion des Domitian (Stadio di Domiziano)

Entlang der Ostseite der Domus August(i)ana erstreckt sich das wegen seiner Form so genannte Stadion oder Hippodrom, das wie ein Circus aus einem länglichen Rechteck mit einem halbkreisförmigen Abschluss besteht. Es war auf allen Seiten von zweigeschossigen Portiken gerahmt. Vermutlich handelte es sich bei diesem dritten Teil der Anlage um den in der privaten Villenarchitektur überlieferten Garten, in dem der Kaiser von der Tribüne aus Veranstaltungen beiwohnen konnte. Im 2. Jh. n. Chr. erweiterte Kaiser Septimius Severus den Komplex nach Süden zum Circus Maximus hin durch weitere Räumlichkeiten (Domus Severiana) und eine große Thermenanlage.

Kaiserforen (Fori Imperiali)

Als Rom gegen Ende der Republik zur führenden Macht im Mittelmeerraum aufgestiegen war, genügte das alte Forum Romanum für die Bewältigung der immer komplexer und vielgestaltiger werdenden Repräsentations- und Verwaltungsaufgaben nicht mehr. Bereits 54 v. Chr. begann Caesar mit dem Bau einer neuen Platzanlage, die zunächst als eine Erweiterung der ersten geplant und angelegt war. In Wirklichkeit aber waren mit ihr ideologische und propagandistische Zwecke verbunden. Mit dem Caesar-Forum ist nicht nur ein streng axiales Bauschema entwickelt worden, an dem sich die späteren Kaiserforen orientierten, sondern es hat auch hinsichtlich seiner repräsentativen Aussagen Maßstäbe gesetzt. In den folgenden Jahrzehnten entstanden das Augustus-Forum, das Nerva-Forum, auch Forum Transitorium genannt, und das größte von allen, das Trajansforum. Östlich von diesen Anlagen errichtete Vespasian das Templum Pacis (Tempelbezirk des Friedens). Damit war ein gewaltiger Komplex öffentlicher Bauten entstanden, der das Zentrum der politischen, administrativen, gerichtlichen und wirtschaftlichen Macht der Stadt beherbergte.

Nach dem Niedergang Roms gerieten die Kaiserforen jahrhundertelang in Vergessenheit. Erst als Mussolini für den Bau der Via dell'Imperio, der heutigen Via dei Fori Imperiali, das mittelalterliche Viertel abreißen ließ, kamen die antiken Überreste

Blick auf das Trajansforum

Aufmarsch der faschistischen Jugendorganisationen, Fotografie

wieder ans Tageslicht. Der neue Boulevard, der eine direkte Verbindung von der Piazza Venezia zum Kolosseum ermöglichte, diente den Faschisten zur Inszenierung ihrer großen Aufmärsche. Da nur kurze Zeit Ausgrabungen durchgeführt werden konnten, lagen weite Teile der Kaiserforen unter der breiten Straße begraben, und die wenigen umliegenden Ruinen erlaubten kaum noch eine realistische Vorstellung des einstigen Aussehens. Seit 1995 hat nun eine Restaurierung der antiken Bauten und eine ausgedehnte Grabungskampagne zu beiden Seiten der Hauptverkehrsader begonnen, deren Ergebnisse die bisher gültigen Grundrisse der Kaiserforen möglicherweise revidieren werden. Im Anschluss soll das Areal zu einem archäologischen Park mit einem großen Dokumentationszentrum umgestaltet werden.

Kaiserforen

Trajansmärkte, Via IV. Novembre/Via Biberatica, S. 142 f.

Trajanssäule, Via dei Fori Imperiali, S. 140 f.

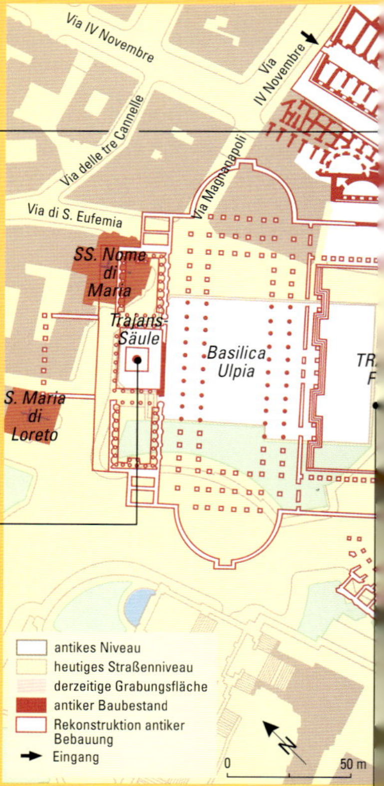

Trajansforum, Via dei Fori Imperiali, S.138 f.

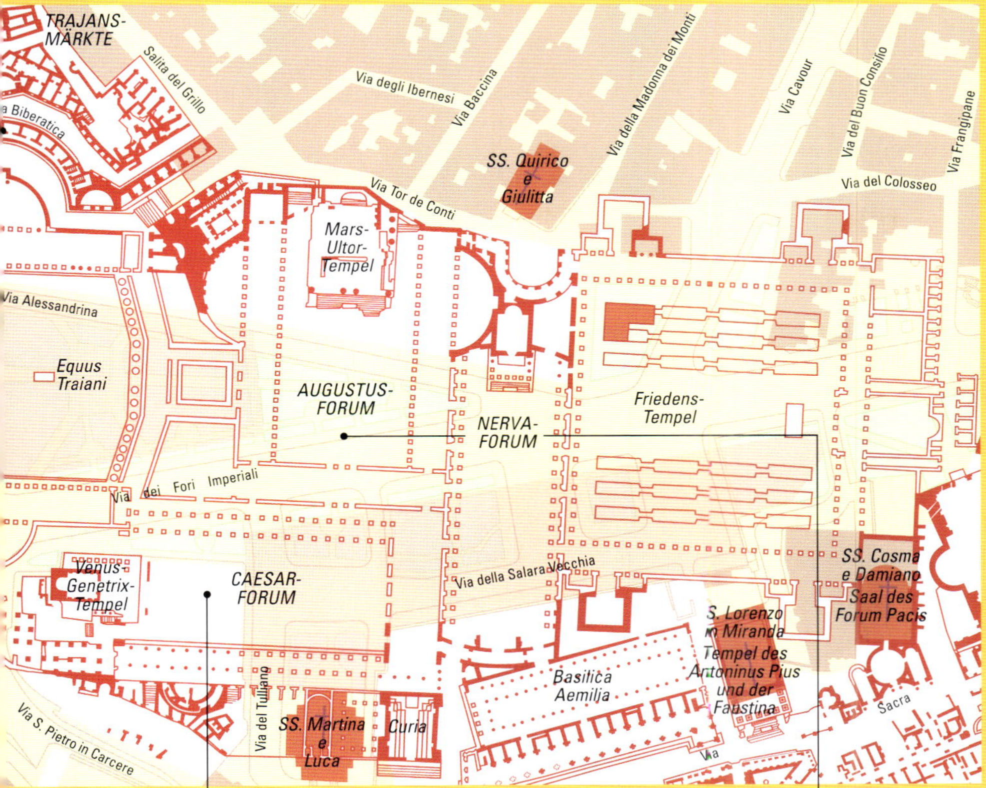

Caesar-Forum, Via dei Fori Imperiali, S.130

Augustus-Forum, Piazza del Grillo 1, S. 131

Caesar-Forum
(Foro Iulio)

Nach den Plänen Caesars sollte sich sein neues Forum direkt an das alte anschließen, sodass »Curia« und »Comitium« verlegt werden mussten. In der Schlacht von Pharsalus (48 v. Chr.), die den Krieg gegen Pompeius zu seinen Gunsten entschied, gelobte Caesar die Errichtung eines Tempels zu Ehren der Venus Genetrix. Er wurde zusammen mit dem Forum geweiht, wenn auch die Bauarbeiten erst unter Augustus abgeschlossen wurden. Die 160 x 75 m große Platzanlage war auf drei Seiten von einer doppelten Säulenreihe eingefasst, an deren Südseite sich tonnengewölbte Ladenbauten (»tabernae«) anschlossen. Den rückwärtigen Teil des Platzes beherrschte der auf einem hohen Podium erbaute Venustempel (die drei wieder aufgerichteten korinthischen Säulen stammen von der Restaurierung unter Trajan). In der Apsis der reich geschmückten und mit vielen Kunstwerken ausgestatteten Cella stand das Kultbild der Göttin. Die ideologische Funktion dieser Anlage war offensichtlich: Sie sollte Venus Genetrix, die Stammmutter des julischen Geschlechts (aus dem auch Caesar stammte), feiern und damit den Diktator selbst, dessen Reiterstatue sich genau in der Mitte des Forums vor dem Tempel erhob. Unter Trajan wurde am Nordwestende die Basilica Argentaria angebaut, in der die Börse untergebracht war.

Augustus-Forum

(Foro di Augusto)

Während der Schlacht von Philippi 42 v. Chr., in der Brutus und Cassius fielen, die Mörder seines Adoptivvaters Caesar, gelobte Augustus den Bau einer neuen Platzanlage zu Ehren des Mars Ultor (des Rächers). Erst 40 Jahre nach diesem Versprechen, 2 v. Chr., konnte sie eingeweiht werden. Der Bereich sollte neuen Raum für Gerichtsverhandlungen bieten, war aber zugleich ein repräsentativer Mittelpunkt, der die Verherrlichung des Kaisers als militärischer Triumphator zum Ziel hatte.

Das Forum des Augustus war ähnlich wie das Caesar-Forum als Platz konzipiert, der von einer mehrstöckigen Säulenhalle eingefasst war, an die sich zusätzliche weite Exedren anschlossen, und in dessen rückwärtigen Teil der Podiumstempel stand. Den Mittelpunkt bildete die Statue des Augustus im Triumphwagen. Eine hohe Brandschutzmauer trennte den Bezirk von dem dahinter liegenden, dicht besiedelten Gebiet ab. Einst bot das Forum ein prachtvolles, farbenprächtiges Bild: Alle Bauten waren aus kostbarem, buntfarbigem Marmor errichtet, reich dekoriert und mit unzähligen Statuen ausgestattet, die einem wohl durchdachten Bildprogramm zum Ruhme des Kaisers entsprachen.

Modell, Antiquario dei Cavalieri di Rodi, Rom

Die Götter des römischen Pantheon

von Jürgen Sorges

Die antike römische Götterwelt speiste sich aus unterschiedlichen Quellen. Die ältesten und von Roms Familien hoch geehrten Gottheiten waren die Ahnen-, Haus- und Vorratsgötter, die Laren und Penaten. Als schützenden Familiengöttern wurden diesen auf Hausaltären und in Mauernischen an den Hausfassaden bis in die Spätzeit des Reiches regelmäßig Gaben dargebracht. Hinzu kamen mythische Schutz- und Tabugottheiten wie die des Stadtgründers Romulus, dem als vergöttlichten Quirinus wohl ein Tempel auf dem Quirinal geweiht war, sowie der Stadtgöttin Roma. Besondere Verehrung als Gründungsgottheiten Roms genossen auch Jupiter, Juno und Minerva, die als kapitolinische Trias auf dem niedrigsten, jedoch auch zentralsten Hügel Roms verehrt wurden. Letztere beiden haben ihre Ursprünge in altitalischen bzw. etruskischen Gottheiten, die wesentlichen Einfluss auf den Ausbau der römischen Götterwelt hatten. Eine Besonderheit ist in diesem Zusammenhang auch Janus, der doppelgesichtige Gott der Türschwellen und Tore, der ursprünglich das Innen vom Au-

Mars und Venus, römische Wandmalerei aus der Casa del Citarista, Pompeji, 1. Jh. n. Chr., 253 x 150 cm, Museo Nazionale Archeologico, Neapel

ßen, das Reine vom Unreinen, das Gute vom Bösen und letztlich das Heilige vom Profanen trennte. Als Namensgeber des römischen Monats Januar stellte er auch den Übergang vom alten zum neuen Jahr her. Das alte Rom kannte auch eine Reihe von Gottheiten für menschliche Eigenschaften, so etwa Fides für Treue, Honos für Ehre, Spes für Hoffnung oder Concordia für Eintracht. Concordia war ein mächtiger Tempel als Symbol der politischen Einmütigkeit zwischen Patriziern und Plebejern geweiht. Zahlreiche Trivialgottheiten für die alltägliche private Anbetung, deren Funktion in etwa mit den christlichen Schutzheiligen späterer Zeit zu vergleichen ist, rundeten das private Götterspektrum ab. Großen Einfluss auf Roms Götterverehrung hatte die griechische Götterwelt, die zum Teil über die Etrusker, aber auch unmittelbar von den Griechen nach Rom eingeführt wurde. Ursprünglich verbot sich in Rom die Darstellung von Göttern in Menschengestalt. Mit dem zunehmenden Eindringen der griechischen Kultur aus dem Süden der italienischen Halbinsel und noch stärker nach der Eroberung Griechenlands im 2. Jh. v. Chr. änderte sich dies. Doch noch in spätrepublikanischer Zeit wurde mit dem Verbot der menschlichen Darstellung die Überlegenheit der römischen über die griechischen Götter begründet.

Triumph des Neptun, römisches Bodenmosaik, 3. Jh. n. Chr., 110 x 180 cm, Musée Archéologique, Sousse, Tunesien

Mit der Kaiserzeit endete die Bekämpfung der griechischen Religion endgültig. Stattdessen strebte man nun danach, die hellenistischen Götter möglichst mustergültig in den römischen Kanon einzubinden. Die »Metamorphosen« des Ovid (43 v. Chr. – um 17 n. Chr.), ein Versepos, in dem etwa 250 Verwandlungssagen aus der griechischen wie der römischen Mythologie geschildert werden, legen von dieser Phase bis heute Zeugnis ab.

Mit zunehmender Dauer trugen mehr und mehr Mysterienreligionen vornehmlich aus dem orientalischen Mittelmeerraum zur Belebung der Götterwelt bei. Insbesondere Roms Frauen verehrten die Mysterienkulte der Magna Mater, der

Aesculapius, römische Kopie nach einem Original des 5. Jh.s v. Chr., Marmor, Höhe 58 cm, Museo Nazionale Romano, Rom

Apollo, 2. Jh., Marmorbüste, Höhe 26 cm, Museo Nazionale Romano, Rom

Kopf einer Bacchusstatue, römische Kopie nach hellenistischem Original, Museo Nazionale Romano, Rom

Isis und anderer Gottheiten aus den ursprünglich anatolischen, syrisch-phönizischen beziehungsweise ägyptischen Kultgebieten. Monotheistische Geheimkulte und Sekten, für die anfangs etwa das Christen- und Judentum, aber auch der Mithras-Kult gehalten wurden, stellten sich ein. Hinzu kam eine römische Spezialität, die Vergöttlichung eines sterblichen menschlichen Wesens – der römischen Cäsaren und so mancher ihrer Gattinnen und Geliebten.

Die wichtigsten römischen Gottheiten

Aesculapius, der römische Gott der Heilkunst, hatte seine Entsprechung im griechischen Asklepios. Das älteste Aeskulap-Heiligtum Roms wurde 293 v. Chr. aufgrund eines Orakelspruchs auf der Tiberinsel eingerichtet, die sich bei drohenden Seuchen und Epidemien als ideale Quarantäne-Station anbot. Die Tradition setzte sich in christlicher Zeit fort: Bis heute findet sich hier ein Krankenhaus.

Apollo, der schönste Sohn Jupiters und der Latona, ein Zwillingsbruder der ursprünglich italischen Naturgöttin Diana, galt in verschiedenster Erscheinung als Gott der Weissagung, der neun Musen, als Gott des Lichts und der Sonne. Er war der persönliche Schutzgott von Augustus.

Bacchus, als Gott des Weines und der Ausschweifung entsprach er dem griechischen Dionysos. Aufgrund orgiastischer Ausschreitungen sowie mutmaßlicher Verschwörungen (der Kult fand häufig in Privatgemächern statt) wurde der Bacchus-Kult im antiken Rom zeitweilig verfolgt und untersagt.

Juno mit Diadem, 1. Jh., Marmor, Museo Nazionale Romano, Rom

Sog. Jupiter aus Otricoli, 1. Jh. n. Chr., Marmorbüste, Höhe 58 cm, Replik der antiken Kultstatue des Jupiter Capitolinus, Musei Vaticani, Rom

Mars (sog. Mars aus Todi), 6. Jh. v. Chr., Bronze, Vatikanische Museen, Vatikan, Rom

Castor und Pollux, die an den Himmel verbannten Zwillingssöhne Jupiters, verhalfen den Römern bei so mancher Schlacht (u. a. 496 v. Chr. am Regillussee) zum Sieg. Das größte der antiken Denkmäler für die beiden Götterheroen, die im Griechischen als Kastor und Polydeukes verehrt wurden, steht heute noch auf dem Quirinalshügel.

Ceres, wie die griechische Göttin Demeter diente sie als sehr populäre Göttin der Erde, der Nahrungsmittel und Fruchtbarkeit. Als Ehe- und Totengöttin wurde sie Demeter ab dem 6. Jh. v. Chr. ebenbürtig.

Cupido, dem Sohn der Venus oblag die Aufgabe der Weckung der Begierde sowie der Liebe. Seine Pfeile waren ebenso treffsicher wie die des griechischen Eros, seinem griechischen Synonym.

Diana, die uralte römische Entsprechung der griechischen Artemis, galt später als Göttin der Jagd.

Dis Pater, Unterweltgott, der mit seiner Gemahlin Proserpina über die Toten herrscht.

Faunus, in Kombination mit dem etruskisch-italischen Gott Silvanus (lat. silva, »Wald«) fungierte er als Gott der Wälder und Pendant zum griechischen Hirtengott Pan.

Juno, die Gattin Jupiters (griechisch: Hera) war Schutzgöttin der Lebenskraft der (jungen) Frau (lat. iuventa, »Jugend«) und eine der drei Gottheiten der kapitolinischen Trias. Als Juno Moneta war sie später Schutzherrin der ersten Münzstätte Roms sowie der städtischen Schatzkammer.

Jupiter, der altindogermanische Gott des Himmels, war oberster Gott der Römer. Seine grie-

Merkur, römische Kopie nach einem Original des 5. Jh.s v. Chr., Marmorbüste, Höhe 24 cm, Museo Nazionale Romano, Rom

Minerva (Gewicht in Gestalt einer Minervabüste), Bronze oder Blei, Höhe 9,4 cm, Musée Guimet, Paris

Vestalin, Priesterin der Vesta, 1. Hälfte 2. Jh., Marmor, Höhe 21 cm, Museo Palatino, Rom

chische Entsprechung ist Zeus. Er diente auch als Wettergott (Blitz, Donner und Regen) sowie als Wahrer des Rechts, als Gott des Eides (»Bei Jupiter!«) und der Sitte. Mit seinen zahlreichen in der Mythologie überlieferten Liebschaften bringt er seine Gattin Juno zur Verzweiflung.

Liber, wie Bacchus war er ein Gott des Rausches und des Weins. Entspricht Dionysos (vgl. auch lat. libertas, »Freiheit«).

Magna Mater, die große Muttergöttin, entspricht der Göttin Kybele. Weil sie aus dem kleinasiatischen Raum rund um Troia, der mythischen Herkunftsstadt des Alba-Longa-Gründers Aeneas stammte, genoss die aufgrund eines Gelübdes ab 204 v. Chr. in Rom übernommene Göttin große Hochachtung. Weniger gelitten waren ihr teils orgiastischer Kult sowie das eingeforderte Eunuchen-Priestertum. Römische Bürger durften dieses Priesteramt nicht ausüben. Allerdings musste wie auch bei allen anderen Göttern stets ein Römer die Tempelaufsicht führen.

Mars, der höchst populäre römische Kriegsgott (auch Mars Ultor) und mythische Erzeuger des Romulus und Remus, hatte seine Entsprechung im griechischen Ares.

Merkur, der Gott der Händler, Kaufleute und Boten, besaß sein Vorbild im griechischen Götterboten Hermes.

Minerva, die altetruskische Göttin des Handwerks, wurde erst der Artemis gleichgesetzt. Später entsprach ihr die griechische Athena als Göttin der Weisheit.

Neptun, der höchste Meeresgott, hatte sein hellenisches Pendant in Poseidon.

Saturn galt als höchste Gottheit in mythischer Zeit, ehe Jupiter die Regentschaft übernahm.

Als Gott der Aussaat und des Ackerbaus wird seine uralte Bedeutung erkennbar. Kronos übernahm in Griechenland dieselbe Funktion.

Tellus, auch Terra Mater, Erdmutter, genannt, ist als Göttin der Erde der griechischen Gaia verwandt. In der Kaiserzeit verkörpert sie zusammen mit Oceanus, dem großen, die Erde umgebenden Ringstrom, die Ausdehnung des Impe- rium Romanum

Victoria, die Göttin des Sieges, hat von ihrem Pendant, der griechischen Nike, Kranz und Palmzweig als Attribute übernommen.

Venus, als Göttin der Liebe entsprach ihr die griechische, aus dem Meeresschaum geborene Göttin Aphrodite. Venus galt als besondere Haus- und Schutzgöttin des römischen Geschlechts der Iulier (u. a. Gaius Iulius Caesar).

Vesta, der Kult für die hoch geehrte römische Göttin des Herdes und des domestizierten Feuers wurde von jungfräulichen Priesterinnen, den Vestalinnen, im Rundtempel auf dem Forum Romanum ausgeübt. Vestalinnen hatten direkten Zugang zu den Kaisern, die oberste Vestalin (»virgo maxima«) war dem obersten Priester (»pontifex maximus«) gleichgestellt. Zuwiderhandlungen gegen das Keuschheitsgebot wurden mit Begraben der »Delinquentin« bei lebendigem Leibe bestraft. Griechische Entsprechung war Hestia.

Vulcanus, der uralte Gott des Feuers, hat älteste italische Wurzeln als Vulkangott. In Kombination mit der Schmiedekunst ist er mit dem griechischen Gott Hephaistos identisch.

Aphrodite, römische Kopie nach hellenistischem Vorbild, Marmor, Höhe 180 cm, Museo Nazionale Romano, Rom

Trajansforum

(Foro di Traiano)

Trajan errichtete aus der Beute seiner Feldzüge gegen die Daker zwischen 107 und 113 n. Chr. das letzte und prächtigste aller Kaiserforen, das sich über eine Fläche von 300 m x 185 m erstreckte. Für diese gewaltige, im Altertum viel bewunderte Anlage, die der Architekt Apollodorus von Damaskus schuf, mussten riesige Erdmassen wie der Sattel zwischen Quirinal und Kapitol abgetragen werden.

Louis Noguet, Rekonstruktion des Trajansforums, 1869
Aquarell

Ein Ehrenbogen auf der Seite des Augustus-Forums führte auf einen großen Platz mit dem bronzenen Reiterstandbild Trajans in der Mitte, dessen von Säulenhallen flankierte Längsseiten sich in große Exedren mit Apsiden öffneten. Wie ein gewaltiger Riegel verschloss die als Gerichts- und Geschäftshalle genutzte, fünfschiffige Basilica Ulpia die Rückseite. Dahinter flankierten zwei Bibliotheksgebäude für lateinische und griechische Literatur die Siegessäule des Trajan. Bislang vermutete man im Westen des Forums einen von Säulenhallen eingefassten Platz mit einem Tempel für den vergöttlichten Trajan und seine Gemahlin Plotina. Die neuen Grabungen konnten diese Annahme bisher nicht bestätigen; das endgültige Ergebnis bleibt abzuwarten. Im Vergleich mit den anderen Kaiserforen mag die Grundrisskonzeption , die aus der Militärarchitektur abgeleitet ist, erstaunen: Wie bei den »principia«, den Plätzen in militärischen Lagern, bildete eine Basilika den Abschluss, lagen an der Stelle der Heeresarchive die Bibliotheken, nahm den Platz des Heiligtums mit dem Feldzeichen die Säule ein. Die Bedeutung einer solchen Anlage war eindeutig: Sie

sollte jenen Kaiser feiern, der über die militärische Laufbahn an die Macht gekommen war und unter dem das Imperium Romanum seine größte Ausdehnung erreicht hatte. Der überreiche Skulpturenschmuck umfasste u.a. Statuen gefangener Daker, einen sechsspannigen Triumphwagen mit der Statue Trajans und einen großen Fries mit Schlachtszenen (heute am Konstantinsbogen).

Trajanssäule
(Colonna Traiana)

Die fast 40 m hohe Trajanssäule ist das einzige bis heute so gut wie unbeschädigte Monument des Forums. Über einem würfelförmigen Sockel erhebt sich die aus 17 Marmortrommeln zusammengesetzte Säule, die im Innern über eine Wendeltreppe begehbar ist. Einst bekrönte sie eine vergoldete Bronzestatue Trajans, doch ließ Papst Sixtus V. diese 1588 durch eine Statue des Hl. Petrus ersetzen. Die von zwei Siegesgöttinnen gehaltene Inschrift über der Tür im Sockel nennt die Funktion des Ehrendenkmals für Trajan: Die Säule sollte anzeigen, »welche Höhe der Berg hatte, der unter so vielen Mühen abgetragen wurde«. Sie war darüber hinaus ein Sieges- und Grabmonument zugleich: Im Innern des mit Reliefs verzierten Sockels wurde die goldene Urne mit der Asche des Kaisers aufbewahrt.

Fries (Detail)

Von den umliegenden Gebäuden hatte der antike Betrachter einen guten Blick auf den 29,78 m hohen Säulenschaft, auf dem sich spiralförmig ansteigend ein Relieffries von 200 m Länge emporzieht. Wie eine Chronik schildert er die wichtigsten Ereignisse aus den zwei Kriegen Trajans gegen die Daker, abgesetzt durch die Gestalt einer schreibenden Siegesgöttin. Der Fries scheint die Berichte Trajans über die Feldzüge in seinen »Commentarii« in Bilder umzusetzen. Die einzelnen Szenen werden entsprechend der römischen historischen Erzählweise ohne Übergang miteinander verbunden und sind nur manchmal durch Architektur voneinander abgesetzt. Dabei sind die Bildfelder dicht mit Personen angefüllt und bieten wenig Platz für Architektur- und Landschaftsdarstellungen. Obwohl die Reliefs sehr flach angelegt sind, werden die verschiedenen Ebenen zum Hintergrund nuanciert gestaffelt, sodass die am weitesten zurückliegenden Elemente nur noch wie eine Zeichnung eingeritzt sind. Eindrucksvoll ist die realistische Darstellung der Szenen und Figuren, die bisweilen individuell gestaltet sind und in deren Gesichtern sich die Schrecken des Krieges mit großer Expressivität spiegeln. Der Detailreichtum macht die Trajanssäule aber nicht nur zu einem eindrucksvollen Meisterwerk der Bildhauerei, sondern dient neben seinem Wert als historische Quelle auch als ein einmaliges Anschauungsmaterial zur antiken Waffen- und Kostümkunde.

Trajansmärkte
(Mercati Traiani)

Am Abhang des Quirinals erbaute der Architekt Apollodorus von Damaskus einen eindrucksvollen Gebäudekomplex aus Markthallen und Einkaufstraßen. Hier wurden alle möglichen Waren – von Gemüse über Obst, Getreide, Gewürze, Fisch bis zu Öl und Wein – gehandelt. Daneben waren in der Marktanlage die staatlichen Lebensmittellager untergebracht, aus denen die ärmere Bevölkerung zu ermäßigten Preisen oder sogar kostenlos versorgt wurde. Die halbkreisförmige Ziegelkonstruktion ist in sechs Stockwerken terrassenartig angelegt und umfasst mehr als 150 »tabernae« (Läden). Hinter der östlichen Exedra des Forums erhebt sich, getrennt durch eine Straße, die halbrunde Gebäudefront, an die sich seitlich jeweils ein großer, halbrunder Saal – wahrscheinlich ein Vortrags- oder Unterrichtsraum – anschließt. Im Erdgeschoss öffnen sich 11 Läden von geringer Tiefe mit nahezu

quadratischen Türen und darüber liegenden halbkreisförmigen Oberlichtern. Die von Pilastern flankierten Bogenfenster im oberen Teil dienen zur Beleuchtung eines Gangs über den Räumen des Erdgeschosses mit weiteren zehn »tabernae«.

Via Biberatica

Die Eingänge zu den tonnengewölbten Lager- und Ladenräumen des dritten Geschosses lagen an einer noch gut erhaltenen Straße, der Via Biberatica. Ihr Name leitet sich vermutlich vom spätantiken Wort »biber« (Getränk) ab, was auf die Funktion einiger Läden seitlich der Straße schließen lässt.

Halle

Von hier aus führte eine steile Treppe zu einer riesigen Halle mit mehreren Ladenlokalen, die das Zentrum der Anlage gebildet haben dürfte. Sie reicht über zwei Stockwerke und ist mit einer kühnen Gewölbekonstruktion aus sechs Kreuzgewölben überdeckt. Von der Südseite gelangt man in eine Reihe zweistöckiger Räume, die vermutlich als Büros zur Verwaltung des Komplexes dienten.

Das Erbe Roms – Antike in der Gegenwart

von Jürgen Sorges

Roms Antike ist auch im dritten christlichen Jahrtausend noch in vielfältiger Form präsent. Allem voran fungiert das Lateinische als Träger des antiken Gedankengutes. Es lebt in der Tradition in den romanischen Sprachen fort, unter anderem im Italienischen und Französischen. Zudem ist, ob im englischen oder deutschen Sprachraum, mindestens jedes vierte in diese Sprachen eingeflossene Fremdwort aus dem Lateinischen übernommen oder entlehnt.

Zu den wichtigsten Übernahmen der römischen Antike gehört die »res publica«, die »öffentliche Sache, Angelegenheit«! Dieses Synonym für den »Staat« wie auch für die Staatsform der »Republik« bestimmt heute die Grundlagen vieler moderner Staaten.

Sog. aes grave, das schwere Kupfergeld der römischen Republik, nach 211 v. Chr.

Auch die Tradition des verfassten römischen Rechtes (»ius«) und Gesetzes (»lex«) ist bis heute evident: Als Staatsrecht legte es die Fundamente für internationale wie nationale Verträge und deren juristische Einhaltung an nationalen und internationalen Gerichtshöfen. Als Bürgerrecht regelt es in angepasster Form auch im 21. Jh. das Verhältnis des Einzelnen zur Gesamtheit und des Privaten zum Öffentlichen.

Geld regiert die Welt! Die kapitolinische Göttin Juno Moneta (»die Mahnende«) war Schirmherrin über Roms erste Münzstätte und den Staatsschatz. Im »Monetarismus« wie im englischen »money«, »Geld«, lebt die Göttin weiter unter uns. Auch der kupferne »As«, Roms schwergewichtige Münze, ist bis heute präsent. Ursprünglich bedeutete der Begriff »As« »das Eine« sowie »die Einheit«, diente später auch zur Bestimmung römischer Gewichte und Flächenmaße. Seit der Erfindung des Kartenspiels im 15. Jh. lebt »das Eine« immer auch dann wieder auf, wenn beim Pokern ein Ass aus dem Ärmel rutscht.

Der Einfluss Roms auf die Geschichte des Militärwesens (lat. »militia«, »Kriegsdienst«, »zwangsverpflichteter Felddienst«) liegt auf der Hand: Römische Schlachtenschicksale wurden bis in die Neuzeit studiert, die effektive antike Militärlogistik wurde kopiert. So gilt die Polenta, das von den Legionären mitgeführte, ursprünglich aus Hirse (lat. »milium«) angerührte Nahrungsmittel, in Militärhistorikerkreisen als eine der größten Trumpfkarten römischer Militärpolitik. Sie ermöglichte rasches Voranschreiten und jederzeitige Gefechtsbereitschaft.

Aquädukt aus der Zeit des Kaisers Claudius (reg. 41–54), Rom

Zur römischen »Kultur« (lat. »cultura«): Mindestens drei stilprägende europäische Kunstepochen – Romanik, Renaissance und Klassizismus – verdanken ihre Existenz der römischen Antike. Klassik und Romantik gesellen sich hinzu.

Heutige Architekten studieren noch jene Anweisungen, die der Römer Vitruvius in seinem zehn Bücher umfassenden, um 25 v. Chr. mit Widmung an Kaiser Augustus (lat. »caesar«!) verfassten Werk »De architectura« niederschrieb. Der Palatin, einer der sieben Hügel Roms, steht gar für eine Architekturform: Die Residenzen der Cäsaren auf dem »Palatium« dienten als Vorbild für den »Palast«. Die Welt verdankt Roms Ingenieuren und Maurern zudem den ersten massenhaften Bau mehrstöckiger Mietshäuser, mit der Cloaca Maxima, mit Kanälen und hunderten Brunnen die erste funktionierende städtische Kanalisation, mit den Aquädukten die erste planmäßig entwickelte kommunale Wasserversorgung.

Der wohl erste befestigte steinerne Straßenbau samt Unterfütterung, Böschungen und Bordsteinen geht auf Roms Legionäre zurück, die mit der Via Appia im Jahr 312 v. Chr. erstmals eine solche »flache Mauer« durch die Wildnis errichteten.

Rekonstruierte Gaststätte in Ostia Antica (an der Via di Diana)

Auf dieser Königin der römischen Konsularstraßen wurde auch einer der ersten »Pony-Expresse« der Weltgeschichte aus der Taufe gehoben: Die Post zwischen Rom und dem kalabrischen Militärhafen Brundisium (Brindisi) war maximal 14 Tage unterwegs. Am Ende der Kaiserzeit verfügte Rom über 372 befestigte Fernstraßen mit einer Gesamtlänge von 53000 römischen Meilen (1 Meile = 1478 m). Nebenher hinterließ Rom der Nachwelt gleich 3000 steinerne Brücken, durch die zum Beispiel Ebro, Donau oder Po trockenen Fußes überquert werden konnten.

Auch das notwendige Baumaterial wurde in Rom entwickelt: Was wäre die heutige Welt ohne betonharten Zement. Verschiedene Bauwerkzeuge, zum Beispiel der erste Hebekran der Weltgeschichte, sind den Römern ebenfalls zu verdanken. Schon Roms Fabriken (»fabricae«) produzierten massenindustriell, waren aber nicht nach Einzelprodukten, sondern nach Werkstoffgruppen organisiert: Feuerfeste Ziegel und genormte Amphoren wurden unter einem Dach hergestellt.

Am nachhaltigsten ist das antike Rom in der Küche lebendig. Flinke Wirte und Köchinnen entwickelten mit dem aus vergorenen Sardinen gewonnenen »garum« den ersten Würzketchup der Geschichte. Und in Roms Tavernen (lat. »tabernae«) war auch eine vermeintliche Neuerung des 20. Jh.s schon vor 2000 Jahren bekannt: der Schnellimbiss. Der Gast löffelte aus in Steintischen eingelassenen Vertiefungen.

»Lasst Euch dort nieder, wo man Tische isst«, war schon dem über das Mittelmeer irrenden Aeneas geweissagt worden. Bei König Latinus, dem Herrscher Latiums, wurden die Speisen nicht in Schüsseln und Näpfen, sondern auf Brot serviert, das am Ende des Mahls mit verspeist wurde. Trojas Held war endlich am Ziel. Somit ist auch die seit grauer Vorzeit am Tiber gebackene Steinofen-Pizza Roms ureigene Domäne.

Auch im Bereich der Spaghettiherstellung haben die Römer zumindest quantitativ die Nase vorn: Römische Kochbücher des 1. Jh.s n. Chr. kennen über 200 verschiedene Nudelgerichte.

Heute gilt die aus der römischen hervorgegangene italienische Küche unter den Aspekten Speisenabfolge, Nahrhaftigkeit, Variabilität und gesunde Bekömmlichkeit als weltweit unübertroffen.

Anderes ist hingegen nur vermeintlich »römisch antik«, etwa das lateinische »Plebiszit«, die basisdemokratische Volksabstimmung. Rom praktizierte diese zwar in der Heeresversammlung. Indes darf Athen (zumindest für seine freien männlichen Bürger) für sich in Anspruch nehmen, erstmals nach dem Modus »ein Mann, eine Stimme« gewählt zu haben.

Sog. Bikinimädchen mit Palmzweig, Mosaik (Ausschnitt), 4. Jh. n. Chr., römische Villa Casale bei Piazza Armerina, Sizilien

Campo dei Fiori und Piazza Navona

Nordwestlich des Kapitols, in der weiten Ebene zwischen der Via Flaminia (der heutigen Via del Corso) und dem großen Tiberbogen, liegt das antike Marsfeld (Campus Martius), auf dem im späten Mittelalter die so genannte päpstliche Altstadt mit den beiden zentralen Märkten auf der Piazza Navona und dem Campo dei Fiori entstand. Das Marsfeld, ursprünglich ein vom Tiber überschwemmtes, sumpfiges Gebiet, gehörte der Legende nach zum königlichen Besitz der Tarquinier. Nach ihrer Vertreibung ging es an den Staat über und wurde dem Kriegsgott Mars geweiht. Außerhalb des »pomeriums« – der geheiligten Stadtgrenze, innerhalb deren keine Waffen getragen werden durften – gelegen, diente es in republikanischer Zeit als militärischer Übungsplatz und Ort politischer Veranstaltungen. Aus dieser Phase stammt der als Area Sacra di Largo Argentina bezeichnete Bezirk, dessen vier Tempel, ein Rund- und drei Rechteckbauten, zwischen dem frühen 3. und 2. Jh. v. Chr. errichtet wurden. Seit der späten Republik und dann vor allem in der Kaiserzeit, als das Volk faktisch keine politische Entscheidungsgewalt mehr besaß, erfolgte eine grundlegende Umgestaltung des weiten Geländes auf dem Marsfeld. Neben Theatern, Amphitheatern oder Thermen, die der Unterhaltung der städtischen Bevölkerung dienten, entstanden Bauten zur Verehrung des Kaisers und seiner Familie, die sich zu einem großartigen städtebaulichen Komplex zusammenfügten. Nachdem das Areal im Mittelalter weitgehend verlassen war, wurden im Zuge der städtebaulichen Erneuerung Roms nach der Rückkehr der Päpste aus Avignon seit dem späten 15. Jh. neue Straßen und Plätze angelegt und viele neue Bauwerke errichtet. Der Campo dei Fiori, das »Blumenfeld«,

Giacomo della Porta und Taddeo Landini, Fontana delle Tartarughe, 1585, Schildkröten von 1658

Blick auf den Campo dei Fiori

wie der Marktplatz nach den Blumenwiesen genannt wird, die sich hier einst vor seiner Bebauung erstreckten, gehörte im mittelalterlichen Rom zu den belebtesten Plätzen. Da die Pilgerstraße (Via del Pellegrino) zum Petersdom über den Campo führte, war er ringsum von Gasthäusern für die Pilger umgeben. Anfang des 16. Jh.s ließ Papst Julius II. die gewundenen Gassen zwischen Kapitol und Vatikan von Bramante durch eine breite Prachtstraße, die nach dem Auftraggeber benannte Via Giulia, ersetzen. Diese wurde zu einer der Hauptachsen Roms und wird von Kirchen und Adelspalästen gesäumt. Eine Bronzestatue des Philosophen Giordano Bruno auf der Mitte des Campo dei Fiori erinnert an die dunklen Seiten der Vergangenheit, fanden hier doch die öffentlichen Hinrichtungen zur Zeit der Inquisition statt.

Area Sacra di Largo Argentina: Komplex mit den Überresten von vier Tempeln der republikanischen Zeit, hinter denen sich ein großes Podium aus Tuffblöcken erhalten hat. Es gehörte zu der berühmten Curia des Pompeius, in der Caesar am 15. März 44 v. Chr. ermordet wurde.

Palazzo della Cancelleria

Der Palast, der ab 1483 als Residenz für Kardinal Raffaele Riario, den Neffen Papst Sixtus' IV., entstand, war Teil des ehrgeizigen Sanierungsprogramms, mit dem der Papst die vergangene Größe Roms wieder herzustellen versuchte. Möglicherweise war Baccio Pontelli der Architekt, da er für Riario auch an anderen Projekten beteiligt war. Der Palazzo zählt mit seiner klaren Gliederung und seinen wohlproportionierten Formen zu den Höhepunkten der römischen Palastarchitektur des Quattrocento. Die dreigeschossige, in den oberen Stockwerken durch zierliche Pilaster gegliederte Fassade ist aus Travertin errichtet, der u. a. vom Kolosseum stammt. Sie ist die erste konsequent im klassischen Stil gestaltete Fassade der römischen Renaissance. Das Hauptportal schuf 1589 Domenico Fontana. Der Innenhof im Stil Bramantes wird von zwei offenen Arkadenstockwerken tuskischer Ordnung und einem Obergeschoss mit Pilastern mit Kompositkapitellen umfasst. Bereits nach kurzer Zeit verlor der Kardinal den Palast wegen seiner Beteiligung an einer Verschwörung gegen Papst Leo X. an die Kurie, die in den Räumen die namensgebende »cancelleria«, die päpstliche Kanzlei, unterbringen ließ.

Campo dei Fiori und Piazza Navona

S. Ivo alla Sapienza, Corso del Rinascimento 40, S. 179

Pasquino, Piazza di Pasquino, S. 180

Palazzo Farnese, Piazza Farnese, S. 159f.

Palazzo Spada, Piazza Capo di Ferro 13, S. 162f.

Piazza Navona mit S. Agnese in Agone und Palazzo Pamphilj, Piazza Navona, S. 174f.

Vierströmebrunnen, Piazza Navona, S. 178

Piccola Farnesina oder Farnesina ai Baullari (Museo Barracco), Corso Vittorio Emanuele II 166, S. 158

S. Andrea della Valle, Piazza S. Andrea della Valle, S. 156f.

Weitere Sehenswürdigkeiten:

1 Palazzo Altemps, Via di S. Apollinare 8, S. 170ff.

2 Palazzo Massimo alle Colonne, Corso Vittorio Emanuele II 141, S 181

3 S. Maria della Pace, Vicolo dell' Arco della Pace 5, S. 168f.

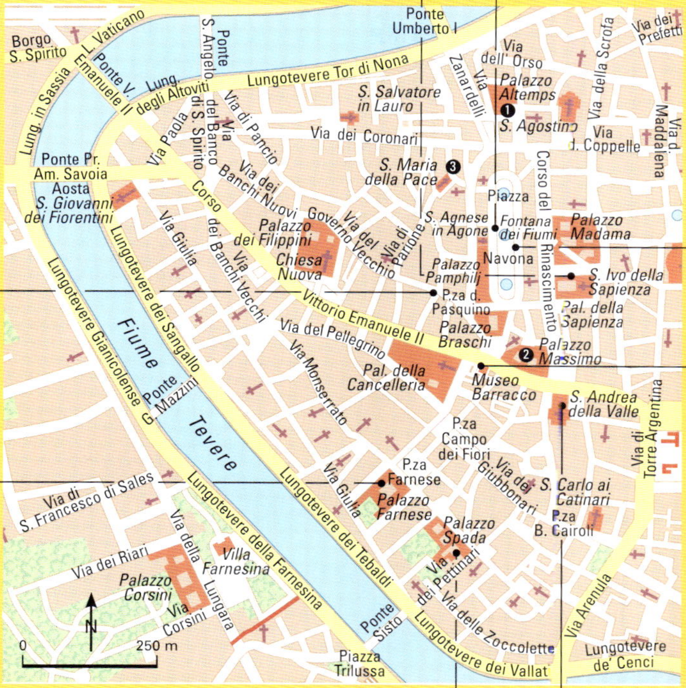

Klappseite: Piazza Navona und Umgebung, Luftaufnahme

S. Andrea della Valle

Bekannt als Schauplatz des ersten Aktes der Puccini-Oper »Tosca«, zählt die Kirche zu den berühmten barocken Bauwerken Roms. Für den Orden der Theatiner, der sich die Durchsetzung der katholischen Reform zur Aufgabe gemacht hatte, begannen Francesco Grimaldi und Giacomo della Porta 1591 mit den Bauarbeiten. Carlo Maderno fügte bis 1622 die Kuppel hinzu, die nach der von St. Peter die zweitgrößte freischwebende Kuppel Roms ist. Sie ist das beherrschende Zentrum des Gotteshauses, das ähnlich wie die Jesuitenkirchen über ein breites Hauptschiff verfügt, welches den Blicken der Gläubi-

gen kein störendes Beiwerk mehr in den Weg stellt. Anstelle der Seitenschiffe öffnen sich kleine Anräume als Kapellen zum Hauptschiff, in denen jeder Messen lesen oder sein Grab erbauen lassen konnte. Carlo Rainaldi hat der 1655/ 1665 vollendeten Fassade eine tektonische Konzeption zugrunde gelegt, die eine schrittweise Steigerung beinhaltet: Im Sinne einer strengen Konzentration auf die Mitte werden die fünf Wandabschnitte von außen nach innen nicht nur zunehmend breiter und immer aufwändiger dekoriert, auch die Wandfläche springt abgetreppt nach vorne. Durch die Gliederung mit monumentalen Doppelsäulen, betonten Fensterrahmungen und kräftig akzentuierten Gesimsen verlieh er der Fassade die für die Barockarchitektur charakteristische Plastizität und Helldunkelwirkung.

Blick in die Kuppel

Das Fresko der Kuppel, das Giovanni Lanfranco von 1621–1625 ausführte, stellt die Glorie des himmlischen Paradieses dar – ein Thema, das sich für eine Kuppel als Sinnbild des Himmels und der göttlichen Herrschaft besonders eignet. Mit seinen verkürzten Gestalten und dem sich zusammenballenden Firmament, die die Kuppel in den Himmel zu öffnen scheinen, ist es das erste Beispiel der Trompe-l'œil-Malerei in Rom und war damit Vorbild für die weitere Kuppelmalerei im Hochbarock. Domenichino freskierte die Pendentifs mit Darstellungen der vier Evangelisten (1622) sowie die Apsis mit Szenen aus dem Leben des Hl. Andreas (1624–1628). Die Bilderzählung wird nur durch wenige Figuren vorgeführt und ist harmonisch in weiträumige Landschafts- oder Architekturkulissen eingebettet. Die Fresken gelten als sein Hauptwerk in Rom.

Piccola Farnesina oder Farnesina ai Baullari (Museo Barracco)

Der kleine Palast erhielt seinen Namen von den Lilien auf dem Gesims, die irrtümlicherweise als Teile des Wappens der Farnese gedeutet wurden. Tatsächlich aber handelt es sich um die Lilie Frankreichs, die der Bauherr, der französische Diplomat Thomas Leroy, hier anbringen ließ. In seinem Auftrag errichtete Antonio da Sangallo d. J. 1523 den dreistöckigen, kastenartig geschichteten Bau, der sich an der Rückseite in einen von zwei vorspringenden Flügeln flankierten Hof öffnet. Ende des 19. Jh.s restauriert und mit einer neuen Fassade versehen, beherbergt der Palazzo heute das Museo Barracco, dessen Sammlung – assyrische, ägyptische, griechische, etruskische und römische Skulpturen – vom Baron Giovanni Barracco 1902 der Stadt Rom geschenkt wurde.

Verwundete Hündin, 2. Jh.
Pentelischer Marmor,
H. 44 cm, L. 69 cm

Zu den schönsten Tierskulpturen der antiken Kunst gehört die schlanke Hündin, die zusammengekrümmt, halb auf der Seite liegend, ihren verwundeten Schenkel leckt. In ihrer Körperdrehung, gestützt auf die gespreizten Vorderläufe, die hinteren zusammengezogen und übereinander geschlagen, erweckt sie den Eindruck einer lebendigen, momentanen Bewegung. Der Marmorsteg, der den Lauf der in die Luft ragenden Hinterpfote stützt, lässt vermuten, dass die Skulptur auf ein bronzenes Original aus dem 4. Jh. v. Chr. zurückgeht. Vielleicht ist sie mit dem sich eine Wunde leckenden Hund aus Bronze identisch, den Plinius in der »Naturalis Historia« wegen seiner Naturtreue rühmt. Sie stand bis zur Brandschatzung des Kapitols durch die Truppen des Vitellius in der Cella der Juno im kapitolinischen Jupiter-Tempel.

Palazzo Farnese

Die Piazza Farnese, einst Schauplatz zahlreicher Feste, gibt den Blick frei auf einen der prachtvollsten und architektonisch bedeutsamsten römischen Familienpaläste, der zum Vorbild vieler fürstlicher Paläste wurde. 1514 begann Antonio da Sangallo mit dem Bau eines städtischen Palazzo für Alessandro Farnese, den späteren Papst Paul III. (Pontifikat 1534–1549). Nach dem Tode des Architekten wurde Michelangelo mit der Bauleitung betraut, der die Außenmauern vollendete und das Dachgesims sowie das Obergeschoss des Innenhofes ausführte. Von Michelangelos Plan, die Gärten des Palazzo durch eine Brücke über den Tiber mit der Villa Farnesina, einem weiteren Besitz der Familie in Trastevere, zu verbinden, zeugt heute nur noch ein Brückenbogen über der Via Giulia. Als Letzter von drei berühmten Baumeistern vollendete Giacomo della Porta die Rückfront und brachte die Arbeiten 1589 zum Abschluss. Durch Erbfolge gelangte der Palast an die Bourbonen und später in den Besitz des französischen Staates. Heute beherbergt er die französische Botschaft und die École Française de Rome. Die unvergleichliche Kunstsammlung der Farnese aber, die bis zur Mitte des 18. Jh.s teilweise in diesem Bauwerk untergebracht war, wurde 1787 nach Neapel verlagert.

Der »König der Paläste« ist als großes Rechteck aus vier Flügeln um einen quadratischen Innenhof angelegt. Die 46 m breite, dreigeschossige Eingangsfront an der Piazza Farnese wird einzig durch die unterschiedliche Gestaltung der Fensterreihen und das leicht vortretende Rustikaportal gegliedert. Sie verkörpert das Kompositionsprinzip der Renaissance, nach dem eine Harmonie aller Teile dort erreicht werde, wo nichts verändert, nichts hinzugefügt oder weggelassen werden könne, ohne dass die Vollkommenheit des Ganzen Schaden nehme. Da der freistehende Baukörper ringsum voll ausgebildete Schauwände verlangte, wiederholen die Seiten den Aufbau der Fassade, während die Rückseite zum Tiber hin als Gartenfront ausgeführt ist. Die Gestaltung des weiträumigen Innenhofes durch die rhythmische Abfolge von Arkaden und Fenstern ist mit der Steigerung von dorischer über ionische zu korinthischer Ordnung dem antiken Erbe verhaftet, wie es am Kolosseum begegnet.

Galleria, Annibale Carracci, um 1597
Fresko

Zu den Meisterwerken der römischen Barockmalerei gehören die Gewölbefresken in der Galleria im ersten Obergeschoss des rückwärtigen Flügels, die Annibale Carracci unter Mitwirkung seines Bruders Agostino und seiner Schüler Domenichino und Albani im Auftrag des Kardinals Odoardo Farnese um 1597 schuf. Der 20 m lange und 6 m breite Raum wird von einer Halbtonne überwölbt, zu der Hohlkehlen von den Wänden überleiten. Carracci gliederte die Tonne in der Längsrichtung in drei Zonen. Das Rahmenwerk der fünf mythologischen Bilder auf dem Mittelstreifen wird von Atlanten und Hermen in Grisaillemalerei auf den seitlichen Streifen getragen, zu deren Füßen nackte Jünglinge kauern. Daneben blickt man auf rosafarbene Putten und Medaillons, deren grüner Grundton die Patina von Bronzereliefs nachahmt. Diese werden teilweise von kleineren mythologischen Szenen verdeckt, während in den Ecken personifizierte Tugenden erscheinen und die beiden großen Bilder an den Stirnseiten aus der Perseussage erzählen. Thema des gesamten Bildprogramms sind Liebesszenen der antiken Mythologie, denen als zentraler Gedanke die Erhebung und Verwandlung der menschlichen Seele durch die Macht der göttlichen Liebe zugrunde liegt. Im Zentrum steht der Triumphzug von Bacchus und Ariadne, der die mythische Erzählung überaus natürlich und textgetreu illustriert. Überall an der Decke sind reale und gemalte architektonische und plastische Elemente wie Girlanden, Kartuschen, Medaillons oder Tondi zu finden, welche die Grenze zwischen Architektur und Bild aufheben. Der Aufgabe einer Galerie entsprechend, ermöglicht das Deckenfresko die Betrachtung verschiedener Kunstwerke. Indem die Malerei auch Skulpturen und Reliefs vortäuscht, leistet sie einen Beitrag zum »paragone«, dem damals immer noch aktuellen Streit um die Rangfolge der Gattungen.

Palazzo Spada

In den engen Gassen hinter der Piazza Farnese steht der 1550 – rechtzeitig zu den Feierlichkeiten des Heiligen Jahres – von Giulio Merisi da Caravaggio für Kardinal Girolamo Capodiferro erbaute Palast. 1632 ging er in den Besitz des Kardinals Bernardino Spada über und wurde von Borromini umgebaut. Seit 1927 residiert hier der italienische Staatsrat.

Der Palazzo Spada ist ein Beispiel manieristischer Architektur in Rom. Die Fassade und der Innenhof werden von einer reichen Stuck- und Skulpturendekoration bestimmt, die Giulio Mazzoni 1556–1560 schuf. In den Nischen der Fassade des »piano nobile« stehen berühmte Persönlichkeiten der römischen Geschichte (von links: Trajan, Pompeius, Fabius Maximus, Romulus, Numa, Marcellus, Caesar und Augustus), auf die sich Inschriften zwischen den Fenstern im Obergeschoss beziehen. Der »cortile« (Innenhof) ist im Erdgeschoss auf drei Seiten von Pfeilerarkaden umgeben. Unterhalb der Fenster verlaufen zwei Friese, die in der Art antiker Reliefs eine Kentaurenschlacht und eine maritime Szene darstellen. Dazwischen sind Statuen antiker Götter und Genien aufgestellt. An der Fassade des Haupttrakts halten nackte Jünglinge die Wappen von Papst Julius III. und des französischen Königs, an dessen Hof der Kardinal wiederholt als Botschafter tätig war. Im ersten Geschoss ließ Bernardino Spada eine Galerie einrichten, die die wertvolle Gemälde- und Skulpturensammlung aufnahm, welche er seit seiner Zeit als päpstlicher Gesandter in Bologna (1627–1631) zusammengetragen hatte. Die Galleria Spada belegt nicht nur den erlesenen Geschmack des Kardinals, sondern auch seine Beziehungen, die er zu den berühmtesten Künstlern der

Stadt unterhielt. So kann man hier Werke von Guido Reni, Guercino, Domenichino, Andrea del Sarto, Mattia Preti, Jan Brueghel d. Ä. und Rubens besichtigen.

Kolonnade

Im linken rückwärtigen Seitenflügel errichtete Francesco Borromini 1635 mit den Mitteln der Scheinperspektive eine Kolonnade, die wie eine lange Säulengalerie mit einem zweiten großen Innenhof an ihrem Ende erscheint. In Wirklichkeit hat der von toskanischen Doppelsäulen flankierte und von einem kassettierten Tonnengewölbe bedeckte Korridor aber nur eine Länge von neun Metern. Indem die Säulen nach hinten immer kürzer und schmaler werden, der Fußboden ansteigt und sich der Gang verengt, wikt die Kolonade viermal so lang. So hat denn auch die Statue, die als optischer Endpunkt der Perspektive dient, nur ein unterlebensgroßes Format.

Chiesa Nuova (S. Maria in Vallicella)

An der Piazza am Corso Vittorio Emanuele II steht S. Maria in Vallicella, eine der großen römischen Barockkirchen. Über einem älteren Bau aus dem 12. Jh. hatte Filippo Neri 1575 mit Unterstützung Papst Gregors XIII. eine neue Kirche – »Chiesa Nuova« genannt – durch Matteo da Città di Castello und später Martino Longhi d. Ä. beginnen lassen. Neri, Gründer der Priestergemeinschaft der Oratorianer, war eine der führenden Persönlichkeiten seiner Zeit. Er strebte eine Erneuerung der katholischen Kirche und eine Verbreitung neuer seelsorgerischer Methoden an, die u. a. andere Predigtformen, Wallfahrten und Kirchenlieder in der Volkssprache umfassten. Die Chiesa Nuova wurde somit zum Sinnbild seiner Reformbestrebungen. 1599 fand die Einweihung statt, obwohl die zweigeschossige, durch Pilaster und kräftige Gesimse gegliederte Fassade mit einem säulengerahmten Portal von Fausto Rughesi erst 1605 fertig gestellt war. Der Bau ist als dreischiffige, kreuzförmige Pfeilerbasilika angelegt und erhält durch die mächtige, weithin sichtbare Kuppel über der Vierung einen besonderen Akzent. War der Innenraum gemäß den Reformvorstellungen Neris anfänglich ein schmuckloser Andachtsraum, erhielt er nach 1640 eine reiche barocke Ausstattung.

Peter Paul Rubens,
Die Heiligen Domitilla, Nereus und Achilleus, 1608
Öl auf Schiefer, 425 x 250 cm

Drei auf Schiefer gemalte Bilder des jungen Rubens schmücken den Hochaltar der Kirche: In der Mitte ist die »Madonna mit Engeln«, auf der rechten Seite sind »Die Heiligen Domitilla, Nereus und Achilleus« und auf der linken »Die Heiligen Gregor, Maurus und Papas« zu sehen. Die Gemälde spiegeln die vielfältigen Einflüsse wider, die der Maler während seines achtjährigen Italienaufenthalts aufgenommen hatte. So erinnern die Führung des Lichts an Tintoretto und Caravaggio, während die räumliche Komposition und die Stellung einzelner Figuren auf den Manierismus verweisen. Da die Chiesa Nuova eine der ersten Kirchen ist, die im Geiste der Gegenreformation erbaut wurden, darf das Hochaltarbild von Rubens nicht verwundern: Es zeigt die Hl. Domitilla in Begleitung ihrer beiden Diener Nereus und Achilleus, die sie kurz vor ihrem Tode bekehrte und die als Zeichen ihrer Erlösung Palmzweige in den Händen halten.

Pietro da Cortona, Fresko des Langhauses, Vision des Hl. Filippo Neri, 1648–1651
Fresko, 27 x 13 m

Apsis, Kuppel und Langhaus des monumentalen, vorherrschend in Weiß und Gold ausgestatteten Innenraums sind mit Fresken von Pietro da Cortona geschmückt. Der toskanische Maler war nach den meisterhaften Deckenfresken im Palazzo Barberini mit dem Titel eines »Fürsten« der Accademia di San Luca ausgezeichnet worden und galt als einer der führenden Barockmaler in Rom. Charakteristisch für seine Malweise sind dynamisch bewegte Kompositionen voller Figuren, ein üppiger Farbreichtum, ein pastoser Pinselstrich und eine lichte Farbgebung. In den Jahren 1648–1651 malte er die Kuppel mit einer Darstellung des Heiligenhimmels aus, während in den Pendentifs die vier Propheten das Jüngste Gericht ankündigen. In der Kuppel ist Gottvater zu sehen, dem Christus seine Leidenswerkzeuge zeigt, um ihn durch den Hinweis auf seine bevorstehenden Leiden gegenüber der Menschheit gnädig zu stimmen. Die Apsis schmückt ein Fresko mit der Himmelfahrt Mariens, die als Fürbitterin für die Menschen erscheint. Das Fresko des Langhauses schildert eine Vision Filippo Neris während der Bauarbeiten an der Kirche, als sich ein Balken gelöst hatte und folglich ersetzt werden musste. Es darf als Sinnbild für die Reformpläne des Ordensgründers und die Errichtung der Chiesa Nuova verstanden werden.

S. Maria della Pace

Zum Dank für den Friedensschluss mit Mailand und anderen italienischen Staaten ließ Papst Sixtus IV. nach 1482 eine Kirche zu Ehren der Hl. Maria des Friedens errichten. Als erster Baumeister wird Baccio Pontelli vermutet, auf den das einschiffige Langhaus mit Nebenkapellen zu beiden Seiten zurückgeht. Anfang des 16. Jh.s fügte Bramante – sein erster römischer Auftrag – für Kardinal Oliviero Carafa den Kreuzgang an und schuf vermutlich auch den achteckigen Kuppelraum. Im Auftrag von Alexander VII. führte Pietro da Cortona Mitte des 17. Jh.s eine Restaurierung der Kirche durch, in deren Verlauf die barocke Fassade entstand. Cortona, der auch die umgebenden Fassaden an der Piazza della Pace entwarf, betonte die Mitte durch eine weit ausladende, halbkreisförmige Vorhalle mit dorischen Säulen im Erdgeschoss, hinter der das durch korinthische Säulen und Pilaster gegliederte Obergeschoss zurücktritt. Dem Mittelfenster entspricht ein Segmentbogen, den ein mehrfach gerahmter Giebel überspannt. Aus der Vielfalt an Formen, die zwischen Rechteck, Dreieck, Halbkreis, konvexer und konkaver Schwingung variieren, ergibt sich eine spannungsvolle Dynamik, wie sie für eine barocke Schauwand charakteristisch ist.

Cappella Chigi, Raffael, Vier Sibyllen, 1514
Fresko

Auf der von einer Nische durchbrochenen Altarwand der ersten Kapelle auf der rechten Seite malte Raffael 1514 im Auftrag seines Freundes, des Sieneser Bankiers Agostino Chigi, sein berühmtes Fresko »Vier Sibyllen«. Den Prophetinnen der Antike, die die Geburt Christi vorausgesagt haben, sind seitlich des Fensters im oberen Teil der Wand die vier Propheten des Alten Testamentes (vermutlich von Raffaels Schüler Timoteo Viti) gegenübergestellt. Anders als bei den sixtinischen Fresken Michelangelos sind die Sibyllen hier nicht in sich oder in prophetische Bücher versunken, sondern mit den geflügelten Genien zu einer rhythmisch gegliederten, kommunizierenden Gruppe vereinigt. Letztere überbringen den Sibyllen Schriftrollen, auf denen Fragmente der Apokalypse und der Evangelien zu lesen sind. Links sitzt die cumäische Sibylle, der ein Genius die Schriftrolle mit der Aufschrift »Die Wiederauferstehung der Toten« überreicht. Am Nischenbogen lehnt Persica, die schreibt: »Er wird haben das Schicksal des Todes«. Hinter der Phrygia, die sich auf den Bogen stützt, verweist ein Genius auf »Der Himmel umschließt der Erde Gefäß«. Hinter Tiburtina rechts davon, die als einzige als weise Alte dargestellt ist, steht ein Genius mit der Inschrift »Schon ein neues Geschlecht«, darüber schwebt ein Engel mit der Schriftrolle »Ich werde öffnen und auferstehen«. Auf dem Scheitel des Apsisbogens hält ein kleines Flügelwesen die eleusinische Fackel als Symbol für die Einweihung in die Geheimnisse der geistigen Welt. Aufgabe des Freskos war es vermutlich, auf das Thema der Auferstehung hinzuweisen, das Raffael ursprünglich für ein Altarbild vorgesehen hatte.

Palazzo Altemps (Museo Nazionale Romano)

Der Palast, der ein breites Straßengeviert einnimmt und mit seiner schönen Renaissancefassade an der Via di S. Apollinare gelegen ist, wurde 1477 für Girolamo Riario, den Neffen Papst Sixtus' IV., begonnen. Nach 1568 ging er in den Besitz von Kardinal Marco Sittico Altemps über, wobei Altemps die italienische Bezeichnung des deutschen Familiennamens Hohenems ist. In seinem Auftrag errichtete Martino Longhi d. Ä. den Aussichtsturm und den zweigeschossigen Innenhof, der von ionischen Arkaden gesäumt wird. Im 16. Jh. zählte der Palazzo zu den prachtvollsten Adelssitzen, denn die Altemps waren prunkliebende Sammler. Sie ließen den »cortile« und alle Räume mit Malereien und antiken Statuen ausstatten und eine umfangreiche Bibliothek anlegen, die sich heute im Vatikan befindet. Später ging ein Teil ihrer Antiken in die Sammlung Ludovisi über, die Ludovico Ludovisi, der Nepote Gregors XV. (Pontifikat 1621–1623), begründet hatte. 1901 wurde sie von seinen Erben an den italienischen Staat verkauft und bildet einen der wesentlichen Bestandteile des Museo Nazionale Romano. Heute sind einige der Antiken aus der Altemps-Sammlung wieder an ihren ursprünglichen Aufstellungsort zurückgekehrt, denn seit der vollständigen Renovierung des Palazzo Altemps gehört dieser zum Museo Nazionale Romano und dient als Ausstellungsort der ludovisischen Sammlung.

Galliergruppe Ludovisi, römische Kopie nach griechischem Original aus dem 3. Jh. v. Chr.
Marmor, H. 211 cm

Die römische Marmorkopie ist nach einer Bronzegruppe gearbeitet, die zusammen mit dem »Sterbenden Gallier« im Palazzo Nuovo auf dem Kapitol zu einem größeren Siegesdenkmal gehörte, das der pergamenische König Attalos I. um 230/220 v. Chr. im Athena-Heiligtum von Pergamon hatte errichten lassen. Die Gruppe des Gallierfürsten, der sich und seine Frau tötet, gehört zu den pathetischen Werken des hohen Hellenismus. Gewaltig ausschreitend blickt der Fürst auf seine Verfolger zurück und stößt sich selbst das Schwert in die Brust. Mit der Linken hält er den Arm seiner Frau umklammert, die schon tot am Boden zusammengebrochen ist. Eindringlich werden die Details beschrieben, wie das Blut, das unter der Schwertspitze aus der Brust des Galliers spritzt, die tödliche Wunde unter der linken Achselhöhle der Frau oder ihre gebrochenen Augen und der überstandene Todeskampf in ihrem Antlitz. Im Gegensatz zu anderen Siegesdenkmälern wurde in diesem Monument auf die Darstellung der siegreichen Pergamener verzichtet. Auch ist nicht der Kampf gezeigt, vielmehr der Freitod des Besiegten als letzte Tat der Freiheit.

Ares Ludovisi, römische Kopie nach griechischem Original aus dem 4. Jh. v. Chr.
Marmor, H. 156 cm

Mit einigen Veränderungen hat der Kopist eine spätklassische Bronzestatue aus der Zeit um 330 v. Chr. wiedergegeben, die den Kriegsgott Ares darstellt. Den Kopf zur Seite gewandt, das rechte Bein ausgestreckt, das linke angezogen und die Hände um das Knie verschränkt, den Mantel um die Hüfte geschlungen, sitzt er scheinbar lässig auf dem Felsen. Doch sein Körper ist voller Spannung und die Haltung des Kopfes verrät Aufmerksamkeit. Der Gott ist kampfbereit, wie das Schwert in der Linken andeutet, das noch in der Scheide steckt. Die anderen Waffen, Schild, Helm und Beinschienen, sind in dieser Anordnung sicher eine Zutat des Kopisten, der durch die Hinzufügung des kleinen Eros zu Füßen des Gottes auf dessen Verbindung mit Aphrodite anspielt. Mit dieser neuen Komposition hat er die Statue insgesamt umgedeutet, die nun Ares zeigt, der seine Waffen bei der Liebesgöttin abgelegt hat.

Ludovisischer Thron, Mitte 5. Jh. v. Chr.
Marmor, H. 107 cm, L. 143 cm

In den Gärten des Sallust wurde der sog. Ludovisische Thron gefunden, bei dem es sich vermutlich um einen Altaraufsatz handelt. Lange Zeit war dieses Werk wegen seiner ungewöhnlichen ar-

chitektonischen Form umstritten, doch wird es inzwischen als ein Original aus der Mitte des 5. Jh.s v. Chr. angesehen, dessen ursprünglichen Standort man einst in einem Aphrodite-Heiligtum im unteritalischen Locri lokalisierte. Auf der Hauptseite ist eine Göttin dargestellt, die ihrem nassen Gewand und dem seitlichen Kieselstrand nach zu urteilen- aus dem Wasser auftaucht. Sie wird dabei von zwei weiblichen Figuren unterstützt, die ein Tuch vor sie breiten und ihr hilfreich unter die Achseln greifen. Die Göttin, deren Gesicht der vorklassischen Darstellungsweise entsprechend im Profil zu sehen ist, blickt nach oben. Wenngleich es vielfache Deutungen dieser Szene gegeben hat, handelt es sich wohl um die Geburt der Aphrodite, die nach dem griechischen Mythos bei Paphos auf Zypern dem Meer entstiegen ist und von den Horen (Göttinnen der Jahreszeiten) empfangen wird. Für eine solche Interpretation sprechen auch die Reliefs der Seitenflächen, die offenbar sakrale und profane Elemente aus dem Kult der Göttin zum Thema haben: Während auf der einen Seite eine nackte Flötenspielerin, wohl eine »hierodule« (Tempeldienerin), zu sehen ist, ist auf der Gegenseite eine verhüllte Priesterin dargestellt, die vor einem »thymiaterion« (Räuchergefäß) ein Weihrauchopfer darbringt.

Piazza Navona

Die Piazza Navona ist das wohl berühmteste Beispiel für städtebauliche Kontinuität in Rom. Ihr lang gestreckter Grundriss mit einer gebogenen Schmalseite im Norden hat die Form des Stadions (240 m x 65 m) bewahrt, das Kaiser Domitian (81–96 n. Chr.) für die Austragung von Spielen und sportlichen Wettkämpfen, später auch von Tierhatzen und Gladiatorenkämpfen, errichten ließ. So stehen die Gebäude rund um den Platz auf den Stufen der alten

»cavea«, die 30 000 Zuschauern Raum bot. Von der einstigen Bestimmung der Piazza zeugt heute noch der Name, denn Navona soll sich von »in agone« (auf dem Kampfplatz) ableiten. Glaubt man aber dem Volksmund, kommt Navona von »navis« (Schiff), weil die Gestalt des Platzes mit der halbrunden Schmalseite an ein Schiff erinnert. Als größter Platz inmitten eines der am dichtesten besiedelten Viertel Roms nahm er im Zuge der städtebaulichen Erneuerung in der Renaissance einen hohen Rang ein. Papst Sixtus IV. ließ 1477 den Markt vom Kapitol hierhin verlegen, und durch den Bau mehrerer Adelspaläste (Palazzo Massimo alle Colonne und Palazzo Madama) wurde die Piazza Navona zu einer bevorzugten Wohngegend der römischen Oberschicht. Den Höhepunkt ihrer baulichen Gestaltung erreichte sie unter Papst Innozenz X., der nach seiner Wahl im Jahre 1645 mit einer Umgestaltung begann. Er ließ den Familienpalast und die Kirche S. Agnese in Agone erneuern, die beiden von Gregor XIII. (Pontifikat 1572– 1585) angelegten äußeren Brunnen restaurieren und die riesige »Fontana dei Fiume« (Vierströmebrunnen) im Zentrum des Platzes errichten. Die Piazza blieb die Jahrhunderte hindurch Schauplatz prächtiger Turniere und festlicher Umzüge. Bis ins 19. Jh. fanden hier Wasserspiele statt, bei denen im August der Platz bis zu einer bestimmten Höhe geflutet wurde. Die Wohlhabenden fuhren in Kutschen durch das Wasser, während das einfache Volk darin herumplantschte. Noch heute ist die Piazza Navona einer der belebtesten Plätze Roms, auf dem bis tief in die Nacht Artisten und Straßenhändler das Volk unterhalten – oder wie der römische Dichter Giuseppe Gioacchino Belli im frühen 19. Jh. schrieb: »Piazza Navona! Keinen Deut schert sie sich um die Piazza di Spagna oder St. Peter. Sie ist kein Platz. Sie ist das große Draußen, ein Fest, eine Bühne, ein Heidenspaß.«

Giovanni Paolo Pannini, Die überflutete Piazza Navona, 1756, Öl auf Leinwand, 96 x 136 cm, Niedersächsisches Landesmuseum, Hannover

Palazzo Pamphilj

Zusammen mit der Kirche S. Agnese in Agone beherrscht der für den Pamphilj-Papst Innozenz X. erbaute Familienpalast eine Längsseite der Piazza Navona. Architekt des zwischen 1644–1650 entstandenen Bauwerks war Girolamo Rainaldi, der mehrere zum ursprünglichen Palast hinzugekaufte Bauten unter Einbeziehung von S. Agnese als Familienkirche und Palastkapelle zu einem Gesamtkomplex verband und vereinheitlichte. Borromini, dessen Konkurrenzentwürfe nicht auf Zustimmung stießen, wurde lediglich mit der Gestaltung des großen Saals und dem Bau der von Pietro da Cortona ausgemalten Galleria beauftragt. Die Fresken Cortonas stellen Szenen aus dem römischen Nationalepos Vergils, der »Aeneis«, dar, die ikonographisch auf die mythische Abstammung der Pamphilj von Aeneas bezogen sind. Der Papst machte den Palast später seiner Schwägerin Olimpia Maidalchini zum Geschenk, die von der »statua parlante« (sprechende Statue) des Pasquino den Spitznamen »olim pia« (einst fromm) erhielt. Heute beherbergt der Bau die brasilianische Botschaft.

S. Agnese in Agone

Die Kirche erhebt sich über den Fundamentresten des domitianischen Circus (sie sind in die Krypta verbaut), worauf der Name »in agone« (auf dem Kampfplatz) verweist. Sie nimmt der Legende nach den Ort ein, an dem sich das Martyrium der Hl. Agnes ereignet haben soll. Als man das Mädchen nackt der Volksmenge vorgeführt habe, sei es wie durch ein Wunder plötzlich von seinen Haaren verhüllt worden und dadurch der

Schande entgangen. Das Bauwerk wurde von Girolamo Rainaldi 1652 im Auftrag Innozenz' X. als Palastkirche des angrenzenden Palazzo Pamphilj begonnen, später übernahm Borromini die Leitung, auf den 1657–1672 zuletzt Carlo Rainaldi folgte. Die barocke Fassade geht weitgehend auf Borromini zurück: Die für ihn typische, konkav geschwungene Front wird von zwei weit auseinander gerückten, baldachinartigen Glockentürmen flankiert und durch eine hohe Attika abgeschlossen. Hinter ihr ragt die von einer hohen Laterne bekrönte Kuppel auf. Die Kirche wurde über dem Grundriss eines griechischen Kreuzes als Zentralbau mit langgestreckten Querarmen und tiefen Nischen konzipiert. Zentrales Element im Innern ist die hohe Kuppel. Sie erhebt sich über acht Säulen mit weit vorkragendem Gebälk und wurde von Ciro Ferri und seiner Schule mit Fresken ausgestattet, während die Allegorien der Tugenden in den Zwickeln von Baciccia stammen.

Vierströmebrunnen

(Fontana dei Fiume)

Als Mittelpunkt der Piazza Navona plante Innozenz X. eine große Brunnenanlage, die ein Obelisk aus dem Circus des Maxentius bekrönen sollte. Berninis prachtvoller Vierströmebrunnen, zu dem er 1647 den Auftrag erhielt, ist eine meisterhafte Umsetzung eines komplizierten ikonographischen Konzepts und zählt zu den Höhepunkten barocker Plastik. Das Bildprogramm huldigt dem Papst, der diesem von einem römischen Kaiser geschaffenen Platz zu neuem Glanz verhalf. Zentrum des mächtigen Beckens ist ein künstlicher Felsen, auf dessen vier Ecken die Personifikationen der vier großen Ströme – Nil, Ganges, Donau und Rio de la Plata – ruhen. Sie symbolisieren die damals bekannten Kontinente, die unter dem Einfluss der päpstlichen Macht standen. Umgeben werden sie von der dem jeweiligen Erdteil zugehörenden Pflanzen- und Tierwelt – Löwe, Pferd, Drachen, Schlange und Palme. Als Hinweis auf den päpstlichen Stifter ist sein Wappen, eine Taube mit Ölzweig, am Felsen wie auf der Spitze des Obelisken angebracht, der die Mitte des Brunnens einnimmt. Er verweist wieder auf den antiken Gründer dieser Platzanlage, denn anders als bei den bekannten Obelisken Roms ist er laut Inschrift keine ägyptische Arbeit, sondern ein römisches Monument, das ursprünglich von Domitian im Isistempel auf dem Marsfeld aufgestellt worden war.

Palazzo della Sapienza und S. Ivo alla Sapienza

Fassaden und Hof des Palazzo della Sapienza, der bis 1935 Sitz der alten Universität Roms war und heute die Archive der Stadt und des Kirchenstaates beherbergt, wurden im 16. Jh. von Pirro Ligorio und Giacomo della Porta erbaut. Kernstück des päpstlichen Komplexes ist jedoch die von Francesco Borromini 1642–1660 errichtete Kapelle, die sich aus zwei gleichseitigen Dreiecken – Symbolen der Trinität – zu einem Stern zusammensetzt. Der untere Teil der Kirchenfassade, der die doppelte Arkadenstellung des Innenhofes fortsetzt, wird durch eine Attika mit querovalen Fenstern abgeschlossen. Auf deren Ecken stehen Ziertürme, plastische Nachbildungen der heraldischen »monti« (Berge) im Wappen Papst Alexanders VII. Chigi. Darüber erhebt sich ein Kuppeltambour in Form eines Kleeblattes. Auf dem spiralförmigen Aufsatz der Laterne mit konkav geschwungenen Seiten, der an barocke Darstellungen des babylonischen Turmes erinnert, sitzt das Kreuz als Zeichen der göttlichen Weisheit.

Pasquino

Römische Kopie nach hellenistischem Original aus dem 3. Jh. v. Chr., Marmor, H. 192 cm

Eine der berühmtesten »statue parlanti«, der sprechenden Statuen Roms, ist das Fragment einer antiken Gruppe, die den griechischen Helden Menelaos mit dem toten Patrokles darstellt. Es wurde unter dem Namen »Pasquino« berühmt, weil man es Anfang des 16. Jh.s neben dem Laden eines Schneiders mit diesem Namen aufstellte und als Anschlagetafel für Schmähschriften nutzte. In einer Zeit, als es noch keine Freiheit der Rede gab und Kritik an politischen Ereignissen verboten war, hefteten römische Bürger heimlich Zettel mit Spottversen an die Statue, um so ihrem Unmut öffentlich Ausdruck zu verleihen. Schon bald trat Pasquino in einen Dialog mit anderen »statue parlanti«, zu denen u. a. der Marforio, die Brunnenfigur eines Flussgottes aus dem 1. Jh. auf dem Kapitol, und die Madama Lucrezia, eine nach der Geliebten des Königs Alfons von Aragón benannte antike Frauenbüste auf der Piazza San Marco, gehörten. Diese Tradition sollte bis in das 19. Jh. hinein bestehen bleiben. Als Papst Innozenz X. (1644–1655) den Vierströmebrunnen auf der Piazza Navona eröffnet hatte, murrte das Volk, das wegen der päpstlichen Kunstaufträge unter einer hohen Besteuerung zu leiden hatte, und ließ die steinernen Lippen des Pasquino verkünden: »Was wir wollen, sind nicht Obelisken und Brunnen; Brot wollen wir, Brot und immer wieder Brot.«

Palazzo Massimo alle Colonne

Nachdem die Häuser der Familie Massimo während des Sacco di Roma 1527 zerstört worden waren, wurde Baldassare Peruzzi von Pietro Massimo einige Jahre später mit dem Wiederaufbau betraut. Der Palast erhebt sich über dem Stadion Domitians, und seine leicht geschwungene Fassade folgt der konvexen Kurve des antiken Zuschauerraums. Die glatte, in den oberen Stockwerken nur von Fenstern durchbrochene Rustikafassade öffnet sich im Erdgeschoss zu einem dorischen, von sechs Säulen getragenen Portikus, auf den der Namensteil »alle Colonne« zurückgeht.

Sacco di Roma – die Plünderung Roms im Jahr 1527

von Jürgen Sorges

Georg von Frundsberg, kaiserlicher Feldhauptmann, zeitgenössisches Gemälde unbekannter Provenienz

Schon die Zeitgenossen stellten den Sacco di Roma im Jahr 1527 auf eine Stufe mit der Plünderung Roms durch Alarichs Westgoten (410 n. Chr.) sowie der Zerstörung der Stadt durch die Vandalen Geiserichs (455 n. Chr.). »Den 6. Tag May haben wir Rom mit dem Sturm genommen, ob 6000 Mann darin zu todt geschlagen, die ganze Stadt geplündert, in allen Kirchen und ob der Erd genommen, was wir gefunden, einen guten Teil der Stadt abgebrannt«, berichtete der Fähnleinführer Sebastian Schertlin von Burtenbach (1496–1577), einer der Anführer der deutschen Landsknechte. Ende des Jahres 1526 hatte Georg von Frundsberg (1473–1528), Hauptmann der Grafschaft Tirol und charismatischer Heerführer, eine Truppe von 12 000 Fußsoldaten ohne Verstärkung durch Kavallerie und Artillerie über die Alpen geführt, um das kaiserliche Heer in Mailand zu befreien. Der alte Haudegen hatte weder Uniformen noch Soldatenstiefel, weder Proviant noch Sold für seine Infanterie aus süddeutschen und Habsburger Landen zur Verfügung. Grimmiger Hass trieb diese Kaisertreuen gegen den Papst an, der sie aus der Ferne als »Luterani«, Anhänger Martin Luthers, geschmäht hatte. Das Heer wollte nicht weniger als die Absetzung des Papstes – und Beute: Rom galt nach Venedig und Genua als drittreichste Stadt Italiens. Schlachtenglück und das zaudernde Taktieren des Papstes Clemens VII. (Pontifikat 1523–1534) hatten das strategisch unterlegene Heer raubend und mordend wie eine apokalyptische Zerstörung vor die Tore Roms geführt. Es gab kein Zurück mehr: Das mittlerweile 40 000 Mann starke soldlos geblie-

bene Heer trieb der Hunger vorwärts. Hinter ihm rückte der Herzog von Urbino samt päpstlichem Ersatzheer an.
6. Mai 1527, Trastevere, Hauptquartier Sant' Onofrio, Morgengrauen: Nur noch einen Tag, dann hat das Heer die als unüberwindbar geltende Leoninische Mauer des Vatikans an der Porta San Pancrazio und am heutigen Torre Cavalleggeri gestürmt. Auch ihr Oberbefehlshaber, der Connetable Karl von Bourbon, konnte die Ereignisse der nächsten, grauenhaftesten Nacht der römischen Neuzeit nicht mehr durch seine Autorität verhindern: Eine Flintenkugel traf ihn in den Unterleib. Der Papst floh in letzter Minute mit 3000 Getreuen vom Vatikan über den 800 Meter langen Korridor des Borgo in die Engelsburg, während Landsknechte auf dem Petersplatz ein Blutbad an der die Flucht des Papstes abschirmenden Schweizergarde anrichteten. Die Landsknechte errichteten ihr Feldlager auf dem Campo dei Fiori, ihre Verbündeten zogen am Ponte Sant' Angelo, unterhalb der Engelsburg, den undurchdringlichen Belagerungsring zusammen. Am 5. Juni kapitulierte der Papst, zwei Tage später verließ die päpstliche Besatzung die Engelsburg. Kaiserliche Söldner, darunter 200 Landsknechte Schertlins, rückten als Kerkermeister des Papstes ein. »War ein großer Jammer unter ihnen, weinten sehr, wurden wir alle reich«, vermerkte Schertlins Tagebuch für die Nachwelt.
Sieben Monate währte die Haft des Papstes in der Engelsburg. Erst im Dezember gelang Clemens die Flucht nach Orvieto. Zwei Monate später, im Februar 1528, verließen auch die Landsknechte mit ihrer Beute Rom. Ins Unermessliche steigende Nahrungsmittelpreise, Dirnendienste, Spiel- und Trunksucht sowie Seuchen sorgten indes in wenigen Monaten dafür, dass ein Großteil der geraubten Gelder und Kunstwerke zurück in die Hände der Römer fiel. Für das Kunstschaffen am Tiber bedeutete der Sacco einen eklatanten Einschnitt: Die meisten Künstlerwerkstätten waren verwaist, kaum ein Schüler Raffaels kehrte an den Tiber zurück.

Matthias Merian d. Ä., Der Connetable von Bourbon gibt den Befehl zur Plünderung (Sacco di Roma 6. 5. 1527), Kupferstich (spätere Kolorierung)

Rund um die Piazza della Rotonda

Nur noch das Gewirr der engen Straßen und Gassen lässt erahnen, dass dieses Viertel einst eine hauptsächlich von Arbeitern bewohnte Wohngegend war. Heute ist es durch die Börse und die vielen Hauptniederlassungen von Banken zum Finanzzentrum der Stadt aufgestiegen. Zudem residiert im geschichtsträchtigen Palazzo di Montecitorio das italienische Parlament, und viele Behörden sind in den benachbarten Gebäuden untergebracht. Mittelpunkt des Viertels ist die berühmte Piazza della Rotonda vor dem Pantheon, das im Mittelalter nur »das runde Ding« (»rotonda«) genannt wurde. In ihrer Mitte liegt ein 1578 von Giacomo della Porta errichteter Marmorbrunnen, auf dem Papst Clemens XI. 1711 einen Obelisken aus dem Isistempel aufstellen ließ. Im Umkreis der Piazza trifft man im Labyrinth der schmalen Straßen auf prachtvolle Bauten und ungewöhnliche Denkmäler wie den riesigen Fuß einer antiken Kolossalstatue oder die Fontanella del Facchino (Gepäckträger) am Banco di Roma, eine der »statue parlanti«.

In der Antike war dieses Viertel Teil des Marsfeldes. Im Zuge der städtischen Erneuerung unter Augustus entstanden hier unter anderem der Vorgängerbau des Pantheon, die Thermen des Agrippa inmitten weitläufiger Gärten mit einem künstlichen See, die Saepta Iulia, ein monumental angelegter Freiraum für öffentliche Vergnügungen, sowie Säulenhallen mit berühmten Kunstwerken – doch sind von all diesen Architekturen heute kaum noch Reste zu besichtigen. Nachdem ein verheerender Brand im Jahre 80 n. Chr. das Viertel zu weiten Teilen zerstört hatte, begannen die nachfolgenden Kaiser mit dem Wiederaufbau und dehnten die Bebauung nach Norden aus. Unter Hadrian wurde an Stelle eines von Agrippa 27 v.Chr. gestifteten Tempels, das Pantheon errichtet. Antoninus Pius ließ den Tempel des vergöttlichten Hadrian erbauen, und der Kaiser Marc Aurel wurde nach seinem Tode mit einer Ehrensäule an der Piazza Colonna gefeiert. Mit diesem Monument endet die antike Geschichte des Viertels, in dem bis zum Mittelalter nur wenige Menschen lebten. Die Goteneinfälle und die Belagerungen der Langobarden im 6. Jh. bewirkten eine Umverteilung innerhalb des Stadtgebietes, durch die das Marsfeld wieder verstärkt besiedelt wurde. Diese Entwicklung setzte sich im Mittelalter fort, als im Umkreis von neu gegründeten Kirchen wie S. Maria sopra Minerva weitere neue Wohngebiete entstanden, deren Bevölkerung den unteren sozialen Schichten entstammte. Während die urbanistischen Eingriffe der Renaissance-Päpste diesen Teil des Marsfeldes nur am Rande berührten, erlebte es seinen glanzvollen Aufschwung im Zeitalter des Barock. Zeugen der umfangreichen Bautätigkeit im 17. und 18. Jh. sind die Kirchen Il Gesù, S. Ignazio und La Maddalena oder Paläste wie der Palazzo Montecitorio, der Palazzo Doria Pamphilj und der Palazzo Borghese.

Blick auf die Piazza della Rotonda

Rund um die Piazza della Rotonda

Palazzo di Montecitorio, Piazza di Montecitorio, S. 212

Pantheon, Piazza della Rotonda, S. 188 ff.

S. Maria sopra Minerva mit Obelisk, Piazza della Minerva 42, S. 196 ff.

Il Gesù, Piazza del Gesù, S. 201 ff.

Marc-Aurel-Säule, Piazza Colonna, S. 213

S. Ignazio di Loyola, Piazza di S. Ignazio, S. 210 f.

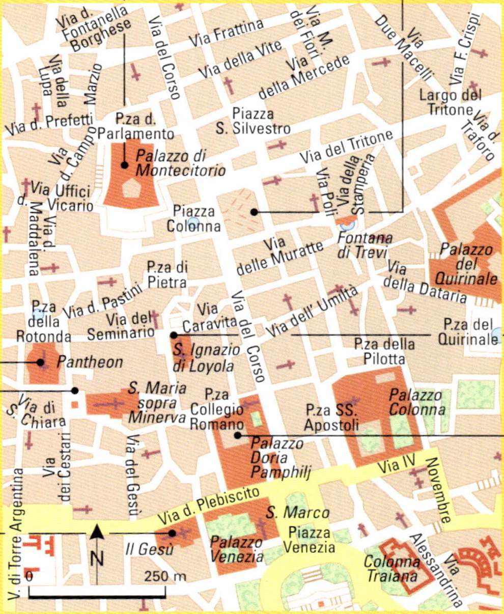

Palazzo Doria Pamphilj, Via del Corso, Eingang Piazza del Collegio Romano 1 a, S. 208

Pantheon

An der Piazza della Rotonda steht einer der besterhaltenen und faszinierendsten Bauten des alten Rom – das Pantheon. Die Inschrift auf dem Architrav erinnert daran, dass der erste Bauherr Agrippa, der Schwiegersohn des Kaisers Augustus, war. Er hatte 27 v. Chr. einen rechteckigen Tempel errichtet, der die Herrscherfamilie verherrlichen sollte. Es ist überliefert, dass Augustus diese Weihung an sich selbst jedoch zurückwies und seine Statue ganz bescheiden in der Vorhalle aufstellen ließ. So wurde der Bau zum »Pantheon«, wobei die Bedeutung des Namens ungeklärt ist. Vermutlich war der Tempel den Planetengöttern geweiht, allen voran Mars und Venus, den Schutzgottheiten des julisch-claudischen Geschlechts. Darauf deutet die symbolträchtige Gestaltung der Kuppel als Himmelsgewölbe mit der runden Mittelöffnung für die Sonne. Nach dem Brand von 80 n. Chr. ließ Kaiser Hadrian zwischen 118 – 125 n. Chr. einen Neubau errichten, der bis heute erhalten ist. Dieses architektonische Meisterwerk stellte die technischen Fähigkeiten der römischen Architekten unter Beweis und diente später v. a. den Künstlern der Renaissance wie Bramante oder Michelangelo als Vorbild. Vor der Zerstörung blieb es nur bewahrt, weil der byzantinische Kaiser Phokas das Pantheon 609 dem Papst Bonifaz IV. schenkte, der es ein Jahr später am 1. November in die Kirche S. Maria ad Martyres umwandelte. Erdbeben, Überschwemmungen und Demontage haben dem Bauwerk im Laufe der Jahrhunderte zwar mehrfach Schäden zugefügt, doch wurde es immer wieder restauriert. So ließ Kaiser Konstans II. 663 die vergoldeten Bronzeziegel des Daches nach Konstantinopel schaffen oder Papst Urban VIII. Barberini den Bronzebeschlag der Decke der Vorhalle für den Baldachin Berninis in der Peterskirche und für Kanonen der Engelsburg einschmelzen.

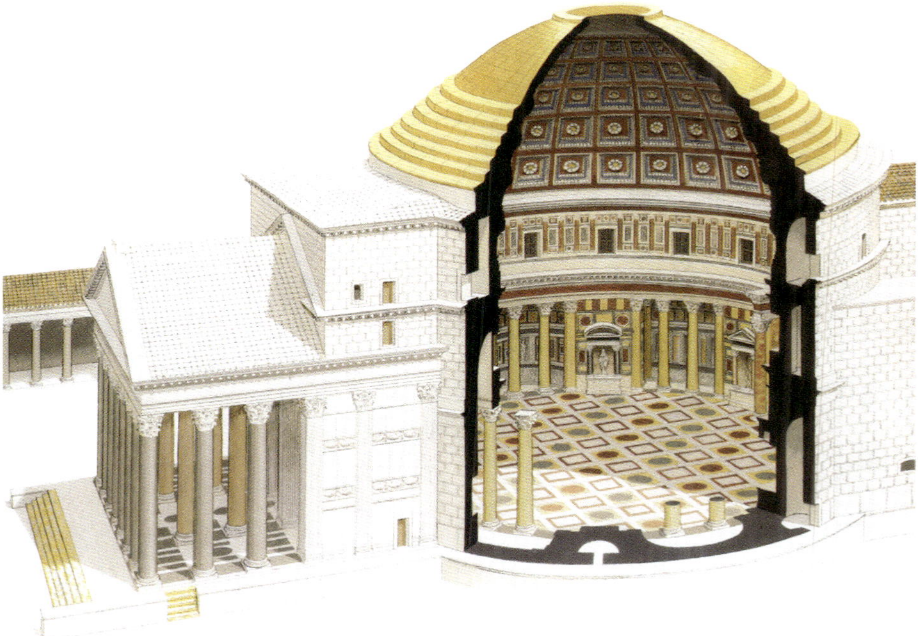

Rekonstruktion

Das Pantheon ist als Rundbau mit Vorhalle konzipiert. In der Antike, als das Straßenniveau deutlich niedriger lag, führte ein lang gestreckter, von Portiken gerahmter Platz über eine Freitreppe in die dreischiffige Vorhalle, an deren Front acht monolithische Granitsäulen mit korinthischen Marmorkapitellen stehen. Durch eine mächtige Bronzetür gelangt man in den kreisrunden Innenraum, der einen Durchmesser von 43,20 m und eine identische Höhe aufweist. Ergänzt man die Kuppel zu einer Kugel, so lässt diese sich genau in den zylindrischen Unterbau des Gebäudes einschreiben. Der Rundbau besteht aus einer dreigeschossigen, 6,20 m dicken Ziegelmauer mit eingebauten Entlastungsbogen und Hohlräumen, auf der eine flache Kalotte aus Gussmauerwerk ruht. Außen war er ursprünglich mit Putzquadern verkleidet, während die Kuppel mit vergoldeten Bronzeplatten bedeckt war.

Innenraum

Beim Eintritt in das Innere des Pantheon beeindruckt der Raum durch seine monumentale Schlichtheit und vollkommene Harmonie, die darauf zurückzuführen ist, dass die Entfernung vom Fußboden bis zur Kuppel und der Durchmesser gleich sind. Der Fußboden ist aus quadratischen und kreisrunden Marmorplatten zusammengesetzt, wobei hier die gleichen Marmorsorten wie in der architektonischen Dekoration verwendet sind. Die Wände öffnen sich in der unteren Zone abwechselnd in Nischen, vor denen jeweils zwei Säulen stehen, und Aedikulen, die von Dreiecks- oder Segmentgiebeln bekrönt werden. Dabei ist die dem Eingang gegenüberliegende Nische durch ihre Größe und die unterschiedliche Gesimsführung hervorgehoben. Darüber folgt die Attikazone, deren einstige Gestaltung heute nur noch in einem kleinen Teilstück zu sehen ist, welches man anstelle der Stuckdekoration des 18. Jh.s rekonstruierte. Der antike Schmuck bestand aus schmalen korinthischen Pilastern, zwischen die quadratische Blendfenster eingefügt waren. Die in den Nischen und Aedikulen ursprünglich aufgestellten antiken Götterstatuen sind im Laufe der Jahrhunderte durch christliche Altäre und Grabdenkmäler ersetzt worden. So ist hier der bedeutende Kardinalssekretär Papst Pius' VII., Ercole Consalvi (1757–1824), bestattet, dessen Denkmal Thorvaldsen 1824 schuf (dritte Nische links), und Ende des letzten Jahrhunderts fanden die italienischen Könige (zweite Nische rechts und zweite Nische links) hier ihre letzte Ruhestätte. Eines der meist besuchten Gräber in der Kirche dürfte jedoch das des großen Re-

naissancekünstlers Raffael (unter der dritten Aedikula links) sein. Seine Gebeine ruhen in einem antiken Sarkophag, über dem die laut Testament von Raffaels Schüler Lorenzetto ausgeführte antikische »Madonna del Sasso« (1520–1524) steht. Die Inschrift des Grabes, von Raffaels Freund, dem Kardinal Pietro Bembo verfasst, lautet: »Ille hic est Raphael, timiut quo sospite vinci, rerum magna parens et moriente mori« (Hier liegt Raffael; die große Mutter Natur fürchtete, von ihm zu seinen Lebzeiten besiegt zu werden und bei seinem Tode zu sterben).

Blick in die Kuppel

Über der Wandzone wölbt sich als gewaltige Halbkugel die Kuppel, die wie ein Abbild des Himmelsgewölbes erscheint. Es handelt sich um die größte Kuppel, die jemals gemauert wurde. Im Innern ist sie mit fünf konzentrischen Reihen à 28 Kassetten verziert, die einst mit vergoldeter Bronze verkleidet waren und zum Gewölbescheitel hin immer kleiner werden. Durch die 9 m weite, runde Öffnung in der Mitte der Kuppel fällt das Licht gleichmäßig in den Raum.

Johann Joachim Winckelmann und die Antike

von Jürgen Sorges

Anton Maron, Porträt J. J. Winckelmann, 1768, Öl auf Leinwand, 135 cm x 100 cm, Staatliche Galerie Moritzburg, Halle/Saale

Als Landgraf Friedrich II. von Hessen-Kassel 1779 die »Societé des antiques«, die Antikengesellschaft, ins Leben rief, erinnerte er sich wehmütig eines Mannes, den er allzu gern als Präsidenten dieses exklusiven Kreises von Kunstfreunden engagiert hätte: Johann Joachim Winckelmann, den elf Jahre zuvor verstorbenen berühmtesten Kunsttheoretiker seiner Epoche. 1785 stapelten sich 33 965 Bücher in der Bibliothek des Kasseler Museum Fridericianum. Abgüsse der wichtigsten antiken Statuen wurden gesammelt, denen die Errungenschaften der Naturwissenschaften gegenübergestellt waren: Winckelmanns theoretische Schriften hatten Wirkung gezeigt. Kunst und Wissenschaft, die beiden neuen Pole des Winckelmann'schen Denkens, dessen neuer Imperativ im Begriff »Bildung« kulminierte, dominierten damals auch andere Museen Europas. An die Stelle des humanistischen Gelehrten in Adelsdiensten war ein neues Ideal getreten: der Bildungsbürger.

Winckelmanns Rang des »bedeutendsten Kenners antiker Kunst in Europa« war ihm keineswegs in die Wiege gelegt: Er wurde als Sohn eines Schuhmachers am 9. Dezember 1717 in Stendal (heute Sachsen-Anhalt) geboren. Seine Schuljahre verbrachte er in Berlin sowie im altmärkischen Salzwedel. 1738–1740 studierte Winckelmann Theologie in Halle, besuchte auch Vorlesungen in Philosophie und Ästhetik. Nach einem einjährigen Intermezzo als Hauslehrer studierte er ab 1741 Medizin und Mathematik in Jena, brach das Studium aber bald ab und arbeitete erneut als Hauslehrer. Im April 1743 wechselte er als Konrektor an die Lateinschule von Seehausen in der Altmark.

Die große Wende im Leben des Johann Joachim Winckelmann vollzog sich im September 1748, als er eine Anstellung als »historischer Hilfsarbeiter« und Bibliothekar beim Grafen Heinrich von Bünau in Nöthnitz bei Dresden erhielt. Mit 31 Jahren fand er in den kultivierten Künstlerkreisen des nordischen »Elbflorenz« endlich jene Atmosphäre, in der er seine Kenntnisse der Kunst und Literatur in unzähligen Gesprächen vertiefen konnte. Seit Oktober 1754 widmete er sich nurmehr diesen neuen Studien, um im nächsten Jahr dank eines Stipendiums des sächsischen Kronprinzen als unabhängiger Gelehrter nach Rom zu gehen. Umgehend reüssierte er mit einer für sein weiteres Werk programmatischen Publikation, den »Gedancken über die Nachahmung der Griechischen Wercke in der Mahlerey und Bildhauer-Kunst«, die bereits 1756 in zweiter Auflage erschien. Das Jahr 1757 brachte ihn mit dem Ausbruch des Siebenjährigen Krieges in finanzielle Schwierigkeiten: Winckelmann fand jedoch eine rettende Anstellung im Hause des römischen Kardinals Archinto, der ihm den Zugang zu den wichtigsten Gelehrtenkreisen am Tiber verschaffte. Ob mit der Publikation der »Nachricht von den alten herculanischen Schriften« (1758) oder in der »Nachricht von dem berühmten Stoschischen Museo in Florenz« (1759), dessen einzigartige Gemmensammlung er im Winter

Bernardo Bellotto, Ansicht des Tibers mit der Engelsburg zur Zeit Winckelmanns, um 1769, Privatsammlung

zuvor untersucht hatte: Winckelmann erwarb sich über Rom hinaus einen Ruf. Seine »Anmerkungen über die Baukunst der alten Tempel zu Girgenti in Sizilien« (1759), besonders aber seine »Anmerkungen über die Baukunst der Alten« (1762) wurden wegweisend für nachfolgende Gelehrtengenerationen, die »auf Winckelmanns Spuren« wandelten: Hegels, Schillers oder Herders philosophische und literarische Schriften, die deutsche Klassik ist ohne jenes von Winckelmann in seinen Schriften propagierte neue Schönheitsideal kaum denkbar: »Edle Einfalt, stille Größe!« regierte fortan als Kunstmaxime Europas. Winckelmanns neues, durch die griechische Kunst inspiriertes »göttliches Arkadien« hatte auch enormen Einfluss auf Johann Wolfgang von Goethe (1749–1832) und die ihm nachfolgenden Italienreisenden auf klassischer »Grand Tour«, der für Adlige im Rahmen ihrer Ausbildung obligaten Reise in den Süden. Der junge Goethe nahm 1765–1768 in Leipzig ausgiebigen Zeichenunterricht bei Adam »Friedrich« Oeser, der ihn auch die Kunst der Radierung und des Kupferstechens lehrte. Oeser war einer der besten Freunde des zum anerkannten Kunsttheoretiker avancierten Winckelmann.

Im Juni 1759 gelangte Winckelmann in den Wirkungskreis des damals bedeutendsten Antikensammlers Roms, des Kardinals Albani. Sein Arbeitsplatz wurde die von dem Architekten Carlo Marchionni 1743–1763 erbaute Villa Albani. Sie sollte als Standort für die umfangreiche Skulpturensammlung des Kardinals dienen. Die frühklassizistische Villa an der Via Salaria gilt heute als exponiertestes Beispiel des neuen, von Winckelmann forcierten Architektur- und Kunstgeschmacks des 18. Jh.s; seit 1865 befindet sie sich im Besitz der römischen Bankiers- und Adelsfamilie Torlonia.

Im April 1763 gelangte Winckelmann durch Fürsprache seines Mentors Albani auf den römischen Gelehrtenthron: Er wurde zum Oberaufseher aller Altertümer in Rom ernannt. Er

Villa Albani (erbaut 1743–1763, Architekt Carlo Marchionni) an der Via Salaria, Rom, Fotografie um 1880

nutzte die folgenden Jahre, um sein Hauptwerk, die »Geschichte der Kunst des Alterthums« (1764–1768), eine zusammenfassende Erörterung antiker Kunstwerke, zu verfassen. Und seine Stimme wurde gehört: So protestierte er heftig gegen die unorthodoxen, chaotischen Grabungsmethoden in Herculaneum und Pompeji – und löste so erst das seither in ganz Europa grassierende »Pompeji-Fieber« aus. Winckelmanns Ansichten überzeugten jedoch den Grabungsleiter, den Schweizer Ingenieur Karl Weber, erstmals systematisch und nicht nur punktuell nach dem Zufallsprinzip vorzugehen. Zu Recht darf Winckelmann somit als Vater der klassischen Archäologie gelten.
Eine lange vorbereitete Deutschlandreise mit verschiedenen Aufenthaltsorten führte Winckelmann Anfang des Jahres 1768 schließlich nur nach Regensburg, von wo aus er über Wien wieder nach Italien zurückkehrte. In Triest ereilte ihn das Schicksal höchst unvorhergesehen am 8. Juni 1768. Winckelmanns »Leben für Apoll«, sein Streiten für das Schöne und dessen Interpretation, endete durch einen Gewaltakt: Er fiel einem Raubmord zum Opfer.
Auch den von Winckelmann in den Räumlichkeiten der Villa Albani aufgestellten Kunstobjekten war keine lange Ruhe beschieden: 1798 ließ Napoleon Bonaparte (reg. 1799–1814/15) einen Teil der Sammlung als Kriegsbeute nach Paris bringen. Deren 1815 im Zuge des Wiener Kongresses gewährte Rückführung nach Rom scheiterte jedoch an den hohen Transportkosten. Der finanziell angeschlagene Fürst Albani entschloss sich, den Großteil seiner Sammlung zu verkaufen. Auf diesem Weg gelangten wenig später etwa 40 Statuen in die Münchner Glyptothek, wo sie sich bis heute befinden; andere Werke wurden für die Museen in Wien und Paris erworben. Die seither in der Villa Albani in bestem Winckelmann'schen Geiste zusammengetragenen Antiken der Familie Torlonia gelten ebenfalls als eine der bedeutenden Privatsammlungen der Welt. Seit dem Ende des Zweiten Weltkrieges sind sie der Öffentlichkeit allerdings nicht mehr zugänglich.

Johann Winckelmanns,
Präsidentens der Alterthümer zu Rom, und Scrittore der Vaticanischen Bibliothek,
Mitglieds der Königl. Englischen Societät der Alterthümer zu London, der Maleracademie
von St. Luca zu Rom, und der Hetrurischen zu Cortona,
Geschichte der Kunst
des Alterthums.
Erster Theil.

Mit Königl. Pohlnisch. und Churfürstl. Sächs. allergnädigsten Privilegio.

Dresden, 1764.
In der Waltherischen Hof Buchhandlung.

Johann Joachim Winckelmann, Geschichte der Kunst des Alterthums, Titelblatt der Erstausgabe (1. Teil), 1764, Waltherische Hof-Buchhandlung, Dresden

Piazza della Minerva, Obelisk

Die Piazza vor der Kirche wird von einem ungewöhnlichen Monument beherrscht, das sich aus einem Marmorelefanten mit einem Obelisken zusammensetzt. Im Garten des Klosters von S. Maria sopra Minerva hatte man 1665 einen aus dem Isisheiligtum stammenden, ägyptischen Obelisken gefunden, den die Mönche auf dem Platz vor der Kirche aufzustellen wünschten. Als Basis diente ein von Bernini entworfener Elefant mit einer schweren Satteldecke, den Ercole Ferrata 1667 ausführte. Der Elefant als altes Symbol von Kraft, Klugheit und Frömmigkeit sollte jene Tugenden verkörpern, die der wahren christlichen Lehre als Stütze dienen, wie die Inschrift am Sockel erläutert: ».....documentum intellige robustae mentis esse solidam sapientiam sustinere« (Es bedarf eines starken Verstandes, um die Last der Weisheit zu tragen).

S. Maria sopra Minerva

Die erste und einzige gotische Kirche Roms, die 1280 begonnen wurde, steht auf dem Gelände eines antiken Isistempels, der irrtümlich der Minerva zugeschrieben wurde. Dies erklärt den Beinamen »sopra Minerva« (über dem Minervatempel). Der Bau der Marienkirche, deren Architekt unbekannt ist, zog sich mit mehrfachen Unterbrechungen bis 1453 hin, als die gotischen Kreuzgratgewölbe eingezogen wurden. Ebenso unbekannt ist der Urheber der schmucklosen Renaissancefassade, an der noch heute die Markierungen zu erkennen sind, welche die Wasserstände der Tiberüberschwemmungen vom 16. bis 19. Jh. anzeigen.

Seit altersher gehörte die Kirche dem Dominikanerorden, dessen römische Zentralverwaltung, das Generalat, im linken Nachbargebäude ihren Sitz hatte. Hier befand sich im 17. Jh. zur Zeit des Galileo Galilei auch die Inquisitionsbehörde. Mitten in der Stadt gelegen und in der Obhut des Predigerordens, war S. Maria sopra Minerva beim römischen Volk sehr beliebt. So sind der dreischiffigen Pfeilerbasilika im 16. und 17. Jh. zahlreiche Seitenkapellen angefügt worden und finden sich hier viele Grabdenkmäler. Unter anderem sind in der Kirche mehrere Päpste, der dem Orden angehörige Maler Fra Angelico und die Hl. Katharina von Siena bestattet. Die Kapellenanbauten veränderten die Raumkonzeption des Innenraums, sodass man im 19. Jh. eine grundlegende Restaurierung durchführte, durch die der gotische Raumeindruck wieder hergestellt werden sollte.

Carafa-Kapelle, Filippino Lippi (1457–1504), 1488–1493, mit Detail: Reiterdenkmal des Marc Aurel
Fresko

Ein von kannellierten korinthischen Pilastern und einem weit ausladenden Gebälk getragener Bogen bildet den Zugang zu der bekanntesten Grabkapelle an der Stirnwand des rechten Querschiffes, die für Kardinal Oliviero Carafa erbaut und 1493 geweiht wurde. Ihr Ruhm gründet sich auf den Fresken von Filippino Lippi, der von 1488– 1493 an der Ausstattung arbeitete. Sie zählt zu den bedeutendsten Kapellenausmalungen der Renaissance in Rom. Lippi hat hier den Ruhm der Gottesmutter und den des Hl. Thomas von Aquin, des berühmten mittelalterlichen Kirchenlehrers und Dominikaners, dargestellt. An der Rückwand hinter dem Altarbild, auf dem der Hl. Thomas den Kardinal Carafa der Madonna empfiehlt, ist die Himmelfahrt Mariens zu sehen. Die rechte Seitenwand zeigt Szenen aus dem Leben und die Apotheose des Heiligen. Hier ist eine Ansicht des Lateranspalastes mit dem einst dort aufgestellten Reiterdenkmal Marc Aurels links vom Thron als topografisches Detail bemerkenswert. Die Darstellung der Tugenden und Laster auf der linken Seitenwand musste dem Grabmal Pauls IV. (Pontifikat 1555–1559), einem Neffen des Bauherrn, weichen, dessen Name mit der Gegenreformation und Inquisition verbunden ist. Durch die Staffelung teils realer und teils gemalter Architektur gelingt Filippino Lippi die Schaffung eines illusionistischen Raumgefühls. Die Wand hinter dem Altarbild scheint sich in eine spirituelle Welt zu öffnen. Die naturalistische Darstellungsweise von Raum und Landschaft sowie die differenzierte Mimik und Gestik der einzelnen Personen bewirken einen direkten Bezug zum Betrachter und sind typisch für die Malerei der Frührenaissance. Die rahmenden Pilaster sind mit Grotesken geschmückt, die eine frühe Reaktion auf die in den 80er-Jahren des 15. Jh.s entdeckten Malereien in der Domus Aurea darstellen.

Michelangelo Buonarroti (1475–1564), Der auferstandene Christus, 1519–1521
Marmor, H. 205 cm

Zu den Kunstschätzen der Kirche zählt die Christusstatue links vor dem Hochaltar. Als sie am 27. Dezember 1521 enthüllt wurde, erschien sie Michelangelo so schlecht, dass er dem Auftraggeber sogar einen Ersatz anbot. Sofort nach Vertragsabschluss im Jahre 1514 hatte Michelangelo mit der Christusstatue begonnen, ließ sie aber unvollendet, als im Gesicht eine schwarze Marmorader hervortrat. Mit der Vollendung der 1519 in Angriff genommenen zweiten Fassung betraute er seinen Gehilfen Pietro Urbano, durch dessen Eingriff die Statue an einigen Stellen so verdorben wurde, dass die Schäden auch vom Meister selbst nicht mehr zu beheben waren. Dennoch gehörte sie im 16. Jh. zu den am meisten bewunderten Werken Michelangelos. Den Maler Sebastiano del Piombo beeindruckte sie so sehr, dass er sagte, die Knie des Christus seien mehr wert als ganz Rom. Ungewöhnlich ist die Verbindung des christlichen Themas mit dem Idealbild eines antiken Heroen: Christus ist aufrecht stehend in völliger Nacktheit (das bronzene Lendentuch ist eine barocke Zutat) und ohne Wundmale in stark kontrapostischer Haltung dargestellt, den Kopf rückwärts gewandt. Wie etwas Kostbares umfasst er mit beiden Händen das Kreuz und die Marterwerkzeuge und bringt mit dieser Geste die Freiwilligkeit des Kreuzestodes zum Ausdruck.

Il Gesù

Der spanische Adelige Ignatius von Loyola (1491–1556), der sich im Alter von 30 Jahren zu einem religiösen Leben bekehrte, gründete die »Gesellschaft Jesu«, die 1540 von Papst Paul III. als Priesterorden anerkannt wurde. Zu den Regeln des Ordens gehörten lebenslange Keuschheit, ein Leben in Armut und die Bereitschaft, dem Papst überall zu dienen. Die Gemeinschaft breitete sich rasch von Rom über Italien in den katholischen Ländern Europas aus und gründete auf Bitten der katholischen Könige von Spanien und Portugal erste Missionsstationen in Ostindien, Brasilien, im Kongo und in Äthiopien. In Europa waren die Jesuiten die einflussreichsten Förderer der Gegenreformation mit dem vorrangigen Ziel, die katholische Kirche im Innern zu reformieren.

1550 fasste man den Entschluss, die kleine Kirche neben der Arbeits- und Wohnstätte des Ordens – noch heute ein internationales Jesuitenkolleg – durch einen Neubau zu ersetzen.

Die Hauptkirche der Jesuiten wurde 1568 von Giacomo Vignola im Auftrag des Kardinals Alessandro Farnese begonnen. Sie gehört zu den typenbildenden Bauten der abendländischen Architektur. Vignolas neue Konzeption, das Langhaus der mittelalterlichen Basilika mit dem zentralisierenden Raumsystem der Hochrenaissance zu

einem Vierungs-Kuppelbau zu verschmelzen, ist zum Vorbild vieler Barockkirchen geworden. Nach dem Tode des Baumeisters vollendeten Ordensmitglieder das Gebäude, das 1584 geweiht wurde. Von Giacomo della Porta stammt die Fassade (1575/77), die Elemente der Renaissance mit denen des Barock verbindet. Die Pilastergliederung spiegelt den basilikalen Querschnitt des Innenraums wider. Üppige Voluten leiten von den Seitenteilen zum schmaleren, höheren Mittelteil über, der durch Hauptportal und Mittelfenster des Obergeschosses zusätzlich einen kräftigen Akzent erhält. Unterstützt wird die Steigerung der architektonischen Ordnung zur Mitte hin durch das kräftige Relief zwischen Wandflächen, Öffnungen, vortretenden Pilastern, Säulen und Gesimsen. Eine Kuppel, deren Fenster von Giebel bekrönt werden, erhebt sich über der Vierung des Querhauses, das mit den Wänden der Seitenschiffe fluchtet.

Cappella di S. Francesco Borgia mit Fresken von Andrea Pozzo, um 1588

Il Baciccia, Triumph des Namen Jesu, 1672-1685, S. 206 f.

1 Cappella di S. Andrea
2 Cappella della Passione
3 Cappella degli Angeli
4 Cappella di S. Francesco Borgia
5 Cappella della Sacra Famiglia
6 Cappella della SS. Trinità
7 Cappella di S. Maria della Strada
8 Cappella del Sacro Cuore

Andrea Pozzo,
Altar des Hl. Ignatius,
1694/95-1700, S. 205

Denkmal für den Hl. Roberto Bellarmino mit einer Büste von Gianlorenzo Bernini, 1622

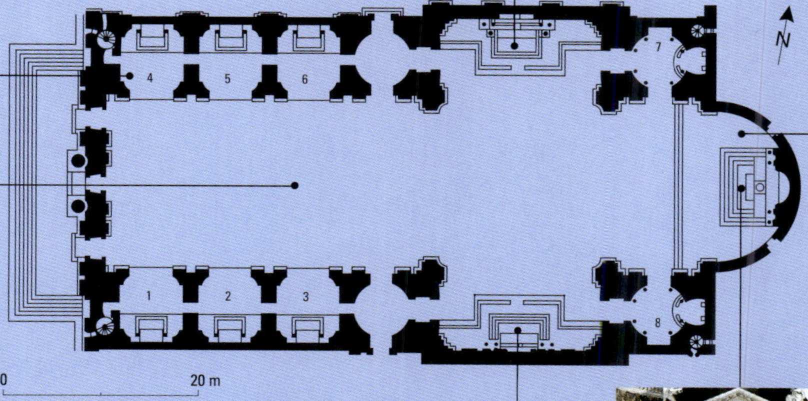

Pietro da Cortona, Altar des Hl. Franz Xaver,
1674–1678

Hochaltar von Antonio Sarti, 1834–1843

Innenraum

Predigt und eine intensive Seelsorge, die sich des einzelnen Gläubigen in Beichte, Exerzitien und Kongregation annahm, gehörten zu den wichtigsten Aufgaben der Ordensmitglieder. Mit der Konzeption eines kreuzförmigen Innenraums wurde der Baumeister Vignola beiden Anforderungen gerecht und schuf zugleich den Prototyp des römischen Kircheninneren.

Der räumliche Schwerpunkt liegt im Mittelschiff, das eine große Anzahl von Gläubigen aufzunehmen vermag. Zusammen mit Vierung und Apsis wirkt es wie ein großer einheitlicher Raum, dem gegenüber die Nebenkapellen der privaten Andacht, dem Gedenken an die Toten oder der Beichte dienen und nur eine untergeordnete Gewichtung besitzen. Der Altar ist dadurch von jedem Punkt in der Kirche sichtbar, sodass alle Gläubigen die Messe verfolgen können. Durch die barocke Ausstattung, die ein Zusammenspiel von verschiedenfarbigem Marmor, Stuckaturen, Vergoldungen, Fresken und Skulpturen ergibt, ist die ursprüngliche Raumwirkung der schlichten Dekoration des Cinquecento kaum noch zu erahnen. Das Langhaus wird beiderseits durch pfeilerartige Wandkompartimente begrenzt, auf deren Gebälk die Tonnengewölbe ruhen, welche von durchfensterten Stichkappen beleuchtet werden. Zwischen den Pilastern eingestellte Arkaden bilden den Zugang zu den Nebenkapellen. Die Bogen der Vierung tragen den zylindrischen Tambour der Kuppel, der von einer halbkugelförmigen Kalotte abgeschlossen wird.

Andrea Pozzo (1642–1709), Altar des Hl. Ignatius, 1696–1700
Marmor, Bronze, Silber, Lapislazuli und Vergoldungen

Zu den Meisterwerken gehört auch der von Andrea Pozzo 1696–1700 errichtete Altar über dem Grab des Ignatius von Loyola im linken Querschiff, in dem die Grenzen zwischen Malerei und Plastik, Realität und Illusion aufgehoben zu sein scheinen. Der Altar zeigt die Gruppe der Dreifaltigkeit als eine Vision des Heiligen. Die kolossale Silberstatue des Hl. Ignatius von Pierre Legros steht zwischen vier großen Säulen aus Lapislazuli, doch handelt es sich um eine Kopie. Das Original hatte Papst Pius VI. (Pontifikat 1775–1799) nach dem Vertrag von Tolentino für Reparationszahlungen an Napoleon einschmelzen lassen müssen. Zu den wohl ausdrucksstarksten Ensembles des Barocks zählt die Gruppe von Pierre Legros auf der linken Altarseite, die den Sieg des Glaubens über die Häresie darstellt. Die Überwindung der Ketzerei bedeutete für die Kirche der Gegenreformation eine wesentliche Voraussetzung für den Triumph des Guten über das Böse. Sieger ist die Personifikation des Glaubens auf der rechten Seite (von Giovanni Théodon), die die Ketzerei in die Tiefe stürzt. Einen Hinweis auf die wahre Lehre gibt der kleine Putto, der auf ein aufgeschlagenes Buch zeigt.

Il Baciccia, Triumph des Namen Jesu (mit Detail), 1676–1679
Fresko

Auf Wunsch des Jesuitenvorstehers Pater Olivia wurde der Innenraum in der zweiten Hälfte des 17. Jh.s neu ausgestattet. Sein Anliegen war, den Gläubigen zu beeindrucken und ihn durch die Betrachtung des heiligen Geschehens mit der himmlischen Glorie vertraut zu machen. Mit der Ausmalung der Kuppel sowie der Tonnengewölbe des Langhauses, und der Apsiswölbung betraute er Giovanni Battista Gaulli, gen. Il Baciccia, der auf virtuose Weise das Grundanliegen des Barock, die ständige Gegenwart des Jenseits im Diesseits, in seiner Malerei umsetzte.

Die stark bewegten Fresken – in der Apsis die »Anbetung des Lamms« im Langhaus der »Triumph des Namen Jesu« und in der Kuppel der Engelszyklus (1676–1679) – zeichnen sich durch einen geschickten Illusionismus aus. So scheinen die vier Propheten in den Pendentifs unter der Kuppel durch die Trompe-l'œil-Technik auf Wolken zu schweben, womit die metaphysische Anwesenheit der Heiligen auch als realer Eindruck vermittelt werden soll. Das Fresko im Langhaus wirkt durch den schweren, von weißen Stuckengeln getragenen Rahmen wie an der Decke befestigt. Im Zentrum des hellen Himmels erscheint, umgeben von Putten, das Monogramm Christi JHS. Man blickt auf eine Menge von Erlösten, denen das ewige Leben zuteil wird, und von Verdammten, die in die Tiefe stürzen. Die von außen in das Bild hineinschwebenden oder aus ihm herausstürzenden Figuren, die fließend von Malerei in Stuck übergehen und umgekehrt, erwecken den Eindruck, als würde das Gewölbe aufreißen und den Blick auf den Himmel freigeben. Der Betrachter wird dadurch in die Rolle eines Zuschauers versetzt, der einem himmlischen Geschehen beiwohnt.

Palazzo Doria Pamphilj

Der weitläufige, sich über ein Straßengeviert erstreckende Gebäudekomplex ist das Ergebnis einer vier Jahrhunderte währenden Baugeschichte, die in engem Zusammenhang mit dem komplexen Beziehungsgeflecht zwischen den großen Adelsfamilien steht. Der Kernbau stammt aus dem 15. Jh., wurde später von den Della Rovere und 1601 von Kardinal Pietro Aldobrandini übernommen. Über seine Erbin, Donna Olimpia Aldobrandini, die 1647 Camillo Pamphilj – den Neffen Papst Innozenz' X. – heiratete, gelangte er schließlich in den Besitz der Pamphilj. Donna Olimpia brachte zudem eine beachtliche Kunstsammlung mit in die Ehe, die im späten 17. Jh. durch die Verbindung des Hauses Pamphilj mit der Genueser Familie Doria bereichert wurde. Diese Sammlung bildete den Grundstock der Galleria Doria Pamphilj (Eingang an der Piazza del Collegio Romano), die über 400 Gemälde aus dem 15. bis 18. Jh. umfasst.

Der Palast ist durch sechs monumentale, um fünf Innenhöfe verteilte Eingänge zugänglich. Die eigentliche Hauptfassade mit dem Hauptportal und einem großzügigen Vestibül mit weiter Treppenanlage erbaute Antonio del Grande um 1660 an der Piazza del Collegio Romano. Am bedeutendsten aber ist die zum Corso gewandte Fassade, welche Gabriele Valvassori im Stil des dekorativen »barocchetto« (Spätbarock) zwischen 1731–1735 schuf. Hier erzeugen Säulenordnungen, schmale, üppig bekrönte Fenster, geschwungene Balkone und Galerien in allen Stockwerken eine schwellende und bewegte Linienführung. Valvassori wurde darüber hinaus mit der Schließung der oberen offenen Loggia zur Hofseite betraut, um Raum für die Galerie zu schaffen.

Galleria Doria Pamphilj

Caravaggio, Ruhe auf der Flucht
nach Ägypten, um 1595

Diego Velázquez,
Papst Innozenz X., 1650,
Gabinetto Ottagonale

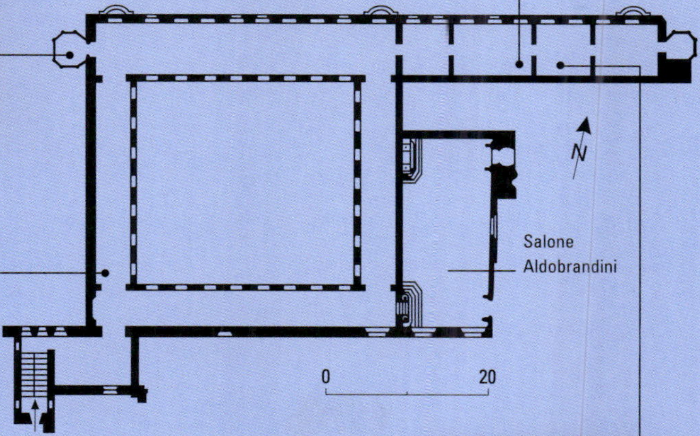

Annibale Carracci, Die Flucht nach Ägypten,
um 1605, für die Palastkapelle im Auftrag von
Kardinal Pietro Aldobrandini

Tizian, Salome,
Frühwerk des Malers

S. Ignazio di Loyola

Auf Betreiben des Kardinals Ludovico Ludovisi wurde 1626 – vier Jahre nach der Heiligsprechung des Ignatius von Loyola – mit dem Bau der zweiten großen Kirche des Jesuitenordens zu Ehren ihres Ordensgründers begonnen. Gemäß dem Anliegen des Jesuitenordens, den katholischen Glauben mittels der Künste und Wissenschaften zu fördern, brachte er selbst bedeutende Künstler hervor. So zeigte sich Orazio Grassi für den Entwurf verantwortlich, während Andrea Pozzo den Innenraum ausmalte. Da die Vierung nicht von einer Kuppel bekrönt war, konstruierte er eine Scheinarchitektur in Trompe-l'œil-Malerei.

Andrea Pozzo (1642–1709), Apotheose des Hl. Ignatius, 1691–1694
Deckenfresko, 17 x 36 m

Nach der Auffassung der Jesuiten war die Entsendung von Predigern in alle Nationen das zentrale Werkzeug, um die Heiden zu bekehren und den Triumph der Kirche herbeizuführen. Das Deckenfresko von Andrea Pozzo, das mit den Mitteln der illusionistischen Malerei eine scheinbar lichtdurchflutete Kuppel schafft, spiegelt diesen Gedanken wider: Der Betrachter blickt in den Himmel, wo der Hl. Ignatius das von Christus ausgehende Licht der Verkündigung empfängt und an die vier Erdteile weitergibt, deren Personifikationen im Attikageschoss der Scheinarchitektur dargestellt sind. Sie wenden sich verklärt dem Heiligen zu, da es nur der Missionstätigkeit des Jesuitenordens zu verdanken ist, dass sie von Häresie und Götzendienst befreit wurden. So bevölkern neben vielen Betenden auch weitere Heilige des Ordens den Himmel. Durch den Einbau einer runden Fliese am Boden hat Pozzo die Stelle angegeben, an der der Betrachter die perspektivische Konstruktion der Scheinarchitektur, bei der die Grenzen zwischen realer und gemalter Architektur fließend ineinander übergehen, am besten nachvollziehen kann.

Palazzo di Montecitorio

An dem Ort, an dem heute die italienischen Abgeordneten tagen, fand in der Antike die Einäscherung der Kaiser statt. Bei Ausgrabungen wurden Überreste von »ustrina« (Scheiterhaufen) sowie der Sockel der Antoninus-Pius-Säule (heute in den Musei Vaticani) gefunden, aus deren Bruchstücken der Obelisk auf der Piazza di Montecitorio im Jahre 1792 wieder aufgerichtet wurde. Den Obelisken des Psammetich II. (594–589 v. Chr.) hatte Augustus 10 v. Chr. aus Heliopolis herbeischaffen lassen; ursprünglich stand er auf dem Marsfeld westlich der Ara Pacis und diente als Zeiger einer Sonnenuhr.

Der Palazzo wurde 1650 von Bernini im Auftrage Papst Innozenz' X. (Pontifikat 1644–1655) begonnen, doch erst 1694 nach einer längeren Unterbrechung von Carlo Fontana vollendet. Bernini versah das große Gebäude mit einer konvex ausschwingenden Fassade, deren 25 Fensterachsen in fünf Abschnitte gegliedert sind. Der mittlere Teil tritt als Risalit hervor mit einem Säulenportal im Erdgeschoss und einer von einem Uhrenturm überhöhten Attika. Einen starken Akzent verlieh Bernini dem mittleren Geschoss durch die abwechselnd segmentbogenförmigen und dreieckigen Giebel der Fenster. Anfänglich als Wohnsitz der Familie Ludovisi geplant, nahm der Palast später die »curia innocenziana«, den Päpstlichen Gerichtshof, auf. Mit der Umwandlung zur Abgeordnetenkammer im Jahre 1871 erfolgte eine beträchtliche Erweiterung auf der Rückseite des Gebäudes, die Ernesto Basile vornahm.

Marc-Aurel-Säule
(Colonna di Marco Aurelio)

Nach dem Tode des Marc Aurel 180 n. Chr. weihte der Senat eine fast 30 m hohe Säule (193 vollendet), die vermutlich zu einem dahinter liegenden Tempel zu Ehren des vergöttlichten Kaisers gehörte. Im Innern führte eine Wendeltreppe nach oben auf die Plattform. Ihr wie bei der Trajanssäule in einem umlaufenden Spiralband angeordneter Reliefschmuck stellt Szenen aus den beiden Feldzügen Marc Aurels an der Donaugrenze gegen die Markomannen und Sarmaten (172–175 n. Chr.) dar, die wiederum durch eine Siegesgöttin getrennt werden. Vollkommen unterschiedlich aber ist der Stil im Vergleich zur Trajanssäule: Tiefe Bohrungen bewirken eine Auflösung der Oberfläche in starke Helldunkelkontraste. Die Figuren sind stärker voneinander abgehoben, treten aus der Fläche heraus und besitzen mehr Volumen. Die einzelnen Episoden scheinen aneinander gereiht und werden vereinfacht und schematisiert dargestellt. 1589 restaurierte Domenico Fontana die Säule und schuf eine neue Marmorbasis aus dem Material des zerstörten Septizodiums, eines als Schaufront der Paläste des Septimius Severus auf dem Palatin errichteten Gebäudes. Er ersetzte auch das Standbild des Kaisers auf der Spitze der Säule durch eine Bronzestatue des Apostels Paulus mit dem Schwert, zu dem im Innern eine Treppe von 190 Stufen hinaufführt.

Rund um die Piazza del Popolo

Der nördliche Teil des antiken Marsfeldes, in dem Kaiser Augustus den großen Friedensaltar, die Ara Pacis, die Sonnenuhr und sein Mausoleum errichtet hatte, wird heute durch zwei große Platzanlagen bestimmt. Im Norden liegt die Porta del Popolo, das Stadttor, durch das jahrhundertelang die aus dem Norden über die Via Flaminia kommenden Reisenden die Stadt betraten. Es öffnet sich auf die Piazza del Popolo, mit deren Vergrößerung die Päpste im 16. Jh. begonnen hatten. Wegen des ständig wachsenden Zustroms von Pilgern und anderen Besuchern ließen sie neue Verkehrswege anlegen und bestehende ausbauen. Davon zeugen auch die drei Straßen, die von der Piazza fächerförmig abgehen – im Volksmund »Tridente« (Dreizack) genannt: Rechts liegt die Via di Ripetta, die zum Ufer des Tiber führt. In der Mitte zieht sich die 1,6 km lange Via del Corso, dem Verlauf der antiken Via Flaminia folgend, bis zur Piazza Venezia hin. Links verläuft die Via del Babuino, die ihren Namen der als »Pavian« bezeichneten unförmigen Statue eines Silens verdankt, zum berühmtesten Platz der Stadt Rom, der Piazza di Spagna. Im 17. Jh. teilten sich die beiden mächtigsten Länder Europas, Spanien und Frankreich, die Straßenzüge im Umkreis dieser Piazza und verschönerten sie durch repräsentative Bauten. Die Spanier richteten im Palazzo di Spagna den Sitz ihrer Gesandtschaft beim Heiligen Stuhl ein, die Franzosen erbauten eine monumentale Freitreppe, die von der Piazza zu ihrer Kirche SS. Trinità dei Monti und anderen französischen Institutionen auf dem Pincio führt. Im 18. Jh. waren es hauptsächlich Engländer, die den Platz bevölkerten, wenn sie auf der »Grand Tour« durch Europa in einem der vielen Hotels der Gegend logierten. Darüber hinaus war der Bezirk bis zum 19. Jh. der bevorzugte Wohnort von Künstlern und Intellektuellen aus aller Welt. Hier lebten Goethe und die englischen Dichter John Keats und Percy Bysshe Shelley, deren Wohnhäuser zu Gedenkstätten umgestaltet wurden. Noch heute erinnern das famose Caffè Greco, Treffpunkt internationaler Berühmtheiten, in der Via Condotti und der Babington's Tea Room an der Piazza di Spagna an diese Zeiten. Die Piazza di Spagna ist seitdem der beliebteste Treffpunkt aller Romreisenden geblieben. Von hier aus kann man einen Spaziergang zu den berühmten Monumenten aus Antike, Renaissance und Barock unternehmen oder einfach nur über die eleganteste Einkaufsstraße Roms, die Via Condotti, oder die Via del Babuino mit den vielen Kunstgalerien und Antiquitätengeschäften bummeln. Man kann an der Villa Medici vorbei zu den schönen Parkanlagen auf den Monte Pincio und von dort weiter zum weitläufigen Park der Villa Borghese hinaufsteigen, in dem auch die Villa Giulia, die Galleria d'Arte Moderna, die in einem anlässlich der 50-Jahr-Feier der Einheit Italiens errichteten Gebäude untergebracht ist, und der Giardino Zoologico liegen.

Blick vom Pincio auf die Piazza del Popolo

Rund um die Piazza del Popolo

S. Maria del Popolo, Piazza del Popolo 12, S. 230 f.

Piazza del Popolo mit S. Maria dei Miracoli und S. Maria in Montesanto, S. 228

Ara Pacis Augustae, Via di Ripetta, S. 218

Augustus-Mausoleum, Piazza Augusto Imperatore, S. 219

Pincio, S. 227

Piazza di Spagna mit Spanischer Treppe und SS. Trinità dei Monti, S. 224 f.

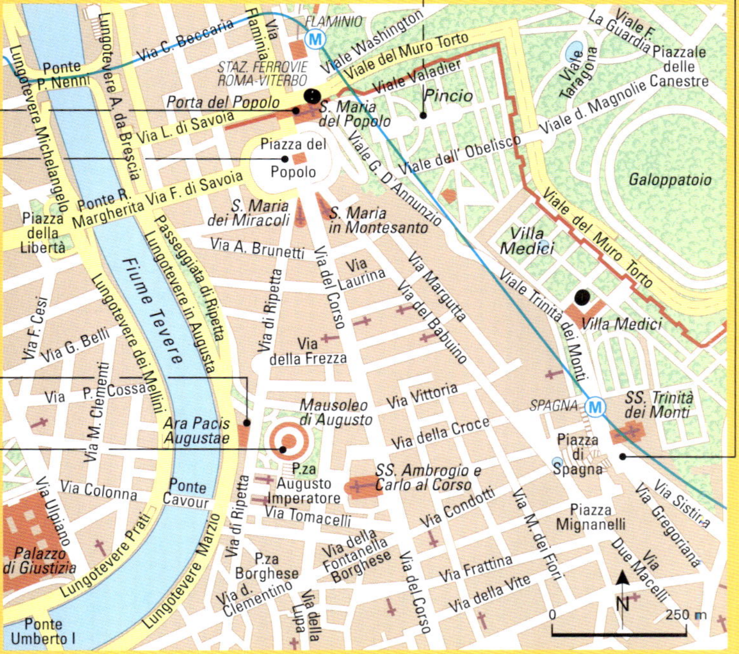

Weitere Sehenswürdigkeiten:

1 Villa Medici, Viale della Trinità dei Monti 1, S. 226 f.

2 Porta del Popolo, zwischen Piazza del Popolo und Piazzale Flaminio, S. 229

Ara Pacis Augustae

Der in den 30er-Jahren des 20. Jh.s anlässlich der 2000-Jahr-Feier zu Ehren des Augustus rekonstruierte »Altar des Friedens« war 9 v. Chr. nach den Siegen des Kaisers über Spanien und Gallien vom Senat geweiht worden. Zwei Eingänge in den Langseiten der rechteckigen Umfassungsmauer führen zum eigentlichen Altar, der sich auf einem Stufenunterbau erhebt. Innen und außen ist die marmorne Umfassungsmauer mit Reliefs verziert. Neben den Eingangstüren finden sich Szenen mythologischen und allegorischen Inhalts, während die Reliefs der beiden Schmalseiten einen feierlichen Prozessionszug der kaiserlichen Familie zeigen. Die Ara Pacis ist ein bedeutendes politisches und propagandistisches Denkmal der augusteischen Epoche. Mythos, Geschichte und Religion symbolisieren das Zeitalter des Friedens, das nach jahrhundertelangen Kämpfen durch die Politik des neuen kaiserlichen Alleinherrschers angebrochen war.

Augustus-Mausoleum
(Mausoleo di Augusto)

Nach dem Sieg über Antonius und Kleopatra und der Eroberung Ägyptens kehrte Augustus aus Alexandria im Jahre 29. v. Chr. zurück und begann mit dem Bau eines großen Grabmales für sich und seine Familie auf dem Marsfeld. Es knüpfte an ein berühmtes Vorbild, das Mausoleum Alexanders des Großen in Alexandria, an, erinnerte aber mit seinem Erdhügel zugleich an etruskische Grabbauten und damit an italische Traditionen. Im Mittelalter wurde das Mausoleum von der Familie Colonna in ein Kastell umgewandelt, seine Ruine diente später als Garten, Amphitheater und Konzertstätte, bis es 1936 nach der Freilegung wiederhergestellt wurde.

Rekonstruktion (nach H. von Hesberg)

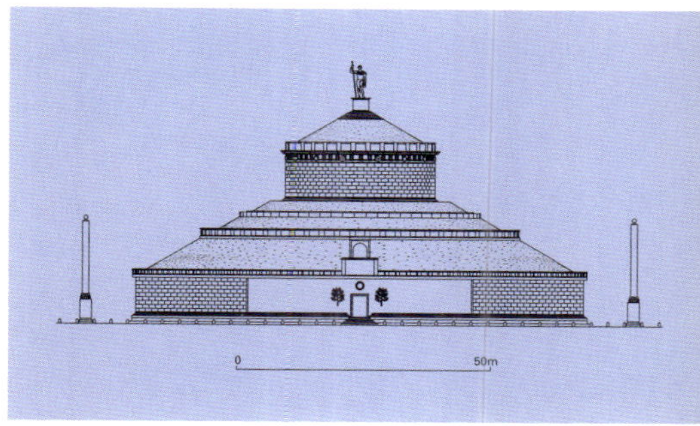

Antike Quellen machen eine genaue Rekonstruktion der Anlage möglich: Auf einer hohen Umfassungsmauer erhob sich ein mit immergrünen Bäumen, Zypressen oder Steineichen bepflanzter Erdhügel. Darunter war eine runde Anlage aus fünf konzentrisch um einen Kern verlaufenden Mauerringen mit einem Durchmesser von 87 m verborgen, in deren Innern ein mit drei Grabnischen versehener kreisförmiger Gang die runde »cella« umgab. Hier befand sich das Grab des Kaisers, über dem auf der höchsten Erhebung des Monuments seine Bronzestatue aufgestellt war. Vor dem Eingang standen nach Art ägyptischer Pharaonengräber zwei Obelisken, die in späteren Jahrhunderten auf die Piazza Quirinale und die Piazza dell' Esquilino versetzt wurden. Ursprünglich waren an ihnen Bronzetafeln angebracht, die die Taten des Augustus verzeichneten.

Aufbruch in ein neues Jahrtausend – von der Ziegelstadt zur Marmorstadt

»Augustus verschönerte die Stadt, deren Bild in keiner Weise der Größe und Würde des Reiches entsprach und die zudem ständig von Überschwemmungen und Feuersbrünsten heimgesucht wurde, in so umfassender Weise, dass er sich zu Recht rühmen konnte, er hinterlasse eine Stadt, die er als Backsteinstadt übernommen habe, als Marmorstadt«, schreibt Sueton in seiner Augustus-Biographie. Und in der Tat, wohl zu keiner Zeit hat sich das Erscheinungsbild Roms so grundlegend verändert wie in den 45 Regierungsjahren dieses Herrschers. Schritt für Schritt führte Augustus ein auch in der Antike einmaliges, gigantisches Pensum an Bauvorhaben durch, das Teil seiner umfassenden Bestrebungen zur politischen Erneuerung des Staates war. Sanierungsmaßnahmen in den Wohnvierteln und Verbesserungen der sanitären Versorgung gingen einher mit dem Bau marmorner Tempel und großer Freizeitanlagen für das Volk, die Rom ein völlig neues Gesicht verliehen und allerorten Zeichen für das neue politische System setzten.

Blick auf den Apollotempel und das Wohnhaus des Augustus auf dem Palatin, Modell, Museo della Civiltà Romana, Rom

Als Octavian – den Beinamen Augustus, »der Erhabene«, erhielt er erst 27 v. Chr. – am Ende der krisenreichen Jahrzehnte der Bürgerkriege die Herrschaft übernahm, fand er eine Stadt vor, deren Erscheinungsbild den Verfall der politischen Ordnung und des Staates widerspiegelte. Seit den ersten großen politischen Wirren Ende des 2. Jh.s v. Chr. hatten sich die Magistrate nicht mehr um eine vernünftige Stadtplanung und Infrastruktur bemüht und kaum noch notwendige Restaurierungen und Neubauten durchgeführt. Zwar wurde das

Stadtbild vereinzelt durch prunkvolle Bauten der Triumphatoren verschönert, doch geschah dies einzig und allein aus Gründen des persönlichen Prestiges sowie des Machtgewinns und nicht mehr zum Allgemeinwohl. So war Rom am Ende des 1. Jh.s v. Chr. Hauptstadt eines Weltreiches geworden, ohne dass der bauliche Zustand der Stadt dieser Stellung entsprochen hätte.

Das Programm zur Erneuerung des Staates

Octavian, selbst ein Protagonist der Bürgerkriege, konnte und durfte an diese Traditionen nicht anknüpfen. Wollte er seine Herrschaft etablieren und ein neues Friedenszeitalter einleiten, musste er mit den Methoden seiner Vorgänger brechen und neue, andere Zeichen setzen. In der Vernachlässigung der Götter und der exzessiven Selbstdarstellung des Einzelnen hatten Zeitgenossen einen wesentlichen Grund für den Verfall des Staates und der Sitten gesehen. Um diesen Missständen entgegenzuwirken, begann der Princeps ein umfassendes Programm zur Erneuerung von Religion (»pietas«) und Sitten (»mores«), von Tugend («virtus«) und Würde des römischen Volkes, das mit der Ausbildung einer neuen Bildersprache und der Errichtung vieler öffentlicher Bauten einherging. Dabei orientierte er sich vor allem an dem klaren, strengen Formenvokabular der klassischen, griechischen Kunst und ihren Bildthemen. Doch war dieses Programm nicht von Anfang an wohl durchdacht und geplant, sondern entwickelte sich erst allmählich im Laufe der Herrschaft und in

Giovan Battista Piranesi (1720–1778), Campo Marzio, Gabinetto dei Disegni e delle Stampe, Florenz

Abhängigkeit von den politischen Ereignissen. In den ersten Regierungsjahren, nach dem Tode Caesars, als Octavian die Macht noch mit zwei anderen Mitregenten, den »Triumvirn«, teilen musste (44–29 v. Chr.), galt es zunächst die eigene Vormachtstellung zu sichern und sich selbst in den Mittelpunkt zu stellen. In diese Zeit fällt die Errichtung des Tempels zu Ehren seines persönlichen Schutzgottes Apoll auf dem Palatin. Durch seinen repräsentativen Standort hoch über dem viel besuchten Circus Maximus, seine direkte Verbindung mit dem bescheidenen Wohnhaus des Octavian und seine Nähe zur mythischen Wohnstatt des Stadtgründers Romulus erinnert der Tempelbezirk an hellenistische Königsresidenzen. Auch das Forum bekam ein neues Gesicht: Die Marmorfassaden des Tempels zu Ehren des vergöttlichten Caesars – Octavians Adoptivvater! – und der Curia übertrafen die alten Tuff- und Travertintempel an Pracht und Glanz. Und auf dem Marsfeld errichtete der Herrscher sein Mausoleum, das allein schon durch seine äußeren Maße Größe und Macht des Bauherrn widerspiegelte und mit seiner marmornen Front das Areal beherrschte.

Nachdem Octavian in der Schlacht von Actium (31 v. Chr.) seinen Widersacher Antonius besiegt und Ägypten dem Reich einverleibt hatte, lag alle Macht in seinen Händen, hatte er doch den Staat vor dem Untergang bewahrt. Vorrangige Aufgabe war es jetzt, die neue Herrschaftsform zu verankern und auch für seine Nachfolge dauerhaft zu sichern. In der Architektur schlug sich diese Absicht im Jahre 28 v. Chr. in der spektakulären Sanierung aller Tempel nieder, die 82 Bauten betraf und zugleich Teil des religiösen Erneuerungsprogramms war. Das Stadtbild Roms wurde fundamental verändert: Nun leuchteten von allen Hügeln Fassaden aus weißem Carrara-Marmor, die zumeist mit üppigem, oftmals vergoldetem Dekor geschmückt und mit wohl durchdachten Bildprogrammen ausgestattet waren. Mit der Pflasterung des Forums, der Errichtung des Parther- bogens zu Ehren des Augustus durch den Senat, dem Neubau der Basilica Aemilia und der Basilica Iulia und den von Tiberius erneuerten Tempeln der Dioskuren und der Concordia wurde das einstige Zentrum der Republik gänzlich zum Repräsentationsort des julischen Kaiserhauses, dessen Bauten die alten Denkmäler der Republik in den Schatten stellten. Den größten Eingriff in das Stadtbild aber stellte das 2 v. Chr. geweihte Augustusforum mit dem Tempel des Mars Ultor dar, das zum neuen Zentrum der Stadt avancierte. Von hohen Mauern umgeben, zeichnete es sich durch eine ausgesuchte Ornamentik, die sich vor allem an Vorbilder der griechischen Klassik anlehnte, und ein ausgeklügeltes Bildprogramm aus, in dessen Mittelpunkt die Person des Princeps und die neuen Werte des Staatswesens standen. Zugleich erfolgte eine Neueinteilung der Stadt in 14 statt sieben »regiones« (Regionen) und 265 »vici« (Stadtbezirke) sowie eine Umstrukturierung des Wegenetzes und der Bodenverhältnisse, wodurch das Erscheinungsbild der Stadt für die nächsten Jahrhunderte seine gültige Form erhielt.

Neben den Tempeln und Platzanlagen bildeten die Fürsorge des Herrschers für das Volk und die Verbesserung der allgemeinen Lebensbedingungen eine wichtige Komponente innerhalb des augusteischen Erneuerungsprogramms. Mit Hilfe von Agrippa, der 33 v. Chr. das Amt des Aedilen übernommen hatte, wurden unter anderem Wasserleitungen repariert und neu gebaut sowie Vorratshäuser, Brandschutzmauern und Kasernen für die aus Sklaven organisierte Feuerwehr errichtet, um so dauerhaft die Versorgung und Sicherheit der Bevölkerung zu garantieren. Nach außen hin setzten diese Bauten sichtbare Zeichen für die innere Sicherheit des neuen Staatswesens. Darüber hinaus wurde dem Volk unter dem Schlagwort »publica magnificentia«, der staatlichen Prachtentfaltung, der Luxus zugänglich gemacht, der in der Republik nur den Reichen vorbehalten gewesen war. Demonstrativ ließ Augustus den Stadtpalast des reichen Ritters Vedius Polio inmitten des dicht besiedelten Wohngebietes auf dem Esquilin niederreißen und an seiner Stelle den Porticus Liviae, eine Hallenanlage mit Gärten, Brunnen, Weinlauben und Kunstwerken, für das Volk errichten. Agrippa unterstützte den Princeps wie kein anderer bei der Verwirklichung der »publica magnificentia«. Er wandelte den gesamten Bereich des Marsfeldes zu einer gigantischen Freizeitanlage für die römische Bevölkerung um. Deren Kernstück war das Pantheon, das für den Kult des Herrscherhauses und dessen Schutzgötter bestimmt war und neben dem sich reich mit Kunstwerken geschmückte Parks, Portiken, Thermen und Theater erstreckten. Auf dem nördlichen Marsfeld, in der Nähe des Mausoleums, wurde die Ara Pacis als ein Altar geweiht, der in seinem Bildschmuck programmatisch das unter Augustus eingeleitete neue Friedenszeitalter feierte. Wie kein anderer Herrscher vor oder nach ihm hatte es Augustus vermocht, Rom in architektonischer Hinsicht zur Hauptstadt eines Weltreiches umzugestalten und damit neue Maßstäbe zu setzen, die für die Struktur anderer Reichsstädte vorbildlich wurden und für die nächsten Jahrhunderte verbindlich blieben. Das Erscheinungsbild der Stadt am Ende seiner Regierungszeit ist ein Spiegel für die großartigen Leistungen des Princeps, der nach den dunklen Jahrzehnten der Bürgerkriege eine Ära des Friedens und Wohlstandes eingeleitet hatte, die durch nationale Aussöhnung und moralische Erneuerung geprägt war. Es zeigt, dass Augustus mit Recht als Neubegründer der Stadt, sowohl in architektonischer als auch sozialer und kultureller Hinsicht, gefeiert werden konnte.

Gemma Augustea, um 10 v. Chr., Sardonyx, 19x23 cm, Kunsthist. Museum, Wien

Piazza di Spagna mit Spanischer Treppe und SS. Trinità dei Monti

Die Piazza gehört zu den markantesten Punkten in Rom, nicht zuletzt wegen der berühmten Spanischen Treppe, auf der sich noch heute Tag und Nacht Einheimische wie Fremde treffen. Die dreigeteilte monumentale Treppenanlage besteht im unteren Teil aus einem breiten, in drei Treppenstraßen geteilten Aufgang, auf den in der Mitte nach innen und außen schwingende Aufgänge folgen und zum breiten Aufstieg zur Kirche SS. Trinità dei Monti überleiten. Finanziert wurde der 1723–1726 realisierte Entwurf des Architekten Francesco de Sanctis vom französischen Botschafter Etienne Gueffier. Die Dreifaltigkeitskirche, die mit ihrer Doppelturmfassade die Spanische Treppe beherrscht, geht auf eine Stiftung des französischen Königs Karl VIII. zurück. Die 1502 begonnenen Bauarbeiten wurden 1587 von Domenico Fontana abgeschlossen, der die doppelläufige, mit antiken Kapitellen und Heiligenreliefs geschmückte Freitreppe vollendete. Den Brunnen in der Form eines alten halb versunkenen Schiffs, von den Römern liebevoll »La Barcaccia« (»verrottete alte Wanne«) genannt, im Zentrum des Platzes haben Gianlorenzo Bernini oder sein Vater Pietro entworfen (1627–1629), als hier nach einer Tiberüberschwemmung ein Boot zurückgeblieben war.

Daniele da Volterra (1509–1566), Kreuzabnahme, 1541

Fresko auf Leinwand, auf Leder übertragen, 400 x 280 cm

Im Innenraum von SS. Trinità dei Monti ist eines der berühmtesten Fresken Roms zu sehen. Das Fresko der »Kreuzabnahme«, das bei seiner Übertragung auf Leinwand einiges an Farbkraft verloren hat, stammt von Daniele da Volterra. In den muskulösen Körpern der Männergestalten spiegelt sich der Einfluss seines Lehrers Michelangelo.

Villa Medici

Die wunderschön auf dem Pincio über der Piazza di Spagna gelegene Villa entstand im 16. Jh., als der reiche und mächtige Kardinal Giovanni Ricci di Montepulciano den Architekten Annibale Lippi mit dem grundlegenden Umbau eines kleinen Anwesens betraute. Nach seinem Tode ging das Bauwerk in den Besitz des Kardinals Federico de' Medici über, durch den es seinen Namen erhielt. Federico, der im Wettstreit mit den anderen Adelsfamilien eine umfangreiche Antikensammlung zusammengetragen hatte, ließ von Bartolomeo Ammanati eine lange Galerie erbauen und den Garten prachtvoll ausgestalten. Unter seinen Nachfolgern wurde die Villa allmählich vernachlässigt: Cosimo III. über-

führte die Gemälde im 17. Jh. in den Palazzo Pitti, 1770 wurde auch die archäologische Sammlung nach Florenz (heute in den Uffizien) gebracht. Eine neue Blütezeit erlebte die Villa erst – sie war nach dem Aussterben des Geschlechts in den Besitz des Hauses Lothringen übergegangen –, als Napoleon 1803 die Académie de France hierher verlegte. Durch die französische Akademie, die jungen Künstlern durch die Vergabe des Prix de Rome die Möglichkeit zum Studium der Antike bot, wurde die Villa nicht nur renoviert, sondern auch wieder – und das bis heute – im Geist der Renaissance zu einem Ort der Kunstförderung.

Anders als die strenge, schlichte Front weist die von Annibale Lippi gestaltete Gartenseite, die aus einem Mittelbau mit einer Serliana-Loggia und von kleinen Türmen überhöhten Flügeln besteht, eine vielteilig und reich gegliederte Fassade auf. Sie ist überaus üppig mit antiken Reliefs – u.a. Reliefs mit Girlanden von der Ara Pacis –, Büsten und Gedenksteinen geschmückt, welche an die große Leidenschaft des Kardinals Ricci für die Antike erinnern. Seitlich der Treppe zur Loggia stehen zwei marmorne Löwen, deren Vorderpfoten auf einer Kugel ruhen.

Pincio

Oberhalb der Piazza del Popolo erstreckt sich eine klassizistische Parkanlage, die Anfang des 19. Jh.s von Giuseppe Valadier gestaltet wurde. Einst befanden sich hier die Gärten alter römischer Familien, darunter der namensgebenden Pinci. Seit jeher ist der Pincio mit seinen breiten, von Schatten spendenden Pinien, Palmen und immergrünen Sträuchern gesäumten Alleen ein beliebter Ort für Spaziergänge. Man kann an den Porträtbüsten und Denkmälern berühmter Italiener und großer Patrioten vorbei über die Wege wandeln oder von der Aussichtsterrasse den wohl schönsten Blick über die Stadt genießen.

Piazza del Popolo mit S. Maria dei Miracoli und S. Maria in Montesanto

Nachdem die große, ovale Piazza del Popolo im Laufe der Jahrhunderte mehrfach verändert wurde, bietet sie heute ein einheitliches Bild. Bereits im 16. Jh. war die Porta del Popolo neben der alten Pfarrkirche S. Maria del Popolo erbaut worden. 1589 ließ Papst Sixtus V. seitlich der zentralen Achse des Corso zwei weitere Straßen anlegen und in der Mitte einen ägyptischen Obelisken wieder aufrichten. 1658 beauftragte Alexander VII. Carlo Rainaldi mit dem Bau der beiden Zwillingskirchen, S. Maria dei Miracoli und S. Maria in Montesanto, an der Südseite des Platzes, die den Corso wie ein symmetrisches Tor flankieren. Giuseppe Valadier vollendete die Platzanlage 1816–1820 durch den Bau von halbkreisförmigen Mauern, durch die sie zum einzigen klassizistischen Platz der Stadt wurde.

Porta del Popolo

Schon in der Antike hatten die Reisenden durch die Porta Flaminia die Stadt betreten. Mitte des 16. Jh.s ließ Papst Pius IV. die alte Porta, die inzwischen nach der benachbarten Kirche S. Maria del Popolo benannt wurde, mit einer neuen Außenfassade von Nanni di Baccio Bigio versehen. Das Tor ist einem eintorigen römischen Triumphbogen nachgebildet und stadtauswärts mit antiken Säulen und den Statuen der Heiligen Petrus und Paulus geschmückt. Ein Jahrhundert später beauftragte Papst Alexander VII. Gianlorenzo Bernini, anlässlich der Ankunft der wohl berühmtesten Rompilgerin, der Königin Christine von Schweden, die der Piazza zugewandte Fassade zu gestalten. Bekrönt vom Wappen des Papstes, wünscht die Inschrift auf der Attika der Königin einen glücklichen und heilbringenden Einzug. Ursprünglich flankierten zwei Türme das Tor, die 1879 zerstört wurden, als man die seitlichen Durchgänge errichtete.

S. Maria del Popolo

S. Maria del Popolo, eine der ältesten Pfarrkirchen Roms, steht über dem Grab des Kaisers Nero, dessen verlorene Seele nach einer mittelalterlichen Legende in einem Nussbaum spukte. Um den mysteriösen Ereignissen ein Ende zu bereiten, ließ Papst Paschalis II. 1099 den Baum fällen, die Asche in den Tiber werfen und eine Marienkapelle errichten. Gregor IX. ersetzte diese 1227 durch eine größere Pfarrkirche für das Volk (»popolo«). Dem Neubau, den Sixtus IV. 1472 im Renaissancestil begann, fügte Bramante 1505 den Mönchschor für die inzwischen hier eingezogenen Augustinermönche an. Martin Luther, der einst diesem Orden angehörte, lebte während seines Aufenthaltes in Rom im Jahre 1512 hier bei seinen Ordensbrüdern. Die barocke Überarbeitung wurde im 17. Jh. von Bernini vorgenommen.

Konzipiert als dreischiffige Pfeilerbasilika über einem kreuzförmigen Grundriss mit Seitenkapellen, besitzt die Kirche eine schlichte, dreigeteilte Travertinfassade, die beispielhaft für die Frührenaissance in Rom steht. Berühmt ist S. Maria del Popolo v. a. wegen ihrer von berühmten Familien glanzvoll ausgestatteten Kapellen. Über der Vierung erhebt sich eine achteckige Kuppel, die wahrscheinlich die älteste, nach außen hin sichtbare Kirchenkuppel Roms ist. Im Quattrocento stellte sie zugleich ein neues Hoheitszeichen dar, welches das Herrschaftsgebiet des Papstes markierte.

Cappella Chigi

Auf Wunsch seines Freundes, des Bankiers Agostino Chigi, gestaltete Raffael die dritte Kapelle am linken Seitenschiff zwischen 1511 und 1516 zur Grabkapelle der Familie Chigi um. Er entwarf sowohl die Architektur – einen von vier Pfeilern getragenen Zentralraum mit einer kassettierten, vergoldeten Kuppel – als auch das Mosaik der Laterne. Es zeigt Gottvater als den Schöpfer des Firmaments, umgeben von den Symbolen der Sonne und der sieben Planeten in der Konstellation, die sie zum Zeitpunkt der Geburt Jesu Christi einnahmen. Ferner konzipierte er die pyramidalen Grabmäler für Agostino und seinen Bruder Sigismondo an den Seitenwänden, die Marmorskulpturen in den Nischen und ein Altarbild, welche aber von anderen Künstlern ausgeführt wurden. Die Fresken an den Wänden zwischen den Fenstern stammen von Francesco Salviati. Die Gesamtkonzeption verbindet perspektivische Wirkung mit wertvollen Materialien, wodurch die Grabkapelle viel größer und prächtiger erscheint, als sie in Wirklichkeit ist. Die einzelnen Elemente dieses Gesamtkunstwerkes bilden auch inhaltlich ein zusammenhängendes Programm, das in der Inschrift auf dem Fußboden zusammengefasst

ist: »Mors ad coelos (iter)« (Der Tod ist der Weg zum Himmel). Beim Tode des Auftraggebers und des Künstlers im Jahre 1520 war die Ausstattung der Kapelle jedoch noch nicht fertig gestellt; dies erfolgte erst durch den Chigi-Papst Alexander VII. (Pontifikat 1655–1667), der Bernini mit den Nischenfiguren der Propheten Daniel und Habakuk sowie mit neuen Porträtmedaillons beauftragte.

Wider die Konvention – die Malerei Caravaggios

Die reuige Sünderin Maria Magdalena, um 1595, Öl auf Leinwand, 122,5 x 98,5 cm, Galleria Doria Pamphilj, Rom

Wohl kaum ein anderer Maler hat so sehr gegen die künstlerischen und gesellschaftlichen Konventionen seiner Zeit verstoßen wie Michelangelo Merisi (1571–1610), nach seinem oberitalienischen Heimatort Caravaggio genannt. Seine Biografie liest sich wie ein Polizeibericht, war er doch für sein aufbrausendes, unverträgliches Temperament bekannt und geriet oftmals in Konflikt mit der Justiz. Kaum weniger spektakulär war seine Kunst, die in der europäischen Malerei völlig neue Richtlinien setzte. Anders als die Carracci, die sich am Ideal der Antike und der Hochrenaissance orientierten, gab es für Caravaggio keine konkreten Vorbilder. Zwar griff er traditionelle Elemente besonders der oberitalienischen Malerei wie das Helldunkel oder den Einsatz von Schlaglichtern und Schlagschatten auf, führte diese aber durch Übersteigerung zu einer völlig neuen Malweise. Sein ungeschminkter Realismus, seine Farbgebung und seine Behandlung des Lichts setzten neue Maßstäbe und unterschieden seine Malerei grundlegend von den übrigen künstlerischen Strömungen der Zeit. Caravaggio hielt sich weder an konventionelle Bildtypen noch an die althergebrachte Rangordnung der einzelnen Bildgattungen. »Es gibt nichts Besseres, als der Natur zu folgen, hat Caravaggio gesagt, und diese bildet er selbst beim Malen nach«, behauptet der niederländische Künstlerbiograf Karel van Mander. Zwar ist die Forderung nach der Nachahmung der Natur seit Leon Battista Alberti (1404–1472) ein fester Bestandteil der Malereitraktate, doch füllte Caravaggio sie mit neuen Inhalten. Ihm ging es nicht mehr allein um die Darstellung anatomisch korrekter Körperproportionen und Bewegungen, sondern er arbeitete nach lebenden Modellen, die er von der Straße ins Atelier holte. Immer zeigte er Menschen in meist zeitgenössischer Kleidung,

deren alltägliches Leben er genauestens beobachtete und in seine Kompositionen einfließen ließ.
Bereits früh löste er sich von der konventionellen Darstellungsweise der traditionellen Bildthemen: »Er malte ein Mädchen, auf einem Stuhl sitzend, mit den Händen im Schoß, wie es sich die Haare trocknete. Die porträtierte er in einem Zimmer, und indem er auf dem Boden ein Salbgefäß hinzufügte mit Schmuck und Edelsteinen, machte er aus ihr eine Magdalena«, schrieb sein Zeitgenosse Giovan Pietro Bellori über das Gemälde der Heiligen in der Galleria Doria Pamphilj. Derartige Arrangements sind kennzeichnend für die Malerei Caravaggios, der die tiefsinnigere Bedeutung eines Bildes oftmals in solch unscheinbare Details verlegte. So ist die rote Schleife am Gewand des Mädchens beispielsweise ein Symbol der Käuflichkeit und erinnert an das Vorleben der Heiligen als Prostituierte. Neuartig ist zudem die Haltung der Büßerin, die in melancholischer Versunkenheit auf einem Stuhl sitzend im Dunkeln dargestellt ist und mit Tränen der Reue in den Augen ihr früheres Leben betrauert.
Auch in seinen biblischen Historien überrascht Caravaggio den Betrachter mit neuen Bilderfindungen, indem er das Geschehen durch Genreszenen verdeutlicht. So ist die »Berufung des Apostels Matthäus« in S. Luigi dei Francesi in die alltägliche Szenerie einer Wechselstube integriert, in die von rechts Christus und Petrus eingetreten sind. In seinen Gemälden konzentrierte er sich auf die Darstellung der Figuren. Landschaft spielte so gut wie keine Rolle, Pflanzen wurden höchstens wie Versatzstücke arrangiert. Oft ließ er den Betrachter über den Raum, in dem sich die dargestellte Szene abspielt, sogar vollkommen im Unklaren, indem er die Figuren lediglich vor einem undefinierbaren, dunklen Hintergrund malte. Besonders wichtig waren ihm

Berufung des Apostels Matthäus, 1599/1600, Öl auf Leinwand, 322 x 340 cm, S. Luigi dei Francesi, Cappella Contarelli, Rom

die Art der Lichtführung und die Farbigkeit, für die er und seine Nachfolger, die so genannten Caravaggisten, berühmt wurden: Der Kontrast von hell beleuchteten, glatten Partien und dunklen, verschatteten Farbflächen bildet das beherrschende Element seines Stils. Er benutzte eine Palette von Erdfarben, aus der lediglich ein leuchtendes Weiß und ein kräftiges Rot hervortreten. In der »Bekehrung des Hl. Paulus« in S. Maria del Popolo lenkt grell einfallendes Licht den Blick des Betrachters auf die körperliche Ekstase, die den in kühner Verkürzung dargestellten jugendlichen Heerführer erfasst, während die traditionelle christliche Malerei das himmlische Licht durch Strahlen ausdrückte. Dieses Licht trifft auch das Pferd, dessen Hinterteil und Rücken weite Teile des Bildraumes ausfüllen. Ebenso ungewöhnlich präsentiert sich die Komposition der als Pendant geschaffenen »Kreuzigung des Hl. Petrus« an der gegenüberliegenden Seitenwand der Kapelle, die durch eine Rückenfigur eröffnet wird. Denn einer der drei Henkersknechte, die das Kreuz aufrichten, streckt dem Betrachter sein Hinterteil entgegen. Petrus wird als bedeutende Person durch die Lichtführung in den Mittelpunkt gestellt. Im Gegensatz dazu verdeckte Caravaggio die Gesichter von zweien der Schergen und betonte so ihre untergeordnete Rolle. Wichtiges wird beleuchtet, Unwichtiges verschwindet im Dunkel. Die Präzision, mit der die Nägel in Händen und Füßen wiedergegeben sind, und

Bekehrung des Hl. Paulus, 1601, Öl auf Leinwand, 230 x 175 cm, S. Maria del Popolo, Cappella Cerasi, Rom

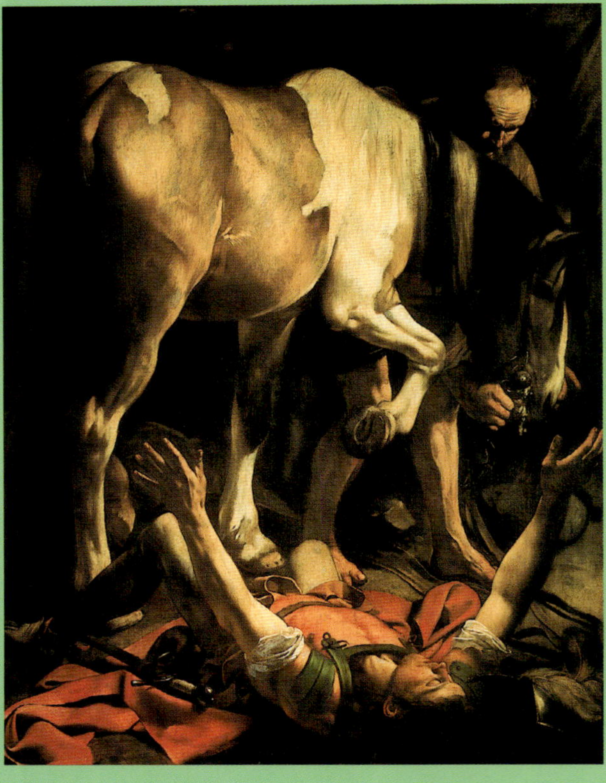

andere realistische Details wie die schmutzigen Füße der Soldaten rücken das Geschehen in unmittelbare Nähe zum Betrachter. Ein derart ungeschminkter Realismus war seinen Zeitgenossen vollkommen fremd und wurde oftmals als Verstoß gegen das »decorum«, gegen das Angemessene, scharf kritisiert. Vor diesem Hintergrund ist das vernichtende Urteil des Malers Nicolas Poussin zu verstehen, wonach Caravaggio nur auf die Welt gekommen sei, um die Malerei zu ruinieren.

Caravaggios Gemälde fordern zu einer grundlegend neuen Form der Andacht auf. Anstelle von entrückten überirdischen Gestalten und Ereignissen, bediente sich Caravaggio Heiliger mit alltäglichen Gesichtern. So präsentierte er die Heilsgeschichte als Bestandteil des gewöhnlichen Lebens, die jeden etwas anging. Selbst Christus und Maria malte er nach lebenden Vorbildern, was seit dem Trienter Konzil (1545–1563) strengstens verboten war. Nicht immer stieß Caravaggio mit seinen unkonventionellen Darstellungen auf die Zustimmung seiner Auftraggeber. Als er beispielsweise für die Kirche S. Maria in Scala in Trastevere den Marientod wie den Todeskampf einer Irdischen inszenierte, lehnte der Orden der Unbeschuhten Karmeliter das Gemälde ab. Haben auch nur wenige seiner Zeitgenossen Caravaggios radikale Neuerungen verstanden, so hat er doch mit dem Einsatz innovativer malerischer Mittel die Entwicklung der Malerei in neue Bahnen gelenkt.

Kreuzigung des Hl. Petrus, 1600–1601, Öl auf Leinwand, 230 x 175 cm, S. Maria del Popolo, Cappella Cerasi, Rom

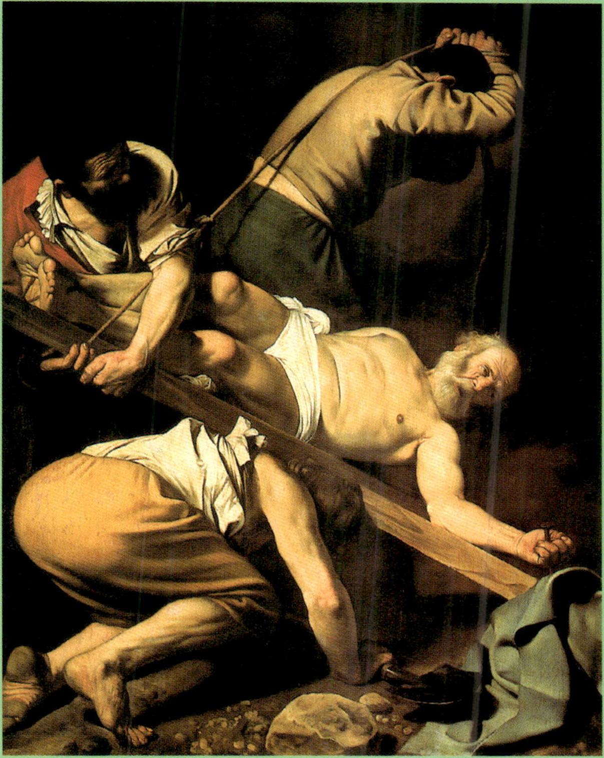

Villa Borghese und Villa Giulia

Villa Giulia, Piazzale di Villa Giulia 9, S. 238 ff.

Villa Borghese, Park, Tempio di Esculapio, S. 245

Villa Borghese, Piazzale Scipione Borghese 5, S. 244 f.

Viale Bruno Buozzi
Viale delle Belle Arti
Via di Villa Giulia
Via G. de Notaris
Via Giuseppe Mangili
Via M. Mercati
Via delle Tre Madonne
Via Ulisse Aldrovandi
Via G. Rossini
Piazza G. Verdi
Museo Nazionale di Villa Giulia
Piazzale W. Churchill
Galleria Nazionale d'Arte Moderna
Museo Africano
Museo Zoologico
Giardino Zoologico
Via S. Mercadante
Via Giovanni Paisiello
Via C. Monteverdi
Via G. Donizetti
Piazzale Thorvaldsen
Villa Giulia
Viale delle Belle Arti
Viale del Giardino Zoologico
Via Pietro Raimondi
Villa Borghese
Viale dell' Uccelliera
Viale dei Daini
Piazzale Paolina Borghese
Villa Strohl Fern
Via M. Fortuny
Viale Bernadotte
Tempio di Esculapio
Viale dell' Aranciera
Viale di Valle Giulia
Giardino del Lago
Viale Pietro Canonica
Piazza di Siena
Viale dei Cavalli Marini
Museo e Galleria Borghese
Via Po
Via Flaminia
FLAMINIO
STAZ. FERROVIE ROMA-VITERBO
Viale Washington
Viale F. La Guardia
Viale dei Pupazzi
Viale del Museo Borghese
Via Pinciana
Via Isonzo
Viale del Muro Torto
Viale Valadier
Viale Tarragona
Piazzale delle Canestre
Pincio
Porta del Popolo
S. Maria del Popolo
Viale d. Magnolie
Viale S. Paolo del Brasile
Piazza del Popolo
Viale dell' Obelisco
Viale G. D'Annunzio
Galoppatoio
Via Po
S. Maria dei Miracoli
S. Maria in Montesanto
Villa Medici
Viale del Muro Torto
Porta Pinciana
Piazzale Brasile
Corso d'Italia
Via Campania
Via Sardegna
Via A. Brunetti
Via del Corso
Via Laurina
Via Margutta
Via del Babuino
Viale Trinità dei Monti
Via Toscana
Via Piemonte
Via Sicilia
Via di Ripetta
Via della Frezza
Villa Medici
Via Lazio
Via Lombardia
Via Vitt. Veneto
Via Boncompagni
N
0
250 m

Villa Giulia

Bereits ein Jahr nach seiner Wahl zum Papst 1550 plante Julius III., vor den Toren der Stadt eine Sommerresidenz erbauen zu lassen. Mit dem Entwurf betraute er die Architekten Vasari, Vignola und Bartolomeo Ammannati, die von Michelangelo beraten wurden. Innerhalb von fünf Jahren entstand ein prachtvolles manieristisches Bauwerk, in dem sich Architektur, Natur, Wasserspiele und Kunstwerke harmonisch miteinander verbinden. Der Papst, ein begeisterter Anhänger der Antike, kümmerte sich persönlich um die Ausstattung, kaufte Antiken an und suchte Pflanzen und Obstbäume aus. Zwar lässt sich die Baugeschichte der Villa angesichts der mehrfach geänderten Entwürfe und der wechselnden Tätigkeiten der verschiedenen Architekten nicht gänzlich klären, doch steht fest, dass Vignola zum bevorzugten Baumeister Julius' III. aufrückte. Er begann mit dem Bau der – getreu den Geboten des Konzils von Trient – nach außen streng wirkenden Villa, in deren Innern man jedoch auf reich und phantasievoll ausgestattete Räume trifft, die dem Prunk vergangener Zeiten vergleichbar sind. Nach dem Tode Julius' III. der Ausplünderung überlassen, diente die Villa Giulia über Jahrhunderte als Abstellraum für landwirtschaftliche Geräte. Seit 1889 ist sie Sitz des Museo Nazionale Etrusco, das über eine bedeutende Sammlung etruskischer Funde aus Latium, Umbrien und der Toskana verfügt.

Hinter der wehrhaft geschlossenen Fassade mit dem in Form eines Triumphbogens gestalteten Eingang liegen zwei Innenhöfe, die in ihrem Grundriss das Rechteck mit dem Halbkreis verbinden. Eine lichte Loggia, umschlossen von zweistöckigen Trakten, fasst in einer theaterähnlichen Anlage den ersten Hof halbkreisförmig ein und leitet zu dem zweiten Hof mit dem von Ammannati konzipierten, tiefer gelegenen Nymphäum über. Das Halbrund des ersten Innenhofes bewirkt eine originelle Raumgestaltung im Hauptgebäude der Villa, deren gesamte malerische Ausstattung den Brüdern Federico und Taddeo Zuccari übertragen wurde.

Nymphäum

Durch eine Säulenhalle betritt man das berühmte Nymphäum, dessen zweigeschossige Architektur einen abgesenkten Innenhof umschließt. In den Nischen standen einst viele Statuen, von denen heute nur die der gelagerten Flussgottheiten Arno und Tiber erhalten sind. Eine Balustrade umgibt das tiefer gelegene Nymphäum, dessen Loggia von Karyatiden gestützt wird. Die Loggia ist mit Grotten und einer »fontana segreta« (geheimer Brunnen) ausgestattet, für die Julius III. eigens die Wasserleitung »Acqua Vergine« bis zu der Villa erweitern ließ. Obwohl sie ihrer einstigen verschwenderischen Ausstattung mit kostbarem Marmor, fein ziseliertem Metall, Gold, Stuck und antiken Statuen weitgehend beraubt ist, offenbart sich dem Besucher noch eine beeindruckende Anlage.

Hofloggia

Eines der schönsten Beispiele für den heute weitgehend verblassten Glanz der einstigen Ausstattung sind die Deckenmalereien der Loggia des ersten Innenhofes, die von Pietro Venale stammen. Über das gesamte Tonnengewölbe zieht sich grünes Rankenwerk, in dem sich Putti und Vögel tummeln, und verwandelt die Loggia gleichsam in eine Gartenlaube. Die Wände schmücken rechteckige, durch Pilaster unterteilte Felder mit Grotesken und mythologischen Figuren.

Villa Giulia

Terrakotta-Porträt aus Cerveteri aus dem 1. Jh. v. Chr.

Etruskischer Ehepaar-Sarkophag, Ende 6. Jh. v. Chr., gefunden in Cerveteri, S. 242 f.

Apoll von Veji: vom First eines Tempels in Veji vom Anfang des 6. Jh. s v. Chr.

Hofloggia, S. 239

Weitere Sehenswürdigkeiten im Obergeschoss:

Cista Ficorini, um 300 v. Chr.: bronzene Deckelbüchse aus Praeneste

Chigi-Kanne, S. 243

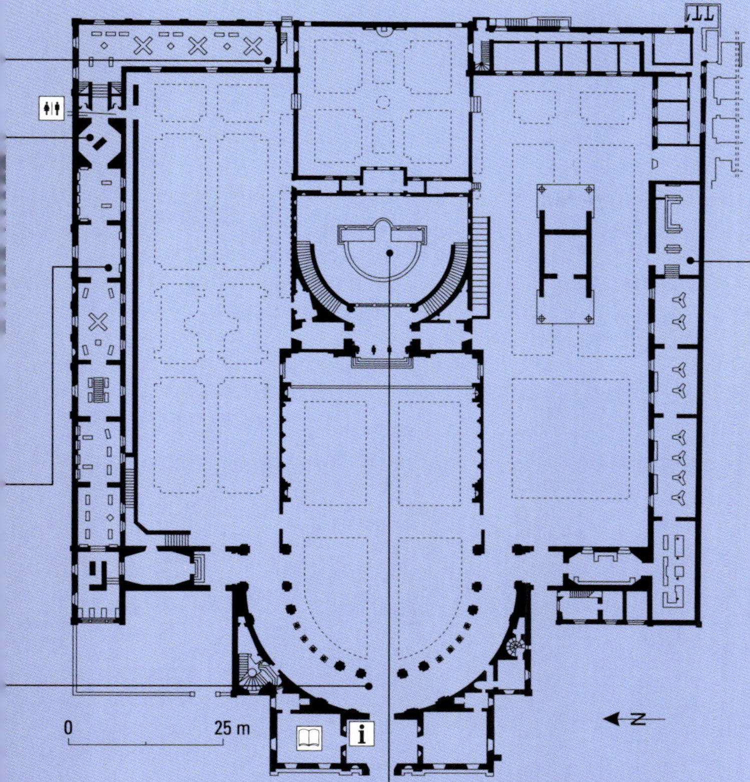

Apollo-Torso aus Falerii: Der Torso aus der Zeit um 300 v. Chr. stammt aus einem Tempel in Falerii und ist vermutlich die Arbeit eines griechischen Bildhauers.

Nymphäum, S. 239

Etruskischer Ehepaar-Sarkophag, spätes 6. Jh. v Chr.
Terrakotta, 141 x 220 cm

Zu den Meisterwerken des Museo Nazionale Etrusco gehört der aus 400 Fragmenten zusammengesetzte Terrakottasarkophag aus Cerveteri, der wegen seiner Größe für einen der mächtigen und vermögenden Männer dieser Stadt und dessen Ehefrau bestimmt gewesen sein muss. Er stellt einen Mann und eine Frau dar, die auf einer Kline mit hoher Matratze und darüber gebreiteter Decke liegen und sich mit aufgerichtetem Oberkörper auf ihren linken Arm stützen. Beide sind durch Haltung und Gebärden eng aufeinander bezogen und scheinen in ein Gespräch verwickelt zu sein. Mit ihren fülligen Körpern, den gerundeten Gliedmaßen, den schräggestellten, schlitzförmigen Augen und dem spitzen Lächeln um Mund und Wangen sowie dem schematischen Faltenwurf erinnern die Skulpturen an griechische Werke aus dem ionischen Kunstkreis des späten 6. Jh.s v. Chr. Im Vergleich zu diesen erscheinen die Formen jedoch übersteigert. Darüber hinaus sind die vom Gewand bedeckten Unterkörper und Beine beider Figuren plan in die Fläche gebreitet und die

Rückseiten nur oberflächlich bearbeitet, was den ausführenden Meister als Etrusker zu erkennen gibt. Der einst bemalte Sarkophag ist in vier großen Teilen, den beiden Hälften des Kastens und denen des Deckels, gebrannt worden. Er stellt eine ins Monumentale gesteigerte Urne mit einem abnehmbaren Deckel dar, welche die Asche der Verstorbenen aufnahm.

Chigi-Kanne, 7. Jh. v. Chr.
Ton, H. 26 cm

Bei der »oinochoe« (Weinkanne) aus dem dritten Viertel des 7. Jh.s v. Chr., die sich früher in der Sammlung Chigi befand, handelt es sich um ein Importstück aus Korinth, das in Etrurien bei Veji gefunden wurde. Wegen ihres reichen, qualitätvollen Bildschmuckes zählt sie zu den berühmtesten Zeugnissen der sog. protokorinthischen Keramik. Auf der Schulter ist das größte und figurenreichste Bild gemalt, das eine Schlachtenszene wiedergibt. Es handelt sich um die erste bekannte Darstellung einer Phalanx. Das Bild ist eines der wichtigsten Zeugnisse für die frühe Kultur der griechischen Stadtstaaten. Erstmals wird eine Bürgerarmee anstelle des adeligen Vorkämpfers inszeniert. Ein breites Firnissband teilt den zweiten Figurenfries ab, auf dem drei Szenen dargestellt sind: eine Gruppe aus vier Reitern und ein Viergespann mit Wagenlenker, eine Löwenjagd und das Parisurteil. Hermes geleitet Hera, Athena und Aphrodite zu Paris, der urteilen wird, wer die schönste der Göttinnen ist. Eine Hasen- und Fuchsjagd schmückt schließlich den unteren schmalen Fries.

Villa Borghese (Museo Borghese)

In den Weinbergen seiner Familie vor der Porta Pinciana ließ Scipione Caffarelli Borghese, der größenwahnsinnige Neffe Papst Pauls V., 1613–1616 eine Villa errichten. Es entstand ein ausgedehnter barocker Lustgarten, der heute mit dem Pincio verbunden ist und in drei Bezirke unterteilt war: Ein von Alleen durchzogener Garten mit Brunnen, Grabsteinen und Architekturfragmenten führte zum »Casino«, vor dem die antiken Statuen aufgestellt waren und zu dessen Seiten sich die »giardini secreti« (Geheimgärten) erstreckten. Dahinter lag der mit 600 Steineichen bepflanzte, als Antikengarten gestaltete Privatpark, der von antiken Sitzstatuen und Hermen gesäumte Alleen aufwies. Auf ihn folgte ein ausgedehnter Naturpark mit Tiergehegen.

Mit dem Entwurf des Casinos wurde Flaminio Ponzio betraut, nach dessen Tod Giovanni Vasanzio (Jan van Santen) die Bauleitung übernahm. Dieser versah die Außenfassade nach dem Vorbild der Villa Medici mit einem reichen Schmuck aus archäologischen Fundstücken, um jedem Besucher die Bestimmung des Gebäudes als Privatmuseum vor Augen zu führen. Hier war die sagenhafte Gemälde- und Antikensammlung von Scipione Borghese ausgestellt, die er ständig mit Eifer vergrößerte. Eine grundlegende Veränderung der Innendekoration erfolgte unter der Leitung von Antonio Asprucci Ende des 18. Jh.s, als die Villa in den Besitz des großen Mäzens Marcantonio IV. Borghese überging. Jeder Saal erhielt eine besondere Physiognomie, wobei die Malereien teilweise auf die ausgestellten Kunstwerke Bezug nahmen. 1902 wurden die gesamte Parkanlage sowie alle Kunstwerke vom italienischen König, Umberto I. erworben und der Stadt Rom geschenkt. Es erfolgte die Umwandlung einer der reichsten Privatsammlungen in ein öffentliches Museum, das heute als Galleria und Museo Borghese weltberühmt ist.

Park, Antonio Asprucci, Tempio di Esculapio

Auf Wunsch des Fürsten Marcantonio Borghese wurde die barocke Gartenanlage Ende des 18. Jh.s von Christoph Unterberger in einen englischen Garten verwandelt, der heute mit dem Pincio den größten Park der Stadt bildet. Gemäß dem damaligen Zeitgeschmack wurden über die Anlage verstreut Gebäude im antikisierenden Stil errichtet. Unter anderem entstanden der Tempio di Faustina, der Frau des Kaisers Antoninus Pius, der runde Tempietto di Diana und inmitten eines künstlichen Sees der ionische Tempio di Esculapio (Äskulaptempel) vom Architekten Antonio Asprucci. Seitdem der Park 1902 in Staatsbesitz überging, sind auf dem Areal verschiedenste Einrichtungen untergebracht.

Museo Borghese

Römische Marmorkopie eines Hermaphroditen, Sohn von Hermes und Aphrodite nach griechischem Bronzeoriginal aus der Mitte des 2. Jh.s v. Chr.

Antonio Canova, Paolina Borghese als Venus, 1805–1808

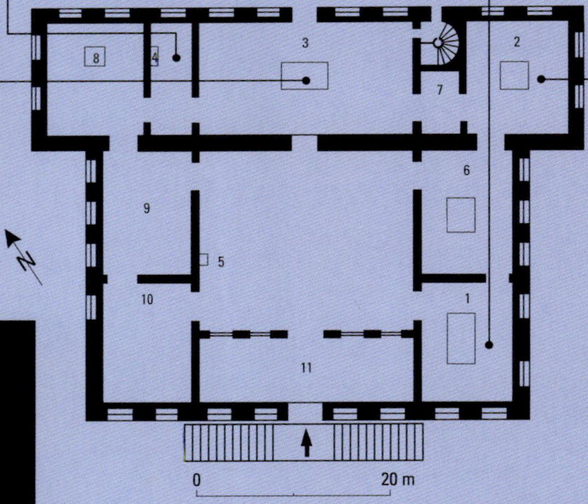

Erdgeschoss

Gianlorenzo Bernini, Raub der Proserpina durch Pluto, 1621

1 Sala della Paolina
2 Sala dell' Apollo e Dafne
3 Galleria degli Imperatori
4 Sala dell' Ermafrodito
5 Eingangssaal
6 Sala del Davide
7 Kapelle
8 Sala dell' Enea e Anchise
9 Sala Egizia
10 Sala del Fauno Danzante
11 Portikus

Gianlorenzo Bernini, Apoll und Daphne, 1624, S. 248

Raffael, Grablegung, 1507, Atalanta Baglioni zum Gedächtnis an ihren ermordeten Sohn Grifonetto

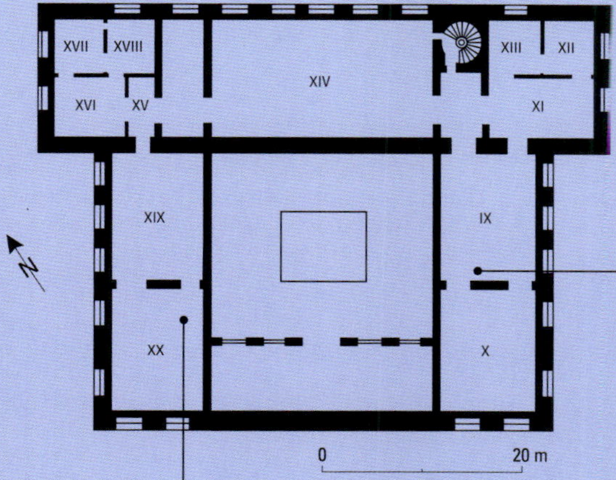

1. Obergeschoss

Tizian, Die himmlische und die irdische Liebe, 1514, für Nicolò Aurelio, den Sekretär des Großen Rates der Zehn in Venedig

Der Mann, der Marmor Leben gab – Gianlorenzo Bernini

Mit dem Namen des Mannes, der schon in jungen Jahren in der Bildhauerwerkstatt seines Vaters Pietro Bernini relativ kleinen Marmorblöcken erstaunliche Kunstwerke entlockt haben soll, wird der römische Barock verbunden: Gianlorenzo Bernini (1598–1680). Seine Karriere nahm bereits im Jünglingsalter ihren steilen Aufstieg, und über Jahrzehnte hinweg blieb er der Kunstintendant mehrerer Päpste. Unterstützt von einem großen Atelier von Bildhauern, Stuckateuren und Bronzegießern reichte sein Ruhm weit über die Landesgrenzen hinaus. Immer im Wettstreit mit seinem großen Rivalen Francesco Borromini (1599–1667) hat er wie kein anderer durch seine Kirchen und Paläste, seine Platzanlagen und Brunnen Rom das barocke Antlitz verliehen, das noch heute das Stadtbild so entscheidend prägt. Seine Förderer hatten gehofft, er würde der »Michelangelo seines Jahrhunderts« werden – ein Anspruch, dem der Künstler gerecht wurde. Denn Bernini war mehr als nur Architekt und Bildhauer. Er entwarf ganze Innenräume, in denen er die verschiedenen Kunstgattungen zu eindrucksvollen und inhaltsreichen Gesamtkunstwerken komponierte. Er verstand sich in der Malerei ebenso wie in der Zeichenkunst und war einer der frühen Vertreter der Karikatur, von der selbst seine großen Mäzene nicht verschont blieben. Darüber hi-

Apoll und Daphne, 1622–1625, Marmor, Höhe 243 cm, Villa Borghese, Rom

naus beschäftigte er sich mit Städteplanung, kreierte Bühnen- und Festdekorationen sowie Schmuckformen jeder Art, verfasste und inszenierte sogar Theaterstücke. Mit solcher Vielseitigkeit begnadet, verkörperte er noch einmal das in der Renaissance so erstrebte Ideal des »uomo universale« – des allumfassend gebildeten und begabten Menschen.

»Von Jugend an verschlang ich Marmor und tat nie einen falschen Schlag«

Mit diesen Worten kommentierte Bernini die nur sieben Monate währende Schaffenszeit an der Figur des »David«, dessen Gesicht er nach seinem eigenen Antlitz modelliert haben soll. Die Skulptur bildete den Abschluss einer Auftragsreihe für Kardinal Scipione Borghese, in der sich der Durchbruch zu einem völlig neuen Stil abzeichnete: dem römischen Barock. Bereits hier zeigte sich die harmonische Verbindung von plastischen und malerischen Mitteln, die für sein bildhauerisches Werk so kennzeichnend ist und ihn zu einem der Großen der europäischen Kunstgeschichte werden ließ. Mit unvergleichlicher Bravour schuf er bewegte Kompositionen, in denen Gegensätze zum Gleichklang verbunden und die Lichteffekte der konkav und konvex modellierten Oberflächen gekonnt in Szene gesetzt sind. Die Oberflächenstrukturen gestaltete er durch Politur, Bohrung und Rauung derart unterschiedlich, dass er vielfältige Farbwirkungen erzielte. Keine Skulptur vermag dies besser zu verdeutlichen als die lebensgroße Marmorgruppe »Apoll und Daphne«, bei der die glatt polierten Partien des nackten Fleisches mit dem geglätteten, aber unpolierten Stoffmantel des Gottes und der aufgerauten Baumrinde oder die zerzauste Lockenmähne Apolls mit den feinen Strähnen der Nymphe kontrastieren. Zudem war ihm hier etwas in der Großplastik bis dahin Unerreichtes gelungen: Er hatte einen Moment vergegenwärtigt, den die Dichtung als Vorgang erzählt. Inspiriert von den Versen Ovids in seinen »Metamorphosen« hatte Bernini den Augenblick gewählt, in dem sich die Nymphe auf ihrer Flucht vor dem begehrenden Zugriff des Gottes in einen Lorbeerbaum zu verwandeln beginnt.

Büste des Pedro de Foix Montoya, um 1622, Marmor, S. Maria in Monserrato, Rom

»Sprechende Ähnlichkeit«

Dass Bernini die Farberscheinungen eines Gesichtes in Marmor zu übersetzen vermochte, belegen in erster Linie seine Porträts, denen »sprechende Ähnlichkeit« nachgesagt wurde. So überzeugt das Bildnis des Pedro de Foix Montoya in S. Maria in Monserrato durch die eindrucksvollen Gegensätze zwischen dem dünnen Kopfhaar, den rasierten Stoppeln auf den eingefallenen Wangen und den steifen Borsten des Schnauzbartes. Dennoch meinte Bernini: »Bloße Ähnlichkeit genügt nicht. Man muss ausdrücken, was in den Köpfen der Helden vorgeht«. Aus diesem Grunde entstanden seine Bildnisse nicht während langwieriger Porträtsitzungen, sondern er pflegte die Darzustellenden bei der täglichen Arbeit zu beobachten und dabei zahlreiche Skizzen anzufertigen, um so deren Züge und charakteristische Bewegungen zu verinnerlichen. Und so verweisen auch bei Montoya die hohe, leicht gerunzelte Stirn und die etwas nach rechts gerichteten Augen auf die geistigen Fähigkeiten des Dargestellten.

Altar der Hl. Theresa von Avila, 1646, S. Maria della Vittoria, Cappella Cornaro, Rom

Das Gesamtkunstwerk

»Die Meinung ist weit verbreitet, Bernini habe als Erster die Architektur mit der Bildhauerkunst und der Malerei zu vereinen versucht, sodass sie zusammen ein schönes Ganzes bilden«, urteilte 1682 Filippo Baldinucci. Dies trifft vor allem auf seine späteren Werke zu, die meist religiösen Inhalts sind. Zu den eindrucksvollsten Beispielen von Berninis virtuoser Verschmelzung der verschiedenen künstlerischen Ausdrucksmöglichkeiten zählt die 1651 vollendete Cappella Cornaro, die Familiengrabstätte der Cornaro, in S. Maria della Vittoria. Ihre Wände sind mit verschiedenfarbigen Marmorplatten geschmückt, und an den Seiten sitzen die Mitglieder der Familie wie in Theaterlogen auf Balkonen und scheinen in ein lebhaftes Gespräch vertieft zu sein. Mittelpunkt der Kapelle aber ist der Tabernakel, in dem sich vor einer Folie aus großen goldenen Strahlen eine weiße Marmorgruppe erhebt. Sie stellt die Hl. Theresa von Avila, die Neubegründerin des Karmeliterinnenordens, Mystikerin und Schriftstellerin, dar. In visionärer Verzückung schwebt sie auf einer Wolke und wird von der göttlichen Liebe – symbolisch im Pfeil des Engels ausgedrückt – durchdrungen. Das Erlebnis der himmlischen Erscheinung wurde von der Heiligen selbst in ihrer Autobiographie beschrieben. Bernini übersetzte ihre Worte in Marmor und inszenierte das Ereignis mit den Mitteln des Theaters, vor allem durch gekonnt eingesetzte Beleuchtung, wie auf einer Bühne. In ähnlicher Weise sind die umgebende Architektur, Skulpturen und Malereien in der Cappella Altieri in S. Francesco a Ripa ganz auf die Liegefigur der seligen Ludovica Albertoni, eines der späten Meisterwerke Berninis, abgestimmt. Hier unterstützen der bewegte Faltenwurf ihres Gewan-

Die Selige Ludovica Albertoni, 1674, Marmor und Jaspis, Länge 188 cm, S. Francesco a Ripa, Rom

Reiterstatue Konstantins, 1670, Marmor, St. Peter, Vatikan

des, der verschiedenfarbige Marmor und die besondere Inszenierung der Lichteffekte den dramatischen Moment, als die Sterbende auf ihrem Lager von leidenschaftlich erlebten religiösen Visionen erfasst wird.

Baumeister von St. Peter

Berninis überragende Stellung im barocken Rom wird jedoch erst ganz verständlich, wenn man bedenkt, dass er 50 Jahre lang Baumeister von St. Peter war und damit eine Hauptrolle innerhalb der Glaubenswerbung, der »propaganda fide«, mittels der bildenden Kunst spielte. Erst mit seinen meisterhaften Schöpfungen verlieh er der Basilika ihre endgültige und unvergleichliche Gestalt. Schon auf dem Ponte Sant'Angelo begleiten die Engel, ausgestattet mit den Leidenswerkzeugen Christi, die Pilger auf ihrem symbolischen Kreuzweg und führen sie zu den Kolonnaden des Petersplatzes, die sich als Symbol der katholischen Welt nach außen hin öffnen und zugleich zum Petersdom leiten. Im Innern führen die Cathedra Petri, der Sakramentsaltar und die Papstgrabmäler dem Betrachter die Umwandlung des irdischen Todes in das geistige Leben der Ewigkeit vor Augen.

Wie kein anderer Künstler hat Bernini diesem Bauwerk seinen persönlichen Stempel aufgedrückt, und von nun an trat seine Tätigkeit als Architekt auch über St. Peter hinaus stärker in den Vordergrund. Oftmals wählte er als Grundrissform den Zentralbau, mit dem er eine harmonische Einheit zwischen umgebendem Raum, bildhauerischer Ausstattung, Innendekoration und Einrichtung am besten zu verwirklichen glaubte. Eines der charakteristischen Beispiele stellt die Kirche S. Andrea al Quirinale dar, die über querovalem Grundriss mit einem Kranz ovaler und rechteckiger Kapellen errichtet wurde. Hier ist die Gestaltung des Innenraums ganz auf den Altarraum ausgerichtet, der von einer Ädikulaarchitektur mit korinthischen Säulen gerahmt wird. Das zentrale Thema bildet das Martyrium des Hl. Andreas: Auf dem Altarbild, das von Stuckengeln scheinbar aus dem Himmel herabgetragen wird, ist die »Kreuzigung des Heiligen Andreas« von Borgognone (1621–1676) zu sehen. Vergoldete Strahlenbündel leiten den Blick nach oben zum gebrochenen Giebel der Ädikula, wo der Heilige durch die Öffnung in der von Cherumbinen umgebenen Kuppel in den Himmel aufzusteigen scheint. Indem Bernini den Lichteinfall aus der Kuppel nutzte, wirkt das Gesicht des Hl. Andreas wie vom himmlischen Licht hell beleuchtet.

Am Ende seines langen Lebens wurde die Kritik seiner Widersacher immer lauter, und man äußerte offen, dass es an der Zeit sei, den »Cavalier Bernini, welcher die Päpste in so schwerer Zeit zu unnützen Ausgaben treibt«, zurückzusetzen. Derartige Aussagen ließen ihn nicht unberührt, und er versuchte sie durch eine übersteigerte Frömmigkeit zu kompensieren. Als Gianlorenzo Bernini am 20. November 1680 im hohen Alter von 82 Jahren starb, wurde er feierlich in der Kirche von S. Maria Maggiore beigesetzt. Damit war er an den Ort zurückgekehrt, an dem er als Kind in der Werkstatt seines Vaters begonnen hatte, dem Marmor Form zu geben. Eine einfache Grabplatte erinnert an den Mann, »der in den Künsten der Malerei, Bildhauerkunst und Architektur nicht nur groß, sondern außerordentlich war.« (Filippo Baldinucci, Vita del Car. G. L. Bernini, 1682)

S. Andrea al Quirinale, 1658–61, Rom

Quirinal (Quirinale)

Unterhalb des weitläufigen Parks der Villa Borghese nimmt die Via Veneto ihren Ausgang, die – anders als die meisten Straßen und Plätze Roms – ihren weltweiten Ruhm nicht bedeutenden Denkmälern, sondern Federico Fellini verdankt. Mit seinem berühmten Film »La dolce vita« von 1961 setzte er der Prachtstraße mit ihren Luxushotels und Straßencafés aus der Belle Époque, die 1879 im Zuge des gewaltigen Baubooms anlässlich der Gründung des Königreichs Italien angelegt worden waren, ein Denkmal. Heute gehört indes das vielbeschworene »süße Leben« der 60er-Jahre, als in den Cafés und Restaurants berühmte Filmgrößen verkehrten, der Vergangenheit an.

Filmplakat »La dolce vita«

Die Via Veneto führt im weiten Bogen zur Piazza Barberini. In der Antike eine bevorzugte Wohngegend wohlhabender Römer, war das Gelände seit dem 5 Jh. n. Chr. weitgehend verfallen. Erst als Papst Urban VIII. Barberini im 17. Jh. in einem der Weinberge den Stadtpalast seiner Familie erbauen ließ, setzte ein glanzvoller Neubeginn ein. Von der Piazza Barberini gelangt man zum Quirinal, dem höchsten der sieben Hügel Roms, dessen Name sich vom Tempel des Quirinus, des Kriegsgottes, ableitet. Im 4. Jh. wurden hier inmitten eines weiten Wohngebietes zwei große Thermenanlagen erbaut: die Diokletiansthermen und die kleineren Konstantinsthermen. Nach dem Untergang des Römischen Reiches geriet der Quirinal wie die übrigen Hügel in Vergessenheit. Einen Aufschwung erlebte das Viertel im 16. Jh. durch die Anlegung breiter Straßen, zu deren Seiten große Familien ihre Palazzi errichteten. Der bedeutendste Bau aber ist der Palazzo del Quirinale auf der Hügelkuppe, der 1574 als päpstliche Sommerresidenz begonnen wurde. Nach dem Ende der päpstlichen Herrschaft im Jahre 1870 diente er als Residenz der Könige von Italien und ist seit der Ausrufung der Republik Amtssitz des italienischen Präsidenten.

Palazzo del Quirinale

Quirinal

Piazza della Repubblica mit Diokletiansthermen und S. Maria degli Angeli, S. 270 ff.

Palazzo Barberini, Via delle Quattro Fontane 13, S. 258 ff.

Fontana di Trevi, Piazza di Trevi, S. 285

S. Carlo alle Quattro Fontane, Via del Quirinale 23, S. 282 f.

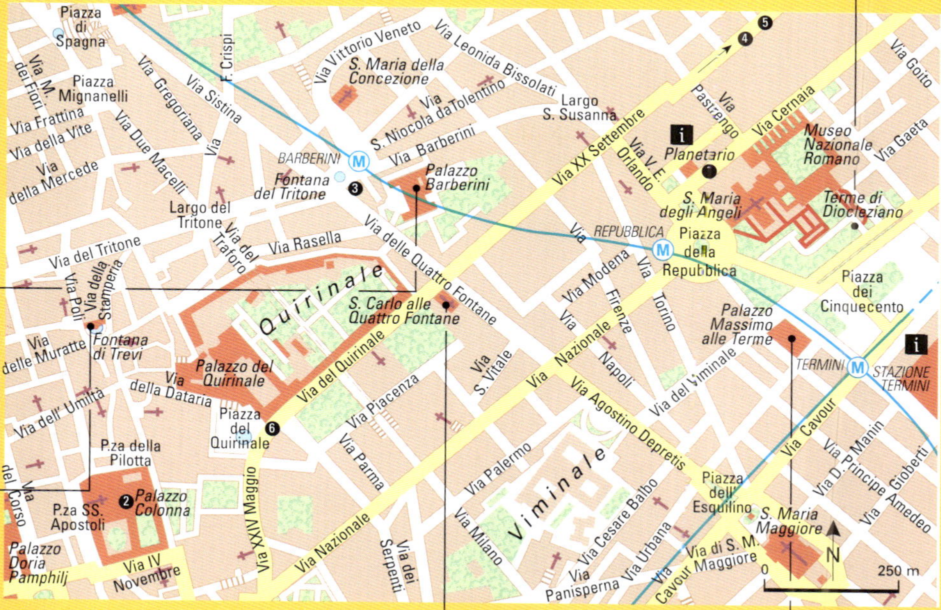

Palazzo Massimo alle Terme (Museo Nazionale Romano), Piazza dei Cinquecento, S. 274 f.

Weitere Sehenswürdigkeiten:

1 Planetario, Museo Nazionale Romano, Piazza della Repubblica, S. 280

2 Palazzo Colonna, Via della Pilotta 17, S. 292

3 Fontana del Tritone, Piazza Barberini, S. 258

4 S. Costanza, Via Nomentana 349, S. 262 f.

5 S. Agnese fuori le mura, Via Nomentana 389, S. 264 f.

6 Piazza Quirinale, S. 284

Fontana del Tritone

Kurz nach der Fertigstellung des Palazzo Barberini schuf Bernini 1642 den Brunnen für Urban VIII. auf der Piazza Barberini. Vier auf dem Kopf stehende Delphine, zwischen denen das Familienwappen zu sehen ist, bilden die Basis des Monuments, das ohne jegliche architektonische Gestaltung auskommt. Mit ihren Schwanzspitzen tragen sie eine riesige Muschel, in der Triton sitzt, der Meeresgott mit menschlichem Oberkörper und fischartigem Unterleib. Mit erhobenen Händen hält er eine zweite Muschelschale und bläst einen hohen Wasserstrahl in die Luft.

Palazzo Barberini

Papst Urban VIII. (Pontifikat 1623– 1644), einer der eifrigsten Bauherrn im barocken Rom, für den die bedeutendsten Architekten der Zeit, Borromini und Bernini, tätig waren, hatte 1625 von Herzog Alessandro Sforza einen Palast mit einer »vigna«, einem Weingarten, erworben. Carlo Maderno begann mit dem Umbau des Palazzo zur Familienresidenz der Barberini, nach seinem Tode im Jahre 1628 übernahm Bernini unter Mitarbeit von Borromini die Bauleitung (bis 1633). Der Gesamtentwurf wird weitgehend Maderno zugeschrieben, der aufgrund der Randlage und des großen Gartens, der den Palast umgab, einen unge-

wöhnlichen Grundriss wählte. Im Gegensatz zu früheren römischen Palästen, die als Vierflügelbau mit Innenhof oder als strenger Quader konzipiert waren, schloss Maderno an den längsrechteckigen Mitteltrakt zwei schmale Flügel an, die vorn und rückwärts über den Haupttrakt hinausreichen. So ergibt sich eine H-Form. Zu den Neuerungen zählte auch die Gestaltung der Fassade, die sich in allen drei Stockwerken durch Arkaden öffnet. Vom Kolosseum ist das Gliederungssystem der drei klassischen Ordnungen übernommen, wonach im Erdgeschoss dorische, im mittleren Geschoss ionische Säulen und im dritten korinthische Pilaster vor den Arkadenpfeilern stehen.

1949 wurde der Palazzo vom italienischen Staat erworben, der im linken Flügel die Galleria Nazionale d'Arte Antica mit Werken vieler bedeutender europäischer Maler aus dem 13.–18 Jh. unterbrachte.

Treppenhaus

Zu den Besonderheiten im Innern gehört die von Borromini entworfene spiralförmige Treppe auf ovalem Grundriss im rechten Seitenflügel, die den schon von Bramante und Vignola bekannten Typus barock abwandelt. Indem von oben das Licht auf die von Doppelsäulen getragene Freitreppe fällt, werden vielfältige und im Spiel des Lichtes reizvoll wechselnde Perspektiven geschaffen.

Raffael, La Fornarina, um 1518–1519
Öl auf Holz, 85 x 60 cm

Ein ungewöhnliches Bildnis ist die Darstellung der halbnackten Frau, die wie die antike »Venus pudica« eine Hand schamvoll vor die nackte Brust hält und die Signatur »RAPHAEL URBINAS« auf dem Band am Oberarm trägt. In der Vergangenheit wurde sie oftmals mit Raffaels Geliebten Margherita, der Tochter seines Bäckers (»fornarina«), identifiziert, doch sind die eigentliche Bedeutung des Gemäldes wie seine Urheberschaft bis heute ungeklärt.

Pietro da Cortona (1596–1669), Triumph der göttlichen Vorsehung, 1633–1639
Deckenfresko, 15 x 25 m

Die repräsentative Mitte der Zimmerflucht bildet der über zwei Geschosse reichende »gran salone« (großer Salon), der von den Barberini für Feste, Bankette und Theateraufführungen genutzt wurde. Seine Decke schmückte Pietro da Cortona zwischen 1633 und 1639 mit einem Fresko. Wie die gesamte Ausstattung des Palastes stand auch dieses Fresko ganz im Zeichen der Verherrlichung der Macht des Barberini-Papstes. Im Zentrum der Decke triumphiert die göttliche Vorsehung über die Zeit und sendet die Unsterblichkeit aus, das Barberini-Wappen mit einem Sternenkranz zu krönen. Die seitlichen Darstellungen veranschaulichen Tugenden Urbans VIII., wie Weisheit, Frömmigkeit, Herrschergewalt und Staatsklugheit, und die unter seinem Pontifikat erzielten Leistungen. Pietro da Cortona gelang es in diesem Meisterwerk, ein kompliziertes Programm, das eine religiöse Thematik mit dem Triumph des Hauses Barberini verband, in einer aufstrebenden, dynamisch bewegten Inszenierung umzusetzen, bei der die Grenzen zwischen Architektur und Malerei aufgehoben sind.

S. Costanza

An der Via Nomentana, außerhalb der Stadtmauern, errichtete 330 n. Chr. Konstantia, die Tochter Konstantins, in der Nähe des Grabes der Hl. Agnes eine Umgangsbasilika, von der heute nur noch Reste der Umfassungsmauer erhalten sind. Mit der Basilika war ein Mausoleum verbunden, das Konstantia für sich und ihre Schwester Helena erbauen ließ. Noch vor dem 6. Jh. verwandelte man dieses Mausoleum in eine Taufkirche mit dem Namen »Santa Costanza«. Von außen präsentiert sich die Kirche als Rundbau aus drei aufeinander gestockten Zylindern verschiedener Größe und Höhe. Ursprünglich war die Umfassungsmauer noch von einem Säulengang umgeben, der ebenso wie die biapsidiale Vorhalle zerstört ist.

Innenraum

Das Innere der Kirche beeindruckt durch die harmonische Raumwirkung, die mittels der vielschichtigen Verschränkung der einzelnen Bauglieder hervorgerufen wird. Zwölf Doppelsäulen aus Granit mit korin-

thischen Kapitellen bilden eine kreisförmige Arkade und tragen die Kuppel, durch deren zwölf Fenster im Tambour Licht einfällt. Um die Säulenpaare ist ein niedrigerer, tonnengewölbter Umgang angelegt, der nach außen durch eine Ringmauer mit abwechselnd halbrunden und rechteckigen Nischen begrenzt ist. Diese erweitern sich in den vier Hauptachsen zu kleinen Kapellen, sodass sich die Andeutung eines griechischen Kreuzes ergibt. Entsprechend sind die vier Arkadenbogen erhöht, wodurch der Blick des Betrachters in bestimmte Richtungen gelenkt wird. Der Innenraum, der einst vollständig mit Marmor inkrustiert und mit Mosaiken geschmückt war, zählt zu den schönsten Beispielen spätantiker Architektur in Rom.

S. Agnese fuori le mura

Konstantia stiftete 342 n. Chr. die Kirche zum Gedenken an die Hl. Agnes, deren Grab in den Katakomben an der Via Nomentana im 4. Jh. zum beliebten Pilgerziel geworden war. Die aus einer vornehmen Familie stammende Agnes hatte sich der Überlieferung nach geweigert, den heidnischen Sohn des Stadtpräfekten zu heiraten und musste deshalb den Märtyrertod erleiden. Von der ursprünglichen Basilika sind nur noch Reste in der Nähe von S. Costanza erhalten. Als der konstantinische Bau zu verfallen begann, ließ Papst Honorius I. (625–638) daneben eine kleinere, ebenfalls dreischiffige Kirche erbauen, deren Altar direkt über dem Grab der Hl. Agnes liegt. Der Raum wird im Innern durch 16 antike Säulen unterteilt. Trotz einiger Veränderungen und Erweiterungen sind die frühmittelalterlichen Strukturen noch gut zu erkennen. Dies zeigt sich besonders in den charakteristischen Emporen an der Stirnwand und den Längsseiten. Anfang des 17. Jh.s wurden der Chor umgestaltet, Seitenkapellen hinzugefügt und ein barocker Altarbaldachin errichtet; erst Mitte des 19. Jh.s wurden die Dekorationen des Triumphbogens ausgeführt. Beachtenswert sind die reich geschmückte Holzdecke des auffallend hohen und schmalen Mittelschiffs aus dem Jahre 1606, der steinerne Bischofsstuhl aus dem 7. Jh. in der Apsis und der Marmorleuchter neben dem Altarziborium aus dem 13. Jh.

Apsismosaik

Die Halbkuppel der Apsis schmückt ein Mosaik aus dem 7. Jh. Inmitten des weiten Bildfeldes steht die Hl. Agnes in säulenhafter Schlankheit, wie eine byzantinische Kaiserin juwelengeschmückt und mit einem violetten Kleid und einer Goldstola bekleidet. Zu ihren Füßen liegen die Folterwerkzeuge Feuer und Schwert. Seitlich sind die Päpste Honorius und Symmachus zu sehen, die der Heiligen ein Modell der Kirche darbieten. Darüber öffnet sich im Zenit der Halbkuppel der Himmel mit der Hand Gottes. Das Lamm in den Händen der Märtyrerin verweist auf die Legende, wonach sie acht Tage nach ihrem Tod im Kreise anderer junger Märtyrer mit einem Lamm an ihrer Seite den Eltern erschienen sein soll. Seitdem werden alljährlich am 21. Januar zwei Lämmer auf dem Altar der Kirche gesegnet, aus deren Wolle ein »pallium« (Stola) gewebt wird, das jeder neu ernannte Erzbischof vom Papst erhält.

Vom Diener zum Ritter – Sklaven und Freigelassene im kaiserlichen Rom

von Jürgen Sorges

Die Geschichte des Imperium Romanum ist auch die Geschichte seiner Sklavenaufstände. Am bekanntesten und für Rom bedrohlichsten wurden die Hungerrevolten auf den Landgütern Siziliens (136–131 sowie 104–101 v. Chr.), den ältesten Kornkammern Roms. Die überlebenden Aufständischen endeten rund um den Ätna genauso am Kreuz wie wenig später die Anhänger des Spartakus: Von Capua bis Rom wurden 71 v. Chr. entlang der Via Appia alle 50 Schritt Balkenkreuze errichtet, an denen die bis zu 50 000 Verurteilten zumeist erstickten. Als Warnung an alle Feinde Roms blieben ihre Leichen jahrelang hängen. Dennoch ging Spartakus als Synonym für Freiheitswillen und Abschaffung der Sklaverei in die Geschichte ein. Er war zwangsweise in das Gladiatorengewerbe verkauft worden und hatte so tagtäglich um sein Leben kämpfen müssen. 19 v. Chr. wurde diese Willkür durch die »lex petronia« zumindest modifiziert: Sklaven durften nur mit staatlicher Zustimmung zum Kampf mit wilden Bestien verurteilt werden.

Matthias Merian d. Ä., Der Römer Schlacht mit Spartacus. Entscheidungsschlacht zwischen Crassus und Spartakus 71 v. Chr. in Lukanien. Kupferstich aus J. L. Gottfried, 1630, Historische Chronica, Frankfurt/Main

Aber die Geschichte des Römischen Reiches durchzogen nicht nur Sklavenrevolten. Ebenso regelmäßig kam es zu Aufständen frei geborener Bürger, besonders in der chaotischen Metropole Rom. Denn zeitweilig waren die Lebensbedingungen der Freigeborenen schlechter als diejenigen der juristisch niedriger stehenden Fremden und Versklavten aus dem Osten. Kenntlich gemacht durch griechisch anmutende Namen, waren diese oft Opfer des Volkszorns, weil sie besser versorgt und gekleidet waren.

Im Alltag verschwammen die Grenzen zwischen juristisch

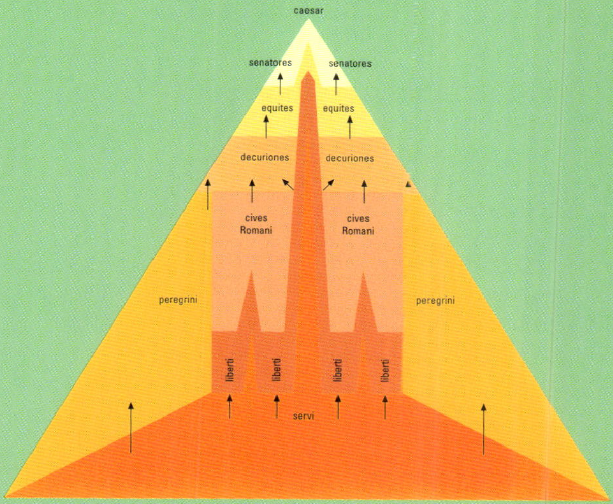

Die unterste Schicht der römischen Gesellschaft bilden die Sklaven (»servi«). Durch Freikauf oder Freilassung können diese in die Schicht der Freien (»liberti«) der römischen Bürgerschaft (»cives Romani«) aufsteigen oder auch peregrine (fremde) Bürger (ohne römisches Bürgerrecht) werden. Das römische Bürgertum kann durch Wahl in die Magistrate zur Schicht der »decuriones« (Mandats- und Amtsträger) aufsteigen. Auch eine Karriere im Heer ermöglichte den Aufstieg zum Offizier. Aus dieser Klasse entwickelte sich der Stand der Reiteroffiziere, der Ritter (»equites«). Senatorenämter wurden qua Geburt sowie durch militärische Erfolge vergeben. Neben dem Kaiser (»caesar«) konnten ausschließlich Senatoren (»senatores«) römische Statthalter sowie Befehlshaber von Legionen sein.

Freien und Unfreien: Denn auch Sklaven konnten am öffentlichen Leben teilnehmen und vor allem Karriere machen! Die Spannbreite ihrer vielfältigen Tätigkeiten und Rechte war aber nicht homogen geregelt: Angekettete Ruderer auf Roms Galeeren oder Schwerarbeiter in den Steinbrüchen Nordafrikas hatten ebenso schlechte Lebensperspektiven wie jene bis zu 3000 wohlgenährten Arbeitssklaven, die aber Zeit ihres Lebens in den unterirdischen Gängen der kaiserlichen Villa Hadriana bei Tivoli ohne jede Aussicht auf Tageslicht vegetieren mussten.

Gebildete Sklaven in den Haushalten Roms konnten indes ungewöhnlich hohen Sozialstatus erringen. Solche Sklaven wurden auf den Sklavenmärkten teuer gehandelt, waren ein wertvolles Wirtschaftsgut, dessen Erhalt sorgfältige Behandlung und Investitionen erforderte: Ernährung, Versorgung und Kleidung entsprachen der von Freien in Privathaushalten. Die Unterschiede ergaben sich in der fein abgestuften Gewährung sozialer Privilegien, etwa mit der Verweigerung der Teilnahme an gemeinsamen Familienbanketten. In der Öffentlichkeit gingen Sklaven hinter ihrem Herrn, hatten andererseits aber Zugang zu allen öffentlichen Tempeln, dem Kolosseum oder den Thermen.

Sklaven gehorchten unbedingt ihrem »patronus« wie auch der »patrona«, der Hausherrin. Doch war der Willkür Grenzen gesetzt. Nur in

Familienangelegenheiten durfte der Patron Recht sprechen. Bei Kardinalverbrechen, die mit Verstümmelung oder gar Todesstrafe geahndet wurden, stand der »pater familias« unter der Aufsicht des römischen Staates. Denn die Pflichten gegenüber Sklaven waren akribisch geregelt: Nicht selten wurden barbarische Sklavenhalter vom Staat hart bestraft. Der gesetzliche Rechtskanon zum Schutz der Sklaven verbesserte sich ständig: Kaiser Claudius (reg. 41–54) verfügte deren Krankenversorgungspflicht. Wurde diese verweigert, galt der Sklave als frei. Die Tötung alter und kranker Sklaven wurde als Mord geahndet. Wurden Sklaven ausgesetzt, wurde ihnen staatliche Fürsorge zuteil. Kaiser Domitian (reg. 81–96) untersagte die Kastration von Sklaven, Hadrian (reg. 117–138) schaffte die Todesstrafe für straffällig gewordene Sklaven sowie die Kerkerhaft in Privatgefängnissen ab.

Viele Sklaven trugen eine Plakette, die »bulla«, um den Hals, auf der nicht selten Herkunftsort und Belohnung bei Festnahme eingraviert waren. Dennoch konnten sie hohe Karriereposten erklimmen. Neben der Tätigkeit im Bildungssektor war insbesondere unternehmerische Tätigkeit erwünscht und geschützt. Sklaven arbeiteten als Bankiers, Gutsverwalter und Manufakturbe-

Küchenszene, um 250 n. Chr., Relief der Igeler Säule (Grabmal der Secundinier), Rheinisches Landesmuseum, Trier

treiber. Die Regelung des Sklavenlebens sah sogar den Erwerb von Eigentum vor: Dieses »peculium« diente entweder zum Rückkauf der Freiheit durch Erstattung des Kaufpreises oder aber zum Aufbau einer eigenen Existenz. Die meisten Sklaven wurden um das 30. Lebensjahr freigelassen und blieben oft ihrem Herrn, dessen Namen sie zeitlebens führten, treu ergeben. Sie waren insbesondere in Staats- und Kaiserdiensten stark vertreten, da sie als besonders treu galten und sich nicht in die Ränke der römischen Oberschicht einmischten. Oft nahmen Sklaven und Freigelassene daher in der Kaiserzeit hohe politische Ämter ein und erwarben ungeheure Reichtümer. Ein Beispiel aus dem 1. Jh. n. Chr.: Im Wettstreit um den Titel des reichsten Mannes Roms standen sich zeitweilig der Senator Gnaius Cornelius Lentulus und der kaiserliche Freigelassene Narcissus gegenüber. Beiden wurde ein Vermögen von 400 Millionen Sesterzen zugeschrieben, mit denen ganze Legionen unterhalten werden konnten.

Literarische Berichte über das Millionenheer der Haushaltssklaven müssen als übertrieben gelten. Die höchste überlieferte Sklavenzahl, die ein Patron jemals auf sich vereinte, lag bei knapp über 4000. Auf Landgütern waren maximal 500 Sklaven tätig. In Rom bewegte sich die Zahl normalerweise unter zehn, in Adelshäusern zwischen 31 und 100 Sklaven.

Söhnen von Freigelassenen war der soziale Aufstieg möglich. Die nächste Generation konnte in den Ritter-, die übernächste in den Senatorenstand aufrücken. Dem Leibarzt des Kaisers Augustus (reg. 27 v. Chr. – 14 n. Chr.) gelang es, innerhalb weniger Jahre vom Sklaven zum Ritter aufzusteigen. So konnten sich freigelassene

Kauernder afrikanischer Knabe, 2. Jh. n. Chr., Bronze, Höhe 14,2 cm, Musée du Louvre, Paris

Sklaven opulente Grabmäler leisten. Die Nachwelt sollte von ihrem sozialen Aufstieg erfahren. Während nur ein Prozent der freien römischen Bevölkerung überhaupt mit Grabinschriften dokumentiert ist, sind Freigelassene überproportional mit Grabmälern vertreten.

Dieser Kontrast zwischen armen Freien sowie Sklaven und Freigelassenen führte dazu, dass ab dem 3. Jh. eine große Zahl von freien, aber armen römischen Bürgern ihre Kinder verkaufte, um diesen eine adäquate Ausbildung und Lebenschancen in den Adelshäusern zu verschaffen. Erst als viele auch sich selbst veräußerten, erhielten sie endlich gleiche Karrierechancen in kaiserlichen Ämtern.

S. Maria degli Angeli und Diokletiansthermen

(Terme di Diocletiano)

Um den Anforderungen der ständig anwachsenden Bevölkerung in diesem Stadtteil zu genügen, errichtete Maximianus, der Mitkaiser von Diokletian, nach seiner Rückkehr aus Afrika zwischen 298 und 306 n. Chr. eine Thermenanlage, die sich über eine Fläche von 376 x 361 m erstreckte und 3000 Personen aufnehmen konnte. Eine Inschrift rühmt Größe und Ausstattung des gewaltigen Gebäudes, das in seinen Ausmaßen und seiner Prachtentfaltung von keinem Thermenbau übertroffen wurde. Als die Goten 537 die Aqua Marcia unterbrachen, welche die Thermen mit Wasser versorgte, verfiel die Anlage. Zunächst als Schuppen, Speicher, Reitställe oder Steinbruch genutzt, wurden die Ruinen in der Neuzeit in Gebäude einbezogen, die den Besucher auch heute noch eine Vorstellung von den antiken Ausmaßen gewinnen lassen.

Grundriss (nach E. Paulin, 1880)

Der Grundriss folgt dem typischen Schema antiker Thermenanlagen: Eine Mittelachse teilt die Anlage in zwei spiegelbildliche Seiten. An diese ordnen sich die Räume an: in

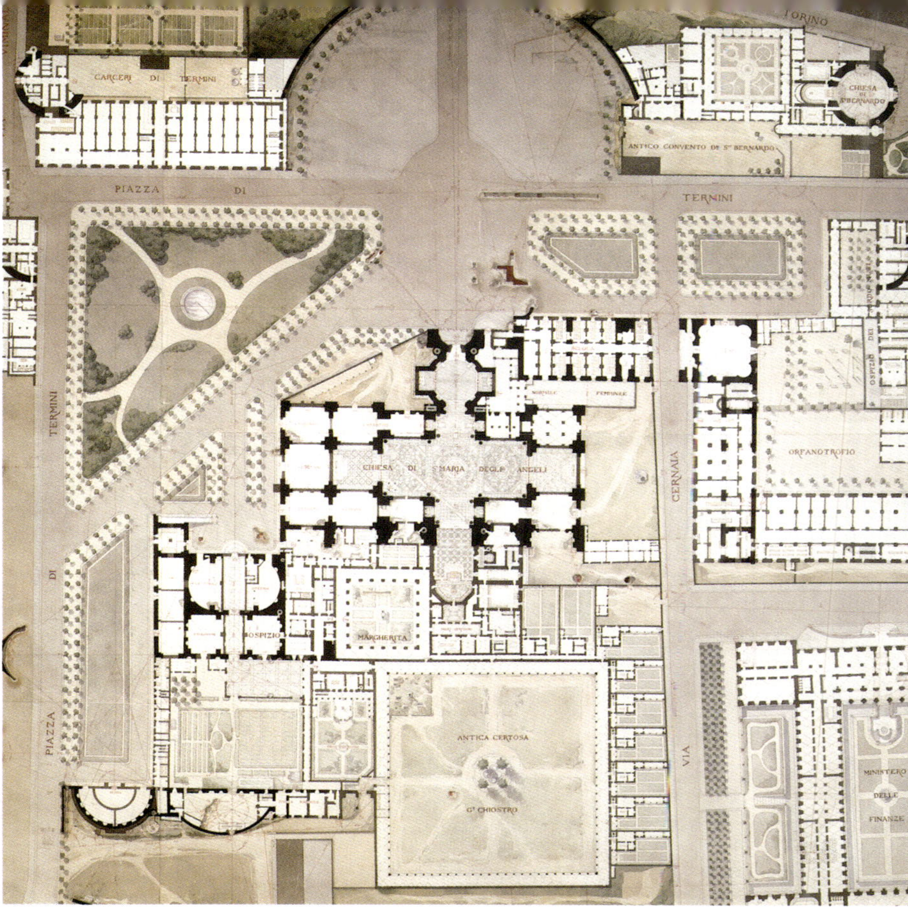

der Mitte eine große Basilika mit Kaltwasserbad (»frigidarium«), das zur »natatio«, der Schwimmanlage unter freiem Himmel, auf der einen und zum Warmwasser- (»tepidarium«) und Heißwasserbecken (»caldarium«) auf der anderen Seite führt. Seitlich liegen die Sportplätze (»palaestrae«) und Umkleideräume (»apodyteria«). In den Sälen der Umfassungsmauer, die sich im Norden in eine große Exedra öffnete, waren Bibliotheken und Auditorien untergebracht.

Innenraum

Nachdem Pius IV. das Gelände den Mönchen von S. Croce in Gerusalemme überlassen hatte, wandelte Michelangelo den Mittelsaal der Thermen ab 1563 in die Kirche S. Maria degli Angeli um. Die beiden Achsen des Grundrisses in Form eines griechischen Kreuzes mit vier Nebenkapellen werden von der ehemaligen Basilika, dem »caldarium« und dem »tepidarium« gebildet. Um den Innenraum trocken zu halten, musste das Fußbodenniveau um 2 m angehoben werden. So verschwanden die antiken Säulenbasen im Fußboden und wurden durch neue ersetzt. Durch Restaurierungen und die durchgreifende Erneuerung von Vanvitelli, bei der 1749 der Hauptsaal zum Querschiff umgewandelt wurde, ist Michelangelos Konzeption nunmehr schwer zu erkennen. Eine Vorstellung von der antiken Thermenanlage vermitteln aber noch die monolithischen Säulen aus rotem Granit und die mächtigen Kreuzgratgewölbe im heutigen Querhaus. Im nordwestlichen Teil des Hauptgebäudes der Thermen baute Gregor XIII. 1576 Getreidespeicher, die später erweitert wurden. In einem Rundbau in einer der vier Ecken der Umfassungsmauer wurde Ende des 16. Jh.s die Kirche S. Bernado alle Terme eingerichtet.

Piazza della Repubblica

1887 wurde im Zusammenhang mit der neuen Stellung Roms als Hauptstadt der Platz an der Stelle der großen Exedra – früher Piazza Esedra genannt – von dem Baumeister Gaetano Koch zu einer großartigen Platzanlage mit der Fontana delle Naiadi von Alessandro Guerrieri (1885) in der Mitte umgestaltet. Die Form der antiken Exedra griff Koch in den halbkreisförmigen neoklassizistischen Kolonnaden der beiden Paläste auf, die einst noble Geschäfte beherbergten. Die Piazza della Repubblica, in welche die 1867 als erste große Verkehrsachse angelegte Via Nazionale einmündet, kennzeichnet den Übergang vom alten zum modernen Rom, denn in ihrer unmittelbaren Umgebung erbaute man die ersten Ministerien der neuen Hauptstadt.

Palazzo Massimo alle Terme (Museo Nazionale Romano)

1889 wurde das Museo Nazionale Romano gegründet, um die Altertümer aufzunehmen, die in Rom und Umgebung gefunden wurden oder aus älteren Privatsammlungen stammten, wie z. B. derjenigen der Ludovisi. Als Ausstellungsräume nutzte man den südlichen Teil der Diokletiansthermen und den Kreuzgang des dort eingebauten Kartäuserklosters, weswegen das Museum auch einfach Museo delle Terme (Thermenmuseum) genannt wird. Wegen des ständig anwachsenden Museumsbesitzes dank zahlreicher Neufunde und Neuerwerbungen reichten die Räumlichkeiten aber schon bald nicht mehr aus. 1998 konnte nach über 30 Jahren andauernden Restaurierungsarbeiten der Palazzo Massimo alle Terme an der Piazza dei Cinquecento eröffnet werden, in dem heute ein großer Teil der Kunstschätze zu sehen ist. Seit diesem Zeitpunkt werden die alten Räume in den Thermen restauriert und umgebaut. Zusammen mit dem Palazzo Altemps und dem Planetario dient der Palazzo Massimo alle Terme nun als Ausstellungsort des Museo Nazionale Romano, das nach den Musei Vaticani den zweitgrößten Bestand an Altertümern besitzt. Zu den herausragenden Exponaten gehören neben griechischen, hellenistischen und römischen Skulpturen und bedeutenden Zeugnissen römischer Wandmalerei auch die Sarkophage der vor- und nachchristlichen Zeit.

Mädchen von Antium (Fanciulla d' Anzio), um 250 v. Chr.
parischer Marmor,
H. 174 cm

Mit weit zur Seite gestelltem Fuß steht das Mädchen vor uns und blickt mit gesenktem Kopf auf die Opferplatte, die es in den Händen hält. Darauf kann man noch die eingerollte Binde, einen Lorbeerzweig und eine Löwentatze, den Rest eines Thymiaterions (Räuchergefäß), erkennen, die das Mädchen als Opferdienerin ausweisen. Es hat sein Haar lässig aufgesteckt und über der Stirn zu einem Knoten geschlungen. Ebenso locker sitzt das Gewand, das von der gesenkten Schulter geglitten ist und mit dem Saum am Boden schleift. Diese Mischung aus kultischer Frömmigkeit und natürlicher Anmut macht den Reiz der Mädchenstatue aus. Anders als Figuren der klassischen Zeit ist die Statue reich bewegt, was in der Drehung und Kopfhaltung zum Ausdruck kommt, die auf eine Entstehungszeit um 250 v. Chr. hinweisen.

Kunst im Angebot – römische Kopistenateliers

Als Johann Joachim Winckelmann von der »edlen Einfalt und stillen Größe« der griechischen Kunstwerke sprach, wusste er nicht, dass er in vielen Fällen römische Kopien nach verloren gegangenen griechischen Originalen beschrieb. Hat sich nämlich von Letzteren nur eine geringe Zahl erhalten – neben einigen Großbronzen hauptsächlich Reliefs –, so gibt es unzählige, mehr oder minder originalgetreue und meist marmorne Wiedergaben griechischer Vorbilder aus späterer Zeit. Derartige Kopien oder Repliken sind für den Archäologen sehr wichtig, erlaubt ihre Analyse doch die weitgehende Rekonstruktion des Urbildes. Angesichts der wenigen Originale besitzen sie zudem einen unschätzbaren Wert für die Kenntnis der griechischen Plastik überhaupt und deren chronologisches Gerüst.

Die große Zahl römischer Kopien ist historisch bedingt, denn mit der Eroberung Griechenlands und des griechischen Ostens seit dem 2. Jh. v. Chr. übten Kunst und Kultur der hellenischen Welt einen immer stärkeren Einfluss auf die römische Gesellschaft aus. In der Folge der Kriegszüge wurden griechische Kunstwerke als Beute nach Rom gebracht, wo sie im Triumphzug oder als Weihgaben öffentlich ausgestellt wurden. Schon bald wurde es in der mit griechischem Bildungsgut vertrauten Oberschicht

Karyatide, um 420/410 v. Chr, Erechtheion, Athen

Mode, derartige Kunstwerke zu besitzen und sie in den Villen und Landhäusern zur Schau zu stellen. Daraus entwickelte sich schnell ein Kunstmarkt, über den man Originale ankaufen oder Kopien bestellen konnte. Als schließlich im Verlauf der Kaiserzeit die Ausstattung aller öffentlichen Gebäude mit Statuen obligatorisch wurde, stieg die Zahl der Kopierbetriebe zunehmend.

Wie es in einer solchen Kopierwerkstatt zuging, belegen anschaulich die Funde einer Bildhauerwerkstatt in der unteritalienischen Stadt Baiae: Ähnlich der modernen Technik haben schon die antiken Kopisten mit Hilfe von Modeln die Originale abgeformt und daraus ein (Gips-)Duplikat erstellt, das als Vorlage für die Umsetzung in Stein diente. Mit Hilfe von Messpunkten und dem Abgreifen weiterer charakteristischer Punkte konnten Maßstab und Proportionen vom Gipsabguss auf den Marmorblock übertragen werden. Die dazwischen liegenden Partien wurden im Anschluss frei mit der Hand modelliert. Je dichter die Messpunkte gesetzt waren, um so näher standen die Kopien dem Urbild. Bei den weitaus selteneren Bronzekopien stellte man mittels der Abgüsse Negativformen her, die dann ausgegossen wurden, während die Glättung und Gestaltung der Oberfläche der Bildhauer selbst ausführte. Diese Verfahren ermöglichten die Herstellung von Kopien an jedem gewünschten Ort, denn die Abgüsse konnten in alle Teile des Römischen Reichs verschickt werden. Da die Herstellung eines solchen Gipsabgusses aber sehr arbeitsaufwändig und seine Anschaffung kostspielig war, verfügten die meisten Kopistenateliers nur über ein gewisses Standardrepertoire der berühmtesten griechischen Meisterwerke, das sich im heutigen Bestand unserer Museen widerspiegelt.

Karyatide, Villa Hadriana, Canopus, Tivoli

Tiber-Apoll (Apollo del Tevere), römische Kopie nach griechischem Original aus der Mitte des 5. Jh.s v. Chr.
parischer Marmor,
H. 204 cm

Die nach ihrem Fundort benannte Marmorstatue zeigt den jugendlichen Gott Apoll mit locker abgesetztem Spielbein, das Haupt mit den langen Locken zur linken Schulter geneigt. Seine linke Hand hatte er erhoben und griff vermutlich in die Zweige eines Lorbeerbaumes, der an der Stelle der römischen Marmorstütze zu denken ist. Die rechte Hand hing locker herab und hielt einst den Bogen. Der Kontrapost und die strenge Durcharbeitung der Muskulatur weisen das bronzene Original als ein Kunstwerk aus der Mitte des 5. Jh.s v. Chr. aus.

Augustus von der Via Labicana, spätes 1. Jh. v .Chr.
Marmor, H. 217 cm

Die nach ihrem Fundort benannte, überlebensgroße Marmorstatue aus dem späten 1. Jh. v. Chr. zeigt Augustus in einer Toga als Opfernden. Dem traditionellen Frömmigkeitsgestus entsprechend hat er demütig das Haupt verhüllt. Nach den Farbresten zu schließen, war die Toga einst purpurrot bemalt, in der vorgestreckten Hand hielt er vermutlich eine Opferschale. Die Darstellung im schlichten Habitus führt Augustus bei der Verrichtung seiner religiösen Pflichten als »pontifex maximus« vor und bringt seine »pietas« (Frömmigkeit) zum Ausdruck. Die »pietas« ist eine von vier Tugenden, mit denen sich der Kaiser gerne identifizierte. Der Kopf der Statue entspricht einem Porträttypus, der in vielen Wiederholungen bekannt ist. Auf eine individuelle Charakterisierung oder gar Alterszüge wurde zugunsten einer Idealisierung verzichtet. Gesichts- und Haarbildung erinnern an Köpfe idealer griechischer Statuen der Hochklassik; die Haarzange über der Stirnmitte hingegen ist ein charakteristisches Motiv der Augustus-Porträts.

Planetario (Museo Nazionale Romano)

Den achteckigen Saal in der westlichen Ecke der Diokletiansthermen, der vor einigen Jahren in das Museum miteinbezogen wurde, hat man im späten 19. Jh. zunächst als Schule, später als Kino genutzt und 1928 in ein Planetarium umgewandelt. An dieses erinnert noch heute der metallene Baldachin, unter dem die bedeutenden Funde aus den großen Thermenanlagen Roms ausgestellt sind.

Hellenistischer Herrscher (sog. Thermenherrscher), 2. Jh. v. Chr.
Bronze, H. 237 cm

Die Bronzestatue eines nackten Mannes, dessen Körperschema wahrscheinlich auf den berühmten »Alexander mit der Lanze« des Lysipp zurückgeht, ist ein hellenistisches Werk aus der hälfte des 2. Jh.s v. Chr. In Haltung und Nacktheit Götterbildern angeglichen, ist er Statuen hellenistischer Herrscher vergleichbar, doch trägt er anders als diese keine Königsbinde. So ist bis heute die Deutung des Dargestellten umstritten. Während die einen in ihm v. a. wegen der porträthaften Gesichtszüge dennoch ein Bildnis eines Königs sehen möchten, deuten andere den sog. Thermenherrscher als Ehrenstatue eines römischen Feldherrn, der vielleicht zu den Siegern über die makedonischen Könige gehörte.

Sitzender Faustkämpfer, Mitte 1. Jh. v. Chr. (Feslblock neuzeitlich) Bronze, H. 128 cm

Mit vorgebeugtem Oberkörper, die Unterarme auf seine Oberschenkel gestützt, sitzt der Faustkämpfer auf einem Felsblock und hat den Kopf Beifall heischend über seine rechte Schulter erhoben. Spuren eines Kampfes zeichnen die Gestalt: Das rechte Auge ist geschwollen, die Ohren sind verquollen, einige Zähne ausgeschlagen, Hautritzen und Bluttropfen sind am muskulösen Körper zu finden. An den steif ausgestreckten Händen hat der Künstler bis ins kleinste Detail die Schlagriemen wiedergegeben; das Glied ist wie häufig an Athletenfiguren hochgebunden. Rückgriffe auf ältere Formen stehen beziehungslos nebeneinander, ohne zu einem neuen, einheitlichen Stil verbunden zu sein. Dieser Eklektizismus verweist auf eine Entstehungszeit der Statue im späten Hellenismus: So scheint das großflächig gebildete Gesicht wie erstarrt und die einzelnen Muskelpakete des Körpers sind blockartig nebeneinander gesetzt. Die Bronzestatue, die in die Mitte des 1. Jh.s v. Chr. datiert ist, wird nach den Resten einer Signatur auf dem Riemen des linken Boxhandschuhs einem Künstler namens Apollonios zugeschrieben.

S. Carlo alle Quattro Fontane (S. Carlino)

1634 beauftragte der Trinitarierorden Borromini mit dem Bau einer Kirche zu Ehren ihres Ordensgründers, des Hl. Karl Borromäus, an der Straßenkreuzung, die ihren Namen von den vier kleinen Brunnen (»quattro fontane«) an ihren Ecken hat. Bereits 1646 geweiht, gestaltete Borromini die Fassade erst kurz vor seinem Tod im

Jahre 1667. Fassade und Innenraum der kleinen Kirche, deren Grundfläche nicht größer als die eines Vierungspfeilers von St. Peter ist, weisen eine bewegte Linienführung auf. Von der barocken Synthese aus Architektur und Skulptur bestimmt, gliedert sich die Fassade in zwei Wandschichten: Die vordere bilden die beiden durch Säulen gegliederten Geschosse, während die zweite Wandschicht aus einem Wechsel konkaver und konvexer Krümmungen besteht. Nischen mit Heiligenfiguren schmücken die einzelnen Joche. Im Mitteljoch des Obergeschosses wird ein riesiges Medaillon mit dem Bildnis des Hl. Karl Borromäus von Engeln gestützt, wobei sich das aufgebrochene Kranzgesims volutenartig um das Relief rankt.

Blick in die Kuppel

Der Innenraum der kleinen Kirche wird durch das für Borromini typische Gegeneinander konkaver und konvexer Wandelemente bestimmt, die den Grundriss verschleiern und immer wieder neue Überraschungen herbeiführen. Den Übergang markieren Halbsäulen, welche die ovale Kuppel tragen. Die Kassetten, teils kreuzförmig, teils vieleckig, werden zum Zentrum hin kleiner und verstärken dadurch die Illusion von Raumhöhe. Durch die Laterne und einige in die Kassetten eingefügte Fensteröffnungen fällt Licht in den fast ganz mit weißem Stuck verzierten Raum.

+ SANCTISS·TRINITATI·BEATOQ·CAROLO·BORROMEO·D·AN·SAL·M·DCXL

Piazza Quirinale

Der Palazzo Quirinale, im späten 16. Jh. als Sommerresidenz der Päpste begonnen und nach einer langen Baugeschichte erst unter Clemens XII. (Pontifikat 1730–1740) vollendet, war nach 1870 zunächst Residenz des Königs und dient seit 1947 als Amtssitz des italienischen Staatspräsidenten. Der davorliegende Platz gehört zu den eindrucksvollsten Plätzen Roms, da man von hier aus über die ganze Innenstadt bis zur Peterskirche blicken kann. Die von Domenico Fontana gestaltete Piazza Quirinale war Teil der städtebaulichen Planungen Papst Sixtus' V. (Pontifikat 1585–1590), der in der Mitte die beiden 5,60 m hohen Rossebändiger-Statuen der Dioskuren aus den Konstantins-Thermen aufstellen ließ. Von ihnen leitet sich der Name des Hügels ab: »Monte Cavallo« (Pferdehügel). Das Bild des Platzes veränderte sich über mehrere Jahrhunderte: Anfang des 17. Jh.s wurde er unter der Leitung von Carlo Maderno geebnet und vergrößert, 1783 der Obelisk vom Augustus-Mausoleum zwischen den beiden Statuen aufgerichtet und 1813 vor diesem Ensemble der Brunnen mit einer Schale angelegt, die auf dem Forum in der Nähe des Dioskuren-Tempels gefunden worden war. Ende des 19. Jh.s errichtete man die große Balustrade, die den Platz zur Stadt hin abschließt.

Fontana di Trevi

Roms größter und berühmtester Brunnen ist die Fontana di Trevi, in die – so besagt die Legende – man eine Münze werfen muss, will man eines Tages nach Rom zurückkehren. Die 20 m breite und 26 m hohe barocke Brunnenschauwand in Form eines dreitorigen Triumphbogens mit einer mächtigen Attika vor dem Palazzo Poli entstand zwischen 1732 und 1762 durch Nicola Salvi. In der Mittelnische hinter den künstlichen Felsen steht die mächtige Gestalt des Meeresgottes Okeanos (von Pietro Bracci) auf einem vom Meerespferden gezogenen Muschelwagen, umgeben von Muscheln und Tritonen. In den Seitennischen sind die Statuen des Überflusses (links) und der Heilkraft (rechts) von Filippo Valle aufgestellt, auf den Reliefs darüber werden die Zustimmung des Agrippa zum Bau der Aqua Virgo und die Sage ihrer Entstehung geschildert.

Renaissance und Wiederaufbau Roms unter Nikolaus V.

von Jürgen Sorges

Achtzehn Kardinäle hatten sich vom 4. bis 6. März 1447 zum Papstkonklave versammelt, das wie das vorhergehende ausnahmsweise in der Sakristei von S. Maria sopra Minerva stattfand. Seltsame Dinge spielten sich vor der Kirche ab, auf deren Grund in antiker Zeit der ägyptischen Göttin Isis gehuldigt worden war. Silvio Piccolomini, als einer der offiziellen Wächter der Konklavepforten Augenzeuge und später selbst Papst (Pontifikat 1458–1464), entrüstete sich damals über alte Traditionen: Da rumpelten und polterten zum Beispiel seltsame, mit den Kardinalswappen bemalte Kisten, so genannte »cornute«, durch die engen Gassen Roms. Ganze Prozessionen der jeweiligen Kardinalsklientel, die mit zu versorgende »famiglia«, folgten diesen vermeintlichen Särgen, die doch nur »Futterkästen« waren: In ihnen wurden die Speisen der Kardinäle (und so mancher Kassiber!) täglich ins Konklave gebracht. Solche lächerlichen Aufzüge gehörten endgültig abgeschafft! Und es ge-

Porträt Papst Nikolaus V., unbez. Kupferstich aus G. Pinadello, Invicti Quinarii, 1589, Rom

schah die Sensation: Nicht ein Traditionsbewahrer, der mächtige, adlige römische Favorit, Kardinal Prospero Colonna, sondern eine unbekannte, graue »Kirchenmaus«, ein kleiner, dürrer, blasser, armer Magister erhielt die Papst-Tiara! Roms Volk nahm die Wahl eher missgelaunt zur Kenntnis – verdarb sie ihm doch das angestammte »Naturrecht«, das Privateigentum des Siegers auf der Stelle für die große Volksparty zu plündern. Also hielt sich der »popolo romano« am Verkünder der »schlechten Nachricht« schadlos: Prospero verlor ein zweites Mal, alle Colonna-Besitztümer in Rom fielen dem Mob anheim.
Nikolaus V. (Pontifikat 1447–1455), nicht zu verwechseln mit dem Gegenpapst Nikolaus V. (Pontifikat 1328–1330), hieß ursprünglich Tommaso Parentucelli. Der Sohn eines Chirurgen aus dem italienischen Städtchen Sarzana begann seine Karriere als Schulmeister, wurde dann privater Hauslehrer, später Magister in Kirchendiensten und stieg zum Erzbischof von Bologna und römischen Titular-Kardinal von S. Susanna auf. 1439 hatte er am berühmten Konzil von Florenz teilgenommen, das die Medici dank gefüllter Kassen an den Arno verlegen konnten. Nur sie waren in der Lage, den überbordenden Pomp für den byzantinischen Kaiser Johannes VIII. (reg. 1425–1448) in Szene zu setzen und seine tausendköpfige Entourage zu versorgen. Denn der war nach Auffassung des Papstes nötig, um die Vorherrschaft Roms über Byzanz zu dokumentieren. Während sich die offiziellen Delegationen monatelang über Kirchendogmen die Haare rauften, hatte sich unter den wissenschaftlich Interessierten in der Zwischenzeit eine kleine Sensation vollzogen. Eifrig

Justus von Gent, Porträt des Johannes Bessarion für den Palazzo Ducale in Urbino, um 1475, auf Holz, 116 x 56 cm, Musée du Louvre, Paris

tauschten die Gelehrten beider Seiten Bücher und Manuskripte aus und disputierten jenseits aller Feindseligkeiten über das gemeinsame Erbe von Platon (um 428 – um 347 v. Chr.), Aristoteles (384–322 v. Chr.) und anderen Geistesgrößen der griechischen Antike. Unter denen, die sich den »studia humanitatis«, den humanistischen Studien, besonders verpflichtet fühlten, tat sich auch der spätere Nikolaus V. hervor. Er war kein Genie, aber ein lebhafter, rhetorisch geschulter Geist mit einem phänomenalen Gedächtnis. »Was ihm unbekannt ist, liegt außerhalb der Wissenschaft«, jubelte Piccolomini. Niemand ahnte, dass mit dieser »Säule der Literatur« einmal die prachtvolle Verweltlichung des Papsttums beginnen würde.

Ausgerechnet ein Buchhändler, der Florentiner Vespasiano da Bisticci, stieg zum engsten Papstberater auf. Der bibliophile Papst wollte seinen byzantinischen Gelehrtenvorbildern Plethon und besonders dem von allen als Universalgenie verehrten Kardinal Bessarion (1403–1472) nacheifern: Beide waren nach dem Florentiner Konzil in Italien geblieben und konnten

N. J. B. de Polly, La Galerie Nouvelle de la Bibliothèque Vaticane a Rome (Die neue Galerie der Vatikanischen Bibliothek in Rom), Guckkastenblatt, um 1780, Kupferstich, altkoloriert, Paris

für den Know-how-Transfer sorgen: Wissen ist Macht! Also musste der unsagbar reiche Bücherschatz von Byzanz für den Westen gehoben werden. In Florenz entstand die Biblioteca di S. Marco mit der persönlichen Bibliothek Boccaccios (1313–1375) als Grundstock, in Venedig die Biblioteca Marciana mit der grandiosen Privatsammlung des Kardinals Bessarion sowie Petrarcas (1304–1374) als Basis. Rom erhielt durch Nikolaus V. die Biblioteca Apostolica Vaticana, die seither weltweit gerühmte Vatikanische Bibliothek. Am Ende seiner Regentschaft hatte er allein 1200 Codices beisammen.

Domenico Tintoretto, Die Eroberung Konstantinopels, 1578–1585, Öl auf Leinwand, Dogenpalast, Venedig

Und ein Papst wurde Mäzen: Einfache Hinterstubengelehrte stiegen rasch zu hoch besoldeten Professoren auf und erklommen hohe Kirchenämter. Sogar ein Verfemter, der Neapolitaner Lorenzo Valla (1407–1457), der 1440 die Konstantinische Schenkung als fulminante Fälschung entlarvt hatte und damit den Anspruch des römischen Papsttums als legitimen Nachfolger des antiken weströmischen Kaiserreichs ad absurdum geführt hatte, konnte noch einmal Karriere machen. Eine permanente Revolution war im Gange.

Einen dieser neuen Humanisten, ein gewisser Johann Müller aus Königsberg in Franken, kennen spätere Generationen als Regiomontanus (1436–1476). Als Adlatus und Zauberlehrling Kardinal Bessarions durchforstete und übersetzte er fleißig auch die naturwissenschaftlichen Schriften der Antike, deren Wert der vergeistigte Bessarion nicht wahrhaben wollte. Auf diesem Weg sorgte Regiomontanus für eine Revolution in der Mathematik, der Physik, im Schiffbau, der Architektur, nicht zuletzt auch in der Astronomie.

Nikolaus V. sorgte derweil für die passenden Rahmenbedingungen. In den ersten beiden Amtsjahren bewog er alle verfeindeten Kriegsparteien Italiens zum Waffenstillstand. Es folgte das Heilige Jahr 1450 – ein Friedensjahr, das nach langer Zeit wieder jede Menge Geld nach Rom brachte. Die Vatikan-Registratur lizensierte über 1000 Osterien allein im Altstadtgebiet, die höchste jemals dort festgestellte Restaurantzahl. Aber Nikolaus V. dachte auch an die ärmeren Pilger: Am Arco di Gallieno auf dem Esquilin ließ er einen Freimarkt eröffnen, der die Gläubigen auf dem Weg zu S. Maria Maggiore und ihrem 48-stündigen Pflicht-»Pilgerparcours« zu den anderen Titularkirchen Roms preiswert mit Proviant versorgte.

Und Rom wurde wiederaufgebaut: Nikolaus V. ließ das schon unter Agrippa (63–12 v. Chr.) für seine Thermen nahe dem Pantheon 19 v. Chr. errichtete Aquädukt der Aqua Virgo nach Plänen von Leon Battista Alberti (1404–1472) instand setzen und durch die Via Trinitatis, die heutige Via Condotti, weiterführen. Die Aquädukte endeten an einer Stelle, an der Alberti 1453 erstmals einen Brunnen sprudeln ließ. Nicola Salvi baute diesen 1732–1751 (endgültige Fertigstellung 1762) zur weltbekannten Fontana di Trevi um. Unter Nikolaus' Ägide fiel auch die Restaurierung und Verkleinerung einer der ältesten und schönsten Kirchen Roms, von S. Stefano Rotondo (1453). Die Stadtverteidigung ließ Nikolaus u. a. mit jenem mächtigen Brückenturm an der Milvischen Brücke versehen, den Valadier 1805 in Form eines Triumphbogens ausbaute. Auch das Kapitol erhielt einen neuen Turm (1453). Die Engelsburg bekam eine zinnengekrönte Mauer mit erst drei, unter Papst Alexander VI. (Pontifikat 1492–1503) dann vier den Evangelisten geweihten Rundtürmen. Den 1379 errichteten Marmorengel auf der Engelsburg ließ er 1453 durch einen bronzenen Michael ersetzen. Seit 1450 begann der Ausbau der vatikanischen Paläste rund um den Cortile dei Pappagalli in großem Stil: Drei der sechs heute zu besichtigenden Räume der Appartamenti Borgia liegen im ersten Stockwerk jener Erweiterung. Auch die vier Räume der Stanze di Raffaelo, die in den Jahren 1508 bis 1520 ausgemalt wurden, entstanden seit 1450. Die ersten aufgetragenen Fresken in diesen Räumen (von denen nichts mehr erhalten ist) schuf Piero della Francesca (um 1420–1492), und Fra Beato Angelico (um 1400–1455) malte die Cappella Niccolina aus.

Nebenbei krönte Nikolaus den letzten römischen Kaiser deutscher Nation in Rom: Der Staatsakt für den Habsburger Friedrich III. am 19. März 1452 geriet zur Show. Der Ausrufung zum Augustus mit Krone, Zepter und Reichsapfel folgte eine ermüdend lange Zeremonie auf der Engelsbrücke: Der Kaiser selbst schlug 300 Edelleute zu Rittern, nicht mehr als eine theatralische Donquichotterie. Beim angeblich ein Vermögen darstellenden diamantenen Kaiserschwert handelte es sich nur um einen billigen Theaterdegen. »Tempora mutantur«, die Zeiten änderten sich.

Das Jahr 1453 begann mit einem Unheil. Am 9. Januar wurde Stefano Porcari, ein ruheloser römischer Edelmann und begeisterter Humanist, der von Nikolaus V. bereits 1448 zum Rektor der Campania und der Marittima ernannt worden war, samt seiner Mitverschwörer in der Engelsburg gehenkt. Humanismus? Ja! Eine von Porcari geforderte neue römische Republik samt Demokratie? Nein! In seinen innersten Gefühlen verletzt, zog sich Nikolaus V., der sich selbst als liberalsten Papst der Geschichte sah und somit wohlwollendes Untertanentum erwartete und forderte, zurück.

Am 28./29. Mai 1453 kam es schließlich zur Katastrophe: Konstantinopel fiel endgültig an den osmanischen Sultan Mehmed II. (1432–1481). Ein ungarischer Ingenieur und Kanonengießer namens Urban hatte sich bereits 1452 dem byzantinischen Kaiser Johannes VIII. angedient – aus rein geschäftlichen Interessen. Der aber besaß nur leere Kassen, sodass Urban ins 200 Kilometer entfernte Adrianopel, den Sitz Sultan Mehmeds II., zog. Dort traf er auf offene Ohren und baute eine frühe »Dicke Berta«: acht Meter lang, 20 cm dick, 75 cm im Durchmesser. 60 Ochsen mussten die Kanone nach Konstantinopel ziehen, deren Kanonenkugeln die dreifachen Mauerringe durchschlugen. Die als uneinnehmbar geltende Hauptstadt des Byzantinischen Reiches fiel in Schutt und Asche. Aber: Immerhin war ein Teil des Wissens bereits für Rom gesichert. Noch größere Anstrengungen würden folgen.

Am 24. März 1455 trat Nikolaus V. von der Weltbühne ab, nicht ohne vorher, auch dies eine Novität, noch eine Rede für die Nachwelt gehalten zu haben. Andere Päpste nach ihm mussten nun sein Werk fortsetzen.

Regiomontanus (Johannes Müller), Epytoma in Almagestum Ptolemaei, Titelseite der in Venedig gedruckten Buchausgabe von 1496

Palazzo Colonna

Die weitläufige Anlage, die sich noch heute im Besitz der alten vornehmen römischen Familie befindet und ein ganzes Straßengeviert umschließt, bietet das Bild eines prächtigen, durch die Jahrhunderte gewachsenen Stadtpalastes. Martin V. Colonna (Pontifikat 1417–1431) ließ 1424 einen alten Turm mit mehreren Häusern zu einem einzigen Komplex zusammenfassen und zur päpstlichen Residenz erheben. Nachdem im Verlauf des 16. Jh.s auf dem Areal weitere Gebäude entstanden waren, beauftragte Lorenzo Onofrio Colonna den Architekten Antonio del Grande 1654 mit der Verbindung dieser Bauten zu einem zusammenhängenden Komplex. Er errichtete zum Innenhof hin eine mit – heute geschlossenen – Arkaden geschmückte Fassade und richtete die Gebäude auf einen Mittelteil aus. Die Gärten wurden durch vier Brücken mit dem Palast verbunden. Die Umgestaltung des Bauwerks fand ihre Fortsetzung 1730, als Niccolò Michetti die zur Piazza dei SS. Apostoli gewandte Fassade erbaute. 1760 wurden die Arbeiten an der Via della Pilota abgeschlossen, die Paolo Posi ausführte.

So war in mehr als drei Jahrhunderten eine ausgedehnte Anlage entstanden, die mehrere um einen großen Hof gelegene Flügel umfasst.

Galleria Colonna

Zu den prunkvollsten Barocksälen gehören die nach den Entwürfen von Antonio del Grande und Girolamo Fontana dekorierten Säle der Galleria Colonna (1654–1671), in denen die beeindruckende Gemäldesammlung der Familie zu besichtigen ist. In Anspielung auf den Namen Colonna, was »Säule« bedeutet, werden die Räume durch zwei von großen Säulen aus gelblichem Marmor getragenen Arkaden unterteilt. Ihre Deckengewölbe schmücken prächtige Fresken, die die ruhmreichen Taten der Colonna feiern. So verherrlicht das Deckenfresko von Sebastiano Ricci in der Sala dei Paesaggi den Sieg des legendären Marcantonio Colonna über die Türken in der Seeschlacht von Lepanto (1571). Benedetto Luti hingegen hat in der Sala dell'Apoteosi di Martino V. die Apotheose des Colonna-Papstes an der Decke dargestellt. Die Sala del Trono war Papstempfängen vorbehalten, während die Sala di Maria Mancini der Nichte Kardinals Mazarins und Gemahlin Lorenzo Onofrio Colonnas gewidmet war. Große bemalte Wandspiegel, venezianische Kronleuchter und vergoldeter Stuck tragen zur Kostbarkeit der Ausstattung bei, die durch die Ausstellung antiker Statuen und wertvoller Gemälde gesteigert wird.

Esquilin (Esquilino)

Den Rundgang durch dieses dicht besiedelte Wohnviertel, das durch die Via Cavour vom Viminal getrennt wird, bestimmen heute die Ruinen antiker Prachtbauten wie die Domus Aurea oder die Trajansthermen und altehrwürdige Kirchen wie S. Maria Maggiore, S. Pudenziana oder S. Prassede. In der Antike gehörte der ausgedehnteste der sieben Hügel zu den volkreichsten Stadtvierteln. Bereits in frühester Zeit besiedelt, soll er der Überlieferung zufolge von dem Etruskerkönig Servius Tullius Mitte des 6. Jh.s v. Chr. in die Stadt einbezogen worden sein. Im Laufe der Republik und der Kaiserzeit wurden die Hügelkuppen zu begehrten Wohngegenden des römischen Adels, während sich die einfacheren Wohnviertel am Abhang und in den ungesunden Niederungen drängten. Auf dem Esquilin erstreckten sich beispielsweise die Gärten des Maecenas, eines Freundes des Kaisers Augustus und berühmten Förderers der Dichter (daher unser Begriff »Mäzen«). Sie wurden später Teil der wohl berühmtesten Palastanlage der Antike, der Domus Aurea des Kaisers Nero. Obwohl in der frühchristlichen Zeit aus den Hauskirchen der Christen erste Kirchenbauten entstanden waren, verödeten die zusammenhängenden Wohngebiete wie auf den anderen Hügeln im Laufe des Mittelalters. Erst Papst Sixtus V. (Pontifikat 1585–1590) bezog den Hügel in eine großzügige Stadtplanung ein, durch die er eine Wiederbesiedlung dieser Gebiete erreichen wollte.

Blick auf die Piazza dell' Esquilino

Vorrangiges Ziel dabei war, die religiösen Zentren in den halbverlassenen Gegenden – S. Maria Maggiore war eine der sieben Pilgerkirchen – in den organischen Zusammenhang der Stadt einzubeziehen. Deshalb ließ er im Umkreis der Kirche wichtige Straßen anlegen, über die die Pilger zu den Kirchen außerhalb der Stadtmauern gelangen konnten. Bis in die 50er-Jahre des 19. Jh.s, als der neue Hauptbahnhof –

Stazione Termini, der erste Bahnhof von 1867

wegen der benachbarten Diokletiansthermen Stazione Termini genannt – erbaut wurde, hatte sich in diesem Quartier kaum etwas verändert. Erst nach 1870 wurde ein neuer Bebauungsplan erstellt, der das Gebiet zwischen Bahnhof und Piazza Vittorio Emanuele II als Wohnviertel vorsah. Daraufhin entstanden die mehrstöckigen Wohnblocks mit ihren einheitlichen ockerfarbenen Fassaden, die diese Gegend noch heute prägen.

Esquilin

S. Pietro in Vincoli, Piazza di S. Pietro in Vincoli 4 A, S. 311 ff.

Kolosseum, Piazza del Colosseo, S. 98 ff.

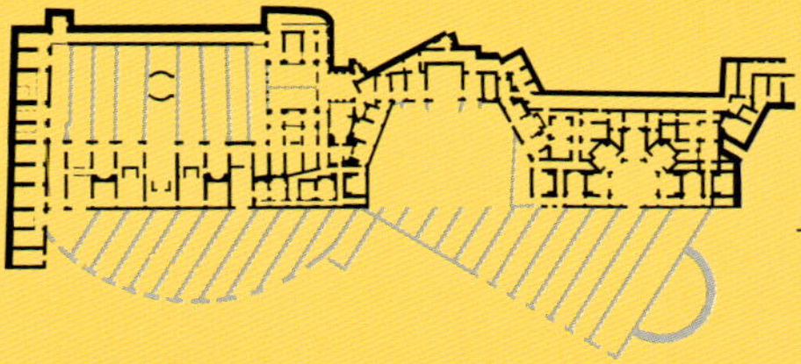

Domus Aurea, Via Labicana 136, S. 314 f.

S. Maria Maggiore, Piazza S. Maria Maggiore, S. 298 ff.

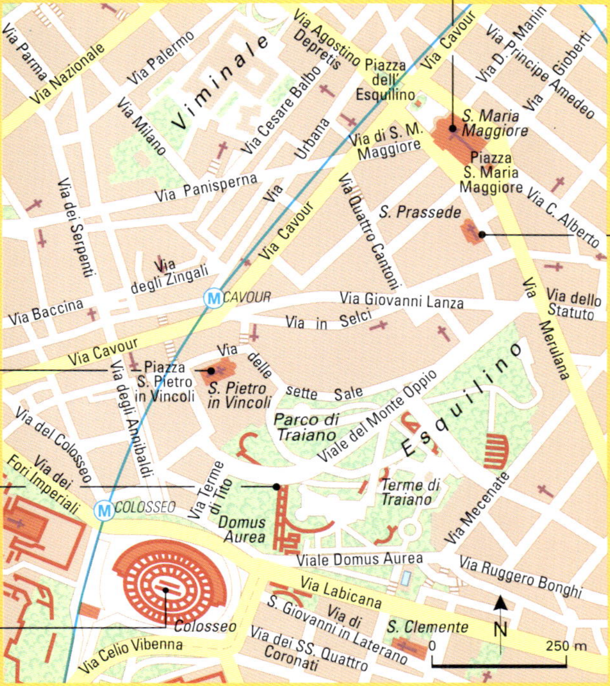

S. Prassede, Via S. Prassede 9 A, S. 308 ff.

S. Maria Maggiore

S. Maria Maggiore ist nicht nur eine der sieben Pilgerkirchen und eine der vier Patriachalbasiliken Roms, sondern zugleich das größte und bedeutendste Marienheiligtum der Stadt. Sie geht auf einen kleineren Vorgängerbau zurück, den Papst Liberius (Pontifikat 352–366) nach einer Erscheinung der Jungfrau Maria errichten ließ. Die

Gottesmutter hatte den Papst gebeten, er möge zu ihren Ehren an der Stelle eine Kirche bauen, wo am nächsten Tag (im August!) Schnee liegen werde. Der Schnee fiel an der höchsten Erhebung des Esquilin. Im Anschluss an das Konzil von Ephesos im Jahre 431, das die irdische und göttliche Natur Christi und damit Maria als »Theotokos«, als Gottesgebärerin, bestätigte, erbaute Papst Sixtus III. (Pontifikat 432–440) ihr zu Ehren in der Nähe der alten Kirche eine dreischiffige Basilika. Trotz ihrer über eineinhalb Jahrtausende währenden Baugeschichte bietet die Kirche, die zum Zentrum der Marienverehrung in Rom und zur unverzichtbaren Station jeder Romwallfahrt wurde, ein einheitliches Bild. Bei einem Umbau Ende des 13. Jh.s wurden die Apsis und die Querschiffe angelegt, 1377 ein »campanile« (Glockenturm) angefügt, der mit 75 m der höchste in Rom ist, und im Verlauf des 16. Jh.s an den Seitenschiffen mehrere Kapellen angebaut. 1587 ließ Sixtus V. den Obelisken vom Augustus-Mausoleum auf dem Platz vor der Chorfassade, 1613 Paul V. die Cipollinosäule aus der Maxentius-Basilika vor der Hauptfassade aufstellen und mit einer Marienstatue bekrönen. 1673 gestaltete Carlo Rainaldi die Apsisfassade als zweigeschossige barocke Schauwand mit einer großen Freitreppe, 1743–1750 Ferdinando Fuga die westliche Eingangsfront mit der Benediktionsloggia, in der ein Mosaik aus dem 13. Jh. mit der Darstellung des Schneewunders eingefügt ist.

Innenraum

Im Innern ist der Raumeindruck der frühchristlichen Basilika trotz der 1750 von Ferdinando Fuga vorgenommenen Restaurierung im Wesentlichen erhalten geblieben. 40 ionische Säulen trennen das breite Mittelschiff von den schmalen, fensterlosen Seitenschiffen. Giuliano da Sangallo schuf Ende des 15. Jh.s im Auftrag von Papst Alexander VI. (Pontifikat 1492–1503) die kunstvolle Kassettendecke, die mit dem ersten Gold, das der spanische König aus Amerika nach Rom sandte, vergoldet wurde. Eine besondere Bedeutung kommt der Kirche v. a. wegen ihres Mosaikschmucks zu, der noch aus dem 5. Jh. stammt. Das Langhaus zieren durch Pilaster getrennte Bildfelder mit Szenen aus dem Alten Testament: Links wird die Geschichte der Patriarchen Abraham, Isaak und Jakob, rechts die von Moses und Josua geschildert.

S. Maria Maggiore

Domenico FontanaCappella Sistina, 1584/85- 1590, S. 306

Triumphbogenmosaik, 5. Jh. S. 302

Jacopo Torriti, Apsismosaik (Detail), 1290- 95, S. 303

Flaminio Ponzio, Cappella Paolina, 1613, S. 307

Baldachin über dem Hochaltar von Ferdinando Fuga, 1750

1 Cappella Paolina

2 Cappella Sistina

3 Sakristei

4 Cortile

5 Cappella delle Reliquie

6 Cappella dei SS. Michele e Pietro in Vincoli

7 Baptisterium

8 Cappella Sforza

9 Cappella Cesi

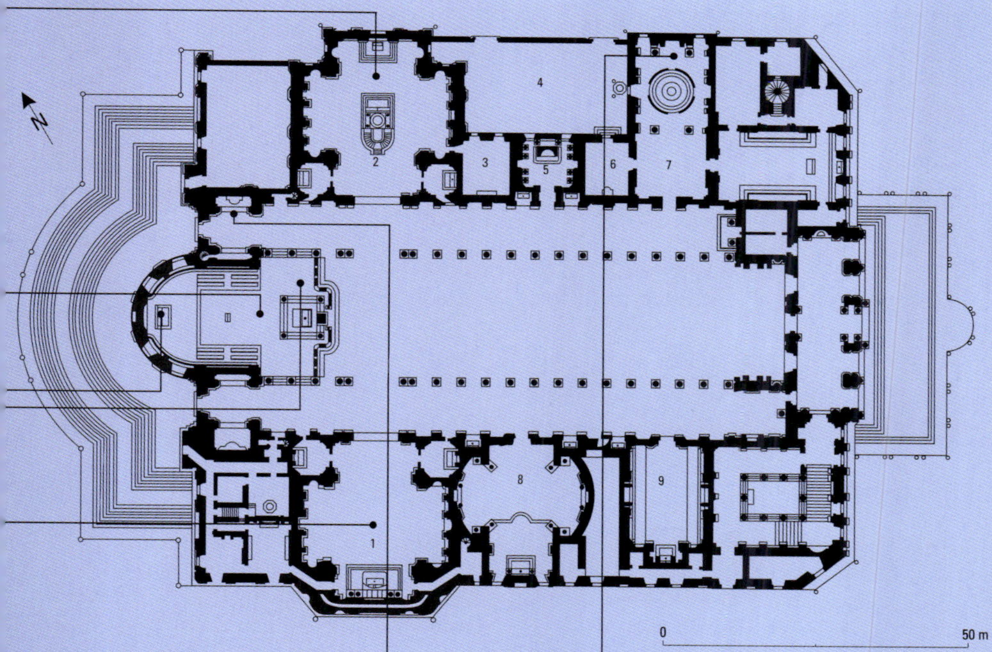

Giovanni da Cosma, Grab des Kardinals Consalvo Rodriguez (gestorben 1299)

Baptisterium mit dem Relief der Himmelfahrt von Pietro Bernini, 1606–1611

Triumphbogenmosaik

Die Mosaiken des Triumphbogens erzählen die Geschichte Jesu. So sind die streifenförmig angelegten Triumphbogenmosaike den Evangelienberichten zur Kindheit Christi gewidmet. Links sind die Verkündigung, die Heiligen Drei Könige, der Kindermord zu Bethlehem sowie das Himmlische Jerusalem, rechts die Darbringung Christi im Tempel, die Flucht nach Ägypten, die Heiligen Drei Könige bei Herodes und die Stadt Bethlehem dargestellt. Über dem Bogenscheitel erscheint der leere Thron des Salvator. Insgesamt werden die Mosaiken von dem Grundgedanken bestimmt, die Kontinuität der Heilsgeschichte seit dem Alten Testament bis zu ihrer Erfüllung im Neuen Testament zu veranschaulichen.

Apsismosaik (Detail)

Die Mosaiken in der Apsis sind Maria, der Mutter Jesu, gewidmet und wurden nach dem Umbau der Jahre 1292–1295 von Jacopo Toritti geschaffen, der mit diesem Meisterwerk die römische Mosaikkunst zu einer letzten und höchsten Blüte brachte. Umgeben von einem Rankenwerk auf goldenem Grund, in dem Vögel nisten, Tiere kriechen und Blumen blühen, nimmt die Mitte der Halbkuppel das Medaillon mit der Marienkrönung vor einem sternenübersäten blauen Hintergrund ein. Zu beiden Seiten wohnen Engelscharen dem Geschehen bei. Von links schreiten die Heiligen Petrus, Paulus und Franziskus heran, vor denen in kleinerem Maßstab der Stifter Papst Nikolaus IV. (Pontifikat 1288–1292) kniet. Auf der rechten Seite kniet der zwei-

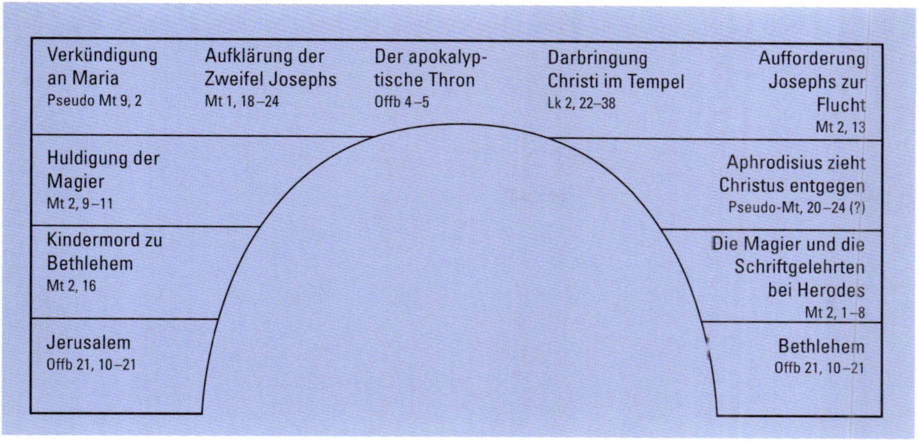

S. Maria Maggiore, Schema der Mosaiken im Triumphbogen

te Stifter, Kardinal Jacopo Colonna, vor Johannes dem Täufer und den Heiligen Jakobus und Antonius. Unterhalb der Kuppelwölbung sind auf dem Streifen zwischen den Fenstern fünf Szenen aus dem Leben Mariens dargestellt, während auf dem Fries, der die Halbkuppel vorne abschließt, die Köpfe der 24 Ältesten erscheinen.

Mit der Marienkrönung hat Jacopo Torriti ein Thema aufgegriffen, das ursprünglich aus dem ikonographischen Repertoire der gotischen Skulptur stammt und vielfach in den Tympana französischer Kathedralen begegnet. Zudem betont es die direkte Aufnahme Mariens mit Leib und Seele in den Himmel, wobei es sich um eine theologische These handelt, die insbesondere im 13. Jh. viel diskutiert wurde.

Bilder aus bunten Steinen – Mosaiken

Zu den eindrucksvollsten Kunstwerken in Rom zählen die farbigen Mosaike in den frühchristlichen und mittelalterlichen Kirchen. In der Kunstgeschichte gelten diese beiden Epochen als das »goldene Zeitalter« der Mosaikkunst, obgleich die Technik schon seit Jahrhunderten angewendet wurde. Bereits im alten Orient und in Griechenland war die Methode bekannt, Ornamente und Figuren aus verschiedenfarbigen, regelmäßig oder unregelmäßig geformten kleinen Steinen zusammenzusetzen und durch Mörtel zu festigen. »Tesserae« heißen die einzelnen Steinteilchen, die nach einer zuvor übertragenen Zeichenskizze auf den noch feuchten Mörtelgrund gesetzt und eingedrückt wurden (direktes Setzverfahren). Als die Mosaikkunst im 2. Jh. v. Chr. aus dem griechischen Osten nach Rom kam, waren es zunächst die Wohlhabenden, die ihre Häuser mit dem farbenprächtigen Schmuck ausstatteten.

Heiliges Stieropfer, 2. Jh., Mosaik, Ostia antica

Viele der frühen Mosaike erinnern in den farblich fein abgestuften Übergängen und der Modellierung der Figuren und Gegenstände mit Glanzlichtern und Schlagschatten an Malereien, die oftmals als Vorbild dienten. Erst im späten 1. Jh. v. Chr. scheinen, wie Plinius d. Ä. in seiner »Naturalis historia« berichtet, auch die Wände mit Mosaiken und zwar Glasmosaiken geschmückt worden zu sein, die aus Glaspasten (Smalten), mit Metalloxyden gefärbte Glasstücke, gefertigt wurden. Diese prachtvollen Mosaiken weckten auch bei den einfachen Bürgern den Wunsch nach einer derartigen Ausstattung. Als preiswerte Alternative entstanden die Schwarz-Weiß-Mosaike mit »tesserae« aus Basalt und weißem Marmor und Kalk, von denen sich zahlreiche Beispiele aus dem 1.–3. Jh. in Rom und Ostia erhalten haben. Mit der Beschränkung auf zweifarbiges Steinmaterial nahmen jedoch die malerischen Ausdrucksmöglichkeiten ab. An die Stelle von Tiefenräumlichkeit und gestaffelten Hintergründen trat eine helle Grundfläche mit schwarzen Figuren und Gegenständen, deren Rundungen und Körperdrehungen durch grafische weiße Linien zum Ausdruck gebracht wurden. Mehrfarbige Mosaike waren zu dieser Zeit seltener geworden. Erst unter Hadrian (reg. 117–138 n. Chr.) kamen

sie in Rom vereinzelt wieder auf und erlebten besonders in den römischen Provinzen eine zweite große Blüte.
Als im 4. Jh. die ersten großen Gotteshäuser entstanden, übernahmen die Christen die antike Form des Gebäudeschmucks für Wände und Gewölbe. Figürliche Fußbodenmosaike waren mit ihren Glaubensgrundsätzen kaum vereinbar, da christliche Symbole »mit Füßen getreten« worden wären. Anfangs wurden die Stilelemente antiker Mosaike beibehalten wie in S. Costanza, wo zwischen die antiken Motive auf weißem Grund lediglich einige christliche Glaubenssymbole eingestreut sind. Doch schon bald dienten die christlichen Mosaike nicht mehr wie in der Antike als bloße Dekoration, sondern als Glaubenspropaganda. Die Funktion von Raum und Ausstattung war fortan miteinander vereinbar und ergänzte sich. Zugleich vollzog sich ein Materialwandel. Unter die bunten Natursteine mischten sich Smalten in allen möglichen Farbtönen und mit Goldauflage, die eine höhere Intensität an Leuchtkraft bewirkten und besonders auf den gewölbten Flächen gesteigerte Lichtreflexe schufen. Unter dem Einfluss der byzantinischen Kunst setzte sich der Goldhintergrund durch, vor dem die Figuren in monumentaler Frontalität auf den Betrachter wirken. Sie ließen den Kirchenraum zum Abbild des christlichen Kosmos werden, und ihre Anordnung folgte oft einem weitgehend festgelegten Schema: Die Mitte der Apsis wird vom Pankrator Christus eingenommen mit den Aposteln, Heiligen oder Stifterfiguren zu seinen Seiten und umgeben von den Symboltieren der vier Evangelisten, den zwölf Apostellämmern, dem Fluss Jordan sowie den Mauern von Bethlehem

Durchzug durch das Rote Meer, Mosaik, 432–440, S. Maria Maggiore, Mosaik der rechten Mittelschiffwand

und Jerusalem. Auf dem Triumphbogen folgen wichtige Vorgänge der Heilsgeschichte, an den Wänden des Langhauses Szenen aus dem Alten und Neuen Testament. Prachtvolle Beispiele dieser musivischen Kunst sind in Rom fast das ganze Mittelalter hindurch entstanden. In karolingischer Zeit und mit dem beginnenden 12. Jh. erhält die Mosaikkunst durch Rückgriffe auf das antike Formenrepertoire neue Impulse. Eine letzte große Blüte sollte das Mosaik im Kirchenbau des späten 13. und frühen 14. Jh.s mit den Mosaizisten Jacopo Torriti und Pietro Cavallini erleben, bis die Malerei mit dem Beginn der Renaissance die Mosaikkunst endgültig verdrängte.

Cappella Sistina

Papst Sixtus V. ließ dem rechten Seitenschiff durch Domenico Fontana eine Grabkapelle – nach ihm Cappella Sistina benannt – anfügen, die die Form eines griechischen Kreuzes mit einer achteckigen Vierungskuppel besitzt. In einer kleinen unterirdischen Kapelle werden die Reliquien der Krippe von Bethlehem sowie die mittelalterliche Krippenkapelle von Arnolfo di Cambio (um 1289) und eine Madonna aus dem 16. Jh. aufbewahrt. Darüber erhebt sich der Sakramentsaltar mit einem von vier Bronzeengeln getragenen vergoldeten Bronzetabernakel. Die Engel greifen die Ikonographie der Bundeslade auf, wonach Christus als Verkörperung des Neuen Bundes an die Stelle des Alten Bundes tritt und sein Gesetz das Gesetz des Moses, dessen Tafeln in der Bundeslade aufbewahrt wurden, ablöst. Der Schrein hat die Form eines Kirchenbaus, da sich der Neue Bund in der Kirche manifestiert, deren »Wiege« die Krippe von Bethlehem ist. Die Kapelle diente zudem auch als Grablege Papst Pius' V. Sein Grabmal besteht aus einer zweistöckigen säulengeschmückten Schauwand, in deren Mitte der Papst als Kirchenlehrer thront. Der Bauherr der Kapelle dagegen stellte seine Pietät in den Vordergrund: Fontana zeigt Sixtus V., der barhäuptig und kniend tief ins Gebet versunken sich dem Schrein und der Krippe zuwendet.

Cappella Paolina

Als Pendant zur Cappella Sistina ließ Papst Paul V. Borghese nach 1611 eine Kapelle von Flaminio Ponzio für die Angehörigen seiner Familie errichten. In der mit Fresken und Stuck reich ausgestatteten Cappella Paolina stehen die von Flaminio Ponzio entworfenen Grabmäler Pauls V. und seines Vorgängers Clemens' VIII., deren Reliefs wichtige Ereignisse aus dem Pontifikat schildern. Kostbarstes Ausstattungsstück ist der Altar mit dem Gnadenbild der Madonna »Salus Populi Romani« (Heil des römischen Volkes), dessen vergoldeter Rahmen von Engeln getragen wird. Es soll angeblich vom Evangelisten Lukas gemalt worden sein. Ein Relief stellt das Schneewunder von S. Maria Maggiore vor einem Lapislazuligrund dar.

S. Prassede

Bereits im 5. Jh. hatte es eine Kirche zu Ehren der Hl. Praxedis gegeben, die unter Papst Paschalis I. (Pontifikat 817–824) zur dreischiffigen Basilika ausgebaut wurde. 1198 kam sie in den Besitz der Benediktiner. In den folgenden Jahrhunderten wurde das Gotteshaus mehrfach umgestaltet und restauriert, ohne dass dadurch der basilikale Charakter verloren ging. Im Innern trennen je zwei Granitsäulen, die horizontale Architrave tragen, im Wechsel mit einem massiven Pfeiler das breite Mittelschiff von den Seitenschiffen ab. Im 13. Jh. wurden Schwibbogen eingefügt, die von Pfeiler zu Pfeiler quer über den Raum gespannt sind. Wie andere Kirchen wurde auch S. Prassede reich mit Mosaiken geschmückt. So erscheint über dem Triumphbogen das Himmlische Jerusalem, und am Apsisbogen sind vor goldenem Grund das apokalyptische Lamm, das Buch mit den sieben Siegeln, die sieben Leuchter, die vier Erzengel und die Evangelistensymbole dargestellt. Auf beiden Seiten des Bogens bringen die Ältesten aus der Apokalypse dem Lamm Gottes goldene Kränze dar, und in der Apsiskuppel wird die himmlische Audienz der Schwestern Pudentiana und Praxedis geschildert. Die bildlichen Darstellungen verfolgten dabei mehrere Ziele: Gott und die Heiligen sollten verherrlicht und zugleich die Gläubigen in der Glaubenslehre unterwiesen werden.

Apsismosaik

Das karolingische Mosaik aus dem 9. Jh. schildert die Legende der beiden Heiligen Pudentiana und Praxedis, die den Apostel Petrus in ihrem Haus aufgenommen haben und daraufhin zum Dank von Petrus und Paulus im Himmel empfangen und zu Christus gebracht worden sein sollen. Die Schwestern tragen die Kronen des ewigen Lebens, die sie aus Ehrfurcht mit verhüllten Händen halten. Auf der linken Seite erscheint der Bauherr der Basilika, Papst Paschalis I., mit dem Modell der Kirche in seinen Händen, das er Christus übergeben wird. Auf der anderen Seite steht der Hl. Zenon, zu dessen Ehren Paschalis eine Kapelle neben dem rechten Seitenschiff errichten ließ. Die Aufnahme der beiden Schwestern in den Himmel vollzieht sich auf einem grünen, blumenbewachsenen Erdstreifen, in dem der Jordan fließt und an dessen beiden Enden die Städte Jerusalem und Bethlehem zu sehen sind. Diese Darstellung greift über in den unteren Fries, auf dem das Lamm Gottes und die zwölf Schafe als Sinnbilder der Apostel stehen.

Cappella di S. Zenone

An das rechte Seitenschiff ließ Paschalis I. eine Kapelle über dem Grundriss eines griechischen Kreuzes zu Ehren des Hl. Zenon anfügen, die gleichzeitig auch der Grabraum für seine Mutter Theodora ist. Dieser Raum gehört zu den wenigen vollständig gewölbten mittelalterlichen Bauten Roms. Den Eingang bilden zwei Porphyrsäulen mit karolingischen Kapitellen, die ein antikes Gebälk tragen. Gewölbe und Wände sind mit farbigen Mosaiken vor einem Goldgrund überzogen, die auf die Märtyrerreliquien in der Kirche Bezug nehmen. Im Scheitel des Gewölbes erscheint das Brustbild Christi in einer Rundglorie vor blauem Grund. Es wird von vier Engeln getragen, die aus den das Gewölbe tragenden Säulen hervorzuwachsen scheinen. Im rechten Rundbogen sind die Apostel Johannes, Andreas und Jakobus, in der Nische Christus zwischen den Heiligen Paschalis I. und Valentinian dargestellt.

S. Pietro in Vincoli

Die 431 n. Chr. begonnene Kirche erhielt bei ihrer Weihe durch Papst Sixtus III. (432–440) die Heiligen Petrus und Paulus als Kirchenpatrone. Nachdem jedoch sein Nachfolger Leo der Große (Pontififkat 440–461) von der Kaiserin Eudoxia die Ketten, mit denen der Apostel Petrus im Gefängnis in Jerusalem gefesselt gewesen sein soll, geschenkt bekam, wurde Petrus alleiniger Patron der Kirche. So bedeutet der Name des Gotteshauses denn auch übersetzt »Sankt Peter zu den Ketten«. Der Bau des 5. Jh.s ist zu weiten Teilen erhalten: Es handelt sich um eine dreischiffige Basilika mit breitem Mittelschiff und schmalen Seitenschiffen, der als bemerkenswerte Neuerung ein Querhaus angefügt ist. Im Innern gehen die dorischen Säulen, die vermutlich aus einem Bauwerk der römischen Kaiserzeit wieder verwendet wurden, auf den Urbau zurück. Mehrere An- und Umbauten erfolgten zwischen dem 8. und 13. Jh.; um 1475 ließ Sixtus IV. die eingeschossige, in Pfeilerarkaden geöffnete Vorhalle und den Kreuzgang errichten. Weitere Veränderungen wurden von Giuliano della Rovere, dem späteren Papst Julius II., vorgenommen, dem die Kirche 1471–1503 als Kardinalskirche zugeordnet war. In der ersten Hälfte des 18. Jh.s fand eine Restaurierung statt, während der das Deckenfresko des Mittelschiffes ausgeführt wurde.

Michelangelo Buonarroti (1475–1564), Grabmal Papst Julius' II., 1505–1545
Marmor, 850 x 670 cm

Seine Berühmtheit verdankt das Gotteshaus in erster Linie dem Grabmal Michelangelos, das sich im rechten Seitenschiff befindet. Über 40 Jahre zog sich die Geschichte des Monuments hin, das Papst Julius II. 1505 bei Michelangelo in Auftrag gegeben hatte. Das schwankende Interesse der Auftraggeber sowie Aufträge der nachfolgenden Päpste, die den Künstler in ihre Dienste beriefen, behinderten den Fortgang des Projekts. Ursprünglich war es nach Vorbildern antiker Herrschermausoleen als freistehendes Grabmal von bis dahin ungeahnten Ausmaßen mit fast 40 Statuen für den Chor der neuen Peterskirche geplant. Nach sechsmaliger Vertragsabänderung wurde es schließlich in stark reduzierter Form als Wandgrabmal konzipiert und 1545 in S. Pietro in Vincoli aufgestellt. Im letzten Vertrag von 1541 wurde bestimmt, dass Michelangelo neben dem bereits 1515 fertig gestellten Moses nur zwei weitere Statuen, die der Lea und Rahel, zu liefern habe, während die übrigen Skulpturen – die Liegefigur des Papstes, die Madonna sowie die beiden flankierenden Figuren des Propheten und der Sibylle – nach seinen Entwürfen von Gehilfen gearbeitet werden sollten.

Michelangelo Buonarroti, Moses (Detail des Grabmals Papst Julius' II.)

Die zentrale Gestalt, die eine Vorstellung von der einst geplanten Größe des Grabmals gibt, ist die kolossale Sitzstatue des Moses, jenes biblischen Helden, der das Volk Israel aus der Knechtschaft in Ägypten geführt hat. Ursprünglich als Eckfigur konzipiert, verzerrt die heutige Aufstellung die Proportionen und engt die massige Figur ein. Moses ist als alter Mann dargestellt, dessen muskulöse Arme aber noch immer erkennen lassen, welche Kraft diesem Menschen gegeben war. Mit den Gesetzestafeln unter dem rechten Arm, die Finger spielerisch in die Locken des Bartes vertieft, hat er seinen Kopf nach links gewendet, die Augen weit geöffnet: mit der linken Hand greift er sich an den Leib. Hörner krönen sein Haupt, die seit dem Missverständnis eines Bibelübersetzers zum Zeichen für die göttlich erleuchtete Stirn des Helden wurden. Im Vergleich mit den schwellenden Körperformen, der ornamentalen Gestaltung von Bart und Haaren und dem durchfurchten Gewand des Moses vertreten die beiden religiösen Allegorien einen beruhigten, alle Bewegung nach innen verlegenden Spätstil des fast 80-jährigen Meisters. Zugleich machen sie deut-

lich, dass das Grabmal in seiner endgültigen Ausführung auf rein christliche Inhalte beschränkt war. Die biblischen Frauengestalten Lea (»tätige Liebe«) und Rahel (»Glauben«) seitlich des Moses verkörpern das tätige (»vita activa«) und das in sich gekehrte Leben (»vita contemplativa«).

Domus Aurea

Um die kaiserlichen Besitztümer auf dem Palatin mit denen auf dem Esquilin zu einer einzigen Palastanlage zu verbinden, erbaute Kaiser Nero die Domus Transitoria (Durchgangshaus), die dem Brand von 64 n. Chr. fast vollständig zum Opfer fiel. Ob dieser durch Zufall entstand oder vom Kaiser selbst gelegt wurde, darüber streiten die Quellen. Jedenfalls ließ er an ihrer Stelle von den Architekten Severus und Celer bis 68 n. Chr. eine neue, riesige Villenanlage errichten, die fast wie eine Stadt wirkte und den Namen Domus Aurea (Goldenes Haus) trug. Wegen der vielen Grundstücksenteignungen spotteten die Römer, man solle besser nach Veji auswandern, da Rom zu einem einzigen Haus geworden sei – falls nicht auch schon Veji dazu gehöre.

Wie diese Anlage einst ausgesehen hat, lässt die Beschreibung Suetons in seiner Nero-Biografie erkennen: »In der Eingangshalle des Hauses hatte eine 120 Fuß hohe Kolossalstatue Platz, ein Porträt Neros. Die ganze Anlage war so groß, dass sie drei Portiken von einer Meile Länge und einen künstlichen See umfasste, der von Häusern umgeben und fast wie ein Meer war. Dazu kamen Villen mit Feldern, Weinbergen und Weiden, Wälder voller wilder und zahmer Tiere aller Arten. Einige Teile des Hauses waren vollständig vergoldet und mit Gemmen und Muscheln geschmückt. In den Speisesälen gab es bewegliche Decken aus Elfenbein, durch die Blumen herabgeworfen und Parfüm versprengt werden konnte. Der Hauptraum war kreisrund und bewegte sich bei Tag und bei Nacht ständig, wie die Erde. Die Bäder wurden mit Meer- und Schwefel-

Domus Aurea, Grundriss

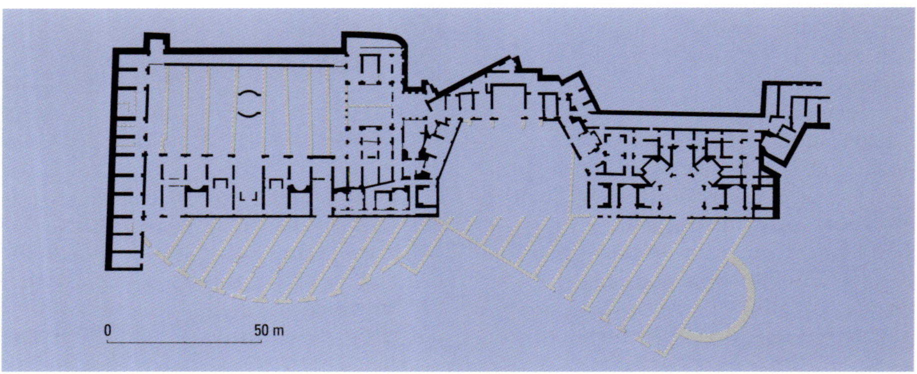

wasser gespeist. Als Nero nach Abschluss der Arbeiten das Haus einweihte, zeigte er sich sehr zufrieden und sagte, dass er jetzt endlich anfange, menschenwürdig zu wohnen.«

Von dieser gewaltigen Anlage hat sich nur wenig erhalten, da die Nachfolger Neros das Gelände dem römischen Volk zurückgaben und es schon bald überbauten. Vespasian ließ beispielsweise an der Stelle des künstlichen Sees das berühmte Kolosseum errichten, Hadrian über dem Vestibül den Tempel der Venus und Roma und Trajan über dem Hauptbau seine Thermen. Nachdem das Areal lange Jahre geschlossen war, ist ein Teil der Räumlichkeiten seit 1999 wieder für Besucher zugänglich.

Achteckiger Kuppelsaal

Ende des 15. Jh.s entdeckte man die mit Schutt angefüllten Säle des Wohnpalastes wieder, die einfach als »Grotten« bezeichnet wurden: Verschiedene Räume, darunter ein Nymphäum und der achteckige Kuppelsaal, traten zum Vorschein, die zum Teil mit schönen Wandmalereien aus Arabesken und mythologischen Figuren ausgestattet waren, welche den Künstlern der Renaissance als Vorbild dienten (daher die Stilbezeichnung »Grotesken«). Auch wurde im Bereich der Domus Aurea die berühmte Laokoon-Gruppe (Musei Vaticani) gefunden, die nur ein Zeugnis für die einstige reiche Skulpturenausstattung ist.

Macht und Exzess – der Größenwahn römischer Kaiser

von Jürgen Sorges

Aus heutiger Sicht haben nur wenige Cäsaren jenes Herrscherformat erreicht, das ihnen durch Augustus als Maßstab vorgegeben war. Schon dessen ungeliebter Nachfolger Tiberius (reg. 14–37 n. Chr.) hatte alle Mühe: Nach jahrelangen sexuellen Ausschweifungen fiel er in seiner Villa auf Capri ins Koma, erwachte wieder und wurde kurzerhand vom Kammerherrn seines Nachfolgers im Bett erdrosselt.

Unter den folgenden Megalomanen, Egozentrikern, Paranoikern und Psychopathen auf Roms Thron gilt Kaiser Nero als der bekannteste, weil er 64 n. Chr. die Stadt Rom in Brand gesetzt haben soll. Gerade diese ihm damals vom römischen Volk zugeschriebene Tat wird von heutigen Historikern bezweifelt. Einig ist man sich hingegen bei Gaius Caesar Augustus Germanicus (reg. 37–41 n. Chr.), den alle Welt nur unter

Nero (Lucius Domitius Ahenobarbus), 59–63, Marmorbüste, Höhe 31 cm, Museo Nazionale Romano, Rom

Agrippina die Jüngere, Gemahlin des Kaisers Claudius und Mutter Neros, 54–68, Marmorbüste, Museo Nazionale Archeologico, Neapel

seinem kindlichen Spitznamen Caligula (»Stiefelchen«) kennt. Die Jugend verbrachte er bei den Truppen seines Vaters, des Feldherrn Germanicus, wo er in den »caligae«, den Stiefelsandalen der römischen Legionäre, aufwuchs. Der Bruder von Germanicus, Tiberius, sorgte dafür, dass seine Eltern und Brüder ermordet wurden oder den Hungertod starben. Tiberius sah seinen Neffen Caligula nicht als Kontrahenten: Von ihm ist das Bonmot überliefert, es gebe keinen besseren Sklaven und keinen schlechteren Herrn als eben Caligula.

Mangelnde Zuwendung führte schon in jungen Jahren zum Eklat: Fünfzehnjährig wurde Caligula mit seiner Lieblingsschwester Drusilla beim Inzest erwischt. Ohne jede Vorbereitung auf seine Aufgabe gelangte Caligula in die Verantwortung – und wandelte sich trotz anfänglich wohlwollender Erlasse, die eine gute Regierung erwarten ließen, in nur drei Jahren und zehn Monaten zur Inkarnation des grausamsten Despoten, den Rom je auf dem Thron gesehen hat. Tatsächlich ereilte Caligula schon im Oktober 37 eine schwere Krankheit, deren der Schizophrenie nicht unähnliche Symptome aus heutiger Sicht als Hirnhautentzündung diagnostiziert werden. Gravierender noch war eine genetische Erblast des julisch-claudischen Kaiserhauses: Caligula litt an schwerster Epilepsie. Gewalt, Grausamkeit, Willkür und üble Launen kennzeichnen seine Regierung. Gottkaisertum und Narzissmus gingen eine unheilige Liaison ein: Obschon ihn Porträts mit voller Haarpracht zeigen, zierte Caligula nur schütterer Haarwuchs; niemandem war es erlaubt, von oben auf seine Glatze herabzublicken, wenn er durch Roms Straßen wandelte. In Gegenwart des

Caligula (Gaius Julius Caesar Germanicus), 37–41, Marmorbüste, Höhe 28 cm, Ny Carlsberg Glyptotek, Kopenhagen

Herrschers das Wort »Haar« auszusprechen, konnte ein Todesurteil nach sich ziehen. In der Bucht des mondänsten Badeortes der Antike, Baiae am Golf von Neapel, ließ er auf drei römische Seemeilen Länge Galeeren aneinander binden, um mit seiner einzigen großen Liebe, seinem Pferd Incitatus, wie Neptun über den Wassern zu wandeln. Als er das treue Huftier dann auch noch für das Senatorenamt vorschlug, machte der Prätorianertribun Cassius Chaerea dem kaiserlichen Treiben ein Ende. Auch Caligulas vierte Frau fiel diesem allseits gebilligten Tyrannenmord zum Opfer. Der Kopf seiner kleinen Tochter wurde an einer Mauer zerschmettert.

Caracalla (Lucius Septimius Bassianus), 212–217, Marmorbüste, Höhe 52 cm, Musée du Louvre, Paris

Weltweit füllen meterweise Biographien über den Muttermörder Nero (reg. 54–68 n. Chr.) die Bibliothekenregale. Am 15. Dezember 37 n. Chr. als Lucius Domitius Ahenobarbus geboren, ging er als Megalomane und schlechtester Schau- und Lyraspieler aller Zeiten in die Geschichte ein. Sein Urgroßvater war die rechte Hand von Caesars großem Widersacher Marc Anton; seine Großmutter Antonia die Tochter Marc Antons und Kleopatras.

Von den besten Lehrern seiner Zeit, dem Philosophen Seneca sowie Burrus unterrichtet, hat Nero in den ersten Regierungsjahren wie nach ihm nur noch Domitian die römischen Staatsfinanzen konsolidiert und Rom auf einen prosperierenden Weg bringen wollen. Schicksalhaft wurde ihm seine machthungrige Mutter Agrippina d. J. Alles durfte Seneca unterrichten, nur nicht die mäßigende Philosophie: So etwas brauchte ein angehender Imperator nicht. Nur die List seiner Mutter, die ihn zwölfjährig in Tiberius Claudius Nero Caesar umbenennen ließ, brachte Nero mit 18 Jahren auf den Thron: Agrippina ließ ihn von ihrem neuen Gatten, dem Kaiser Claudius, adoptieren. Als Britannicus, leiblicher Sohn des Claudius, plötzlich unter mysteriösen Umständen starb, war der Weg für Nero frei.

Der zweifellos kluge Nero kämpfte zeitlebens um die Vorherrschaft im Bereich der emotionalen Intelligenz: ein lebensgefährlicher Wettstreit, den er nicht nur mit seiner die Fäden ziehenden Mutter ausfocht! Seine einzige große Liebe, die freigelassene Sklavin Acte, war nicht standesgemäß, wurde aber durch seine Macht vor den Intrigen und auch sexuellen Umgarnungen seiner 45-jährigen Mutter geschützt. Um so erfolgreicher näherte sich die als »Schwar-

Commodus (Marcus Aurelius Commodus Antoninus) als Hercules, 180–192, Marmorbüste, Höhe 133 cm, Musei Capitolini, Rom

ze Witwe« in die Geschichte eingegangene Poppaea Sabina dem Kaiser. Gatte um Gatte verfing sich im engmaschigen Netz dieser intelligenten, mit ihren Reizen nicht geizenden, dominanten Dame! Der Tod der gemeinsamen Tochter Augusta nach nur vier Lebensmonaten (62 n. Chr.) hat nach Auffassung vieler Biografen Neros letzten Halt gebrochen. Das desolate Leben des vollkommenen Narzissten und ersten Christenverfolgers endete am 9. Juni 68 n. Chr. mit den Worten »Welch ein Künstler wird nun die Welt verlassen!« Während einer Revolte stürzte er sich auf der Flucht ins eigene Schwert.
Ambivalent erscheint – sieht man es aus heutiger Sicht – die Beurteilung des Kaisers Domitian (reg. 81–96 n. Chr.): Seine Zeitgenossen verurteilten diesen großen Bauherrn, der unter anderem das Stadion (die heutige Piazza Navona) errichten ließ, unnachsichtig zur »damnatio memoriae«, der Tilgung aus dem öffentlichen Gedächtnis. Diese Höchststrafe für einen Kaiser hat der streng konservative Domitian, der seine Herrschaft lasterfrei gestalten wollte, die Homosexualität verbot und zurück zu den Wurzeln der römischen Gesellschaft wollte, ausgerechnet einem Verbündeten, dem römischen Senat, zu verdanken. Gleich zwölf seiner bedeutendsten Mitglieder ließ Domitian hinrichten, der als »Großer Einsamer« bester und tugendhaftester aller römischen Cäsaren werden wollte. Überliefert sind seine unbändige Manneskraft und sein Faible für Zwerge und Frauen, denen er erstmals Auftritte als Gladiatoren im Kolosseum ermöglichte. Manchmal trieb er diese vermeintlich emanzipatorische Tat allerdings auf die Spitze, wenn er sie gegeneinander kämpfen ließ.
Domitians größte Sorgfalt galt Wandverkleidungen aus weißem Marmor, dessen Spiegeleffekte ihn vor hinterrücks verborgenen Mördern schützen sollten, seinem schütterem Haar (Statuen existieren nur mit üppiger Lockenpracht) sowie seiner zeitlebens gepflegten Lieblingsmarotte: Wo er ging und stand, tötete er Fliegen mit der Spitze eines Federkiels. Gerade Domitians soziales Kommunikationsdefizit, seine Unnahbarkeit, führte zum Ende. Ausgerechnet der Palastputsch seiner wenigen Berater, der »amici«, die er an sich heranließ, tötete ihn. Einer von ihnen, Nerva, beerbte den Thron und leitete das Zeitalter der Adoptivkaiser ein.
Auch nach Hadrian und Marc Aurel musste Rom mit autokratischen Herrschern außerhalb jeder Moral leben: Am bekanntesten wurden zwei Kaiser, die denselben Regierungsnamen trugen: Marcus Aurelius Antoninus.
Der Erste war Lucius Septimius Bassianus (reg. 211–217), Sohn des Kaisers Septimius Severus und heute unter seinem Spitznamen Caracalla bekannt. Diesen erhielt der schon in frühen Jahren zum Mitregenten Ernannte aufgrund seiner Vorliebe für eine damals neuartige Mode, einen knopflosen, weitgeschnittenen Umhang, unter dem sich allerhand verbergen ließ. Caracalla ging als Mörder seines leiblichen, elf Monate jüngeren Bruders und Mitregenten Geta in die Geschichte ein. Dem Mord Ende Dezember des Jahres 211 folgte ein 14-tägiges Massaker in Rom, dem mehr als 20 000 Menschen, mutmaßliche Anhänger Getas, zum Opfer fielen. Dennoch betrachten heutige Forscher die Vita Caracallas nicht nur vor dem Hintergrund dieser Bluttat. Sie sehen in ihm vor allem den Kaiser, der nur wenig später mit der Bewilligung der

Simeon Solomon, Heliogabal, Hohepriester der Sonne, 1866, Aquarell, 46,4 cm x 29,2 cm, The Forbes Magazine Collection, New York

»Constitutio Antoniniana« der gesamten Bevölkerung des Reiches das römische Bürgerrecht verlieh. Tatsächlich lassen sich weitere reformerische und intellektuelle Ansätze bei dem vor allem durch den Baubeginn der größten Thermen Roms in Erinnerung gebliebenen Potentaten erkennen. Seine große Vorliebe galt neben Alexander dem Großen der vielfältigen Götterwelt. Er besuchte sowohl die Heiligtümer des keltischen Gottes Grannus als auch das Asklepios-Heiligtum in Pergamon, wo er sich dem rituellen Tempelschlaf und anderen meditativen Aufgaben unterzog. Sein Nachfolger erhielt aus dynastischen Gründen den gleichen Namen: Marcus Aurelius Antoninus. Besser bekannt als Heliogabal (reg. 218–222), hat dieser Jüngling als Transvestit und oberster Priester des Baalskultes durch die Zwangsheirat mit der Obervestalin Roms dem Reich immer währenden Frieden bringen wollen. Diese unerhörte, Rom in den Grundfesten der Religion und Moral erschütternde »Zwangsbeglückung« endete schonbald mit der Ermordung Heliogabals.

Caelius (Celio)

Im Süden des Kolosseums erhebt sich aus der Ebene der Caelius (»Monte Celio«) als eine Art langgestrecktes Vorgebirge. Den Namen dieses Hügels führen die antiken Schriftsteller auf den etruskischen Feldherrn Caelius Vibenna zurück, der mit seinem Heer Servius Tullius, dem sechsten König Roms, zur Hilfe gekommen sei und zum Dank den Berg als Wohnsitz erhalten haben soll. Der Caelius wurde in der späten Republik und Kaiserzeit zu einer vornehmen Wohngegend. Nach dem Brand von 64 n. Chr., durch den weite Teile des Hügels verwüstet worden waren, bezog Nero einen Abschnitt des Gebietes in seine Domus Aurea ein, während an den Abhängen zum Esquilin und zum Kolosseum hin mehrstöckige Mietshäuser (»insulae«) erbaut wurden. Weithin beherrschte aber der riesige Tempel des vergöttlichten Kaisers Claudius das Viertel. Darüber hinaus prägten Kasernen das Bild des Hügels. So waren bei S. Maria in Domnica die 5. Kohorte der »vigiles« (Feuerwache) und die beiden Kasernen der »equites singulares« (der berittenen Kaisergarde) untergebracht. Bei S. Stefano Rotondo hatte die »castra peregrina« ihren Sitz, in der die Soldaten der Provinzheere untergebracht waren, wenn sie Sonderaufgaben in Rom wahrzunehmen hatten. Zum Ende der Antike wandelte sich das Bild des Monte Celio grundlegend: Neuer Mittelpunkt wurden der Lateran, der fast 1000 Jahre lang – von der Zeit Konstantins bis zum Anfang des 14. Jh.s – die Residenz der Päpste war. Neben der Kirche S. Giovanni in Laterano und dem ersten Lateranspalast entstanden hier im Verlauf der Jahrhunderte so viele Bauten, dass der Lateran zu einer kleinen Stadt heranwuchs. Als die Päpste schließlich 1377 aus ihrem Exil in Avignon zurückkehrten, verlor der Ort als Papstresidenz an Bedeutung. Die schweren Brände von 1308 und 1361 hatten weite Teile von Palast und Kirche beschädigt, sodass der Papstsitz in den Vatikan verlegt wurde. Zwar blieben die Lateransbasilika und S. Croce in Gerusalemme weiterhin wichtige Pilgerkirchen, doch verfiel das Viertel zusehends, bis im späten 19. Jh. neue Wohnviertel entstanden.

Piazza di S. Giovanni in Laterano

Park der Villa Celimontana

Caelius

S. Clemente, Via di S. Giovanni in Laterano, S. 326 f.

SS. Quattro Coronati, Via dei SS. Quattro Coronati 20, S. 336 f.

S. Stefano Rotondo, Via di S. Stefano 7, S. 338 f.

Weitere Sehenswürdigkeiten:

1 Scala Santa und Sancta Sanctorum, Piazza di S. Giovanni in Laterano 14, S. 341

2 Baptisterium S. Giovanni in Fonte, Piazza di S. Giovanni in Laterano, S. 353

3 S. Lorenzo fuori le mura, Piazzale del Verano 3, S. 356 f.

4 Porta Maggiore, Piazza di Porta Maggiore, S. 355

5 S. Croce in Gerusalemme, Piazza di S. Croce in Gerusalemme 12, S. 354

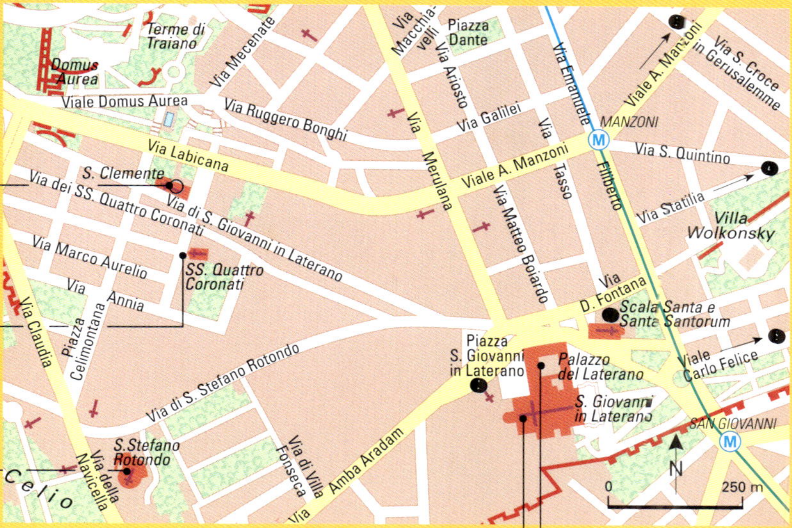

S. Giovanni in Laterano, Piazza di S. Giovanni in Laterano 4, S. 348 f.

Palazzo del Laterano, Piazza di S. Giovanni in Laterano, S. 340 f.

S. Clemente

S. Clemente zählt zu den 18 Titelkirchen Roms, die bereits im 3. Jh. n. Chr. bezeugt sind. Unter Papst Siricius (Pontifikat 384–399) wurde über einem römischen Wohnhaus eine dreischiffige Säulenbasilika zu Ehren des Hl. Clemens, des dritten römischen Bischofs nach Petrus (vermutlich 88–97), errichtet, die den Zerstörungen während des Normanneneinfalls im Jahr 1084 zum Opfer fiel. Ihre Reste sind heute in der sog. Unterkirche zu besichtigen, die erst in der Mitte des 19. Jh.s wieder entdeckt wurde. Wenige Jahre nach der Zerstörung wurde unter Papst Paschalis II. (Pontifikat 1099–1118) auf dem durch Bodenveränderungen erhöhten Niveau ein Neubau (sog. Oberkirche) in Angriff genommen, dem das Apsismosaik und die kostbaren Marmorintarsien des Fußbodens (Cosmatenarbeit) angehören. Aus dem Vorgängerbau konnten die Chorschranken gerettet werden, die aus dem 6. Jh. stammen. Als Säulen fanden hingegen antike Spolien Verwendung. Der dreischiffigen Basilika ist ein Vorhof mit Reinigungsbrunnen vorgelagert, der an drei Seiten von einem Portikus mit antiken ionischen Säulen umgeben ist. Oberzone und Decke des Kircheninnenraums sind unter Papst Clemens XI. von Carlo Fontana Anfang des 18. Jhs. im Stil des ausgehenden Barock gestaltet worden. Fontana errichtete auch die Fassade an der Via di S. Giovanni in Laterano, über deren linkem Volutengiebel der ebenfalls barocke Glockenturm aufragt.

Unter den Kirchen Roms fällt S. Clemente eine besondere Bedeutung zu, denn die Kirche ist ein einzigartiges Beispiel für die Abfolge von Bauten verschiedener Epochen: Über drei Erdschichten hinweg wird dem Besucher die römische Baukunst von der klassischen Antike (Mithräum, Wohnhaus) über die frühchristliche Epoche (Unterkirche) bis hin zum hohen Mittelalter (Oberkirche) vor Augen geführt.

Mithräum

Aus dem linken Seitenschiff der Unterkirche führt eine Treppe in das römische Wohnhaus, das zum ältesten Teil der Anlage gehört. Im späten 2. oder frühen 3. Jh. n. Chr. wurde hier ein Mithrasheiligtum erbaut. Der Mithraskult kam ursprünglich aus Mittelasien und gehörte im 3. Jh. zu einem der wichtigsten Kulte in Rom. In der Mitte des langgestreckten, tonnengewölbten Raumes mit seitlichen Bänken steht ein Altar, dessen Relief den Sonnengott bei der Tötung des Urstiers zeigt – ein Opfer, das von den Anhängern des Gottes als rituelle Handlung wiederholt wurde. Mithras sticht mit dem Dolch in den Stier, unter dem ein Hund und eine Schlange nach dem herabfließenden Blut lecken und ein Skorpion in die Geschlechtsorgane des Stieres beißt. Der Gott wendet seinen Kopf dem Raben zu, der ihm den Befehl zum Stieropfer vom Sonnengott Helios-Sol gebracht hat. Dessen Kopf erscheint in der linken oberen Ecke, während rechts der von der Mondgöttin Selene-Luna zu sehen ist. Auf den Seiten sind zwei Schutzgottheiten, Cautes und Cautopathes, dargestellt, die jeweils eine Fackel emporhalten bzw. senken und damit die aufgehende Morgensonne und die untergehende Abendsonne personifizieren.

Unterkirche, Die Überführung der Reliquien nach S. Clemente, 11. Jh.
Fresko

Um ein Fundament für die Oberkirche zu schaffen, sind die Säulenreihen der Unterkirche durch Mauerwerk gestützt und der Raum bis zu zwei Dritteln zugeschüttet worden. Obwohl während der Ausgrabung im Jahre 1862 zusätzliche Mauern eingezogen werden mussten, bleibt die alte Raumstruktur noch erkennbar: Der dreischiffigen Säulenbasilika mit einer mächtigen Rundapsis ist ein Narthex aus vier Säulen vorgelagert, der Mittelschiff und Atrium miteinander verbindet. Die Räume gelten als Schatzkammer der romanischen Wandmalerei und bezeichnen durch eine lebendige Erzählfreude und eine naturalistische Darstellungsweise einen Wendepunkt in der römischen Malerei. In der Vorhalle zeigen zwei Fresken aus dem 11. Jh. die »Überführung des Leichnams des Hl. Clemens vom Vatikan nach S. Clemente« und das »Wunder am Grab des Hl. Clemens«. Nach der Legende wurde der Papst mit einem Anker an den Füßen ins Schwarze Meer geworfen, woraufhin die Gläubigen jedes Jahr zu dieser Stelle pilgerten. Ein Tondo stellt den Heiligen mit den Stiftern der Fresken, Beno da Rapiza und Maria Macellaria, und deren Kindern dar. Weitere Malereien befinden sich im Mittelschiff, die neben anderem eine Himmelfahrt (9. Jh.) und Szenen aus der Legende des Hl. Alexius darstellen. Ein anderer Zyklus aus dem 11. Jh. hat die Legende der Verfolgung des Hl. Clemens durch den heidnischen Präfekten Sisinnius zum Inhalt: die Häscher, die den Papst verfolgten, wurden von Gott geblendet, sodass sie eine Säule anstelle des Heiligen fesselten. Bei dem Versuch, diese mit sich zu führen, werden sie von dem Präfekten angetrieben: »Fili dele pute, traite« (Zieht, ihr Hurensöhne«). Bei diesem Zitat handelt es sich um eines der frühesten schriftlichen Zeugnisse der italienischen Sprache (»volgare«).

Stieropfer und Sternenhimmel – der Mithraskult

von Jürgen Sorges

Der nahezu zeitgleich mit dem Christentum einflussreiche Mithraskult zählt zu den erfolgreichsten Mysterienreligionen der Antike. Er geht ursprünglich auf die altiranische Gottheit Mitra zurück; Jahrhunderte später hatte der im Lauf der Zeit gewandelte, geheimnisumwitterte Kult dann vor allem starken Einfluss auf Roms Militäroffiziere und Legionäre, aber auch Zoll- und Finanzbeamte sowie Kaufleute bekannten sich zu Mithras. So ist die enorme geografische Verbreitung des Mithraskultes im gesamten römischen Imperium nicht erstaunlich. Neben seiner Präsenz in Rom entwickelte sich der Mithraskult besonders entlang der Staatsgrenzen: Am Hadrianswall in Schottland wie in Nordafrika, entlang dem germanischen Limes bis zum Donaudelta, an der portugiesischen Atlantikküste bis in die Levante hinterließ der Kult hunderte unterirdischer, höhlenähnlich angelegter Kultstätten, die so genannten Mithräen. Architektonisch und archäologisch evident ist, dass nach dem Untergang des Mithraskultes seit dem 4. Jh. n. Chr. zahllose Mithräen mit christlichen Kirchen überbaut wurden. Forscher haben hier in den letzten 150 Jahren zahllose Funde machen können, die Einblicke in den Mithraskult erlauben. Doch das schwierig zu rekonstruierende »Puzzle« um Mithras ist bis heute nicht endgültig gelegt.

Immerhin weiß man, dass die in zahllosen Kleingruppen, ähnlich Geheimgesellschaften organisierten Mithraskultgemeinschaften männerbündisch und bis zu einem gewissen Grad egalitär waren: Nicht nur Militärangehörige, sondern auch Sklaven konnten Mitglieder sein. Frauen waren ausgeschlossen.

Über den Glauben der Mithrasanhänger, ihre praktizierten Riten sowie ihre religiösen Diesseits- und Jenseitsvorstellungen ist indes nur wenig überliefert. Wie alle antiken Mysterienkulte hinterließen auch die Mithrasjünger nur wenige schriftlich überlieferte Spuren.

Die erhaltenen Quellen stammen vor allem von Kritikern und Gegnern des Mithraskultes. Religionsgelehrte, darunter zahlreiche frühchristliche Theologen, sahen in ihm vor allem eine massive Konkurrenz. Denn der Mithraskult war höchst erfolgreich: Mancher heutige Historiker – wie der Franzose E. Renan – konstatiert gar, dass, »falls das Christentum bei seiner Geburt durch eine tödliche Krankheit dahingerafft worden wäre, die Welt mithrisch geworden wäre«. Das antike Rom des 2. und 3. Jh.s n. Chr. bildete den Hauptschauplatz der Auseinandersetzungen zwischen den Exponenten beider Religionen. Damals war der Mithraskult dem Christentum mindestens ebenbürtig. Und beide Religionen konkurrierten mit Roms traditionellem Götter-Pantheon. Um Einfluss und Schutz bei Roms Kaisern zu finden, griffen Vertreter beider Religionen damals auch zum Mittel der Denunziation: Gegenseitig warf man sich Blasphemie und das Kopieren sakraler Handlungen vor. Dieser jahrzehntelang unsichtbar geführte Kampf eskalierte schließlich: Aus Unkenntnis über die tatsächlichen religiösen Handlungen wurde dem Mithraskult sogar die Praxis ritueller Kindstötungen vorgeworfen. Die spirituelle Auseinandersetzung drohte zum Kampf mit realen Waffen zu werden. Erst mit Kaiser Konstantin (Alleinherrschaft seit 312 n. Chr.), dem Aufstieg des Christentums zur Staatsreligion und dem damit verbundenen Wandel Roms im 4. Jh. entschied sich dieser Konkurrenzkampf zugunsten des Christentums.

Dennoch ist das Gedankengut des Mithraskultes nie gänzlich verschwunden: Nicht wenige Wissenschaftler nehmen heute an, dass ein Teil des antiken mediterranen Kulturerbes, auch des Mithraskultes, in den »Schmelztiegel Christentum« eingeflossen ist.

Beispiele dafür finden sich vor allem auch in Rom: So ist dies für den unterirdischen Bereich der Basilika von S. Clemente an der Via S. Giovanni in Laterano (nahe dem Kolosseum) belegt. Heute ist hier ein nach fünfzehnjährigen Restaurierungsarbeiten vollständig freigelegtes Mithräum zu besichtigen. Der Abstieg aus der imposanten christlichen Oberkirche besitzt den Charakter einer spektakulären Zeitreise: Die

Mithras tötet den Urstier, römisches Relief, Marmor mit Bemalungen und Vergoldungen, Palazzo Massimo alle Terme (Museo Nazionale Romano), Rom

Besucher »landen« inmitten niedergebrannter Häuserruinen jenes legendären neronischen Stadtbrandes (64 n. Chr.), die hier ebenfalls entdeckt wurden. Auch unter S. Stefano Rotondo und vor allem unter S. Prisca auf dem Aventin sind Mithräen entdeckt worden. Weitere wichtige Mithräen in Rom fanden sich unter dem Circus Maximus, unter dem Palazzo Barberini und in den Caracalla-Thermen. Die bedeutendsten, aussagekräftigsten und besterhaltenen Mithraskultstätten finden sich jedoch in der antiken Küstenstadt Ostia antica (»Mithräum der sieben Pforten«, »Mithräum der sieben Sphären« etc.). Fresken, Mosaiken und Skulpturenfunde geben dort Auskunft über den Kult:

In diesen schon vom frühchristlichen Kirchenhistoriker Origines als »Abbild des Himmels« interpretierten Mithraskultstätten haben Forscher die Schlüssel zur Dechiffrierung dieses Kultes gefunden. Im Zentrum aller Höhlentempel befand sich auf einem altarähnlichen Aufbau die so genannte Tauroktonie, das zentrale religiöse Motiv des Mithraskultes: Gott Mithras tötet mit einem Messer einen Stier, indem er diesem die Kehle durchtrennt. Begleitet wird dieser sakrale Akt der Stiertötung durch verschiedene Tiere und Objekte, die der Forschung jahrzehntelang Rätsel aufgaben. Hund, Schlange, Rabe, Skorpion, Löwe und Kelch wohnten dem blutigen Ereignis scheinbar teilnahms- und beziehungslos bei. Doch einzelne Mithräen gaben weitere Geheimnisse preis. So fand man im Mithräum von S. Prisca auf Wandmalereien Darstellungen einer Prozession zu Ehren des Mithras und schließlich sogar die Wiedergabe der Initiationsgrade des Kultes. Sieben Weihestufen bildeten das Gerüst der mithrischen Initiation: »corax« (Rabe), »nymphus«, »miles« (Soldat), »leo« (Löwe), »Perses« (Perser), »heliodromus« (Sonnenläufer) und »pater« (Vater). Symbole und sogar Schemata dieser Initiationsstufen finden sich auch auf Mosaiken in den Mithräen von Ostia. Schließlich gaben die frühchristlichen Kirchenlehrer Origines und Hieronymus in

Bankett von Mithras und der Sonne, 2./3. Jh., Relief aus Fiano Romano, Musée du Louvre, Paris

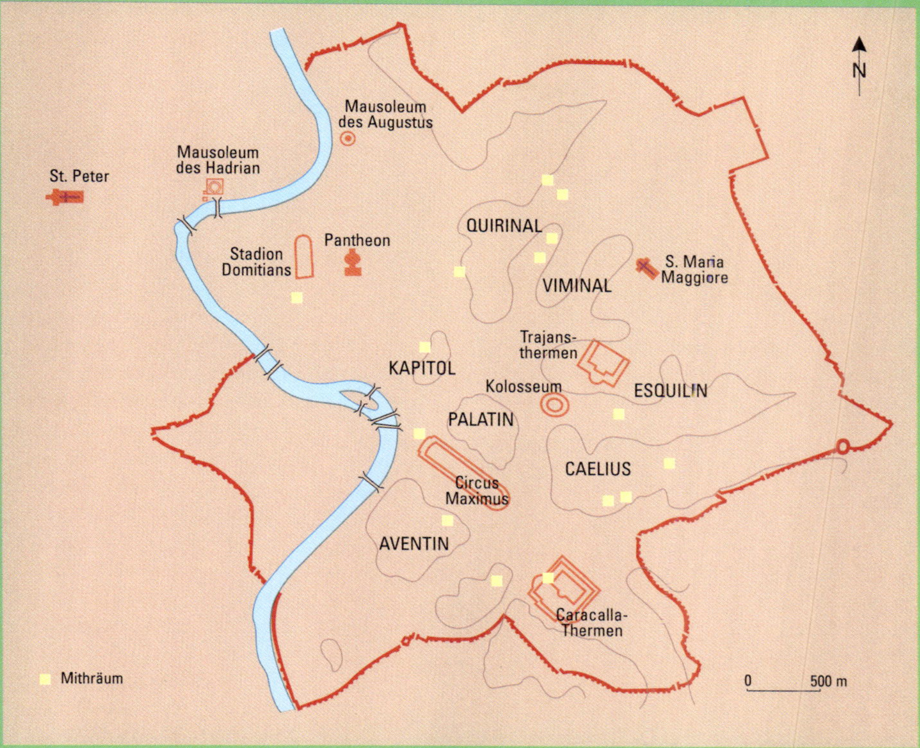

Verteilung der Mithraskultstätten und Mithrasmonumente in Rom (nach F. Coarelli)

ihren Schriften entscheidende Hinweise: Das steinerne Tonnengewölbe eines Mithräums war häufig mit einem farbigen Sternenhimmel dekoriert, zahllose Darstellungen der Tierkreiszeichen sind überliefert und teils, wie in Ostias »Mithräum der sieben Tore«, bis heute dokumentiert.

Erstmals 1869 hatte der deutsche Gelehrte K. B. Stark die Mithrasreligion als einen dem Sternenhimmel verpflichteten Astralkult interpretiert. Insbesondere durch die Forschung der letzten drei Jahrzehnte des 20. Jh.s konnte diese kosmologische Deutung endgültig bestätigt werden.

Oberkirche, Schola Cantorum

Für die Schranken des Sängerchores vor der Apsis aus dem 12. Jh. wurden Platten vom Chor Papst Johannes' II. aus der Unterkirche wieder verwendet und durch farbige Einlegearbeiten ergänzt, die korbgeflechtähnliche Muster oder umkränzte Kreise auf glatten Feldern zeigen. Dadurch ist die einzige nahezu vollständige Choreinfriedung des 6. Jh.s erhalten geblieben. Zusammen mit dem Osterleuchter, den Ambonen und dem schönen Mosaikfußboden gehören sie zu den Meisterwerken der Cosmaten.

Oberkirche, Cappella di S. Catarina, Masolino da Panicale (1383–1440), Katharinenlegende, vor 1431
Fresko, 420 x 310 cm

Die kleine rechteckige Kapelle an der Stirnseite des linken Seitenschiffs wurde von Branda da Castiglione gestiftet, der zwischen 1425 und 1431 Titelkardinal von S. Clemente war. Der Florentiner Masolino da Panicale malte sie zusammen mit Masaccio mit Fresken aus, die zu den herausragenden Werken der Frührenaissance zählen. Die Katharinenkapelle ist die früheste bedeutende Kapellenausstattung in Rom nach der Rückkehr des Papsttums und markiert die Einführung der Florentiner Renaissancemalerei in Rom. Dies zeigt sich z. B. in der zentralperspektivischen Raumdarstellung sowie in der Vielseitigkeit der Erzählstrukturen. Auf den Seitenwänden werden in zwei Registern Szenen aus der Legende der Hl. Katharina von Alexandrien und des Hl. Ambrosius geschildert, während die Altarwand eine monumentale Kreuzigung trägt. Die bei der letzten Restaurierung aufgefundenen »Sinopien« (Vorzeichnungen) sind auf der Seitenschiffswand vor der Kapelle angebracht.

SS. Quattro Coronati

Die Kirche, die zu Ehren von vier Märtyrern gegründet wurde, geht auf das 4. Jh. zurück. Die Märtyrer werden »Die heiligen Vier Gekrönten« genannt, weil man sie bei ihrem Martyrium mit einem zackigen Eisenkranz krönte, der ihnen in den Schädel getrieben wurde. Ein unter Papst Leo VI. (Pontifikat 847–855) errichteter großer Bau fiel den Zerstörungen des Normanneneinfalls 1084 zum Opfer. Unter Einbeziehung von Teilen des Langhauses sowie der Apsis des Vorgängerbaus ließ Papst Paschalis II. um 1111 eine dreischiffige Emporenbasilika mit Stützenwechsel wieder aufbauen, bei der das alte Langhaus teilweise in den Vorhof der neuen Kirche umgewandelt wurde. Im 13. Jh. wurde das Kloster zu einer mächtigen Festung zum Schutz des benachbarten Laterans ausgebaut, an die die wehrhafte Fassade mit dem in den Torbau einbezogenen Glockenturm erinnert.

Oratorio di S. Silvestro, römische Schule, Der Hl. Sylvester erhält von Konstantin die päpstlichen Insignien: Tiara und Schirm, 1248
Fresko

Der Freskenzyklus im Oratorium zu Ehren des Hl. Sylvester, das 1246 errichtet wurde, ist von großer politischer Bedeutung, da er die Bekehrung des Kaisers Konstantin durch Papst Sylvester schildert: Dem erkrankten Konstantin erscheinen im Traum Petrus und Paulus und geben ihm den Rat, den Papst aufzusuchen, der auf dem Monte Soratte als Einsiedler lebt. Dieser fordert den Kaiser auf, die Bildnisse der beiden Apostel zu verehren und heilt ihn durch die Taufe. Daraufhin schenkt Konstantin dem Papst die Herrschaft über Rom. Zu Fuß führt er sein Pferd zum Lateran und überreicht dem Papst kniend die Tiara, zum Zeichen der Vorherrschaft des Papsttums gegenüber jeder weltlichen Macht. Dies war als Mahnung an den Stauferkaiser Friedrich II. zu verstehen, der versuchte, Papst Innozenz IV. (Pontifikat 1243–1254) diesen Anspruch streitig zu machen.

S. Stefano Rotondo

Die dem Hl. Stephanus geweihte Kirche, die auf dem Gelände einer römischen Kaserne steht, hat eine wechselvolle Geschichte. Sie wurde von Kaiser Valentinian II. (reg. 425–455) oder Papst Sixtus III. (Pontifikat 432–440) erbaut und unter Papst Simplicius (Pontifikat 468–483) geweiht. Der Rundbau bestand aus drei konzentrischen Kreisen von 64 m Durchmesser, in den ein griechisches Kreuz mit Kapellen in den Kreuzarmen eingeschrieben war. Auf diese Weise verschmolzen zwei Grundtypen des Kirchenbaus zu einer einzigartigen Synthese. Wahrscheinlich sollte der Bau an die Rotunde mit dem Heiligen Grab in der Grabeskirche in Jerusalem erinnern, mit der er in seinen Maßen weitgehend übereinstimmt. Möglicherweise wollte man das bedeutendste Heiligtum der Christenheit auf diese Weise symbolisch auf römischen Boden verpflanzen.

Innenraum

Im 8. Jh. ließ Papst Hadrian (Pontifikat 772–795) den Mittelraum durch eine den Raum durchquerende Bogenstellung sichern. Nach der Zerstörung während des Normanneneinfalls 1084 wurde unter Papst Innozenz II. (1130–1143) der äußere Ring abgetragen, die Zwischenräume des nach innen folgenden Säulenrings wurden vermauert und dem östlichen Kreuzarm wurde eine Eingangshalle vorgebaut. Dieser Verkleinerung fielen die Marmorinkrustationen und Mosaike des 6. Jh.s zum Opfer. Doch noch in heutiger Zeit beeindrucken die 22 ionischen Säulen, die auf waagerechten Architraven die Obergaden des Mittelbaus tragen. Eine weitere Restaurierung erfolgte unter Nikolaus V. (1447–1455) um 1453, in deren Zuge das schöne Doppelportal entstand.

Palazzo del Laterano

Der Lateran ist einer der geschichtsträchtigen Orte Roms: Jahrhundertelang residierten hier die Päpste, bis sie nach der Rückkehr aus Avignon im Jahre 1377 ihren Sitz in den Vatikan verlegten und der Lateran an Bedeutung einbüßte. Heute ist im Lateranspalast, der wie die Kirche exterritorial liegt und dennoch zum Vatikanstaat gehört, die römische Bistumsverwaltung untergebracht. Ursprünglich gehörte das Areal zum Besitz der Familie der Laterani und ging später an den Kaiser über. Nach seinem Sieg an der Milvischen Brücke (312 n. Chr.), den er dem Gott der Christen zu verdanken glaubte, schenkte Konstantin dem Papst Miltiades das Gelände, um hier eine Kirche und das »Patriarchium« zu erbauen. Dieser Vorgänger des Lateranspalastes war bis zur Rückkehr der Päpste 1377 ihr offizieller Amtssitz. Durch die Brände von 1308 und 1361 und das lange Exil der Päpste verfiel das Patriarchium allmählich. Nach der Entscheidung, die Papstresidenz in den Vatikan zu verlegen, wurde es nicht mehr vollständig instand gesetzt. Erst im Rahmen seines umfangreichen Stadterneuerungsprogramms beauftragte Papst Sixtus V. (Pontifikat 1585–1590) den Architekten Domenico Fontana mit dem Wiederaufbau. Fontana ließ das Patriarchium abreißen und errichtete neben der nördlichen Längswand der Basilika einen U-förmigen, um einen großen Innenhof gebauten Palast, dessen Fronten durch lange Fensterreihen gegliedert werden.

Auf die Piazza di S. Giovanni in Laterano versetzte er als Ersatz für die Reiterstatue Marc Aurels, die auf das Kapitol gebracht worden war, einen 47 m hohen Obelisken, den im 15. Jh. v. Chr. Thutmoses III. vor dem Tempel des Ammon in Theben errichtet hatte. 357 n. Chr. war er von Konstantins Sohn Constantius nach Rom transportiert und auf der »Spina« (Trennwand zwischen den Rennbahnen) im Circus Maximus aufgestellt worden.

Scala Santa

Die Scala Santa, die Heilige Treppe, die Sixtus V. aus dem alten Papstpalast hierhin verlegen ließ, führt zur ehemaligen Privatkapelle der Päpste, S. Lorenzo in Palatio. Ihren Beinamen Sancta Sanctorum verdankt sie dem kostbaren Reliquienschatz, zu dem ein Bildnis Christi gehört, das nach der Überlieferung ein »Acheiropoeton« (nicht von Menschenhand gemacht) ist. Die aus 28 weißen Marmorstufen bestehende Treppe soll – so die Legende – aus dem Palast des Pilatus stammen und von Christus vor seinem Tod erklommen worden sein. Die Hl. Helena, die Mutter Konstantins, habe sie nach Rom gebracht. Weil keiner die Stufen betreten durfte, wurden diese mit Holz verkleidet, und noch heute rutschen die Gläubigen im Gedenken an das Leiden Jesu auf Knien die Treppe hinauf.

Das Heilige Jahr 1500

von Jürgen Sorges

»Ich öffne, und niemand schließt zu! Ich schließe zu, und niemand öffnet!« Mit diesen Worten beendete Papst Alexander VI. (Pontifikat 1492–1503) das zurückliegende und eröffnete am Weihnachtsabend 1499 mit der symbolischen Durchschreitung der »Porta Santa« in St. Peter das neue Jahrhundert. Traditionell begann das neue Jahr für die Katholische Kirche nicht am 1. Januar, sondern schon zum Fest der Geburt des Erlösers. Und während der Papst mit seinem Silberhämmerchen eifrig gegen das Mauerwerk klopfte, waren auf der anderen Seite der Heiligen Pforte Handwerker emsig damit beschäftigt, im Inneren von St. Peter, damals der größten Baustelle Europas, Putz und Steine zu entfernen, um dem Stellvertreter Christi den mühevollen Einlass zu ermöglichen. Es war das achte reguläre Jubeljahr, seit Papst Bonifaz VIII. im Jahr 1300 erstmals ein solches christliches Jahr abgehalten hatte. Das Vorbild für dieses Ereignis, das damals unverhofft große, Resonanz gehabt hatte, war indes ein jüdischer Religionsbrauch: das alle 50 Jahre stattfindende »Jobeljahr«.

Bernhardino Pinturricchio, Bildnis des Papstes Alexander VI., Ausschnitt aus dem Fresko »Die Auferstehung«, 1492–1495, Appartamento Borgia, Vatikan, Rom

Altobello Meloni, Porträt eines italienischen Condottiere (vermutlich Cesare Borgia), um 1520, Gemälde auf Holz, 56 cm x 47 cm, Galleria dell' Accademia Carrara, Bergamo

Rodrigo Borgia, so der ursprüngliche Name Alexanders VI., schien für dieses Großereignis alles bestens geordnet zu haben. Er hatte die seit Christopher Kolumbus entdeckte Neue Welt per Federstrich in eine spanische und eine portugiesische, Einflusssphäre geteilt sowie ein insbesondere zwischen Franziskaner- und Dominikanermönchen heiß diskutiertes Dauerthema der christlichen Dogmenlehre, die Unbefleckte Empfängnis Mariens, per Bulle für endgültig beendet erklärt. Wer jetzt noch an einen der Erbsünde ebenbürtigen Fehltritt glaubte, fiel der Ketzerei anheim. Auch der französische König Karl VIII. war besänftigt: Noch vor wenigen Jahren stand er mit seinem Heer »ante portas«, vor den Toren Roms. Damals hatten den Herrscher nur das Ausbrechen der Pest sowie die Stellung einer hochrangigen Geisel zum Abzug bewegen können. Ausgerechnet Cesare Borgia, der ungestüme Sohn des offiziell zölibatär lebenden Papstes, hatte sich in Feindeshand begeben müssen. Doch nun hatte der König zum Jubeljahr klein beigegeben, weil er eine Privatsache, die Scheidung von seiner missgestalteten Gattin, betrieb. Alexander VI. hatte keinen Augenblick gezögert, das unauflösliche Sakrament der Ehe gegen eine erkleckliche Summe für nichtig zu erklären. Nebenbei war für Cesare, den Heißsporn, auch noch der gut dotierte Titel eines Herzogs von Valentinois abgefallen. Flugs legte er die mit 18 Jahren erworbene Kardinalswürde nieder.

Auch ein damals noch recht unbekannter junger Künstler, ein gewisser Michelangelo Buonarroti aus Florenz, hatte indirekt von dieser diplomatischen Absprache profitiert. In der Kapelle der Hl. Petronilla des Petersdoms fand in diesem Jubeljahr 1500 eine besondere Statuengruppe – im Auftrag des Botschafters Karls VIII. am Heiligen Stuhl – Aufstellung: die Pietà. Manchem Besucher des Petersdoms schien die trauernde Madonna mit Jesus nach der Kreuzabnahme zu hoch postiert, anderen wiederum schien die leidende Gottesmutter ungehörig jung für diese Pose. Einig war man sich über die unnachahmliche Glätte des Marmors, den einmaligen Faltenwurf und die Gesichtszüge der beiden Protagonisten: ein Meisterwerk, gelungener als jedes antike Vorbild, Beweis für die höhere Schöpfungskraft der neuen Zeit, ein

Sieg des Neuen über das schier übermächtige Vermächtnis der Antike. Sein Urheber hatte sich nicht im Verborgenen gehalten. Werbewirksam prangte sein Name quer über dem Brustband der Gottesmutter: »Michael Angelus Buonarotus aus Florenz fertigte dies!«
Viele folgten der verkündeten päpstlichen Einladung nach Rom: Zu Ostern 1500 knieten über 200 000 Gläubige aus der gesamten christlichen Welt auf dem Petersplatz nieder. Selbst aus Island waren Gläubige angereist, obwohl die offizielle Kirche lehrte, dass an der Südküste dieses Eilandes der »Antichrist« hause. Nahe dem Vulkan Hekla sollte gar der Eingang zur Hölle liegen. All diese Pilger »sahen den Glanz und hörten die Verbrechen der Borgia«, wie Ferdinand

Lafréry, Die Sieben Kirchen (Sette Chiese) Roms, Stich, um 1575, Kunstbibliothek, Staatliche Museen zu Berlin Preußischer Kulturbesitz

Gregorovius in seinem empfindsamen Bericht über das Jubeljahr festhielt. Die Pilger sahen die aus den vatikanischen Palästen kommenden Kurtisanen, etwa die berühmte Vanozza oder Giulia Farnese, deren Ränke und Liebesspiele dem Hause Farnese bald selbst Adelstitel und Papstwürde bringen würden. Und man sah Lucrezia Borgia, die im Inzest gezeugte schöne Papsttochter, wenn sie festlich gekleidet mit 100 Hofdamen durch Rom ritt. Alle übertraf indes Cesare Borgia, der Sohn des Papstes: Unter einer schwarzen Maske verborgen war der Mörder seines Bruders Gandía am 26. Februar 1500 ganz in schwarzen Samt gekleidet und von 100 schwarz gewandeten Lakaien umgeben in Rom eingeritten. Cesare hatte allen Grund, sein Gesicht zu verbergen: 1495 war bei der Belagerung Neapels unter den französischen Truppen erstmals eine neue Seuche aufgetreten. Seither grassierte sie als Franzosenkrankheit in ganz Europa. Cesares Antlitz war von einer Syphilis zweiten Grades schwer gezeichnet.

Für die in Rom weilenden Pilger entwickelte sich das Jahr zu einem Albtraum zwischen fröhlich pilgerfrommem Bacchantentum und teuflisch verstörtem Dämonentaumel. Alle hatten sie mindestens jenen Wochenlohn an den Papst gespendet, der als Minimum für den kleinen Sündenablass galt. Zudem kursierten in ganz Europa Ablassbriefe, die den Daheimgebliebenen ebenfalls den vereinfachten Zugang zum Paradies ermöglichen sollten. Rom selbst war gut auf die Massen vorbereitet, das nötige Absolvieren des Pilgerparcours zur Erlangung des vollständigen Sündenablasses effizient organisiert. Schon 1300 hatte das Heilige Jahr das europäische Verkehrssystem um eine Novität

Bartolomeo da Venezia, Porträt Lucrezia Borgia, auf Holz, 43,5 cm x 34,3 cm, Städelsches Kunstinstitut, Frankfurt a. M.

bereichert, Dante Alighieri hat diese Entwicklung in der »Göttlichen Komödie« amüsiert bejubelt: Der »senso unico«, die Einbahnstraße, war erfunden worden, um den sich ungehemmt in die Stadt ergießenden Pilgerstrom staufrei zu kanalisieren. Nicht mehr nur die Apostelgräber in St. Peter und S. Paolo fuori le Mura mussten besucht werden. Auch S. Maria Maggiore auf dem Esquilin stand seit der päpstlichen Bulle von 1439 auf dem Programm. Hinzu kamen die Märtyrerkatakomben von S. Sebastiano an der Via Appia. Zudem war für die Prachtumzüge des Papstes und die Pilgerscharen eine neue Straßenachse durch die Stadt geschlagen worden. Kritiker monierten zwar, das Grab des Romulus sei dabei zerstört worden. Doch nur so war der Parcours samt vorgeschriebener Beichten und Gebete innerhalb 48 Stunden zu absolvieren. Wer ganz auf Nummer Sicher gehen wollte, musste diese Wallfahrt wie schon im Jahr 1300 15-mal wiederholen, ortsansässigen Römern waren gleich 30 solcher Prozessionen innerhalb dieses Jahres auferlegt. Und Rom bot in dieser Zeit Schauspiele, durch deren Vielzahl das Jahr 1500 zu einem der turbulentesten in der Geschichte der Ewigen Stadt wurde: Cesare Borgia zu Ehren machte Alexander VI. den Karneval 1500 zu einem unvergesslichen Ereignis: Auf der Piazza Navona feierte der Borgia-Sohn ungeniert einen Triumphzug mit elf Wagen. Das eingeschüchterte Volk jubelte und umschmeichelte ihn. Doch mitten hinein in die Festivitäten platzte die Nachricht, dass am 24. Februar der neue Thronfolger des deutsch-römischen Kaiserreiches geboren war: Die deutsche Nationalkirche S. Maria dell' Anima schmückte sich feierlich, um jenen Buben zu begrüßen, der als Kaiser Karl V. von 1519 bis 1556 regieren sollte. Cesare war die Schau gestohlen.

Und es sollten noch seltsamere Dinge passieren, die nur mit dem Teufel im Bunde sein konnten. Wenn die Pilger im Frühsommer 1500 nach dem Besuch von St. Peter über die Engelsbrücke zurück in ihre Quartiere eilten, sahen sie dort Dutzende Gehenkte baumeln. Unter diesen befand sich auch jener Arzt des Lateranshospitals, der – Pilgerpanik – im Morgengrauen Vorbeieilende mit Pfeil und Bogen erlegt und reiche Kranke im Krankenbett vergiftet hatte. Nur wenig später, am blumengeschmückten St.-Johannes-Tag, veranstaltete Cesare auf dem eingezäunten Petersplatz eine blutige Corrida. Eigenhändig soll er mit Speeren und einem einzigen Schwerthieb Stiere getötet haben.

Nur Tage später, am 29. Juni, entlud sich ein Sturm über den Gemächern des Papstes. Der Kamin schlug durch das Dach und tötete einen päpstlichen Berater. »Der Papst ist tot«, schrie das Volk erleichtert, während viele Borgia-Parteigänger fluchtartig die Stadt verließen. Erst Kanonenschüsse von der Engelsburg brachten das plünderungswillige Volk wieder zur Raison und zur Erkenntnis, dass das Kirchenoberhaupt überlebt hatte. Am 15. Juli wurde der junge Prinz von Bisceglie, aktueller Gatte Lucrezia Borgias, von Meuchelmördern auf den Stufen von St. Peter durch Dolchstiche schwer verwundet; er wurde zur Genesung in die schwer bewachte Engelsburg geschafft. Doch es kam der 18. August 1500: Cesare Borgia selbst eilte an sein Krankenbett, um den Prinzen eigenhändig zu erwürgen. Panikartig verließ Lucrezia mit 600 Bediensteten Rom. Der 70-jährige Papst hingegen ernannte am 28. September gleich zwölf neue Kardinäle, die ihm pro Hut 120 000 Dukaten in die ab Oktober 1500 gleich wieder geleerte Kriegskasse brachten.

Frohgemut kehrten die Pilger nach einem tollen, turbulenten Heiligen Jahr in ihre Heimat zurück, denn es gab in den langen Wintermonaten vieles Unglaubliches aus Rom zu berichten: Am 22. April 1500 war die Terra do Brazil, Brasilien, von Pedro Alvarez Cabral (1468–1526) und seinen Mannen entdeckt worden! Ein heiliger Bettelmönch, ein gewisser Savonarola, war zwei Jahre zuvor in Florenz verbrannt worden, Tomas de

Marten van Heemskerck, Innenansicht der Peterskirche während des Neubaus, 1534–1536, Zeichnung, Kupferstichkabinett, Staatliche Museen zu Berlin Preußischer Kulturbesitz

Torquemada, Spaniens gefürchteter Großinquisitor, war tot. Und es galt, über bigotte Gläubige, fanatische Ketzer und neue, »Humanisten« genannte Geistesheroen, über sagenhafte exotische Schätze, sogar über ein fernes, nie gehörtes Land namens Cathay, China, zu erzählen: Dort, so ging das Gerücht, sei gerade ein neues Alltagsutensil, die Zahnbürste, erfunden worden. Die Welt war in Europa erstmals seit der Antike wieder global geworden. Möglicherweise schien sie, wie ein Heide, ein gewisser Ptolemäus im Buch Almagest schon vor Christi Geburt geschrieben hatte, unerhörterweise sogar rund zu sein.

S. Giovanni in Laterano

Die Bischofskirche des Papstes – MATER ET CAPUT OMNIUM ECCLESIARUM URBIS ET ORBIS (»Mutter und Haupt aller Kirchen der Stadt und des Erdkreises«) – und eine der sieben Pilgerkirchen Roms wurde unmittelbar nach dem Mailänder Edikt (313) von Konstantin zu Ehren des Erlösers (Basilica Salvatoris) gegründet. Sie gilt somit als frühester römischer Kirchenbau. Mit 100 m Länge und 65 m Breite übertraf sie sogar die Maxentius-Basilika. Den heutigen Namen trägt sie erst seit dem 7. Jh., als Papst Gregor der Große sie dem Schutz Johannes des Täufers unterstellte. Von der mittelalterlichen Gestalt der Basilika hat sich neben einigen Ausstattungsstücken im Innern der bedeutende Kreuzgang aus dem 13. Jh. erhalten. Die entscheidende Neugestaltung erfolgte zum Heiligen Jahr 1650 unter Papst Innozenz X. durch Francesco Borromini, der die fünfschiffige Basilika in eine Barockkirche umwandelte. 1733–1736 fügte Alessandro Galilei die monumentale Hauptfassade hinzu, 1886 ließ Papst Leo XIII. den Chorraum vergrößern.

Galilei errichtete über der Vorhalle eine Fassade, die mit ihrer Kolossalordnung am Ende der barocken Fassadenkunst in Rom steht. Riesige Pilaster und Säulen gliedern die Wand in fünf Abschnitte, von denen der mittlere risalitartig hervorspringt. Eine balustergeschmückte Attika, die von Heiligenstatuen bekrönt und im Bereich des Risaliten von einem Giebel überfangen wird, bildet den oberen Abschluss. Als zweite Wandschicht tritt hinter die Hauptgliederung eine zweigeschossige Säulenarchitektur, die nur über dem Hauptportal nach vorne springt, um den Balkon der päpstlichen Benediktionsloggia zu tragen.

Simone di Giovanni Ghini (1406/7–1491), Grabmal Martins V. (1432)

Baptisterium, S. 353

Papstaltar, S. 352

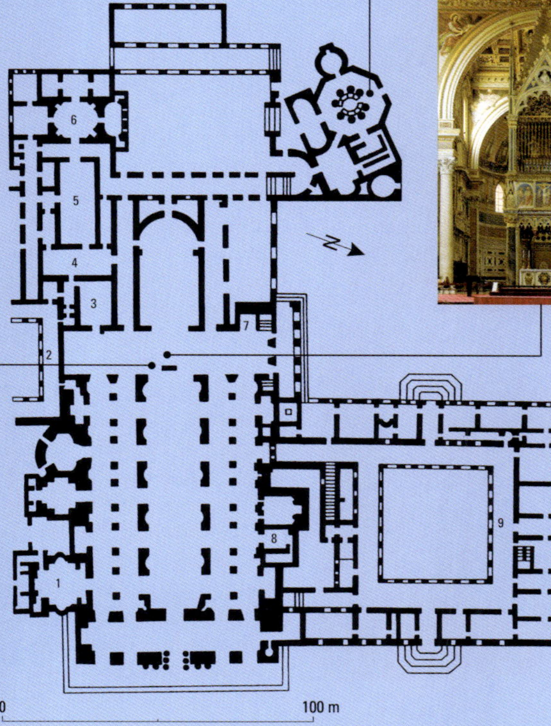

1 Cappella Corsini
2 Kreuzgang
3 Cappella Colonna
4 Alte Sakristei
5 Sala Clementina
6 Neue Sakristei
7 Cappella del crocifisso
8 Cappella Torlonia
9 Palazzo del Laterano

Nordfassade mit Benediktionsloggia

Bereits 1586–1589 hatte Domenico Fontana im Auftrag von Papst Sixtus V. dem nördlichen Seitenschiff an der Piazza di S. Giovanni in Laterano eine Vorhalle vorgesetzt, die aus einer zweigeschossigen Arkadenarchitektur mit Malereien im Innenraum besteht. Von der Benediktionsloggia aus erteilt der Papst seinen traditionellen Segen am Himmelsfahrtstag. Im Portikus steht eine Bronzestatue Heinrichs IV. von Frankreich, ein Werk von Nicolas Cordier aus dem Jahre 1608. Weil der König das Kapitel mit großzügigen Spenden unterstützt hatte, werden seitdem alle französischen Staatschefs ehrenhalber zu Chorherren der Basilika ernannt.

Filipo Gagliardi (gestorben 1659), Innenraum der alten Lateransbasilika, S. Martino ai Monti

Fresko

Das erste monumentale Gotteshaus der Christenheit, das Konstantin überreich mit Gold, Silber und Mosaiken ausstatten ließ, war eine fünfschiffige Säulenbasilika mit Querhaus und Apsis. Über die gesamte Breite des Langhauses lagerte ihr als Ort der Besinnung und der Reinigung ein fast quadratisches Atrium vor. 15 Säulen aus numidischem Marmor trennten das breite Mittelschiff von den schmaleren Seitenschiffen ab, wobei die weit gespannten Arkadenbögen jeweils einen Abstand von vier Metern zu überbrücken hatten. Ein auf hohen Säulen errichteter Triumphbogen bezeichnete die Grenze zwischen Langhaus und Querschiff mit dem Altar in der Mitte. In der Apsis dahinter erhob sich der Sitz des Papstes.

Alle Schiffe waren nicht mit Gewölben überdeckt, sondern besaßen einen offenen Dachstuhl, wie man auf dem Fresko in S. Martino ai Monti, das den alten Zustand der Kirche wiedergibt, noch erkennen kann.

Innenraum

Bei seiner Neugestaltung zum Jubeljahr 1650 hatte Borromini den päpstlichen Auftrag, einen modernen Kirchenraum bei möglichst getreuer Bewahrung des Grundrisses und des Aufbaus der konstantinischen Anlage zu schaffen. Borromini reduzierte die 14 Arkaden des Mittelschiffs auf fünf, die er zwischen riesige, von kolossalen Pilastern gerahmte Pfeiler spannte und über denen er Fenster anbrachte. In die Wandstücke zwischen den Pfeilern setzte er säulengerahmte Nischen, in denen dank großzügiger Stifter zwischen 1703 und 1719 die kolossalen Statuen der zwölf Apostel aufgestellt wurden. Sie werden von Stuckreliefs mit Szenen aus dem Alten und Neuen Testament und gemalten Medaillons mit Prophetenbildnissen bekrönt. Im Vergleich mit der fein profilierten, fast ganz in weißem Stuck gehaltenen Wandstruktur des Hochbarocks erscheint die unter Papst Pius IV. (Pontifikat 1559–1565) ausgeführte Holzdecke, die auf Geheiß Innozenz' X. beibehalten werden musste, wuchtig und schwer. Darüber hinaus fügte Borromini an die Seitenschiffe Kapellen an, die im Gegensatz zur Längsausrichtung der alten Basilika die Tendenz zur Breitenausdehnung unterstützen.

Giovanni di Stefano (nachweisbar 1366–1391), Papstaltar, 1367–1370

Eines der bedeutendsten Werke der plastischen Ausstattung ist der Papstaltar, an dem nur der Papst die Eucharistie zelebrieren darf. Er birgt die hölzerne Altarmensa, an der nach der Legende die ersten römischen Bischöfe die Messe gefeiert haben. Über ihr erhebt sich das mit Fresken und Skulpturen verzierte Tabernakel, das möglicherweise von dem Sienesen Giovanni di Stefano 1367–1370 entworfen und 1851 stark restauriert wurde. Die Lilienwappen im Schmuck spielen auf den Stifter Karl V. von Frankreich an. Im oberen Teil stehen Büsten von Petrus und Paulus aus vergoldetem Silber, von denen man im Mittelalter glaubte, sie enthielten die Häupter der beiden Apostel. Vor dem Altar befindet sich unten in der »confessio« das von Simone di Giovanni Ghini um 1443 geschaffene Grabmal des Papstes Martin V., der das große Schisma der Kirche beendete.

Baptisterium S. Giovanni in Fonte

Der Lateransbasilika ist im Süden ein Baptisterium zu Ehren Johannes' des Täufers angegliedert, das von Konstantin über einem Nymphäum des antiken Palastes der Laterani als Rundbau errichtet worden war. Seine achteckige Form mit dem Taufbecken in der Mitte erhielt es 432, als Papst Sixtus III. das konstantinische Gebäude durch einen Neubau ersetzte. In dieser Form wurde die Taufkirche vorbildlich für zahllose andere Baptisterien in ganz Italien. Die Hochwände ruhen auf einem von Porphyrsäulen getragenen Architrav, auf dem eine kunstvolle Inschrift die Taufe preist. Im 16. Jh. setzte man auf den Architrav einen Ring aus kleinen Säulen auf und erhöhte den Umgang. Der heutige Innenraum ist weitgehend das Ergebnis einer barocken Umgestaltung des 17. Jh.s. Andrea Sacchi und seine Schüler freskierten die Wände mit Szenen aus dem Leben Konstantins, während im Tambour das Leben Johannes' des Täufers vorgeführt wird. Das antike Taufbecken aus grünem Basalt wurde von Ciro Ferri 1677/78 mit einem Deckelaufsatz aus vergoldeter Bronze versehen. Die Nebenkapellen, die der Hl. Rufina, dem Hl. Venantius und den beiden Johannes geweiht sind, stammen aus dem 5.–7. Jh. In der Cappella del Battista ist noch die spätantike Bronzetür erhalten. Die Decke in der Cappella di S. Giovanni Battista ist mit einem Mosaik aus dem 5. Jh. geschmückt, in dessen Mitte das Lamm Gottes steht, umgeben von einem Kranz der Jahreszeiten aus Ähren, Rosen, Lilien, Oliven und Weinlaub. Außen sind Blumenvasen zwischen Vogelpaaren dargestellt.

S. Croce in Gerusalemme

Die Kirche birgt die Reliquien der Hl. Helena, der Mutter Konstantins, die auf einer Reise im Heiligen Land Teile vom Kreuz Christi gefunden haben soll. Zur Aufnahme dieser Kreuzesreliquien ließ der Kaiser um 350 in den Palast der Helena eine Kirche hineinbauen, die seither zu den sieben Pilgerkirchen Roms gehört. Jüngst hat man bei Ausgrabungen unter der Kirche die Überreste eines Baptisteriums aus konstantinischer Zeit gefunden, das den ältesten Bau dieses Typs in Rom darstellt. Die Kirche wurde im 12. Jh. unter Papst Lucius II. in eine dreischiffige Säulenbasilika umgewandelt, deren Campanile in den spätbarocken Umbau des 18. Jh.s miteinbezogen wurde. Domenico Gregorini schuf 1743–1750 die geschwungene Portikusfassade, deren mit Statuen geschmückte Balustrade über der Mitte in der Apotheose des Kreuzes gipfelt.

Porta Maggiore und Grab des Eurysaces

Die Porta Maggiore, die 52 n. Chr. von Kaiser Claudius erbaut und unter Kaiser Aurelianus in die Aurelianische Stadtmauer einbezogen wurde, war ursprünglich kein Stadttor, sondern führte die Wasserleitungen der Aqua Claudia und des Anio Novus über die Via Labicana und die Via Prenestina. Ihr Name erklärt sich vermutlich dadurch, dass sie am Weg zu S. Maria Maggiore liegt. Das Tor besteht aus einem großen Travertinbogen mit zwei Durchgängen. Die beiden Seitenteile sind von Fenstern durchbrochen, die von Ädikulen mit korinthischen Halbsäulen und Giebeln gerahmt werden. Auf der hohen Attika, hinter der die Leitungen der beiden Aquädukte verliefen, sind drei Inschriften eingemeißelt, die vom Bauherrn Claudius und den Kaisern Vespasian und Titus stammen und somit an deren Restaurierungen erinnern. Unterhalb des Torbogens sind noch heute große Blöcke aus Basalt zu sehen, mit denen die antike Straße gepflastert war.

Unmittelbar vor dem Tor, außerhalb der Stadtmauer, steht das Grabmal des Bäckers Eurysaces und seiner Gattin Atistia aus der Zeit um 30 v. Chr. Wegen des begrenzten Raumes besitzt es einen eigentümlichen trapezförmigen Grundriss. An der Fassade sind zylindrische Elemente in vertikalen und horizontalen Reihen angeordnet, die vermutlich die Gefäße zum Kneten des Teigs wiedergeben sollen. Darüber zieht sich ein Fries, der die Herstellung des Brotes, seine Wägung und Ablieferung darstellt. Zwischen den Zonen mit den zylindrischen Elementen wird auf allen drei Seiten die Inschrift wiederholt: »Est hoc monimentum Marcei Vergilei Eurysacis pistoris, redemptoris, apparet« (»Dies ist das Grab des Bäckers Marcus Vergilius Eurysaces, der Unternehmer und Unterbeamter war«).

S. Lorenzo fuori le mura

Unmittelbar außerhalb der Stadtmauer, neben dem größten römischen Friedhof, dem Campo Verano, steht eine der sieben Pilgerkirchen, die dem Andenken des Märtyrers Laurentius gewidmet ist. Dieser hatte die Kirchenschätze, die er von Papst Sixtus II. vor dessen Hinrichtung empfangen hatte, nicht dem Kaiser Valerianus (reg. 253–260), sondern den Armen übergeben. Zur Strafe wurde er mit Bleiklötzen geschlagen, auf einem Rost verbrannt und in der Katakombe der Hl. Ciriaca auf dem Campo Verano beigesetzt. Über dem Grab erbaute Konstantin bereits um 330 ein Sanktuarium und weiter südlich, auf dem heutigen Friedhofsgelände, eine Kirche, die »basilica major«, von der nichts mehr erkennbar ist. Die besonders reich mit Spolien ausgestattete Basilika, die Papst Pelagius (Pontifikat 579–590) über dem Märtyrergrab errichten ließ, dient seit dem großen Umbau des 13. Jh.s unter Papst Honorius (Pontifikat 1216–1227) als Chorraum der neuen Kirche. Er ließ die alte Apsis abtragen und fügte ein Langhaus

mit einem Portikus an, der ebenso wie Teile der Innenausstattung der Marmorwerkstatt der Vassalletti zugeschrieben wird. Über dem Architrav der Vorhalle verläuft ein mit Porphyrscheiben geschmückter Fries, den eine Traufleiste mit Palmetten und Löwenköpfen als Wasserspeier abschließt. An den Wänden sind Reste eines Freskenzyklus mit Szenen aus dem Leben der Heiligen Stephanus und Laurentius erhalten; im Innern steht ein attischer Erotensarkophag aus dem 3. Jh. n. Chr. Während des Zweiten Weltkrieges wurden weite Teile von S. Lorenzo als einziges Monument in Rom stark beschädigt und bis 1949 wieder aufgebaut.

Chor

Der Triumphbogen, dessen Mosaik in der Mitte Christus als Pankrator zeigt, markiert die Grenze zur alten Pelagiuskirche. Auf diese geht der Chor zurück, wie in der dreischiffigen Anlage mit Emporen, unterteilt durch zehn Spoliensäulen mit korinthischen Kapitellen, noch zu erkennen ist. Zwei der Säulen tragen besonders seltene antike Kompositkapitelle mit Viktorien und Waffentrophäen. In der Mitte erhebt sich über den Reliquien des Laurentius und Stephanus ein Altarziborium aus dem 12. Jh., das mit seinem dreigeschossigen Säulenaufbau zu den schönsten in Rom zählt. Komplizierte geometrische Muster aus schwarzen, weißen und porphyrnen Marmorsteinen schmücken den Cosmatenfußboden. Die reich mit Intarsienarbeiten dekorierten Chorschranken und der Bischofsthron stammen aus dem 13. Jh.

Forum Boarium (Foro Boario)

Die Ebene zwischen Kapitol, Palatin, Aventin auf der einen und dem Tiber auf der anderen Seite war seit der Stadtgründung von entscheidender Bedeutung. Hier kreuzten sich die wichtigsten Verkehrswege Mittelitaliens: der damals von der Mündung bis nach Orte schiffbare Tiber und die Nord-Süd-Verbindung zwischen Etrurien und Campanien. Zwischen Forum Holitorium, dem Gemüsemarkt (auf dem Gebiet von S. Nicola in Carcere) und Forum Boarium, dem Rindermarkt, lag der Portus Tiberinus, der Hafen der Handelsschiffe, mit dem Tempel des Portunus, der Schutzgottheit des Hafens. Wurde das Gelände schon in der Frühzeit von Einheimischen und griechischen Kaufleuten als Handelsplatz genutzt, so erfolgte die städtebauliche Gestaltung des außerhalb der Stadtmauern gelegenen Handelsviertels erst unter den etruskischen Königen. Weitere Bauten entstanden im 3. und 2. Jh. v. Chr., als Rom durch die Eroberung des Mittelmeergebietes zur führenden Macht aufstieg. So wurden neben dem Pons Aemilius, dem heutigen Ponte Rotto, die beiden Tempel am Forum Boarium errichtet, das zu den ältesten und bedeutendsten Märktplätzen des antiken Rom gehörte. Es lag direkt neben dem Tiber, wo auch die Cloaca Maxima, der zentrale Abfluss des römischen Kanalisationssystems, in den Fluss mündete. Nachdem Claudius und Trajan in Ostia neue Häfen angelegt hatten, ging die Bedeutung des Marktes als Handelsplatz allmählich zurück. Doch noch im 3. Jh. errichteten die Bankiers und Viehhändler einen Bogen zu Ehren des Kaisers Septimius Severus und seiner Familie (Arco degli Argentarii), und im 4. Jh. wurde über einer Straßenkreuzung am Forum ein vierseitiger Marmorbogen, der sog. Ianus Quadrifrons, erbaut. An der Stelle des Forum Boarium liegt heute die Piazza della Bocca della Verità. Sie ist der Mittelpunkt des ruhigen Viertels, in dem sich im 6. Jh. griechische Siedler aus Byzanz niederließen und die ersten christlichen Bauten wie S. Giorgio in Velabro und S. Maria in Cosmedin errichteten. So prägen heute Zeugnisse aus dem antiken und dem christlichen Rom das Bild der Straßenzüge am Tiber.

Gaspare Vanvitelli, Il Tevere a Ponte Rotto, 1681, Tempera auf Pergament, 23,5 x 43,5 cm, Galleria Nazionale d' Arte Antica, Rom

Blick auf das Forum Boarium

Forum Boarium

Ianus Quadrifrons, Via del Velabro, S. 370

Tempel des Hercules Victor, Piazza della Bocca della Verità, S. 365

Bocca della Verità, Vorhalle von S. Maria in Cosmedin, S. 364

S. Maria in Cosmedin, Piazza della Bocca della Verità 18, S. 362 f.

S. Sabina, Piazza Pietro d' Illiria 1, S. 371 ff.

S. Giorgio in Velabro, Via del Velabro 19, S. 375

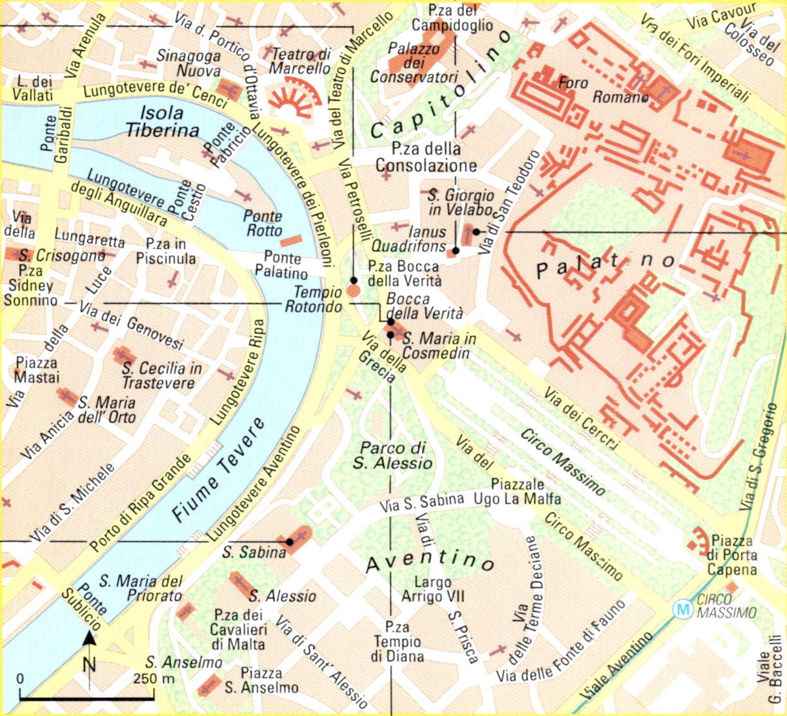

S. Maria in Cosmedin

An der Stelle des Forum Boarium, das zu den ältesten Marktplätzen des antiken Rom gehört, liegt heute die Piazza della Bocca della Verità. Im 6. Jh. wurde über den Resten eines antiken Gebäudes die Kirche S. Maria in Cosmedin gegründet. Nachdem die Ostkirche ein Verbot über die Darstellung Christi, der Jungfrau Maria und der Heiligen verhängt hatte, übergab Papst Hadrian I. im späten 8. Jh. die Kirche den oströmischen Griechen, die vor dem Bildersturm geflohen waren. Schon damals wurde die Basilika mit je einer Apsis am Ende der drei Schiffe erweitert – eine Bauform, die hier zum ersten Mal in der abendländischen Baugeschichte auftritt. Aus dieser Zeit stammt der mit Löwen geschmückte Bischofsthron. Ein erneuter Umbau erfolgte unter Papst Calixtus II. (Pontifikat 1119–1124), der neben der Vorhalle und dem Campanile im Innern höchst aufwändige Cosmatenarbeiten umfasste. Da die gesamte Ausstattung überaus kostbar ist, kann sich der Beiname »in Cosmedin« sowohl auf einen Platz in Konstantinopel als auch auf das griechische Wort »kósmos« (Schmuck, Zierde) beziehen. Die im Barock vorgenommenen Umbauten wurden im späten 19. Jh. beseitigt und der Zustand des 12. Jh.s wieder hergestellt. Von außen präsentiert sich die Kirche als schlichter Ziegelbau mit einer zweistöckigen Vorhalle, der als kräftiger vertikaler Akzent dem hohen Campanile entgegengesetzt ist.

Innenraum

Der Innenraum weist mit seinem Stützenwechsel, der Abfolge von Säulen und rechteckigen Pfeilern, auf Elemente der ottonischen Baukunst des 10. Jh.s voraus. Zusammen mit der flachen Holzdecke erweckt jedes der drei Kirchenschiffe den Eindruck eines kastenförmigen Raumes, der durch die glatten Wandflächen definiert ist. Dabei scheinen die Säulen, bei denen es sich um antike Spolien handelt, keine tragende Funktion zu besitzen, sie wirken eher wie zusätzlich eingefügte Dekorationsstücke. Ursprünglich war der gesamte Kircheninnenraum mit bunten Fresken ausgestattet, die mit den bunten Marmorinkrustationen des Fußbodens zu einer farblichen Einheit verschmolzen. Durch die filigrane und transparente Architektur der Marmorschranken wird das dem Klerus vorbehaltene Presbyterium vom Langhaus abgetrennt. Aus der Zeit Papst Calixtus' II. (Pontifikat 1119–1124) hat sich das einzigartige liturgische Ensemble erhalten, bestehend aus der »schola cantorum« (Sängerkanzel) mit den seitlichen Ambonen (Kanzeln) und dem Osterleuchter sowie einem Altarziborium mit einer gotischen Bekrönung aus dem 13. Jh.

Bocca della Verità
Marmor, Dm. 166 cm

In der Vorhalle ist in der linken Mauer die »Bocca della Verità«, der »Mund der Wahrheit«, eingelassen. Nach dem mittelalterlichen Volksglauben musste jeder, der eines Verbrechens bezichtigt wurde oder einen Eid abgelegt hatte, seine Hand in die Mundöffnung der antiken Tritonenmaske stecken. Hatte er nicht die Wahrheit gesagt, wurden ihm die Finger abgebissen.

Tempel des Hercules Victor
(Tempio Rotondo)

Am Forum Boarium, neben dem heutigen Ponte Rotto, stehen zwei antike Tempel, die dank der späteren Kircheneinbauten noch gut erhalten sind: Der älteste, vollständig aus Marmor errichtete Bau in Rom ist der – wegen seiner Ähnlichkeit mit dem gleichnamigen Tempel am Forum Romanum früher als Vesta-Tempel bezeichnete – Rundtempel, dessen »cella« von 20 korinthischen Säulen umgeben ist. Er wurde am Ende des 2. Jh.s v. Chr von einem griechischen Architekten erbaut und nach Aussage der Weihinschrift von dem römischen Kaufmann Marcus Octavius Herrenus dem Hercules Victor geweiht. Der Stifter gehörte vermutlich den »olearii« an, der Vereinigung der Ölhändler, die Herkules als ihren Schutzgott verehrten.

Tempel des Portunus

Nördlich des Tempels des Hercules Victor steht der einzige fast vollständig erhaltene Tempel Roms auf dem tiefer liegenden antiken Straßenniveau. Der rechteckige Tempel aus dem 1. Jh. v. Chr. mit vier Säulen an der Front ist unter dem Namen Tempel der Fortuna Virilis bekannt. Doch vermutlich handelt es sich um den Tempel des Portunus, denn aus antiken Quellen ist bekannt, dass der Hafengott ein Heiligtum am antiken Hafen in unmittelbarer Nähe des Pons Aemilius besaß. Der Tempel besitzt nicht wie die griechischen Kultbauten einen Säulenumgang um die »cella«, sondern an die Stelle der freistehenden Säulen sind Halbsäulen getreten, die mit dem Mauerwerk verbunden sind. Einst war der Bau aus Tuff und Travertin vollständig mit Stuck überzogen.

Frauenleben im antiken Rom

von Jürgen Sorges

Doppelbildnis des Paquius Proculus und seiner Gattin (mit Buchrolle und Schreibutensil), 1. Jh. n. Chr., Fresko aus Pompeji, 65 x 58 cm, Museo Nazionale Archeologico, Neapel

Das Frauenbild im antiken Rom speiste sich historisch aus drei Quellen: Neben agrarisch geprägten, altitalisch-latinischen Wurzeln waren insbesondere Einflüsse der nördlichen etruskischen Nachbarn sowie der südlich siedelnden griechischen Kolonien wirksam. Dabei traten heftige Gegensätze gerade in Bezug auf die Rolle der Frau in der Gesellschaft zutage: So nahmen die als sexuell freizügig geschilderten Damen der etruskischen Oberschicht selbstverständlich am öffentlichen Leben teil, trugen ihren eigenen Namen und waren auch bei Banketten gern gesehene Gäste, während das griechische Ideal die Frau aus der Öffentlichkeit an Heim und Herd verbannte. Auch hinsichtlich der Frage der Kindeserziehung taten sich gravierende Unterschiede auf: Ließen etruskische Frauen ihre Kinder außerhalb des Hauses gemeinsam erziehen, so oblag bei den Griechen die Kindeserziehung überwiegend den Ehegattinnen. Auch bezüglich der Scheidungsfreiheit und Erbrechtsregelungen manifestierten sich Unterschiede. Diese für das Leben im römischen Patriziat wichtigen Quellen sind gerade deshalb von Bedeutung, weil sie auch strukturbildend für die den Adel imitierende »plebs« waren. Gesetzlich formulierte, rigorose

Heiratsschranken zwischen Adel und Volk sorgten dennoch dafür, dass viele der von alters her festgeschriebenen Rechte und Freizügigkeiten der römischen Adelsfrauen nie die gesamte Gesellschaft erreichten.
Während die Wurzeln der etruskisch geprägten Königszeit lange im Adel fortlebten, war die darauf folgende erste Phase der römischen Republik prägend für das bis in die Neuzeit im christlichen Gedankengut fortlebende Frauenbild. Die als »schwere Aufbaujahre« in das kollektive Gedächtnis Roms eingegangene Periode hatte neben dem Grundprinzip der monogamen Eheführung in der »familia« vor allem eine strikte Arbeitsteilung zwischen Mann und Frau als ökonomisch erfolgreiche Variante der Partnerschaft bewirkt. So war ein gesellschaftlich sanktionierter und überwachter Verhaltenskodex entstanden, der die Erziehung der Geschlechter in einem umfangreichen Katalog von »Tugenden« regelte. Mag das Nonplusultra römischer Frauentugend aus heutiger Sicht noch so lächerlich wirken, in damaliger Zeit galt niemand anderes als Lucretia auch bei ihren Geschlechtsgenossinnen als unübertreffbare Heldin: Die Tochter des Lucretius Tricipitinus, Gattin des Lucius Tarquinius Collatinus, war von Sextus, dem ältesten Sohn des römischen Königs Tarquinius Superbus (reg. 534–510 v. Chr.), vergewaltigt worden. Nachdem sie sich Vater und Ehemann anvertraut hatte, suchte sie den Freitod. Dieser Kriminalfall (um 510 v. Chr.) sorgte – nach der Legende – für den Sturz des Königshauses und die Ausrufung der römischen Republik und manifestierte indirekt auch die Auffassung über unantastbare Rechte und Tugenden der römischen Frau.
Da die römische Staatsverfassung auf der männlich zusammengesetzten Heeresversamm-

Sog. Mädchen mit Schreibgriffel (vermutlich die Dichterin Sappho), römische Wandmalerei aus Pompeji, 1. Jh. n. Chr., Museo Nazionale Archeologico, Neapel

lung aufbaute, war der politische Einfluss von Frauen beschränkt auf einzelne Angehörige der Adelsgeschlechter sowie des Kaiserhauses: Die Augustus-Gattin Livia, Agrippina Maior (um 13 v. Chr. – 33 n. Chr.) und Minor (15–59 n. Chr.), Messalina (um 25–48 n. Chr.), die »syrischen« Kaiserinnen sowie die Kaiserin Helena (um 248 – um 328) können als Beispiele angeführt werden. Grundsätzlich besaßen Frauen kein Wahlrecht, und das prestigeträchtige Amt der Priesterin stand Frauen nur in einigen spezifisch weiblich orientierten Kulten (z. B. Demeter und Isis) und dem bis ans Ende der Kaiserzeit überaus mächtigen Vesta-Kult offen.

Porträt der Livia, römisch, Basalt, Höhe 32 cm, Musée du Louvre, Paris

In der Familie regierte der Ehegatte als der aus dem Familienclan der Frühzeit übernommene Patron nahezu unumschränkt. Seine Gattin, die »patrona«, führte andererseits nahezu unbeaufsichtigt die häuslichen Geschäfte. Als »matrona«, Hausmutter, oblag ihr auch die Aufsicht über die Kindeserziehung. Der in der Kaiserzeit obligatorische Grundschulbesuch stand auch Mädchen offen. Allerdings war die höhere Schulbildung ausschließlich Kindern vermögender Familien möglich. Während der Kaiserzeit entstand eine gewisse Gebärpflicht für römische Frauen. Sie hatten nach früher Heirat dem Staat, weniger ihrem Gatten, mindestens drei Kinder zu »schenken«. Der Staat und private Stiftungen zahlten dafür seit Augustus unregelmäßig „Kindergeld", sofern die Bedingungen des römischen Bürgerrechtes erfüllt waren.

Als Ideal galt die monogame Ehe bis ans Lebensende. Ganz andere Normen galten für die Oberschicht. Scheidungen mit folgender Neuheirat waren auch für adlige Frauen keine Seltenheit, die dennoch einige Beschränkungen erdulden mussten. So war es ihnen noch Ende des 2. Jh.s n. Chr. untersagt, unterhalb ihres Standes zu ehelichen. Papst Calixtus (Pontifikat 217–um 222) ermöglichte und sanktionierte gerade diesen reichen Adelsdamen die Ehe ohne Trauschein – offenbar ein hoher Anreiz für diese, zum Christentum zu konvertieren und die Kirche zu unterstützen. Innerhalb der römischen

Kurie rief diese Haltung ernsthafte Proteste und den Gegenpapst Hippolytus (Pontifikat 217–235) auf den Plan.

Zahllos sind auch die überlieferten Berichte über Roms Witwen, die – eine Gesetzeslücke brachte die Chance – nach dem Tode ihrer Gatten nicht mehr heirateten. Das Erbrecht übergab ihnen so lange die volle Gewalt über Güter und Geschäfte, bis ein neuer Gatte im Hause oder das Patronat an den ältesten Sohn übergeben war. Viele verwitwete Römerinnen unterhielten daher lieber Liebhaber, was von zeitgenössischen Autoren meist heftig kritisiert, oft aber auch schmunzelnd zur Kenntnis genommen wurde.

Ganz anders sah es im Bereich der Arbeit für Sklavinnen und freigelassene Frauen aus. Moderne Forschungen schätzen, dass weit mehr als die Hälfte der Fronarbeit auf dem Felde von Frauen verrichtet wurde. Immerhin konnten Sklavinnen auf dem Lande bis zum Rang einer Gutsverwalterin aufsteigen. Das Procura-Recht über die Finanzen blieb jedoch bei ihrem Herrn. Das Gros dieser Frauen war als Hebamme, Amme, Erzieherin und Ärztin beschäftigt. Auch im Schaustellergewerbe, das als halbseiden galt, fanden Frauenkarrieren als Schauspielerin, Sängerin und sogar Gladiatorin statt. Ähnlich niedrigen Sozialstatus brachte die Arbeit in der Gastronomie mit sich. Im Manufakturbereich war vor allem das Textilgewerbe Frauendomäne. Schließlich verdingten sich viele Frauen als Prostituierte – ganz ohne Tarnung, denn ihre Arbeit war toleriert.

Damen lassen sich von einer Sklavin frisieren, römische Wandmalerei aus Herkulaneum, 1. Jh. n. Chr., Museo Nazionale Archeologico, Neapel

Ianus Quadrifrons

Auf der Via del Velabro, deren Name an das sumpfige Flussufer (Velabrum) erinnert, an dem die Wölfin die Zwillinge Romulus und Remus gefunden haben soll, erhebt sich über einem Arm der Cloaca Maxima ein großer Bogen mit Durchgängen an allen vier Seiten. Er war nicht dem Gott Ianus geweiht, wie man aus der Bezeichnung Ianus Quadrifrons fälschlicherweise ableiten könnte. Vielmehr bedeutet »ianus« im Lateinischen auch einfach »Durchgang«, während sich »quadrifrons« auf die vier Fronten bezieht. So diente er wohl als überdachte Straßenkreuzung inmitten des belebten Handelsviertels und war ein Treffpunkt der Händler am Forum Boarium. In den antiken Regionsverzeichnissen ist er unter dem Namen »arcus Constantini« aufgelistet, was auf eine Entstehung in der ersten Hälfte des 4. Jh.s n. Chr. hinweist. Fragmente einer Weihninschrift, die in der Fassade und im Innenraum der benachbarten Kirche S. Giorgio in Velabro vermauert sind, gehörten vermutlich einst zu diesem Bau. An den Außenseiten ist der mit Marmor verkleidete Bogen durch zwei Reihen muschelförmiger Nischen gegliedert, die von zierlichen Konsolsäulen gerahmt werden und einst wohl mit Statuen geschmückt waren. In den vier Bogenscheiteln sind Reliefs mit der sitzenden Roma und Juno sowie der stehenden Minerva und Ceres angebracht. Die Attika aus Ziegelsteinen wurde 1830 abgetragen, als man die Reste des mittelalterlichen Turmes beseitigte, den die Familie der Frangipani im 13. Jh. auf dem antiken Monument errichtet hatte.

S. Sabina

Einer Legende nach soll an dieser Stelle das Haus einer reichen Römerin namens Sabina gestanden haben, während eine andere Überlieferung besagt, hier würden die sterblichen Überreste einer Heiligen aus Umbrien aufbewahrt. Die Hl. Sabina sei unter Kaiser Hadrian mit dem Schwert durchbohrt worden und habe die Palme des Martyriums empfangen. Sicher überliefert ist jedenfalls durch eine Inschrift der Erbauer der Kirche: Ein illyrischer Priester namens Petrus errichtete nach dem Einfall der Goten zur Zeit von Papst Coelestin I. (Pontifikat 422–432) aus seinem eigenen Vermögen eine dreischiffige Basilika. Unter Papst Eugen II. (824) erhielt der Innenraum eine aufwändige Marmorverkleidung, von der nur Reste erhalten sind. Besondere Bewunderung verdienen die antiken korinthischen Säulen und der Fries aus »opus sectile« mit Intarsien aus Porphyr und Serpentin über den Arkaden des Mittelschiffs. 1219 übergab Papst Honorius III. die Kirche an den Dominikanerorden und erbaute den Kreuzgang. Nach dem Konzil von Trient wurden 20 der 26 Fenster zugemauert, weil eine allzu große Helligkeit nach der damaligen Auffassung die Seelen von der Meditation ablenke. Eine weitere Umgestaltung im Stil des Frühbarock erfolgte im Jahre 1587 durch Domenico Fontana, dem Baumeister Sixtus' V. Heute präsentiert sich die dreischiffige Säulenbasilika jedoch weitgehend in ihrem ursprünglichen Zustand, der durch Restaurierungen im frühen 20. Jh. wieder hergestellt wurde. Sie zählt zu den besterhaltenen frühchristlichen Basiliken Roms.

Mittelportal, 5. Jh.
Holz, 530 x 312 cm

Zu den ältesten und besten Holzreliefs der frühchristlichen Zeit gehört das zweiflügelige Portal aus Zypressenholz in der Vorhalle, das von einem unbekannten Meister im 5. Jh. gearbeitet wurde und auf beiden Seiten mit Relieftafeln geschmückt ist. Während die Flachreliefs auf der Innenseite pflanzliche und geometrische Muster zeigen, erzählen die der Außenseite Begebenheiten aus dem Alten und Neuen Testament. So werden beispielsweise die Anbetung der Hl. Drei Könige, Ereignisse aus dem Leben Mose, die Wunder Jesu und Szenen aus der Passion dargestellt. Als Vorlage für diese Darstellungen sind Miniaturen aus Codices und Schriftrollen anzunehmen. Ursprünglich befanden sich 28 weinumrankte Bildfelder an der Holztür, von denen sich bis heute nur noch 18 erhalten haben. Diese sind allerdings nicht mehr in der ursprünglichen Abfolge angeordnet.

Kreuzigung	Die Frauen am Grab	Huldigung der Hl. Drei Könige	Christus mit Petrus und Paulus
Wunder Jesu	Wunder des Mose	Himmelfahrt Christi	Erscheinen Christi am Jüngsten Tag
Erscheinung Christi vor den Jüngern	Erscheinung Christi vor den Frauen	Verleugnung des Petrus	Habakuk
Berufung des Mose	Akklamation	Moses und die Flucht aus Ägypten	Himmelfahrt des Elia
Christus vor Pilatus			Jesus vor Kaiphas

S. Sabina, Mittelportal, Schema

Kreuzigung Christi, Detail des Mittelportals

Die kunsthistorisch bedeutendste Tafel zeigt die Kreuzigung Christi, die zu den frühesten Darstellungen dieses Themas gehört. Vor einer Quadermauer mit drei Giebeln stehen Christus und die beiden Schächer, Oranten vergleichbar, mit ausgebreiteten Armen. Die Kreuzigung wird nur durch Nägel in den Handflächen und Hölzern hinter Köpfen, Füßen und Händen anschaulich gemacht. Die Gestalten haben entsprechend ihrer Würde und Bedeutung unterschiedliche Größen: Jesus überragt die beiden Verbrecher, von denen der reuige Sünder größer als der schimpfende ist. Wie bei allen übrigen frühchristlichen Zeugnissen wird auch hier Christus mit offenen Augen und ohne Ausdruck des Schmerzes geschildert, da Themen der Passion oder Heiligenmartyrien bis zum späten 4. Jh. nicht dargestellt worden waren.

S. Giorgio in Velabro

Auf Papst Gregor IV. (Pontifikat 827–844) geht die dreischiffige Basilika zu Ehren des Hl. Georg zurück, der im 12. Jh. Vorhalle und Campanile angefügt wurden. Dabei wurde der Arco degli Argentarii – 204 n. Chr. von den Bankiers und Viehhändlern zu Ehren des Kaisers Septimius Severus und seiner Familie errichtet – teilweise überbaut. Seine Reliefs zeigen im Durchgang Opferszenen mit der kaiserlichen Familie und auf den Außenseiten römische Soldaten mit gefangenen Barbaren. Das Portal unter dem Portikus, der 1992 einem Attentat der Mafia zum Opfer fiel, ist von Fragmenten antiker Bauten gerahmt.

Siegen um jeden Preis – Wagenrennen im Circus Maximus

von Jürgen Sorges

Die berühmten Wagenrennen im Rom der Kaiserzeit besaßen tatsächlich jenen blutigen Charakter, der im Filmklassiker »Ben Hur« auf Zelluloid gebannt wurde. Nicht selten stürzten die Streitwagen der bis zu zwölf Wagenlenker um, begruben Kontrahenten unter sich und führten zu zahlreichen Todesfällen. Insbesondere die »murcia«, später als Titus-Rundkurve bekannt, war berüchtigt für solche Unfälle, die häufig durch bewusste Behinderung, auch durch Absprachen zwischen den vier konkurrierenden Rennställen, künstlich herbeigeführt wurden. Die Rennställe der »Roten«, »Blauen«, »Grünen« und »Weißen«, die so genannten »factiones«, kämpften stets um die Gunst des aufgeputschten Publikums, das nicht selten vom »furor circensis«, vom Wahnsinn der Zirkusspiele, übermannt wurde.

Seit Cäsar (100–44 v. Chr.) besitzt der Circus Maximus jene Form, die bis heute in den gewaltigen Tuff- und Travertintrümmern zu erkennen ist. Unter Trajan (53–117 n. Chr.) erhielt die 650 m x 125 m große Steinarena eine Marmorvollverkleidung, auf deren Zuschauertribünen zwar nicht die überlieferten 385 000, wohl aber circa 250 000 Menschen Platz fanden. Zwölf von Hermen geschmückte Startkäfige, die so genannten »carceres«, waren in der geraden Stirnseite des Circus, dem »officium«, einge-

Die Trikotfarben der vier wichtigsten Reitervereine sind auf den Mosaiken aus einer Villa an der Via Cassias dokumentiert, um 200, heute im Museo Nazionale Romano delle Terme, Rom

mauert. In diesen warteten die Wagenlenker auf das Startsignal des »editor«, des Spieleveranstalters, der dazu ein Taschentuch, die »mappa«, fallen ließ. Im gleichen Augenblick ermöglichte ein ausgeklügeltes mechanisches Entriegelungssystem die gleichzeitige Öffnung der Eisengitter.
Seit augusteischer Zeit verlief in der Arenamitte die »spina«, das »Rückgrat«: eine zwei Meter hohe, sechs Meter breite und 214 Meter lange Mauer, die den 85 Meter breiten, sieben Mal zu durchfahrenden Parcours festlegte. An beiden Enden der »spina« waren Rundenzähler angebracht: Sieben hölzerne Eier schmückten das eine Ende, das andere war durch sieben metallische, herunterklappbare Delphine markiert. Diese waren Meeresgott Neptun geweiht, der auch als Gott der Pferde galt. Augustus (63 v. Chr. – 14 n. Chr.) ließ auf der »spina« einen aus Heliopolis in Ägypten herbeigeschafften Obelisken von Ramses II. (reg. 1279–1212 v. Chr.) errichten, der seit 1589 auf der Piazza del Popolo steht. 357 n. Chr. kam der Obelisk von Thutmosis III. (reg. 1479–1425 v. Chr.) aus Theben hinzu, der 1588 auf die Piazza S. Giovanni in Laterano gebracht wurde. Weitere, unter anderem der

Wagenrennen im Circus Maximus, Holzstich (anonym), um 1890

Regisseur William Wyler schrieb mit der Sequenz des Wagenrennens im Klassiker »Ben Hur« (USA/1959) Filmgeschichte

Kybele geweihte Götterbilder schmückten die Achse. An der Gegengeraden lag das »pulvinar«, die tempelähnliche, unter Trajan errichtete Kaiserloge in Höhe der Ziellinie, die sich auf der anderen Seite des Parcours an einer Zelttribüne befand.

Die Sieger erhielten, neben kleineren Auszeichnungen, erkleckliche Preisgelder: 50 000 Sesterzen wurden pro Rennen ausgeschüttet. Die erfolgreichsten Berufsfahrer der »Formel 1 der Antike« stiegen zu Multimillionären auf. Superstar C. Appuleius Diocles soll ein Vermögen von 35 Mill. Sesterzen angehäuft haben. Begnadetster aller Wagenlenker dürfte Kaiser Nero (reg. 54–68) gewesen sein. Wie seine Kaiserkollegen Caligula (reg. 37–41), Domitian (reg. 81–96) oder Commodus (reg. 180–192) gehörte er den »prasini«, den »Grünen«, an, die sich mit den

Lenkern der »Blauen«, den »veneti«, schärfste Duelle lieferten. Bei den Olympischen Spielen im Jahr 67 n. Chr. soll Nero 1800 Titel eingeheimst haben, auch den im Wagenrennen: Ein klassischer Fall von Zorn vorbeugendem »Kaiserdoping«, denn der erregbare Nero war vom Wagen gestürzt und erreichte nie das Ziel.
Das Volk suchte seine Idole zumindest im Reichtum zu kopieren und besaß dazu im Wetten ein probates Mittel: Dutzende Annahmebüros lagen im Zirkusuntergeschoss. Zahllose Garküchen sorgten für das leibliche Wohl. Oft genug floss Wein, dessen Wirkung nicht selten blutige Kämpfe auf den Tribünen auslöste. Zahllose Todesfälle bei Auseinandersetzungen zwischen rivalisierenden Fanclubs sind dokumentiert. In Pompeji waren einmal Tausende Tote zu beklagen. Aufläufe und Massenpaniken führten zu schweren Unglücken: Mal stürzte eine Säule um und verschuldete 1000 Tote, dann brach die Rückwand einer Tribüne ein: 13 000 Opfer.
Wie auch im Kolosseum erhöhte sich das Verlangen des Volkes dennoch ständig. Gegen Ende der römischen Republik wurden nur 17 »ludi circensis«, Zirkusspiele mit zehn bis zwölf Wagenrennen pro Tag, veranstaltet. Am Ende der Kaiserzeit fanden 60 Renntage statt, die seit Nero bis zum Sonnenuntergang dauerten. Den Schlusspunkt unter die blutige Geschichte der Wagenrennen setzte schließlich ein Barbar: Ostgotenkönig Totila (reg. 541–552) beendete die 1150 Jahre alte Tradition.

Der Circus Maximus im Jahre 1999

Aventin (Aventino)

Der südlichste Hügel Roms, der erst unter Claudius in die Stadt eingegliedert wurde, war in der Frühzeit wegen seiner besonderen Lage – direkt am Tiber und in der Nähe des Handelshafens – ein belebtes Geschäftsviertel, in dem viele Ausländer verkehrten. Nur ihnen war es erlaubt, außerhalb des »pomerium«, der heiligen Stadtgrenze, Handel zu betreiben. Viele Tempel standen auf dem Aventin, darunter der Dianatempel, den der König Servius Tullius im 6. Jh. v. Chr. als Bundesheiligtum der Latiner errichtete. Im 5. Jh. v. Chr. hatte sich hier die »plebs«, das einfache Volk, Bauern, kleine Händler und Handwerker, angesiedelt. Gegenüber der besitzenden Schicht der Patrizier hatten die Plebejer keinerlei politische Rechte und waren nicht zu den höchsten Staatsämtern zugelassen, was zu langjährigen Standeskämpfen führte. Schließlich gelang es ihnen, politische Rechte zu erwirken, die im Zwölftafelgesetz von 451 v. Chr. verankert wurden. Blieb der Aventin während der Republik ein dicht besiedeltes Wohn- und Geschäftsviertel der Plebejer, so wandelte er sich in der Kaiserzeit zum vornehmen Wohngebiet des römischen Adels. Das einfache Volk zog hingegen in die Ebene am neu errichteten Hafen oder auf das rechte Flussufer nach Trastevere. Als die Goten Anfang des 5. Jh.s in Rom einfielen, waren es denn auch vor allem die luxuriösen Wohnhäuser auf dem Aventin, die von ihnen geplündert und zerstört wurden. Aus diesem Grund sind außer einem Rest der Servianischen Stadtmauer keine antiken Bauten auf dem Hügel erhalten. Lediglich der Monte Testaccio, der Scherbenberg, zeugt noch von der einstigen Hafenanlage mit großen Lagerhäusern und Vorratsschuppen. Aus diesen stammen die unzähligen zerbrochenen Amphoren, die einst für den Transport von Waren – insbesondere Wein und Öl – benutzt und im Laufe der Zeit zu einem 36 Meter hohen künstlichen Hügel aufgeschüttet wurden. Heute findet man hier belebte Straßen mit Geschäften und Restaurants, während frühchristliche und mittelalterliche Kirchen und öffentliche Parks das Bild des gepflegten Wohnviertels auf dem Aventin prägen. Von seinem Gipfel aus bietet sich ein großartiger Ausblick über den Fluss bis hin zum Petersdom.

Blick vom Aventin zum Vatikan

Monte Testaccio, sog. Scherbenberg

Aventin

S. Saba, Via di S. Saba, S. 386

Weitere Sehenswürdigkeiten:

1 Aurelianische Stadtmauer, S. 394 f.

2 S. Paolo fuori le mura, Via Ostiense 186, S. 406 ff.

3 Maxentius-Zirkus, Via Appia Antica, S. 404

4 Grabmal der Caecilia Metella, Via Appia Antica, III Miglio, S. 405

5 Parco Archeologico di Via Appia Antica, S. 395

6 EUR, S. 412 f.

Protestantischer Friedhof, Via Caio Cestio 6, S. 384 f.

Caracalla-Thermen, Viale delle Terme di Caracalla 52, S. 388 f.

Porta S. Sebastiano, Via di Porta S. Sebastiano 18, S. 394 f.

Cestius-Pyramide, Piazzale Ostiense, S. 384

Cestius-Pyramide
(Piramide di Cestio)

Im Süden des Aventin steht im Verbund mit der Aurelianischen Stadtmauer ein höchst ungewöhnliches Bauwerk: Offenbar von ägyptischen Vorbildern inspiriert, ließ der 12 v. Chr. verstorbene Caius Cestius hier eine 27 m hohe, mit weißem Marmor verkleidete Pyramide erbauen, die er zu seinem Grabmal bestimmte. Zwei gleichlautende Inschriften bestätigen dies: »C(aius) Cestius L(uci) f(ilius) Pob(lilia tribu) praetor, tribunus plebis, (septem) vir epulonum« (Dem Gaius Cestius, Sohn des Lucius, aus der Tribus Publilia, Praetor, Volkstribun und Septemvir epulonum [Mitglied eines Priesterkollegiums, das kultische Gastmahle ausrichtete]). Nach den testamentarischen Bestimmungen, wie in der kleinen Inschrift an der Ostseite zu lesen, musste das Monument in nur 330 Tagen fertig gestellt werden. Die kleine Tür in der Westseite führt zur Grabkammer, die mit Malereien im so genannten dritten pompejanischen Stil ausgeschmückt ist. Die Gestaltung des Grabes als Pyramide ist kennzeichnend für den Modetrend ägyptischer Formen und Motive unter Augustus, der sich beispielsweise auch in der Errichtung von Obelisken niederschlug.

Protestantischer Friedhof
(Cimitero acattolico)

Neben der Cestius-Pyramide liegt im Schatten der Stadtmauer der berühmte Friedhof, auf dem nicht katholische Ausländer begraben werden. Die älteste Grabstätte datiert in das Jahr 1738. Anfangs war dieser Platz, der den Protestanten mit päpstlicher Genehmigung als Friedhof zugeteilt worden war, ein Weideplatz für Ziegen und Schafe. Nur bei Nacht durften die Toten bestattet werden, und Grabsteine waren untersagt. Das sollte sich erst än-

dern, als Wilhelm von Humboldt, 1802–1808 preußischer Gesandter beim Heiligen Stuhl, zwei seiner Söhne in Rom verlor und eine angemessene, geschützte Grabstätte beanspruchte. Er erlangte die Genehmigung, ein Stück Land als Familiengruft kaufen und einzäunen zu dürfen. Hier stehen noch heute zwei Marmorsäulen aufrecht. Etwa 20 Jahre später wurde die Einzäunung des Gräberfeldes auch anderen Protestanten von den päpstlichen Behörden gestattet. Beim Gang über den Friedhof findet man unter Pinien und Zypressen die Grabmäler berühmter Italienreisender – Maler, Dichter, Gelehrte, Diplomaten, Emigranten, die nach Rom kamen und dort gestorben sind. Hier ruhen der englische Romantiker John Keats wie sein Dichterkollege Percy Bysshe Shelley, Goethes unehelicher Sohn August und andere Berühmtheiten wie der Architekt Gottfried Semper, der Maler Hans von Marées oder Henriette Hertz, die Gründerin der Bibliotheca Hertziana. Kyrillische Inschriften mit dem orthodoxen russischen Kreuz erinnern an Tolstoi, Gagarin oder Fürst Jussupoff. Gleichfalls liegt hier das Grab von Antonio Gramsci, dem Mitbegründer der Kommunistischen Partei Italiens.

S. Saba

Über dem Haus und Oratorium der Hl. Silvia, der Mutter Papst Gregors des Großen, wurde im 7. Jh. von orientalischen Mönchen eine kleine Kirche errichtet. Sie war dem Hl. Sabas († 532), einem der großen Ordensstifter der Ostkirche, geweiht, der das Kloster Mar Saba bei Bethlehem gegründet hatte. Mitte des 12. Jh.s entstand die dreischiffige Basilika, die im 15. Jh. sowie im 20. Jh. restauriert worden ist. Durch ein romanisches Tor betritt man den stillen Vorhof, der den Blick auf die Fassade mit dem Campanile freigibt. In der Vorhalle werden antike und frühchristliche Fundstücke ausgestellt.

Die Kunst der Cosmaten

Im frühen 12. Jh. kam mit der so genannten Cosmatenkunst eine völlig neue Form des Mosaikschmucks auf. Die Intarsienarbeiten aus weißem und buntem Marmor, Gold und vielfarbigem Glasfluss gehörten bald zur Grundausstattung der meisten römischen Kirchen. Zu geometrischen und abstrakten Mustern zusammengefügt, winden sich die Mosaiksteine um Scheiben aus rotem Porphyr oder um Rechteckfelder aus grünem Serpentin. Die Mosaikdekorationen beschränkten sich zunächst auf die Fußböden der Kirchen, breiteten sich jedoch schnell auch auf Gebälke und Säulen von Kreuzgängen und Portiken sowie auf Chorschranken, Ambone, Kandelaber, Ziborien, Osterleuchter und Bischofsthrone aus.

Ihre Schöpfer, die Cosmaten, waren bis zum 14. Jh. in Mittelitalien als Mosaizisten, Marmorbildhauer und Architekten tätig und entstammten verschiedenen Künstlerdynastien, von denen die Vassaletti und die Torriti zu den bekanntesten zählen. Der Name »Cosmaten« leitet sich von dem in vielen Inschriften vorkommenden Vornamen Cosmas ab. Stolz nannten sich die Künstler selbst »magistri doctissimi romani« (hochgelehrte römische Meister) und kennzeichneten ihre Werke mit selbstbewussten, antikisierenden Signaturen. Sie sahen in der antiken und frühchristlichen Kunst ihr Vorbild, indem sie die Bodenmosaike studierten, die Kapitelle und Friese der Tempel geradezu kopierten oder aber auch antike Bauteile als Spolien neu verwendeten. Parallel zu dem erneuten Aufleben der Mosaikkunst in den Apsisdekorationen und von byzantinischen Kunstströmungen mitbeeinflusst, verliehen die Cosmaten dem römischen Kirchenbau des 12. und 13. Jh.s ein völlig neues Aussehen, das dem Schaffen der folgenden Künstlergenerationen, darunter Pietro Cavallini, maßgebliche Impulse verleihen sollte.

Kosmatenaltar, St. Peter, Sacre Grotte, Vatikan, Rom

Caracalla-Thermen

(Terme di Caracalla)

Seitdem öffentliche Bäder in der Kaiserzeit nicht mehr ausschließlich der körperlichen Hygiene und der sportlichen Betätigung dienten, sondern zunehmend zu einem Ort des gesellschaftlichen Beisammenseins geworden waren, wurde die Erweiterung der bestehenden Anlagen und der Bau neuer Thermen erforderlich. Caracalla trug diesem Anliegen Rechnung, als er im Jahre 217 einen riesigen Komplex eröffnete, der sich auf einer quadratischen Grundfläche von 11 ha erstreckte und allein im Badehaus etwa 1600 Menschen aufnehmen konnte. Noch heute kann man beim Spaziergang durch die gut erhaltenen Ruinen einen anschaulichen Eindruck von der Konzeption der Anlage gewinnen und die gewaltigen Ausmaße der Hallen erahnen.

Im Mittelteil lag das monumentale Badehaus, das die traditionelle Aufteilung aufweist: Um die in der Mittelachse gelegenen Haupträume waren axialsymmetrisch die Apodyterien (Umkleideräume), Seitenräume für Massagen und ärztliche Untersuchungen sowie die Palästren (Sportplätze) angeordnet. Die Raumfolge beeindruckte nicht allein durch unterschiedlichste Grundriss- und Gewölbeformen, sondern besaß darüber hinaus eine luxuriöse Ausstattung. Wo wir heute nur noch einfaches Backsteinmauerwerk sehen, befanden sich einst Säulenstellungen und Nischen, verkleideten Mosaiken, Fresken und Marmor die Wände. Die architektonische und malerische Ausstattung wurde durch eine Vielzahl von großartigen Skulpturen ergänzt, von denen nur der Farnesische Stier oder der berühmte Herkules Farnese in Neapel genannt seien. Im Keller waren die wichtigsten Versorgungseinrichtungen der Thermen untergebracht, die ein regelrechtes unterirdisches Straßennetz bildeten. Das Wasser für die Badeanlage wurde in riesigen Zisternen gesammelt, die sich hinter der flachen Exedra in der Südwestseite der Umfassungsmauer verbargen und 80 000 Liter Wasser fassten. Wer das Bad beendet hatte, fand auch außerhalb des eigentlichen Badekomplexes genug Betätigung. Er konnte in den Grünanlagen, die den Mittelteil umgaben, oder in den Säulenhallen der Umfassungsmauer wandeln. Hier lagen zudem Konzert- und Vortragssäle, Bibliotheken, Läden, Büros, Gasthäuser und sogar ein unterirdisches Mithräum. Die Thermen waren somit nichts anderes als ein gigantischer Freizeitpark, der gemäß den Worten des römischen Dichters Iuvenal, »mens sana in corpore sano« (In einem gesunden Körper wohnt ein gesunder Geist), ein umfangreiches Angebot an Sport und Kultur zur Verfügung stellte. Bis zum Sonnenuntergang konnte man die Thermen unentgeltlich nutzen. Erst seit dem Jahr 537, als die Goten die Wasserzufuhr abschnitten, verfiel die Anlage. Ein Erdbeben im Jahre 847 brachte einige Gebäudeteile zum Einsturz, doch den größten Schaden erlitten die Thermen durch Papst Paul III. Farnese (Pontifikat 1534–1549), der sie als Steinbruch für den Neubau des Petersdomes freigab. Viele Skulpturen gelangten auf diese Weise in den Besitz der päpstlichen Familie. So stammen auch die Wannen der beiden Brunnen vor dem Palazzo Farnese aus den Caracalla-Thermen. In jüngster Zeit wurden die Thermen als Kulisse für Freiluftopern genutzt, aber man musste diese 1993 wegen der Masse an Besuchern aus Gründen des Denkmalschutzes einstellen.

Caracalla-Thermen, Modell

Balnae und Thermenanlagen – Badekultur im alten Rom

von Jürgen Sorges

»Balnea vina Venus corrumpunt corpora nostra; sed vitam faciunt: balnea vina Venus«, »Bäder, Weine und die Liebe ruinieren unseren Körper; aber sie machen das Leben aus, die Bäder, Weine und die Liebe.« Mit dieser Grabinschrift hat ein Römer seine private Eloge auf die antike römische Badekultur der Nachwelt hinterlassen. Tatsächlich konnte der begeisterte Verfasser der Verse allen diesen Bedürfnissen gleichzeitig in den größten jemals gebauten Thermen der Antike nachgehen. Wirte und fliegende Händler sorgten für die Gäste, Prostituierte und Lustknaben standen Interessenten zur Verfügung. Aufgrund zahlloser skandalöser Vorkommnisse entschloss sich Kaiser Hadrian (reg. 117–136 n. Chr.), das gemeinsame Baden von Damen und Herren zu verbieten. Hundert Jahre später musste dieses rigorose Gesetz sogar nochmals bekräftigt werden. Denn Männer wie Frauen badeten grundsätzlich nackt.

Für Fitness und Sport war den größten Freizeittempeln der

Antonio da Sangallo d. Ä. (1455–1534), Die Thermen des Diokletian, Gabinetto dei Disegni e delle Stampe, Florenz

Antike jeweils ein für diese Zwecke geeignetes Gymnasion bzw. Lyceum ebenso angeschlossen, wie aufwändig geführte Bibliotheken und exquisite Kunstwerke den Geist erfrischen sollten.

Die Tradition der römischen Badekultur reicht weit zurück. Schon aus dem 3./2. Jh. v. Chr. wird berichtet, dass zumindest während der Markttage (alle neun bis zehn Tage) das bäuerliche Landvolk auch in die Stadt strömte, um sich ein Bad zu gönnen. Folgerichtig entwickelte sich eine regelrechte Kultur von privat geführten Mietbadehäusern, den »balnae«. Eine solche von einem Pächter geführte Badeanlage galt als äußerst lohnende Investition, war doch das allgemeine hygienische Niveau in Roms Privatwohnungen nicht sehr hoch. In die 33 v. Chr. bereits 170 »balnae« Roms lockte hingegen wohlige Wärme mit heißen Dampf- und Schwitzbädern.

Der Eintrittspreis für die privaten Bäder war niedrig. Der Durchschnittsobolus lag bei einem erschwinglichen »quadrans«, einem Viertel As! Diesen symbolischen Preis konnte sich nahezu jeder leisten. Er war ein Ergebnis der Konkurrenz mit den öffentlichen Bädern, die mit der Eröffnung von Agrippas »thermae« (von grch. therme, »Wärme, Hitze«) auf dem Marsfeld 19 v. Chr. ihren Anfang nahm. Die testamentarische Verfügung Agrippas, das damals größte Bad Roms frei zugänglich zu halten, setzte Maßstäbe der Großzügigkeit für alle nach ihm kommenden kaiserlichen Bauherren.

Geöffnet waren diese seit Neros Riesenbauwerk (62 n. Chr.) nach und nach in allen Stadtteilen errichteten Kaiserthermen vor allem nachmittags. Jeder, auch Sklaven, Fremde und Kinder, hatte Zutritt. Zur Grundausstattung einer solchen Therme gehörten der Umkleideraum (»apodyterium«), das Kaltbad (»frigidarium«), das Becken mit lauwarmem Wasser (»tepidarium«) sowie das Heißbad (»caldarium«). Hinzu kamen die Schwitzbäder (»laconica«, »sudatoria«) und die Infrastruktur an Vergnügungs- und Erholungseinrichtungen. Nicht selten spielten Musikanten in den luxuriösen Thermen auf. Tatsächlich darf man sich die Anfang des 3. Jh.s errichteten Caracalla-Thermen durchaus als Palast für jenen Bürger denken, der hier tagtäglich

Blick in die Caracalla-Thermen

Sir Lawrence Alma-Tadema, A favourite custom (Die Lieblingsbeschäftigung). Badende Frauen im Frigidarium römischer Thermen, 19. Jh., Öl auf Holz, 66,1 cm x 45 cm, Tate Gallery, London

den Genuss nachempfand, der sonst nur dem obersten Staatslenker vorbehalten war. Gleich zwei Untergeschosse mit Lager- und Versorgungsräumen sowie breiten Gängen, in denen Ochsenkarren Waren aller Art herantransportierten, verbannten jede Form körperlicher Arbeit aus dem Gesichtsfeld. Die schiere Größe nur einer dieser Thermenanlagen, der Caracalla-Thermen, deren Gesamtanlage eine Fläche von knapp zwölf Hektar umfasste, übertraf sogar die Gesamtfläche aller Kaiserforen (neun Hektar)! Ein ausgeklügeltes unterirdisches Heizungssystem, die »Hypokausten-Heizung«, sorgte den ganzen Tag über für gleichbleibend angenehme Temperaturen.

Während der gesamten Kaiserzeit wurden neue Thermen angelegt: Neros Prachtbau (ab 62 n. Chr.) folgten die vom Architekten Apollodorus von Damaskus teils mit Bauteilen der neronischen Domus Aurea errichteten Titus-Thermen (um 80 n. Chr.) auf dem Colle Oppio, die Trajan nur wenig später mit den nach ihm benannten Trajansthermen (104–109 n. Chr.) überbauen ließ. Fast 100 Jahre mussten vergehen, ehe Kaiser Commodus 183–187 n. Chr. die »thermae commodianae« südlich der späteren Caracalla-Thermen bauen ließ. Von ihnen fehlt heute ebenso jede Spur wie von den Thermen des Septimius Severus (193–211 n. Chr.). 80 000 m^3 fassten allein die Wasserzisternen, aus denen die erst 225 n. Chr., in der Regierungszeit des Alexander Severus, fertig gestellten Caracalla-Thermen gespeist wurden. Die Innenanlage umfasste 220 m x 114 m, die Außenmaße betrugen 337 m x 328 m! Zur Erschließung der Gegend wurde die Via Nova, damals die mit 30 Metern breiteste Allee Roms, vom Circus Maximus bis hierher verlängert und mit Ladenzeilen ausgestattet. Alexander Severus verfolgte dagegen ein dezentrales Konzept der Stadtentwicklung und ließ kleinere Bäder in jedem Stadtviertel einrichten. Er war auch dank der Erhebung einer neuen Gewerbesteuer für die »Öllampen-Soireés« in den Bädern verantwortlich, die endlich auch tagsüber Arbeitenden die Erholung im Bad gestatteten. Kaiser Decius (249–251 n. Chr.) baute prachtvolle Thermen auf dem Aventin, deren Reste der große Architekt der Spätrenaissance, Andrea Palladio (1508–1580), auffand.

Für die Römer blieben die Thermen bis zum Ende des Kaiserreiches der bevorzugte Ort für gesellschaftliche Kommunikation und soziale Begegnungen. Millionen Geschäfte dürften in ihnen abgewickelt worden, abertausende Ehen angebahnt und manche Verschwörung, selbst Volksaufstände geschmiedet worden sein.

E. Paulin, Diokletiansthermen, um 1880, Aquarell, Ecole Nationale Superieure des Beaux Arts, Paris

Aurelianische Stadtmauer

Zu den eindrucksvollen antiken Monumenten der Stadt Rom gehört der weitgehend intakte Mauerzug der Aurelianischen Stadtmauer, die zum Schutz vor Barbareneinfällen unter Aurelian 270–272 n. Chr. begonnen und von Probus (reg. 276–282) vollendet wurde. Sie umschloss die römische »urbs« des 3. Jh.s mit einer Länge von fast 19 km und besaß eine Höhe von sechs Metern, an einigen Stellen sogar von zehn Metern. 383 Türme traten in einem Abstand von etwa 30 m aus der Mauer hervor, und 18 Tore ermöglichten den Zugang in die Stadt. Die Wappen zahlreicher Päpste erinnern an Ausbesserungsarbeiten während der folgenden Jahrhunderte. Die Stadtmauer erfüllte ihre fortifikatorische Funktion bis zum 20. September 1870, als die Truppen des Königreichs Italien nordwestlich der Porta Pia mit moderner Artillerie die Mauer durchbrachen und Rom eroberten.

Porta S. Sebastiano

Das bedeutendste und besterhaltene Stadttor von Rom ist die dreigeschossige Porta S. Sebastiano mit einem großen Torbogen, deren heutiges Erscheinungsbild auf einen Umbau im 5. Jh. durch Honorius zurückgeht. Die rundbogige Tordurchfahrt, die durch eine Flügeltür und ein Fallgitter gesichert war, wurde auf beiden Seiten von einem zinnenbekrönten quadratischen Turm flankiert. Das Tor leitet seinen Namen von der kleinen Kirche S. Sebastiano ad Catacumbas nahe der Via Appia ab, während der Vorgängerbau, eine zweitorige Anlage mit niedrigen runden Türmen, nach der Ausfallstraße Porta Appia genannt wurde. Eine Figur des Erzengels Michael und eine Inschrift erinnern an die Schlacht, in der die Römer am 29. September 1327 über Robert von Anjou, König von Neapel, siegten. Vor dem Tor zur Stadtseite hin steht der sog. Drususbogen, auf dem die Aqua Marcia – ein Aquädukt, das u.a. die Caracalla-Thermen versorgte – über die Via Appia geführt wurde.

Parco Archeologico di Via Appia Antica

(siehe nachfolgende Doppelseite)

Zu den bedeutendsten und besterhaltenen Straßen des antiken römischen Straßennetzes gehört die Via Appia, die vom Censor Appius Claudius 312 v. Chr. angelegt worden ist. Sie begann an der Porta Capena direkt hinter dem Circus Maximus und verband Rom über Benevent mit Brindisi in Apulien, von dessen Hafen aus Waren nach Athen und in den Osten transportiert werden konnten. Wie alle römischen Ausfallstraßen war sie mit großen, unten konisch zulaufenden Basaltblöcken gepflastert und wies eine deutliche Kurvatur in der Oberfläche auf, damit das Regenwasser abfließen konnte. Beiderseits von Gehwegen aus gestampftem Lehm gesäumt, entsprach ihre Breite dem antiken Standardmaß für Überlandstraßen von 4,10 m. Alle neun bis zehn Meilen gab es Raststationen, an denen der Reisende halten und seine Pferde wechseln konnte. Außerhalb der Porta S. Sebastiano war die Via Appia, die den Römern seit jeher als vornehmster Ort für ihre Grablege galt, von Grabmonumenten unterschiedlicher Art gesäumt. Weil Erd- und Feuerbestattung nebeneinander praktiziert wurden, gab es unterirdische Anlagen wie die Columbarien, überirdische Grabbauten in Form eines kleinen Tempels oder Hauses, sowie große Mausoleen wie das der Caecilia Metella.

Parco Archeologico di Via Appia Antica

Domine quo vadis
(S. Maria in Palmis)

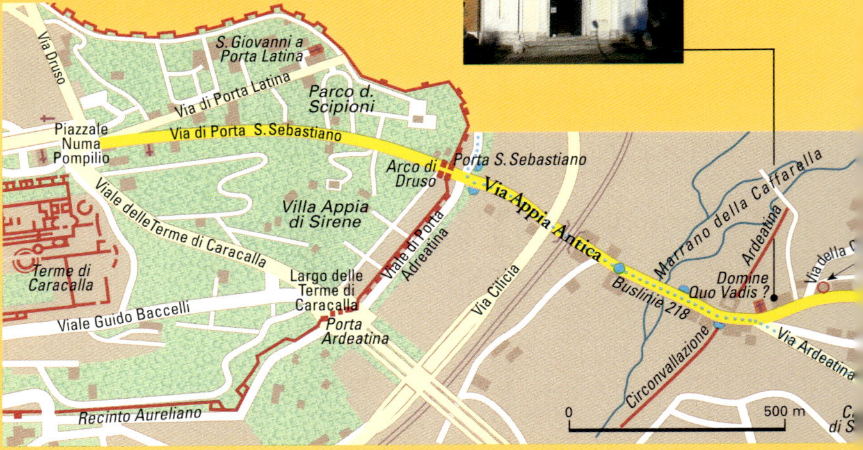

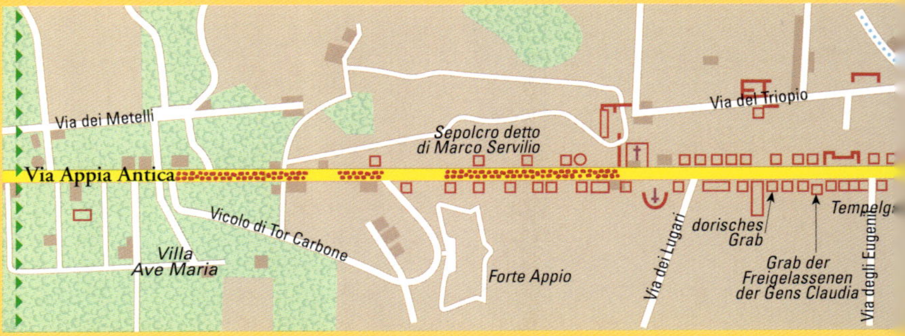

Catacombe di S. Domitilla

Catacombe di S. Callisto

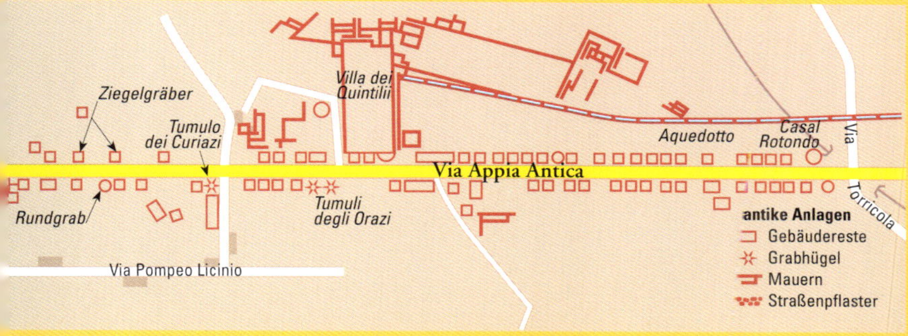

Die Anfänge des Christentums

von Jürgen Sorges

Christus als guter Hirte, frühchristliche Wandmalerei, 3. Jh. n.Chr., Katakomben der Priscilla (Catacombe di Priscilla), Rom

Älteste Spuren einer Christengemeinde in Rom finden sich bereits während der Regierungszeit des Kaisers Claudius (reg. 41–54). Damals bildeten die ersten Christen mit hoher Wahrscheinlichkeit in Rom nur eine Splittergruppe innerhalb der jüdischen Gemeinde. Claudius machte keinen Unterschied und erließ Versammlungsverbot und Ausweisung für Juden wie Christen: Beide Gruppen operierten außerhalb der römischen Staatskulte, waren somit als »religio illicita«, als staatlich verbotene Sekten, eingestufte Vereinigungen. Zu diesen »jüdischen Christen«, die eine jüdische Erziehung erfuhren und auch Hebräisch gesprochen haben dürften, gesellten sich spätestens in neronischer Zeit (54–68) die so genannten Heidenchristen. Dabei handelte es sich um christliche Gläubige, die außerhalb des jüdischen Kulturkreises mit zumeist hellenistisch geprägter Erziehung und Bildung aufgewachsen waren. Diese konvertierten aufgrund der Missionsaktivitäten unter anderem des Paulus. Wegen ihrer andersartigen kulturellen Wurzeln wurden diese Neugläubigen auch »Hellenen-Christen« genannt. Spannungen zwischen den Gruppen sollte schon das so genannte Apostelkonzil von

Jerusalem (48/49 n. Chr.) lösen, als sie einander gleichgestellt wurden.
Juden wie Christen gehörten den untersten Schichten der römischen Gesellschaft an, waren vor allem Sklaven und Freigelassene. Die wichtigste Quelle für die frühe Geschichte der katholischen Kirche stellt der Römerbrief des missionierenden Hl. Paulus dar (ca. 58 n. Chr.). Die Anwesenheit von Petrus und Paulus in Rom dürfte einen Aufschwung im Gemeindeleben dieser ersten, vielleicht tausend Christen gebracht haben.

Titelkirchen, konstantinische und andere bedeutende Kirchen in Rom um 500 n. Chr. (nach Richard Krautheimer, 1980)

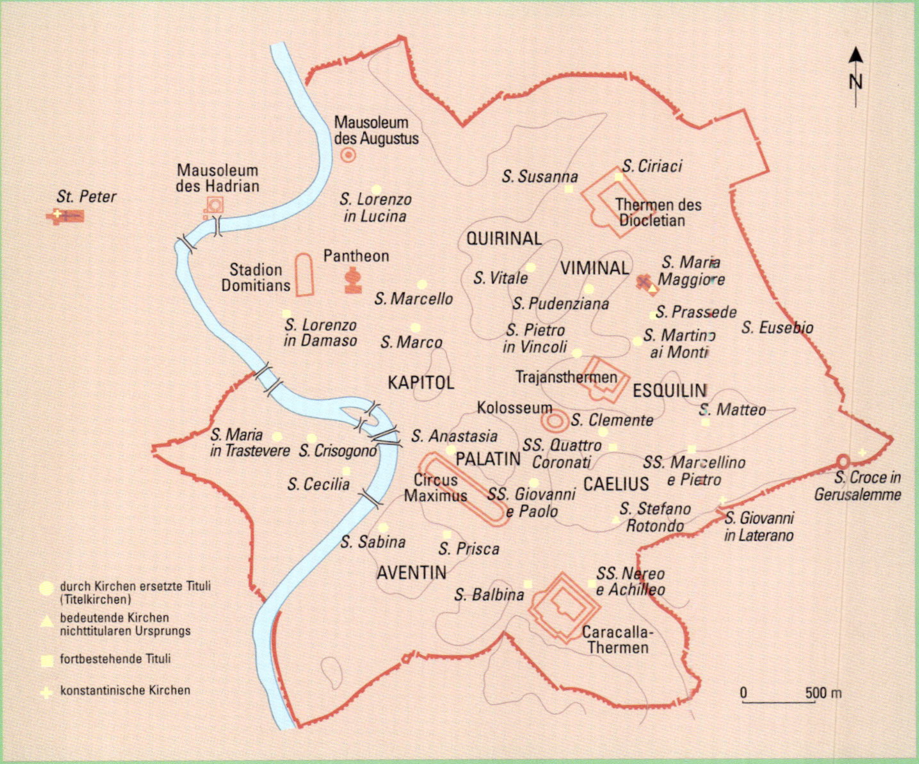

Matthias Merian d. Ä., Christenverfolgung durch Nero nach dem Brand von Rom 64 n. Chr., Märtyrer fanden den Tod in eingenähten Tierhäuten und als lebende Fackeln, Kupferstich aus J. L. Gottfried, Historische Chronica, 1630, Frankfurt a. M.

ließ bis ins 11. Jh. einen regen Besucherverkehr aufkommen, der neben der Totenverehrung vor allem den Ankauf von Heiligengebeinen mit sich brachte. In den folgenden fünf Jahrhunderten gerieten sie in Vergessenheit, ehe Nikolaus V. (Pontifikat 1447–1455) und die neu gegründete Accademia Romana diese Begräbnisstätten wieder entdeckten.

Das Rom der frühen Kaiserzeit besaß sehr bescheidene Christengemeinden. Noch Ende des 2. Jh.s verfügten sie weder über Bethäuser noch öffentliche Versammlungssäle. Analog zur jüdischen Sitte dienten Privatwohnungen als Treffpunkte, um bei Gastmählern des Lebens Jesu zu gedenken. 28 dieser privaten »tituli«, die den Grundstein für Roms spätere Titelkirchen legten, verzeichnet die Forschung bisher. Die Predigt war schon früh, neben dem »Geheimnis der Eucharistie«, Bestandteil dieser Gastmähler, doch wurde nur das Alte Testament und die Ankunft des Messias vorgelesen. Liturgiesprache war Griechisch. Die Evangelien über die Christus-Vita kamen erst viel später hinzu.

Jede Gemeinde eines Titulus operierte selbstständig und wurde von einem »Presbyter« geleitet, der auch als Aufseher (»episkopos«), fungierte. Aus diesem entwickelte sich das Amt des »episcopus«, des Bischofs. Ihm zur Seite stand der für karitative Belange zuständige Dia-

Ursprünglich lebten die Christen in der Stadtperipherie, in Trastevere sowie am Aventin. Auch die nahe dieser Wohnbezirke angelegten Friedhöfe bestätigen dies. Die ältesten der als Katakomben bekannten Begräbnisstätten sind die von S. Sebastiano an der Via Appia Antica. Tatsächlich rührt der latinisierte Name »catacumbas« aus dem Griechischen »kata kumbas« her, das übersetzt »nahe der (Tal-)Senke«, mithin eine geografische Ortsangabe zur Auffindung der Gräber bedeutet.

Die Blütezeit der christlichen Katakomben begann im 2. Jh. , aber erst im 4. Jh. wurden sie zu besonders verehrungswürdigen Orten und durch die Überbauung mit Basiliken gekennzeichnet. Ihr Ruf als Ruhestätten von Heiligen

kon. Schon der Römerbrief kritisiert eine starke Konkurrenz unter den Hausgemeinden insbesondere in Glaubensfragen und mahnt zur Einheit. Dennoch entwickelten sich früh Sonderwege der Bibelinterpretation. Anscheinend war das Amt eines schlichtenden obersten Presbyters noch unbekannt: Entscheidungen wurden im Kollegium gefällt. Eine weitere Textquelle, der so genannte erste Clemensbrief, datiert in die Zeit des vierten Bischofs von Rom, des Hl. Clemens (Pontifikat 88–97). Im Untergeschoss der Basilika von S. Clemente sind frühe Spuren des Christentums dokumentiert – unter dem Mithräum aus dem 2. Jh. wurden rußgeschwärzte Fundamente jener Häuser freigelegt, die dem Stadtbrand unter Kaiser Nero (64 n. Chr.) zum Opfer fielen. Heutige Forscher schließen nicht aus, dass die legendäre Feuersbrunst tatsächlich von Christen verursacht wurde: Die allgemeine Aufruhrstimmung in Palästina sowie die endzeitvisionäre Stimmung christlicher Urgemeinden könnten Anlass gewesen sein. Eindeutige Bestätigung erfahren hingegen Neros erste Christenverfolgung sowie der niedrige Sozialstatus der Opfer. Der Kreuzestod der frühen Märtyrer war nach römischem Recht nur für Sklaven vorgesehen.

Seit 140, als mit Pius I. (Pontifikat 140–155) erneut ein Sklave den Stuhl Petri innehatte, nahm die Kirche institutionellen Charakter an. Es existierten bereits fünf Kirchenämter, in der Eucharistiefeier wurde das Lateinische eingeführt. Um 160 lebten ca. 15 000 Christen in Rom. Mitte des 3. Jh.s zählte Roms Kirche bereits 155

Jules Eugene Lenepveu, Märtyrer in den Katakomben, 1855, Öl auf Leinwand, 170 cm x 336 cm, Musée d' Orsay, Paris

Amtsträger, die mindestens 30 000 Gläubigen vorstanden. Denn schon seit den Erlassen des Kaisers Septimius Severus (reg. 193–211) war sie ein geduldeter, aber misstrauisch beäugter städtischer Machtfaktor. 240–270 schlug das heidnische römische Imperium zurück: Unter Papst Fabianus (Pontifikat 236–250) rief Kaiser Decius (reg. 249–251) zur blutigen Verfolgung und Konfiskation aller Kirchengüter auf. In diese Zeit fällt das Leben des Hl. Lorenz, den ein grausames Martyrium ereilte. Als Diakon war er direkt in die von Decius verfügten Enteignungsmaßnahmen verwickelt. Sein juristischer Schachzug rettete das Kirchenvermögen: In einer Nacht- und- Nebel-Aktion wurde der gesamte Besitz an christliche Privatleute übereignet. Erbost rächte sich der Caesar am Hl. Lorenz, dessen Marterrost bis heute aufbewahrt wird.

Gianlorenzo Bernini, Der Hl. Lorenz, 1617, Marmor, 66 cm x 108 cm, Collezione Contini-Bonacossi, Florenz

Die drei Jünglinge im Feuerofen, frühchristliches Fresko mit Fegefeuer-Darstellung, 3. Jh. n. Chr., Katakomben der Priscilla (Catacombe di Priscilla), Rom

Das angebliche Folterinstrument ist samt der Eisenketten, in denen Lorenz im Kerker schmachtete, heute in S. Lorenzo in Lucina an der Via del Corso aufbewahrt. Den Märtyrertod erlitt auch Papst Sixtus II., der am 6. August 254 von Schergen des Kaisers Valerian an den Katakomben von S. Callisto (angeblich während der Predigt) getötet wurde.

Kaiser Valerian erreichte vor 260 das eigentliche Ziel, die Konfiskation der Kirchengüter. Doch schon sein Mitregent und Nachfolger Gallienus (reg. 253–268) erstattete den Besitz zurück.

Erst der 28. Oktober 312, der Tag der Schlacht an der Milvischen Brücke, die mit einem Reiterscharmützel in Saxa Rubra nördlich von Rom begann, markiert das Ende der von Verboten und Leiden gekennzeichneten frühen Zeit des römischen Christentums. Die angeblich auf Kriegsbannern und Soldatenschilden des konstantinischen Heeres auftauchenden »Pax Christi«-Zeichen waren der Anfang einer neuen Epoche: Nun regierte »Christus triumphans«, der triumphierende Christus.

Maxentius-Zirkus

(Circo di Massenzio)

Der Circus ist Teil einer großen Palastanlage, die Kaiser Maxentius (reg. 306–312) durch An- und Umbauten einer älteren Villa an der Via Appia errichten ließ, und gehört zu den besterhaltenen Beispielen dieser Architekturform. Er ist ähnlich wie der Circus Maximus angelegt und konnte fast 10 000 Zuschauer aufnehmen. Die rund 513 m lange und etwa 78 m breite Arena wird durch eine niedrige Mauer (»spina«) zweigeteilt, welche von den Gespannen sieben Mal umrundet werden musste. In der Mitte der reich geschmückten Spina stand einst der domitianische Obelisk, den Papst Innozenz X. 1650 als Bekrönung des Vierströmebrunnens auf die Piazza Navona versetzen ließ. Am westlichen Ende lagen zwischen zwei hohen Türmen die Startboxen (»carceres«), in deren Mitte sich der Haupteingang befand. Über einen langen Gang konnte sich der Kaiser von seinem Palast aus direkt zur Tribüne an der Ziellinie begeben. Unmittelbar an Circus und kaiserliche Residenz grenzte ein monumentaler Grabbezirk, den Maxentius zu Ehren seines 309 verstorbenen und vergöttlichten Sohnes Romulus erbaut hatte. Das Mausoleum, ein Rundbau mit einer Kuppel von 33 m Durchmesser und einem rechteckigen Vorbau nach dem Vorbild des Pantheon, erhob sich inmitten eines weiten Säulenhofes.

Grabmal der Caecilia Metella

(Tomba di Cecilia Metella)

Der wohl bekannteste Grabbau an der Via Appia ist das Mausoleum der Caecilia Metella. Sie entstammte, wie die Inschrift besagt, einer der vornehmen römischen Familien um die Zeitenwende. Caecilia war die Tochter des Konsuls Quintus Metellus Creticus, der 69 v. Chr. die Insel Kreta erobert hatte, und Gattin des jüngeren Crassus, dessen Vater zusammen mit Cäsar und Pompeius einer der Triumvirn war. Der Grabbau ähnelt im Aufbau dem Augustus-Mausoleum: Auf einem quadratischen Sockel erhebt sich ein mit Travertin verkleideter Rundbau von 11 m Höhe und 29,5 m Durchmesser, den unterhalb des Gesimses ein Fries mit Stierschädeln, Girlanden und Trophäen schmückt. Nach diesem wird der Bau noch heute im Volksmund »Capo di bove« (Ochsenschädel) genannt. Im Innern liegt die kuppelüberwölbte Grabkammer, der Sarkophag ist heute im Palazzo Farnese aufgestellt. Der Zinnenkranz verweist auf die mittelalterliche Geschichte des Mausoleums, als die Familie Caetani dieses 1302 als Hauptturm in ihre Festungsanlage einbezog.

S. Paolo fuori le mura

Außerhalb der Stadt, etwa zwei Kilometer vor der antiken Porta Ostiense, liegt S. Paolo, eine der vier Patriarchalbasiliken und eine der sieben Pilgerkirchen, die exterritorialer Besitz des Vatikanstaates ist. Ursprünglich befand sich hier eine kleine Kirche, die in konstantinischer Zeit über dem Grab des Apostel Paulus an der Via Ostiense errichtet worden war. Theodosius und seine Mitkaiser ersetzten diese Ende des 4. Jh.s durch eine fünfschiffige Säulenbasilika mit Querhaus, die unter Honorius vollendet wurde. Sie entsprach in Grundriss und Ausmaßen genau der Basilica Ulpia des Trajansforums und war bis zum Neubau der Peterskirche im 16. Jh. das größte christliche Gotteshaus der Welt. Schon im Mittelalter waren durch Brände und Erdbeben eine Vielzahl von Restaurierungen notwendig geworden. So wurden beispielsweise im 5. Jh. ein reicher Mosaikschmuck hinzugefügt und Ende des 13. Jh.s die Wandmalereien des Mittelschiffes von Pietro Cavallini erneuert. 1823 aber zerstörte ein Brand fast den gesamten Bau. Beim Wiederaufbau hat man die Maße und Formen der Basilika des 4. Jh.s beizubehalten versucht. Lediglich der romanische Turm wurde durch einen klassizistischen Neubau ersetzt, und um die Jahrhundertwende errichtete man vor der Fassade einen von ge-

deckten Säulenhallen umschlossenen Vorhof. Das Äußere der Kirche ist im historistischen Geschmack des 19. Jh.s, teilweise unter Verwendung originaler Bauteile, neu gestaltet worden. Das Giebelfeld der Fassade wurde mit Mosaiken vor goldenem Hintergrund geschmückt, die den segnenden Christus zwischen den Heiligen Petrus und Paulus darstellen.

Porta Santa, Staurachios von Chios, Martyrium des Apostels Petrus, um 1070

Die Bronzeportale sind Werke des 20. Jh.s. Rechts daneben liegt die Porta Santa, die nur in den Heiligen Jahren geöffnet wird. Sie bewahrt auf der Innenseite die Reste der Flügel vom Hauptportal des Vorgängerbaus, die Staurachios von Chios um 1070 in Konstantinopel schuf. Sie zeigen auf 54 Feldern Szenen aus dem Neuen Testament und aus der Heiligengeschichte, wobei die Figuren durch Silbereinlagen umrisshaft hervorgehoben sind.

Bartolomeo Pinelli (1781–1835), S. Paolo fuori le mura nach dem Brand von 1823
Zeichnung

Wie der Innenraum früher gewirkt hat, können heute nur noch alte Stiche zeigen, die den Zustand vor dem Brand wiedergeben: Kannellierte Säulen trugen im Mittelschiff auf Rundbogen die Hochwand, in der sich unterhalb des offenen Dachstuhls eine Reihe rundbogiger Fenster öffnete. Auch die Seitenschiffe, durch glatte Säulen unterteilt, waren durch Fenster über den Arkaden beleuchtet. Deren dünn geschliffene Alabasterscheiben verliehen dem Raum ein warmes Licht. Hinter dem Triumphbogen weitete sich das stützenlose Querhaus, das nur wenig über die Außenwände der Seitenschiffe hinausging, und lenkte den Blick auf das mächtige Halbrund der Apsis.

Innenraum

Nach dem Brand wurden im Mittelschiff 80 neue massive Granitsäulen aufgestellt und der offene Dachstuhl wurde durch eine

reich vergoldete Stuckdecke ersetzt. Außerdem reduzierte man die Höhe der inneren Seitenschiffe um die Fensterzone, sodass diese heute wesentlich dunkler sind und sich ein recht starker Kontrast zwischen dem großen, hellen Mittelschiff und den engen, dunklen Seitenschiffen ergibt. Unterhalb der Fresken des 19. Jh.s im Mittelschiff verläuft ein Fries in Mosaiktechnik um den gesamten Innenraum. Seine mittlerweile 265 Medaillons zeigen die Bildnisse aller Päpste von Petrus bis Johannes Paul II. Der Fries ersetzt eine gemalte Galerie von Papstbildnissen, die seit der Antike bis ins 19. Jh. geführt und durch den verheerenden Brand von 1823 zerstört wurde.

Triumphbogenmosaik

Von der ehemaligen Basilika ist größtenteils noch das Triumphbogenmosaik erhalten, das von der alten Wand abgelöst und mit einigen Veränderungen durch die Restauratoren auf die neue übertragen wurde. Es stammt aus dem 5. Jh. und wurde, wie die Inschrift unten im Bogen mitteilt, unter Papst Leo I. auf Kosten der Kaiserin Galla Placidia geschaffen: PLACIDIAE PIA MENS OPERIS DECUS HOMNE. PATERNI GAUDET. PONTIFICIS STUDIO SPLENDERE LEONIS (»Placidias frommer Sinn freut sich beim Anblick des glänzenden Schmucks, mit welchem der eifrige Papst Leo das väterliche Werk gekrönt hat«). In der oberen Inschrift werden die Erbauer der Basilika, Theodosius und Honorius, gepriesen. Das Mosaik gibt in leicht abgewandelter Form die Apokalypse, die Offenbarung des Johannes, wieder: Dem Brustbild Christi in der Sonnengloriole nähern sich von beiden Seiten die 24 Ältesten, über denen die Symbole der Evangelisten schweben. Rechts und links neben dem Bogenansatz stehen Petrus und Paulus, von denen Petrus mit der Rechten auf Christus, Paulus nach unten, vermutlich auf sein Grab, weist.

Kreuzgang

Südlich des Querhauses der Basilika liegt einer der schönsten Kreuzgänge des Mittelalters mit unterschiedlich gestalteten Doppelsäulen: Sie haben glatte oder kannellierte Schäfte, die wie Seile gewunden oder aus zwei Strängen geflochten sind. Der Kreuzgang wurde zwischen 1205 und 1241 von den Vassaletti erbaut, als der Kirche ein Benediktinerkloster angeschlossen wurde. Ein antiker Stein über dem mittleren Bogen der Nordseite trägt den Namen der Architekten, die zu den bekanntesten Bildhauern und Mosaizisten in Rom zählten. Mosaikintarsien aus Gold und buntem Glasfluss zieren denn auch Säulen, Architrav und Gesimse und ergänzen die plastische Wirkung des Marmors.

Im Kreuzgang werden Fragmente der zerstörten Basilika sowie antike Sarkophage ausgestellt, einer mit Szenen aus dem Apollmythos. Er wurde im 12. Jh. als Grablege für Pietro de Leone wieder verwendet.

EUR

Die »Esposizione Universale Romana« (römische Weltausstellung, abgekürzt EUR), eine Vorstadt im Süden Roms, wurde ursprünglich für eine 1942 geplante Weltausstellung gebaut, die wegen des Ausbruchs des Zweiten Weltkrieges aber nie stattfand. Mussolini wollte hier einen großen neuen Stadtteil, eine »urbs magna«, entstehen lassen, der an das kaiserliche Rom der Antike anknüpfen und in Konkurrenz zu dem päpstlichen Rom mit seinen alten Palastbauten treten sollte. So planten die Architekten unter der Leitung von Marcello Piacentini anders als bei früheren Weltausstellungen keine provisorischen Pavillons, sondern mit einer kompletten Infrastruktur verbundene Bauten, die dem Anspruch nach übersteigerter Monumentalität der faschistischen Machthaber Genüge tun sollten. In den 50er-Jahren stellte man das Viertel fertig, das mit seinem funktionalen Straßennetz und den weitläufigen Grünanlagen vorbildhaft für den modernen Städtebau wurde und sich zu einem Wohn- und Verwaltungsviertel entwickelte. So sind in den riesigen Marmorbauten heute Behörden und Museen untergebracht, darunter das Museo della Civiltà Romana, das mit Hilfe von Modellen und Rekonstruktionen eine anschauliche Dokumentation zum Leben im alten Rom bietet. Beispielsweise werden ein Modell der antiken Stadt zur Zeit Konstantins und Gipsabgüsse der Reliefs der Trajanssäule ausgestellt.

Palazzo della Civiltà del Lavoro

Zu den bekanntesten Bauten zählt der über quadratischem Grundriss errichtete Palazzo della Civiltà del Lavoro, der 1938 von den Ar-

chitekten Giovanni Guerrini, Ernesto Bruno La Padula und Mario Romano begonnen wurde und an die »pittura metafisica« (metaphysische Malerei) des Giorgio de Chirico erinnert. Wegen der großen, regelmäßigen Rundfenstern wird er im Volksmund »das viereckige Kolosseum« genannt. In der ersten Arkadenreihe stehen zahlreiche Statuen, die die verschiedenen Handwerke symbolisieren. Der Palazzo dei Congressi fand wegen seiner architektonischen Konzeption als überkuppelter, entkernter Quader Eingang in die Architekturgeschichte.

Palazzo dello Sport

Jenseits des künstlichen Sees, der von Tausenden von japanischen Kirschbäumen gesäumt ist, liegt mit dem Palazzo dello Sport ein weiterer bemerkenswerter Bau der modernen Architekturgeschichte, den Pier Luigi Nervi für die Olympischen Spiele 1960 in Rom entwarf. Der Palazzo wird von einer halbkreisförmigen Betonkuppel mit einem Durchmesser von 100 m überspannt, die auf einem 20 m hohen Glaszylinder ruht. Im Innern ist die Kuppel mit einer Kassettierung aus Betonrippen gegliedert.

Trastevere und Gianicolo

Am linken Tiberufer trifft man auf zwei höchst unterschiedliche Stadtviertel. In keinem Teil Roms wird die Atmosphäre eines gewachsenen Viertels deutlicher spürbar als in Trastevere, auch wenn es inzwischen mehr und mehr zum »Szene-Viertel« degradiert. Schon in der Antike war Trastevere – abgeleitet vom lateinischen »trans Tiberim« (jenseits des Tibers) – ein Arme-Leute-Viertel, bedeutende Monumente haben hier nur wenige gestanden. Aber die im Bereich der Farnesina ausgegrabenen Wandmalereien und Stuckdecken einer römischen Villa (heute im Museo Nazionale Romano) belegen, dass auch einige wohlhabende Bürger auf dem Gelände zwischen Tiber und Gianicolo prachtvolle Gärten und Villenanlagen errichteten. Später, im 3. und 4. Jh., ließen sich hier viele Christen nieder und gründeten die ersten Titelkirchen. Im Mittelalter erlebte das Viertel einen starken Aufschwung, und es entstand das dichte Netz enger Gassen und verwinkelter Straßenzüge mit kleinen Plätzen, die ihm seinen malerischen Charakter verleihen. Nach dem geschäftigen Treiben in den Straßen von Trastevere findet man im Park auf dem Gianicolo oder im botanischen Garten eine Oase der Ruhe. Von der Hügelkuppe aus kann man eine der schönsten Aussichten auf den Tiber und über die Stadt bis hin zu den umliegenden Bergen genießen. Der Hügel des Gottes Ianus (lat. »iani collis«; ital. »giano collo«) zählt wie der Vatikan nicht zu den klassischen sieben Hügeln Roms und wurde erst 1642 unter Papst Urban VIII. vollständig in das Stadtgebiet einbezogen. In der Geschichte spielt er jedoch eine bedeutende Rolle, verteidigten sich an diesem Ort doch 1849 die Partisanen der römischen Republik unter der Führung von Garibaldi gegen die von Papst Pius IX. zur Hilfe herbeigerufenen französischen Truppen.

Botanischer Garten

Blick in eine Straße von Trastevere

Trastevere und Gianicolo

S. Maria in Trastevere, Piazza di S. Maria in Trastevere, S. 425 ff.

Tempietto im Innenhof von S. Pietro in Montorio, Via Garibaldi 33, S. 430 f.

S. Pietro in Montorio, Piazza S. Pietro in Montorio 2, S. 428 f.

S. Cecilia in Trastevere, Piazza di S. Cecilia, S. 422 ff.

Weitere Sehenswürdigkeiten:

1 Villa Doria Pamphilj, Via di S. Pancrazio, S. 443

Palazzo Corsini (Galleria Nazionale d' Arte Antica), Via della Lungara 10, S. 436

La Farnesina, Via della Lungara 230, S. 437 ff.

Unter Rabbis und Imamen – Juden und Muslime in Rom

von Jürgen Sorges

Spätestens in spätrepublikanischer Zeit durfte das antike Rom für sich in Anspruch nehmen, das bedeutendste multireligiöse Zentrum im Mittelmeerraum zu sein. Nahezu jede mediterrane Religion hatte vor zwei Jahrtausenden ihren Kultplatz innerhalb der römischen Stadtmauern. Heutige Stadtplan-Rekonstruktionen der antiken »urbs« dokumentieren hunderte Heiligtümer, Tempel und Begräbnisstätten, die Zeugnis für diese von Toleranz geprägte Tradition ablegen. Erst mit dem Sieg des Christentums, dessen Beginn Historiker heute auf den 28. Oktober 312 n. Chr., den Tag der Schlacht an der Milvischen Brücke, festlegen, sollte sich das Verhältnis der Römerinnen und Römer zu fremden Kulten grundlegend ändern. Nur eine andere Religionsgemeinschaft hat die folgenden Stürme der Zeit am Tiber überstanden. Sie kann sogar auf eine längere Tradition vor Ort als das Christentum zurückblicken: Roms jüdische Gemeinde. Erste Kontakte und Verträge mit dem römischen Senat sind bereits für das Jahr 139 v. Chr. dokumentiert. Damals zogen die ersten Hebräer nach Ostia und in Roms Stadtteil Trastevere, der damals insbesondere einfachen Soldaten, Handwerkern und Fremden ohne römisches Bürgerrecht als Aufenthaltsort zugewiesen wurde. Tatsächlich fanden Archäologen dort die ältesten Spuren der jüdischen Gemeinde, die in nachaugusteischer Zeit immerhin schon 8000 Mitglieder umfasst haben soll: Hinter der Hausfassade am Vicolo dell' Atleta 13/14 verbarg sich eine der ältesten Synagogen der Stadt. Zu den ersten Förderern der jüdischen Kultur in Rom zählt kein Geringerer als Julius Caesar (100 – 44 v. Chr.), der ihr eigene Gerichtsbarkeit und weit reichende Zivil- und Handelsrechte zugestand. Mit den Revolten in der römischen Provinz Judäa und der Eroberung Jerusalems im Jahr 70 n. Chr. – die Reliefs des Titus-Bogens am Forum Romanum zeigen die triumphale Vorführung der erbeuteten Schätze, darunter den siebenarmigen Leuchter – verschlechterte sich das Verhältnis von Juden und Römern. Zeitweilig waren Juden wie Christen gemeinsam Verfolgungen ausgesetzt.

Das gespannte Verhältnis zwischen Juden und Christen begann unter den Päpsten Leo I. (Pontifikat 440 – 461) und Gregor VII.: Verdikte gegen die jüdische Gemeinde schränkten mehr und mehr die Berufswahl für die Mitglieder ein. Der Zugang zu öffentlichen Ämtern war ihnen verwehrt. Das Zeitalter der Kreuzzüge verschärfte diese Situation erheblich.

Im Laufe des 14. Jh.s siedelten immer mehr Juden von Trastevere über den Tiber in das verwaiste, aber vor feindlichen Übergriffen sichere Gebiet rund um die Ruinen des antiken Circus Flaminius über. Dorthin folgte ihnen – zwangsweise – seit 1555 der Rest der etwa 9000 Mitglieder zählenden Gemeinde: Nach dem Vorbild Venedigs hatte der Caraffa-Papst Paul IV. (Pontifikat 1555 – 1559) mit der Bulle »Cum nimis absurdum« nicht nur die Einrichtung eines römischen Ghettos verfügt, sondern auch alle Juden zur regelmäßigen Teilnahme an Predigten katholischer Bekehrer verpflichtet. Berufliche Diskriminierung, die Beschränkung auf Lumpensammeln und Altkleidertrödel, die Festlegung des maximalen Geldzinssatzes auf zwölf Prozent sowie der jährlich zu erneuernde Kauf des Wohnrechtes wurden auf diese Weise geregelt. Den Juden war es nicht gestattet, das ihnen zugewiesene, bis 1566 fertig gestellte Wohnquartier zwischen Sonnenunter- und -aufgang zu verlassen. Das zwischen dem Theater des Marcellus, der Piazza Mattei und dem Tiber gelegene ummauerte Gebiet mit dem Haupteingangstor an der Piazza delle Cinque Scuole (Platz der fünf Talmudschulen) war nie größer als drei Hektar und bildet bis heute Roms kleinsten Stadtbezirk Sant'Angelo. Dieser ist nach der im Jahre 775 n. Chr. gegründeten Kirche Sant'Angelo in Pescheria benannt, eine jener vier Kirchen, in denen die Missionierung des Judentums in den folgenden Jahrhunderten stattfand. Überliefert ist, dass sich Roms gewitzte Juden Kerzenwachs in die Ohren stopften, um den wöchentlich vorgetragenen christlichen Litaneien zu entgehen. Unzählige Geschichten ranken sich bis heute um diesen »Serail der Hebräer« (Serraglio degli Ebrei), wie die Römer das Ghetto fortan volkstümlich blumig nannten. Tatsächlich dürfte das beengte Leben im an Brunnen armen, daher unhygienischen und krankheitsgeplagten Ghet-

Noah (mit Gebetsgestus) beim Verlassen der Arche, Steinritzung auf einem Marmorsarkophag, 4. Jh. n. Chr., Katakomben der Priscilla (Catacombe di Priscilla), Rom

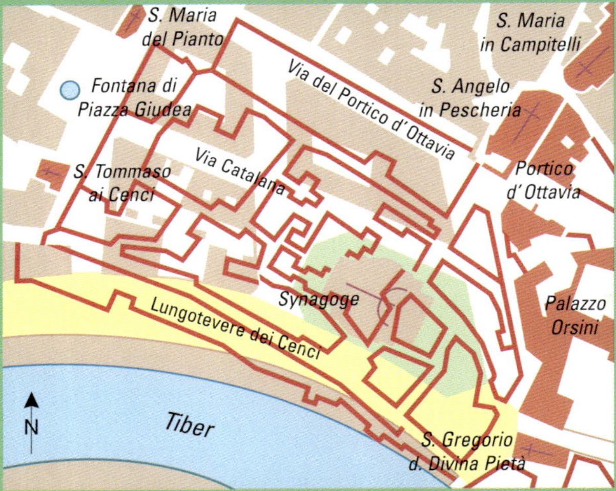

Plan des ehem. jüdischen Ghettos (fette Konturen) am Lungotevere Cenci zur Zeit der Aufhebung (1888), Hintergrunddarstellung: heutige Bebauung und Straßenverlauf

to weniger pittoresk ausgefallen sein, als die Folklore es glauben machen will.

Erst mit der Befreiung Roms im Jahr 1870 und der Abschaffung des Kirchenstaates verschwand auch das Ghetto. Roms Juden, die die Entwicklung Italiens im 19. Jh. hin zum Nationalstaat tatkräftig unterstützt hatten und als »treue Schweizergarde des kommenden Königshauses Savoyen« galten, erhielten ihre vollen Bürgerrechte. Damals bedeutete die Ernennung des Generals Graf Guiseppe Ottolenghi, eines Juden, zum italienischen Kriegsminister, noch einen in Europa einmaligen Vorgang.

Um so tragischer war Mussolinis Machtergreifung, besonders aber die Übernahme der Nürnberger Rassengesetze 1938 durch den italienischen Staat. »Die Juden«, pflegte der damalige König, Vittorio Emanuele III. (reg. 1900–1946), zu sagen, »verraten niemals.« Für viele königstreue und loyale Juden, unter anderem Primo Levi (1919–1987) und Natalia Ginzburg (1916–1991), die sich als integraler Bestandteil der italienischen Gesellschaft mit einer über 2000-jährigen gemeinsamen Tradition wähnten, wog fortan das Nichteinschreiten der italienischen Monarchie wie des Papstes um so schwerer: 2091 römische Juden wurden nach Dachau, Auschwitz und Bergen-Belsen deportiert, nur 15 kehrten an den Tiber zurück.

Der 13. April 1986 markiert den entscheidenden Schritt der Versöhnung von Christen und Juden in Rom. Johannes Paul II. überwand die Strecke vom Vatikanpalast über den Tiber zum Lungotevere Cenci. In der Großen Synagoge wurde er von Rabbi Elio Toaff empfangen, der seit 40 Jahren das Oberhaupt der wieder 16 000 Mitglieder zählenden jüdischen Gemeinde Roms war. Es kam zur historischen versöhnenden Umarmung. Johannes Paul II. erneuerte die Versöhnung im heiligen Jahr 2000: Erstmals rief ein Papst gleichzeitig zur Visite der Titularkirchen Roms und zum Besuch des Heiligen Landes auf. Israel, Nazareth, Jerusalem sowie das im palästinensischen Autonomiegebiet gelegene Bethlehem gelten als gleichrangige Pilgerziele.

Eine zweite, mittlerweile 50 000 Gläubige zählende Religionsgemeinschaft Roms ist der Islam. Von Päpsten, aber auch von Luther verdammt und sogar von Dante Alighieri (1265–1321) in der »Divina Commedia« (Göttliche Komödie) auf ewig in die Hölle verwiesen, hatte es der Islam schwer, im Zentrum der katholischen Christenheit am Ende des 20. Jh.s Fuß zu fassen. Die Errichtung eines islamischen Zentrums mit der größten Moschee Europas am Monte Antenne im römischen Stadtteil Parioli führte zu einer Vielzahl von Polemiken und Missverständnissen, die erst 1993 mit dem Abschluss der Bauarbeiten ein Ende fanden.

Seither ist auch der Dialog zwischen den größten Religionen der Erde in Rom in ruhigeres Fahrwasser geraten. Für den Bau der Moschee konnte 1975 der Dekan der Architektur-Fakultät der Universität Rom, Paolo Portoghesi, gewonnen werden. Als Vorbilder dienten ihm unter anderem das römische Pantheon, Borrominis Sant' Ivo alla Sapienza, die Spanische Treppe, die Moscheen von Kairouan (Tunesien) und Cordoba (Spanien) sowie der Dom von Monreale oberhalb von Palermo (Sizilien). Entsprechend der 24. Sure des Korans wählte er das Licht als Leitmotiv für den im postmodernen Stil errichteten Glaubenstempel an der Via Anna Magnani/Via della Moschea. Die von 13 Kuppeln gekrönte Anlage, in der 2500 Gläubige Platz finden, hat indes nicht überall vor der Kritik bestanden. So werden die Säulen im Inneren des gen Mekka ausgerichteten Baus als »aufstrebende, betende Hände« interpretiert, während das Minarett mit seiner Höhe von 42 m vielen als etwas gedrungen erscheint. Scheich Mahmud Mohamed Hammadi, ein knapp 60-jähriger Ägypter mit über achtjähriger Praxiserfahrung in England, ist derzeit der weltoffene tolerante Imam der römischen Moschee.

Osvaldo Armanni und Vincenzo Costa, sog. Große Synagoge am Lungotevere dei Cenci, 1899–1904

S. Cecilia in Trastevere

Die Kirche wurde im 5. Jh. der Legende nach über dem Wohnhaus des Valerianus und seiner Gattin Caecilia errichtet, die als Christin unter Marc Aurel das Martyrium erlitten hatte. Im 9. Jh. erneuerte Papst Paschalis den Bau, übertrug die Gebeine der Heiligen hierhin und ließ die Mosaiken in der Apsis ausführen. Im 12. Jh. wurden der Portikus und der fünfgeschossige Campanile angefügt. 1725 nahm Kardinal Francesco Aquaviva eine gründliche Umgestaltung vor, in dessen Auftrag Ferdinando Fuga den stimmungsvollen, blumengeschmückten Innenhof mit einer antiken Kantharos-Vase in der Mitte und die Fassade mit dem Wappen des Kardinals im Giebel gestaltete. Durch den Portikus mit seinem schönen mosaizierten Architrav und den antiken ionischen Säulen aus rosa Granit, der noch die Formen des 12. Jh.s bewahrt, betritt man den niedrigen basilikalen Innenraum mit Apsis. Seinen ursprünglichen Charakter hat er durch die barocke Umgestaltung, bei der die mittelalterlichen Säulen von Pfeilern ummantelt wurden, gänzlich verloren. In der Krypta liegt der Zugang zu den Resten eines römischen Wohnhauses, das sich unter der ganzen Kirche erstreckt.

Stefano Maderno (1576–1636), Marmorstatue der Hl. Caecilia, um 1600
Marmor, L. 102 cm

In der »confessio« unter dem Altar liegt das um 1600 gemeißelte Marmorbild der heiligen Caecilia von Stefano Maderno. Vorbild für dieses vielgerühmte Meisterwerk war die Körperhaltung, in der man die Heilige bei der Öffnung ihres Grabes in den Calixtus-Katakomben ein Jahr zuvor gefunden hatte. In grausamer Realität hat Maderno die verkrampfte Haltung der zu Tode Gequälten dargestellt: Nach der Überlieferung sollte Caecilia in einem kochenden Bade erstickt werden, doch überstand sie diese Qualen und wurde schließlich enthauptet. Dieses Martyrium ist auf Fresken aus dem 17. Jh. im ehemaligen »caldarium« des antiken Hauses dargestellt.

Pietro Cavallini (1273–ca. 1321), Jüngstes Gericht (Detail), Ende 13. Jh.
Fresko (nachfolgende Seite)

Ende des 13. Jh.s beauftragte der französische Kardinal Cholet den Maler Pietro Cavallini, die innere Eingangswand und Teile der Langhauswände mit Fresken zu gestalten. Beim Einbau der Nonnenempore im 16. Jh. wurden sie jedoch versetzt, wodurch Teile zerstört und der Gesamteindruck erheblich beeinträchtigt wurde. Heute sind die Fresken, die zu den bedeutendsten Werken mittelalterlicher Malerei gerechnet werden, nur mit einer Genehmigung zu besichtigen. Von Szenen aus dem Alten und Neuen Testament auf den Mauern des Langhauses vorbereitet, trägt die Eingangswand das Fresko mit dem »Jüngsten Gericht«. Im Zentrum thront Christus

im Typus des Weltenrichters vor purpurnem Hintergrund in der Mandorla, umgeben von den himmlischen Heerscharen. Zwar gemahnt die völlige Frontalansicht noch an die byzantinische Tradition, doch wird Christus nicht mehr nur als strenger Weltenrichter vorgestellt, sondern die Wunden der Erlösung an Händen und Brust verweisen auf den Schmerzensmann. Maria, Johannes der Täufer und die Apostel sitzen dem Gericht bei. Darunter blasen Engel die Posaunen und weisen den Gerechten den Himmel, den Ungerechten die Hölle zu. Zu den großartigen Neuerungen Cavallinis gehören der Einsatz von Mitteln der Perspektive, um beispielsweise den Thron des Weltenrichters oder das Chorgestühl der Apostel darzustellen, sowie die warmen Farben und das plastische Spiel der Schatten.

S. Maria in Trastevere

Der ältesten Marienkirche Roms begegnet man in der dreischiffigen Basilika mit romanischem Campanile, die Papst Innozenz II. (Pontifikat 1130–1143) an die Stelle eines Vorgängerbaus aus dem 3./4. Jh. setzte. An dieser Stelle soll 38 v. Chr. jene Ölquelle entsprungen sein, die als Zeichen für die nahe Ankunft des Erlösers gedeutet wurde. Die mit einem Mosaikfries des 12. Jh.s geschmückte mittelalterliche Fassade – Maria im Kreis von zehn heiligen Jungfrauen, die als Zeichen ihrer Jungfräulichkeit brennende Lampen halten – wurde 1702 mit dem Anbau einer Vorhalle von Carlo Fontana umgestaltet, deren Balustrade von heftig gestikulierenden Heiligenfiguren bekrönt wird. Im Innern unterteilen 22 antike ionische Säulen, die durch unterschiedlich hohe Sockel dem neuen Standort angepasst werden mussten, die Schiffe. Die Säulen tragen wie im frühchristlichen Vorgängerbau einen Architrav und ein Gebälk aus antikem Spolienmaterial.

Mosaiken des Apsisbogens und der Apsiskalotte

Den größten Ruhm verdankt S. Maria in Trastevere den Mosaiken in der Apsis. Die ältesten stammen aus der Zeit des Neubaus und überziehen Apsisbogen und Kalotte. Sie zeichnen sich durch einen Goldglanz und eine Leuchtkraft der Steine aus, welche die himmlische Herrlichkeit versinnbildlichen sollen. Über dem Scheitel des Triumphbogens erscheint das Kreuzmedaillon mit den Buchstaben Alpha und Omega, die die göttliche Unendlichkeit symbolisieren. Zu seinen Seiten sind die sieben Leuchter und die vier apokalyptischen Tiere durch Beischriften mit den Evangelisten gleichgesetzt, darunter die beiden Propheten Jeremia und Jesaja dargestellt. In der Apsiskalotte sitzt Maria zum ersten Mal in der christlichen Kunst neben Christus auf dem himmlischen Thron und ist mit Krone und den Prachtgewändern einer Königin bekleidet. Dies war die erste monumentale Darstellung einer damals innovativen Bildidee, die einen neuen Typus des Marienbildes, die Marienkrönung, hervorbrachte. Rechts stehen die Heiligen Petrus, Cornelius, Julius und Caleopodius, links die Heiligen Calixtus, Laurentius und Papst Innozenz II. mit dem Modell der Kirche. Der untere Fries mit den Lämmern versinnbildlicht das Gottesvolk schlechthin, das sich auf das Lamm Gottes zubewegt. Die Architekturen an den Enden des Frieses verkörpern Jerusalem und Bethlehem, die Juden- und die Heidenkirche, aus denen sich die Anhänger Christi bilden.

Pietro Cavallini (1273 – um 1321), Marientod, Ende 13. Jh.
Mosaik

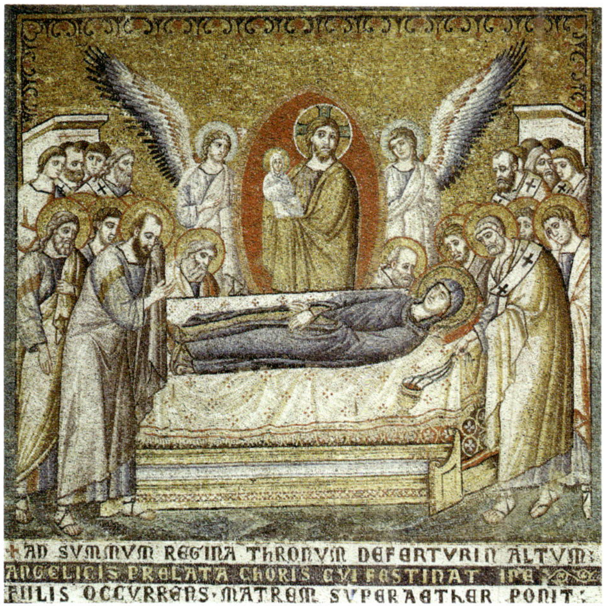

Die Mosaiken im Mittelfeld der Apsis schuf Ende des 13. Jh.s Pietro Cavallini im Auftrag des Kardinals Bertoldo Stefaneschi. Sie geben Szenen aus dem Marienleben wieder. Der Zyklus beginnt auf dem Triumphbogen mit der Geburt Mariens, darauf folgen Verkündigung, Geburt Christi, Anbetung der Heiligen Drei Könige, Darbringung Jesu im Tempel und Tod Mariens. In der Mitte, über der Cathedra, erscheint Maria in der Gloriole mit den Aposteln Petrus und Paulus; zu ihren Füßen kniet der Stifter Bertoldo Stefaneschi mit Wappen und Stifterinschrift. In der Behandlung des Körpervolumens und der natürlichen Beweglichkeit der Figuren wird der Unterschied zu den älteren Mosaiken deutlich, die noch in der Tradition byzantinischer Kunst stehen. Neuartig ist darüber hinaus die Gestaltung des Raumes, denn die Figuren werden nicht mehr vor einen folienhaften Goldgrund gesetzt, sondern die Szenen spielen in Landschaften oder Architekturen, denen mit Mitteln der Perspektive eine gewisse Räumlichkeit verliehen wird.

S. Pietro in Montorio

Schon im 9. Jh. wurde nahe der Stelle, an der nach einer fälschlich überlieferten Legende der Hl. Petrus gekreuzigt worden sein soll, eine Kirche gegründet. Ihren Beinamen »in Montorio« (auf dem Goldberg) erhielt sie wegen der goldbraunen Erde des Hügels, den man auch »mons aureus« nannte. Im späten 15. Jh. wurde die Kirche den Franziskanern übergeben, und mit Unterstützung des spanischen Königspaares Ferdinand von Aragon und Isabella von Kastilien entstand ein Neubau, der nach den Kämpfen von 1849 restauriert werden musste. Architekt des einschiffigen, von Seitenkapellen flankierten Gebäudes im Stil der Frührenaissance war Baccio Pontelli, der vor den langgestreckten Chor ein aus zwei großen halbrunden Exedren gebildetes Querhaus einschob.

Cappella Borgherini, Sebastiano del Piombo (1485–1547), Geißelung Christi, 1518
Fresko, 515 x 300 cm

Neben der Cappella Raymondi (2. links), die zwischen 1638 und 1648 nach Entwürfen von Gianlorenzo Bernini entstand, birgt die Kirche in ihrem Innenraum ein weiteres Meisterwerk der Kunstgeschichte: In der Cappella Borgherini, der ersten Kapelle auf der rechten Seite, findet sich ein Altarbild mit der »Geißelung Christi« von Sebastiano del Piombo, der neben Raffael und Michelangelo Buonarroti zu den großen Malern der römischen Hochrenaissance zählt. Nach seiner Ausbildung in Venedig war er durch den Auftrag von Bankier Chigi zur Freskierung der Villa Farnesina nach Rom gekommen, wo sich seine Rolle als Vermittler zwischen dem blühenden Farbensinn der Venezianer und der Ausdruckswelt der römischen Malerei festigte. Das Altarbild, das ebenso wie die »Verklärung Christi« in der Lünette für Kardinal Pier Francesco Borgherini entstanden ist, besticht durch eine kühne Komposition, die aus der Verzahnung der reichen Säulenarchitektur mit den großartigen Bewegungsstudien des Christus und der beiden Schergen entsteht. Letztere erinnern an Schöpfungen Michelangelos, mit dem Sebastiano del Piombo eng verbunden war und dessen Formen- und Ausdrucksapparat er oftmals als Vorlage nutzte.

Tempietto

Im Hof des Klosters S. Pietro in Montorio errichtete Bramante 1502 ein Oratorium zum Gedenken an das Martyrium des Apostels Petrus, dessen Kreuz genau hier gestanden haben soll. Dieser Tempietto (Tempelchen) zählt zu den wegweisenden und vielfach rezipierten Bauwerken der Hochrenaissance und zeichnet sich durch eine geradezu klassisch zu nennende Formensprache aus. Seine ausgewogenen, ganz auf das menschliche Maß abgestimmten Proportionen und die Klarheit der architektonischen Konzeption verleihen ihm eine besondere Würde und Monumentalität. Vorbild war der antike Rundtempel, und so ist das architektonische Leitmotiv der Kreis, der als Sinnbild der kosmischen Vollkommenheit angesehen wird. Das Bauwerk besteht aus einem zylindrischen, zweigeschossigen Kernbau, der von einer halbkreisförmigen Kuppel bekrönt wird. Diesen umgibt bis zur Höhe des ersten Geschosses ein Kranz dorischer Granitsäulen. Hinter der Balustrade tritt das Obergeschoss zurück und öffnet sich zwischen den abwechselnd halbrunden und rechteckigen Nischen in Fenstern, die den Innenraum zusätzlich zu dem von oben einfallenden Licht der Kuppelöffnung beleuchten. Bramantes Entwürfe für die architektonische Gestaltung der Umfassungsmauer wurden nicht ausgeführt, sodass der Tempietto heute eher wie ein Fremdkörper in dem engen Innenhof wirkt.

Innenraum

Anders als in der römischen und christlichen Architektur hat Bramante sich ganz auf den Außenbau konzentriert und auf eine Ausbildung des Innenraums verzichtet. Seine Konzeption erweist den Bau als reines Denkmal, als christlichen Memorialbau. Der sehr kleine Raum ist ganz in Weiß gehalten, und in seinen Nischen, die genau zwischen denen der Außenseite angeordnet sind, stehen Statuen aus der Bernini-Schule. Ein Zugang führt zu einer unterirdischen Kapelle, die 1586 von Papst Paul III. eingerichtet wurde und die Stelle des Martyriums bezeichnet.

Bewahren statt zerstören – erste Antikensammlungen in Rom

von Jürgen Sorges

Jahrhundertelang bedienten sich Roms Bürger ohne Scham am unerschöpflichen Steinvorrat der in direkter Nachbarschaft befindlichen antiken Architektur. Im frühen 15. Jh. dienten solche Ruinenbauten, zum Beispiel die Untergeschosse des Circus Maximus, die Ränge des Marcellus-Theaters, der Portikus der Octavia oder die Zuschauerränge des antiken Stadions des Domitian (Piazza Navona), sogar als Wohnungen. Eifrig drehten sich damals Dutzende Kalkmühlen am Kolosseum und auf dem Forum Romanum und lieferten schier unerschöpflichen Nachschub des so dringend benötigten Baumaterials. Die größte Plünderung betrieb ausgerechnet Papst Nikolaus V.: Der intellektuellste aller Stellvertreter Petri, bedeutendster Förderer des Humanismus und wichtigster Initiator des Wiederaufbaus Roms, war gleichzeitig auch größter Antikenzerstörer. Schlichte Hauptursache waren die Finanzen: Als Grundeigentümer der meisten mit antiken Bauwerken besetzten Flächen verpachteten die Päpste diese hemmungslos als Steinbrüche! Der Pachtpreis lag sogar um zwei Drittel niedriger als für die herkömmlichen Abbaugebiete, Transportzeit und -kosten entfielen. Allein vom Kolosseum ließ Nikolaus in einem einzigen Jahr 2300 Wagenladungen Travertin- und Marmorquader wegschaffen, plünderte den Circus Maximus, den Tempel der Venus und Roma auf dem Forum Romanum und tilgte mit dem Abbau der Servianischen Stadtmauer zwischen Palatin

Vorbild für die ersten römischen Renaissancepaläste (hier der Innenhof des Palazzo Venezia, Zugang Viale del Plebiscito) war das Ordnungsschema des monumentalen Kolosseums

und Aventin die ältesten Spuren in der Ewigen Stadt.

Auch noch zu Zeiten eines Raffael drehten sich die Kalkmühlen rund um den Palatinhügel: Das über der Grasnarbe erhaltene marmorne Rom der Augustus-Ära wurde unnachgiebig pulverisiert. Zu Kalk gebrannt, gelangte es in Form von Ziegeln, als Putz und Mörtel in die Bausubstanz neuer Renaissancepaläste und Kirchen.

Ein Legat des Heiligen Stuhls wie des römisch-deutschen Kaisers, Enea Silvio Piccolomini aus Siena, hatte den sich anbahnenden Wandel schon frühzeitig in gelehrte Verse gefasst:

»Immer ergötzt mich, o Rom, die Beschauung deiner Ruinen / Deine vergangene Pracht strahlt aus den Trümmern hervor.

Doch dein Volk hier bricht von den alten Mauern den Marmor / Brennt sich zu niederem Zweck Kalk aus dem köstlichen Stein.

Treibt es den Frevel so fort noch drei Jahrhunderte, dann wohl / Bleibt vom Edelsten hier nimmer zurück eine Spur.«

Als Papst Pius II. (Pontifikat 1458–1464) erließ er am 28. April 1462 jene Bulle, die den eigentlichen Beginn der Altertumswissenschaft, des Denkmalschutzes und des Aufbaus von Antikensammlungen markiert. Erstmals wurden nicht mehr nur Zufallsfunde bewundert. Systematisch und auf Anweisung wurde nach Altertümern gesucht und gegraben.

Grund dafür war nicht mehr nur ästhetische Leidenschaft: Kunstwerke besaßen einen hohen Marktwert. Nicht wenige Kardinalshaushalte

Johann Gottlieb Matthai, Wand mit antiken Büsten, um 1810, Radierung (koloriert), Antikensammlung, Dresden

Melozzo da Forlì, Papst Sixtus IV. ernennt Platina zum Präfekten der Bibliothek, 1477, auf Leinwand übertragenes Fresko, Musei Vaticani, Rom. Platina, urspr. Bartolomeo Sacci, wurde 1475 Verwalter der päpstlichen Bibliothek.

Roms sanierten sich mit Antikenfunden, die besonders entlang der Via Appia und in Ostia in großen Mengen zu Tage kamen. Bereits Sixtus IV. setzte das Schutzdekret Pius' II. wieder außer Kraft: Roms Antikenschatz fiel erneut der Bauwut für Paläste und Privathäuser anheim. Auch der Neubau des Petersdoms profitierte.
Gleichzeitig aber erhielt Rom im Jahr 1471 auch das erste Museum der Neuzeit. Funde aus ganz Rom wurden im Konservatorenpalast auf dem Kapitol zusammengetragen, darunter die seit Urzeiten im Lateranpalast verwahrte Kapitolinische Wölfin und der Dornauszieher. Kopf und Hand Kaiser Konstantins und Teile der Kolossalstatue Neros, damals fälschlich Domitian zugeschrieben, wurden im Innenhof platziert.
Helle Aufregung entstand am 14. April 1485, als in einem antiken Sarkophag an der Via Appia eine nahezu intakte Mädchenleiche entdeckt wurde. Die flugs als »Ciceros Tochter« deklarierte Schöne löste einen Massenansturm auf den Konservatorenpalast aus, wo die heidnische Leiche ausgestellt war. Papst Innozenz VIII. erkannte die Gefahr, die in dieser Begeisterung für Nichtchristliches lag. Die Tote wurde heimlich an der Porta Pinciana verscharrt.
In den folgenden Jahren überstieg die Nachfrage nach Antiken das Angebot bei weitem: Diese »Antiken-Beschaffungskrise« gebar gegen Ende des 15. Jh.s weitere Berufszweige: Neuerdings waren in Rom Kopisten und Kunstfälscher erfolgreich am Werke: Einer der gravierendsten Fälle ereignete sich 1499, als ein Römer gleich 17 gänzlich unbekannte antike Autoren erfand, für diese Phantome Schriften in Latein und Altgriechisch verfasste und teuer verkaufte.
Die emotionsgeladenen Wogen jener Zeit beruhigten sich erst, als sich Ende des 15. Jh.s die archäologische Sensation ereignete: In Antium südlich von Rom (heute: Anzio) war ein fulminanter Riese dem Erdreich entstiegen: Im Vatikan aufgestellt, galt der als »Apoll von Belvedere« bekannte Fund fortan als Nonplusultra antiker Bildhauerkunst. Kardinal Giuliano della

Rovere, der spätere Papst Julius II. (Pontifikat 1503–1513), kaufte die Statue auf und überführte sie später in die Vatikanischen Sammlungen. Die Sammelleidenschaft, das Verständnis und Mäzenatentum dieses Papstes sollte dann auch für den endgültigen Durchbruch der Altertumswissenschaft und die Akzeptanz der Antikensammlungen sorgen. Im Januar 1506 wurde schließlich in den Ruinen der Titus-Thermen eine schon bei Plinius erwähnte Statuengruppe aufgefunden. Unter den Augen des eilends hinzugerufenen Michelangelo, so berichtet Ferdinand Gregorovius, und noch »in situ« wurde die seither als bedeutendstes Kunstwerk der Antike geltende Laokoon-Gruppe examiniert, extrahiert und in den Vatikan gebracht. Der Triumph war vollkommen: Der antike Schöpfer der Laokoon-Gruppe, mutmaßlich Agesander, Polydoros oder Athenodoros, gab an diesem kalten römischen Wintertag sein Wissen direkt an Michelangelo preis. Die Wiedergeburt der Antike war da!

Carl Becker, Papst Julius II. besichtigt die ausgegrabene Statue des Apollo von Belvedere, 1887, Holzstich nach Gemälde, Sammlung Archiv für Kunstgeschichte, Berlin

Palazzo Corsini (Galleria Nazionale d'Arte Antica)

Am Abhang zwischen Gianicolo und Tiber ließ Kardinal Raffaele Riario Ende des 15. Jh.s einen Palast mit einem großen Park erbauen, der viele berühmte Gäste, darunter die Königin Christine von Schweden, beherbergte. Unter ihrer Ägide wurde der Palast mit Kunstwerken und anderen Kostbarkeiten ausgestattet und erlebte seine größte Glanzzeit. 1736 wurde das Anwesen an Kardinal Neri Corsini veräußert, der hier die umfangreiche Bibliothek sowie die Gemäldesammlung seiner Familie auszustellen wünschte. In seinem Auftrag baute Ferdinando Fuga den Palast vollständig um und verlieh ihm sein heutiges Erscheinungsbild mit der strengen, in drei Fensterreihen gegliederten Fassade. Seit 1883 ist der Palazzo Corsini Staatseigentum und Sitz der Accademia dei Lincei. Im ersten Stockwerk sind Teile der Galleria d'Arte Antica untergebracht, die 1895 aus der Vereinigung der Sammlungen der Fürsten Corsini und Torlonia entstanden ist. Ihr Schwerpunkt liegt auf Werken der europäischen Malerei des 17. und 18. Jh.s.

La Farnesina

Vor den Stadttoren auf der dem Bankenviertel gegenüberliegenden Tiberseite ließ der wohlhabende Bankier und Finanzier der Päpste Julius II. und Leo X., Agostino Chigi, vom Sieneser Architekten Baldassare Peruzzi in den Jahren 1507–1511 eine Villa errichten, die von den Villenbeschreibungen antiker Dichter inspiriert war. Chigi, eine der reichsten und gebildetsten Persönlichkeiten jener Jahre, wünschte ein Refugium, um dort ein der Muße und der literarischen Erörterungen gewidmetes Leben zu führen. Er war ein hervorragender Kenner der griechischen Literatur, selbst Literat, ein großer Mäzen und gründete sogar eine eigene Druckerei, die Texte griechischer Autoren verlegte. In seinem Hause fanden humanistische Diskussionen, Festessen und Theateraufführungen statt, waren große Gelehrte und berühmte Künstler zu Gast. Für die Ausstattung der Villa verpflichtete er die bedeutendsten Künstler seiner Zeit, darunter den jungen Raffael und Sebastiano del Piombo. Nach seinem Tode im Jahre 1520 blieb das Anwesen jedoch verlassen und wurde durch die Plünderungen während des »Sacco di Roma« (1527) beschädigt. So trägt die Villa heute den Namen des Mannes, der sie 1580 erwarb: »La Farnesina«, der kleine Palast von Alessandro Farnese. 1927 ging sie in staatlichen Besitz über, seit 1944 gehört sie der Accademia dei Lincei, der 1603 gegründeten Akademie der Wissenschaften, und beherbergt ein Kupferstichkabinett. Der streng gegliederte, U-förmige Baukörper steht in einem direkten Verhältnis zu den ihn umgebenden geometrisch angelegten Terrassen und Gärten, von denen aus man einst auf die Ruinen Roms und die neueren Gebäude der Stadt blickte. Das heutige Erscheinungsbild mit den verputzten Außenseiten lässt die ursprüngliche Gestaltung jedoch nicht mehr erkennen. Peruzzi hatte die zweistöckigen Fassaden mit Rillenputz verkleidet und mit einer monochromen, aus »Telamonen«, antiken Gebälkträgern, und pflanzlichen Motiven bestehenden Bemalung versehen.

Sala di Galatea, Raffael (1483–1520), Triumph der Galatea, 1513
Fresko, 295 x 225 cm

Neben der Loggia liegt der Saal, der nach Raffaels Fresko »Triumph der Galatea« benannt ist. Es zählt zu den Höhepunkten des Klassizismus in der Renaissance und soll nach der Aussage des Malers nicht nach einem Modell gemalt worden sein, sondern das wiedergeben, was er unter idealer Schönheit verstand. Ein Linienspiel von Diagonalen bestimmt die Komposition, deren Mitte die schöne Meeresnymphe Galatea mit ihrem rotem Mantel beherrscht. Umgeben von bewegten und sich im Wasser mächtig aufbäumenden Körpern und den Pfeile schießenden Amoretten rauscht sie in einem von Delphinen gezogenen Muschelwagen durch das Meer. Doch ihr Blick ist nur auf den Amor der platonischen Liebe gerichtet, der seine Pfeile im Köcher lässt. Ihre Tugend wird gepriesen, weil sie die geistige Liebe der körperlichen vorgezogen hatte, als sie das Liebeswerben des einäugigen Kyklopen Polyphem mit der großen Nase und den von Eicheln beschatteten zottigen Schläfen zurückwies.

Sala di Galatea, Sebastiano del Piombo (1485–1547), Polyphem, 1512
Fresko

Die groteske Gestalt des Riesen, der mit der Rohrflöte Galatea ein Ständchen bringt, hatte bereits ein Jahr zuvor der venezianische Maler Sebastiano del Piombo auf dem links anschließenden Bildfeld gemalt.

Loggia, Raffael (1483–1520), Amor und Psyche, 1517
Fresko, 19,3 x 7,5 m

Die große Eingangsloggia wurde von Raffael und seinen besten Schülern nach dem Wunsch Chigis mit Episoden aus dem Mythos von Amor und Psyche ausgemalt. Raffael konzipierte den Raum in Form einer offenen Pergola, die mit üppigen Frucht- und Blumengirlanden von der Hand seines Gehilfen Giovanni da Udine umkleidet ist. An der Decke sind zwei illusionistisch gemalte Tapisserien eingespannt, die vom Rat der Götter über die Aufnahme der Königstochter Psyche in den Himmel und von der daran anschließenden Hochzeit mit Amor erzählen, während weitere Szenen des Mythos in den Kappen und Pendentifs dargestellt werden. Vermutlich sollte dieses Thema eine Anspielung auf Chigis bevorstehende Hochzeit mit seiner Geliebten Francesca Ordeaschi sein, zu der Papst Leo X. beide wegen ihrer vier gemeinsamen Kinder gedrängt hatte.

Baldassare Peruzzi (1481–1536), Salone delle Prospettive, illusionistische Wandmalerei mit Landschaft, 1515–1516
Fresko, 905 x 763 cm

Im Obergeschoss liegt der Salone delle Prospettive, in dem die Hochzeit von Agostino Chigi und seiner Geliebten gefeiert wurde. Baldassare Peruzzi, der für seine Bühnenbilder und Theaterdekorationen berühmt war, schuf in diesem Saal eine perfekte räumliche Illusion, die den Eindruck erweckt, der Raum öffne sich nach außen: Die Wände brechen in einer täuschend echt gemalten monumentalen Kolonnade auf, die Ausblicke auf die Umgebung Roms und die berühmtesten Bauwerke der Stadt freigibt. Selbst das Würfelmuster des Fußbodens setzt sich in dieser gemalten Loggia fort. Über den Säulen verläuft ein Fries, der durch Hermen in einzelne Bildfelder mit Szenen aus Ovids »Metamorphosen« unterteilt ist. Als Thema des Freskos über dem Kamin hat Peruzzi »Die Schmiede des Vulkan« gewählt.

Sala delle Nozze, Sodoma (1477–1549), Hochzeit Alexanders mit Roxane, 1511/1516–1518
Fresko, 460 x 670 cm

Im angrenzenden Raum liegt das Schlafgemach von Agostino Chigi, mit dessen Ausmalung der Sieneser Giovanni Antonio Bazzi, genannt Sodoma, beauftragt wurde. Auf der Grundlage von Lukians Beschreibungen antiker Gemälde malte Sodoma Szenen aus dem Leben Alexanders des Großen. Das wohl schönste Fresko ist das der rückwärtigen Wand, auf dem die »Hochzeit Alexanders mit Roxane« dargestellt ist: Sie spielt in einem Schlafgemach, das sich zwischen seinen Säulen zur Landschaft öffnet. In der Mitte steht der mächtige Alexander, der sich zu der keusch und hingebungsvoll auf dem Bett sitzenden Roxane, der schönsten Tochter des persischen Königs Darius, wendet. Für die rechte Wand hat Sodoma die »Begegnung Alexanders mit der Familie des Darius« gewählt, während links vom Eingang der junge Alexander zu sehen ist, der sein Pferd Bukephalos zähmt. Erneut wird in der Themenwahl die Leidenschaft Chigis für das goldene Zeitalter der Antike deutlich, das dieser in seiner Villa wieder zu beleben versuchte.

Villa Doria Pamphilj

Auf dem 1630 erworbenen und durch Ankäufe erweiterten Grundstück ließ Kardinal Camillo Pamphilj, der Neffe von Papst Innozenz' X., ab 1644 unter der Leitung des Bildhauers und Antikenrestaurators Alessandro Algardi eine Villa anlegen. Sie wurde anders als ähnliche Villen jener Zeit nicht als Museum für eine bereits bestehende Antikensammlung konzipiert, sondern Camillo erwarb eigens für ihre Ausstattung antike Statuen, Reliefs und Werke der Kleinkunst. Mittelpunkt der Anlage war das blockartige, von der klassizistischen Architektur Palladios inspirierte Casino del Bel Respiro, das auf einem hohen Sockel steht und den in geometrischen Formen angelegten Garten mit den darin verstreuten Statuen und antiken Sarkophagen überragt. Die Außenwände sind nach dem Vorbild römischer Paläste und Villen mit antiken Statuen und Büsten, antiken und antikisierenden Reliefs übersät. Nach dem Tode des letzten männlichen Pamphilj im Jahr 1760 wurden Name und Vermögen mit der Familie Doria vereint, die nach 1963 die Gartenanlage an die Stadt Rom und das Casino an den italienischen Staat veräußerte.

Borgo

Bis 1936 musste der Besucher durch die dunklen, engen Gässchen des mittelalterlichen Borgo wandern, bevor er unvermittelt auf den riesigen, lichtdurchfluteten Petersplatz treten konnte. Frühere Rombesucher schilderten diesen Gang als eines der eindrucksvollsten Erlebnisse. Von der Engelsburg geschützt, hatte sich dieses Viertel seit dem Bau von Alt-St. Peter allmählich zum Pilgerzentrum entwickelt. Vor allem nordeuropäische Völker wie die Sachsen, Langobarden und Franken errichteten hier ab dem 8. Jh. ihre Hospize, in denen die Pilger abstiegen. Im Jahre 847, zur Zeit Leos IV., wurde das Viertel von einer schrecklichen Feuersbrunst heimgesucht. Nur durch ein Wunder vermochte der Papst das Feuer aufzuhalten, indem er den Segen von der Benediktionsloggia der Petersbasilika erteilte. Daraufhin ließ er eine Befestigungsanlage erbauen und das Viertel sanieren, das nach ihm auch den Namen »Città Leonina« trug. Nachdem es 1586 in die städtische Kommunalverwaltung einbezogen wurde, erhielt der Stadtbezirk schließlich den Namen Borgo, was sich von lat. „burgus" ableitet. Dank seiner Nähe zum Petersdom erlebte der Borgo einen stetigen Aufschwung, der durch den »Sacco di Roma« 1527 jäh beendet wurde. Bedeuteten die Verwüstungen der deutschen Truppen auch einen tiefen Einschnitt in das Leben des Viertels, so hat es doch weiterhin seinen beschaulichen Charakter bewahrt. Erst die »städtische Erneuerung« in der Zeit zwischen 1936 und 1950 bewirkte die völlige Zerstörung des alten Borgo. Um eine große Zufahrtsachse zu St. Peter zu gewinnen, ließ Mussolini 1936 das alte Viertel zu weiten Teilen abreißen. Der breite Boulevard mit der Via della Conciliazione (Straße der Versöhnung) sollte ein Symbol für die in den Lateranverträgen von 1929 besiegelte Versöhnung zwischen dem heiligen Stuhl und dem italienischen Staat sein.

Raffael, Der Borgobrand, 1514, Fresko, Basisbreite ca. 670 cm, Stanza dell' Incendio di Borgo, Musei Vaticani, Rom

Blick auf Engelsbrücke und Engelsburg

Borgo

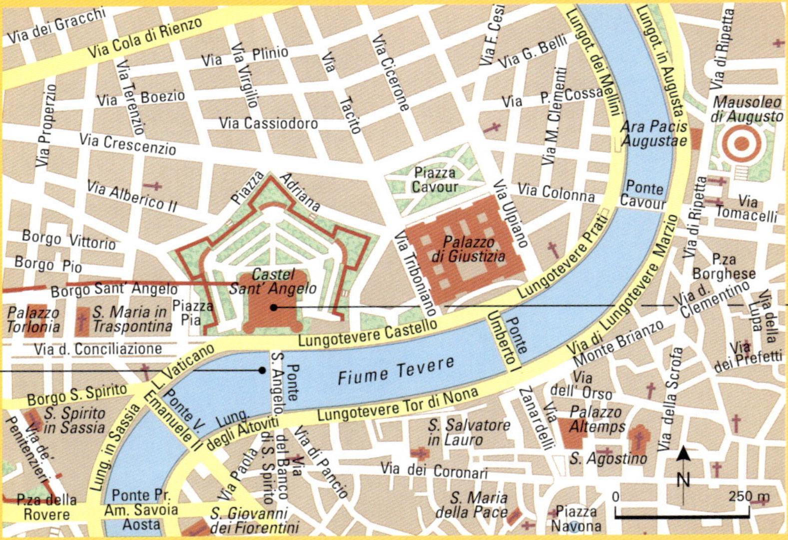

Engelsbrücke, S. 447

Engelsburg, Lungotevere Castello, S. 447 ff.

Engelsbrücke und Engelsburg

(Ponte Sant' Angelo e Castel Sant' Angelo)
(Abbildung folgende Doppelseite)

Mit ihren hoch ausschwingenden Bogen, von denen die mittleren drei zur originalen Bausubstanz gehören, während die seitlichen Brückenköpfe anlässlich der Tiberregulierung im 19. Jh. ersetzt wurden gilt die Engelsbrücke als eine der schönsten antiken Brücken Roms. Von Kaiser Hadrian 134 als triumphaler Zugang zu seinem Mausoleum errichtet, nannte man die Brücke nach seinem Familiennamen früher Pons Aelius. Erst als Bernini und seine Mitarbeiter sie im Auftrag von Papst Clemens IX. (Pontifikat 1667–1669) mit einem neuen Geländer und zehn Engelsfiguren schmückten, wurde sie dem Namen und der Gestalt nach der Ponte Sant' Angelo, die Engelsbrücke. Mit den Leidenswerkzeugen Christi ausgestattet, sollten die Engel einen symbolischen Kreuzweg rahmen, der die Pilger zu ihrem Ziel, dem Petersdom, geleite. Alle Engel haben ihre Rückseite dem Fluss zugewandt, ihre Gewänder scheinen vom Wind bewegt, und die Leidenswerkzeuge der Passion Christi werden im spätbarocken Pathos präsentiert. Die beiden eigenhändig von Bernini ausgeführten Skulpturen (Engel mit der Dornenkrone, Engel mit der Kreuzesaufschrift) gefielen dem Papst so gut, dass er sie durch Kopien ersetzen ließ. Die Originale befinden sich heute in S. Andrea della Fratte. Bereits 1534 waren am südlichen Brückeneingang die Statuen der Apostel Petrus und Paulus aufgestellt worden, die nach dem »Sacco di Roma« als symbolische Wächter die Brücke bewachen sollten. Inschriften auf den Sockeln begrüßen den Ankommenden und warnen den Anmaßenden, was Paulus mit seinem erhobenen Schwert eindrucksvoll unterstreicht.

Über den Ponte Sant' Angelo führt der Weg zur Engelsburg, die in allen Zeiten der Geschichte Roms eine wichtige Rolle gespielt hat und deren zeitlich verschiedene architektonische Schichten bezeichnend für die Baugeschichte der Stadt sind. Als Grabbau von Kaiser Hadrian errichtet, wurde sie im Mittelalter in eine gewaltige Burg verwandelt und in der Renaissance zur päpstlichen Residenz umgebaut. Ein Wunder aber gab der Burg ihren Namen: Als im Jahre 590 eine grauenhafte Pest in der Stadt wütete und die Bevölkerung zu vernichten drohte, erschien Papst Gregor dem Großen während einer Bittprozession der Erzengel Michael. Er steckte sein blutiges Schwert in die Scheide als Zeichen dafür, dass Gottes Zorn besänftigt war und die Pest nun ein Ende nehmen würde. Zum Dank ließ der Papst die Burg mit einem Engel bekrönen, der an dieses Wunder erinnert. Heute steht auf der oberen Terrasse ein von Peter van Verschaffelt 1752 geschaffener Bronzeengel mit ausgebreiteten Flügeln, der in Anspielung auf diese Legende sein Schwert in die Scheide steckt. Er ersetzt den älteren Marmorengel von Raffaello da Montelupo (1544), welcher im Cortile dell' Angelo ausgestellt ist.

Außenbau der Engelsburg (mit Detail)

Aufgrund ihrer langen Geschichte besitzt die Engelsburg eine höchst komplizierte Gebäudestruktur und birgt starke Gegensätze in Architektur, Skulptur und Malerei in sich. Von außen präsentiert sie sich als massive Festung, umgeben von einem quadratischen, zinnenbekrönten Mauerring mit Eckbastionen. Der darüber liegende Zylinder geht in seinem Kern auf das Mausoleum zurück, das Hadrian für sich und seine Nachfahren erbauen ließ: Ursprünglich erhob sich auf einem hohen quadratischen Sockel von 86 m Seitenlänge ein aus Tuff- und Travertinquadern errichteter Zylinder von 65 m Durchmesser und 21 m Höhe, der wahrscheinlich mit Statuen besetzt war und die Grabkammer umschloss. Ein Rundtempel, auf dem eine bronzene Quadriga mit der Kaiserstatue stand, bekrönte das Bauwerk. Im Innern führte eine heute noch begehbare spiralförmige Rampe zur Grabkammer. Knapp zwei Jahrhunderte später wurde das Mausoleum in die Aurelianische Stadtmauer einbezogen und zur Festung ausgebaut. Nachdem die Engelsburg im 6. Jh. den Goten in die Hände gefallen war, diente sie im Mittelalter als Zitadelle und Kerker und in unsicheren Zeiten als Zufluchtsort der Päpste, die von der Peterskirche durch einen überdachten Gang, den »passetto«, in die Burg gelangen konnten. Als einzige Festung Roms kam der Besitz der Engelsburg zwischen dem 10. und 14. Jh. praktisch der Herrschaft über die Stadt gleich, weshalb die mächtigsten Fürstenfamilien um sie stritten. Nachdem die Päpste als Vorbedingung für ihre Rückkehr aus Avignon die Rückgabe der Engelsburg gefordert hatten, ging sie 1379 endgültig in den Besitz des heiligen Stuhls über. Nach der letzten Revolte gegen das Papsttum begannen unter Nikolaus V. (Pontifikat 1447–1455) und seinen Nachfolgern die Umbauarbeiten, welche die Festung nach den neuen strategischen Erfordernissen modernisierten und in eine päpstliche Residenz verwandelten. Man umschloss die Engelsburg mit einer Festungsmauer und errichtete an den Ecken vier Bastionen, legte einen Wassergraben an und befestigte den »passetto«. Auf dem zylindrischen Baukörper wurde in mehreren Phasen ein Ziegelaufbau errichtet, in dem sich die prachtvollen päpstlichen Gemächer befinden. Diese werden heute als museale Ausstellungsräume für Skulpturen, Gemälde und Waffen genutzt.

Apollo-Saal, Perin del Vaga (1501–1547), 16. Jh.
Fresko

Wenn man dem tonnengewölbten Gang folgt, der in das Innere der Engelsburg führt, erreicht man den Cortile dell' Angelo. Der Hof ist nach der Engelsstatue von Raffaello da Montelupo benannt, die früher das Bauwerk bekrönte. Dem Eingang gegenüber liegt die Kapelle Leos X. (Pontifikat 1513–1521), deren Fassade von Michelangelo Buonarroti entworfen sein soll. Die Tür auf der linken Seite führt in den Apollo-Saal, den Perin del Vaga und andere im 16. Jh. mit Fresken ausschmückten. Nach dem Vorbild der Domus Aurea, dem Palast des Kaisers Nero, vermischen sich hier die Götter des Olymp mit Putten, Mischwesen, Blumen und Fruchtgebilden, pflanzlichen und figürlichen Ornamenten sowie Landschaften zu einem antikisierenden Ensemble. Von dort gelangt man in die Sala della Giustizia. Sie ist nach dem Fresko des Erzengels Michael von Domenico Zaga aus den Jahren 1545 –1549 benannt, welcher die Symbole der Justitia in den Händen trägt. Weiter führt der Weg in die Wohnräume Papst Clemens' VII., der während des »Sacco di Roma« im Jahr 1527 für sechs Monate in der Engelsburg Zuflucht suchte und so der Belagerung durch Karl V. standhalten konnte.

Sala Paolina

Zu den prächtigsten Gemächern gehört der nach Papst Paul III. (Pontifikat 1534–1549) benannte Saal im oberen Geschoss, auch als »Sala del Consiglio« (Ratssaal) bekannt, der durch die prachtvollen Fresken und Scheinarchitekturen von Perin del Vaga und Pellegrino Tibaldi in einen Prunkraum verwandelt wurde. In zwei großen Bildzyklen an der Decke und an den Langseiten verherrlichte Vaga die Politik seines Auftraggebers und pries dessen Tugenden, indem er – in Anspielung auf die beiden Namen des Papstes – die Parallelen im Leben des Hl. Paulus und Alexanders des Großen aufzeigte, die beide als Sinnbilder für Weisheit und Gerechtigkeit galten. An den Schmalseiten sind die beiden »Hausherren« der Engelsburg, Hadrian und der Erzengel Michael, dargestellt. Während Hadrian als Gründer des Monuments mit seiner geöffneten Linken sein Reich gleichsam Paul III. überlässt, scheint der Erzengel als Garant der Gerechtigkeit in den Raum zu stürmen. Unterhalb des Gesimses ist umlaufend in goldenen Buchstaben zu lesen: »Alles, was in dieser Festung ist, was einst baufällig, unzugänglich und verunstaltet war, ist nun dank Papst Paul III. restauriert und wieder hergestellt worden und in dem Bestreben, eine solide Stabilität, eine bequeme Zweckmäßigkeit und eine leichte Eleganz zu schaffen, ausgeschmückt worden.« Eine griechische Inschrift verkündet an der Decke: »Paul III. Pontifex Maximus gestaltete den oberen Teil im Grabe des Divus Hadrian in einen wunderbaren fürstlichen Palast um.«

Die »Operazione Roma 2000«

von Jürgen Sorges

Die durch den Fall der Berliner Mauer am 9. November 1989 weltweit ausgelösten Umwälzungen erreichten sehr rasch auch Roms Politiker, Stadtplaner und Kulturverantwortliche. Denn ein Blick auf den in Berlin, aber auch London und Paris ausgelösten Bauboom und die sich anbahnende Europäische Union zwang Roms Stadtväter (und -mütter) zu unmittelbarem Handeln, wollte man nicht den Anschluss an die rasante Entwicklung verpassen. Dabei kamen den Planungsstrategen vier Stützen für den Erfolg der ins Leben gerufenen »Operazione Roma 2000«, der »Operation Rom 2000«, zu Hilfe. Erstens besitzt Rom als Ratifizierungsort der so genannten römischen Verträge von 1957, die die Basis zur Einheit Europas legten, eine besondere, Brüssels Kassen öffnende historische Bedeutung. Zweitens erließ das italienische Parlament Anfang der 90er-Jahre ein Städtebau-Entwicklungsgesetz, das Bauprojekte in Rom gegenüber anderen italienischen Städten bevorzugte. Trotz vieler Polemiken und harscher Kritik an diesem »Hauptstadtgesetz« hat sich die Entscheidung für Rom sehr positiv ausgewirkt. Mindestens drei Milliarden Euro konnten so investiert werden. Drittens öffnete das nahende heilige Jahr 2000 die Kassen der Europäischen Gemeinschaft, zahlreicher Staaten und Nationalkirchen. So wurde der Palazzo Farnese, Sitz der französischen Botschaft, aufwändig renoviert und stand 1999 erstmals wieder der Allgemeinheit tageweise zur Besichtigung offen. Garten und Villa Medici nahe der Spanischen Treppe, Sitz der ältesten, der französischen Kunstakademie in Rom, öffnen seither sogar regelmäßig für Ausstellungen und einmalige Flaniererlebnisse ihre vorher

Sichtbares architektonisches Symbol katholischer Lehre und Glaubenszuweisung im Heiligen Jahr ist die geöffnete Heilige Pforte des Petersdoms

streng verschlossenen Portale. Amerikaner, Deutsche, Spanier und Engländer leisteten ihren internationalen Beitrag. Viertens aber erlebte Rom mit der wiederholten Wahl eines anfangs als »grün« geschmähten Bürgermeisters einen Glücksfall in seiner Geschichte. Denn mit Francesco Rutelli gelangte nicht nur ein gemäßigter, junger Umweltschützer in den Palazzo Senatorio auf dem Kapitol. Er ist auch gebürtiger Römer und, noch wichtiger, ausgebildeter Stadtplaner und Architekt.

Von Rutellis Programmen wie »Roma Verde«, das Verbesserung und Erweiterung der grünen Lungen der Stadt brachte, profitiert jeder: Fahrrad- und Joggingwege wurden angelegt, Parkbänke aufgestellt, sogar Rikscha-Fahrer bieten heute ihre Dienste im Park der Villa Borghese an. Das lange Zeit geschmähte öffentliche Nahverkehrssystem besitzt jetzt neue U-Bahn-Stationen (z. B. die bequeme Haltestelle »Cipro/Vatikanische Museen«) mit pünktlichen U-Bahnen. Außerdem leistete sich die Stadt eine nagelneue Flotte sehr bequemer Straßenbahnen und neue Busse. Sogar das Telefonsystem, über Jahrzehnte eine der Achillesfersen der römischen Infrastruktur, funktioniert bestens. Mit dem Programm der »Cento Piazze«, der Wiederbelebung von 100 Plätzen im historischen Zentrum und der inneren Peripherie, hat Rutellis Mannschaft Römern wie Touristen aus dem Herzen gesprochen: Nicht nur die Piazza vor dem Pantheon erhielt ihre ursprüngliche Pflasterung zurück (und man machte selbstverständlich spektakuläre archäologische Funde), auch verkehrsumtoste Straßenkreuzungen wie die Piazza Ungheria oder die Piazza Regina Margherita haben sich zu urbanen Treffpunkten mit erstklassiger Infrastruktur und hoher Lebensqualität gewandelt. Dass das Vorzeigeprojekt, die Untertunnelung (!) der Engelsburg für den

Papst Johannes Paul II. eröffnete das Heilige Jahr 2000 an Heiligabend 1999

Autoverkehr, aufgrund zahlreicher Auflagen des Denkmalschutzes und der akribisch suchenden Archäologen nicht rechtzeitig zum Heiligen Jahr fertig wurde, verwundert Romkenner kaum. Es ist geplant, dass der Verkehr zur Entlastung der Innenstadt durch den Untergrund rollt. Das zweite Renommierprojekt, das von dem Architekten Renzo Piano entworfene neue Musik-Auditorium samt Kongresszentrum in Roms nördlichem Stadtteil Parioli, steht ebenfalls seit Ende 2001 allen Rombesuchern offen. Schon seit dem Jahr 2000 ist die von Stararchitekt Richard Meyer entworfene »Chiesa del Giubileo«, die Jubiläumskirche, im sonst wenig bemerkenswerten Stadtviertel Tor Tre Teste fertig gestellt. Der Einsatz von Sandstrahlgebläsen hat nicht nur der Fassade des Petersdoms pünktlich zum Heiligen Jahr ein schmuckes Aussehen verpasst – und die originale Farbfassung von Carlo Maderno aus dem Jahr 1614 wieder ans Licht gebracht –; auch die antike Porta Maggiore und die Fassaden der Kapitolinischen Museen erstrahlen in neuem Glanz. Letztere erhielten in dem renovierten ältesten Elektrizitätswerk Roms an der Via Ostiense sogar eine zusätzliche, spektakuläre Ausstellungsfläche. Der Vatikan ließ nicht nur ein 6-stöckiges Parkhaus samt Einkaufspassage am Rande der Vatikanstadt errichten: Sogar der jahrhundertelang nur den Päpsten als Fluchtweg dienende Korridor vom Vatikan zur Engelsburg steht nach 14 Jahren Renovierung seit 2000 der Öffentlichkeit zum Spaziergang frei. Überhaupt hat die Antike mächtig vom Bauboom profitiert: Musikliebhaber wird erfreuen, dass die zwischenzeitlich ins römische Olympiastadion von 1960 verlegten sommerlichen Opernkonzerte jetzt wieder in den Caracalla-Thermen zu genießen sind. Die mit Millionenaufwand wieder hergerichtete Spielstätte mit Marmorflair ist der ideale Ort, um Luciano Pavarotti und Co. in einer lauen Nacht unter freiem Himmel zu lauschen. Roms antike Häfen in Ostia, die Bassins des Claudius (reg. 41 – 54) und des Hadrian (reg. 117–138), wurden unter großen Kosten ausgegraben und stehen jetzt als archäologischer Park »Porto dei

Neue U-Bahn und Busstation der Vatikanischen Museen, 1993–1998, Rom

Im dritten nachchristlichen Jahrtausend hat sich die Aufgabe des antiken flavischen Amphitheaters gewandelt. Das Kolosseum dient als Monumentalbau für die Wahrung der Menschenrechte. So wird es, wenn auf dem Erdball ein zum Tode Verurteilter begnadigt wird, auf Initiative der UNO für 48 Stunden in goldenes Licht getaucht.

Porti«, »Hafen der Häfen«, für das Publikum bereit. Das gesamte Areal rund um den Park der Villa Borghese lockt als »Parco dei Musei«, als Museumspark, zu unvergleichlichen Kunstgenüssen, insbesondere in die mit großem Aufwand renovierte Galleria Borghese: »Nur wer weiß, dass unsere Restauratoren und auch viele von uns hier zehn Winter ohne Heizung und teils auch ohne Strom gearbeitet haben, viele mitunter sogar wochenweise hier genächtigt haben, um den Zeitplan der Renovierung zu retten, wird den berechtigten Stolz der Römer auf diese gigantische Rekonstruktionsleistung angemessen würdigen.«

Vatikan

Vatikanstadt (Città del Vaticano)

Stadtgeschichtlich gehört der Vatikan, dessen Name sich vom gleichnamigen Höhenzug am rechten Ufer des Tibers ableitet, zum Borgo. Der hohe Obelisk auf dem Petersplatz erinnert noch heute an den neronischen Circus im Süden des vatikanischen Hügels, der als Ort blutiger Spektakel in die Geschichte eingegangen ist. Viele christliche Märtyrer starben hier einen grausamen Tod. Unter ihnen war, so die Überlieferung, auch der Apostel Petrus, der in unmittelbarer Nähe bestattet worden sein soll. Dadurch gewann das Gelände in christlicher Zeit eine neue Bedeutung. Kaiser Konstantin ließ nach seiner Hinwendung zum Christentum über dem Petrusgrab eine Kirche errichten, die im 16. Jh. durch einen großartigen Neubau ersetzt wurde. Dieser ist die Mutterkirche aller katholischen Christen.

In der Nachfolge des ersten Bischofs von Rom wurde der Vatikan später auch zum Sitz der Päpste. Nach ihrer Rückkehr aus Avignon verlegten sie die offizielle Papstresidenz im 15. Jh. endgültig vom Lateran zum Vatikan. Um den päpstlichen Hof und die Kurie unterbringen zu können, war der Ausbau der kleinen unter Nikolaus III. (Pontifikat 1277–1280) erbauten Festung erforderlich. Daraus entstand in vielfachen An- und Umbauten bis zum 19. Jh. eine der größten und verschachteltesten Palastanlagen der Welt. Von hier aus regierten die Päpste den Kirchenstaat, der sein Ende mit der Einigung Italiens im Jahre 1870 fand. Erst am 11. Februar 1929 kam die Versöhnung zwischen Kirche und Staat zustande, als in den Lateranverträgen die heutigen Grenzen des Vatikanstaates festgelegt wurden. Er unterliegt der Oberhoheit des Papstes und ist mit weniger als einem halben Quadratkilometer der kleinste Staat der Erde. In Teilen des Papstpalastes ist heute mit den Musei Vaticani die bedeutendste Kunstsammlung der Welt untergebracht.

Giovanni Paolo Panini, Kardinal Melchior von Polignac besucht die Peterskirche in Rom, 18. Jh., Musée du Louvre, Paris

Blick vom Pincio zum Vatikan

Vorhergehende Doppelseite: Vatikanstadt und Petersdom, Luftbild

Hinter der Leoninischen Mauer – der Vatikanstaat

von Jürgen Sorges

Giovanni Battista Piranesi, Ansicht der vatikanischen Basilika mit weitläufigem Portikus und sich anschließender Piazza, Radierung von 1775, später koloriert, Blatt 120 der Serie »Vedute di Roma«

Der einst einer etruskischen Gottheit geweihte und nach dieser benannte Ager Vaticanus lag lange Zeit unbeachtet vor den Toren des antiken Rom. Mit dem Martyrium des Hl. Petrus, seiner Kreuzigung und Grablegung an diesem Ort, spätestens aber mit dem Bau der ersten Peterskirche ab 326 n. Chr., rückte das Gelände in das zentrale Interesse der römischen Bischöfe. Schon um 800 n. Chr. darf für diesen Ort ein Palast vermutet werden, da Karl der Große hier während seiner Krönung zum Kaiser nächtigte. Nach dem »Babylonischen Exil« in Avignon gab Papst Gregor XI. 1377 die unbewohnbar gewordene, älteste päpstliche Residenz, den Lateranpalast, zugunsten des neuen Vatikanischen Palastes am Petersdom auf. Nikolaus V., Julius II. sowie Leo X. und schließlich Paul III. ließen die Bauten zu jener monumentalen Residenz erweitern, die bis heute sichtbar ist. Diese diente auch weltlichen Zwecken, der Regierung des Kirchenstaates. Nach der Eroberung Roms im Jahr 1870 zog sich Papst Pius IX. (Pontifikat 1846–1878) ins freiwillige Exil in den Vatikanischen Palast zurück, um diese fortan nicht mehr zu verlassen.

Ganze 44 Hektar umfasst das von der abweisenden Leoninischen Mauer umgürtete Areal, nur 1025 x 850 Meter. Hinzu kommen exterritoriale Liegenschaften wie der Sitz der Vatikanischen Glaubenskongregation (»Ufficio Propaganda Fide«), das engmaschige Netz der weltweiten diplomatischen Vertretungen und Nuntiaturen, die päpstliche Sommerresidenz in Castel Gandolfo südlich von Rom oder der Sitz des neuen Vatikanischen Fernsehsenders an der Via della Conciliazione, in Sichtweite des Petersdoms. Das Treiben in den 1400 Räumen des Vatikanischen Palastes umgibt seit je ein Schleier des Geheimnisvollen. Der lüftet sich nur manchmal, etwa bei Papstwahlen, wenn wieder einmal »schwarzer« oder »weißer« Rauch aus dem Kamin der Sixtinischen Kapelle aufsteigt, um einen erfolgreichen bzw. erfolglosen Urnengang für den nächsten Bischof von Rom anzuzeigen. Ansonsten werden die lediglich drei Zugänge zum Kleinstaat streng von der Schweizergarde kontrolliert. Normalbürger passieren diese nur zum Besuch einer Papstaudienz in der von Pier Luigi Nervi entworfenen und nach Papst Paul VI. benannten Audienzhalle. »Permessi«, Genehmigungen, für weitere Palastflügel besitzen, wenn sie nicht im Rahmen des Besuches der Vatikanischen Museen möglich sind, heute wie vor 100 Jahren Seltenheitswert.

Daher wundert es nicht, dass auch im Jahr 2000 viele Römer besonders aufmerksam aufschauen, wenn einmal ein Auto mit den charakteristischen Nummernschildinitialen SCV vorbeifährt: Dann handelt es sich um einen der offiziellen Wagen aus dem Fuhrpark des »Stato della Città del Vaticano« (Staat der Vatikanstadt). Folgt der

Konklave nach dem Tod Pius IX. (7. Februar 1878) und Wahl Leos XIII. (20. Februar 1878), zeitgenössischer Holzstich mit späterer Kolorierung

Buchstabenkombination noch ein »Strich Eins« (»-1«), könnte ja sogar der Papst höchstpersönlich in seiner »macchina blindata«, der gepanzerten Staatskarosse, vorbeisausen.

Die Vatikan-Staatsangehörigen und -Mitarbeiter genießen traditionell eine besondere Stellung in Rom. Einerseits werden sie um ihre sicheren, privilegierten Arbeitsplätze beneidet, andererseits verteidigen sie mühelos ihren über Generationen erworbenen Ruf als effizienteste Bürokraten der Welt. Lediglich 3000 Mitarbeiter benötigt der Heilige Vater, um die Verwaltung von weltweit 300 000 Kirchengemeinden zu erledigen. Tatsächlich stehen dem Stellvertreter

Das Verbrennen der Stimmzettel während des Konklaves zur Papstwahl Leos XIII. (20. Februar 1878), zeitgenössischer Holzstich

Christi auf Erden neben den Kardinälen aber noch eine Heerschar von Bischöfen, Priestern, Mönchen und Nonnen zur Seite, die die offizielle Statistik nicht mitzählt. Neben den Repräsentationsaufgaben fallen für den Papst und seine Mitarbeiter zahllose Glaubens- und Alltagsprobleme an: So muss sich Johannes Paul II. als Bischof von Rom seit neuestem sogar mit der jährlichen Wasserrechnung herumschlagen oder die Zufahrtsprobleme zum neuen Vatikan-Parkhaus (Römerspott: »Parkplatz Gottes«) mit den Kommunalbehörden Roms regeln. Die Zeit ist knapp: Enzykliken müssen verfasst, gedruckt und gebunden werden (u. a. in der »Tipografia poliglotta«, der weltweit größten Setzerei), Ernennungen und Demissionen erteilt und Glaubensfragen geklärt werden. Eine ganze Heerschar von Journalisten begleitet jede auch noch so kleine Stellungnahme des Papstes. Denn drückt dieser einmal sein tiefes Bedauern über eine missliebige Entwicklung aus, darf man sicher sein, dass die Drähte der internationalen diplomatischen Kanäle glühen.

Eines der in den letzten Jahrzehnten größten Probleme für die obersten kirchlichen Würdenträger stellt sich im Bereich der Ausbildung des Priesternachwuchses: Nur ein Drittel aller Pfarrstellen ist derzeit besetzt.

Ein weiteres wichtiges Betätigungsfeld ist die Medienarbeit: Die periodisch erscheinende Zeitung »Osservatore Romano« ist Pflichtlektüre aller Romkorrespondenten. Nicht minder große Bedeutung haben der weltweit zu empfangende Vatikanische Rundfunksender und das neue Vatikan-TV.

Auch der Vatikan hat frühzeitig die enormen Potenziale des Internets, dieser eleganten Form der Nachrichtenübermittlung und Präsentation, für sich entdeckt. Schon Anfang der 90er-Jahre war der Vatikan als eine der allerersten Institutionen mit einer opulenten Homepage offiziell im World Wide Web vertreten.

Besonderes Augenmerk verdient schließlich auch die von Papst Nikolaus V. um 1450 gegründete Vatikanische Bibliothek. Zwar haben in der Folge die Borgia-Päpste einen Großteil dieser ersten Sammlung wieder in Geld umgesetzt – und so unfreiwillig mitgeholfen, das neu gewonnene Gedankengut der Renaissance in Europa zu verbreiten. Doch schon ein Jahrhundert später hatte die Bibliothek ihren weltweit einmaligen Rang zurückerobert. 1611 ging aus ihr das heute noch berühmtere Vatikanische Archiv hervor. Äußerst wertvolle Pergament-Handschriften und wahrscheinlich auch viele »Giftschrank-Publikationen«, wie sie der italienische Semiotik-Professor Umberto Eco in seinem Romanbestseller »Der Name der Rose« für den verloren gegangenen zweiten Band der Poetik des Aristoteles unterstellt, sind in diesem Archiv gelagert. Atombombensicher sind diese bibliophilen Schätze in den Kellerräumen des Vatikanischen Palastes untergebracht. Sie nehmen 54 laufende Kilometer Regalfläche ein. Per Dekret verfügte Johannes Paul II. im Jahr 2000, dass Forschern nun alle Akten, die bis zum Ende des Pontifikats von Pius' X. (gestorben 1914) archiviert wurden, zugänglich sind. Seither ist der Ansturm auf die historischen Inkunabeln ungebrochen. Schon für die nahe Zukunft sind daher viele spektakuläre Neubewertungen vermeintlich längst abgeklärt geglaubter historischer Fragen zu erwarten. Und auch aus dem Fundus des politischen Innenlebens der 2000 Jahre alten und allzu lang abgeschottet regierenden Institution »katholische Kirche« wird manche jahrhundertealte »Neuigkeit« noch das heutige Publikum in Erstaunen versetzen.

Johannes Paul II. wird als »Reisepapst« in die Geschichte eingehen. Kein Stellvertreter Christi vor ihm besuchte mehr Gläubige in aller Welt. Am 23. Juni 1996 zelebrierte der im Papamobil einfahrende Wojtyla-Papst eine Messe im Berliner Olympiastadion.

Vatikanstadt

Vatikanische Museen, S. 493 ff.

St. Peter, S. 468 ff.

Piazza S. Pietro, S. 466 f.

Vatikanischer Palast, S. 488 f.

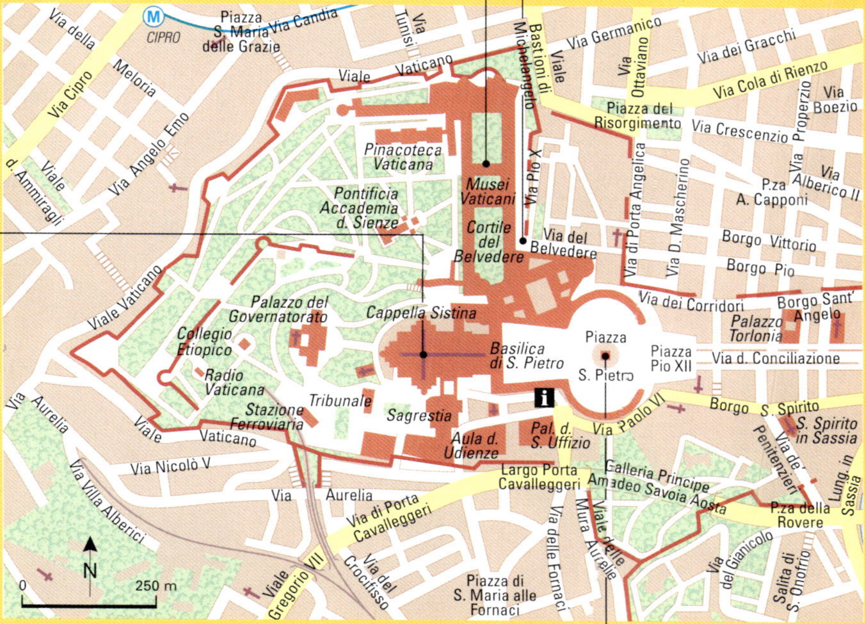

Piazza S. Pietro

Der erste Weg führt fast jeden Besucher des Vatikanstaates auf den Petersplatz, der als eine der vollkommensten Schöpfungen von Bernini oder, wie Stendhal urteilte, als »Vollendung der Kunst« angesehen werden darf. Als Bernini 1656 von Alexander VII. den Auftrag erhielt, dem Platz vor der Peterskirche eine würdige Form zu verleihen, fand er einen etwa rechteckigen, zum größten Teil ungepflasterten Vorhof vor. Der Platz ging einfach in das angrenzende, enge Stadtviertel des Borgo über und war bis auf einen Brunnen und den von Domenico Fontana 1586 aufgestellten ägyptischen Obelisken schmucklos. Beide galt es bei der Planung zu berücksichtigen. Ebenso musste der freie Blick der Pilger auf die Benediktionsloggia, von der aus der Papst noch heute seinen Segen »urbi et orbi« erteilt, gewahrt bleiben.

So entstand nach Berninis Entwurf ein Meisterwerk aus zwei miteinander verbundenen Plätzen: Der erste Platz hat die Form einer Ellipse (Piazza obliqua), die an ihren Schmalseiten von vier Reihen dorischer Kolonnaden – weit ausladenden Armen vergleichbar, welche die Mutter Kirche symbolisieren – gerahmt wird. Sie bestehen aus einem breiteren befahrbaren Durch-

gang in der Mitte und zwei schmaleren Durchgängen für die Fußgänger. Aedikulen betonen die Mitte beider Halbkreise sowie die Übergänge zu den sich anschließenden Flügelbauten. Weiße, in das Pflaster eingelassene Steinstreifen leiten zur Mitte des Platzes mit dem Obelisken, der auf dem Rücken von vier Bronzelöwen ruht. Nach der Überlieferung ist er ein Bindeglied zwischen Antike und Christentum, denn in seinem Fuß soll sich die Asche Caesars und in seiner Spitze eine Kreuzesreliquie befinden. Zu seinen Seiten stehen zwei hohe Brunnen mit riesigen Granitschalen, neben denen rechts und links im Pflaster die beiden Brennpunkte der Ellipse mit Marmorscheiben markiert sind. Von diesen Punkten aus erscheint die Viererreihe der Kolonnaden nur noch wie eine einzige Säulenreihe. Den zweiten Platz (Piazza retta) begrenzen Flügelbauten, die zur Peterskirche hin etwas auseinander laufen. Dadurch entsteht eine Trapezform, durch die die große Breite der Fassade optisch gemildert wird. Im rechten Korridorbau liegt der Zugang zum Apostolischen Palast, der in die Scala Regia, die festliche Repräsentationstreppe Berninis, übergeht.

Wappen Papst Alexanders VII. an den Kolonnaden

Die Piazza wirkt wie eine feierliche Bühne, auf welcher der Papst an hohen Festtagen das Pontifikalamt zelebriert. Ein Heer von Statuen – Heilige, Märtyrer, Päpste und Ordensgründer –, insgesamt 140, heißt die Pilger von der Balustrade der 17 m breiten Kolonnaden herab willkommen. Wappen und Inschriften erinnern an Papst Alexander VII. (Pontifikat 1655–1667), den Bauherrn dieses meisterhaften Ensembles.

St. Peter
(S. Pietro in Vaticano)

Der Petersdom ist nicht nur die größte, sondern als Zentrum der katholischen Christenheit auch die berühmteste und meistbesuchte Kirche der Welt. In ihrem heutigen Zustand ein Neubau der Renaissance und des Barock, geht sie auf einen Vorgängerbau zurück, den Kaiser Konstantin ab 319 über dem Grab des Apostels Petrus und seiner Gedenkstätte hatte errichten lassen. Die Wahl des Bauplatzes und die Einbeziehung des Grabmals in die Kirche machten nicht nur eine Ausrichtung des Gebäudes nach Westen, sondern zugleich eine Aufschüttung der alten Nekropole und die Errichtung hoher Stützmauern notwendig, um so eine weite Plattform zu schaffen. Auf dieser entstand eine reich mit Mosaiken, Fresken und Grabmonumenten ausgestattete fünfschiffige Basilika, der ein großes säulenumstandenes Atrium vorgelagert war. Vielfach restauriert und erweitert, blieb der konstantinische Bau bis zum 15. Jh. stehen. Doch während des Exils der Päpste in Avignon hatte der Verfall eingesetzt, und viel von der Pracht und Größe war verloren gegangen. Der Wunsch nach einer repräsentativen Kirche und die Verlegung der Papstresidenz in den Vatikan ließen erste Planungen einer Erneuerung aufkommen. Bereits unter Nikolaus V. (Pontifikat 1447–1455) war mit dem Neubau von Chor und Querhaus begonnen worden, ohne dass die Arbeiten fortgeführt wurden. Es war Papst Julius II. (Pontifikat 1503–1513), der sich endgültig für den Abriss der altehrwürdigen Kirche der Christenheit entschied und am 18. April 1506 Bramante mit einem Neubau beauftragte. Bramantes Entwürfe sahen einen dreischiffigen überkuppelten Zentralbau über dem Grundriss eines griechischen Kreuzes vor, der den Idealen der Renaissance entsprach und die Idee des antiken Mausoleums aufgriff. Mehr als ein Jahrhundert sollte es dauern, viele berühmte Baumeister sollten berufen und verschiedene Entwürfe geschaffen, geändert und umgestoßen werden, bis die Peterskirche in ihrer jetzigen Form vollendet war.

Auf Bramante folgten Raffael, Fra Giocondo, Giuliano da Sangallo, Baldassare Peruzzi und Antonio da Sangallo als Baumeister von St. Peter, bis Papst Paul III. (Pontifikat 1534–1549) Michelangelo 1547 mit der Bauleitung betraute. Sein Interesse galt v. a. der grandiosen Kuppel, deren Tambour bis zu seinem Tode 1564 vollendet war. Vignola, Pirro Ligorio und Giacomo della Porta führten seine Arbeiten weiter. Das Konzil von Trient und die dort beschlossenen Neuerungen in der kirchli-

chen Liturgie bewirkten schließlich unter Papst Paul V. (Pontifikat 1605–1621) eine erneute Planänderung. In seinem Auftrag erweiterte Carlo Maderno den bisherigen Zentralbau nach Osten durch ein Langhaus zu einem lateinischen Kreuz und vollendete 1614 die Fassade. Am 18. November 1626, auf den Tag genau 1300 Jahre nach der Einweihung der ersten Basilika, nahm Papst Urban VIII. die Weihe der Kirche vor. 1629 begann Bernini, nunmehr leitender Architekt von St. Peter, mit der Errichtung der Glockentürme, deren Ausführung jedoch unterblieb, als einer der Türme wegen statischer Fehler einstürzte. 30 Jahre später sollte der Künstler mit der Neugestaltung des Petersplatzes Fassade und Kuppel der Kirche endgültig zu einem einheitlichen Ensemble zusammenfügen. Erst im 18. Jh. waren die Arbeiten am Petersdom zu Ende geführt, nachdem unter Papst Pius VI. (Pontifikat 1775–1799) an der Südseite die Sakristei hinzugefügt worden war.

St. Peter

Bronzestatue Petri, S. 483

Gianlorenzo Bernini, Grabmal Papst Urbans VIII., S. 482

Gianlorenzo Bernini, Altarbaldachin und Catedra Petri, S. 480 f.

1 Porta Santa
2 Cappella del Sacramento
3 Eingang zum Grab des Petrus
4 Cappella del Coro
5 Sakristei
6 Neue Sakristei

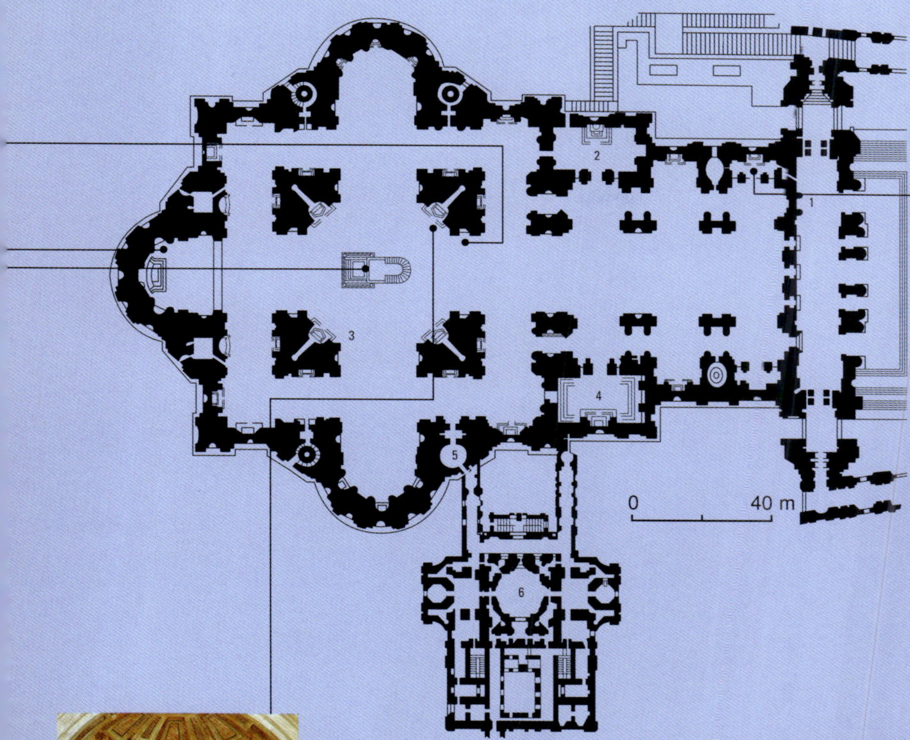

Michelangelo, Pietà, S. 484 f.

Gianlorenzo Bernini,
Hl. Longinus, S. 479

Innenraum von Alt-St. Peter, 16. Jh., S. Martino ai Monti
Fresko

Von dem konstantinischen Bau des 4. Jh.s ist heute nichts mehr erhalten, doch lässt sich dieser anhand archäologischer Funde, alter Darstellungen und mittelalterlicher Pilgerberichte nahezu vollständig rekonstruieren. Wie bei allen frühchristlichen Kirchen hatte man sich auch hier am antiken Vorbild der römischen Basilika orientiert, da der rechteckige, in mehrere Längsschiffe unterteilte Raum einer großen Kirchengemeinde ausreichend Platz bot und in der Apsis für alle sichtbar die Zeremonien am Altar vollzogen werden konnten. Alt-St. Peter wurde so als fünfschiffige Basilika mit weit ausladendem Querhaus und Apsis im Westen und einem großen Atrium im Osten errichtet. Ein Fresko aus dem 16. Jh. in S. Martino ai Monti vermag eine Vorstellung vom ursprünglichen Aussehen des Innenraums der alten Peterskirche und der Konstruktion des hölzernen Dachstuhls vermitteln, überliefert jedoch nichts von der reichen malerischen und skulpturalen Ausstattung. Die Säulen des hohen Mittelschiffs wurden von einem Architrav abgeschlossen, über den eine zweigeschossige, durch Pilaster unterteilte Wandzone und die Fenster des Obergadens folgten, während die der niedrigeren Seitenschiffe durch gemauerte Bogen verbunden waren.

Kuppel

Von überall her sichtbar, beherrscht die Kuppel des Petersdomes die Silhouette der Stadt Rom. Mit einem Durchmesser von etwa 42 m ist sie etwas kleiner als die Kuppel des Pantheons, wirkt aber durch ihre Höhe von 132,50 m wesentlich imposanter. Der Entwurf geht auf Michelangelo zurück, der 1546, im Alter von 72 Jahren, die Bauleitung übernommen hatte. Die Vollendung der Kuppel sollte er nicht mehr erleben, doch dank seiner Pläne und eines Holzmodells konnte Giacomo della Porta seinen Entwurf mit geringfügigen Modifikationen zu Ende führen. Nach dem Vorbild von Brunelleschis berühmter Kuppel des Domes in Florenz war die der Peterskirche auf Außenwirkung angelegt. Bestehend aus einer inneren Raumschale und einer äußeren Schutzkuppel und bekrönt von einer Laterne erhebt sie sich auf einem mächtigen Tambour. Dieser ist durch korinthische Zwillingssäulen mit einem mächtigen, verkröpften Gebälk und Fenstern, die alternierend einen Segment- und Dreiecksgiebel tragen, gegliedert. Fenster und kräftige Außenrippen, die zugleich eine statische Funktion besitzen, indem sie die Last des Gewölbes an die hinter den Doppelsäulen des Tambours verborgenen Strebepfeiler weiterleiten, unterteilen die Kuppelschale. Anders als im Entwurf Michelangelos läuft diese nicht halbrund, sondern spitzbogig zu, wodurch Giacomo della Porta ihr eine nach oben gerichtete Dynamik verlieh. Sie findet ihren Abschluss in der Laterne, deren zwischen den Zwillingssäulen eingefügte Fensterschlitze Licht in das Innere der Kuppel strömen lassen. Als 1590 der Schlussstein der Kuppel gesetzt wurde, war ein unvergleichliches Meisterwerk geschaffen, das zu den Wunderwerken der abendländischen Architektur gezählt wird.

Fassade

Eine Kolossalgliederung, die Unter- und Obergeschoss zusammenfasst, und eine hohe Attika unterteilen die ungewöhnlich breite Fassade des Petersdomes, mit deren Gestaltung Papst Paul V. (Pontifikat 1605–1621) den Architekten Carlo Maderno zu Beginn des 17. Jh.s betraut hatte. Abwechselnd hohe rechteckige und niedrige runde Tore öffnen den Portikus zum Petersplatz, deren Rhythmus die Fenster des Obergeschosses aufgreifen. Das mittlere Fenster, durch einen Dreiecksgiebel hervorgehoben, gehört zur Benediktionsloggia, von der aus der Papst den Segen »urbi et orbi« spendet. Und auch der Name des neu gewählten Papstes wird nach dem Konklave von diesem Ort aus durch den Dekan des Kardinalskollegiums bekannt gegeben. Es wird durch einen Dreiecksgiebel hervorgehoben, der den mittleren drei Achsen der mit Fenstern ausgestatteten Attika vorgelagert ist. Monumentale Statuen Christi und der Apostel (ohne Petrus) bilden den Abschluss der Fassade, an deren Seiten der Architekt Valadier im 19. Jh. die beiden Uhren hinzufügte.

Vorhalle, Antonio Filarete (um 1400 – um 1469), Bronzetür, 1433 –1445

Bronze, teilweise emailliert, 630 x 358 cm

Durch die fünf Tore gelangt man in das Innere der weiten Torhalle, in der neben den Reiterstatuen Karls des Großen (ein Werk von Agostino Cornacchini, um 1730) und Kaiser Konstantins (ein Werk von Bernini, 1670) über dem Mittelportal Fragmente des berühmten Mosaiks Giottos aus Alt-St. Peter, der »Navicella«, des Sturmes auf den See Genezareth, zu bewundern sind. Fünf bronzene Portale führen in den Kircheninnenraum, von denen das rechte, die Porta Santa, nur in den Heiligen Jahren geöffnet wird. Das Mittelportal bewahrt eine zweiflügelige Bronzetür, die der Florentiner Bildhauer Antonio Filarete zwischen 1433 –1445 noch für die alte Kirche gearbeitet hatte. Sechs große Relieffelder gliedern die Schauseite: Zuoberst sind Christus und Maria dargestellt, darunter die Heiligen Petrus (vor ihm kniet Eugen IV., dem er die Schlüssel des Himmelreiches übergibt) und Paulus und im unteren Teil das Martyrium der beiden Apostel. Die Felder werden durch schmale Reliefbänder unterteilt, die historische Ereignisse aus dem Pontifikat des Papstes wiedergeben, und von Akanthusranken gerahmt, welche mit Szenen aus der antiken Mythologie belebt sind. Von den anderen drei Bronzetüren, die von Künstlern des 20. Jh.s geschaffen wurden, ist die äußere linke Tür, die Porta della Morte von Giacomo Manzù aus dem Jahre 1964, die eindrucksvollste.

Innenraum

Trotz seiner gewaltigen Dimensionen wirkt der Innenraum der Peterskirche nicht gigantisch, was neben den ausgewogenen Proportionen und den harmonisch eingefügten Schmuckelementen v.a. in der einheitlichen Ausstattung aus Renaissance und Barock begründet liegt. Carlo Maderno übernahm beim Entwurf des Langhauses weitgehend die Vorgaben Michelangelos für den zentralen Kuppelraum. So trennen vier weit gespannte Arkaden, deren kolossalen Pfeilern korinthische Pilaster vorgeblendet sind, das breite Mittelschiff von den schmalen Seitenschiffen. Über dem Scheitel der Arkaden schneiden Fenster in das mit vergoldeten Kassetten geschmückte Tonnengewölbe ein. Bernini entwarf die mehrfarbigen Marmorinkrustationen und die Medaillons mit den Papstbildnissen, während die Statuen der Ordensgründer in den Pfeilernischen seit dem 18. Jh. nach und nach aufgestellt wurden.

ELORVM TV ES PETRVS
MVNDO

Blick in die Kuppel

Vier fünfeckige Pfeiler von 24 m Durchmesser tragen die Kuppel, die das Zentrum der Peterskirche mit dem Grab Petri überspannt. Jeweils 16 Fenster im Tambour und in der Laterne lassen einen lichtdurchfluteten Raum entstehen. Die Worte der mosaizierten Inschrift am unteren Rand der Kuppel verkünden: TU ES PETRUS ET SUPER HANC PETRAM AEDIFICABO ECCLESIAM MEAM ET TIBI DABO CLAVES REGNI CAELORUM (Du bist Petrus, und auf diesem Felsen will ich meine Kirche bauen, und dir werde ich die Schlüssel des Himmelreiches geben). Mosaiken auf Goldgrund nach Zeichnungen des Cavalier d'Arpino (1568–1640) überziehen die gesamte Kuppel und präsentieren das Himmelreich: Ganz oben in der Laterne erscheint Gottvater, darunter sind Engel, Christus und Maria im Kreis der Apostel sowie Heilige und Päpste zu sehen. In den Lünetten sind die Büsten der bedeutendsten Kirchenlehrer dargestellt, während vier Tondi mit überlebensgroßen Mosaikbildern der vier Evangelisten die Pendentifs schmücken.

Gianlorenzo Bernini (1598–1680),
Hl. Longinus, 1630–1639
Marmor, H. 440 cm

Die Rundnischen der Kuppelpfeiler füllen vier monumentale, 5 m hohe Statuen von Heiligen aus dem 17. Jh., die in engem Zusammenhang mit der Passion Christi stehen: Veronika mit dem Schweißtuch (von Francesco Mocchi), Helena, die Mutter Konstantins, die das Kreuz Christi aus dem Heiligen Land mit nach Rom gebracht haben soll (von Andrea Bolgi), Longinus, der mit seiner Lanze die Seite Christi öffnete (von Gianlorenzo Bernini), und der Apostel Andreas, der gleich Christus gekreuzigt wurde (von François Duquesnoy). In den Loggien darüber werden die entsprechenden Reliquien aufbewahrt und an Festtagen ausgestellt. Unter diesen gehört das Schweißtuch der Veronika zu den größten Anziehungspunkten. Nach der Legende soll Veronika Christus auf dem Weg nach Golgata ihr Kopftuch gereicht haben, damit dieser sich Blut und Schweiß vom Gesicht abtrockne. Als sie es wieder entgegennahm, war sein Antlitz in das Tuch eingeprägt, welches sie nach Rom gebracht und damit den Kaiser von der Lepra geheilt habe. Diese Ikone hinterließ seit jeher bei den Pilgern einen überwältigenden Eindruck, konnten sie doch in Rom schon zu Lebzeiten sehen, was anderen erst im Himmel möglich wurde: das Antlitz Christi.

Gianlorenzo Bernini, Altarbaldachin, 1624–1633
Bronze und Gold, 29 m

Für den Papstaltar über dem Grab Petri schuf Bernini im Auftrag von Urban VIII. Barberini zwischen 1624 und 1633 das technische und künstlerische Meisterwerk eines hohen Bronzebaldachins. Über Marmorsockeln mit dem Familienwappen des Papstes ragen vier gewundene Säulen auf, die den Baldachin mit der Erdkugel und dem Kreuz tragen. Nach einer Reihe von vorausgegangenen unbefriedigenden Provisorien stellte dieser bewegte barocke Entwurf eine dem hohen Kuppelraum angemessene Lösung dar. Für den Guss ließ der Papst eigens die Bronzeverkleidungen vom Dach der Vorhalle des Pantheons einschmelzen, was ihm den Spottvers der Römer einbrachte: »Was die Barbaren nicht fertig gebracht haben, haben die Barberini geschafft.«

Gianlorenzo Bernini, Cathedra Petri, 1656–1666
Bronze, polychromer Marmor, vergoldeter Stuck, H. ca. 20 m

Zwischen 1656 und 1666 schuf Bernini im Auftrag von Alexander VII. den Bronzeaufbau in der Apsis, der die vornehmste Reliquie der Kirche, die Cathedra Petri, den Bischofsthron des Hl. Petrus (in Wirklichkeit ein hölzerner Thron für die Krönung Kaiser Karls des Kahlen im Jahre 875), birgt. Der Aufbau hat die Form eines bronzenen Sessels, der von den vier Kirchenvätern in die Höhe gehoben wird. Den oberen Abschluss bilden Putten mit den päpstlichen Insignien und eine strahlengesäumte Engelsgloriole, die das ovale Alabasterfenster mit der Taube, dem Symbol des Heiligen Geistes, umschließt. So diente die Cathedra Petri zugleich der Verherrlichung des päpstlichen Amtes, erscheint doch der Stuhl des Stellvertreters Gottes als Bindeglied zwischen Himmel und Erde.

S ET OVES
ΣΥ ΒΟΣΚ

Gianlorenzo Bernini, Grabmal Papst Urbans VIII., 1627–1647
Bronze und Marmor,
Sitzfigur des Papstes, H. 250 cm

In der Apsis stehen zwei der insgesamt 23 Papstgräber des Domes: In der Nische rechts neben der Catedra Petri blickt man auf das Grabmonument Urbans VIII., bei dessen Entwurf Bernini (1627–1647) das gegenüberliegende Grabmal Pauls III. (1575 vollendet) stilistisch zu berücksichtigen hatte. Dadurch erklären sich der pyramidale Aufbau mit dem hoch über dem Sarkophag thronenden Papst und die Verwendung unterschiedlicher Materialien. Anders als Guglielmo della Porta, der Paul III. als gütigen, Segen spendenden Greis mit den Allegorien der Klugheit und Gerechtigkeit zu seinen Füßen dargestellt hatte, erscheint Urban VIII. als selbstbewusster Herrscher mit der Tiara auf dem Haupt. Bernini belebte seine Figur durch die triumphale Geste der erhobenen Rechten, die den Segen »urbi et orbi« erteilt. Ihr kompositorisches Gegengewicht bildet der riesige, mit Barberini-Bienen geschmückte Knauf des Papstthrones. Am Sarkophag lehnen die Allegorien der Liebe und Gerechtigkeit, während die Allegorie des Todes, ein geflügeltes Skelett, die Inschrift mit dem Namen des Verstorbenen fertig schreibt, um sie dann an das Rechtfeld im Epitaph anzuheften.

Arnolfo di Cambio (um 1245–1302), Bronzestatue Petri, 13. Jh.
Bronze, H. 180 cm

Auf der rechten Seite des Mittelschiffs von St. Peter, am Pfeiler des Hl. Longinus, thront der Hl. Petrus, ein Werk des 13. Jh.s., das Arnolfo di Cambio zugeschrieben wird. Die beiden Schlüssel des Himmelreiches in der linken Hand, hat er die Rechte auf die alte griechische Weise zum Segen erhoben: Zwei Finger sind gestreckt zum Bekenntnis der beiden Naturen Christi, der göttlichen und der menschlichen, während die anderen drei Finger zum Bekenntnis der Trinität vereint sind. Zum Ritual jedes Pilgers auf seinem Weg zum Petrusgrab gehört es noch heute, der alten Petrusstatue seine Ehre zu erbieten, indem er den vorgestreckten Fuß des Apostels küsst oder mit der Hand berührt. An hohen Feiertagen, v. a. am Fest der beiden Apostel Petrus und Paulus, ist es seit langem Sitte, die Statue wie einen lebendigen Papst mit kostbaren Gewändern zu bekleiden. Wenn dann der amtierende Papst in die Kirche kommt und den Fuß der Statue küsst, hat es den Anschein, als würde der bronzene Petrus seinen lebenden Nachfolger segnen.

Michelangelo Buonarroti (1475–1564), Pietà, 1499–1500
Marmor, 174 x 69 cm

In der ersten Kapelle am rechten Seitenschiff steht die berühmte Pietà Michelangelos, eines seiner frühesten Werke in Rom, das seit einem Anschlag 1972 durch Panzerglas gesichert ist. Das diagonal über die Brust Mariens verlaufende Band trägt die einzige Signatur des Künstlers: MICHAEL. ANGELUS. BONAROTUS. FLORENT. FACIEBA(T) (Michelangelo Buonarroti aus Florenz schuf dies). Ursprünglich für die Grabstätte des französischen Kardinals Jean Bilhères de Lagraulas in Alt-St. Peter bestimmt, gelangte die Skulptur vor 1519 in die Peterskirche. An ihrem heutigen Aufstellungsort ist der Betrachterstandpunkt durch eine etwas zu hohe Aufstellung jedoch verfälscht. Bewundernswert sind die herausragende Marmorbearbeitung und die vollendete Harmonie der Komposition. Auf einzigartige Weise ist es Michelangelo gelungen, die aufrecht sitzende Figur der Maria mit dem quer auf ihrem Schoß ausgestreckten Christus zu einer geschlossenen Gruppe zu verbinden. Mit geneigtem Haupt und ernstem Blick hält die in idealer jugendlicher Schönheit dargestellte Maria den leblosen Körper ihres Sohnes so auf dem Schoß, dass er sich fast völlig in den Kontur ihres weiten, faltenreichen Gewandes einfügt. Abgeleitet vom nordeuropäischen Typus des

Vesperbildes, dessen Thema die Marienklage ist, zeichnet sich Michelangelos Pietà nicht durch den grausamen Realismus dieser Bilder, sondern durch eine idealisierte Auffassung aus. So verstand der Künstler die Jugendlichkeit Mariens – von Kritikern mehrfach bemängelt – als Ausdruck ihrer Reinheit. Auch besticht die Gruppe durch ihren starken Ausdruckswert, der in der Verbindung von Tod und Jugend, Trauer und Schönheit hervortritt.

Antonio und Piero Pollaiuolo (um 1431–1498), Grabmal des Papstes Innozenz VIII., 1498
Bronze, 549 x 216 cm

An einem Wandpfeiler im linken Seitenschiff steht eines der Meisterwerke der Quattrocento-Plastik. Das bronzene Wandnischengrabmal Innozenz' VIII. wurde von Antonio und Piero Pollaiuolo im Jahre 1498 gearbeitet und ist das einzige Papstgrabmal, das aus der alten Peterskirche in den Neubau übertragen wurde. Zum ersten Mal ist hier ein Papst nicht nur als Liegefigur auf einem Sarkophag ruhend (unten), sondern auch als irdischer Herrscher, umrahmt von Reliefs mit Darstellungen der Kardinaltugenden, dargestellt. Majestät-isch thronend hat er die Rechte zum Segensgestus erhoben. In der linken Hand hält der Papst die heilige Lanze des Longinus, mit der die Seite Christi durchbohrt worden sein soll. Diese Reliquie hatte er 1492 als persönliches Geschenk von dem türkischen Sultan Bajezet II. erhalten.

Museo del Tesoro di S. Pietro, Sarkophag des Iunius Bassus, 4. Jh.
Carrara-Marmor, 142 x 234 cm

An die Sakristei schließt sich die Schatzkammer an, die bedeutende Werke des Kirchenschatzes ausstellt. Eines der berühmtesten Stücke ist der aus einem einzigen Marmorblock geschaffene Sarkophag, in dem nach Aussage der Inschrift Iunius Bassus beigesetzt wurde. Der römische Präfekt starb 359 im Alter von 42 Jahren als »neophytus« (»der neu Bekehrte«). Wegen seiner großen Qualität und ikonographischen Vielfalt zählt der Sarkophag zu den interessantesten Zeugnissen christlicher Archäologie. In zwei Zonen übereinander und durch Säulen getrennt, schmücken ihn Szenen aus dem Alten und Neuen Testament. Oben in der Mitte thront der jugendliche unbärtige Christus als Weltenherrscher zwischen Petrus, dem er die Gesetze übergibt, und Paulus. Er setzt seine Füße auf das Himmelsgewölbe, das der heidnische Himmelsgott Caelus über sich aufgespannt hat. Links davon sind das Opfer des Abraham und die Gefangennahme Petri, rechts Jesus zwischen zwei Soldaten und Pilatus

vor seiner Burg zu sehen. In der unteren Reihe sind von links nach rechts Hiob, der Sündenfall, der Einzug Jesu in Jerusalem, Daniel in der Löwengrube und die Gefangennahme des Apostels Paulus dargestellt.

Museo del Tesoro di S. Pietro, Antonio Pollaiuolo (um 1431–1498), Grabmal Sixtus' IV., Ende 15. Jh.
Bronze, 302 x 166 cm

Aus dem Chor von Alt-St. Peter stammt das bronzene Grabmal Papst Sixtus' IV. vom Ende des 15. Jh.s, das eine der ersten Arbeiten des Florentiner Bildhauers Antonio Pollaiuolo in Rom ist. Es zeigt in realistischer Weise den aufgebahrten Verstorbenen, der noch im Tode als energischer und machtvoller Kirchenfürst erscheint. Sixtus IV. ist in vollem Pontifikalornat dargestellt, und sein Kopf mit den zusammengepressten Lippen ruht auf einem Brokatkissen. Eine Inschrift am Fußende erinnert an die Lebensdaten und großen Leistungen des Papstes, welcher der Sixtinischen Kapelle ihren Namen gab und einen großen Anteil an der urbanistischen Erneuerung Roms hatte. Dies wird durch ein umfangreiches Bildprogramm ergänzt: Die Reliefs zu seinen Seiten geben die Personifikationen der Tugenden wieder (rechts Hoffnung, Mäßigung und Gerechtigkeit, links Glaube, Tapferkeit und Klugheit), während die zehn Bildfelder an den konkaven Wänden der Grabplatte, die Personifikationen der freien Künste darstellen.

Vatikanischer Palast

(Palazzo Apostolico Vaticano)

Auf einer Grundfläche von 55 000 m² erstreckt sich der Vatikanische Palast, der im Laufe von fünf Jahrhunderten zu einem kaum durchschaubaren Gebilde von langen Korridoren, etwa 20 Höfen und ungefähr 11 500 Räumen herangewachsen ist. Schon im Mittelalter, als die Päpste noch im Lateran residierten, gab es neben der Peterskirche päpstliche Wohnräume. Eine erste, von Papst Symmachus (Pontifikat 498–514) errichtete Anlage ließ Papst Eugen III. (Pontifikat 1145–1153) durch einen neuen Palast ersetzen, den Innozenz III. (1198–1216) wie eine Festung ausbaute. Einziger Überrest ist der Turm in einer Ecke des Cortile del Papagallo, der den Kern des Vatikanpalastes bildet.

Als Gregor XI. nach seiner Rückkehr aus dem Exil in Avignon im Jahre 1377 den Lateranpalast verfallen vorfand, wurde der Vatikan zur offiziellen Residenz der Päpste. Erneut wurden Restaurierungen, Vergrößerungen und Befestigungen durchgeführt, bis unter Nikolaus V. (1447–1455) der systematische Neubau begann. Der Papst ließ die quadratische Anlage um den Cortile del Papagallo errichten und seine Privatkapelle, die Cappella Niccolina, im Turm Inno-

zenz' III. von Fra Angelico ausmalen. Unter Sixtus IV. (1471–1484) entstand die Sixtinische Kapelle, und unter Alexander VI. (1492–1503) wurden das Appartamento Borgia und der Borgiaturm als neuer päpstlicher Wohntrakt angefügt sowie der Passetto erbaut. Bereits Innozenz VIII. (1484–1492) hatte auf dem höchsten Punkt des Vatikanischen Hügels den Palazzo del Belvedere anlegen lassen, den Bramante unter Julius II. (1503–1513) durch den weitläufigen Cortile del Belvedere mit den älteren Palastbauten verknüpfte. Der Rovere-Papst beauftragte Michelangelo mit der Ausmalung der Cappella Sistina und ließ Bramante mit den Loggien zum heutigen Damasushof hin beginnen, die unter Leo X. (1513–1521) von Raffael ausgemalt wurden. Paul III. (1534–1549) betraute Antonio da Sangallo d.J. mit der Ausstattung der Sala Regia und dem Bau der Capella Paolina, die von Michelangelo freskiert wurde. Unter Pius V. (1566–1572) und Sixtus V. (1585–1590) erweiterte Domenico Fontana den Palast um den Flügel neben den Kolonnaden des Petersplatzes, der noch heute die privaten Wohnräume des Papstes birgt. Derselbe Architekt erbaute auch den Bibliothekenflügel, welcher den Cortile del Belvedere durchschneidet und einen zweiten Hof, den Cortile della Pigna, entstehen ließ.

Nach diesen Arbeiten gab es nur noch wenige Veränderungen am Vatikanischen Palast. Mit Ausnahme der monumentalen Scala Regia, die Urban VIII. (1623–1644) bei Bernini in Auftrag gab, wurden alle

Gianlorenzo Bernini, Scala Regia, 1663–1666, Vatikanischer Palast, Rom

späteren Baumaßnahmen im Zusammenhang mit dem Ausbau der Museumstrakte durchgeführt. Raffaele Stern errichtete unter Pius VII. (1800–1823) den Braccio Nuovo, Pius XI. (1922–1939) ließ die Pinakothek und den monumentalen Eingang zu den Vatikanischen Museen, Johannes XXIII. (1958–1963) einen neuen Flügel erbauen. So war innerhalb eines halben Jahrtausends ein Gebäudekomplex entstanden, der in historischer und künstlerischer Hinsicht einzigartig auf der Welt ist.

Fortiter et fideliter – die Schweizergarde

von Jürgen Sorges

Die Gründung der päpstlichen »guardia svizzera«, der Schweizergarde, datiert auf den 21. Januar 1506. Schon frühzeitig hatte der ebenso weitsichtige wie kriegerische Papst Julius II. (Pontifikat 1503–1513) mit der Rekrutierung von Söldnern in den deutschsprachigen Kantonen der Schweiz beginnen lassen. Die Kriegskasse des als sparsam bis geizig geltenden Papstes war prallgefüllt: Das war auch notwendig, denn die neu angeworbenen Spießgesellen aus den Schweizer Alpen galten damals als die teuersten, aber auch besten Söldner ihrer Zeit. Herausragendes Merkmal war schon damals die im Verhältnis zu konkurrierenden mediterranen Gruppen besondere Körpergröße der Schweizer Soldaten. Hinzu kam ein Kampfgeist, dem dennoch nicht die Disziplin fehlte. Zudem galten Schweizer Soldaten als besonders lehnstreu. Allerdings nur, solange die Münzen im Beutel klingelten und sie regelmäßig und gut mit Essen, vor allem auch Fleisch, versorgt wurden: Anders als rigoros vegetarisch verköstigte und mit Kupfergeld entlohnte spanische oder italienische Hellebardenträger konnten Schweizer, sowie später auch deutsche Landsknechte, für sich – vertraglich festgelegt – schiffsladungsweise Pökel- und Trockenfleisch sowie die härtere Silberwährung in Anspruch nehmen. Nicht jeder Herrscher konnte sich mithin Unterhalt wie Lohn der teuren Schweizer leisten: ein potenziell entscheidender Vorteil im alltäglichen Kriegsgewerbe jener Zeit.

Bis heute müssen die Schweizer Gardisten den seinerzeit festgelegten Kriterien zur Aufnahme entsprechen: Mindestgröße 1,75 m, unter 30 Jahre alt, der Militärdienst in der Schweizer Armee musste bereits absolviert sein. Anders als in früheren Jahrhunderten ist das Korps heute auf 100 Mann begrenzt: 70 Hellebardiere, 23 Unteroffiziere, vier Offiziere, zwei »Tamburi«, das heißt Trommler, und ein Kommandant im Range eines Obersten teilen sich die Arbeit. Diese besteht insbesondere in der Präsentation der zwei Meter langen, sechs Kilo schweren Hellebarden.

Die persönliche Schutztruppe der Päpste hat sich einen besonderen Wahlspruch an die Fahnen geheftet. »Fortiter et fideliter«, »stark und treu«, wollen die christlichen Friedenskämpfer bis heute sein. Am Vormittag des 6. Mai jedes Jahres kommt diesem Motto besondere Bedeutung zu: Dann erinnert der Aufmarsch der Truppe im Cortile di San Damaso im Apostolischen Palast an den 6. Mai 1527, den Tag des Sacco di Roma, als nur der hohe Blutzoll der Schweizergardisten Papst Clemens VII. die Flucht in die Engelsburg ermöglichte. 147 Männer verloren damals ihr Leben. Ein Denkmal vor der Kaserne der Schweizergarde im Vatikan erinnert an diesen schwarzen Tag. Alljährlich erneuert die Truppe am 6. Mai auch ihren Treueeid: Die Zeremonie beinhaltet das Heben von drei Fingern der rechten Hand, Symbol für die Dreifaltigkeit Gottes. Die Linke berührt derweil das Gardebanner, die blau-gelb-rote, mit weißem Kreuz sowie den Insignien des Kommandanten, des Gardegründers Julius II., sowie des amtierenden Papstes geschmückte Korpsfahne. Nicht gesichert ist, ob die auch zu diesem Anlass getragene farbenprächtige Galauniform tatsächlich von Michelangelo entworfen wurde. Heute sorgt diese dafür, dass die Schweizergardisten das am häufigsten fotografierte Motiv am Vatikan darstellen. Insbesondere bei Wachwechseln und dem Eintreffen von Purpurträgern werden Fotoapparate und Camcorder gezückt. Manchmal wird sogar das »Schultern« präsentiert, ein besonderer Gruß, der nur Kirchenfunktionären im Kardinalsrang zusteht. Heute ist ihre Aufgabe in erster Linie die Bewachung der drei Zugänge zum Vatikan, des Arco delle Campane, des Portone di Bronzo sowie der Porta Sant' Anna. Hingegen die Kontrolle der Garderobe für Petersdombesucher – die Schultern müssen bedeckt sein, kurze Hosen und Röcke sind tabu –, zählt nicht zu ihren Aufgaben.

Lärm machte die Garde ansonsten nur in der Zeit der »inneren Emigration« der Päpste, nach der Zerschlagung des Kirchenstaates (1871) bis zum Abschluss der Lateranverträge mit Benito Mussolini, als sie tatsächlich hoheitliche Aufgaben in Form der Bewachung der Staatsgrenze des Vatikans übernahm. Am 4. Mai 1998 sorgte ein Mordfall für negative Schlagzeilen: Oberst Alois Esterman (44) war gerade zum neuen Kommandanten ernannt worden, als ihn das Schicksal in Gestalt des Unteroffiziers Cedric Tournay traf. Esterman sowie seine Gattin Gladys Romero wurden durch Schüsse Tournays getötet. Anschließend soll sich der Schütze selbst gerichtet haben. Trotz der offiziell verlautbarten Version »Doppelmord mit Motiv Eifersucht und folgendem Freitod« bleiben viele in der Öffentlichkeit gestellte Fragen über diesen »Krimi im Vatikan« ungeklärt.

Die Schweizergarde hat diesen Vorfall mittlerweile gänzlich überwunden und präsentiert sich im Heiligen Jahr 2000 auch an der heiligen Pforte des Petersdoms, unübersehbar bereit für das dritte christliche Jahrtausend.

Gardisten schwören am 6. Mai jeden Jahres bei der Vereidigung neuer Rekruten den Treueeid und präsentieren die Korpsfahne

Vatikanische Museen (Musei Vaticani)

»Ich verirre mich in diesen Vatikanischen Museen mit ihren elftausend Sälen und achtzehntausend Fenstern. Welche Einsamkeit der Meisterwerke!« (Chateaubriand)

Beim Besuch der Vatikanischen Museen begegnet eine der reichsten und qualitätvollsten Kunstsammlungen der Welt, die im Laufe der Jahrhunderte aus den künstlerischen und religiösen Ambitionen der Päpste hervorgegangen und zu einem großartigen Museumskomplex zusammengewachsen ist. Untergebracht in Teilen des riesigen Vatikanischen Palastes und eigens erbauten Trakten, stellen die Musei Vaticani nicht nur bedeutende Kunstwerke aus allen Jahrhunderten aus, sondern spiegeln auch die Ideen und Ideale, aus denen heraus die Museen geboren wurden. Darüber hinaus gewähren sie Zugang zur Sixtinischen Kapelle, einem der historisch und künstlerisch bedeutendsten Teile des päpstlichen Palastes. Eigentlicher Begründer der Museen war Papst Julius II. (Pontifikat 1503 –1513), der im Cortile des Belvedere-Palastes einen Statuenhof nach antikem Vorbild anlegen ließ. In ihm waren die schönsten und damals berühmtesten Statuen der Antike aufgestellt: darunter der Apoll vom Belvedere, der Laokoon und der Torso von Belvedere. Der Cortile del Belvedere, das erste archäologische Freilichtmuseum, wurde über Jahrhunderte hinweg zum Hauptanziehungspunkt eines jeden antikenbegeisterten Reisenden oder Künstlers. Unter Julius II. und seinen Nachfolgern kamen die berühmtesten Künstler ihrer Zeit wie Michelangelo, Leonardo und Raffael an den päpstlichen Hof, um Räume des Palastes auszuschmücken. Im Laufe der Zeit fanden weitere Antiken, zeitgenössische Kunstwerke und andere Objekte hier Aufstellung, bis man im 18. Jh., als auch anderswo die Antiken- und Kunstsammlungen zu öffentlichen Museen umgewandelt wurden, begann, die Sammlungen zu ordnen und der Öffentlichkeit zugänglich zu machen.

Spiraltreppe, Musei Vaticani

Galleria delle Statue, Musei Vaticani

Vatikanische Museen

Fra Angelico, Martyrium des Hl. Stephanus, Cappella Niccolina, S. 512 f.

Stanza dellaSegnatura, Stanze di Raffaello, S. 507

Laokoon, Cortile Ottagono, S. 502 f.

Giotto, Stephaneschi-Triptychon, Pinacoteca, S. 534 f.

1 Biblioteca Apostolica
2 Salone Sistino
3 Sala Rotonda
4 Melozzo da Forlì
5 Sala di Raffaello
6 Sala dei Pontifi

Sala delle Nozze Aldobrandini, Biblioteca Apostolica Vaticana, S. 530

Cortile della Pigna, S. 498

Sala dei Santi, Appartamento Borgia, S. 514 f.

Torso vom Belvedere, Sala delle Muse, S. 504 f.

Sixtinische Kapelle, S. 520 ff.

7 Sala dei Santi

8 Sala delle Arti liberali

9 Sala delle Sibille

10 Cortile del Belverdere

11 Sala di Costantino

12 Stanza d'Eliodoro

13 Stanza della Segnatura

14 Stanza dell'Incendio di Borgo

15 Galleria degli Arazzi

16 Galleria delle Carte Geografiche

17 Scala del Bramente

18 Sala degli Animali

Innozenz III.

1198–1216
Lotario dei Conti di Segni

Honorius III.

1216–1227
Cencio Savelli

Gregor IX.

1227–1241
Ugolino dei Conti di Segni

Bonifaz VIII.

1294–1303
Benedetto Caetani

Klemens V.

1305–1314
Bertrando de Goth

Urban VI.

1378–1389
Bartolomeo Prignano

Gregor XII.

1406–1415
Angelo Correr

Martin V.

1417–1431
Oddone Colonna

Nikolaus V.

1447–1455
Tommaso Parentucelli

Julius II.

1503–1513
Giuliano della Rovere

Leo X.

1503–1521
Giovanni de Medici

Klemens VII.

1523–1534
Giulio de Medici

Paul III.

1534–1549
Alessandro Farnese

Paul IV.

1555–1559
Gian Pietro Carafa

Pius IV.

1559–1565
Giovanni Angelo de Medici

Pius V.

1566–1572
Antonio (Michele) Ghislieri

Sixtus V.

1585–1590
Felice Peretti

Klemens VIII.

1592–1605
Ippolito Aldobrandini

Paul V.

1605–1621
Camillo Borghese

Urban VIII.

1623–1644
Maffeo Barberini

Innozenz X.

1644–1655
Giovanni Battista Pamphilj

Alexander VII.

1655–1667
Fabio Chigi

Innozenz XI.

1676–1689
Benedetto Odescalchi

Innozenz XIII.

1721–1724
Michelangelo dei Conti

Klemens XII.

1730–1740
Lorenzo Corsini

Pius VI.

1775–1799
Giovanni Angelo Braschi

Pius VII.

1800–1823
Barnaba Gregorio Chiaramonti

Pius IX.

1846–1878
Giovanni M. Mastai-Ferretti

Johannes XXIII.

1958–1963
Angelo Giuseppe Roncalli

Johannes Paul II.

seit 1978
Karol Wojtyla

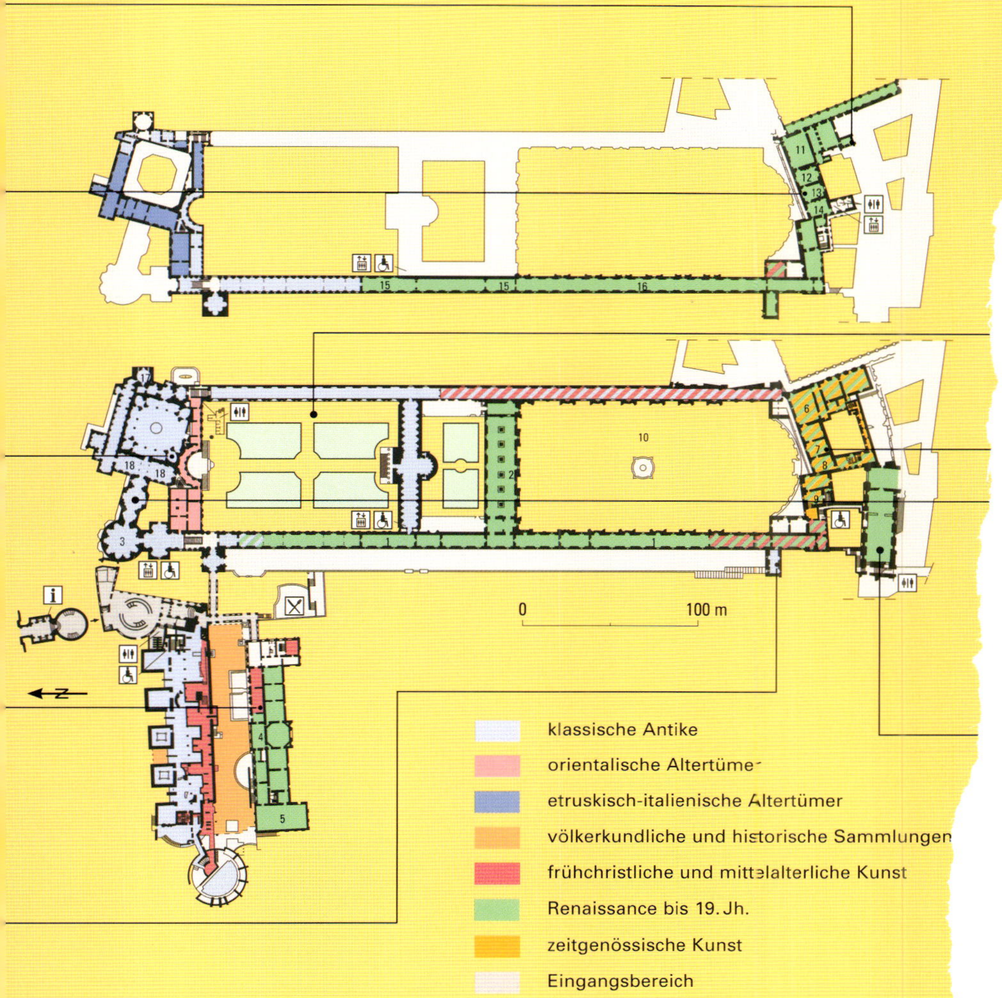
0
100 m
klassische Antike
orientalische Altertümer
etruskisch-italienische Altertümer
völkerkundliche und historische Sammlungen
frühchristliche und mittelalterliche Kunst
Renaissance bis 19. Jh.
zeitgenössische Kunst
Eingangsbereich

Cortile della Pigna

Vor dem Museo Gregoriano Egizio, mit dessen Eröffnung 1839 Papst Gregor XVI. dem wachsenden Interesse an der ägyptischen Kultur Rechnung trug, blickt man auf den Cortile della Pigna mit dem berühmten »Nicchione«, der monumentalen dreigeschossigen Nische Pirro Ligorios. Namensgebend für diesen Hof war ein kolossaler bronzener Pinienzapfen (»la pigna«), der nach dem Abbruch der alten Peterskirche aus deren Atrium hierhin überführt worden war. Er schmückt die Doppeltreppe Michelangelos, die zu dem Nicchione emporführt. Vermutlich stammt der Pinienzapfen aus einem Isis-Heiligtum, da er im Kult dieser ägyptischen Göttin Unsterblichkeit symbolisiert.

Museo Pio-Clementino

Gabinetto del Apoxyomenos, Lysipp, Apoxyomenos, römische Kopie nach griechischem Original, um 330/320 v. Chr.
gelber Marmor, H. 205 cm

Im Museo Pio-Clementino ist eine einzigartige antike Skulpturensammlung zu sehen. Zu den qualitätvollen Stücken gehört die einzige gute römische Marmorkopie eines bronzenen Meisterwerks des griechischen Bildhauers Lysipp (um 330/320 v. Chr.). Der Apoxyomenos (Schaber) spiegelt ein im 4. Jh. v. Chr. neues Bild des olympischen Siegers, der nicht als strahlender Held, sondern von den Anstrengungen des Kampfes ermattet dargestellt wird. Müde sind seine Augen in die Ferne gerichtet, während er sich vom Staub des Stadiums reinigt. Seinen rechten Arm hat er weit vorgestreckt, um mit der »Strigilis« (Schabeisen) in der linken Hand den Schmutz abzuschaben.

Cortile Ottagono

Apoll vom Belvedere, römische Kopie nach griechischem Original aus dem 4. Jh. v. Chr.
Marmor, H. 224 cm

Im Cortile Ottagono trifft man auf eine der berühmtesten Skulpturen der abendländischen Kunstgeschichte, die bereits unter Julius II. hier aufgestellt wurde. Leichthin schreitend, tritt der Gott aus der Tiefe hervor und blickt, den linken Arm mit der Chlamys, dem Schultermantel, nach vorne gestreckt und den rechten Arm gesenkt, in die Ferne. Für Winckelmann war der Apoll vom Belvedere das »höchste Ideal der Kunst unter allen Werken des Altertums«, und Künstler aller Jahrhunderte haben ihn nachgebildet, gezeichnet und graviert. Doch so lang auch seine Rezeptionsgeschichte ist, so umstritten sind die Rekonstruktion und Datierung seines Vorbildes. Erst 1924 waren die Ergänzungen entfernt worden, die der Bildhauer Montorsoli im Auftrag Clemens' VII. vorgenommen hatte. Dieser hatte die linke Hand mit dem Bogen und den rechten Unterarm mit einer nach außen greifenden Hand ergänzt, die auf dem erhöhten Baumstamm ruhte. Einen Pfeil oder einen Lorbeerzweig möchten viele Archäologen in dieser Hand sehen und die Darstellung des Apoll als heilenden und rächenden Gott zugleich deuten. Lange Zeit galt die Statue als Kopie eines Bronzeoriginals aus dem 4. Jh. v. Chr., das der athenische Bildhauer Leochares geschaffen habe. Erst in jüngster Zeit wurden wieder Bedenken dagegen laut, da die Ergänzung der rechten Hand, die Frage nach der Originalität des Köchers, der Chlamys und der Sandalen sowie die stilistischen Vergleiche mit anderen Skulpturen des 4. Jh.s v. Chr. problematisch erscheinen und eher für ein im späten Hellenismus entstandenes eklektisches Werk sprechen könnten.

Antonio Canova (1757–1822), Perseus, 1797–1801
lunensischer Marmor, H. 228 cm

Den Einfluss des Apoll vom Belvedere und von Winckelmanns enthusiastischer Beschreibung dieser antiken Skulptur spiegelt die Perseus-Statue Antonio Canovas (1797 –1801), mit der er den Vorstellungen des berühmten Archäologen von körperlicher Schönheit plastische Form zu geben versucht hat. Zugleich hatte der Bildhauer damit ein Thema aufgegriffen, das in der Skulptur bisher nur selten dargestellt worden war. Anders als der berühmte Perseus von Benvenuto Cellini aus den Jahren 1545–1554 in der Loggia dei Lanzi in Florenz, der dem Betrachter fast nachdenklich das todbringende Haupt der Medusa entgegenstreckt, ist der Held Canovas in triumphaler Selbstgewissheit dargestellt. Indem er seinen Blick auf das Haupt richtet, scheint er der »wirkliche« Perseus der Antike zu sein, der durch den Anblick des Medusenhauptes in Stein verwandelt wurde.

Was der Künstler nicht wissen konnte, war, dass sein Perseus schon wenig später das Werk ersetzen sollte, das bislang als Gipfel der griechischen Kunst gepriesen wurde. Denn nachdem im Zuge der napoleonischen Plünderungen der Apoll vom Belvedere nach Paris transportiert worden war, beschlossen die päpstlichen Behörden den Ankauf der Perseus-Statue. Canovas Wunsch, mit den berühmtesten Bildhauern der Antike standhalten zu können, war damit Realität geworden.

LA 2

Laokoon, römische Kopie nach griechischem Original, 2. Jh. v. Chr.
weißer Marmor, H. 242 cm

Die berühmte Gruppe des Laokoon, 1506 in der Domus Aurea gefunden, wird wegen der vollendeten Marmorbehandlung und der Ausdruckskraft bewundert, mit der alle Phasen des menschlichen Leidens im Todeskampf dargestellt sind. Die Szene zeigt den furchtbaren Kampf des trojanischen Priesters Laokoon und seiner beiden Söhne gegen die Umklammerung und die Bisse zweier Schlangen. Die griechische Göttin Athena hatte sie ihnen zur Strafe geschickt, nachdem Laokoon seine Landsleute vor dem Trojanischen Pferd gewarnt hatte. Für die Römer hatte dieser Mythos symbolische Bedeutung, da nur Aeneas dieser Warnung folgte und nach Italien floh, wo er zum Gründer Roms wurde. Gerade in der frühen Kaiserzeit besaß der Mythos höchste Aktualität, diente doch die trojanische Abstammung des julischen Kaiserhauses Augustus zur Rechtfertigung seines Herrschaftsanspruches. So wird die Gruppe in der jüngeren Forschung denn auch als eine für Tiberius geschaffene frühkaiserzeitliche Kopie nach einem bronzenen Vorbild aus der Mitte des 2. Jh.s v. Chr. angesehen.

Galleria delle Statue

Schlafende Ariadne, römische Kopie nach griechischem Original, Mitte 2. Jh. v. Chr.
gelber Marmor, H. 161,5 cm, L. 195 cm

Das Sitzbild stellt die von Theseus verlassene Ariadne dar. Auf einem Felsen der Insel Naxos eingeschlafen, wartet sie auf Dionysos, der sie zur Gemahlin nehmen wird. Kompliziert erscheint der gewinkelte Aufbau der Figur, die mit übereinander geschlagenen Beinen und aufgestütztem Arm in Seitenansicht dargestellt ist, und überreich der Faltenwurf ihres Gewandes, der diese Haltung unterstützt. Vermutlich liegt der Kopie ein bronzenes Vorbild aus der Mitte des 2. Jh.s v. Chr. zu Grunde.

Gabinetto delle Maschere

Aphrodite von Knidos, römische Kopie nach griechischem Original, um 340 v. Chr.
weißer Marmor, H. 204 cm

In dem turmartigen Vorsprung des Belvedere-Palastes steht eine der besten Kopien der schon in der antiken Literatur berühmten Aphrodite des Praxiteles aus der Zeit um 340 v. Chr., die einst im Heiligtum von Knidos aufgestellt war. Bereit in das Bad zu steigen, legt Aphrodite ihr Gewand über die »hydria«, ihren Wasserkrug, den Blick hat sie träumerisch in die Ferne gerichtet. Zum ersten Mal in der Antike erscheint die Liebesgöttin auch als Kultstatue nackt, still und ungestört in ihrem göttlichen Dasein, so als würde sie von niemandem gesehen und als würde auch sie selbst niemanden wahrnehmen.

Sala delle Muse

Torso vom Belvedere, 1. Jh. v. Chr.
gelblicher Marmor, H. 159 cm

»Aber ich bin selbst geneigt, diesen Rest für das Schönste zu halten, was ich je gesehen habe.« Goethe war nur einer unter vielen, die den Torso vom Belvedere als höchste und bleibende Kunstform bewunderten. Kaum ein anderes Fragment der Antike hat so sehr die Phantasie von Künstlern und Kunstbegeisterten angeregt wie dieser marmorne Rumpf eines muskulösen Mannes, der auf einem Felsen sitzt. Und es gibt wohl kaum eine antike Figur, die eine solche Bedeutung für die abendländische Kunst besitzt. Von Michelangelo bis Picasso haben sich die Künstler mit ihm beschäftigt und sich von ihm inspirieren lassen. Michelangelo soll sogar im hohen Alter, als er schon fast erblindet war, in den Belvedere gekommen sein, um mit seinen Händen die Schönheit der Statue noch einmal zu ertasten. Nach Aussage der Signatur auf der Vorderseite des Felsensitzes war der athenische Bildhauer Apollonios, der im 1. Jh. v. Chr. in Rom lebte, der Schöpfer dieser Statue, von der nur der vorgebeugte und gedrehte Oberkörper und die Oberschenkel erhalten sind. Winckelmann verglich ihn mit »einer mächtigen Eiche, welche umgehauen und von Zweigen und Ästen entblößet worden, (von der) nur noch der Stamm allein übrig geblieben ist«. Seit der Renaissance haben große Künstler und Archäologen versucht, das Rätsel der Darstellung zu lösen. Wegen des über den Felsblock gebreiteten Tierfells sahen die einen darin einen Herakles, andere einen mythischen Faustkämpfer aus der Argonautensage. Wieder andere deuteten die späthellenistische Skulptur als den leidenden Helden Philoktet, dem auf der Fahrt nach Troja von einer Schlange eine nicht heilen wollende und bestialisch stinkende Wunde zugefügt worden war. Aus diesem Grunde setzten ihn seine griechischen Gefährten auf der Insel Lemnos aus, wo er viele Jahre in Einsamkeit verbringen musste.

Sala della Biga

Diskobol des Myron, römische Kopie nach griechischem Original, Mitte 5. Jh. v. Chr.
parischer Marmor, H. 133 cm

In dem Kuppelraum, der nach dem Zweigespann in Form eines antiken Triumphwagens benannt wird, ist eine hadrianische Kopie des bronzenen Diskuswerfers des attischen Bildhauers Myron aus der Mitte des 5. Jh.s v. Chr. aufgestellt. Die Statue, deren Kopf modern – und falsch ergänzt – ist, gehört zu den Höhepunkten der Frühklassik. Der Künstler hätte kaum einen besseren Augenblick für das Bild eines Diskuswerfers wählen können: Der Athlet ist in dem Moment vor dem Wurf dargestellt, hat das Ziel ins Auge gefasst und wird sich als Nächstes um die eigene Achse drehen, um die Diskusscheibe zu werfen. Der gekrümmte Rücken, die Bewegung der Arme und die Stellung der Füße, sogar jeder Muskel spiegeln die Anspannung des Körpers.

Stanze di Raffaello

Als Julius II. nach seiner Wahl die päpstlichen Gemächer im ersten Stock des Appartamento Borgia bezog, erweckten die Fresken Pinturicchios sein Missfallen, weil ihm dort überall das Bild seines verhassten Vorgängers Alexanders VI. begegnete. Deshalb beschloss er 1507, in das zweite Obergeschoss umzuziehen und die Räume neu ausstatten zu lassen. Dazu berief er schließlich Ende 1508 zusammen mit anderen Künstlern Raffael nach Rom, der 1509 mit den Arbeiten in der Stanza della Segnatura, dem Studierzimmer und der Privatbibliothek Julius' II., begann. Nach dem Erfolg seines ersten Freskos, »Die Schule von Athen«, wurde er mit dem Gesamtauftrag betraut.

Stanza della Segnatura, Raffael (1483–1520), Philosophie, 1509–1511
Fresko, Dm. 180 cm

Entsprechend dem traditionellen Ausstattungsprogramm für Bibliotheken sind die vier Wandflächen jeweils einer Fakultät der damaligen Wissenschaften zugeordnet: Theologie, Philosophie, Recht und Poesie. Deren Personifikationen erscheinen in vier großen Tondi an der Decke, während die rechteckigen Bilder thematisch auf diese Bezug nehmen und auf den Wänden die berühmtesten Vertreter des jeweiligen Faches dargestellt sind. In großen, rundbogigen Wandflächen hat Raffael die vorgegebenen Themen realisiert, indem er die Figuren nicht einfach nebeneinander reihte, sondern in ein Bildgeschehen einbezog.

Stanza della Segnatura, Raffael, Die Schule von Athen, 1509–1511
Fresko, B. an der Basis 770 cm

Für die Darstellung der Philosophie hat Raffael ein antikes Ambiente gewählt, in dem die berühmtesten Vertreter der philosophischen Fachbereiche wie in einer Philosophenschule in kleinen disputierenden Gruppen vorgestellt werden. Im Zentrum stehen die bedeutendsten Philosophen der Antike, Platon und Aristoteles, die ganz in ein Gespräch vertieft sind. Platon trägt sein Buch »Timaios« unter dem Arm, in dem er über den Ursprung und Schöpfer des Kosmos reflektiert, während Aristoteles seine »Ethica« in der Hand hält, die das richtige menschliche Verhalten behandelt. Durch Fingerzeig nach oben verweist Platon symbolisch auf die Quelle höherer Inspiration im Reich der Ideen, während Aristoteles zur Erde zeigt, dem Ausgangspunkt aller Naturwissenschaften. Vor ihnen liegt Diogenes auf der Treppe, der alle materiellen Güter und den damit verbundenen Lebensstil verachtete. Links neben Platon ist sein Lehrer Sokrates zu sehen, der an seinen Fingern, den vier Treppenabsätzen zur Wandelhalle entsprechend, die vier Stufen abzählt, die man ersteigen muss, um ein philosophisches Gespräch führen zu können – Geometrie, Astronomie, Arithmetik und Stereometrie. Diese Wissenschaften werden durch die weiteren Figuren versinnbildlicht. In der Gestalt ganz außen rechts am Pfeiler blickt Raffael selbst zusammen mit Sodoma aus dem Bild.

Stanza della Segnatura, Raffael, Der Parnass, 1509–1511
Fresko, B. an der Basis 670 cm

Für die Verbildlichung der Poesie (1509–1511) wählte Raffael die Darstellung des musizierenden Apoll auf dem Parnass, der von neun Musen sowie berühmten antiken und zeitgenössischen Dichtern umgeben ist. Unter ihnen kann man in der linken Gruppe den blinden Homer, links von ihm Dante, rechts vermutlich Vergil und links im Vordergrund Sappho erkennen. Der Parnass war wie der Vatikanhügel den Künsten geweiht, auf dem sich in der Antike ein dem Apoll, dem Gott der Musik und der Dichtung, geweihtes Heiligtum befunden hatte. Unterstrichen wurde diese Verbindung durch das Fenster, welches das Wandbild durchschneidet und den Blick auf den Cortile del Belvedere freigab, jenen Statuenhof, den Julius II. von Bramante für die Aufstellung antiker Skulpturen neu anlegen ließ. Hier war u.a. die Schlafende Ariadne aufgestellt, die der Maler als Vorbild für die Muse links neben Apoll wählte. Darüber hinaus spielte Raffael mit seinem Fresko auch auf die Lobpreisungen zeitgenössischer Dichter an, die Julius II. als neuen Apoll und seine Herrschaftsära als neues goldenes Zeitalter der Poesie und Kunst feierten.

Stanza d' Eliodoro, Raffael und Giulio Romano, Die Vertreibung des Heliodor, 1512–1514
Fresko, B. an der Basis 750 cm

Für die Fresken in der Stanza d' Eliodoro, dem Audienzraum Julius' II., entwickelte Raffael ein spezielles Bildprogramm, um die Macht der Kirche zu veranschaulichen. So wird die »Vertreibung des Heliodor« aus dem Tempel von Jerusalem als Warnung an die Franzosen gedeutet, die zum damaligen Zeitpunkt (1512) Teile des Kirchenstaates besetzt hatten. Für das dramatische Geschehen wählte Raffael eine Erzählweise, in der mehrere zeitlich aufeinander folgende Szenen gleichzeitig im Bild dargestellt werden. So ist inmitten der Zuschauer auf der linken Seite Papst Julius II., auf der Sänfte getragen, zu sehen, der seinen Blick auf den Hohenpriester Onias am Altar richtet. Dieser betet zu Gott, dass Jerusalem von seinen Besetzern befreit werden möge. Die Erhörung seiner Bitten stellt die Szene auf der rechten Seite dar: Hier vertreiben der himmlische Reiter in goldener Rüstung und die ihm zur Seite schwebenden Jünglinge den syrischen Tempelschänder Heliodor aus dem Heiligtum. Durch die perspektivisch angelegte Architektur, die auf das Bildzentrum, den Altar, hinführt, werden beide Gruppen zu einer geschlossenen Komposition verbunden.

Cappella Niccolina

In einem der ältesten Teile des Papstpalastes, dem Turm Innozenz' III., liegt die nach Papst Nikolaus V. benannte Privatkapelle, die Fra Angelico mit seinem Gehilfen Benozzo Gozzoli in den Jahren 1448–1449 vollständig mit Fresken ausmalte. An der niedrigen Decke sind die vier Evangelisten, in den Ecken die acht lebensgroßen Figuren der Kirchenväter dargestellt. Während die »Grablegung« an der Altarwand heute vollständig zerstört ist, haben sich die Fresken der drei übrigen Wände erhalten. Sie sind jeweils in zwei Register unterteilt, in deren Lünetten die Lebensgeschichte des Hl. Stephanus und darunter die des Hl. Laurentius wiedergegeben ist.

Stephanus, ein griechischsprachiger Jude, wurde von Petrus als einer der ersten Diakone in Jerusalem berufen. Er war in den Schriften sehr gut bewandert und diskutierte furchtlos mit den Ältesten der Stadt.

Fra Angelico, Martyrium des Hl. Stephanus, 1448–1449, Fresko, 250 x 420 cm

Mit seinen Predigten zog er sich jedoch den Zorn seiner Widersacher zu, die ihn vor die Stadttore trieben und steinigten. Dem Hl. Laurentius vertraute Papst Sixtus II. vor seiner Hinrichtung den Kirchenschatz an. Anstatt die Schätze aber dem Kaiser Valerian zu übergeben, verteilte er sie an Bedürftige. Dafür wurde er 258 mit dem Tod auf dem Rost bestraft. Die Parallelen in der Lebensgeschichte beider Heiliger werden in den Fresken jeweils durch die Abfolge von Diakonweihe, Verteilung der Almosen an die Armen und das mutige Bekenntnis zum Glauben, das ihr Martyrium zur Folge hatte, herausgestellt. Sie sollen die Kontinuität zwischen der Frühkirche in Jerusalem, die Petrus einrichtete, und der Frühkirche in Rom, die von den Päpsten geführt wurde, unterstreichen. Darüber hinaus lassen die Fresken Bezüge zum Leben von Nikolaus V. erkennen. So war eines der wichtigsten Anliegen dieses Papstes, die Ewige Stadt zu ihrer einstigen Größe als »caput mundi« zurückzuführen. Darauf verweisen die prachtvollen Kirchenbauten und die feinen, detailliert gestalteten Friese und Kapitelle der Architekturausschnitte. An den Bau der neuen Stadtmauern unter Nikolaus V. erinnern beispielsweise die mächtigen Stadttore Jerusalems in der Lünette mit der »Steinigung des Stephanus«. Gleichfalls zeigt diese Darstellung ein Schisma der jüdischen Glaubensgemeinschaft, mit dem auf Spaltungskrisen in der katholischen Kirche angespielt wird, deren Zeuge der spätere Papst öfters gewesen ist. Eines seiner großen Vorbilder war der

Fra Angelico, Berufung des Hl. Laurentius, 1448–1449, Fresko, 220 x 185 cm

Hl. Laurentius, weshalb Fra Angelico das Porträt von Nikolaus V. mehrfach in der Gestalt seines antiken Vorgängers Sixtus' II. einfügte. In der Szene mit der »Berufung des Hl. Laurentius« beispielsweise übergibt er dem jungen Diakon die Patene und den Kelch, während ein junger Geistlicher hinter ihm eines der kostbaren Bücher hält, die Laurentius zur Aufbewahrung anvertraut wurden.

Appartamento Borgia

Die Gemächer im ersten Stockwerk des Papstpalastes werden nach Alexander VI. Borgia (Pontifikat 1492–1503) benannt, die dieser zwischen 1492 und 1495 von Pinturicchio und dessen Werkstatt ausmalen ließ. Zu den schönsten Fresken, die der Maler entworfen und größtenteils auch eigenhändig ausgeführt hat, gehören die in der zu Repräsentationszwecken genutzten Sala dei Santi.

Sala dei Santi, Bernadino Pinturicchio (um 1454–1513), Disput der Hl. Katharina von Alexandrien vor dem Kaiser Maxentius, 1492–1495
Fresko

Während die Deckenbilder in Anspielung auf den Stier im Wappen der Borgia Szenen aus der ägyptischen und griechischen Mythologie darstellen, sind die Fresken in den Lünetten der Verfolgung von Christen durch Ungläubige und deren späterem Triumph gewidmet. An der den Fenstern ge-

genüberliegenden Wand ist eine Szene aus dem Leben der Hl. Katharina von Alexandrien dargestellt. Diese hatte unter Maxentius 307 das Martyrium erlitten, nachdem sie auf einem Opferfest des Kaisers den Glauben an die heidnischen Götter verworfen hatte. Das Fresko zeigt vor dem Hintergrund des Konstantinsbogens in einem orientalischen Ambiente den Disput zwischen der Heiligen und dem Kaiser, der 50 gelehrte heidnische Philosophen rufen ließ, um sie zu widerlegen. Doch Katharina gelang es, diese von der Richtigkeit ihres Glaubens zu überzeugen, und bekehrte sie zum Christentum. Daraufhin ließ Maxentius alle hinrichten. Katharina sollte mit dem Rad getötet werden, welches jedoch zerbrach, woraufhin die Heilige enthauptet wurde. In diesem Fresko hat Pinturicchio zahlreiche Zeitgenossen porträtiert. Beispielsweise steht links vom Thron Andreas Palaiuologos, Mitglied des byzantinischen Herrscherhauses, dahinter sind Antonio da Sangallo und der Maler selbst zu erkennen. Der Reiter am rechten Bildrand könnte der Prinz Djem sein, der als Geisel im Vatikanspalast lebte und Pinturicchio auch als Modell für orientalische Kostüme zur Verfügung stand.

Die wichtigsten Päpste im Überblick

0–400

Petrus (30–67): 64 Christenverfolgung in Rom unter Nero; 67 Kreuzigung des Petrus am Mons Vaticanus (Abb.), und Bestattung auf dem Ager Vaticanus.

Calixtus I. (217–222): hebt die Ausnahmestellung des Bischofs von Rom hervor und wird dadurch zum Schöpfer der »Papstidee«.

Miltiades (311–314): 313 Toleranzedikt von Mailand unter Konstantin, welcher den Christen völlige Religionsfreiheit zusichert.

Damasus I. (366–384): fordert die Lehrautorität des Bischofs von Rom mit dem Verweis auf die Petrusnachfolge, wodurch sich allmählich das Papsttum entwickelt.

Siricius (384–399): 391 wird Christentum zur Staatsreligion im Römischen Reich und der Bischof von Rom als oberste Autorität anerkannt.

S. Giovanni in Laterano (nach 313)
Alt-St. Peter (unter Silvester I. 3. Jh., Abb.)
S. Marco (unter Markus 336)
S. Costanza (1. Hälfte des 4. Jh.s)
S. Pudenziana mit ältestem figürlichem Mosaik in der Apsis (Siricus)
S. Paolo fuori le mura (Ende des 4. Jh.s)

400–600

Coelestin I. (422–432): 431 3. Konzil vor Ephesos, das die Verehrung Mariens a Muttergottes beschließt.

Felix IV. (526–530): 529 Gründung des Benediktinerordens durch Benedikt vo Nursia.

Gregor I. der Große (590–604): 1. Mönc papst, begründet durch die Zentralisie des päpstlichen Besitzes die weltliche Macht des Papsttums in Italien und wi so allmählich zum weltlichen Herrsche der Stadt Rom.

Leo I. der Große (440–461, Abb.): 445 erkennt Kaiser Valentinian III. d Primat (»Vorrangstellung«) des römischen Bischofs über das Abendl an, wodurch Leo I. zum ersten eigentlichen Papst wird.

SS. Cosma e Damiano mit Apsismosaik (526, Abb.)

S. Sabina mit ältester Kreuzigungsdarst Christi auf der Holztür (Coelestin I.)
S. Maria Maggiore (Sixtus III., 432–440)
S. Stefano Rotondo (Hilarius, 461–468 / S cius, 468–483)
Triumphbogenmosaik in S. Lorenzo fuori mura (Pelagius, 579–590)

900–1000

Sergius III. (904–911): 910 Gründung der Benediktinerabtei Cluny; »Zeit der sittenlosen Päpste« beginnt, die unter dem Einfluss ihrer Geliebten stehen.

Johannes XII. (955–964): Otto I., 1. Kaiser des »Heiligen Römischen Reiches Deutscher Nation«, erneuert den Kirchenstaat und sichert das Kaiserrecht bei der Papstwahl.

Gregor V. (996–999, Abb.): wird von seinem Vetter Otto III. als 1. deutscher Papst eingesetzt; krönt diesen im Gegenzug zum Kaiser.

S. Bartolomeo (Abb., unter Benedikt VII., 977)

1000–1100

Leo IX. (1049–1054): bekämpft Ämterkauf und Priesterehe; 1054 Großes Schisma: endgültige Trennung der Ost- und Westkirche.

Nikolaus II. (1058–1061): 1059 überträgt Lateransynode die Papstwahl der Kardinälen.

Gregor VII. (1073–1085): formuliert 1075 die Rechte des Papstes (Dictatus Papae); verbietet Laieninvestitur, Ämterkauf und setzt das Zölibat durch; Beginn des Investiturstreits mit Heinrich IV. um die Einsetzung der Bischö fe und Äbte durch die weltlichen Herrscher; 1077 Plünderung Roms durch die Normannen, Rückzug Heinrichs IV. und Verbannung des Papstes.

Urban II. (1088–1099): 1096 1. Kreuzzug, der mit der Eroberung Jerusalems endet (Abb.).

Fresko im Marienoratorium in S. Pudenziana (1080)
Fresken mit der Legende des Hl. Clemens in S. Clemente (11. Jh., Abb.)

600–800

Stephan II. (752–757, Abb.): Papst verbündet sich mit dem fränkischen König Pippin, der das eroberte Land als »Pippinische Schenkung« dem Heiligen Stuhl übergibt; damit Grundlegung des Kirchenstaates; Stephan II. begründet Anspruch auf unabhängige Landesherrschaft mit einer gefälschten Urkunde (Donatio Constantini), nach der bereits Kaiser Konstantin der Große die kirchliche und weltliche Herrschaft des Papstes über Rom und die abendländischen Provinzen für alle Zeiten anerkannt habe.

Hadrian I. (772–795): 774 Eroberung des Langobardenreiches durch Karl den Großen; Erneuerung des Schenkungsversprechens Pippins, Kirchenstaat unter fränkischem Schutz.

800–900

Leo III. (795–816): krönt 800 Karl den Großen in Rom zum Kaiser (Abb.).

Paschalis I. (817–824): 824 Constitutio Romana: Bestätigung der kaiserlichen Rechte im Kirchenstaat durch Kaiser Lothar I.

Leo IV. (847–855): Proklamation der irdischen Oberhoheit des Papstes (»Papa caput totius orbis«), um seine und die Macht der Kirche gegenüber weltlichen Gewalten zu stärken.

Nikolaus I. (858–867): setzt sich gegenüber den Karolingern immer stärker durch, will System der Landeskirchen durch eine römische Zentralverwaltung verdrängen.

Päpste

S. Agnese fuori le mura (Honorius I., 625–638, Abb.)
S. Maria in Cosmedin (Hadrian I.)

S. Prassede (Paschalis I.)
S. Cecilia in Trastevere (Paschalis I.)
S. Maria in Domnica (Paschalis I.)
S. Marco (Gregor IV.)
Città Leonina (Sanierung und Befestigung des Borgo, nach 847)
Himmelfahrt Christi (Abb.), Fresko in der Unterkirche von S. Clemente (Leo IV.)

Kunst & Architektur

1100–1200

Calixtus II. (1119–1124): 1122 Ende des Investiturstreits durch das Wormser Konkordat zwischen Papst und Heinrich V.; 1123 erklärt 1. Laterankonzil die Unabhängigkeit der Kirche von säkularen Gewalten.

Eugen III. (1145–1153): 1146 Ausrufung der Republik in Rom durch Arnold von Brescia, der sich gegen die weltliche Macht der Päpste erhebt.

Hadrian IV. (1154–1159): 1155 Hinrichtung Arnold von Brescias, Kaiserkrönung Friedrichs I. Barbarossa in Rom (Abb.).

Clemens III. (1187–1191): 1188 erkennen Römer vertraglich den Papst als Herrn über die Stadt an, dieser im Gegenzug den Senat.

1200–1300

Honorius III. (1216–1227): 1220 Bestätigung des von Dominikus (1170–1221) gegründeten Dominikanerordens und 1223 der Regeln des von Franz von Assisi (1182–1226) gegründeten Franziskanerordens.

Gregor IX. (1127–1241): 1232 Einführung der päpstlichen Inquisition, mit der der Dominikanerorden betraut wird.

Coelestin IV. (1241): 1. Papstwahl durch die Kardinäle im Konklave, d. h. in einem abgeschlossenen Raum.

Innozenz III. (1198–1216, Abb.): führt die päpstliche Macht auf ihren Höhepunkt. Papst gilt nun als Statthalter Gottes, von ihm empfangen die weltlichen Herrscher ihre Reiche zu Lehen.

Päpste

Oberkirche von S. Clemente (Paschalis II., 1099–1118)
SS. Quattro Coronati (Paschalis II.)
S. Maria in Cosmedin (Calixtus II.)
S. Maria in Trastevere, Vorhalle, Campanile und Cosmatenarbeiten (Innozenz II., 1130–1143)
S. Saba (um 1150, Abb.)
S. Croce in Gerusalemme (Lucius II., 1144–1145)

Fresken in S. Giovanni a Porta Latina (Anfang des 13. Jh.s)
Kreuzgang in S. Paolo fuori le mura (1205–1241)
S. Lorenzo fuori le mura (um 1220)
Kreuzgang in S. Giovanni in Laterano (1223–1230, Abb.)
Bronzestatue Petri in St. Peter (13. Jh.), S. M. sopra Minerva (ab 1280; Martin IV., 1281–1285)

Kunst & Architektur

Die wichtigsten Päpste im Überblick

1300–1400

Klemens V. (1305–1314): 1305 erzwingt Philipp IV. der Schöne von Frankreich die Wahl Klemens' V., der die Abhängigkeit der Kurie von Frankreich besiegelt; 1309 Übersiedlung des Papstes nach Avignon.

Gregor XI. (1370–1378): 1376 veranlasst Katharina von Siena (1347–1380) den Papst zur Rückkehr nach Rom.

Urban VI. (1378–1389): 1378 beginnt mit der Wahl Klemens' VII. zum Gegenpapst das Große Schisma, das Europa in zwei Lager spaltet.

Bonifaz VIII. (1294–1303, Abb.): 1300 Ausrufung des 1. Heiligen Jahres; 1302 Bulle »Unam sanctam«, wonach jeder, auch die weltlichen Fürsten, dem Papst untersteht.

Apsismosaik (Abb.) in S. Maria Maggiore von Jacopo Torriti (1295)
Fresken in S. Cecilia und S. Maria in Trastevere von Pietro Cavallini (Ende des 13. Jh.s)
Giotto, Stefaneschi-Triptychon, Musei Vaticani (1313)

1400–1500

Gregor XII. (1406–1415): 1414–1418 beendet 2. Reformkonzil in Konstanz das Schisma.

Martin V. Colonna (1417–1431): Wiederherstellung der päpstlichen Autorität im Kirchenstaat und Beginn des Wiederaufbaus Roms.

Nikolaus V. (1447–1455, Abb.): Mit der Wahl Nikolaus V., der humanistische Gelehrte und Künstler nach Rom ruft, gewinnt das Papsttum seine starke Stellung in der Kirche wieder.

Sixtus IV. della Rovere (1471–1484): Unter seinem Pontifikat setzt die Blüte von Kunst und Wissenschaften ein, der ein moralischer Verfall durch Nepotismus, (»Vetternwirtschaft«) und Simonie (»Ämterkauf«) gegenübersteht; 1471 Gründu einer Kunstsammlung.

Alexander VI. Borgia (1402–1503): 1500 Heiliges Jahr

Bronzetür für Alt.-St. Peter von Antonio Fila (1433–1445)
Umbau der Engelsburg (ab 1447)
Fresken der Cappella Niccolina von Fra An (1148–1449)
Palazzo Venezia (ab 1455)
S. Maria del Popolo (ab 1472)
Sixtinische Kapelle (ab 1473)
Palazzo della Cancelleria (1483)
Pietà in St. Peter von Michelangelo (1498–1

1600–1700

Urban VIII. (1623–1644): unterstützt Frankreich im Dreißigjährigen Krieg (1618–1648) gegen den deutschen Kaiser und Spanien; verdammt 1631 Astrologie und Astronomie und liefert Galileo Galilei der Inquisition aus.

Alexander VII. (1655–1667): 1665 zieht Christine von Schweden in Rom ein und tritt zum katholischen Glauben über.

Innozenz XI. (1676–1689): 1684 »Heilige Allianz« von Österreich, Polen und Venedig gegen die Türken unter dem Protektorat des Papstes.

Innozenz XII. (1691–1700): 1692 Bulle »Romanum decet Pontificem« gegen den Nepotismus.

Innozenz X. (1644–1655, Abb.): verwirft 1648 den für die katholische Kirche ungünstigen Westfälischen Frieden.

Gemälde der Cerasi-Kapelle in S. Maria del Popolo von Caravaggio (1600–1601)
Altarbaldachin (Abb.) in St. Peter von Bernini (1624–1633)
S. Ignazio di Loyola (ab 1626)
S. Carlo alle Quattro Fontane von Francesco Borromini (ab 1634)
Kuppelfresko der Chiesa Nuova von Pietro da Cortona (1648–1651)
Piazza S. Pietro von Bernini (ab 1656)
Altar des Hl. Ignatius in Il Gesù von Andrea Pozzo (1696–1700)

1700–1800

Clemens XII. (1730–1740): 1734 Gründung des Kapitolinischen Museums.

Clemens XIV. (1769–1774): 1773 Auflösung des Jesuitenordens; 1770–1784 Einrichtung des Museo Pio-Clementino in den Musei Vaticani.

Pius VI. (1775–1799): 1788 erste Ausgrabungen auf dem Forum; 1789–1799 wird unter dem Eindruck der Französischen Revolution die römische Republik ausgerufen; 1798–1801 Krieg gegen Frankreich, in dessen Verlauf der Papst von den Franzosen gefangen genommen wird.

Clemens XIII. (1758–1769, Abb.): 1 wird Winckelmann walter der päpstlic Antikensammlung.

Spanische Treppe (1723–1726)
Fontana di Trevi (1732–1762)
Anton Mengs, Parnass in der Villa Albani (1761)
Grabmal Clemens' XIII. von Canova (Abb.) in St. Peter (1788–1792)
Palazzo Braschi (ab 1790)

1500–1550

ulius II. della Rovere (1503–1513, Abb.): bedeu-
nder Staatsmann und Kunstmäzen.

eo X. de' Medici (1513–1521): fördert den Bau
er Peterskirche durch Ablassbriefe; 1517
eginn der Reformation mit der Veröffent-
chung von Luthers Thesen.

lemens VII. de' Medici (1523–1534): 1527
acco di Roma (Plünderung Roms durch die
aiserlichen Truppen); Papsttum verliert Stel-
ng als politische Großmacht.

aul III. Farnese (1534–1549): 1534 Gründung
er »Gesellschaft Jesu« (Jesuiten) durch Ignatius von Loyola
491–1556), die zum Vorreiter in der katholischen Kirche im Zeitalter der
egenreformation wird; 1545–1563 Konzil von Trient zur Erneuerung der
atholischen Kirche.

1550–1600

Paul IV. Carafa (1555–1559): ist der erste aktive Reformer, Beginn der Gegenreformation.

Pius IV. de' Medici (1559–1565): 1562–1563 3. Tagungsperiode des Tridentinischen Konzils, welches das katholische Glaubensbekenntnis festlegt und die Stellung des Papstes stärkt.

Pius V. (1566–1572, Abb.): geht hart gegen die Simonie (»Ämterkauf«) vor.

Gregor XIII. (1572–1585): 1582 Einführung des gregorianischen Kalenders.

Sixtus V. (1585–1590): bedeutender Bauherr und Denkmalpfleger.

Clemens VIII. (1592–1605): 1600 Verbrennung des Philosophen Giordano Bruno als Ketzer auf dem Campo dei Fiori.

Päpste

eckenfresko der Cappella
stina (Abb.) von Michelan-
elo (1508–1512)

Tempietto (1502)
Grabmal Julius' II. von Michelangelo (1505–1545)
Neubau von St. Peter (1506–1626)
Villa Chigi (1507–1511)
Stanzen im Vatikan von Raffael (ab 1509)
Palazzo Farnese (ab 1514)
Jüngstes Gericht in der Cappella Sistina von Michelangelo (1534–1541)

Villa Giulia (ab 1550, Abb.)
Kuppel von St. Peter (1564–1590)
Il Gesù (ab 1568)
Chiesa Nuova (1575–1599)
Lateranpalast (nach 1585)
Piazza del Popolo (ab 1589)
S. Andrea della Valle (ab 1591)
Fresken in der Galleria des Palazzo Farnese von Annibale Carraci (um 1597)

Kunst & Architektur

1800–1900

us VII. (1800–1823, Abb.): 1806 endet mit der Niederle-
ng der Kaiserkrone durch Franz II. das »Heilige
ömische Reich Deutscher Nation« nach 1000 Jah-
n; 1808–1811 wird Rom Teil des französischen Kai-
erreiches und der Papst bis 1814 Gefangener
apoleons; 1814 wird nach dem Pariser Frieden
er Kirchenstaat wieder hergestellt.

us IX. (1846–1878): 1848 flieht der Papst
ter dem Druck der erstarkten nationalen
ewegung des »Risorgimento« aus Rom; Frank-
ich stellt die päpstliche Herrschaft in Rom gegen
aribaldi wieder her; 1854 Dogma der Unbefleckten
npfängnis Mariens; 1869–1870 1. Vatikanisches Kon-
: Dogma von der Unfehlbarkeit des Papstes; 1870 Einmarsch italieni-
her Truppen in Rom, Ende des Kirchenstaates; 1871 Papst widersetzt
ch dem sog. Garantiegesetz und zieht sich in den Vatikan zurück.

1900–2005

Pius XI. (1922–1939): 1929 Abschluss der Lateranvertäge zwischen Mussolini und dem Papst, in denen die Souveränität des Kirchenstaates anerkannt wird.

Paul VI. (1963–1978): Umbenennung des »Heiligen Offiziums« in »Kongregation für die Glaubenslehre«; Anerkennung der Knochenfunde aus dem Marmorgrab unter St. Peter als echte Petrusreliquie.

Johannes XXIII. (1958–1963): 1962–1965 2. Vatikanisches Konzil, das auf die Vereinigung der christlichen Kirchen hinwirken soll.

Johannes Paul II. (seit 1978, Abb.): 1. nichtitalienischer Papst seit über vier Jahrhunderten, der auf seinen vielen Reisen die Christen in aller Welt besucht und den Dialog zu anderen Glaubensrichtungen aufgenommen hat; 1981 Attentat auf den Papst auf dem Petersplatz; 2000 Heiliges Jahr.

Päpste

ncio-Park (Anfang des 19. Jh.s)
abmal Pius' VII. (Abb.) in
. Peter von Thorvaldsen (1823)
onument für Giuseppe Garibaldi (um 1850)
nacoteca im Vatikan (1846–1878)
azione Termini (ab 1867)
azza della Repubblica (1887; Leo XIII., 1878–1903)
alazzo di Giustizia (1899–1910)

Foro Italico (1928–1936)
EUR (ab 1940; Pius XII., 1939–1958)
Palazzo della Civiltà del Lavoro (1938–1943)
Palazzo dello Sport (1960)
Lateranmuseum im Vatikan (1958–1963)
Sala delle Udienze Pontificie (Abb.) im Vatikan (1964–1971)
Vollendung der Restaurierung der Cappella Sistina (1994)

Kunst & Architektur

Sixtinische Kapelle
(Cappella Sistina)

Der berühmteste Raum der Musei Vaticani ist die Cappella Sistina, die Giovanni de' Dolci 1475–1481 im Auftrage Sixtus' IV. erbaut hat. Der monumentale Raum mit den beeindruckenden Maßen von 40,5 x 13,2 m und einer Höhe von 20,7 m wird an den Langseiten von je sechs Fenstern durchbrochen. Andrea Bregno schuf die Marmorschranke, welche die Kapelle in den dem Klerus vorbehaltenen Altarraum und den Raum für die Laien unterteilt, sowie die berühmte Sängerkanzel an ihrer Seite. Den Fußboden schmücken Einlegearbeiten in mehrfarbigem Marmor, während die Sockelzone traditionell mit Teppichen verhangen ist. Unter Sixtus IV. hatten bereits Botticelli, Ghirlandaio, Cosimo Roselli, Piero di Cosimo, Perugino, Pinturicchio, Luca Signorelli und Bartolomeo della Gatta in den Jahren 1481–1483 die Wandflächen unterhalb der Fenster freskiert. In einfachen rechteckigen Bildflächen sind links Szenen aus der Moses- und rechts aus der Christusgeschichte dargestellt. Die gemalten Nischen zwischen den Fenstern zeigen Papstbildnisse. Den krönenden Abschluss der Ausstattung bilden das Deckengewölbe, das Michelangelo 25 Jahre später für Julius II. gestaltete, und sein Fresko des »Jüngsten Gerichts« an der Altarwand. Diese Fresken ließen die Kapelle zum Inbegriff der Renaissancemalerei werden und machen sie noch heute zum Hauptanziehungspunkt für jeden Besucher. Und dennoch ist die Cappella Sistina kein Museum, sondern Teil des kirchlichen Lebens: Sie dient noch heute dem Papst für private Gottesdienste und ist der Ort, an dem das Konklave stattfindet, das den neuen Papst wählt.

Michelangelo Buonarroti (1475–1564), Deckengewölbe, 1508–1512
Fresko, 40,23 x ca. 13,30 m
(Abb. s. folgende Doppelseite)

Als Julius II. 1508 Michelangelo mit der Ausgestaltung der Decke betraute, schmückte das Klostergewölbe lediglich ein Sternenhimmel. Unzufrieden mit seiner ursprünglichen Aufgabe, nämlich die zwölf Apostel darzustellen, bewog der Maler den Papst zu einem radikalen Planwechsel. Dabei löste er sich von der vorgegebenen Architektur und überzog die Decke mit einer gewaltigen Scheinarchitektur, der nur die zwölf Stichkappen und die zugehörenden Lünetten vorgegeben waren. Die Zonen zwischen den Stichkappen gestaltete Michelangelo malerisch so, dass eine scheinbare Attikazone entstand, in deren Raumnischen er die großen sitzenden Gestalten platzieren konnte. Damit entsteht der Eindruck, als spannten sich im gesamten Mittelteil Jochbogen über die gemalten Pfeiler, zwischen denen das Firmament sichtbar wird. Die so entstandenen neun Bildfelder fasste Michelangelo zu drei Themenkomplexen zusammen: die »Erschaffung der Welt«,

seine »Vertreibung aus dem Paradies« und die »Geschichte Noahs«. Auf beiden Seiten werden die Bildfelder in dreieckigen Zwickelfeldern von Propheten und Sibyllen sowie alttestamentarischen Szenen begleitet. Durch die rhythmische Gliederung in große Querbilder und kleinere flankierende Szenen liegt der Schwerpunkt auf den vier Hauptbildern, die chronologisch an der Altarseite beginnen: »Trennung von Licht und Finsternis«, »Erschaffung des Adam«, »Sündenfall und Vertreibung aus dem Paradies«, »Sintflut«. Das Bildprogramm ist so angelegt, dass der Betrachter es vom Eingang aus lesen kann. So malte Michelangelo die sitzenden Propheten und Sibyllen sowie die »ignudi«, die männlichen Akte, zur Altarseite hin immer größer und reduzierte entsprechend die Zahl der Figuren in den einzelnen Szenen. Nach nur vier Jahren war das gewaltige Werk vollendet, und die Decke konnte an Allerheiligen 1512 enthüllt werden.

Schema des Deckengewölbes

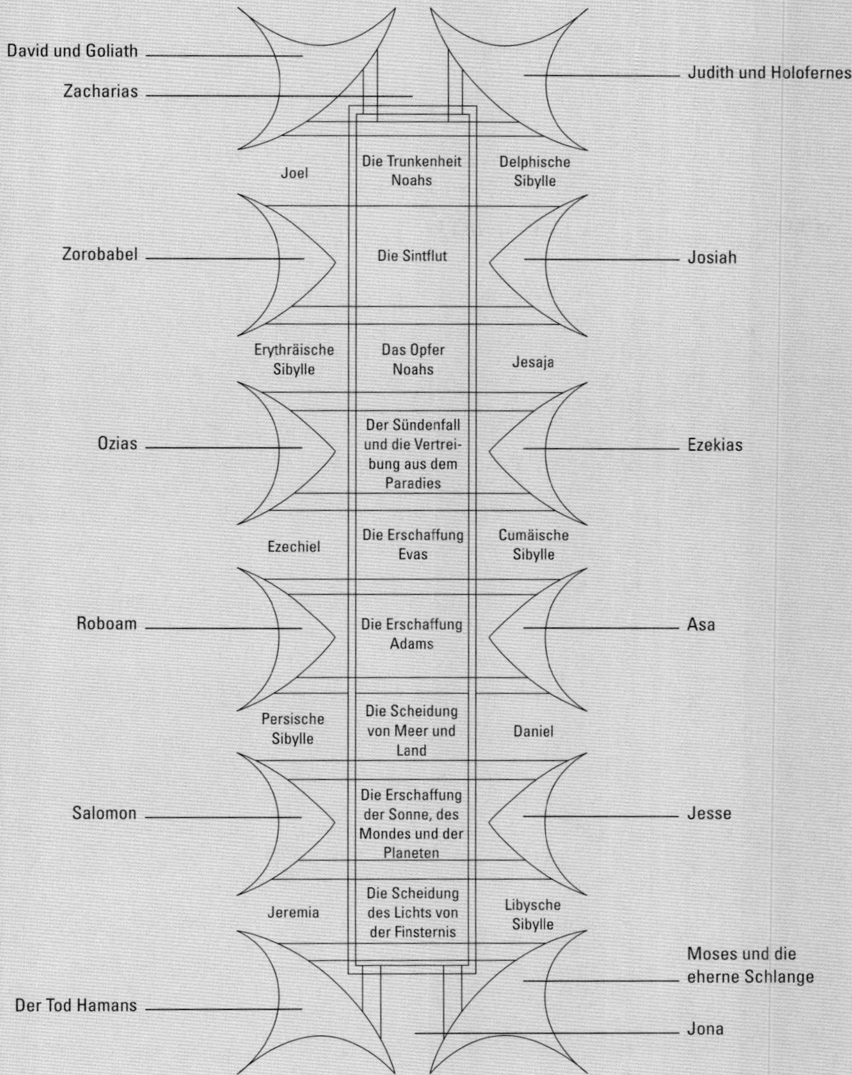
David und Goliath
Zacharias
Judith und Holofernes
Joel
Die Trunkenheit Noahs
Delphische Sibylle
Zorobabel
Die Sintflut
Josiah
Erythräische Sibylle
Das Opfer Noahs
Jesaja
Ozias
Der Sündenfall und die Vertreibung aus dem Paradies
Ezekias
Ezechiel
Die Erschaffung Evas
Cumäische Sibylle
Roboam
Die Erschaffung Adams
Asa
Persische Sibylle
Die Scheidung von Meer und Land
Daniel
Salomon
Die Erschaffung der Sonne, des Mondes und der Planeten
Jesse
Jeremia
Die Scheidung des Lichts von der Finsternis
Libysche Sibylle
Moses und die eherne Schlange
Der Tod Hamans
Jona

Michelangelo Buonarroti, Deckengewölbe (Detail), Die Erschaffung Adams
Fresko, 280 x 570 cm

Das wohl berühmteste Fresko der Decke ist die Erschaffung Adams, für die Michelangelo den Moment wählte, in dem Adam durch den Fingerzeig des Schöpfers die Seele eingehaucht wird.

Michelangelo Buonarroti, Altarwand, Jüngstes Gericht, 1535
Fresko, 13,70 x 12,20 m

1535 wurde Michelangelo von Papst Paul III. mit der Bemalung der Altarwand der Cappella Sistina beauftragt. Während Engel oben die Leidenswerkzeuge der Passion tragen und unten mit Posaunen allen das Jüngste Gericht verkünden, thront inmitten eines Meeres von nackten Menschenleibern Christus, der von den Aposteln und anderen Heiligen umgeben ist. Sein Gericht scheint so furchtbar, dass selbst Maria sich abwendet. Zur Rechten Christi fahren die Seligen zum Himmel auf, während rechts die Verdammten in die Tiefe stürzen, wo der Fährmann der Unterwelt Charon über den Grenzfluss Styx zum Hades rudert. Genau an der Stelle, auf die derjenige blickt, welcher die Messe liest, hat Michelangelo den dunklen Eingang in die Unterwelt platziert, als wolle er seine erschreckende Vision des Weltengerichts noch verstärken, die die Höllenschilderung aus Dantes »Göttlicher Komödie« in Erinnerung ruft. Wurde das Fresko anfangs mit Begeisterung gefeiert, nahm man später an den vielen nackten Gestalten Anstoß, sodass Daniele da Volterra, der als »Höschenmaler« in die Kunstgeschichte einging, und Girolamo da Fano auf Weisung Papst Pauls IV. die Blößen überdecken mussten.

IONAS

Renaissance der Farbe – zur Restaurierung der Sixtinischen Kapelle

»Man öffnet gleichsam ein Fenster in einem dunklen Raum, hinter dem ein lichtdurchflutetes Panorama erscheint« – so beschrieb Carlo Pietrangeli, der ehemalige Generaldirektor der Vatikanischen Museen, die Restaurierungsarbeiten an der Decke, den Lünetten und der Altarwand in der Sixtinischen Kapelle. Und in der Tat hat deren Ergebnis Fachwelt wie Kunstliebhaber weltweit in Erstaunen gesetzt: Was bislang als »dunkle Farbigkeit« und »Monochromie« Michelangelo Buonarrotis beurteilt worden war, entpuppte sich als eine über die Jahrhunderte hinweg durch Staub und Kerzenrauch entstandene grau-bräunliche Patina. Einmal gereinigt, kamen darunter helle, leuchtende und kräftige Farben hervor, die ein ganz neues Bild von Michelangelo und seiner Arbeitsweise ergeben. In der Technik des »buon fresco«, dem Farbauftrag auf den noch feuchten Untergrund, hatte er die Kapelle ausgemalt und dabei für die Decke ein breites Farbenspektrum – von Violett, Rosa, Emailblau, rotem Ocker und goldbraunem Umbra neben kühnen Kontrasten von Gelb, Blau und

Michelangelo Buonarroti, Deckenfresko der Sixtinischen Kapelle in unrestauriertem Zustand, 1508–1512, Vatikanische Museen, Vatikan

Grün, hellem Zinnober und Lavendelgrau – verwendet. Das Getümmel der nackten Figuren an der Altarwand entwickelte er vor einem intensiv blauen Hintergrund.
Aber nicht alle hat die Leuchtkraft der Farben überzeugt, und die kritischen Stimmen, welche die Restaurierung von Anfang an begleiteten, sind bis heute nicht verstummt. Von einem »Tschernobyl der Kunstgeschichte« und einem »Attentat auf Michelangelo« sprach der New Yorker Professor James Beck und verlieh mit diesen Worten seiner Sorge Ausdruck, dass der »echte« Michelangelo durch die Reinigung unwiderruflich verloren gegangen sei. Dabei ist Michelangelos neu entdeckte Farbigkeit vor dem Hintergrund der Florentiner Maltradition durchaus verständlich und findet in dem kühl leuchtenden Farbenspektrum der so genannten Manieristen in Florenz, der Heimat des großen Meisters, einen direkten Nachklang.

Michelangelo Buonarroti, Altarwand der Sixtinischen Kapelle, Detail des Jüngsten Gerichts, Vatikanische Museen, Vatikan

Wie alles begann

Die Geschichte der Restaurierung der Sixtinischen Kapelle ist fast genauso alt wie die der Fresken Michelangelos. Schon gut 50 Jahre nach Vollendung der Decke hatte Ruß von Kerzen und Heizbecken die Farben verdunkelt und eindringendes Regenwasser Risse und Salzausblühungen in den Malereien entstehen lassen. Pius V. (Pontifikat 1566–1572) sah sich daher zu ersten Ausbesserungsarbeiten gezwungen, mit denen er Domenico Carnevali, einen Maler aus Modena, betraute. Bereits zu diesem Zeitpunkt müssen die Farben stark verschmutzt gewesen sein, denn Carnevali hat oftmals – wie

Michelangelo Buonarroti, Deckengewölbe der Sixtinischen Kapelle, Detail mit der Libyschen Sibylle, 1511, Vatikanische Museen, Vatikan, Rom

sich bei den jüngsten Untersuchungen gezeigt hat – wesentlich dunklere Farbtöne als die des Originals verwendet. Etwa 150 Jahre später unternahm Annibale Mazzuoli eine erneute Restaurierung, bei der er die Fresken mit Schwamm und Weißwein zu reinigen versuchte. Im Anschluss überzog er sie mit einem Tierleimfirnis, um so die Salzausblühungen zu verdecken und die Farben aufzufrischen. Doch alle Bemühungen halfen wenig, die Farben nahmen schon nach kurzer Zeit wieder ihren dunklen, vergilbten Ton an, und es schien keine Lösung für eine allumfassende Reinigung zu geben. Erst nachdem in den 60er-Jahren eine Restaurierungskampagne zur Reinigung der Wandfresken des 15. Jh.s erfolgreich unternommen worden war, wollte man sich auch an Michelangelos Werk wagen.

Die Farbe kehrt zurück

Unter der Leitung von Gianluigi Colalucci, dem Chefrestaurator der Vatikanischen Museen, begannen 1980 die Arbeiten an dem Meisterwerk. Vorausgegangen waren eingehende chemische und physikalische Untersuchungen, mittels deren man die Bestandteile der Fresken analysiert sowie den Reinigungsvorgang im Labor simuliert hatte. Begleitet wurden die Restaurierungen von den Kameras eines japanischen Fernsehkonzerns, der den größten Teil der Kampagne durch den Erwerb der Nutzungsrechte für alle Film- und Fotoprodukte finanzierte. Dank eines weiteren Sponsoren konnte eine aufwändige Computeranlage installiert werden, die Daten zu Format, zur Maltechnik, zum Zustand der Fresken oder zum Vorgang der Restaurierung speicherte. Ergänzt wurde diese wohl aufwändigste Dokumentation, die jemals erstellt worden ist, durch Tonbänder, auf denen die Restauratoren ihre Arbeit über Mikrofone kommentierten.

Die eigentliche Restaurierung bestand im Abwaschen der Fresken mit einem speziellen in den 70er- Jahren im vatikanischen Istituto Centrale del Restauro entwickelten Reinigungsmittel. Im Abstand von 24 Stunden wurde diese Lösung zweimal für wenige Minuten auf die »al fresco« ausgeführten Malereien aufgetragen, wodurch die jahrhundertealten Ablagerungen wie Ruß, Schmutz und Firnis aufquollen und danach abgewischt werden konnten. Dieses Verfahren war jedoch nicht für die wenigen »Al-secco-Stellen« – welche man vorher per Computergrafik erfasst hatte – geeignet. Auf den trockenen Putz aufgetragen und daher sehr viel schlechter haltbar, wären sie durch diese Reinigungsform unwiderruflich zerstört worden. Stattdessen wurden sie erst mit einer Acrylharzlösung fixiert und anschließend mit einem harten Pinsel und organischen, wasserfreien Mitteln gereinigt. Zur Konservierung der wiedergewonnenen Farbenpracht überzog man die restaurierten Fresken nicht wie Michelangelo nur mit einer einfachen Schutzlasur, sondern bediente sich zusätzlich moderner technischer Hilfsmittel: Neue Lampen mit abgeschirmtem Kaltlicht sorgen für eine schonende Beleuchtung. Außerdem kontrolliert eine computergesteuerte Klimaanlage fortwährend Feuchtigkeit und Temperatur der Kapelle und hält sie konstant.

Im Anschluss an die Decke und die Altarwand wurde erneut die Restaurierung der Quattrocento-Fresken von Perugino, Botticelli, Ghirlandaio, Roselli und Signorelli an den Seitenwänden unternommen. Kürzlich abgeschlossen, erstrahlt die Sixtinische Kapelle nun wieder vollständig in altem Glanz.

Michelangelo Buonarroti, Jüngstes Gericht, Detail mit dem Selbstporträt des Künstlers, 1535, Sixtinische Kapelle, Vatikanische Museen, Vatikan, Rom

So darf man nun hoffen, dass die Fresken jetzt für einen erheblich längeren Zeitraum ihre leuchtenden Farben behalten, die einst schon Giorgio Vasari im übertragenen Sinne hervorgehoben hatte: »Wirklich war und ist dieses Werk die Leuchte unserer Kunst. Es hat der Malerei so viel Licht und Hilfe gebracht, dass es genügt hat, die Welt zu erleuchten, die so viele Jahrhunderte im Finstern gewesen war.«

Biblioteca Apostolica Vaticana

Sala delle Nozze Aldobrandini, Aldobrandinische Hochzeit, um 20 v. Chr.
Fresko, 205 x 92 cm

Das auf dem Esquilin gefundene Fresko aus augusteischer Zeit (um 20 v. Chr.), das nach seinem ersten Besitzer, Kardinal Pietro Aldobrandini, benannt ist, zeigt die Vorbereitungen zu einer Hochzeit. Auf dem Bett in der Mitte des Raumes sitzen die verschleierte Braut und Aphrodite (röm. Venus), links steht, an einen niedrigen Pfeiler gelehnt, vermutlich eine der Gefährtinnen der Liebesgöttin, während rechts auf einer Stufe der Bräutigam zu sehen ist. Am linken Bildrand bereitet eine verschleierte Frau das Brautbad vor, rechts stimmen zwei Musikantinnen das Hochzeitslied und facht eine dritte Frau an einem bronzenen Becken ein Feuer an. Unterschiede in der Größe, der Modellierung und Komposition der Figuren lassen darauf schließen, dass dem Fresko kein einheitlicher Entwurf zugrunde liegt. So wurde die Mittelgruppe vermutlich einem griechischen Vorbild aus dem späten 4. Jh. v. Chr. entnommen, das den »hieros gamos«, die heilige Hochzeit des Dionysos mit Ariadne, darstellte. Diese Szene hat der Maler durch die seitlichen Dreiergruppen ergänzt und zu einem römischen Hochzeitszeremoniell umgeformt.

Sala delle Nozze Aldobrandini, Odysseelandschaften, um 50/40 v. Chr.
Fresko, H. der Teilstücke 150 cm

Oben an der Wand ist ein Bilderfries aus der Zeit um 50/40 v. Chr. angebracht, der ebenfalls vom Esquilin stammt. Er stellt inmitten einer weiten, impressionistisch anmutenden Landschaft Szenen aus dem 10. und 11. Buch der »Odyssee« von Homer dar: Während seiner Irrfahrt gelangen Odysseus und seine Gefährten in das Land der menschenfressenden Laistrygonen, welche unter Führung ihres Königs Antiphates die Ankömmlinge sofort angreifen und töten. Mit großen Felsbrocken zerstören sie die Schiffe der Griechen, wie die obere Abbildung zu erkennen gibt. Nur Odysseus kann sich auf die hohe See retten und fährt zur Insel Aiaia. Hier wird er im Palast von Kirke, der berühmten Zauberin, empfangen. Vermutlich zeigte die Szene, die leider zerstört ist, die Verwandlung der Gefährten in Tiere. Die untere Abbildung zeigt den Aufbruch des Odysseus in die Unterwelt, wo er den berühmten Seher Teiresias befragen wird. Auf dem folgenden Bild sind Büßergestalten des Totenreiches – die Danaiden, Sisyphos, Tityos und Orion – zu sehen, während die letzten beiden fragmentarisch erhaltenen Szenen die waghalsige Fahrt an der Insel der Sirenen vorbei und das Skylla-Abenteuer wiedergeben. Auch dieser Fries ist keine genuin römische Schöpfung, er geht vielmehr auf ein späthellenistisches Original zurück, das vermutlich als fortlaufender Zyklus angelegt war. Der römische Maler hat jedoch lediglich Teile des Vorbildes übernommen und diese in eine gemalte Architektur eingefügt, sodass es den Anschein hat, als verlaufe der Fries hinter den Pfeilerpaaren auf einem hohem Wandsockel.

Braccio Nuovo

Doryphoros, römische Kopie nach griechischem Original, um 440 v. Chr.
gelber Marmor, H. 211 cm

Im Braccio Nuovo, der sich als zweiter Arm zwischen den Flügeln der Hofeinfassung des Belvedere spannt und Anfang des 19. Jh.s von Raffaele Stern errichtet wurde, sind Meisterwerke der antiken Skulptur ausgestellt. Zu den Höhepunkten klassisch griechischer Statuenkunst gehört der Doryphoros (Speerträger) des Polyklet aus der Zeit um 440 v. Chr., der in dieser römischen Marmorkopie überliefert ist. Oft als siegreicher Athlet interpretiert, ist die Statue eher als der jugendliche Heros Achill zu deuten. Sie gilt als Musterfigur für die Regeln, die der Bildhauer in seiner theoretischen Schrift »Kanon« für den harmonischen Ausgleich von Anspannung und Entspannung, von tragenden und lastenden Kräften, von Ruhe und Bewegung beim Aufbau einer Skulptur formuliert hatte. Dieser sog. Kontrapost wird durch die Unterscheidung von Stand- und Spielbein, ruhendem und agierendem Arm zum Ausdruck gebracht, die als entgegengesetzte Momente dargestellt werden. Indem die eine Seite geschlossen ist, die andere in den Raum eindringt, scheint Doryphoros im Schreiten innezuhalten. Bis in die Haarlocken ist das Prinzip von Bewegung und Gegenbewegung beibehalten, das Vorbild der folgenden Bildhauergeneration wurde.

Augustus von Primaporta, um 20 v. Chr.
gelber Marmor, H. 204 cm

Das berühmteste Augustusporträt ist die in der Villa der Livia bei Primaporta gefundene Panzerstatue, die den Kaiser idealisiert in altersloser Schönheit zeigt und in den klassischen Formen der griechischen Kunst des 5. Jh.s v. Chr. gebildet ist. Vermutlich wurde sie nach dem Tode des Herrschers (14 n. Chr.) für seine Gattin Livia gearbeitet und kopiert eine bronzene Ehrenstatue aus der Zeit kurz nach 20 v. Chr. Darauf verweist der einzigartige Reliefschmuck des Panzers, dessen Mittelszene die Rückgabe der 53 v. Chr. von Crassus an das orientalische Volk der Parther verlorenen Feldzeichen und des Legionsadlers zeigt, was als Voraussetzung für den Beginn des augusteischen goldenen Zeitalters gesehen wurde. Von trauernden Gestalten auf beiden Seiten begleitet, die unterworfene oder tributpflichtig gemachte Völker repräsentieren, ist dieser historische Vorgang in den gesamten Kosmos eingespannt. Oben erscheint der Himmelsgott Caelus mit aufgeblähtem Mantel, darunter der Sonnengott Helios auf der Quadriga, vor ihm die Mondgöttin Luna und Aurora, Göttin der Morgenröte, unten die Erdgöttin Tellus mit einem Füllhorn voller Früchte. An den unteren Seiten treten die Schutzgötter des Augustus, Apoll und Diana, in Erscheinung, während auf den Schulterklappen Sphingen sitzen, welche über die neu angebrochene Friedenszeit wachen.

Pinacoteca Vaticana

Giotto di Bondone (um 1266–1337), Stefaneschi-Triptychon, um 1313, Petrusseite
Tempera auf Holz, Mittelteil 178 x 88 cm, Seitenteile 168 x 82 cm, Predella: Mittelteil 44 x 85 cm, Seitenteile 44 x 82 cm

Kardinal Jacopo Stefaneschi beauftragte Giotto wahrscheinlich 1313 mit dem Triptychon für Alt-St. Peter, das die Forderung der römischen Kardinäle nach der Rückkehr der Päpste aus dem Exil in Avignon nach Rom unterstreichen sollte. Zentrale Figur der einen Seite ist denn auch Petrus auf dem Cosmatenthron, der in der Linken die Schlüssel seines Amtes hält. Auf der rechten Seite empfiehlt ein Heiliger den Eremiten Petrus von Morrone, dessen Prozess der Heiligsprechung im Jahre 1313 Stefaneschi dokumentiert hatte. Der Stifter selbst ist links vorne auf dem perspektivisch angelegten Marmorfußboden kniend dargestellt, wie er Petrus das Altarwerk überreicht. Er wird vom Namenspatron seiner Kardinalskirche, dem Hl. Georg, dem ersten Papst, empfohlen. Auf den Seitentafeln stehen links die Apostel Jacobus und Paulus, rechts Andreas und Johannes.

Stefaneschi-Triptychon, Christusseite

Die Seitentafeln der gegenüberliegenden Seite zeigen die Martyrien von Petrus (links) und Paulus (rechts), den Hauptheiligen der Bestimmungskirche, während in der Mitte der segnende Christus thront. Vor ihm kniet barhäuptig der Stifter des Altares. Ungewöhnlich ist das extreme Hochformat der Tafeln, das Giotto bei den vielfigurigen Szenen für spannende Kompositionen nutzte. Beim Petrus-Martyrium ist zwischen einer Pyramide und der sog. »meta Romuli«, dem Zeichen für Rom und den Vatikan, das umgekehrte Kreuz aufgerichtet, um das sich eine Fülle von Soldaten und Trauernden drängt. Beim Paulus-Martyrium hingegen trennt eine Felslandschaft irdisches und himmlisches Geschehen. Die Mitte des Vordergrunds wird von der Gestalt des Henkers und den Soldaten eingenommen, während sich auf der linken Seite die Trauernden um den Enthaupteten scharen. Durch seine feine Malerei, die kräftige Farbigkeit vor dem Goldgrund, die miniaturhafte Wiedergabe der Figuren der Christusseite sowie die perspektivische Komposition einzelner Szenen reiht sich das Triptychon in die Meisterwerke des 14. Jh.s ein.

Leonardo da Vinci (1452–1519),
Der Hl. Hieronymus in der Wildnis, um 1480
Öl auf Holz, 103 x 75 cm

Zu den unvollendeten, nur in Untermalung angelegten Werken Leonardos aus der Zeit um 1480 gehört diese Tafel, die entgegen der traditionellen Ikonographie den Heiligen nicht als gelehrten Kirchenvater mit Kardinalshut und Buch, sondern als bartlosen, ausgemergelten Büßer in der Wüste zeigt. Hierhin hatte sich Hieronymus zurückgezogen, um eine neue Übersetzung der Bibel zu erstellen und in Askese zu leben. Voller Demut ist er vor dem Kreuz Christi in die Knie gesunken, in der Rechten den Stein haltend, mit dem er sich auf die Brust schlägt. Einziger Hinweis auf seine Identität ist der Löwe, der – mehr Symbol denn lebendes Tier – vor ihm liegt. Das Gemälde besticht durch seine enorm tiefenräumlich dargestellte Landschaft, in deren dunkle Flächen im Vordergrund die hellen Figuren fast scherenschnittartig eingebettet sind.

Raffael (1483–1520), Transfiguration, 1520
Öl auf Holz, 405 x 278 cm

Raffaels letztes Gemälde, vor dessen Vollendung er 1520 starb, sollte nach dem Wunsch des Auftraggebers, Kardinal Giulio de' Medici, die Offenbarung der menschlichen und göttlichen Doppelnatur Christi veranschaulichen. Raffael bewältigte dieses schwierige christologische Thema, indem er zwei in der Bibel nicht zusammengehörende Erzählungen in einem Bild verband. Der Aufbau des Gemäldes war so konzipiert, dass für den Gläubigen, der in die Kirche trat, die Verklärung des auferstandenen Christus im oberen Teil schon von weitem sichtbar war. Hingegen konnte nur der Priester, der die Messe las, das untere Bildfeld sehen. Es spielt auf Jesus als Erlöser aller Leiden an, indem es die Geschichte der Heilung eines mondsüchtigen Jungen hinzufügt. Über Christus als den Heilenden war zugleich ein Bezug zum Stifter gegeben (ital. Medici, »Ärzte«).

Museo Gregoriano Profano

Marsyas, römische Kopie nach griechischem Original aus der Mitte des 5. Jh.s v. Chr.
pentelischer Marmor, H.156 cm

In einer Bildhauerwerkstatt auf dem Esquilin kam 1823 zusammen mit anderen Statuen die eines nackten bärtigen Mannes mit spitzen Ohren und Pferdeschwanz zutage, der in eigentümlich tänzelnder Bewegung dargestellt ist. Diese Marmorstatue ist eine von vielen Wiederholungen des Marsyas, der zu der berühmten Bronzegruppe des attischen Bildhauers Myron (5. Jh. v. Chr.) auf der Athener Akropolis gehörte. Aus den Beschreibungen der antiken Autoren Plinius und Pausanias lässt sich das Original rekonstruieren: Sie stellte die mit einem gegürteten Peplos bekleidete Göttin Athena dar, welche die von ihr erfundene Doppelflöte weggeworfen hat, weil sie beim Spielen ihr Gesicht entstellte. Mit entschiedener Handbewegung weist die Göttin den Marsyas hinweg, der das Blasinstrument aufheben will, dem so wunderbare Töne zu entlocken sind. Später aber sollte er das Spiel der Flöte erlernen und Apoll zu einem Wettstreit herausfordern, der ihn dafür schinden ließ. Neben dem Marsyas ist eine Kopie des behelmten Kopfes der Athena ausgestellt sowie ein weiterer Marsyastorso aus Castel Gandolfo.

Rekonstruktion der Athena-Marsyas-Gruppe

Niobide Chiaramonti, hellenistische Kopie nach Original aus dem 4. Jh. v. Chr.
gelber Marmor, H.176 cm

Die Statue eines Mädchens, das mit weit zurückflatterndem Mantel nach links eilt, wurde vermutlich in der Villa Hadriana gefunden. Ihre Deutung als Niobide ist gesichert, da sie eine Skulptur der berühmten Niobidengruppe in Florenz aus dem 4. Jh. v. Chr. wiederholt. Diese stellte den Mythos der Niobe, Tochter des Tantalos, dar. Nachdem sie sieben Söhne und sieben Töchter geboren hatte, verhöhnte Niobe die Göttin Leto, weil diese nur zwei Kinder, Apollo und Artemis, zur Welt gebracht habe. Um ihre Mutter zu rächen, töteten die Geschwister die Kinder der Gotteslästerin mit Pfeilen. Niobe erstarrte aus Schmerz und wurde als Fels in ihre lydische Heimat entrückt. Die vatikanische Statue, die einst im Museo Chiaramonti aufgestellt war, zeigt eine der Töchter und wurde wahrscheinlich als Einzelwerk im 2. Jh. v. Chr. kopiert.

Das kleine Paradies – die Vatikanischen Gärten

von Jürgen Sorges

12. März 1514: Zur Einsegnung und Inthronisierung des Medici-Papstes Leo X. hat der portugiesische König Emanuele ein besonders schwergewichtiges, zudem höchst lebendiges Geschenk übersandt. Der vatikanische Hof erlebt die Ankunft einer »archibestia«, einer Ur- und Erzbestie, wie sie Rom seit der Cäsarenzeit nicht mehr gesehen hatte: Annone, nach dem karthagischen Feldherrn Hanno benannt, ein leibhaftiger Elefant, lebte von diesem Tag an in den Stallungen am Rande der Vatikanischen Gärten. Diese schlossen sich dem damals im Aufbau befindlichen neuen Petersdom und den Neubauten des vatikanischen Papstpalastes an. Die mächtige, im 9. Jh. errichtete Leoninische Mauer schützte das Gelände vor allzu neugierigen Blicken. Dabei konnten Späher anno Domini 1514 noch nicht sehr viel entdecken: Das Areal der Vatikanischen Gärten diente damals tatsächlich zum überwiegenden Teil der Versorgung der päpstlichen Küche. Gemüse- und Gewürzbeete sowie Obstbäume säumten die schmalen Pfade.

Längst haben sich die Gärten zu einer weitläufigen Parkanlage mit zahllosen architektonischen Schmuckstücken gewandelt, die zum Flanieren und Verweilen animieren. Fünf Jahrhunderte zuvor war das mauer- und turmbewehrte Gelände noch unbebaut: Nur die bis heute Eindruck heischenden Platanen und Pinien des »bosco«, des Waldes, dominierten schon damals, als noch die Bezeichnung »selva«, Urwald, üblich war. Dieses wuchernde Terrain, in dessen Untergrund die Reste der Circus-Arenen des Nero und des Caligula schlummerten, römische Villenfundamente des 2. Jh.s n. Chr. ruhten und sich ein Teil des Ager Vaticanus mit unzähligen Gräbern frühchristlicher wie heidnischer Verstorbener befand, bot im beginnenden 16. Jh. ideale Bedingungen nicht nur für Annone und seinen Pfleger: Nach und nach sollte hier ein kompletter Zoo inmitten domestizierter Natur entstehen: Schon 1516 erhielt der Papst ein weiteres Präsent, ein leibhaftiges indisches Panzernashorn: Dieses Tier war in Europa unbekannt, sodass Albrecht Dürer seiner Phantasie folgen musste, um es in seinem seither berühmten Kupferstich von 1515 mit zwei Hörnern zu imaginieren. Rasch mutierte der mediterrane Dschungel hinter dem Petersdom zum Wald der Wunder. Regelmäßig wurde diese neu entdeckte Welt den Höflingen, Kardinälen und Diplomaten Amerikas, Afrikas und Asiens theatralisch vorgeführt. Künstliche Tribünen wurden im Cortile del Belvedere, dem größten Innenhof des Vatikanischen Palastes, errichtet, um den Applaus für die Zähmung dieser gänzlich fremden Fauna zu ermöglichen.

Annone war damals eine spektakuläre Sensation, die sich der amüsierlustige Hofstaat einigen Unterhalt kosten ließ. Der Satiriker Pietro Aretino errechnete, dass die als äußerst intelligent gerühmte elefantöse Fressmaschine jährlich 100 Dukaten an Verpflegung verschlang. Sein

Anonymer Maler, Turnier am 5.3.1565 im Belvedere-Hof des Vatikans, Museo di Roma, Rom

Wärter Giambattista Branconi, ein Vertrauter Raffaels, führte den prestigeträchtigen Titel »Elefantenpädagoge«. Annones Antlitz ist bis heute in den Vatikanischen Museen, im Durchgang zwischen der Stanza d'Eliodoro und Raffaels Stanza della Segnatura zu bewundern (Entwurf von Raffael; Gemäldeausführung durch Giovanni da Udine).

Der Schleier um den Mythos Vatikan wurde für die Gartenanlage Ende des 20. Jh.s gelüftet: Täglich betreten heute Besucher unter Aufsicht den Kleinstaat linker Hand des Petersplatzes an der Piazza Protomartiri Romani durch den Arco delle Campane. Gleich linker Hand liegt mit dem Camposanto Teutonico, dem deutschen Friedhof, eine Einrichtung, deren Entstehen auf das Jahr 799 und die Kaiserkrönung des Frankenherrschers Karls des Großen (Weihnachten 800 n. Chr.) zurückreicht. Unter den zahlreichen hier beerdigten Prominenten befindet sich auch der Almagest-Übersetzer und Humanist Regiomontanus. Die zum Komplex gehörende Kirche S. Maria della Pietà wurde 1975 renoviert und neu geweiht. Es folgt am Largo della Sagrestia die 1971 eröffnete muschelförmige Aula delle Udienze, die päpstliche Audienzhalle mit 12000 Steh- bzw. 6300 Sitzplätzen. Nach der Ticketkontrolle am Ufficio Tecnico della Fabbrica di San Pietro, der Dombauhütte des Vatikans, lockt die Magnolienpracht an der Piazza Marta. Ringsum liegen der Justizpalast, die Scuola del Mosaico (Mosaikwerkstatt mit Ausstellungsraum), das Äthiopische Seminar sowie die Eisenbahnstation des Vatikans. Mit dem mäch-

Einen perspektivischen Blick zum Belvedere und in die Vatikanischen Gärten gewährt dieser von Husquier fils um 1760 in Paris als Guckkastenblatt konzipierte, altkolorierte Kupferstich

tigen Palazzo del Governatorato wird an der Piazza del Forno der Sitz der päpstlichen Zivilverwaltung erreicht. Ein riesiges Blumenmuster zeichnet vor dem Hauptportal die »stemma«, das Regentschaftsinsignium des aktuellen Papstes. Das riesige »W« steht für Karol Wojtyla, Johannes Paul II.

An der Fontana della Conchiglia ist der Zugang zu den am Vatikanhügel angelegten Gärten erreicht. Zahllose Brunnenanlagen und Wasserspiele dokumentieren in der Folge den Zeitgeist der Jahrhunderte: ein Triumph der Optik in jeder Epoche. Über die Via dell' Osservatorio gelangt man zum Nachbau der Grotte von Lourdes, ein Geschenk an Papst Leo XIII. (1902), das am 28. März 1905 unter Pius X. eingeweiht wurde. Der zugehörende neogotische, 60 Meter hohe Betonturm wurde allerdings schon 1933 abgerissen, da er sich architektonisch nicht in die Parklandschaft einfügte. Das Centro Trasmittente Marconi an der Viale Pio XI führt in die Anfänge von Radio Vatikan (Radio Vaticana) zurück. Die erste Sendeanlage wurde hier im Februar 1931 in Anwesenheit Pius' XI. und des Wissenschaftlers Guglielmo Marconi eingeweiht. Der nachfolgende Sitz, der Palazzo della

Radio Vaticana, liegt gegenüber der Grotte von Lourdes. 1939 wurden in der ehemaligen Sommerresidenz Papst Leos XIII. die ersten Studios eingerichtet. Heute künden zwei metergroße Satellitenschüsseln vom technischen Fortschritt, während die Studios in den Palazzo Pio an der Via della Conciliazione ausgelagert wurden. Im Gebäude lohnt ein Blick auf das Deckengemälde von Ludwig Seitz (1844–1908) mit dem Sternenhimmel über Rom im Sternzeichen des Löwen – eine Hommage an »seinen« Papst, Leo XIII. Gleich nebenan war von 1906 bis 1932 die Specola Vaticana, das traditionell von Jesuitenpatern, den »Söhnen des Himmels«, betriebene astronomische Observatorium des Vatikans eingerichtet. Vorher im legendären »Turm der Winde« untergebracht, befindet sich die Specola heute in der päpstlichen Sommerresidenz Castel Gandolfo. Der päpstliche Helikopterlandeplatz schließt sich an.

Uneingeschränkter Höhepunkt des Rundgangs ist die Besichtigung der Casina di Pio IV an der Viale del Giardino Quadrato. Die beiden ältesten Gebäude in den Parkanlagen, das große und das kleine Casino des Ensembles, schufen Pirro Ligorio (1510–1583) und Giovanni Sallustio Peruzzi, ein Sohn des berühmten Architekten Baldassare Peruzzis, unter der Ägide Papst Pauls IV. (Pontifikat 1558–1561). Phantastische Mosaiken, eine Loggia im dorischen Stil, opulente figurative wie ornamentale Stuckapplikationen sowie die Fresken Federico Baroccis im Inneren machen dieses Ensemble zur kunstvollen Zeitkapsel der Mitte des 16. Jh.s. Seit Pius XI. (1937) hat hier die Pontifica Accademia delle Scienze, die Päpstliche Akademie der Wissenschaften, ihren Sitz. Deren Mitglieder bilden heute eine besonders prominente »Elefantenrunde«, werden sie doch direkt vom Papst, unabhängig von Nationalität, Geschlecht und Religion, ernannt und führen den Titel »Exzellenz«.

Kleinod der Vatikanischen Gärten ist die Casina di Pio IV an der Viale del Giardino Quadrato

Ostia antica & Tivoli

Ostia antica

Kein anderer Ort in der Umgebung Roms lässt den Besucher das Wesen und die Geschichte einer antiken Stadt so anschaulich und umfassend begreifen wie die Ruinen des antiken Ostia, dem militärischen Vorposten und Versorgungshafen Roms. Im Laufe der Jahrhunderte hat sich die Küstenlinie um Kilometer nach Westen verlagert, aber in der Antike lag Ostia unmittelbar an der Mündung (»ostium«) des Tiber. Nach der Legende hatte der König Ancus Martius an der Stelle, wo Aeneas an Land gegangen sein soll, im 7. Jh. v. Chr. die Stadt gegründet. Doch die archäologische Forschung datiert den ältesten Bau, das »castrum« (Kastell), erst in das späte 4. Jh. v. Chr. Es bildet den Kern der Siedlung, die, parallel zum Ausbau des römischen Seehandels und zum Aufstieg der Hauptstadt zur Seemacht, schnell zu einer Stadt heranwuchs. Hier kamen Nahrungsmittel, insbesondere Getreide, aus allen Teilen des Reiches an, wurden in »horrea« (Speicher) gelagert und dann über den Fluss oder die Via Ostiensis schließlich nach Rom gebracht. Nach den Zerstörungen während der Bürgerkriege im 1. Jh. v. Chr. ließ Sulla die Stadt mit einer großen Stadtmauer umgeben, und 42 n. Chr. begann Claudius mit dem Bau eines neuen Hafens (Portus

Vorhergehende Doppelseite: Canopus-Tal, Villa Hadriana, Tivoli

Grabmalerei aus Ostia mit der Darstellung eines Handelsschiffes

Augusti), der bereits am Ende des 1. Jh.s nicht mehr ausreichte. Die Anlage eines zweiten größeren Hafens (Portus Traiani) etwa 2 km nördlich des eigentlichen Stadtgebietes durch Trajan sollte der Stadt zu einem sprunghaften Aufstieg verhelfen und sie zu einer bevölkerungsreichen Großstadt machen. In ihrer Blütezeit zählte sie um die 50 000 Einwohner, und zahlreiche Schiffseigner, Seeleute, Händler, Agenten und der »procurator annonae«, für die Verteilung des Getreides verantwortlich, lebten hier. Zeugnis für die Bedeutung Ostias in der Kaiserzeit ist die Vielzahl von Plätzen, Straßen, Tempeln, Thermen, anderen öffentlichen Bauten und Wohnhäusern. Sie waren mit qualitätvollen Mosaiken, Wandmalereien, Reliefs und Skulpturen geschmückt, die heute teilweise noch zu besichtigen sind. Erst im späten 3. Jh. verlor Ostia allmählich seine Bedeutung. Es musste seine Handels- und Verwaltungsfunktionen an Portus abtreten, das unter Konstantin zur Stadt erhoben wurde. Einen weiteren Einschnitt stellten die Plünderungen während der Zeit der Völkerwanderung dar, und eine Malaria-Epidemie ließ schließlich im 8. Jh. fast alle Bewohner die Stadt verlassen. Bis zum frühen 19. Jh. war Ostia kaum mehr als eine Geisterstadt, als unter Pius VII. die ersten systematischen Ausgrabungen begannen, die bis 1942 etwa 40 % des antiken Stadtgebietes freigelegt haben. Seit den 60er-Jahren ist die Grabungstätigkeit wieder aufgenommen worden, deren Interesse den noch unausgegrabenen Bereichen der Stadt gilt. Eine der großen Sensationen der letzten Jahre war die Entdeckung einer frühchristlichen Basilika nahe der Stadtmauer, bei der es sich um die von Konstantin gestiftete Bischofskirche handelt.

Ostia antica

Die antike Stadt folgt dem Schema anderer römischer Städte und ist um das Straßenkreuz aus »Decumanus Maximus«, der Ost-West-Achse, und »Cardo Maximus«, der später bedeutungslos gewordenen Nord-Süd-Achse, angelegt. Am Schnittpunkt dieser beiden Achsen liegt das politische und religiöse Zentrum jeder Stadt, das Forum mit dem Tempel der kapitolinischen Trias und der Curia. Im Süden, Osten und Westen davon erstrecken sich Wohnviertel mit Tempeln, Thermen und anderen Zweckbauten, die schachbrettartig in »insulae«, von einem Straßengeviert eingefasste Häuserblöcke, geteilt sind. Der Bereich nördlich vom Forum zum Hafen hin wird hauptsächlich von den großen Lager- und Geschäftshäusern eingenommen. Hier befindet sich gleichfalls das merkantile Zentrum der Stadt, die Piazzale delle Corporazioni (Platz der Handelsniederlassungen) mit dem Theater.

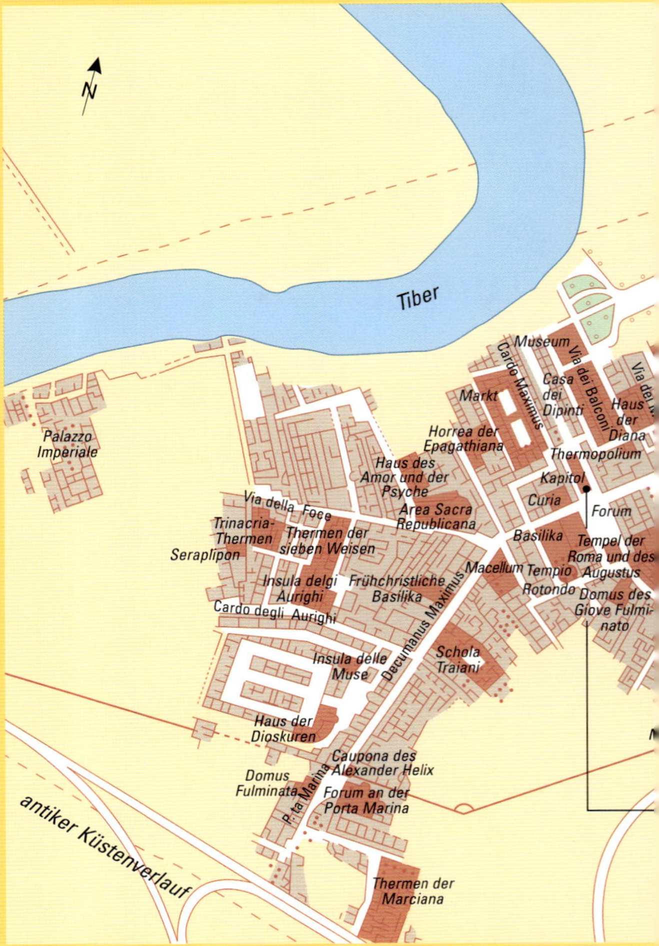

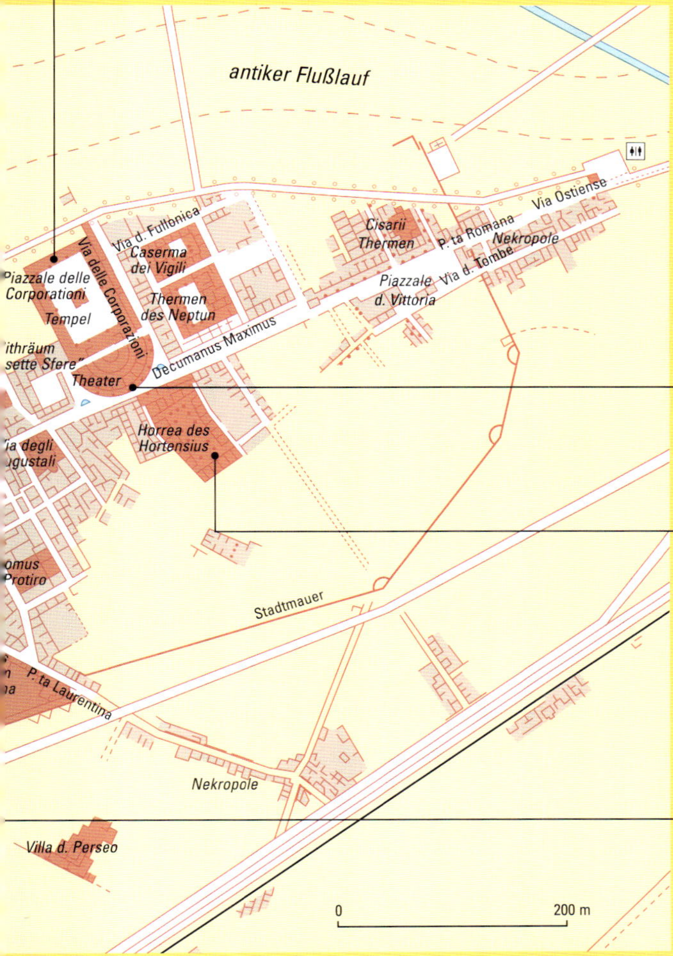

Fiazzale delle Corporazioni

Theater

Horrea des Hortensius

Kapitol

Tivoli

Villa Hadriana

Ungefähr 30 km nordöstlich von Rom liegt das kleine Städtchen Tivoli, dessen Besuch v. a. wegen der Hadriansvilla und der Villa d'Este lohnenswert ist. Schon seit dem 2. Jh. v. Chr. war das antike Tibur eine beliebte Sommerresidenz. Der römische Adel schwärmte von der schönen Lage in den Tiburtinischen Bergen und zwischen den Kaskaden des Flusses Aniene. Wie viele wohlhabende Römer vor ihm ließ auch Kaiser Hadrian (reg. 117–138) hier einen luxuriösen Landsitz erbauen, der mit 120 ha Grundfläche die größte aller kaiserzeitlichen Villenanlagen darstellt. Etwas außerhalb der Stadt Tivoli, südlich davon gelegen, zeichnet sich dieser gewaltige Komplex durch eine Vielfalt und ein Nebeneinander von verschiedenartigsten Bauteilen inmitten einer weiten Landschaft aus. Während der mehr als zehn Jahre dauernden Bauzeit hat der Kaiser immer wieder eigene Ideen und Pläne miteingebracht, was deutlich macht, dass von Anfang an kein einheitliches Gesamtkonzept bestanden hat. Eine prunkvolle Ausstattung mit Marmor- und Stuckverkleidungen, Wandmalereien, polychromen Fußböden in »opus sectile« und unzähligen Skulpturen ergänzten das eindrucksvolle Bild dieser riesigen Villenanlage, die in der Spätantike verfiel. Später wurde sie als Steinbruch genutzt, bis im späten 18. Jh. das Interesse der Sammler und Archäologen erwachte. Mit der Übernahme durch den italienischen Staat im Jahre 1870 begann die systematische Erforschung der Gebäude, die bis heute nicht abgeschlossen ist.

Teatro Marittimo

Zu den außergewöhnlichen Bauten der Villa Hadriana gehört der fälschlicherweise als »Teatro Marittimo« (Seetheater) bezeichnete Rundbau am sog. Hof der Bibliotheken. Er stellte eine kleine, in sich geschlossene Villa dar, die alle Annehmlichkeiten römischer Wohnkultur besaß und dem Kaiser die Möglichkeit zum Rückzug bot. Von außen durch eine hohe Mauer abgeschlossen, lag im Zentrum eine künstliche Insel mit vielen kleinen Wohnräumen, die von einer Wasserfläche umgeben war, welche wiederum ein kreisförmiger Portikus von dem Weg entlang der äußeren Ringmauer trennte.

Canopus-Tal

Südlich der Thermen blickt man auf das künstlich geschaffene Tal mit dem 119 m langen Wasserbecken, das eine Nachschöpfung des Canopus-Tals darstellt. Sein Nordende wird durch einen halbkreisförmigen Säulenkranz mit abwechselnd waagerechtem und gebogenem Gebälk begrenzt, in dessen »Interkolumnien« (Säulenabstände) Kopien der berühmtesten Statuen der griechischen Kunst standen. Den südlichen Abschluss bildet ein großes Nymphäum – eine Exedra mit Wasserspielen, um die tonnengewölbte Nebenräume angeordnet sind –, das als Tempel des Serapis interpretiert wird.

Villa Hadriana

Ein Modell im Eingangsbereich vermag einen guten Überblick über den Originalzustand der gesamten Anlage zu verschaffen: Neben den Repräsentationsbauten wie dem kaiserlichen Palast, Wirtschaftsgebäuden, Einrichtungen für den Hof und Gäste, unterirdischen Gängen für das Personal, Thermenanlagen, Nymphäen, Tempeln, einer Kaserne sowie zahlreichen Gärten und Fischteichen umfasste die Anlage ein griechisches Theater, Bibliotheken und eine kleine Privatvilla, in denen der Philosophen-Kaiser seine Mußestunden verbrachte. Hinzu kommen die Stätten und Bauten, die Hadrian auf seinen langen Reisen durch das Reich kennengelernt und bewundert hatte und hier sozusagen als Abbild seines Reiches »en miniature« nachbauen ließ. Beispielsweise wurden die Stoa poikile in Athen und das berühmte Canopus-Tal beim ägyptischen Alexandria nachgeahmt.

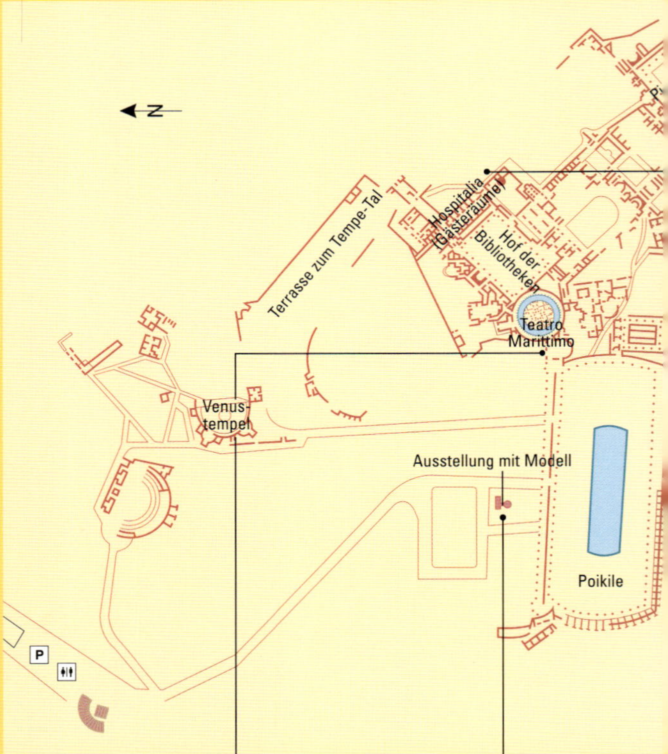

Teatro Marittimo, S. 550 f.

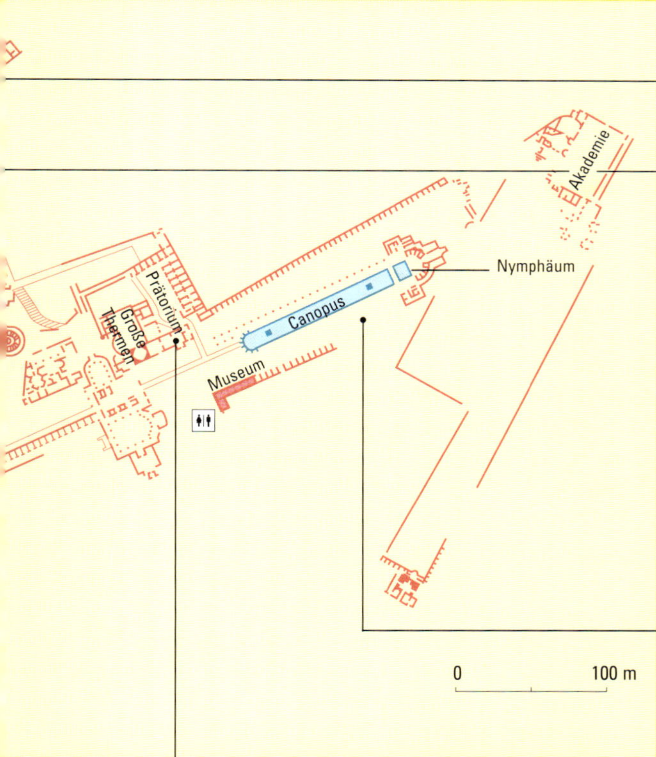

Piazza d' Oro

Hospitalia (Gästehaus)

Canopus-Tal, S. 551

Modell der Villa Hadriana

Sog. Prätorium

Villa d' Este

Als Kardinal Ippolito d' Este, ein leidenschaftlicher Kunstsammler, 1550 die Gebäude des ehemaligen Benediktinerkonvents in Tivoli bezog, betraute er Pirro Ligorio mit deren Umgestaltung zu einer repräsentativen Residenz. Doch weit mehr als dem dreistöckigen Palazzo und seinen manieristischen Fresken verdankt die Villa d' Este ihren Ruhm der großartigen Gartenanlage, die zu den Höhepunkten europäischer Gartenbaukunst gerechnet wird. Sie erstreckt sich von einer unteren Ebene über fünf Terrassen bis zur Villa auf der Höhe des Berges und ist durch ein streng geometrisches System aus Wegen, Rampen und Treppen gegliedert, welches immer wieder von Brunnen, Grotten und Laubgängen unterbrochen wird.

Gleich welchen Weg der Besucher auch nimmt, überall hört man das Rauschen und Plätschern der unzähligen Brunnen und Wasserspiele. Von der Loggia steigt man, vorbei an Berninis Fontana del Bicchierone, zur halbkreisförmig angelegten Rometta (kleines Rom), einer symbolischen Darstellung der Stadt Rom mit ihren sieben Hügeln und den berühmtesten Bauten, in deren Zentrum die Dea Roma und die Wölfin mit Romulus und Remus sowie unterhalb davon ein Modell der Tiberinsel aufgestellt sind. Hier beginnt der Viale delle Cento Fontane (Weg der Hundert Brunnen), eine der sechs Querachsen, auf deren dreistufiger Anlage 100 moosbewachsene Springbrunnen in Form von Grotesken, Obelisken, Schiffen und dem Wappenadler der Este stehen. Auf der Höhe der drei Fischteiche befindet sich die Fontana dell' Organo Idraulico (Brunnen der hydraulischen Orgel) mit den Statuen des Apoll und Orpheus, deren Wasserdruck einst eine hydraulische Orgel antrieb. Leider ist heute auch der Gesang der bronzenen Vögel und Eulen der Fontana della Civetta e degli Uccelli (Eulen- und Vogelbrunnen) verstummt, der hier durch die Wasserkraft nachgeahmt wurde.

Étienne Dupérac, Gesamtansicht der Villa d'Este, 1573, Stich

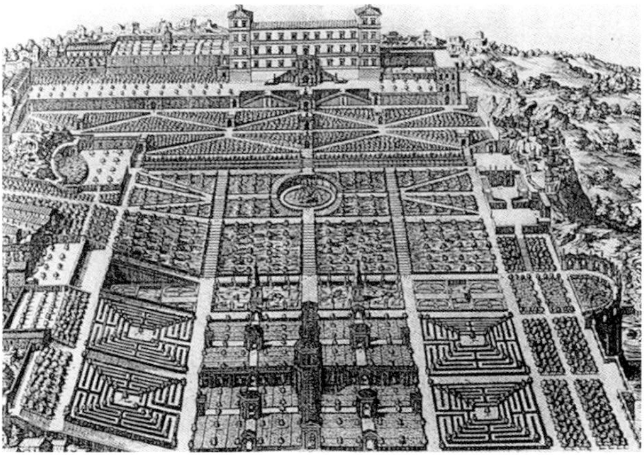

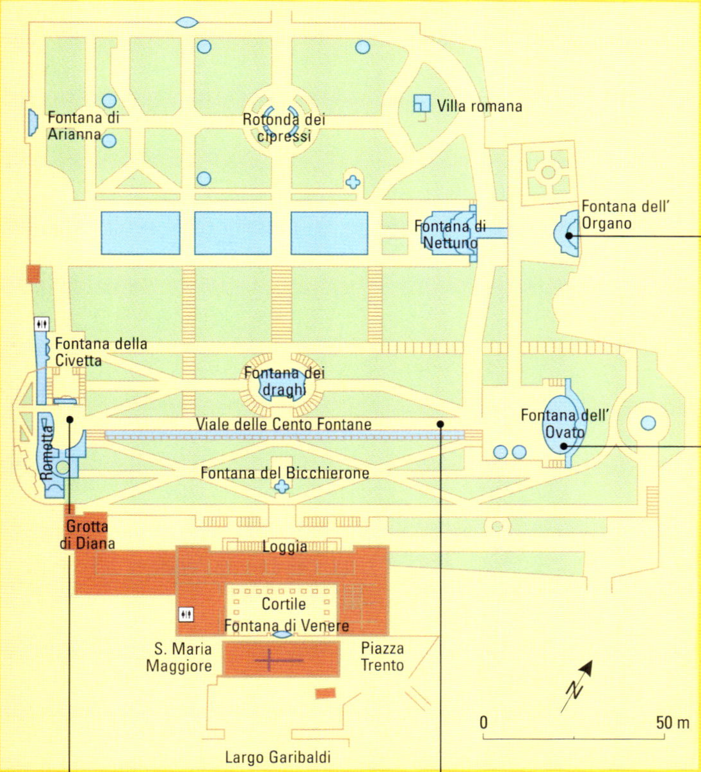

Fontana dell' Organo Idraulico

Fontana dell' Ovato

Rometta

Viale delle Cento Fontane

Anhang

Römische Bauformen von der Antike bis zum Barock

Rund-/Zentralbau

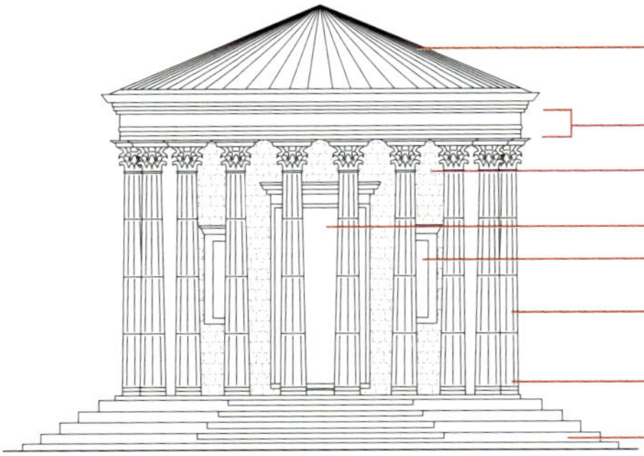

Tempel des Hercules Victor, 146–142 v. Chr., Ansicht

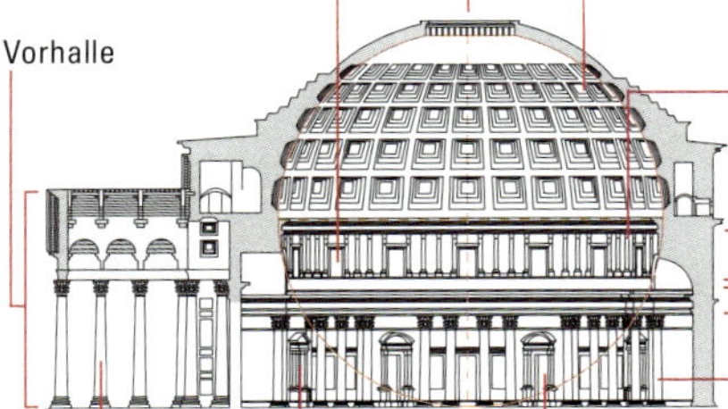

Pantheon, 118–125 n. Chr., Querschnitt (Quelle s. S. 619)

Rundtempel

Der Hercules-Victor-Tempel auf dem Forum Boarium vertritt mit seinem kreisförmigen Grundriss den einfachsten Typus des Zentralbaus. Er greift die Bauform des im 4. Jh. v. Chr. in Griechenland ausgebildeten Rundtempels auf: Über einem niedrigen Stufenunterbau umgibt eine Ringhalle aus 20 korinthischen Säulen den kreisrunden, eingeschossigen Kultraum (Cella) des Tempels. Den Abschluss bildet ein kegelförmiges Dach

Pantheon

Mit dem Pantheon erreicht die Entwicklung des antiken Zentralbaus ihren Höhepunkt. Das künstlerische Gewicht ist ganz in den Innenraum verlagert. Zwei geometrische Körper, der Zylinder des Erdgeschosses und die Halbkugel der Kuppel, sind harmonisch zu einem einheitlichen Körper verbunden. Ergänzt man die Kuppel zu einer Kugel, so lässt sich diese genau in den zylindrischen Unterbau einschreiben.

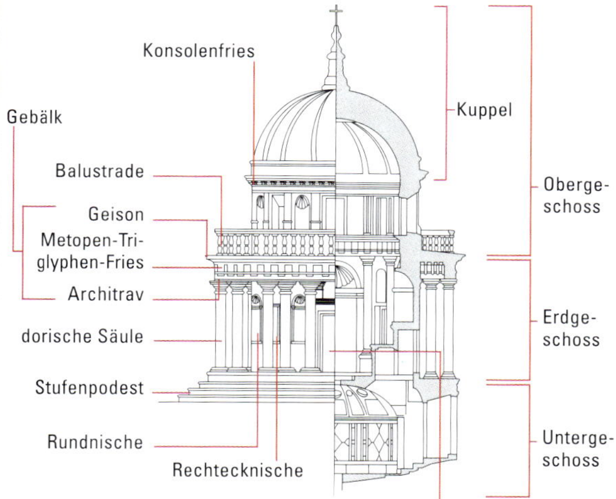

Tempietto, S. Pietro in Montorio, 1502, Außenansicht und Querschnitt

Tempietto

Klassisches Beispiel für einen Zentralbau der römischen Hochrenaissance, mit einem ausgewogenen Verhältnis von Horizontalen und Vertikalen, ist der nach dem Schema des antiken Rundtempels gestaltete Tempietto des Bramante. Während den zylindrischen Kernbau des Erdgeschosses ein nach antikem Vorbild ausgebildeter dorischer Säulenkranz umgibt, besitzt das leicht zurückgesetzte Obergeschoss über dem Gebälk eine Balustrade sowie ein weiteres Geschoss mit der halbkreisförmigen Kuppel.

Barocker Zentralbau

Im Unterschied zu den Zentralbauten der Renaissance ist die Barockkirche S. Andrea al Quirinale auf einem querovalen Grundriss angelegt. Die äußere Gliederung durch Säulen ist jetzt fast vollständig in den Innenraum verlegt, dessen Kranz ovaler und rechteckiger Kapellen von korinthischen Säulen begleitet wird. Auf der Kuppel erhebt sich mit der Laterne eine weitere dekorative architektonische Form.

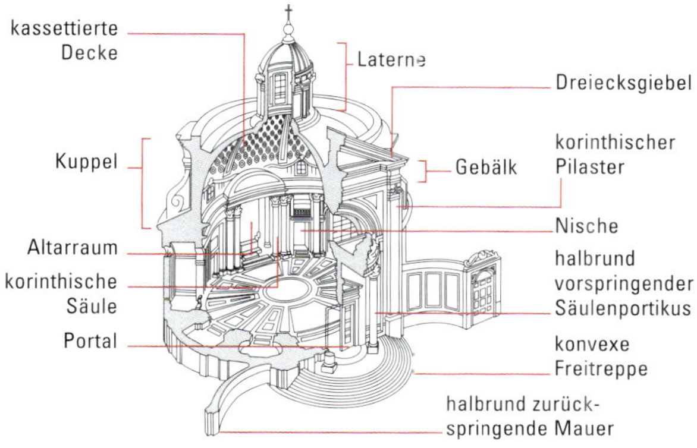

S. Andrea al Quirinale, 1658–1671, Schnitt

Fassaden

Römischer Podiumstempel

Der auf rechteckigem Grundriss errichtete römische Tempel ist durch seine Ausrichtung auf einen Altar vor der Freitreppe charakterisiert. Über dem hohen Podium erhebt sich eine Säulenhalle mit dem Kultraum. Durch die Treppe wird diese Ansichtsseite des Tempels betont, und die Säulen an den Seiten und der Rückfront werden oftmals zu Halbsäulen.

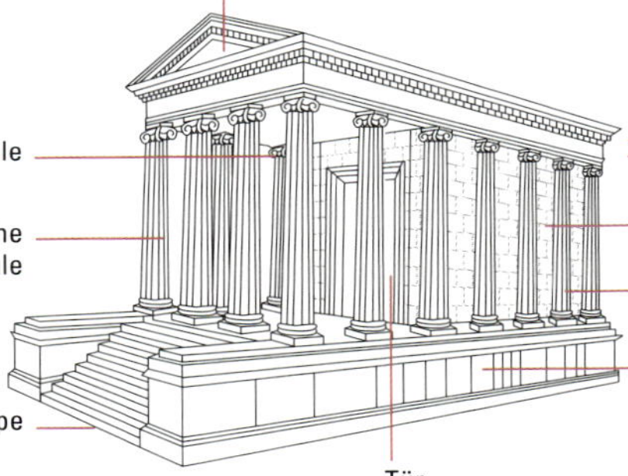

Tempel des Portunus, 1. Jh. v. Chr., Ansicht

Römischer Ehrenbogen (sog. Triumphbogen)

Ehrenbögen sind freistehende Torbauten mit ein oder drei Durchgängen, die zu Ehren eines Kaisers oder Feldherrn errichtet wurden. Charakteristische Merkmale sind die an den zwei Schauseiten vorgelegten Säulen oder Halbsäulen auf hohen Sockeln zu Seiten der Durchgänge, der reiche Reliefschmuck auf allen freien Wandflächen und die hohe Attika mit der Weihinschrift, die von einer Statue des oder der Geehrten (oft in der Quadriga) bekrönt wurde.

Konstantinsbogen, 312–315 n. Chr., Nordseite (Quelle s. S. 619)

Frühbarocke Fassade

An der Fassade des Gründungsbaus der Jesuiten, die von korinthischen Pilastern, Gesimsen und Nischen gegliedert wird, spiegelt sich die Aufteilung des Innenraums wider: Während die drei Türen die Breite des einschiffigen Langhauses markieren, liegen hinter den geschlossenen Seitenteilen der Fassade die Kapellen. Auffallend ist die deutliche Trennung der zwei Fassadengeschosse durch ein breites Gebälk, das die innen liegende Geschossaufteilung wiedergibt. Voluten über den Seitenteilen leiten optisch zum schmaleren Obergeschoss über, das durch einen Dreiecksgiebel abgeschlossen wird. Durch den doppelten Giebel über dem Hauptportal und das Mittelfenster des Obergeschosses wird die Symmetrieachse der Fassade stark betont. Die Fassade von Il Gesù war Vorbild für viele Kirchen des 16. und 17. Jh.s.

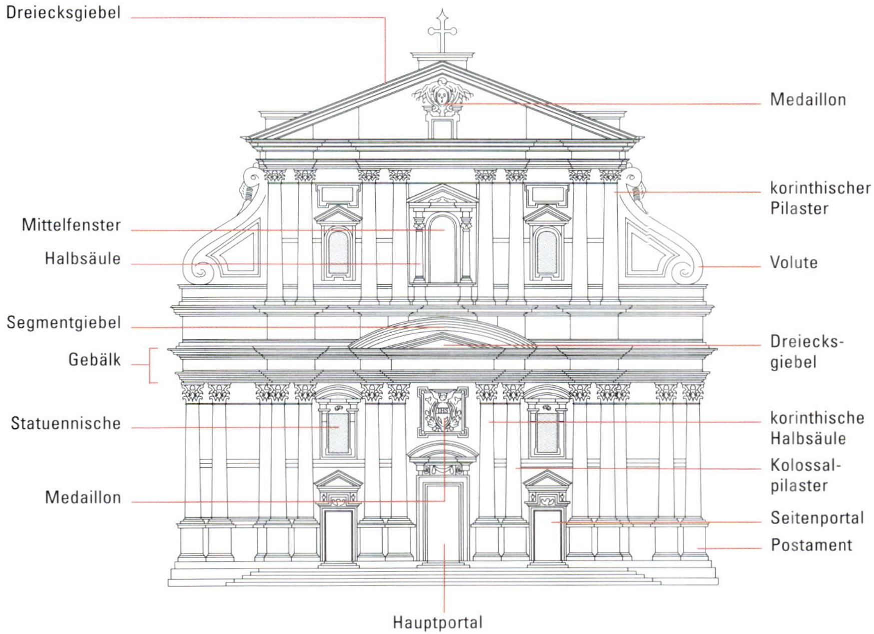

Il Gesù, 1568–1584, Fassade

Basilika

Römische Basilika

Die Maxentius-Basilika weicht vom traditionellen basilikalen Schema ab, bei welchem der Raum durch Stützenreihen in mehrere Schiffe unterteilt wird, von denen das mittlere höher als die Seitenschiffe angelegt und im oberen Teil von großen Fenstern durchbrochen war. An die Stelle der einzelnen Schiffe trat ein Mittelschiff, an das sich auf beiden Seiten zwei parallel dazu angeordnete Flügel aus je drei tonnengewölbten Räumen anschließen. Der mittlere Raum des Nordflügels und die Westseite werden jeweils durch eine Apsis erweitert. Die Kreuzgratgewölbe des Mittelschiffs, auf kolossalen Säulen aufliegend und von den Tonnengewölben der Seitenräume abgestützt, sind in ihrer Konstruktion aus dem Thermenbau übernommen. Die durch die Apsis im Westen angelegte axiale Ausrichtung der Maxentius-Basilika wird durch den Portikus der Südseite unterbrochen.

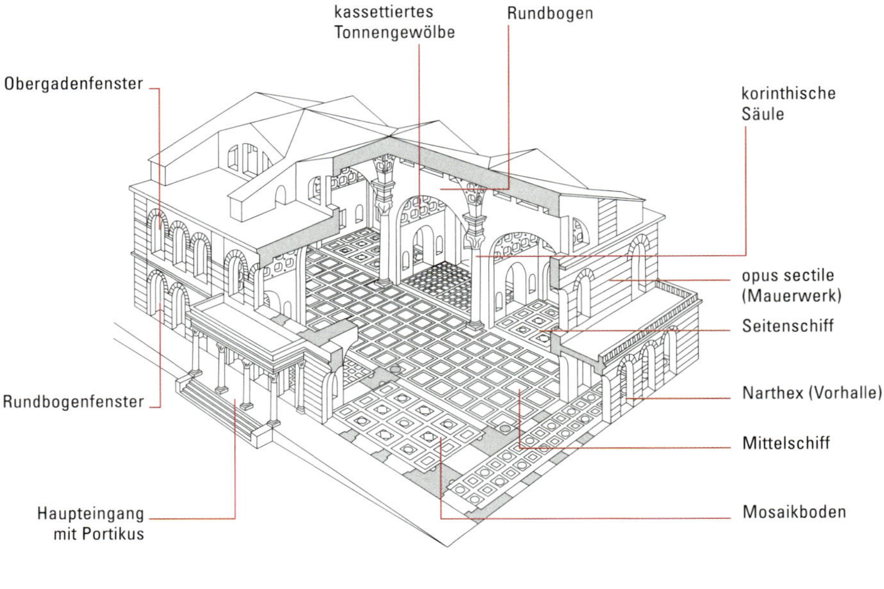

Maxentius-Basilika, 306–330, Schnitt

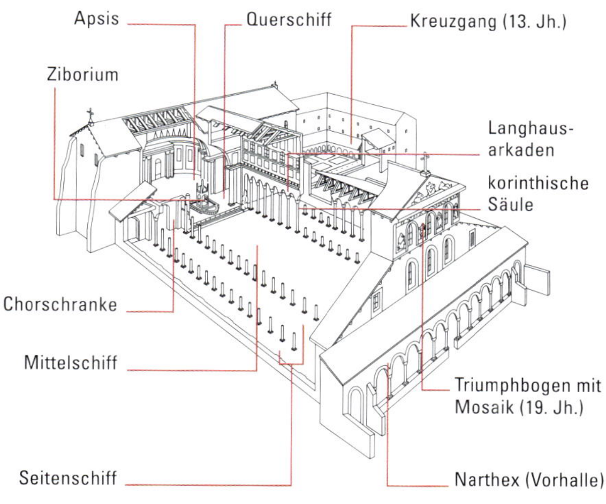

S. Paolo fuori le mura, Ende 4. Jh., Schnitt

Frühchristliche Basilika

Für die ersten Gotteshäuser der Christen wurde der Typus der mehrschiffigen römischen Basilika mit erhöhter Apsis übernommen. Die axiale Raumfolge setzt sich aus dem im Westen der Basilika vorgelagerten querrechteckigen Narthex, einem Vorraum für Büßer und Katechumenen (Täuflinge), oder einem Atrium mit Peristyl (Säulenumgang) und Kantharus (Reinigungsbrunnen), dem Mittelschiff und der Apsis im Osten, zusammen. Im 4. Jh. wurde zwischen Apsis und Langhaus ein Querschiff eingeschoben.

Barocke Basilika

Die barocke Kirche S. Andrea della Valle vertritt den Typus des längs gerichteten Kuppelbaus, der aus der Verschmelzung von Richtungs- und Zentralbau hervorging. Das tonnengewölbte Langhaus, dessen Mittelschiff zum breiten saalartigen Hauptraum geworden ist, mündet in ein Querschiff mit der mächtigen Kuppel über der Vierung. Im Osten folgen ein kurzes Chorjoch und eine halbrunde Apsis.

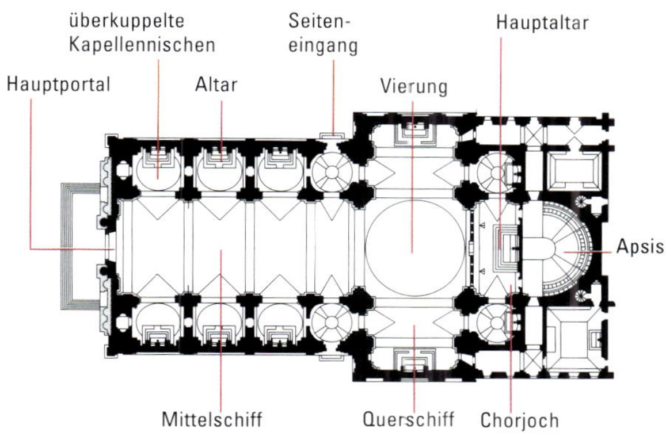

S. Andrea della Valle, 1591–1665, Grundriss

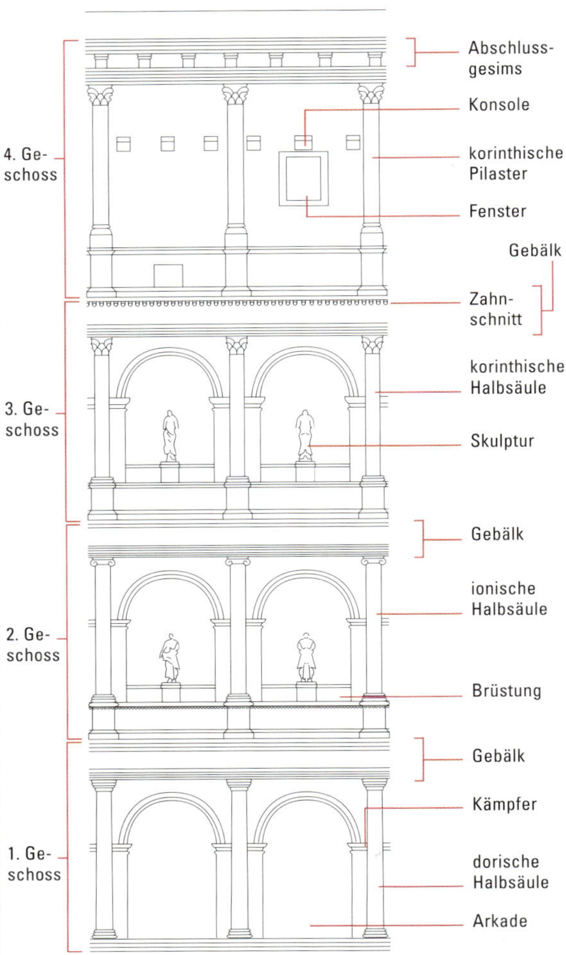

Kolosseum, 72–80 n. Chr., Fassadenaufriss

Säulenordnungen

Römische Kompositordnung

An der Außenfassade des viergeschossigen Kolosseums wird zum ersten Mal das klassische und für die Folgezeit verbindliche Schema der axialen Übereinanderstellung von Halbsäulen verschiedener Ordnungen angewandt. Die unteren drei Geschosse sind durch Arkaden gegliedert, deren Pfeilern jeweils eine Halbsäule auf hohem Postament vorgeblendet ist. In die Arkadenöffnungen des zweiten und dritten Stockwerks sind Skulpturen eingestellt. Auf die toskanischen Säulen (Variante der dorischen Ordnung) im ersten folgen ionische im zweiten und korinthische Halbsäulen im dritten Geschoss. Das vierte Geschoss, das durch korinthische Pilaster gegliedert wird, ist wie eine Attika gebildet und in jedem zweiten Mauerabschnitt von einem rechteckigen Fenster durchbrochen. Zwischen den Pilastern sind auf etwa zwei Dritteln der Höhe jeweils drei Konsolen zur Befestigung des Sonnensegels angebracht.

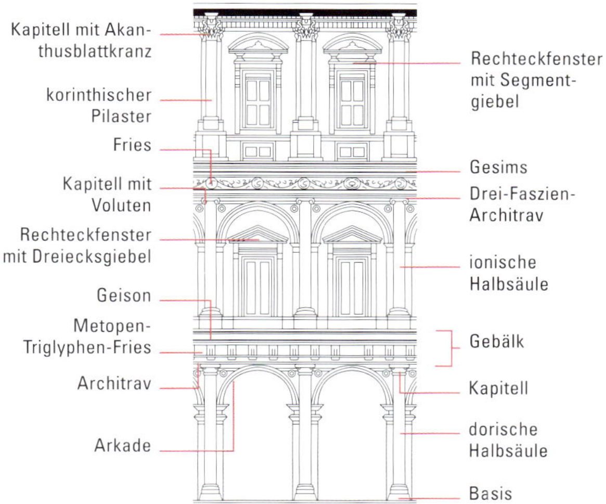

Palazzo Farnese, 1514 – Ende 16. Jh., Fassadenaufriss

Kompositordnung der Renaissance

In der Renaissance wurde das in der Antike ausgebildete Dekorationsmotiv der Steigerung der Säulenordnungen wieder aufgegriffen. Die Innenhof-Fassade des Palazzo Farnese ist durch offene Arkaden im Erdgeschoss gekennzeichnet, deren Pfeilern dorische Halbsäulen vorgelegt sind. Eine Blendarkadengliederung mit ionischen Halbsäulen wiederholt diese Gliederung im mittleren Stockwerk, während das dritte Geschoss durch dreifache korinthische Pilaster gegliedert wird.

Kolossalordnung

An der Fassade des Konservatorenpalastes wird zum ersten Mal in der Profanarchitektur der Renaissance die sog. Kolossalordnung aufgenommen: Die mächtigen korinthischen Pilaster reichen über beide Geschosse und haben die Funktion, diese optisch zusammenzufassen. Eine Variation in der Fassadengestaltung entsteht durch die Verwendung unterschiedlicher Fensterformen.

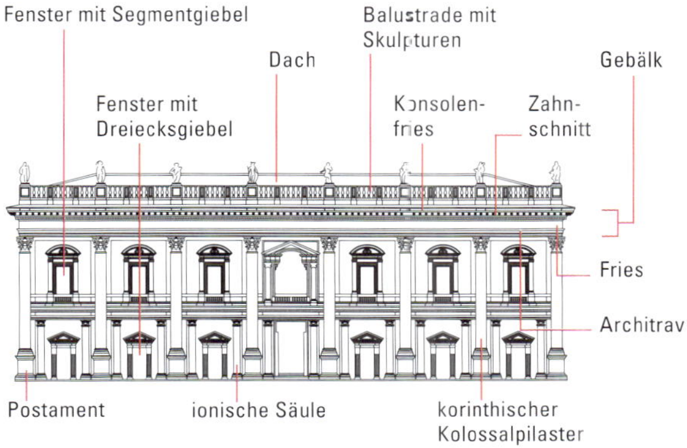

Palazzo dei Conservatori, 1563–1575, Fassade

Glossar

Ädikula (lat. aedicula, »Häuschen, Tempelchen«), Rahmung von Portalen, Fenstern und Nischen mittels zweier Säulen, Pfeiler oder Pilaster, die ein Gebälk und einen Dreiecks- oder Segmentbogengiebel tragen.

A fresco (von ital. fresco, »frisch«), Freskomalerei, Wandmalerei, ausgeführt auf noch feuchtem Kalkputz. Durch eine chemische Reaktion sind die Farben nach dem Trocknen unlöslich mit dem Putz verbunden und blättern im Gegensatz zur Seccomalerei nicht mehr ab.

Allegorie (grch. allegoria, zu allegorein, »etwas anderes sagen«), die bildliche Veranschaulichung an sich abstrakter Begriffe, Inhalte oder Zusammenhänge. Hauptmittel sind Personifikationen, charakteristische Handlungen und Symbole, die sich meist an literarische Vorbilder anlehnen; in der Renaissance entwickelt sich vor allem in Italien die an antiken Texten orientierte mythologische Allegorie; in der Barockmalerei erfährt die Allegorie auch im politischen Zusammenhang besonders durch Rubens eine Blüte.

Altar (lat. alta ara, »erhöhter Opfertisch«), in der griechisch-römischen Antike außerhalb des Tempels im heiligen Bezirk gelegene Stätte für kultische Handlungen, besonders der Trank-, Brand- oder Tieropfer. Später im Christentum Zeichen der Präsenz Gottes; vor allem Zentrum der Feier des heiligen Abendmahls. Der Tischaltar, der aus Stützen (lat. stipes), Basisplatte (lat. crepido) und der aufliegenden Altarplatte (lat. mensa) besteht, ist die am häufigsten verwendete Form. Die künstlerische Ausschmückung des Altares erfolgt über das Altarbild oder das Antependium, die Auskunft über die jeweilige Weihebestimmung geben. Der Hauptaltar steht zumeist in der nach Osten ausgerichteten Chorapsis einer Kirche. Nebenaltäre befinden sich häufig in den seitlichen Apsiden, Seitenkapellen oder in der Krypta.

Altarbild, s. Altarretabel

Altarretabel (von lat. alta ara, »erhöhter Opfertisch«, und retabulum, »Rückwand«), Altaraufsatz, der im Mittelalter direkt auf den rückwärtigen Teil der Mensa aufgesetzt ist oder in der Renaissance und im Barock auf einem Unterbau hinter dem Altar steht. Im Mittelalter erscheint das Retabel zunächst als Goldschmiede- oder Steinreliefarbeit, dann auch in gemalter Form. Der Schmuck kann aus einem einzelnen Bild oder mehrteiligen Tafeln bestehen. In der Gotik wird das Retabel mit einem architektonischen Rahmenwerk versehen und durch die Hinzufügung von Flügeln erweitert. In Renaissance und Barock beschränkt man sich auf das Altarblatt genannte Mittelbild.

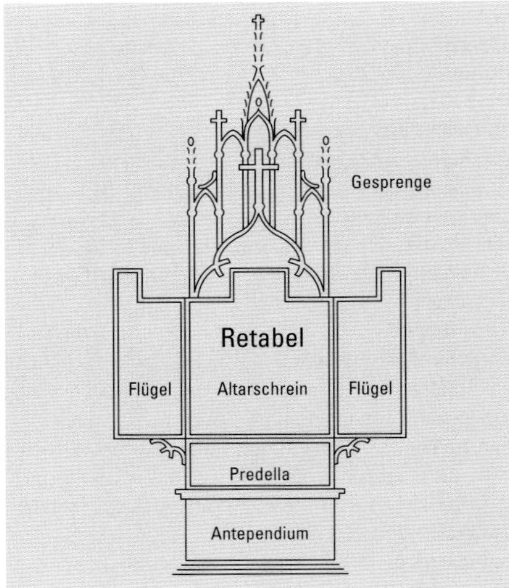

Altarretabel: gotischer Flügelaltar

Ambo (grch. ambon, »Erhöhung«, zu ambainein, anabainein, »hinaufsteigen«), ein um mehrere Stufen erhöhtes Podium mit Lesepult in frühchristlichen und frühmittelalterlichen Basiliken zur Vorlesung der Epistel und des Evangeliums. Der vor den Chorschranken errichtete steinerne Ambo ist von einer Brüstung umgeben. Sind zwei Ambonen vorhanden, dann ist der nördliche, der Evangelien-Ambo, oft reicher dekoriert, mit zwei Treppen und einem Osterleuchter ausgestattet. Der kleinere südliche Ambo wird Epistel-Ambo genannt. Im 14. Jh. wurden die Ambonen in den zwischen Chor und Langhaus eingezogenen Aufbau, den Lettner, integriert oder durch eine Kanzel ersetzt.

Amphitheater (grch. amphitheatron, zu amphi, »auf beiden Seiten, um … herum«, und theatron, »Schauspielhaus«), römische Form des Theaters unter freiem Himmel mit elliptischem Grundriss und ansteigenden Sitzreihen, vorwiegend für Tierhatzen und Gladiatorenkämpfe.

Ämterlaufbahn (lat. cursus honorum, »Laufbahn der Ehrenwürden«), Reihenfolge der öffentlichen Exekutivämter (Magistrate) in Rom. Zehn Militärdienstjahre waren zur Erlangung eines Staatsamtes vorgeschrieben, ab 81 v. Chr. war auch die Reihenfolge der Karriere gesetzlich festgelegt: Kandidat, Quästor (Finanzbeamter), Volkstribun, Ädil (Polizist), Prätor (Richter) und Konsul (Oberbeamter).

Antependium (zu lat. ante, »vor«, und pendere, »hängen«), auch Frontale, ursprünglich ein vom Altartisch herabhängender Behang aus kostbaren und reich verzierten Textilien, bemalter Leinwand, Leder u. ä. Später Bezeichnung für jede Art von Bekleidung des Altars aus Stoff, Metall oder Holz.

Antike (frz. antique, »altertümlich«; zu lat. antiquus, »alt«), das griechisch-römische Altertum. Es beginnt mit der frühgriechischen Einwanderung im 2. Jt. v. Chr. und endet im Westen 476 n. Chr. mit der Absetzung des römischen Kaisers Romulus Augustulus durch die Goten (um 475 n. Chr.), im Osten 529 n. Chr. mit der Schließung der Platonischen Akademie durch Kaiser Justinian (482–565 n. Chr.).

Antikes Mauerwerk, Gefüge aus natürlichen oder künstlichen Steinen, das mit Hilfe von Mörtel fest verbunden wurde. In römischer Zeit gab es verschiedene Arbeitstechniken (opus): Die früheste Technik ist das »opus incertum«, bei dem der Mörtel zwischen zwei

Antikes Mauerwerk: gängige Typen römischen Gussmauerwerks: opus incertum, opus testaceum, opus reticulatum

Mauerschalen aus kleinen, unregelmäßig geformten, aber etwa gleich großen Steinen gegossen wurde. Ab dem späten 2. Jh. v. Chr. kommt das »opus reticulatum« auf, dessen pyramidenförmig zugeschnittene Steine mit ihrer quadratischen Seite ein Gitternetz bilden. In augusteischer und später in trajanischer und hadrianischer Zeit war das »opus mixtum« beliebt, bei dem Schichten kleiner Natursteine mit Ziegelsteinen wechseln. Seit den Zeiten Neros verwandte man das »opus testaceum«, das sich aus gebrannten Ziegelsteinen zusammensetzt. Mit Hilfe des Gussmauerwerks, bei dem Mörtel hinter eine Vormauerung aus Steinen gegossen wurde, konnten Kuppeln und Gewölbe errichtet werden.

Apokalypse (zu grch. apokalyptein, »enthüllen, offenbaren«), Schrift, die sich mit dem kommenden Weltende befasst, wie z. B. »Die Offenbarung des Johannes«, das letzte Buch des Neuen Testamentes mit der Vision des Jüngsten Gerichts.

Apostel (grch. apostolos, »Sendebote, Vorkämpfer«), einer der zwölf Jünger Jesu, von ihm selbst aus der großen Schar seiner Anhänger ausgewählt, um sein Werk fortzusetzen und das Evangelium zu verkünden.

Apotheose (s. Abb. S. 591) (zu grch. apotheoun, »vergöttern, verklären«), Vergöttlichung, die Aufnahme eines Sterblichen in die Welt des Göttlichen.

Apsis (lat.; grch. hapsis, »Verbindung, Rundung, Wölbung«), eine über einem halbkreisförmigen oder vieleckigen Grundriss errichtete und mit einer Halbkuppel überwölbte Nische, in der ein Altar stehen kann. Ein Apsisgewölbe in Form eines Kugelabschnittes wird als Apsiskalotte bezeichnet. Im Anschluss an den Hauptraum oder den den Klerikern vorbehaltenen Chor einer Kirche wird die Apsis auch Exedra oder Chorhaupt genannt. Kleinere Nebenapsiden finden sich oftmals am Chorumgang, an Quer- oder Seitenschiffen.

Aquädukt (lat. aquaeductus, »Wasserleitung«, zu aqua, »Wasser«, und ducere, »führen«), in der römischen Kaiserzeit entwickelte Wasserleitung in Gestalt einer Bogenbrücke, die eine Wasserrinne trägt.

Architrav (zu grch. archein, »anfangen, herrschen«, und lat. trabs, »Balken«), waagerechter Hauptbalken, der auf Stützen wie z. B. Säulen aufliegt und die Last des Oberbaus trägt. Er kann in Faszien, meist drei abgestufte waagerechte Unterteilungen, gegliedert sein.

Attika: Giovanni Fontana und Flaminio Ponzo, Fontana Acqua Paola, 1610–1612, Gianicolo, Rom

Arkade (frz. arcade, »Schwibbogen«; zu lat. arcus, »Bogen [Jagdwaffe]«), eine auf seitlichen Stützen ruhende Bogenstellung oder eine Bogenreihe.

A secco (von ital. secco, »trocken«), Seccomalerei, Wandmalerei auf trockenem Putz, im Gegensatz zur Freskomalerei weniger haltbar.

Attika (von lat. atticus, »attisch«), niedriger, gegliederter Aufbau über dem Hauptgesims einer Säulen- oder Pilasterordnung, seit der Renaissance auch zur Verdeckung des Dachansatzes; im Barock als Halbgeschoss mit Fenstergliederung.

Baldachin (ital. baldacchino), Stoffdach über einem Thron oder Bett; der von Stangen gehaltene Traghimmel bei Prozessionen; in der Baukunst der fest eingebaute Prunkhimmel aus Holz oder Stein unter anderem über einem Thron, Bischofsstuhl, Altar, Katafalk oder einer Kanzel und Statue. Der Name geht zurück auf den kostbaren golddurchwirkten Seidenstoff aus Bagdad (ital. Baldacco), aus dem die ersten Prunkhimmel in Italien hergestellt wurden.

Balkon (ital. balcone), in der Fassade eines Bauwerks in einem oberen Geschoss vorkragende, nicht überdeckte, begehbare Platte, die an den freien Seiten von einer Brüstung, einem Geländer oder einer Balustrade eingefasst ist. Balkone gibt es auch in Innenräumen, zum Beispiel in Sälen und Theatern. Neben der Nutzfunktion als begehbarer Raum dient er auch zur Gliederung der Fassade.

Balustrade (ital. balaustrata), ein aus aneinander gereihten Balustern (Docken) mit Deckplatte gebildetes Geländer, das vor allem in der Renaissance und im Barock für Treppengeländer, Balkone, Terrassen sowie als Dachabschluss verwendet wurde.

Baptisterium (lat.; grch. baptisterion, »Badeplatz, Schwimmbecken«), Taufkirche, ein selbstständiger, zumeist achteckiger Zentralbau (auf den Mittelpunkt ausgerichteter Bau), der oftmals westlich von einer Bischofskirche errichtet und Johannes dem Täufer geweiht ist.

Barock (zu port. barucca, »seltsam geformte Perle«), europäische Kunstepoche zwischen Manierismus und Rokoko (um 1590 – um 1725), die verschiedene Strömungen aufweist. So kann in der Malerei der Klassizismus der Carracci neben der realistischen Darstellungsweise eines Caravaggio bestehen. Der Begriff Barock bedeutet zunächst nur allgemein »dem guten Geschmack nicht entsprechend« und wurde zuerst in Frankreich im 18. Jh. auf die dem klassizistischen Geschmack widersprechende Kunst angewendet. Allgemeine Kennzeichen der Barockkunst sind schwellende, spannungsreiche Bewegungen, die Aufhebung der Grenzen zwischen Architektur, Skulptur und Malerei sowie ihre Verbindung zu einem Gesamtkunstwerk, Erzeugung illusionistischer Effekte und eine repräsentative und belehrende Wirkung. Der Barock entwickelt sich zunächst in Italien als ein Rückgriff und eine Weiterentwicklung bestimmter Stilformen der Hochrenaissance. So leitet der Bau von Il Gesù (1568–1584) die barocke Kirchenarchitektur ein. Eng verknüpft mit den gegenreformatorischen Bestrebungen der katholischen Kirche, wird die Barockkunst zu einem wichtigen Instrumentarium bei der Verbreitung der rechten Lehre. Neben religiösen und mythologischen Themen treten nun verstärkt Allegorien (Veranschaulichung abstrakter Begriffe und Inhalte), Genre- und Landschaftsbilder hervor.

Basilika, basilikal (grch. basilike stoa, »Königshalle«), abgeleitet vom Amtsgebäude des griechischen Richters Archon Basileus. Bezeichnet in der Antike eine überdeckte, mehrschiffige Amts-, Markt- und Gerichtshalle, im späteren Kirchenrecht eine mit Privilegien versehene Kirche, z. B. eine mit einem Papstaltar und -thron ausgestattete Patriarchalbasilika. Allgemein meint Basilika einen meist nach Osten gerichteten, drei- oder fünfschiffigen Kirchenbau, wobei die Seitenschiffe niedriger sind als das Hauptschiff in dessen oberster Zone eine Fensterreihe eingelassen ist. Eine Apsis bildet den Abschluss. In der Regel sind die Scheidemauern zwischen Mittelschiff und Seitenschiffen durch Arkaden gegliedert, die auf Säulen oder Pfeilern ruhen. Seit dem 4. Jh. bestimmt die Basilika den Großkirchenbau des Abendlandes, die basilikale Grundform wurde jedoch oft verändert. So sind bei einigen Kirchen der konstantinischen Zeit (306–337) die Seitenschiffe zu einem Gang um den überhöhten, runden Abschluss des Mittelschiffs verlängert (Umgangsbasilika). Im 4. Jh. wurde zwischen Langhaus und Apsis ein Querschiff eingeschoben, womit der beherrschende Kirchenbautypus der folgenden Jahrhunderte begründet wurde (Kreuzbasilika). Vielen frühchristlichen Basiliken sind am westlichen Ende ein Vorhof (Atrium), eine Vorhalle (Narthex), im Mittelalter Türme oder ein Westwerk angegliedert.

Basis (grch., »Schritt, Gang, Grundlage«, dann »der betretene Boden«, zu bainein, »gehen«), in der Baukunst ausladender, meist profilierter Fuß einer Säule oder eines Pfeilers, der den Druck der Stütze auf eine größere Fläche verteilt und den Übergang zur Plinthe (Fußplatte) vorbereitet; in der Plastik Standblock einer Statue oder eines Reliefs.

Bildnis, auch Porträt (frz. Portrait; lat. protrahere, »hervorziehen«) oder Konterfei (frz. Contrefait, »nachgemacht, nachgebildet«; lat. contrafacere, »nachmachen«), die Abbildung eines bestimmten Menschen durch die Wiedergabe seiner individuellen Züge. Im Prinzip genügt eine erkennbare Ähnlichkeit, die aber nicht mit der naturalistischen äußeren Erscheinung des Dargestellten übereinstimmen muss. So wird beim idealisierten Bildnis die Person durch Namen, Amtszeichen, Attribute, Symbole oder Wappen bezeichnet. Die Hauptfunktion des Porträts ist die Vertretung des nicht Anwesenden, sei es, um seiner zu gedenken oder ihn zu ehren. Dadurch kommt dieser Bildgattung nach der religiösen Malerei die wichtigste Aufgabe in der bildenden Kunst zu. Je nach Anzahl der Dargestellten unterscheidet man zwischen Einzel-, Doppel- und Gruppenbildnis.

Bischof (grch. episkopos, »Aufseher«), hoher geistlicher Würdenträger. Im Urchristentum ist er Vorsteher einer Gemeinde, später als Apostelnachfolger der Kirchenobere eines Bistums, einer Diözese oder eines Sprengels. Er besitzt die Vollmacht des Lehr-, Priester- und Hirtenamtes und ist mit Mitra (Bischofsmütze), Bischofsstab und goldenem Bischofsring ausgezeichnet.

Bogen, gewölbte Konstruktion in einer Maueröffnung, die die Last abfängt bzw. auf Pfeiler oder Säulen überleitet. Der höchste Punkt des Bogens mit dem Schlussstein ist der Scheitel. Der oft keilförmige Schlussstein, der häufig durch Farbe oder Form hervorgehoben ist, wird als letzter Stein im Scheitel des Bogens eingesetzt. Die Stichhöhe ist der senkrechte Abstand zwischen Scheitel und der Linie, auf der der Kämpfer (Steinlage zwischen Mauer, Pfeiler oder Säule und Bogen) liegt. Die Innenfläche nennt man Bogenlaibung, die vordere Ansichtsfläche Bogenhaupt oder Bogenstirn.

Bulle (lat. bulla, »Kapsel«), ursprünglich besondere Form des Metallsiegels, heute eine päpstliche Urkunde, insbesondere wenn sie mit Bleisiegel versehen ist.

Büste (frz. buste; ital. busto, »Brustbild«), zumeist auf einem Sockel ruhende plastische Darstellung, die sich auf die Wiedergabe der oberen Brustpartie, der Schultern und des Kopfes eines Menschen beschränkt.

Byzantinische Kunst, die aus der Spätantike hervorgegangene und vom orthodoxen Christentum geprägte Kunst im Einflussbereich des Byzantinischen Reichs mit dem Zentrum Konstantinopel (vormals Byzanz, heute Istanbul) von etwa 330 n. Chr. bis 1453. Charakteristisch ist eine feierliche Starrheit und eine überweltliche Erhabenheit der Dargestellten, die aus der strengen Bindung an künstlerische und theologische Regeln und Vorbilder resultieren. Dennoch setzt sich immer wieder, besonders in der Spätphase, eine freiere Naturanschauung durch. Aufgrund ihrer Überlegenheit gehen von dieser Auffassung stetig neue entscheidende Impulse für die Kunst Westeuropas aus.

Campanile (zu ital. campana, »Glocke«), freistehender Glockenturm einer Kirche.

Chor (lat. chorus und grch. choros, »Reigentanz, Tanz- und Sängergruppe«), zumeist erhöhter, räumlich gesonderter Bereich im Inneren einer Kirche, dem gemeinsamen Gebet der Kleriker oder dem Chorgesang vorbehalten. Seit karolingischer Zeit bezeichnet man die über die Vierung (Kreuzungsbereich von Quer- und Langhaus) hinausreichende Verlängerung des Mittelschiffs (Mittelraum), einschließlich der sich oftmals als Abschluss anschließenden Apsis, als Chor.

Chorschranken (lat. chorus und grch. choros, »Reigentanz, Tanz- und Sängergruppe«), Brüstungen oder Wände, die den ausschließlich dem Gebet oder Gesang der Kleriker vorbehaltenen Chorraum abgrenzen. Oftmals sind sie mit bildlichem Schmuck versehen.

Cinquecento (ital., »fünfhundert«), italienische Bezeichnung für das 16. Jh.

Circus (lat., »Rennbahn«), langrechteckige Arena, an einem Ende von einem Halbrund mit Tor (Porta Triumphalis) abgeschlossen, durch das die siegreichen

Columbarium: Columbario di Vigna Codini II, um Christi Geburt, Via Appia, Rom

Wagen die Arena verließen. Am anderen Ende lagen zu Seiten des Eingangstores (porta pompae) die Boxen für die Gespanne (carceres), neben denen jeweils ein Turm (oppidum) stand. Die Arena wurde in der Mitte durch eine niedrige schmale Mauer (spina) geteilt, die mit Statuen, Trophäen und Obelisken geschmückt war und auf der sieben bewegliche Eier (ova) und sieben Delphine (delphines) zum Abzählen der Runden standen. An ihren Stirnseiten befanden sich die Wendepunkte (metae) in Form dreier Kegelsäulen auf halbrundem Sockel. Die Zuschauer nahmen auf den ansteigend angeordneten Sitzreihen an den Längsseiten und an dem halbrunden Ende Platz.

Columbarium (lat., »Taubenschlag«), Nischen für die Aufnahme von Aschenurnen in großen römischen und frühchristlichen Grabmonumenten vom Ende der Republik bis zum späten 2. Jh. n. Chr.; im modernen Sprachgebrauch auch Bezeichnung für das Grabmonument selbst. In den einfach dekorierten, kammerartig oder ringförmig um einen Mittelpfeiler angeordneten Anlagen mit Tonnengewölbe waren kleine runde oder rechteckige Nischen eng aneinander gereiht. Letztere wurden im 2. Jh. oftmals als Aedikula mit Giebel oder Muschel gestaltet. Die Nischen nahmen jeweils zwei Urnen auf, wobei der Name des Verstorbenen durch eine Inschrift angegeben war. Vor der Kammer lag ein ummauerter Vorplatz, auf dem die Begräbnisse und folgende Familienzusammenkünfte stattfanden.

Confessio (lat., »Bekenntnis«), Glaubensbekenntnis oder Bekenntnisschrift, auch Beichte oder Geständnis. Bezeichnet auch die Ruhestätte eines Märtyrers oder Heiligen. Die Confessio ist in diesem Zusammenhang der Vorraum eines Märtyrergrabs, das unter einem Altar liegt. Aus ihr entwickelt sich später die Krypta. Bekannt sind die Confessiones der römischen Basiliken, z. B. die des Hl. Petrus im Petersdom.

Cosmaten, Sammelbezeichnung für verschiedene Künstler- und Handwerkerfamilien, die von etwa 1150 bis ins 14. Jh. in Rom und Latium tätig waren. Die Bezeichnung geht auf den in diesen Familien häufigen Vornamen Cosma zurück. Die Cosmaten schufen wertvolle Baudekorationen in Form von Einlegearbeiten (Intarsien) aus Marmor, Porphyr, Glas und Goldpasten in Anlehnung an antike Formen und orientalische Muster. Sie stellten Fußbodenmosaiken und kirchliche Ausstattungsstücke wie Kanzeln, Chorschranken, Bischofsstühle, Altäre, Tabernakel und Grabmale her und statteten Kreuzgänge und Vorhallen mit zierlichen Marmorarbeiten aus.

Dioskuren (grch. dios, Genitiv zu Zeus, und kuros, »Knabe, Sohn«), in der griechischen Mythologie die unzertrennlichen Zwillingsbrüder Kastor und Polydeukes (lat. Castor und Pollux), Söhne des Zeus, bzw. des Tyndareos, und der Leda sowie Brüder Helenas und Klytämnestras. Sie werden von den Römern insbesondere als Helfer bei Schlachten und Seenot verehrt.

Dogma (grch. dokeuein, »meinen«, und grch.-lat. dogma, »Meinung/Lehrsatz«), Glaubenssatz der katholischen Kirche, der vom Papst verkündet wird und

Teilung des Römischen Reichs (395)

Ende des Weströmischen Reichs (476)

Invasion der Langobarden (568)

Eroberung Roms durch die Westgoten (410) und die Vandalen (455)

Gregor I. (590–604) begründet die weltliche Macht des Papsttums in Rom

Kaiserkrönung Karls des Großen (25. 12. 800)

Pippinische Schenkung (754)

Plünderung Roms durch die Sarazenen (846)

400 **500** **600** **700** **800**

Mosaiken im Langhaus von S. Maria Maggiore (5. Jh.)

Triumphbogenmosaik von S. Lorenzo fuori le mura (579–590)

Apsismosaik von S. Agnese fuori le mura (7. Jh.)

Sog. Madonna della Clemenza, S. Maria in Trastevere (Anfang des 8. Jh.)

Apsismosaik von S. Prassede (9. Jh.)

Alt-St. Peter (ab 319)

S. Maria Maggiore (432–440)

S. Stefano Rotondo (um 440)

S. Sabina (422–432)

S. Paolo fuori le mura (Ende des 4. Jh.s)

Umbau von S. Costanza (spätes 5. Jh.)

S. Agnese fuori le mura (625–638)

S. Maria in Cosmedin (8. Jh.)

S. Marco (827–844)

Umbau von S. Prassede (817–824)

Sarkophag des Iunius Bassus, S. Pietro, Museo Tesoro (4. Jh.)

Holztür, S. Sabina (5. Jh.)

Grabplatte (8. Jh.), als Chorschranke wieder verwendet, S. Maria in Cosmedin

Kreuzförmiges Reliquiar Paschalis I., Museo Sa Vaticano (817–8

Elfenbeindiptychon, Mu Vaticani, Biblioteca Apostol Vaticana (um 9

Hieronymus, Vulgata (383–405)

Aelius Donatus (4. Jh.), Ars grammatica

Ausonius (311–393), Mosella

Boethius (480–524), De consoliatione philosophiae

Magnus Cassiodorus (490–583), Chronika

Gregor I. (590–604), Antiphonar (gregorianischer Gesang)

Beginn des Bilderstreits mit dem Bilderverbot des byzantinischen Kaisers Leo III. (726)

Geschichte

Eroberung Karthagos (146 v. Chr.)

Beginn der Bürgerkriege (88 v. Chr.)

Ermordung Cäsars (44 v. Chr.)

Schlacht von Actium (31 v. Chr.)

Augustus (27 v. Chr.–14 n. Chr.)

Größte Ausdehnung des Römischen Reiches unter Trajan (98–117)

Zeit der Soldatenkaiser (235–305)

Einführung der Tetrarchie unter Diokletian (284–305)

Konstantin der Große (324–337)

Toleranzedikt von Mailand (313)

Konstantinopel wird christliche Reichshauptstadt (330)

200 0 100 200 300

Malerei

Fresko des Apoll, Museo Palatino (um 30 v. Chr.)

Aldobrandinische Hochzeit, Musei Vaticani (um 20 v. Chr.)

Deckenmalerei aus der Domus Transitoria, Museo Palatino (Mitte 1. Jh.)

Taubenmosaik aus der Villa Hadriana, Musei Capitolini (117–138)

Apsismosaik, S. Pudenziana (um 385)

Architektur

Tempel des Hercules Victor (Ende des 2. Jh. v. Chr.)

Augustus-Mausoleum (29 v. Chr.)

Ara Pacis (9 v. Chr.)

Augustus-Forum (2 v. Chr.)

Kolosseum (72–80)

Pantheon (118–125)

Trajansforum und Trajanssäule (107–113)

Aurelianische Stadtmauer (ab 270)

Diokletiansthermen (298–306)

Septimius-Severus-Bogen (203)

Maxentius-Basilika (306–310)

Konstantinsbogen (312)

S. Giovanni in Laterano (nach 313)

Skulptur

Laokoon (Mitte des 2. Jh. v. Chr.), Musei Vaticani

Sitzender Faustkämpfer (Mitte des 1. Jh. v. Chr.), Planetario

Augustus von Primaporta, Musei Vaticani (20 v. Chr.)

Reliefs der Trajanssäule (107–113)

Reiterstatue des Marc Aurel (180/193)

Reliefs des Argentarierbogens (204)

Decennalienbasis (303)

Literatur & Kultur

Cato d. Ä. (234–149 v. Chr.), Origines

Vitruv, De architectura (um 15 v. Chr.)

Asinius Pollio (76 v. Chr.–4 n. Chr.) gründet die erste öffentliche Bibliothek in Rom

Plinius d. Ä., Naturalis historia (77)

Vergil (70–19 v. Chr.), Aeneis

Tacitus, Historiae und Annales (um 110)

Plutarch, Vitae parallelae (um 114)

Sueton (70–130), De vita Caesarum

Erste lateinische Bibelübersetzung (»Itala«, 195)

Dio Cassius (154–229), Romaike Historia

MARE LIGVSTICVM
FOSSA FRETVM
TYRRHE
SIVE
INFER
MEDITERRANEI
ITALIA REGIONV ORBIS PRINCEPS
OLIM HESPERIA AVSONIA OENOTRIA ET SATVRNIA DICTA
CAETERA AMBITVR MARI
AB OCCIDENTE LIGVSTICO ET TYRRHENO
ALTERA EPIRVM VERSVS PROMINET
GENTES PRAECIPVAS HABET AD INFERVM MARE
INDE AD SVPERVM
INTVS CIRCA PADVM GALLOS
EVGANEOS RHAETOS ET CARNOS
X VENETIAM ET ISTRIAM XI GALLIAM TRANSPADANA
CONSTANTINVS M IN XVI PROVINCIAS DISTINXIT
VNA CVM VICINIS INSVLIS
XV SARDINIA XVI CORSICA
IN NOVA REGNA DVCATVS ET MARCHATVS
TRANSFORMARET

MARE HADRIATICVM SIVE SVPERVM
DALMATIA
AEOLII INSVLAE
MARE
IONIVM
STRONGYLE
DIDYME
PALMARIA

Geschichte

Der Philosoph Giordano Bruno wird wegen Ketzerei verbrannt (1600)

1665 Christine von Schweden zieht in Rom ein

Napoleons Truppen nehmen Rom ein (1798)

Eroberung Roms durch die Truppen des italienischen Königreiches (1870)

Rom wird Hauptstadt Italiens (1871)

Mussolini wird Ministerpräsident (1922)

Lateranverträge (1929)

Eintritt in den Zweiten Weltkrieg (1940)

Italien wird durch Volksabstimmung zur Republik (1946)

»Römische Verträge« der Europäischen Gemeinschaft (1957)

Heiliges Jahr (2000)

1600 — 1700

Malerei

Pietro da Cortona, Triumph der göttlichen Vorsehung, Palazzo Barberini (1633–1639)

Caravaggio, Bekehrung des Hl. Paulus, S. Maria del Popolo (1600–1601)

Guiseppe Chiari, Glorie des Hl. Clemens, S. Clemente (1715–1716)

Giulio Aristide Sartorio, Gorgo und die Helden, Galleria Nazionale d' Arte Moderna (1899)

Renato Guttoso, Kreuzigung, Galleria Nazionale d' Arte Moderna (1941)

Vollendung der Restaurierung der Cappella Sistina (1994)

Architektur

2)

se

Palazzo Barberini (1628–1633)

S. Ivo alla Sapienza (1642–1660)

Vierströmebrunnen (1647)

Piazza S. Pietro (ab 1656)

Spanische Treppe (1723–1726)

Palazzo Braschi (ab 1790)

Fontana di Trevi (1732–1762)

Wiederaufbau von S. Paolo fuori le mura (nach 1823)

Stazione Termini (ab 1867)

Piazza della Repubblica (1887)

Palazzo di Giustizia (1899–1910)

Nationaldenkmal für Vittorio Emanuele II (1885–1911)

EUR (ab 1942)

Palazzo dello Sport (1960)

Musei Vaticani (1958–1963)

Skulptur

elo,

Gianlorenzo Bernini, Apoll und Daphne, Museo Borghese (1622–1625)

Gianlorenzo Bernini, Catedra Petri, S. Pietro (1656–1666)

Andrea Pozzo, Altar des Hl. Ignatius, Il Gesù (1696–1700)

Antonio Canova, Grabmal Clemens' XIII., S. Pietro (1788–1792)

Antonio Canova, Paolina Borghese als Venus, Museo Borghese (1804–1808)

Bertel Thorvaldsen, Grabmal Pius' VII., S. Pietro (1823)

Giacomo Manzu, Porträt der Francesca Blanc, Musei Vaticani (1965)

Angelo Binancini, Geschichte des Hl. Paulus, Musei Vaticani (20. Jh.)

Literatur & Kultur

et das
61)
ia di San
wird ent-
506)

Christine von Schweden stiftet eine literarische Akademie (Ursprung der Accademia Arcadia, 1674)

Johann Joachim Winckelmann, Geschichte der Kunst des Alterthums (1764)

Goethe in Rom (1786–1788)

Filippo Tommaso Marinetti, Futuristisches Manifest (1909)

Luigi Pirandello gründet das Teatro d' Arte in Rom (1925)

Carlo Levi, Christus kam nur bis Eboli (1945)

Vittorio de Sica, Rom – Stazione Termini (1953)

Federico Fellini, »La Dolce Vita« (1959)

Beginn des Investiturstreits (1075)

Einfall der Normannen (1084)

Wormser Konkordat: Ende des Investiturstreits (1122)

Ausrufung der Republik durch Arnold von Brescia (1143/44)

1. Heiliges Jahr (1300)

Verlegung der päpstlichen Residenz nach Avignon (1309–1377)

Umsturzversuch des Cola di Rienzo (1347)

Großes abendländisches Schisma (1378–1417)

Heiliges Jahr 1500

Sacco di Roma (1527)

Konzil von Trient (1545–1563)

1000 | 1200 | 1300 | 1400 | 1500

Clemens-Fresken, Unterkirche von S. Clemente (11. Jh.)

Apsismosaik, S. Clemente (12. Jh.)

Pietro Cavallini, Jüngstes Gericht, S. Cecilia in Trastevere (Ende des 13. Jh.s)

Jacopo Torriti, Marienkrönung, S. Maria Maggiore (1292–1295)

Giotto, Stefaneschi-Triptychon (um 1313)

Fra Angelico, Fresken in der Cappella Niccolina, Musei Vaticani (1448–1449)

Michelangelo, Fresken der Cappella Sistina, Musei Vaticani (1508–1512)

Raffael, Die Schule von Athen, Musei Vaticani (1509–1511)

Oberkirche von S. Clemente (1099–1118)

S. Maria in Trastevere (1130–1143)

Kreuzgang, S. Giovanni in Laterano (1223–1230)

Umbau von S. Lorenzo fuori le mura (1216–1227)

S. Maria sopra Minerva (ab 1280)

Campanile von S. Maria Maggiore (um 1377)

Palazzo Venezia (ab 1455)

S. Maria del Popolo (ab 1472)

Palazzo della Cancelleria (ab 1483)

Neubau von St. Peter (1506–1626)

Tempietto (15

Palazzo Farne (ab 1514)

Palazzo Spad (1550)

Il Gesù (1568–1584)

Staurachios von Chios, Portal, S. Paolo fuori le mura (um 1070)

Arnolfo di Cambio, Altarziborium, S. Paolo fuori le mura (1285)

Petrus-Statue, S. Pietro (13. Jh.)

Giovanni da Cosma, Grabmal des Kardinals Garcia Gudiel, S. Maria Maggiore (1299–1303)

Antonio Pollaiolo, Grabmal Sixtus' IV., S. Pietro, Museo del Tesoro (Ende des 15. Jh.s)

Antonio Filarete Bronzetür, S. Pietro (1433–1445)

Michelangelo, Pietà, S. Pietro (1499–1500)

Michelang Grabmal Julius' II., S. Pietro i Vincoli (1505–154

Gregor IX. verbietet das Studium der naturwissenschaftlichen Schriften des Aristoteles (1241)

Dante Alighieri, Göttliche Komödie (1307–1321)

Gründung der Universität Rom (1303)

Nikolaus V. gründet die Vatikanische Bibliothek (1447)

Sixtus IV. gründet das Kapitolinische Museum (1471)

Leon Battista Alberti, De re aedificatoria (1485)

Ignatius von Loyola gründ Collegium Romanum (15

Gründung der Accadem Luca (1577)

Laokoon deckt (1

absolute Geltung beansprucht. Für die orthodoxe Kirche sind nur die Lehrmeinungen der ersten sieben Konzilien (325–787) Dogmen. Die evangelische Kirche hingegen kennt nur Lehrverpflichtungen.

Dominikanerorden (lat. Ordo Fratrum Praedicatorum, »Orden der Predigenden Brüder«), vom Hl. Dominikus (1170–1221) in Toulouse 1216 gegründeter Bettelorden, der der Ausbreitung und Verteidigung des Glaubens durch Predigt und Unterrichtung verpflichtet ist. 1232 werden die Dominikaner vom Papst mit der Durchführung der Inquisition, des Kirchengerichtes gegen Glaubensabtrünnige, beauftragt.

Doppelsäule, auch Zwillingssäule, zwei mit den Schäften aneinander angelehnte oder ineinander eingebundene Säulen.

Dorische Säule, zur dorischen Säulenordnung (griechisches Architektursystem) gehörendes, senkrechtes Bauglied ohne Basis, mit scharfen Graten (Kanten) gekehltem, deutlich anschwellendem Schaft und einem nicht ausgearbeiteten Kapitell aus Anuli (eingeschnittene Ringe), Echinus (kissenartige Wulst) und quadratischem Abakus (Deckplatte).

Eklektizismus (zu grch. eklegein, »auswählen«), in Kunst und Architektur meist unter negativem Vorzeichen benutzter Begriff für die unoriginelle Übernahme schon vorhandener Darstellungsweisen, Motive und Bauformen in Anlehnung an frühere Kunstwerke und Epochen.

Empore, tribünen- oder galerieartige Anlage in Innenräumen. Tritt häufig in Kirchen auf, um zusätzlichen Raum für die Gottesdienstbesucher zu schaffen oder um bestimmte Gruppen (Frauen, Angehörige des Hofes) abzusondern; in Hallen- oder Saalkirchen auf Freistützen, im Zentralbau über dem Umgang, in der Basilika über den Seitenschiffen, selten über dem Westjoch oder im Querschiff angelegt.

Evangelist (grch. euaggelistes; lat. evangelista), im Neuen Testament zunächst Bezeichnung für Begleiter der Apostel. Seit dem 3. Jh. werden die Autoren der Evangelien, also Matthäus, Markus, Lukas und Johannes, als Evangelisten bezeichnet.

Evangelistensymbole (grch. euaggelistes; lat. evangelista), den Autoren der vier Evangelien zugeordnete geflügelte Wesen, die als Attribute erscheinen oder sie selbst symbolisieren: Matthäus – Mensch oder Engel, Markus – Löwe, Lukas – Stier und Johannes – Adler. Sie können auch zu einer einzigen Gestalt, dem Tetramorph, zusammengezogen sein. Zudem werden sie zum Sinnbild Christi, der in seiner Person die Einheit der Evangelien verkörpert. Die Evangelistensymbole gehen zurück auf die Gottesvision des alttestamentarischen Propheten Ezechiel (1,4 ff.) und auf die »Offenbarung des Johannes« (4,6 ff.). In der bildenden Kunst tauchen die Evangelistensymbole seit dem 4. Jh. auf.

Exedra (grch., »Außensitz, abgelegener Sitz«; Pl.: Exedren), halbrunde oder rechteckige Nische mit einer Bank am Ende des Säulenganges eines griech. Gymnasiums; auch gleichbedeutende Bezeichnung für Apsis oder jede andere halbrunde Nische.

Firnis (frz. vernis, »Lack, Glasur«; mittellat. veronix), abschließender durchsichtiger Schutzanstrich mit einer Lösung von Weichharzen in rektifiziertem Terpentinöl auf Gemälden oder kunsthandwerklichen Erzeugnissen.

Forum (lat., »Marktplatz«), öffentlicher Platz einer römischen Stadt oder Siedlung, der ursprünglich als Marktplatz diente und das Zentrum des politischen und administrativen Lebens bildete.

Fresko (ital. fresco, »frisch«; Pl.: Fresken), Wandgemälde, das auf noch feuchtem Kalkputz aufgetragen ist.

Fries (mittellat. frisium, »Franse, Zipfel«), plastische oder gemalte, streifenartig fortlaufende Wandverzierung in horizontaler Ausrichtung, als Schmuck, Gliederung oder Belebung einer Wandfläche dienend.

Frühchristliche Kunst oder altchristliche Kunst, Bezeichnung für Kunstwerke und Bauten zwischen dem 3. und 6. Jh. n. Chr. für die christliche Kirche in Italien und im westlichen Mittelmeerraum. Thema der Malerei und Mosaikkunst ist der christliche Erlösungsgedanke, der in Symbolen wie Pfau oder Fisch sowie in Szenen des Alten und Neuen Testaments dargestellt wird. Die Bautätigkeit beginnt im 4. Jh. mit dem Bau der Grabeskirche in Bethlehem (326) und in Rom mit S. Giovanni in Laterano (313–317). Weitere bedeutende Zeugnisse frühchristlicher Kunst sind Elfenbeinarbeiten, Sarkophagreliefs und Buchmalereien.

Gebälk, alle zu einer Decken- oder Dachkonstruktion gehörenden Balken; in der antiken Architektur aus Architrav (die Last des Oberbaus tragender Hauptbalken), Fries (waagerechte Wandverzierung) und Kranzgesims (vorspringender Wandstreifen unterhalb des Daches) bestehender, oberer Teil einer Säulenordnung.

Gegenreformation, eine im 19. Jh. von Leopold von Ranke eingeführte Epochenbezeichnung für das Zeitalter nach der Reformation. Beschreibt die Versuche der katholischen Kirche, ihre volle Autorität wieder herzustellen sowie Gebiete zurückzugewinnen, die an den Protestantismus verloren gegangen waren. Gegen Ende des 16. Jh.s sind Maximilian I. von Bayern und Ferdinand von Steiermark (der spätere Kaiser Ferdinand II. von Österreich, Beiname: »Protestantenfresser«) die Führer der Gegenreformation. Höhepunkt im Dreißigjährigen Krieg (1618–1648). Beendet durch den Westfälischen Frieden 1648. In der Zeit der Gegenreformation kommt es zu einer Neubewertung christlicher, künstlerischer Inhalte, um der Verweltlichung der kirchlichen Kunst entgegenzuwirken.

Gemme (ital.-lat. gemma, »Knospe, Edelstein«), auch Intaglio (ital., »eingeschnitten«), Edel-, Halbedelstein oder Muschelgehäuse mit vertieft eingeschnittener bildlicher Darstellung, im Gegensatz zur Kamee.

Gens (lat. Pl.: gentes, »Geschlecht« im Sinne v. Großfamilie, seltener »Volk«), bei den Römern ursprünglich auf Abstammung beruhender Großverband von Personen, der hauptsächlich privatrechtliche Funktionen hatte. Die politische Bedeutung der Gens lag v. a. in frührömischer Zeit (9.–6. Jh. v. Chr.); schon in der späten Republik (1. Jh. v. Chr.) gleichbedeutend mit »familia« (Familie) verwendet. Die Zugehörigkeit zu einer Gens schlägt sich im Gentilnamen nieder, z. B. Gaius Julius Caesar aus dem Geschlecht der Julier.

Genius: Marc Aurel beim Opfer vor dem Kapitol-Tempel, Reliefplatte von einem Bogenmonument des Marc Aurel, wohl 176 n. Chr., links neben dem Kaiser im Vordergrund der Genius senatus

Genius (lat., »Schutzgeist«), menschengestaltiger Schutzgeist in der römischen Mythologie, der bärtig oder jugendlich, oft mit freiem Oberkörper, Füllhorn im linken Arm und Opferschale in der rechten Hand dargestellt wird. Auch einzelne Gruppen wie der Senat (Genius Senatus), Orte (Genius loci) und der Staat (Genius populi Romani) besaßen ihren eigenen Genius.

Gesims, waagerechter, aus der Wand hervortretender Streifen, der die horizontalen Abschnitte eines Gebäudes gliedert.

Gewandformen, griechische, Hauptgewand ist der Chiton, ein kurzer oder langer Leibrock mit oder ohne Ärmel aus Wolle, der in der Taille gegürtet war. Frauen konnten darüber den Peplos ziehen, ein ärmelloses, auf den Schultern gestecktes langes Gewand, das mit einem Gürtel zusammengehalten wurde. Als Obergewand diente beiden Geschlechtern das Himation, ein großes rechteckiges Stück Wollstoff, das man über die linke Schulter drapierte, unter dem rechten Arm nach vorne führte und dann über die linke Schulter oder den linken Unterarm legte. Als Mantel der Reisenden und Krieger fungierte die Chlamys aus dickerem Material, die um die Schulter geschlungen und durch eine Schnalle zusammengehalten wurde.

Gewandformen, römische, wesentliches Kleidungsstück beider Geschlechter war die dem griechischen Chiton eng verwandte Tunika, die bei den Frauen unter den Brüsten und in der Taille gerafft war. Als Obergewand trugen freigeborene männliche römische Bürger die Toga, einen kreissegmentförmig zugeschnittenen feinen Wollstoff, der nach einem festen Schema drapiert wurde, sodass die linke Schulter bedeckt war und der rechte Arm frei blieb. Über der Tunika konnten die Männer auch ein Pallium, die Frauen die Palla ziehen, welche beide dem griechischen Himation entsprachen. Kleidung diente in römischer Zeit als Standesabzeichen: Neben unterschiedlichen Schuhformen bezeichnete eine Purpurborte am unteren Rand der Toga und ein breiter Purpurstreifen (clavus) den Träger als Senator, während die Tunika des Ritters ein schmaler Purpurstreifen zierte.

Gewölbe, gekrümmte, meist aus keilförmigen Steinen zusammengesetzte Decke über einem Raum. Im Unterschied zur Kuppel findet man sie auch über Längsräumen. Die Widerlager, zum Beispiel Mauern oder Pfeiler, fangen den Druck und den Schub des Gewölbes auf. Es können verschiedene Gewölbeformen wie Kreuzgewölbe oder Tonnengewölbe unterschieden werden.

Giebel, Abschluss eines Satteldaches; Bekrönung von Türen, Fenstern oder Nischen. Die antiken flachen Dreiecks- und Segmentbogengiebel werden in der Renais-

Tonnengewölbe

Kreuzgrat-gewölbe

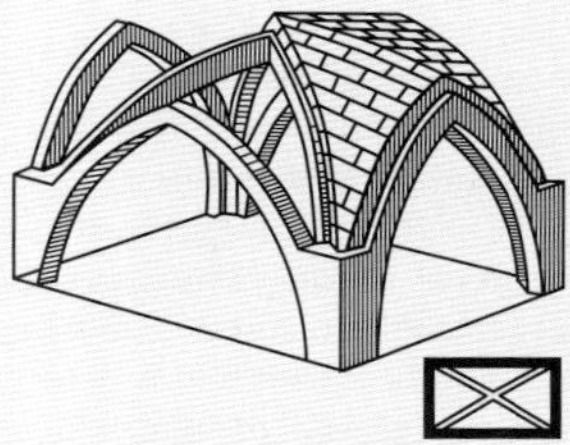

Kreuzrippen-gewölbe

Sechsteiliges Kreuzrippen-gewölbe

sance, im Barock und Klassizismus nachgeahmt und, wie bei den Vorbildern, gesprengt oder verkröpft, was bedeutet, dass das Mittelteil fehlt oder stärker bzw. schwächer hervortritt. Das Tympanon (Giebelfeld) kann dekoriert sein.

Glorie (lat. gloria, »Ruhm, Glanz«), auch Gloriole, Heiligenschein, der in der Regel bei Gottvater, Christus, dem Heiligen Geist und Maria den ganzen Körper umgibt.

Grabbau, prächtig ausgestattetes, oftmals eigenständiges Gebäude, wie die Grabkapelle oder das Mausoleum. In größerer Zahl sind künstlerisch gestaltete Grabmäler zum Beispiel in Kirchen und Kreuzgängen zu finden.

Graffito (ital., zu graffiare, »kratzen«), auch Sgraffito, Technik zur dekorativen Wand- und Fassadengestaltung, bei der auf eine Putzschicht (Kratzgrund) eine oder mehrere weitere verschiedenfarbige Putzlagen (Kratzschicht) aufgetragen werden. In die obere Schicht wird vor dem Erhärten ein Muster oder eine bildliche Darstellung in unterschiedlicher Tiefe gekratzt, sodass die jeweils darunter liegenden Schichten sichtbar werden. Wegen seiner Wetterbeständigkeit war der Graffito eine beliebte Form der Fassadendekoration in Barock und Renaissance. In Rom waren zahlreiche Fassaden mit Graffitodekorationen versehen, von denen sich jedoch nur noch wenige Reste erhalten haben.

Grisaille (zu frz. gris, »grau«, und grisailler, »grau anstreichen«), Grau-in-Grau-Malerei, Art der Malerei, die ausschließlich Steinfarben, Braun- oder Grautöne verwendet. Sie ist besonders geeignet zur malerischen Nachahmung bildhauerischer Arbeiten.

Groteske (zu ital. grottesco, »wild, phantastisch«), aus der hellenistisch-römischen Antike stammende Dekorationsform aus dünnem Rankenwerk mit phantastischen Pflanzen- und Tierornamenten. Die Bezeichnung wird im 16. Jh. von deren Fundort in den unterirdischen Räumen (ital. grotta, »Grotte«) der Domus Aurea abgeleitet.

Hades, griechischer Gott der Unterwelt, Sohn des Kronos und der Rheia, Gatte der Persephone, auch mit Pluton (lat. Pluto) gleichgesetzt. Er teilt sich mit seinen Brüdern Zeus und Poseidon die Weltherrschaft und bekommt die Unterwelt zugesprochen. Als Zeichen seiner Herrschaft trägt Hades Zepter und Schlüssel; begleitet wird er von dem dreiköpfigen Ungeheuer Kerberos, dem Wächter der Unterwelt. Später wird der Name Hades auch mit der Unterwelt selbst gleichgesetzt.

Grisaille: Annibale Carracci, Deckenmedaillon mit Apollo und Marsyas, ab 1597, Galleria Farnese, Rom

Hagiographie (von grch. hagios, »heilig«, und graphein, »schreiben«), die Wissenschaft von Überlieferung, Leben, Wirken und Kult der Heiligen und Seligen; entwickelte sich in Altertum und Mittelalter aus volkstümlichen Märtyrerberichten und -akten, was der Legendenbildung Vorschub leistete. Eine der wichtigsten Legendensammlungen ist die »Legenda aurea« des Jacobus de Varagine (1230–1298/99). Seit der Renaissance wird die Hagiographie wissenschaftlich betrieben.

Häresie (zu grch. hairesis, »das Erwählte, Denkweise«), in der Antike ursprünglich die Wahl eines bestimmten

Hopliten: »protokorinthische« Vasenmalerei, Chigi-Kanne, 650–640 v. Chr., Villa Giulia, Rom

Bekenntnisses; im Christentum die vom christlichen Glauben oder der herrschenden Lehrmeinung abweichenden Bekenntnisse, auch als Ketzerei oder Irrglaube bezeichnet.

Hellenismus (grch. hellenismos, »das Griechisch-Reden«), im antiken Sprachgebrauch Bezeichnung für die griechische Sprache und Kultur; in der modernen Forschung ein von der Geschichtswissenschaft geprägter chronologischer Hilfsbegriff für die Epoche der griechischen Kulturgeschichte vom Tod Alexanders des Großen (323 v. Chr.) bis zu Augustus (31 v. Chr.). Kennzeichnend für den Hellenismus sind die aus dem Alexanderreich hervorgegangenen dynastischen Monarchien in Ägypten und Kleinasien (Ptolemäer, Seleukiden, Antigoniden und kleinere Reiche wie Pergamon) mit einem starken Heer und einem komplexen Beamtenapparat, während die Stadtstaaten des griechischen Mutterlandes in die politische Bedeutungslosigkeit verfielen. Im Umkreis der mächtigen Königshöfe entwickelten sich eigene Kunstschulen, die einen neuen Stil formten, der später auch die Kunst der römischen Eroberer bestimmen sollte. Losgelöst von den Regeln des klassischen Zeitalters entstand eine barocke Formensprache, neben die im 2. Jh. v. Chr. eine klassizistische, sich an den Vorbildern der alten Zeit orientierende Richtung trat.

Hopliten (grch. hoplon, »Schild«), schwer bewaffnete Fußsoldaten der altgriechischen Stadtstaaten seit dem 7. Jh. v. Chr., die mit großem Schild, Helm, Panzer, Schwert und Handspeer ausgestattet sind. Hoplit konnte nur werden, wer das volle Bürgerrecht besaß und seine Ausrüstung selbst erwerben konnte. Ihre Schlachtordnung war die »Phalanx« (grch. Walze), eine geschlossene Aufstellungsformation.

Ikonographie (zu grch. eikon, »Bild«, und graphein, »(be-) schreiben«), Lehre von Inhalt, Sinn und Symbolik bildlicher Darstellungen; ursprünglich Porträtkunde des Altertums.

Illusionismus (von lat. illusio, »Ironie, Verspottung, Täuschung«; frz. illusion, »Trugbild«), mit Hilfe gestalterischer und perspektivischer Mittel erzeugte, scheinbar dreidimensionale Darstellung von Tiefenraum oder Körpern auf einer zweidimensionalen Bild- oder Relieffläche.

Inkrustation (zu lat. incrustare, »mit Rinde überziehen«), Verkleidung von Wand- und Bodenflächen mit farbigen polierten Steinplatten, meist aus Marmor oder Porphyr, die zu Mustern gefügt sind und somit die Flächen gliedern und dekorativ beleben. Inkrustationen sind aus der antiken und der byzantinischen Kunst bekannt. In Italien waren sie vom frühen Mittelalter bis zum Barock ein wichtiges architektonisches Gestaltungselement.

Inquisition (von lat. inquisitio, »Untersuchung, Erforschung«), Institution der mittelalterlichen Kirche zur Verfolgung von Ketzern, Häretikern und Straftaten; seit 1231 Ernennung päpstlicher Inquisitoren (bevorzugt Dominikaner und Franziskaner). Durch Papst Gregor IX. (Pontifikat 1227–1241) und die 1234 veröffentlichte Dekretalensammlung wird die Inquisition zu einer päpstlichen Institution (»Sanctum Officium«) ausgebaut.

Intarsie (zu ital. intarsiare, »Einlegearbeiten fertigen«; arab. tarsi, »das Auslegen, Besetzen«), Auslegearbeit in Holz, auch aus Elfenbein, Perlmutt, Schildplatt oder

Metall. Die Muster werden entweder aus dem Holzkörper ausgehoben und mit anderem Material gefüllt oder aus kleinen Stücken zusammengefügt und aufgeleimt.

Investitur (lat. investire, »einkleiden«), nach römisch-katholischem Kirchenrecht letzter Schritt der Einweisung in ein besoldetes Kirchenamt, z. B. eines Bischofes oder Abtes, durch den Papst.

Investiturstreit, Kampf zwischen Papsttum und deutschem Königtum zwischen 1075 und 1122 um das Recht der Einsetzung von Bischöfen und Äbten mit Ring und Stab, die seit dem 9. Jh. von den weltlichen Souveränen ernannt wurden. Mit dem Verbot der Laieninvestitur entfesselt Gregor VII. den Streit. Heinrich IV., der sich in seinen königlichen Rechten angegriffen fühlt, antwortet mit der Absetzung des Papstes und wird daraufhin von Gregor VII. exkommuniziert. Erst das sog. Wormser Konkordat zwischen Heinrich V. und Calixt II. beendet 1122 den Investiturstreit mit dem Verzicht des Königs auf die Einsetzung des Bischofs mit Ring und Stab und der Anerkennung seines Rechtes auf Anwesenheit bei der kanonischen Wahl des Bischofs. Der Investiturstreit berührte auch England und Frankreich, jedoch wesentlich geringer als Deutschland.

Ionische Säule, stützendes Element aus einer reich profilierten Basis, einem aus Stegen gekehlten schlanken Schaft sowie einem Kapitell mit Eierstab (Zierelement), Voluten (eingerolltes Bauglied) und Abakus (Deckplatte) zusammengesetzt, das zur ionischen Säulenordnung (griechisches Architektursystem) gehört.

Jesuitenorden (lat. Societas Jesu, »Gesellschaft Jesu«), 1534/ 1539 durch Ignatius von Loyola (1491–1556) zur Bekämpfung der Ketzerei gegründeter katholischer Orden. Er ist um die Erneuerung kirchlicher Autorität bemüht und versucht, der Reformationsbewegung entgegenzuwirken. Durch Mission, Erziehung, Unterrichtung sowie schriftstellerische und wissenschaftliche Betätigung hat er besonderen Einfluss auf das Bildungswesen.

Joch (althochdt. joh; lat. iugum), auch Travée (frz., »Feld«), Gewölbeeinheit innerhalb einer Folge von gleichartigen Gewölbefeldern; der einem Gewölbeabschnitt entsprechende Raumteil.

Kalotte (frz. calotte, »Käppchen«), in der Architektur ein Kugelabschnitt mit geringerer Größe als der Halbmesser, wie z. B. der gewölbte Teil einer Nische.

Kanneluren (zu frz. canneler, »auskehlen«; zu lat. canna, »Rohr«), senkrechte, konkave Rillen am Schaft einer Säule, eines Pfeilers oder Pilasters. Sie können in scharfen Graten (Kanten) aneinander stoßen oder durch Stege getrennt sein.

Kapelle (mittellat. cap[p]ella, »kleiner Mantel«), kleiner selbstständiger Kultraum in Kirchen; kleinere Kirche ohne Pfarrrechte für besondere Zwecke, wie zum Beispiel die Tauf- oder Grabkapelle. Abgeleitet ist die Bezeichnung von einem kleinen Betraum der Königspfalz zu Paris, in dem seit dem 7. Jh. n. Chr. der Mantel des Hl. Martin von Tours (316/17–397 n. Chr.) aufbewahrt wird.

Kapitell (lat. capitulum, »Köpfchen«), Kopfstück einer Säule oder eines Pfeilers. Formale Vermittlung zwischen Stütze und Last. Man unterscheidet verschiedene Kapitellformen.

Kapitellformen, man unterscheidet zahlreiche Typen von Kapitellen, die sich im Laufe der Zeit entwickelt und stetig verändert haben. Die bedeutendsten sind die seit der griechischen Antike verwendeten dorischen, ionischen und korinthischen Kapitelle. In der römischen Antike kommt das Kompositkapitell als Verbindung von ionischem und korinthischem Kapitell hinzu. Im frühen Mittelalter werden diese vier Grundformen nur bei kaiserlichen Bauten der Karolinger, Ottonen und Salier übernommen. Daneben entstehen sowohl geometrische Kapitellformen wie das Pilz- oder das Würfelkapitell, aber auch Figurenkapitelle mit Darstellungen von Menschen, Tieren, Pflanzen und reichen Ornamenten. In der Gotik herrschen die Formen des Kelchkapitells und des Blattkapitells vor, die in der Renaissance wieder durch die antiken Typen verdrängt werden.

Kartäuserorden (lat. Ordo Cartusiensis), katholischer Eremitenorden, 1084 durch Bruno von Köln (1032–1101) in der Grande Chartreuse bei Grenoble gegründet. Der Orden verbindet Einsiedler- und Gemeinschaftsleben. Im 14. und 15. Jh. entstehen neue Kartausen (Klöster mit Einzelhäusern), die sich der spätmittelalterlichen Mystik, der »devotio moderna« (neue Frömmigkeit), und dem Humanismus, dem Streben nach echter Menschlichkeit, öffnen.

Karyatide (grch. karyatides), in der Baukunst eine weibliche Gewandstatue mit korb- oder polsterförmigem Kopfputz, die anstelle einer Säule oder eines anderen tektonischen Elementes das Gebälk trägt. Die Bezeichnung ist wohl von den Mädchen, insbesondere den Tempeltänzerinnen, der lakonischen Stadt Karyai bei Sparta abgeleitet. Wegen der verräterischen Haltung der Bevölkerung in den persischen Kriegen (500–479 v. Chr.) wurden die Dorfmädchen in die Sklaverei geführt.

Katakombe (spätlat. catacumbae; vermutl. grch. kata, »nieder«, und kymbe, »Becken, Vertiefung«), ursprünglich der Name einer Senke bei der Kirche S. Sebastiano in Rom. Deren unterirdischer, seit dem 4. Jh. genutzter christlicher Friedhof war im Mittelalter als »coemeterium ad catacumbas« bekannt. Der Begriff wurde später auf alle in Rom und Umgebung angelegten unterirdischen frühchristlichen und jüdischen Begräbnisstätten übertragen. Katakomben bestehen aus einem in Tuffstein gehauenen System von Gängen, in deren Wände mehrfach übereinander angeordnete kastenförmige Wandgräber eingelassen wurden. Zu Zeiten der Christenverfolgung (65–313) dienten sie den Gläubigen als sichere Zufluchtsstätten.

Kirchenväter (lat. patres ecclesiae), päpstlich bestätigte Kirchenlehrer und bedeutende Theologen frühchristlicher Zeit. Die vier Kirchenväter der römischen Kirche sind Ambrosius (um 340–397 n. Chr.), Augustinus (um 354–430 n. Chr.), Hieronymus (um 340/47–420 n. Chr.) und Gregor der Große (um 540–604 n. Chr.). Seit dem 8. Jh. werden sie mitunter der Gruppe der vier Evangelisten und ihren Symbolen zugeordnet.

Klassische Kunst (zu lat. classicus, »mustergültig, erstrangig«), Bezeichnung für die Epoche der griechischen Kunst von 480–323 v. Chr. Ihre Eckdaten fallen mit bedeutenden historischen Ereignissen zusammen, die einen tiefen Einschnitt in das Gefüge der griechischen Welt bedeuteten: Mit dem Sieg über die persische Großmacht 480 v. Chr. begann der Aufstieg der griechischen Stadtstaaten (Poleis), allen voran Athen, während der Tod Alexanders des Großen im Jahre 323 v. Chr. das Ende des sog. Poliszeitalters markierte. In der Kunst brachte die klassische Epoche die einschneidensten Veränderungen im Bereich der Plastik: Die gebundene Schrittstellung wurde überwunden und ein neues Gefühl für die organische Gliederung der menschlichen Figur entwickelt. Mit der Unterscheidung von Stand- und Spielbein (Ponderation) schuf man ein Prinzip, das für die gesamte griechische Klassik Gültigkeit besitzen sollte. Aus der Ponderation ging das Prinzip des Kontrapostes hervor, der gleichgewichtigen Verteilung aller Kräfte, das der argivische Bildhauer Polyklet in der Idee des Chiasmus, der über Kreuz-Anordnung von be- und entlasteten Teilen einer Statue, beispielgebend umgesetzt hat.

Klassizismus (zu frz. classique und lat. classicus, »mustergültig, erstrangig«), eine sich entscheidend an der klassischen Antike (5.–4. Jh. v. Chr.) orientierende europäische Stilrichtung. Mit dem Begriff werden im Wesentlichen zwei Erscheinungen bezeichnet. Zum einen eine Mitte des 16. Jh.s in Oberitalien von Andrea Palladio ausgehende Architekturströmung, die sich in Anlehnung an die Antike durch Klarheit und Strenge der Gliederung und karge bauplastische Ausstattung auszeichnet. Zum anderen wird Klassizismus auf die Kunstformen zwischen etwa 1750 und 1840 angewendet. Die Sehnsucht nach Natürlichkeit, Einfachheit und humanistischer Identität lassen diese als eine Gegenbewegung zum frivol empfundenen Rokoko entstehen, wobei sie durch sittlich-moralische Motive, die sich bei mythologischen und historischen Themen finden, untermauert wird. Formal äußert sich der Stil in der Betonung von Körper und Linie, in kühlen Farben sowie in strengen Kompositionen unter Verzicht auf illusionistische Raumtiefe. Als klassizistisch wird jede Stilform bezeichnet, die sich sehr stark an einer künstlerisch oder ideologisch vorbildlichen Kunstepoche orientiert.

Kline (grch.), Speisesofa.

Kodex (lat. codex, »Holzklotz«), ursprünglich zum Schreiben eingerichtete und zusammengeheftete Holz-

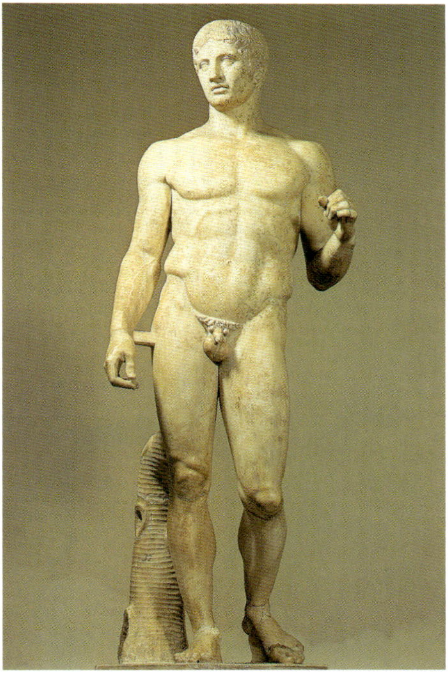

Kontrapost: Polyklet, Doryphoros, um 440 v. Chr., hier: römische Kopie um Christi Geburt, Museo Nazionale, Neapel

täfelchen. Später geht der Begriff auf aus einzelnen Blättern gebundene Pergamenthandschriften über. Kodex bezeichnet auch eine Text- und Gesetzessammlung sowie ungeschriebene, allgemeine Verhaltensregeln.

Kolonnade (frz. colonnade), Reihung von Säulen mit geradem Gebälk ohne Bogen.

Kongregation (lat. congregatio, »Geselligkeit, Vereinigung«), Gemeinschaft der katholischen Kirche, die im Gegensatz zu den Orden meist nach einfachen Regeln lebt; bezeichnet auch die Verbindung mehrerer Klöster derselben Regel. Kardinalskongregationen sind die päpstlichen Behörden der römischen Kurie.

Konklave (lat. conclave, »verschließbarer Raum«), der räumlich streng abgeriegelte Versammlungsort, in dem die Wahl eines Papstes vollzogen wird; die Versammlung der Kardinäle zur Papstwahl.

Konsole (frz. console, »Kragstein, Unterlage«; zu lat. solidus, »fest«), aus der Mauer vorkragender, zumeist profilierter oder figürlicher Tragstein, der als Stütze u. a. für Bogen, Gesimse, Balkone oder Figuren dient.

Kontrapost (von lat. contrapositus, »entgegengesetzt«, zu ponere, »setzen, stellen«), das von der klassischen griechischen Skulptur, namentlich von dem Bildhauer Polyklet (um 460–415 v. Chr.) zum verbindlichen Prinzip für die europäische Kunst entwickelte Standmotiv in der Bildhauerkunst, bei dem die verschiedenen Kraft- und Bewegungsrichtungen des menschlichen Körpers zu einem harmonischen Ausgleich gebracht werden. Lastende und tragende, ruhende und treibende Kräfte einer Figur werden durch ausgewogene Verteilung auf Stand- und Spielbein ausbalanciert. Der Kontrapost wird besonders in der Renaissance wieder aufgegriffen.

Konzil (lat. concilium, »Zusammenkunft«), Versammlung hoher kirchlicher Würdenträger, vor allem der Bischöfe.

Konzil von Trient (1545–1563), wird durch den deutschen Kaiser Karl V. einberufen, um die christliche Glaubenseinheit nach der Reformation wieder herzustellen. Das Konzil führt jedoch zu einer scharfen Abgrenzung der katholischen Glaubenslehre von den Reformationsbestrebungen Luthers, Calvins und Zwinglis. Vertreter der katholischen Kirche machen die »Ausrottung der Ketzerei« zum Tagesordnungspunkt, woraufhin die Protestanten ihre Teilnahme absagen. Die konfessionell-politische Spaltung Europas verfestigt sich.

Korinthische Säule, wie die ionische Säule aus einer reich profilierten Basis und einem mit Stegen gekehlten, schlanken Schaft bestehend, jedoch mit einem aus Akanthusblättern (große, ausgezackte, an der Spitze eingerollte Distelblätter) gebildeten Kapitell und Abakus (Deckplatte). Sie ist Bestandteil der korinthischen Säulenordnung (griechisches Architektursystem).

Kranzgesims, hervorspringender Mauerstreifen zwischen Wand und Dach, v. a. beim Palast- und Tempelbau.

Kreuzgang, der im Viereck um den Klosterhof führende und gegen diesen offene, überwölbte Bogengang mit Brüstung meist an der Südseite des Klosters, dessen freie Seiten nach festen Regeln von den Haupträumen des Klosters besetzt sind, bildet das Kernstück des Klosters.

Kreuzgratgewölbe (lat. crux, ital. croce, »Kreuz«), die rechtwinklige Verschneidung zweier Tonnengewölbe (halbkreis- oder segmentförmige Decken) gleicher Größe. Sind die Schnittstellen durch Rippen verstärkt spricht man vom **Kreuzrippengewölbe**.

Krypta (lat. crypta; grch. krypte, »gedeckter Gang, Gewölbe«; Pl.: Krypten), unterirdischer Kult- oder Grabraum, meist unterhalb des den Geistlichen vorbehaltenen Chores einer Kirche gelegen.

Kuppel (mittellat. cup[p])ula, »[umgestülptes] Tönnchen, Becher«), Decken- oder Dachform, Überwölbung eines runden, vier- oder vieleckigen Raumes in regelmäßigen Krümmungen. Die Überleitung vom quadratischen Grundriss zur Rundung des Kuppelgrundrisses kann verschieden vollzogen werden: 1. bei der Hängekuppel bildet die Basis der Kuppel einen gedachten Kreis, der das Grundrissquadrat umschreibt; 2. bei der Pendentifkuppel ist eine gedachte Hängekuppel über den Bogen horizontal abgeschnitten und die so entstandene Kreisfläche mit einer Halbkugel überwölbt; die dabei entstehenden sphärischen Dreiecke nennt man Pendentifs; 3. bei der böhmischen Kappe ist, ähnlich der Hängekuppel, die zu überwölbende Fläche kleiner als das Grundquadrat.

Kurie (lat. curia, »Männerbund, Senat, Rathaus«), in der Antike die uralte Gliederungsform der römischen Bürgerschaft in 30 Personenverbände, bei Kultfeiern einschließlich der Frauen und Kinder; später das Sitzungslokal der Senats, z. B. die Curia Iulia auf dem Forum Romanum. Im kirchlichen Bereich ist die Kurie vor allem die zentrale Verwaltungsinstanz des Papstes (»römische Kurie«), bestehend aus dem Staatssekretariat und neun Kurienkongregationen, deren Leiter Kardinalpräfekten heißen.

Langhaus, bei Kirchen mit erkennbarer Längsausdehnung der Teil zwischen Westbau (Fassade) und Vierung (Kreuzungsbereich von Lang- und Querhaus) oder dem den Geistlichen vorbehaltenen Chor. Das Langhaus kann wie bei der Saalkirche einschiffig (einräumig) oder wie bei der Basilika und Hallenkirche mehrschiffig sein.

Lararium (lat., zu Lar, »Schutzgottheit«), Schrein für die Hausgötter in einem römischen Haus; Hauptstätte der täglichen Religionsausübung; konnte prächtig ausgestattet oder nur gemalt sein.

Lararium: Haus des Menander, Pompeji (Rekonstruktion von P. Connolly)

Lateinisches Kreuz (lat. crux), Kreuz, dessen Hauptstamm länger als der Querbalken ist. Im abendländischen Sakralbau (kultischer Bau) des Mittelalters ist es die bevorzugte Grundrissform.

Laterne (lat. la[n]terna; grch. lamptera, »Leuchter, Lampe«), runder oder vieleckiger, durchfensterter Aufbau über Kuppel- oder Gewölbeöffnungen.

Latiner, Bewohner der Ebene von Latium. Im 5. Jh. v. Chr. schließen die latinischen Städte einen Bund, um sich gemeinsam gegen die in Latium einfallenden Stämme der Äquer und Volsker zu verteidigen. Im Streit um die Vormachtstellung im Bündnis bricht der Latinerkrieg aus (340–338 v. Chr.), in dem sich die meisten latinischen Städte gegen Rom stellen. Dennoch ist Rom militärisch überlegen. Die latinischen Städte und ihre Bewohner werden Rom zugeschlagen, das römische Stadtgebiet wächst auf ca. 6100 qkm. Mit dem Sieg erkämpft Rom die Vorherrschaft in Latium.

Latrine (lat. latrina, »Abtritt«, zu lavare, »waschen«), öffentliche Bedürfnisanstalt in der römischen Antike mit nebeneinander angeordneten Toilettensitzen, die oft mit Marmor und Wandmalereien ausgestattet war und die jeder gegen eine geringe Gebühr benutzen durfte.

Loggia (ital.), offener, von Säulen oder Pfeilern gestützter Bogengang oder gestützte Bogenhalle.

Lünette (frz. lunette, »kleiner Mond«), halbkreisförmiges Bogenfeld oberhalb von Türen oder Fenstern, zumeist mit bildlichem Schmuck versehen.

Manierismus (zu frz. manière, »Art und Weise«; zu lat. manuarius, »zu den Händen gehörig«), Kunstepoche zwischen Renaissance und Barock, etwa von 1530 bis 1620. Im Manierismus werden die in der Renaissance entwickelten harmonischen Idealformen, -proportionen und -kompositionen aufgehoben. So kennzeichnet die Malerei eine Dynamisierung der Bildszenerien, eine Überlängung des menschlichen Körpers und dessen Darstellung in anatomisch widersprüchlichen Positionen, eine übersteigerte Kompliziertheit der Kompositionen, eine irrationale und stark theatralisierte Lichtführung sowie eine Loslösung der strengen Gegenstandsbindung der Farbe.

Mausoleum (grch. maussolleion), prächtig ausgestattetes, monumentales Grabmal; Bezeichnung leitet sich vom Mausolleion, dem Grabmal des karischen Fürsten Mausolos in Halikarnass aus der Zeit um 350 v. Chr. ab, das zu den sieben Weltwundern der Antike gerechnet wurde. Auf einem mehrstufigen Sockel und einem hohen, reliefverzierten Unterbau erhob sich eine Säulenhalle, deren getrepptes Pyramidendach eine Quadriga bekrönte.

Medaillon (frz. médaillon, »große Medaille«), Bild oder Relief in rundem oder elliptischem Rahmen.

Mithras, altiranischer Sonnengott. Der Mythos von der Tötung des Mondstieres durch die Sonne »Mithras« bildete den Kern der hellenistischen Mysterienreligion, die sich nach Rom ausbreitete und mit den Heeren in die Provinzen gelangte. Seit dem 2. Jh. n. Chr. gehörte die Verehrung des Mithras zu den wichtigsten Kulten im Römischen Reich, und es wurden zahlreiche Heiligtümer (Mithräen) errichtet. Meist handelte es sich um unterirdische, lang gestreckte Räume mit Bänken auf beiden Seiten, auf denen die Anhänger lagerten, seltener um künstliche Grotten. Wände und Fußböden stellten Riten aus dem Kult dar, während das Kultbild an der hinteren Schmalseite den Stier tötenden Gott zeigte.

Mittelschiff, auch Hauptschiff, bezeichnet den mittleren Raum eines mehrschiffigen, durch gereihte Stützen fixierten längs gerichteten Abschnitt eines Innenraums. Im Sakralbau ist bei basilikalem Querschnitt der höhere Mittelteil des Mittelschiffes durch Säulen- oder Pfeilerreihen von den parallel verlaufenden, niedrigeren Seitenräumen (Neben- oder Seitenschiffe) getrennt und durchfenstert. Bei hallenförmigem Querschnitt ist das Mittelschiff kaum oder gar nicht höher als die Seitenschiffe.

Monochromie (zu grch. monos, »allein, einzig«, und chroma, »Farbe«), Einfarbigkeit, im Gegensatz zu Polychromie (Mehr-, Vielfarbigkeit).

Monolith (aus grch. monos und lithos, »Stein«), in der Architektur: der aus einem einzigen Stein bestehende Bestandteil eines Gebäudes (vor allem als Säule, Pfeiler oder auch Kuppelplatte); in der Plastik: das monumentale, aus einem einzigen Steinblock gefertigte Bildwerk (Obelisk, Monumentalstatue u. Ä.).

Opus sectile: Wandausschnitt, 4. Jh., Museum Ostia

Mosaik (von lat. musaicum, musivum; zu grch. mousa, »Muse, Kunst, künstlerische Tätigkeit«), eine aus verschiedenfarbigen geschliffenen Steinen, Steinsplittern, Tonstiften oder Glasstücken zusammengesetzte ornamentale oder figürliche Flächendekoration. In der Antike im Wesentlichen zur Ausschmückung von Fußböden benutzt, erfährt die Technik im 5. und 6. Jh. n. Chr. in Italien (Rom, Ravenna) mit dem Aufkommen des Glasmosaiks ihre höchste Vollendung und übernimmt Aufgaben der Wandmalerei besonders in der Sakralkunst.

Nekropole (zu grch. nekros, »Toter«, und polis, »Stadt«; span. necrópolis), vor den Stadtmauern angelegter Gräberbezirk des Altertums und der christlichen Frühzeit.

Nepotismus (lat. nepos, »Enkel, Neffe«), Begünstigung von Verwandten bei der Verleihung von Ämtern und Würden. Der Ausdruck findet v.a. für die Vetternwirtschaft der Päpste seit dem 10. Jh. Anwendung.

Nimbus (mittellat., »Strahlenglanz«), Heiligenschein, der in der Regel als goldene oder goldgelbe Scheibe oder Ring über dem Kopf dargestellt wird.

Nische (frz. niche), die halbrunde, recht- oder vieleckige, oben geschlossene Vertiefung in einer Mauer.

Obelisk (lat. obeliscus und grch. obeliskos, »Bratspießchen«), quadratischer, nach oben verjüngter und von einer kleinen Pyramide bekrönter Steinpfeiler. Ursprünglich im alten Ägypten Kultsymbol für den Sonnengott, seit der Renaissance Denkmal- und Dekorationsform.

Obergaden, auch Licht- oder Fenstergaden, Fensterzone im oberen Wandteil des Mittelschiffes (mittlerer Innenraum) einer Basilika.

Opus sectile, Wandbekleidung oder Fußbodenbelag aus kleinen Marmorplatten, die in geometrischen oder anderen Formen zugeschnitten waren.

Orant (zu lat. orare, »beten, reden«), auch Adorant; betende Gestalt in Malerei und Plastik.

Oratorianer (zu lat. orare, »beten, reden«), Angehörige einer Vereinigung von Weltpriestern. Gemeint ist insbesondere die vom Hl. Filippo Neri (1515–1595) gegründete Gemeinschaft in Rom.

Oratorium (mittellat., zu lat. orare, »beten, reden«), kleiner Raum oder kleine Kapelle für das Gebet und den Gottesdienst. Zunächst nur den Klerikern bzw. Fürsten vorbehalten, ist der Betraum seit dem 16. Jh. teilweise auch der Öffentlichkeit zugänglich.

Palazzo (ital., »Palast«), reich verziertes und großzügig gebautes Wohnhaus. Der Name leitet sich von den monumentalen Kaiserbauten auf dem Palatin in Rom ab.

Palladion (zu grch. pallas, »Mädchen«; lat. palladium), kleines, hölzernes Kultbild der Pallas Athena von altertümlichem Aussehen, das die Göttin mit Schild und erhobener Lanze zeigt. Am berühmtesten war in der Antike das Palladion von Troja, das der Sage nach vom Himmel gefallen sein soll. Von ihm hing das Schicksal der Stadt ab, und so gibt es verschiedene Mythenversionen vom Raub durch Odysseus und Diomedes. Nach römischer Auffassung war das Palladion von Aeneas gerettet und nach Rom gebracht worden, wo man es im Vesta-Tempel aufbewahrte. Später galt das Palladion allgemein als Schutzheiligtum einer Stadt, dessen Verlust die Stadt wehrlos machte.

Patriarchialbasilika (lat. basilica maior), seit dem 17. Jh. Titel einer dem Papst direkt unterstehenden Basilika. Eine Patriarchalbasilika ist mit bestimmten Privilegien ausgestattet und besitzt einen Papstaltar und einen Papstthron. Zu den Patriarchalbasiliken gehören in Rom die Lateranbasilika, die Peterskirche, S. Paolo fuori le mura und S. Maria Maggiore. Der Besuch aller Patriarchalbasiliken gewährt unter bestimmten Umständen Ablass; in Heiligen Jahren wird an allen Patriarchalbasiliken eine Tür (lat. Porta Sancta) geöffnet.

Patrizier (lat. patricius, »Nachkomme eines röm. Sippenhauptes«), römischer Geburtsadel. Sie besitzen unter den etruskischen Königen den größten Teil des Bodens und setzen durch familiäre Verbindungen und ein Netz von politischen Freundschaften zahlreiche Privilegien durch. Maßgeblich an dem Sturz der etruskischen Könige zu Beginn des 5. Jh.s beteiligt, übernehmen sie die politische Macht (Beginn der römischen Republik). Während der Ständekämpfe müssen sie ihre Vormachtstellung gegen die Plebejer verteidigen. Mit der politischen Gleichstellung der Plebs gegen Ende des 4. Jh.s v. Chr. entsteht eine sozial gemischte, neue Elite – die »Nobilität« und das Patriziat geht im Laufe der Zeit zunehmend zurück. Seit Augustus werden verstärkt Mitglieder der Nobilität in das Patriziat erhoben, wodurch dieses seinen Charakter als Geburtsadel endgültig verliert.

Personifikation: Gianlorenzo Bernini, Darstellung des Ganges, Vierströmebrunnen, 1651, Piazza Navona, Rom

Pendentif (frz., »Hängebogen«), vom quadratischen Grundriss zur Rundung einer Kuppel überleitender gewölbter Teil in der Form eines sphärischen Dreiecks (Zwickel).

Peristyl (grch. peristylon), die einen Hof oder Platz umgebende Säulenhalle; kann sowohl als Bestandteil eines Wohnhauses als auch als Vorhof einer frühchristlichen Basilika auftreten.

Personifikation (zu lat. persona, »Person«, und facere, »machen«), die Darstellung konkreter, aber seelenloser und unpersönlicher Dinge oder Begriffe wie Tugenden in Gestalt von Personen mit entsprechenden Attributen; Form der Allegorie.

Perspektive (mittellat. perspectiva [ars], »hindurchblickende [Kunst]«), Darstellung dreidimensionaler Gegenstände auf der ebenen Bildfläche. Objekte und Figuren werden dabei weitestgehend gemäß den optischen Bedingungen wiedergegeben, unter denen sie einem Betrachter auch in Wirklichkeit erscheinen. Seit der ital. Renaissance zumeist als optische Aneignung der Welt durch das Individuum aufgefasst (»Entdeckung der Zentralperspektive«), verliert die perspektivische Konstruktion von Bildern seit dem 19. Jh. ihre künstlerische Verbindlichkeit.

Pfeiler (zu lat. pila), senkrechte Stütze mit rundem, quadratischem, recht- oder vieleckigem Querschnitt. Er kann in Basis (Fuß), Schaft (Mittelteil) und Kapitell (Kopfstück) gegliedert sein. Je nach Lage und Ausbildung unterscheidet man beispielsweise zwischen Frei-, Wand-, Eck- und Strebepfeiler (zusätzlich zur Mauer den Gewölbeschub und die Dachlast abfangende Pfeiler außerhalb eines Bauwerkes). Im Gegensatz zur Säule weist der Rundpfeiler keine Schwellung und Verjüngung auf.

Pilaster (ital. pilastro; zu lat. pila, »Pfeiler«), rechteckiger, zumeist nur wenig vorspringender Wandpfeiler mit Basis (Fuß), Schaft (Mittelteil) und Kapitell (Kopfstück), der die Wandfläche gliedert. Oft ist er kanneliert, d. h. mit senkrechten Rillungen am Schaft versehen.

Pilgerkirche, Ziel der Pilgerreisen zu besonders hoch verehrten Reliquien, wie z. B. den Apostelgräbern. Zu den sieben Pilgerkirchen Roms zählen der Petersdom, S. Giovanni in Laterano, S. Maria Maggiore, S. Paolo fuori le mura, S. Croce in Gerusalemme, S. Sebastiano fuori le mura und S. Lorenzo fuori le mura. Papst Bonifaz VIII. (Pontifikat 1294–1303) erteilte im heiligen Jahr 1300 den Besuchern dieser sieben Pilgerkirchen den vollständigen Erlass aller Sünden.

Plebejer, heterogene Schicht der nicht adligen Römer: meist Bauern, aber auch Händler und Gewerbetreibende. In den Ständekämpfen (ca. 470–300 v. Chr.) organisieren sich die Plebejer in eigenen politischen Institutionen. Diese können schließlich eine weitgehende politische Gleichberechtigung und Rechtssicherheit gegenüber den Patriziern durchsetzen. Die plebejischen Interessenvertreter (Volkstribunen) werden 287 v. Chr. von den Patriziern als staatliches Amt anerkannt. Nach 287 v. Chr. ist »Plebs« die Bezeichnung für alle Schichten unterhalb des Senatoren- und Ritterstandes.

Pomerium (lat.), heilige Stadtgrenze, die nicht sichtbar war, sondern nur als gedachte Linie bestand und lediglich an den Wendepunkten durch »cippi« (Grenzzeichen aus Holz oder Stein) mit Aufschrift markiert war. Innerhalb des Pomeriums durften keine Bestattungen vorgenommen und keine Waffen getragen werden.

Pontifex Maximus, Oberpriestertitel (pontifex maximus = oberster Brückenbauer). Die Pontifizes bilden ein Priesterkollegium, das die höchste Autorität in allen sakralen Fragen darstellt. Ihre Zahl beträgt ursprünglich drei, steigt unter Sulla und Caesar auf 15 bzw. 16 Pontifizes an. Unter dem Vorsitz des Pontifex Maximus überwacht die Priesterschaft die Einhaltung des Festkalenders und das religiöse Leben. Seit dem 5. Jh. ist Pontifex Maximus auch der Titel des Papstes.

Pontifikat (lat. pontificatus, »die Würde des Oberpriesters«), Amtszeit eines Bischofs oder Papstes.

Portal (mittellat. portale, »Vorhalle«), künstlerisch gestalteter Eingang eines Gebäudes. Das Vorbild des abendländischen Portals ist der römische Triumphbogen, ein freistehender Torbau zu Ehren eines Feldherrn.

Portikus (lat. porticus, »Säulengang, Halle«), meist offener, von Säulen oder Pfeilern getragener Vorbau an der Haupteingangsseite eines Gebäudes. Häufig ist er mit einem Giebel versehen.

Porträt (frz. portrait; lat. protrahere, »hervorziehen«), siehe Bildnis.

Postament (zu ital. postare, »hinstellen«), Sockel oder Unterbau eines Pfeilers, einer Säule oder Statue.

Predella (ital., »Podest, Fußbank«), sockelartiger Unterbau von Altarretabeln und Flügelaltären, der teilweise zur Aufnahme von Reliquien (verehrte Gegenstände oder Körperteile eines Heiligen) dient. Oftmals ist er mit bildlichen Darstellungen versehen.

Presbyterium (grch. presbyterion, »Rat der Ältesten«), auch Chor, erhöhter, den Geistlichen vorbehaltener Ort am Ende des Langhauses einer Basilika, an dem sich der Hauptaltar befindet.

Putto (ital., »Knäblein«; lat. putus, »Knabe«), als kleiner nackter Knabe mit oder ohne Flügel eine Erfindung der italienischen Frührenaissance in Anlehnung an gotische Kinderengel nach dem Vorbild der antiken Eroten.

Quadriga (lat., zu quattour, »vier«, und iugum, »Joch«), Gespann von vier Pferden vor offenem zweirädrigem Streit- oder Triumphwagen. In der Baukunst findet man seit dem 4. Jh. v. Chr. die Quadriga als dekorative Bekrönung von Bauwerken, v. a. von Ehrenbogen.

Quattrocento (ital., »vierhundert«), italienische Bezeichnung für das 15. Jh.

Querhaus, Querschiff, in Kirchen ein quer zum Langhaus verlaufender Bauriegel, der hinzugefügt wird, um weiteren Raum für die Geistlichen und die Altäre zu schaffen. Bei der frühchristlichen Basilika schließt in der Regel

Relief: Basisrelief der Antoninus-Pius-Säule, Apotheose des Kaisers und seiner Gattin Faustina, um 161, Vatikanisches Museum, Cortile delle Corazze, Rom

das Querhaus den Kirchenbau ab. In romanischen Kirchen folgt dem Querhaus oft noch der Chor, der das Langhaus optisch verlängert. Von einem Querschiff spricht man grundsätzlich nur, wenn sich der Decken- oder Gewölbeabschluss des Querhauses in gleicher Höhe befindet wie die Decke oder das Gewölbe des im Langhaus eingeschriebenen Mittelschiffs.

Reformation (lat. reformatio, »Umgestaltung, Erneuerung«), die durch Martin Luthers (1483–1546) Ablassthesen (1517) und die darauf folgenden Disputationen von Heidelberg und Leipzig ausgelöste Bewegung zur Erneuerung der römischen Kirche, die nach heftigen theologischen Auseinandersetzungen zur Aufhebung der abendländischen Kircheneinheit und der Bildung der protestantischen Kirchen führt.

Relief (frz.; zu lat. relevare, »erheben«), die aus einer Fläche durch Ausmeißeln oder Modellieren herausgearbeitete Darstellung. Nach Grad der plastischen Tiefe und Hervorhebung unterscheidet man Flach-, Halb- und Hochrelief.

Reliquie (lat. reliquiae, »Überrest, Zurückgelassenes«), Körperteil eines Heiligen oder aus dem Besitz eines Heiligen stammender Gegenstand, der besonders verehrt wird.

Renaissance (frz.; ital. rinascimento, »Wiedergeburt«), die von Italien ausgehende progressive Kulturepoche des 15. und 16. Jh.s. Die späte Phase etwa von 1530 bis 1620 wird auch Manierismus genannt. Die Bezeichnung geht auf den 1550 von Giorgio Vasari (1511–1574) geprägten Begriff »rinascita« (Wiedergeburt) zurück, der damit zunächst nur die Überwindung der mittelalterlichen Kunst meint. Als Stilbegriff wird Renaissance erst im 19. Jh. ausgehend von Frankreich eingeführt. Durch den Humanismus, der mit Berufung auf das antike Vorbild die Herausbildung eines neuen, diesseitig orientierten Menschen-, Welt- und Naturbildes fördert, entwickelt sich u. a. das Leitbild des »uomo universale«, des geistig und körperlich allseitig begabten und gebildeten Menschen. So gelangen die bildenden Künste vom Rang des Handwerkes in den der freien Künste, wodurch die Künstler einen höheren sozialen Status und ein größeres Selbstverständnis finden. Kunst und Wissenschaft stehen in direkter Verbindung und wirken aufeinander, wie beispielsweise in der Entdeckung der mathematisch berechenbaren Perspektive oder anatomischer Erkenntnisse. Die Baukunst bezieht sich auf die Architekturtheorien Vitruvs (um 30 v. Chr.) und zeichnet sich im Wesentlichen durch die Aufnahme antiker Bauelemente und die Ausbildung einer Palast- und Schlossarchitektur aus. Der Zentralbau, ein auf den Mittelpunkt ausgerichtetes Gebäude, wird zum typischen Bauentwurf.

Rippe, gurtähnlich vorstehende, stabartige, oftmals profilierte Verstärkung der Grate (Kanten, Schnittstellen) eines Gewölbes. Zwischen den Rippen sitzen die nicht ragenden Kappen.

Risorgimento (ital., »Wiedererstehung«), die auf die Rückgewinnung der einstmals hervorragenden kulturellen Position Italiens in Europa und auf die Herstellung der politischen Einheit des Landes gerichteten Bestrebungen im 18. und 19. Jh. Als Epochenbegriff bezeichnet Risorgimento die Zeit von 1815 bis 1870. In dem in zahlreichen politischen Programmen vorweggenommenen Ringen um die zukünftige Gestalt Italiens setzte sich im entscheidenden Moment der Nationalstaatenbildung (1859/61) die von den Liberalkonservativen (Camillo Cavour) verfochtene monarchische Lösung unter der Führung des Königs von Piemont-Sardinien (Vittorio Emanuele II) gegenüber der linksliberalen republikanisch-demokratischen Aktionspartei (Giuseppe Mazzini, Giuseppe Garibaldi) durch.

Romanik (zu lat. romanus, »Römer, römisch«), im ersten Drittel des 19. Jh.s in Frankreich eingeführter Begriff für die am Formenrepertoire römischer Architektur (Rundbogen, Pfeiler, Säule, Gewölbe) orientierte abendländische Baukunst des frühen Mittelalters. Sie umfasst die Zeitspanne von etwa 1000 (in Frankreich; in Deutschland ab Mitte des 11. Jh.s) bis in die Mitte des 13. Jh.s. In Zentralfrankreich bereits Mitte des 12. Jh.s von der Frühgotik abgelöst, kommt es überall zur Ausbildung nationaler Eigenarten und Stilmerkmale. Vor allem im Burgund, in der Normandie, in Oberitalien und in der Toskana erfährt die Romanik ihre reichste Ausprägung. Hauptaufgabe ist der Kirchenbau. Prägend ist die Addition einzelner plastisch durchgeformter Bauglieder sowie das klare Wechselspiel zylindrischer und kubischer Formen.

Rustika (lat. rustica, zu rusticus, »ländlich, bäuerlich«), Mauerwerk aus an der Außenseite nur grob behauenen Steinquadern.

Sacco di Roma (ital., »Plünderung Roms«), die durch deutsche und spanische Söldner unter Karl V. (1500–1558) vom 6. 5. 1527 bis zum 17. 2. 1528 erfolgte Ausraubung und Verwüstung Roms.

Sängerkanzel, auch Sängerempore, Sängerbühne (ital. cantoria), entstehen als eigenständige Kanzeln seit dem 13. Jh., um den Sängerchor vom Klerikerchor abzusondern. Anfangs vorzugsweise an den Langseiten der Kirche errichtet, wandert die Sängerkanzel ab dem ausgehenden Mittelalter über den Westeingang und verschmilzt dort oft mit der Orgelempore. In Italien setzt diese Veränderung erst im 16. Jh. ein.

Sarkophag (griech. sarcophagos, »Fleischfresser«), reich verzierter, aus Holz, Metall, Ton oder Stein gefertigter sichtbarer Sarg.

Säule, meist stützendes, sich nach oben verjüngendes Bauglied mit rundem Querschnitt, das aus Basis (Fuß), Schaft (Mittelteil) und Kapitell (Kopfstück) bestehen kann. Auf die Formen des Schaftes beziehen sich die meisten Namen, so z. B. die aus einem Stück bestehende monolithische Säule, die aus trommelförmigen Teilen gefertigte Trommelsäule oder die mit senkrechten Hohlkehlen versehene kannelierte Säule. Neben den freistehenden Säulen gibt es auch Wandsäulen wie die Halbsäule, die nur zur Hälfte aus einer Mauer oder einem Pfeiler heraustritt.

Säulenordnung, antikes festes Architektursystem, bei dem Säule, Kapitell, Architrav (die Last des Oberbaus tragender Hauptbalken) und Gesims (waagerecht hervortretender Wandstreifen) aufeinander abgestimmt sind. In der griechischen Baukunst kennt man die dorische, ionische und korinthische Ordnung. In der römischen Architektur werden sie im Wesentlichen übernommen, es gibt aber auch Variationen wie die toskanische Ordnung, mit dorischen Elementen, und die Kompositordnung, mit ionischen und korinthischen Bauformen.

Schisma (grch., »Spaltung«), die nicht dogmatisch begründete Kirchenspaltung. Das »große abendländische Schisma« innerhalb der katholischen Kirche, bei dem sich zwei Päpste in Avignon und Rom gegenüberstanden, dauerte von 1378 bis 1417.

Scholastik (zu lat. scholasticus, »zur Schule gehörig«), mittelalterliche Wissenschaft und Theologie, die auf das Prinzip der Logik gestützt die vorangegangene Theologie neu überdenkt und die Dialektik entwickelt. Ziel ist es, zu einem vertieften Verständnis des Glaubens zu gelangen. Wichtige Ausgangspunkte sind die dogmatische Exegese der heiligen Schriften und die Aussprüche der Kirchenlehrer. Die wichtigsten Vertreter der Scholastik sind Albertus Magnus (1193?–1280) und Thomas v. Aquin (1225–1274), die v. a. aus ihrer Auseinandersetzung mit den Gedanken des Aristoteles wichtige Anregungen empfangen und wesentlich zur Vereinbarkeit von antiker Philosophie und christlicher Lehre beigetragen haben.

Segmentgiebel, in der Baukunst Giebelform mit segmentbogenförmigem Abschluss. Der der Antike entlehnte flache Segmentgiebel wird in der Renaissance, im Barock und Klassizismus nachgeahmt und, wie schon in der Antike, gesprengt oder verkröpft und besonders als Ziergiebel über Portal und Fenster vielfältig angewandt.

Senat, einflussreichstes politisches Gremium der römischen Republik, geht hervor aus dem Adelsrat der etruskischen Könige. Mitspracherecht in nahezu allen politischen Fragen, Leitung der Außenpolitik und der Finanzverwaltung. Der Senatorenstand (ordo senatorius, Mitglieder des Senats und ihre Familien) repräsentiert die ranghöchste Schicht der Gesellschaft. Äußerlich sind die Senatoren an besonderen Rangabzeichen erkennbar, wie ihren roten Schuhen und einem breiten Purpurstreifen auf der Tunika. Unter Augustus verliert der Senat einige seiner Kompetenzen an die kaiserliche Bürokratie.

Sibylle (grch. sibylla, »Prophetin«), Zukunft weissagende Frau des Altertums, die der Legende nach Geburt, Passion oder Auferstehung Christi voraussagt. Ursprünglich gab es in der Antike nur eine, dann zehn Sibyllen. Im frühen Christentum wurde die Zahl auf zwölf erweitert, analog zu den zwölf Propheten des Alten Testamentes.

Simonie (lat. simonia), von Simon dem Magier (Apg. 8, 18–25) abgeleitete Bezeichnung für den Handel mit kirchlichen Ämtern, Weihen, Sakramenten und deren Gegenständen gegen Geld oder Geldwert; seit den Konzilien von Chalzedon (451) und Nizäa (787) verboten. Im 11. Jh. betrachtete man auch die Investitur von Laien auf Priestern vorbehaltenen kirchlichen Ämtern als Simonie. Sie wurde von Papst Gregor VII. untersagt und ist heute kirchenrechtlich strafbar.

Smalten oder Schmalten (von ital. smalto, »Schmelzglas«), Farbpigmente, Kobaltschmelzen, die zum Blau färben der Glasuren von Keramik und Porzellan verwendet werden.

Sockel (lat. socculus, »kleiner Schuh«), in der Architektur der vorspringende Unterbau einer Säule oder eines Gebäudes. Bei Bauwerken schließt er mit einem Gesims, einem waagerecht hervortretenden Wandstreifen, ab und ist vereinzelt als Bank oder niedriges Geschoss ausgebildet.

Spolien (zu lat. spolium, »Beute«; und spoliare, »berauben, plündern«), Waffenbeute; wieder verwendete Teile eines Kunstwerkes oder Gebäudes.

Strenger Stil, Bezeichnung für die Epoche der frühen Klassik in der griechischen Kunst von 480–460/450 v. Chr. Der Begriff wird erstmals von Johann Wolfgang von Goethe eingeführt. Die archaischen Formen, gekennzeichnet durch die statuarische Gebundenheit der Skulptur an die Achse, lösen sich allmählich zugunsten einer organischen Ausgewogenheit von Ruhe und Bewegung, Belastung und Entspannung auf. Mit der beginnenden Unterscheidung von Stand- und Spielbein werden die Grundlagen für die Ausbildung des Kontrapostes der Hochklassik gelegt. Statt des archaischen Lächelns weisen die Skulpturen des Strengen Stils oft eine etwas harte, verschlossene Gesichtsbildung und schwere Formen auf, die in der Idealisierung der Hochklassik wieder aufgehoben werden.

Stuck (ital. stucco, »Gips«), Masse aus Gips, Kalk und Sand, die in feuchtem Zustand beliebig formbar ist, aber schnell erhärtet und dann kaum Korrekturen zulässt.

Stützenwechsel, v. a. in der romanischen Baukunst die wechselnde Abfolge von Säule und Pfeiler (oder auch zwei Säulen und einem Pfeiler) an den Mittelschiffwänden einer Basilika.

Tabernakel (lat. tabernaculum, »kleines Zelt, kleine Hütte«), in der Architektur das aus Säulen und Spitzdach gebildete Ziergehäuse, häufig für Statuen, zum Beispiel auf gotischen Strebepfeilern; Schrein zur Aufbewahrung der geweihten Hostien; von Stützen getragener Überbau eines Altares.

Tambour (altfrz.; arab. tanbur, »Trommel«), auch Kuppeltambour, zylinderförmiger oder vieleckiger Bereich zwischen Unterbau und Kuppel, der mit Fenstern versehen sein kann.

Tempel (lat. templum, »abgegrenzter Beobachtungsraum« für die Auguren bei der Beobachtung des Vogelfluges, dann »Heiligtum, Tempel«), nicht christlicher Kultbau, Hauptform des Kultbaus in der griechischen und römischen Antike. Kern aller Tempel ist der fensterlose Innenraum (grch. naos, »Wohnung«; lat. cella, »Kammer«), der anders als in der christlichen Kirche nicht als Versammlungsstätte, sondern ausschließlich zur Aufbewahrung des Kultbildes diente. Die Opfer wurden am Altar vor oder neben dem Tempel vollzogen. Schon früh haben sich in der griechischen Architektur verschiedene Typen herausgebildet, die je nach der Art der äußeren Umbauung der Cella – Vorhalle (Pronaos), Raum an der Rückseite (Opisthodom), umlaufende Säulenstellung – benannt werden. Der römische Tempel in seinem ältesten Typ leitet sich vom etruskischen Podiumtempel ab und ist durch die Treppe an der Vorderseite und die tiefe Vorhalle stark frontbetont.

Thermen (zu grch. thermos, »Wärme, warme Quelle«), öffentliche Badeanlage in der römischen Antike. Wichtigste Bestandteile der Thermen waren das Caldarium (Warmwasserbad), das Tepidarium (lauwarmes Bad), das Frigidarium (Kaltwasserbad) und die Natatio (Schwimmbecken). Neben diesen Haupträumen waren Umkleide- (Apodyterien), Schwitz- (Laconicum), Massage- (Unctuarium) und Aufenthaltsräume sowie Sportplätze (Palaestren) angeordnet. Oftmals waren die großen Thermenanlagen der Kaiserzeit von einem Park umgeben, und in ihren Umfassungsmauern befanden sich Nymphäen, Bibliotheken, Konzert- und Vorträgssäle. Das Wasser wurde über Aquädukte zu den Thermen geleitet und dort in großen Zisternen gesammelt. Die Beheizung der Bäder erfolgte durch unter dem Fußboden befindliche Räume oder Kanäle (Hypokausten), in denen von Feuerstellen ausgehende heiße Luft zirkulierte.

Tiara (grch.; lat. tiaras, »Kopfbund, Turban«), auch Trigenium (lat., »dreifache Krone«), hohe kegelförmige, mit drei Kronreifen geschmückte, nicht zum Gottesdienst gehörende Kopfbedeckung des Papstes.

Titelkirche/Titulus, (lat. titulus, »Auf-, Überschrift«), der im 3. Jh. nachweisbare, ab dem 4. Jh. gebräuchliche Name für die innerhalb der Aurelianischen Stadtmauer gelegenen römischen (Pfarr-) Kirchen. Tituli waren gottesdienstliche Räume in Privathäusern, die den Namen/Titel des Besitzers trugen. Die an diesen Tituli hauptamtlich tätigen Priester hießen »cardinales«, woraus später Amt und Würde der Kardinäle wurde. Heute ist jeder Kardinal kirchenrechtlich bestallter Inhaber einer Titelkirche, erkennbar an dessen Wappen und dem des regierenden Papstes an der Kirchenfassade.

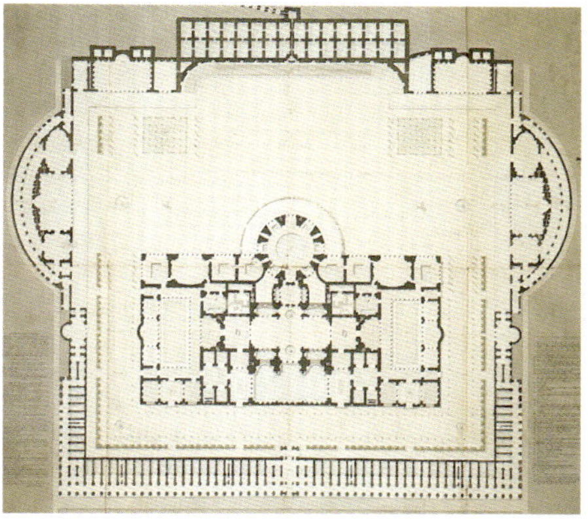

Thermen: nach I. Gismondi, Trajansthermen, 109 n. Chr., Rom

Tondo (ital., »Kugel, Teller«; zu lat. rotundus, »rund«), kreisrundes Gemälde oder Relief.

Tonnengewölbe (zu mittellat. tunna, »Faß«), Deckenform, deren Querschnitt zumeist ein Halbkreis oder Kreissegment ist, seltener ist der spitz- oder parabelförmige Querschnitt.

Torso (ital., »Strunk, Rumpf«), ursprünglich eine unvollendete oder nur unvollständig erhaltene antike Statue. Seit dem 16. Jh. gibt es den Torso auch als bildhauerischen Entwurf, bei dem bewusst auf die Ausführung des Kopfes oder der Arme verzichtet wird. Das bedeutendste Vorbild aus der Antike ist der sog. Torso vom Belvedere in den vatikanischen Museen. In begrifflicher Ausweitung spricht man heute z. B. auch vom Gebäudetorso.

Triclinium (lat.), 1. Speisezimmer des römischen Hauses; 2. Speiseraum der Pilger im Kloster.

Trinität (lat. trinitas, »Dreiheit«), Dreieinigkeit; in der christlichen Glaubenslehre die Dreifaltigkeit Gottes.

Triptychon (zu grch. triptychos, »dreischichtig, dreifach«, zu tri..., »drei«, und ptyche, ptyx, »Falte, Lage, Zusammengelegtes«), dreiteilige Bildtafel, insbesondere als mittelalterlicher Flügelaltar, aus einem feststehenden Mittelteil und zwei beweglichen Seitenflügeln bestehend. Meist geschnitzte und/oder gemalte Darstellung.

Triumphbogen (lat. triumphus, »Siegeszug«), seit dem 2. Jh. v. Chr. ein freistehender Torbau mit Durchgängen zu Ehren eines Feldherrn oder Kaisers. In frühchristlichen Basiliken der oft mosaikverzierte Bogen zwischen Hauptschiff und Apsis.

Triumvirat (»Dreimännerherrschaft« von lat. triumviri/tresviri, »drei Männer«), irreführende moderne Bezeichnung eines von drei politischen Führern im Rom des 1. Jh.s v. Chr. geschlossenen Zweckbündnisses zur Durchsetzung einer staatlichen Aufgabe bzw. eines gemeinsamen politischen Zieles. Die bedeutendsten sind die Triumvirate von Pompejus, Crassus und Cäsar (60 v. Chr.) und von Antonius, Lepidus und Octavian, dem späteren Augustus (43 v. Chr.). Ursprünglich waren Triumviri ein Magistratskollegium der römischen Republik mit Polizei- und Aufsichtsfunktionen.

Verkröpfung, auch Kröpfung, in der Baukunst die Herumführung eines Gebälks, eines Gesimses und dergleichen um einen vorstehenden Bauteil, etwa eine Wandsäule, Wandpfeiler, einen Pilaster oder Mauervorsprung.

Vesperbild (lat., »Abend, Abendstern, Westen«), auch Pietà (ital., »Frömmigkeit, Mitleid«), Marienklage, Darstellung der trauernden Muttergottes, die den Leichnam Christi in ihren Armen hält.

Vestalin (von lat. Vesta, »Göttin des Feuers«), eine von vier, später sechs römischen Priesterinnen der Vesta, die im Rundtempel auf dem Forum Romanum unter Oberaufsicht des Pontifex Maximus das heilige Staatsfeuer, das der Legende nach aus Troja stammte und nie erlöschen durfte, hüten musste. Im Atrium Vestae neben dem Tempel hatten die Vestalinnen ihren Wohnsitz. Sie waren zu 30-jähriger Jungfräulichkeit verpflichtet, die bei Verletzung mit dem Lebendigbegraben oder dem Sturz vom Tarpeischen Felsen (Kapitol) geahndet wurde. In der römischen Gesellschaft hatten sie eine angesehene Stellung und wurden oft in politischen Dingen um Rat gefragt.

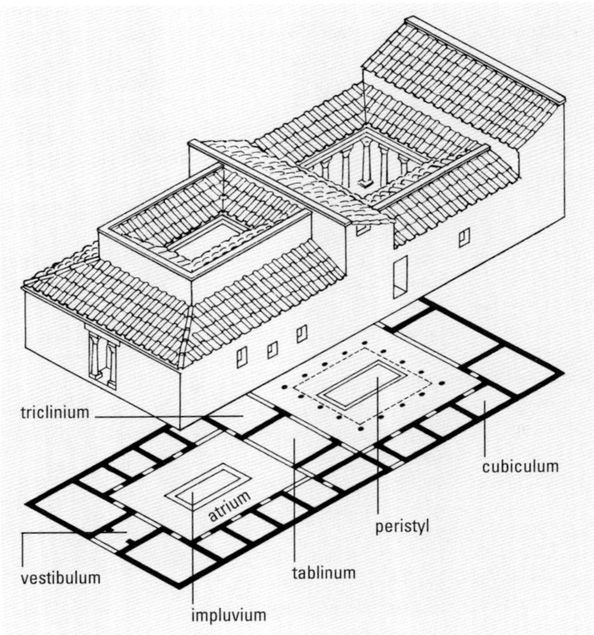

Wohnhaus, römisches: Atrium- und Peristylhaus (schematisch, nach Vorbildern in Pompeji)

Villa (lat., »Landhaus, Landgut«), ursprünglich ein Wohnhaus auf dem Lande. Als Schöpfung der römischen Baukunst ist sie seit dem 2. Jh. v. Chr. das Gegenstück zum städtischen Atriumhaus und bildet im Laufe der Zeit – je nach geografischer Lage, Nutzung und Anspruch des Bauherren (Kaiservillen) – unterschiedliche Typen aus. Die italienische Renaissance greift im letzten Drittel des 15. Jh.s den Villengedanken wieder auf; Architekturtheoretiker und Architekten wie Leon Battista Alberti (1404–1472), Andrea Palladio (1508–1580) und Vincenzo Scamozzi (1552–1616) formulieren im Rückgriff auf Quellen der römischen Antike (Vitruv, Plinius d. J.) entsprechende Gestaltungsideale und Theorien für die Villa als Bauaufgabe. Fortan bezeichnet sie bis ins 18. Jh. die gesamte Anlage des Landgutes, zu dem das Herrenhaus, ein Gästehaus, eine Kapelle, der Garten und verschiedene Wirtschaftsgebäude gehören. Funktional dient sie als Ort des Rückzugs und der Entspannung.

Vestibül (lat. vestibulum, »Vorplatz, Vorhof«), der Vorraum bzw. die Vorhalle eines Gebäudes. Beim altrömischen Wohnhaus liegt das Vestibül vor dem Eingang zum Haus.

Victoria (lat., »Sieg«), römische Siegesgöttin und Personifikation des Sieges sowie der Siegeskraft des römischen Volkes, außerdem Schutzgöttin des Römischen Reiches. Die der griechischen Níke entsprechende jungfräuliche Göttin wird geflügelt und meist mit Siegeskranz dargestellt.

Vierung, der räumliche Bereich einer Kirche, in dem sich Lang- und Querhaus kreuzen.

Volute (lat. voluta, »Schnecke, das Gerollte«), spiralförmig eingerolltes Ornament und Bauglied. Man findet es insbesondere an Kapitellen, v. a. am ionischen Kapitell, und Giebeln sowie als Vermittlung zwischen senkrechten und waagerechten Bauteilen.

Wohnhaus, römisches, das aus der etruskischen Architektur übernommene Atriumhaus war meist eingeschossig und von der Straße aus zugänglich. Ein Flur (vestibulum) führte in das Atrium, um das die weiteren Räume gelagert waren. Zu ihnen gehörten die Schafzimmer (cubicula), das Esszimmer (triclinium) und der Empfangsraum des Hausherrn (tablinum) sowie die

Wirtschaftsräume. In der Mitte des Atriums lag ein vertieftes Becken (impluvium), welches das durch die Öffnung im Dach herabfließende Regenwasser sammelte und in eine unterirdische Zisterne leitete. Durch das tablinum oder einen weiteren Gang (ala) gelangte man in den Garten (hortus). Seit dem 2. Jh. v. Chr. erfuhr das Atriumhaus eine Erweiterung, indem man den hortus durch einen oder mehrere säulenumstandene Gartenhöfe (Peristyl) mit Nebenräumen ersetzte und ein zweites Geschoss errichtete. Diesen Typus vertritt die domus (lat. »Haus«), das Stadthaus einzelner Familien. Im Erdgeschoss der mehrgeschossigen Mietshäuser (lat. insulae, »Mietshaus«) waren in der Regel Ladenlokale eingerichtet, über denen ein Zwischenstock für Lagerräume und die weiteren Geschosse mit verschieden großen Wohnungen und oftmals einer Gemeinschaftstoilette lagen. Die Villa (lat., »Landhaus, Landgut«), Sommersitz der Reichen, war hingegen größer angelegt und bildete im Laufe der Zeit – je nach geografischer Lage, Nutzung und Anspruch des Bauherrn – unterschiedliche Typen aus.

Zentralbau, Bau, bei dem alle Teile auf einen Mittelraum bezogen sind. Dieser kann zum Mittelraum erweitert, im Grundriss als Kreis, Ellipse, Quadrat oder regelmäßiges Vieleck angelegt sein und wird in der Regel von einer Kuppel überwölbt. In der Antike anfänglich auf kleine Rundtempel (Tholos) und Grabmäler beschränkt, erreichte die Zentralbaukunst im Pantheon ihren Höhepunkt. In der frühchristlichen Zeit kam diese Bauform seltener vor und wurde meist für Taufkapellen oder Grabeskirchen verwendet. Ihre höchste künstlerische und ideelle Blüte erfuhr sie in der Renaissance und im Barock.

Zenturie (lat. centuria, »Hundertschaft«), Grundeinheit zur Gliederung des römischen Volkes für Wahlen und Kriegseinsatz (gewöhnlich Heereseinheit). Sie wurde von König Servius Tullius (6. Jh. v. Chr.) eingeführt und jeweils in fünf Vermögensklassen eingeteilt. Im Heer bildet die Zenturie die 100 Mann starke Untereinheit einer Legion, die von einem »Zenturion«, einem Hauptmann im Unteroffiziersrang, geleitet wurde.

Ziborium (lat. ciborium und grch. kiborion, »Becher, Gehäuse«), auch Ciborium, auf vier Säulen ruhende, freistehende Altarüberdachung.

Zinne, rechteckige, zahnförmige Zacke auf einer Mauer, meist in einer Reihe.

Zwickel, dreiseitig begrenztes Flächenstück. Bogenzwickel ergeben sich z. B. aus der rechteckigen Umrahmung von Bogen. Hängezwickel bilden sich bei Kuppelbauten als sphärische Dreiecke in der Überleitung von quadratischem Grundriss zur Rundung der Kuppel.

Ziborium: Arnolfo di Cambio, S. Cecilia in Trastevere, 1293, Rom

Biografien

Agrippa (Marcus Vipsanius Agrippa, 64/63 v. Chr. in Dalmatien – 12 v. Chr. in Kampanien) unterstützt Octavian im Kampf um die Macht sowohl als Verwalter römischer Provinzen als auch als erfolgreicher General, v. a. in der Seeschlacht von Actium 31 v. Chr., die Octavian den Sieg über Marcus Antonius sichert. Er wird wichtigster Mitarbeiter am umfassenden Erneuerungsprogramm des Augustus. Als römischer Aedil und späterer Konsul lässt er Aquädukte, Kanäle und Bäder anlegen und das erste Pantheon erbauen.

Alberti, Leon Battista (1404 Genua oder Venedig – 1472 Rom), Architekt und Kunsttheoretiker, verkörpert den Inbegriff des »uomo universale«, des allumfassend begabten humanistischen Gelehrten. Er lebt 1432–1434 in Rom, anschließend in Florenz, Bologna, Mantua und Ferrara, wo er auch als planender Architekt tätig ist. Seit 1443 hält er sich überwiegend in Rom auf. Hier konzentriert er sich v. a. auf das Studium der römischen Antike, dessen Ergebnisse er in seiner Schrift »Descriptio urbis Romae« niederlegt. Er wird zum engsten Mitarbeiter Papst Nikolaus' V., dem er bei seinen zahlreichen Bauprojekten wie der Umgestaltung von S. Stefano Rotondo oder der Neuplanung des Vatikans beratend zur Seite steht. 1452 vollendet er in Rom sein theoretisches Hauptwerk »De re aedificatoria libri decem«, das erste große Architekturtraktat der Neuzeit.

Algardi, Alessandro (1598 Bologna – 1654 Rom) gehört Mitte des 17. Jh.s zu den führenden Bildhauern Roms. Seine Ausbildung erhält er an der Mal- und Zeichenakademie des Ludovico Carracci in Bologna sowie bei dem wenig bedeutenden Bildhauer Giulio Cesare Conventi. Ab 1625 ist er in Rom tätig. Mit Antritt Papst Innozenz' X. (1644–54) verliert Bernini seine Vorrangstellung und wird von Algardi abgelöst. Als Vertreter eines gegen den expressiven Barock gerichteten Klassizismus orientiert er sich stark an der Antike und verleiht seinen Skulpturen einen betont malerischen Charakter.

Matteo de' Pasti, Münzporträt von Leon Batista Alberti, um 1438, Museo Nazionale del Bargello, Florenz

Apollodoros von Damaskus (um 65 n. Chr. Damaskus – 125 n. Chr. Rom) zählt zu den größten Baumeistern der römischen Kaiserzeit. Als offizieller Architekt Trajans (98–117) leitet er alle wichtigen Bauvorhaben. Diese Stellung behält er auch in den ersten Regierungsjahren Hadrians, fällt dann aber in Ungnade, da er Kritik an den kaiserlichen Entwürfen für einen Tempel geäußert haben soll. Seine Bedeutung beruht v. a. auf der Verschmelzung hellenistisch-orientalischer Repräsentationsarchitektur mit italisch-römischen Bauformen.

Apollonios (1. Jh. v. Chr.) arbeitet als griechischer Bildhauer in Rom. Bedeutend durch den von Winckelmann gerühmten »Torso vom Belvedere«, der auf dem Felsensitz signiert ist. Apollonios arbeitet eklektisch und sucht in der Mischung älterer Richtungen Neues zu schaffen.

Aristoteles (384 – 322 v. Chr.), 20 Jahre lang Schüler Platons. 342 v. Chr. beruft ihn König Philipp II. als Erzieher seines Sohnes Alexander des Großen nach Makedonien. 335 v. Chr. gründet er in Athen das Lykeion (abgeleitet: Lyzeum), auch genannt peripateische Schule, weil Aristoteles in den Laubengängen (»Peripatoi«) der Anlage zu lehren pflegt. Sein Werk umfasst alle Bereiche antiken Wissens: Philosophie, Metaphysik, Analytik, Logik, Ethik und Politik, Rhetorik und Poetik, Biologie, Zoologie und Medizin. Aristoteles legt jeweils die Basis für diese Einzelwissenschaften und eine wissenschaftliche Methodenlehre.

Baciccia, Giovanni Battista (1639 Genua – 1709 Rom), eigentlich Giovanni Battista Gaulli. Nach ersten Lehrjahren in Genua kommt er 1653 oder 1656 nach Rom, wo er Werke Raffaels und v. a. Pietro da Cortonas studiert. Bald wird er Schützling des Bildhauers und Architekten Giovanni Lorenzo Bernini (1598–1680). Seit 1662 Mitglied der Accademia di S. Luca, übernimmt er 1674 deren Leitung. Bekannt wird Baciccia durch Fresken und Porträts. Mit seiner warmen Farbgebung, Lichtbehandlung und den extremen perspektivischen Verkürzungen gelangt er zu einem persönlichen, dynamischen Stil, der die Freskenmalerei des römischen Barock und der nachfolgenden Kunstrichtungen beeinflusst.

Bernini, Gianlorenzo (1598 Neapel – 1680 Rom) gilt als einflussreichster Hauptmeister des römischen Barock. Seit 1606 ist er in Rom bildhauerisch tätig. Seinen Ruhm begründen freiplastische Gruppen biblischen und mythologischen Inhaltes sowie die römischen Brunnenprojekte, die ab 1615/16 im Auftrag mehrerer Kardinäle und Päpste ausgeführt werden. In der zweiten Lebenshälfte arbeitet er verstärkt als Architekt und gilt dabei als Rivale Borrominis. Zwischen 1624 und 1670 leitet Bernini die Bau- und Ausstattungsprojekte von St. Peter. 1665 wird er von Ludwig XIV. nach Frankreich eingeladen, um Entwürfe für den Weiterbau des Louvre zu fertigen, die jedoch nie ausgeführt werden. Berninis Werk ist gekennzeichnet durch virtuose Marmorbearbeitung, effektvolle Lichtregie und theatralische Inszenierungen der Innenraumgestaltung. Die strenge Dynamik und Proportionalität der Bauwerke und die Einheit von Architektur und Skulptur sind charakteristisch.

Bernini, Pietro (1562 Sesto/Florenz – 1629 Rom), Vater und Lehrer des Gianlorenzo, lernt als Bildhauer in Florenz; wechselnde Tätigkeit in Rom und Neapel. Gegen Ende seiner Schaffenszeit arbeitet Pietro in der Werkstatt seines Sohnes mit. Technisch virtuos, aber wenig innovativ verarbeiten seine Werke manieristische Elemente mit solchen des Quattrocento.

Borghese, Scipione Caffarelli (1576 – 1633), später Kardinal Scipione Borghese, Neffe von Camillo Borghese, der 1605 als Paul V. zum Papst gewählt wird. Scipione entstammt einer ursprünglich sienesischen Adelsfamilie, die sich im 16. Jh. in Rom niederlässt. Hier verwendet er einen Großteil seines Vermögens auf die Restaurierung sowie den Bau von Kirchen und Palästen. Außerdem fördert er den Bildhauer und Architekten Gianlorenzo Bernini (1598 – 1680) und lässt 1613 – 1616 auf dem Pincio in Rom die Villa Borghese anlegen, wo er seine berühmte Kunstsammlung begründet.

Gianlorenzo Bernini, Selbstporträt als junger Mann, 1623, Galleria Borghese, Rom

Borromini, Francesco (1599 Bissone/Luganer See – 1667 Rom), schweizerisch-italienischer Architekt und Bildhauer; neben Bernini Hauptvertreter des römischen Hochbarock. Er ist zunächst als Mitarbeiter Madernos und Berninis in der Bauhütte von St. Peter tätig. Mit der Ernennung zum Architekten der »Sapienza«, der römischen Universität, 1632 erhält er seinen ersten großen Auftrag in Rom. Als sein Hauptwerk gilt die Kirche S. Ivo alla Sapienza, die 1662 vollendet ist. Charakteristisch für seine Architektur sind die Vermeidung gerader Linien zugunsten geschwungener Fassaden, gebrochene Giebel sowie die Verschmelzung mehrere Raumkörper.

Botticelli, Sandro (1445 Florenz – 1510 Florenz), eigentlich Alessandro di Mariano Filipepi, ist überwiegend in seiner Heimatstadt tätig. Er wird zunächst als Goldschmied und dann in den 60er-Jahren von Lippi als Maler ausgebildet. Besonders beeinflusst wird er von Pollaiuolo und del Verrocchio, später von Ghirlandaio und Perugino und erhält wichtige Impulse aus dem Kreis der Humanisten um seinen Hauptauftraggeber Lorenzo de' Medici (1469–1492). Mit der Allegorie des Frühlings entwickelt Botticelli eine stimmungsvolle, antikisierende Idealform des mythologischen Bildes mit kraftvollen Phantasiegestalten. Um 1482 erhält er vom Vatikan den Auftrag für drei große Fresken in der Sixtinischen Kapelle in Rom. Nach seiner Rückkehr nach Florenz erfolgt unter dem Einfluss Savonarolas eine künstlerische Neuorientierung, die in einer tiefen religiösen Spiritualität zum Ausdruck kommt.

Francesco Borromini, Sebstporträt, 1667, San Carlo alle Quattro Fontane, Rom

Bramante (um 1444 Fermignano bei Urbino – 1514 Rom), eigentlich Donato d'Angelo oder Donato da Urbino, ist v. a. als Begründer der italienischen Hochrenaissancearchitektur, aber auch als Maler bekannt. So erhält er ursprünglich eine malerische Ausbildung, möglicherweise von norditalienischen Künstlern. In den 60er-Jahren wird er wohl am Hof von Urbino von Luciano Laurana in die Baukunst eingeführt. Ab 1476 ist er in Mailand tätig. Dort arbeitet er unter dem Herzog Sforza zunächst als Maler, bald auch als Architekt, und schafft bedeutende Bauwerke wie S. Maria delle Grazie. 1499 geht Bramante nach Rom und tritt 1503 in den Dienst Papst Julius' II. (1443–1513), wo er bald zum Baumeister von St. Peter aufsteigt. Es gelingt ihm, eine bahnbrechende Neuinterpretation der Antike zu entwickeln, in der eine ideale Harmonie und Klarheit zum Ausdruck kommen.

Bruno, Giordano (1548 Nola – 1600 Rom), Dominikaner, einer der bedeutendsten Naturphilosophen der Renaissance. Er entwickelt die Lehre des Kopernikus, nach der die Sonne den Mittelpunkt des Planetensystems darstellt, weiter, indem er das Universum für unendlich erklärt. Gott sei mit den Gesetzen des Universums gleichzusetzen. Wegen dieser pantheistischen Lehre, nach der Gott und das Universum eins sind, wird Bruno in Italien als Ketzer verfolgt, 1593 eingekerkert und 1600 in Rom auf dem Scheiterhaufen verbrannt.

Cäsar (Gaius Julius Caesar, 100 v. Chr. Rom – 44 v. Chr. Rom) ist die prägende Figur der Zeit des politischen Umbruchs von der römischen Republik zum Kaisertum. Durch geschicktes politisches Taktieren und militärische Erfolge in der Bürgerkriegszeit gelingt es Cäsar, sich zum faktischen Alleinherrscher Roms aufzuschwingen. Der politisch geschwächte Senat antwortet mit einem Komplott, dem Cäsar bei einem Attentat zum Opfer fällt. Da sich seine politischen und sozialen Reformen als unumkehrbar erweisen, setzt sich in der Folge die monarchische Herrschaft in Rom durch.

Cambio, Arnolfo di (um 1240/45 Colle Val d'Elsa – 1302? Florenz) lernt bei Nicolò Pisano und gehört als Bildhauer und Architekt zu dessen bedeutendsten Nachfolgern. Er war v. a. in Rom und Florenz tätig. Vasari rühmt Arnolfo besonders als Neuerer in der Architektur. Lediglich für den Dombau in Florenz dokumentiert, bleibt die Bestimmung des architektonischen Œuvres jedoch unklar. Seine heutige Bedeutung erhält Arnolfos Name aufgrund seines teilweise signierten bildhauerischen Werkes, das sich durch die Verarbeitung von antikem Formengut und massive Körper auszeichnet.

Canova, Antonio (1757 Possagno/Treviso – 1822 Venedig) tritt als Elfjähriger in die Werkstatt des Bildhauers Giuseppe Torretti ein und studiert später an der venezianischen Kunstakademie unter Michelangelo und Gregorio Morlaiter. Mit dem Erlös aus ersten Erfolgen in Venedig finanziert er eine Romreise. Von dort aus besucht er die neuesten Ausgrabungen in den Vesuvstädten. Die Begegnung mit der antiken Skulptur wird zu einer prägenden Erfahrung und veranlasst Canova, sich in Rom niederzulassen. 1783/84 erhält er den Zuschlag zur Ausführung verschiedener Papstgrabmäler; 1800 wird er Mitglied der Accademia di S. Luca, und 1802 ernennt ihn schließlich Papst Pius VII. zum Oberaufseher der Antiken. Canova ordnet die Antikenbestände des Vatikans neu und veranlasst Grabungen. Daneben schafft er in und außerhalb Roms zahlreiche von Napoleon geraubte Skulpturen, die ihm in ganz Europa Bewunderung einbringen. 1814 gelingt es ihm, zahlreiche Kunstwerke für Italien zurückzugewinnen. Antonio Canova gilt als der bedeutendste Bildhauer des 19. Jh.s. Seine an der Antike geschulten, kühlen, edlen, mit ihrem seidig geglätteten Marmor zugleich sinnlichen Figuren gelten bis heute als unumstrittener Höhepunkt des Klassizismus.

Ottavio Leoni, Porträt von Caravaggio (zu Lebzeiten?), Biblioteca Marucelliana, Florenz

Caravaggio (1571 Mailand [?] – 1610 Porto Ercole), eigentlich Michelangelo Merisi, lernt von 1584 bis 1588 bei Simone Peterzano in Mailand und arbeitet dann in Caravaggio bei Bergamo. Um 1592 geht er nach Rom, wo er in mehreren Werkstätten tätig ist und bald Gönner am Hof des Papstes findet. Wegen seiner unkonventionellen Lebensweise wird er um 1604 mehrfach inhaftiert und muss die letzten Lebensjahre auf der Flucht verbringen. Neben einer ausgeprägt realistischen Figurendarstellung sind ein harter Hell-Dunkel-Kontrast und eine starke Ausschnitthaftigkeit charakteristisch für seine Werke. Von vielen Zeitgenossen abgelehnt, hat Caravaggio sehr großen Einfluss auf nachfolgende Künstler in Süd- und Nordeuropa.

Giotto di Bondone (Schule), Porträt von Dante, um 1320, Museo Nazionale del Bargello, Florenz

Carracci, Agostino (1557 Bologna – 1602 Parma), der ältere Bruder Annibale Carraccis, ihm kommt v.a. als Theoretiker großes Verdienst zu. Er lernt und arbeitet vorwiegend in der Werkstatt seines Vetters Ludovico Carracci. Zudem ist er wesentlich an der schulbildenden Accademia dei Desiderosi (Akademie der Strebenden) in Bologna beteiligt, die sich von den spätmanieristischen Tendenzen löst und zum Ausgangspunkt der Barockmalerei wird. Nach Aufentalten in Parma und Venedig folgt er 1597 seinem Bruder Annibale nach Rom und lässt sich um 1600 schließlich in Parma nieder. Neben zahlreichen Wand- und Deckengemälden schafft Carracci auch viele Gemälde und bedeutende Kupferstiche.

Carracci, Annibale (1560 Bologna – 1609 Rom) kommt aus einer Künstlerfamilie. Er arbeitet zunächst mit seinem Bruder Agostino zusammen in der Werkstatt des Vetters Ludovico Carracci, dessen Schüler er wohl ist. Um 1585 ist er Mitbegründer der Accademia dei Desiderosi (Akademie der Strebenden) in Bologna und später der Accademia degli Incamminati (Akademie der auf den Weg Gebrachten) in Rom, wo er sich um 1594 niederlässt und die Galleria im Palazzo Farnese ausmalt. Anregungen findet er zunächst bei Correggio, später v.a. bei Raffael. Die neuen Impulse verbindet er mit einem intensiven Naturstudium und gelangt zu einer klaren, harmonischen und unmittelbaren Malerei, die der Idealisierung der Schönheit dient. Als Gegenspieler Caravaggios ist Carracci in Rom führender Künstler der Malerei, die sich wieder auf die Antike und Hochrenaissance besinnt und sich so vom Manierismus löst.

Cavallini, Pietro (um 1240/50 Rom – um 1330/40 Rom) gehört zu den wenigen namentlich bekannten Malern und Mosaizisten einer typisch römischen Kunst im letzten Viertel des 13. Jh.s, die antike und byzantinische Einflüsse verbindet und sich durch eine neue Plastizität auszeichnet. Aufgrund zahlreicher Zerstörungen ist die römische Malerei wesentlich schlechter als die toskanische überliefert, und Vasaris Legende, Cavallini sei ein Schüler des jüngeren Giotto gewesen, wurde lange Zeit akzeptiert. Tatsächlich verdankt aber wohl Giotto dem schon vorher tätigen Cavallini wichtige Impulse.

Christine von Schweden (18.12.1626 Stockholm – 19.4.1689 Rom), Tochter des schwedischen Königs Gustav Adolf II., regiert nach seinem Tod 1632 zunächst unter Vormundschaft, seit 1644 selbstständig. Als Förderin der Künste und Wissenschaften umgibt sie sich an ihrem Hof mit einem Kreis von Gelehrten, darunter dem Philosoph und Mathematiker René Descartes. Sie legt 1654 die Krone nieder, tritt 1655 zum katholischen Glauben über und lebt bis zu ihrem Tod meist in Rom.

Cicero (Marcus Tullius Cicero, 106 v. Chr. Arpinum – 43 v. Chr. bei Formianum), bedeutendster römischer Redner und Rhetoriker. Seine Schriften werden bis heute immer wieder rezipiert und als stilprägend empfunden. Nach der Ausbildung in Rom tritt er in das politische Leben ein und schafft sich eine bedeutende Stellung im Senat. Als selbst berufener Retter der Republik stellt er sich gegen den Diktator Cäsar und wird nach dessen Ermordung Opfer der durch die neuen Machthaber eingeleiteten Ächtung und Verfolgung von politischen Gegnern.

Cola di Rienzo (1313 Rom – 1354 Rom), spätmittelalterlicher Politiker. Er vertritt einen italienischen Patriotismus, demzufolge Rom seine einstige Bedeutung als Zentrum des Imperiums und des christlichen Glaubens wiedererlangen sollte. 1347 versucht er nach dem Vorbild der Antike eine neue Regierungsform einzuführen, die sowohl Elemente der römischen Republik als auch der Kaiserzeit aufgreift. Überdies plant er den Zusammenschluss der italienischen Städte im Rahmen einer römischen Bürgerschaft. Cola di Rienzo übernimmt für sieben Monate mit der Unterstützung des Volkes, das ihn zum römischen Tribun wählt, die Stadtregierung, bevor ihn im Winter 1347 eine Gruppe einflussreicher Adliger aus Rom vertreibt.

Cortona, Pietro da (1596 Cortona – 1669 Rom) nimmt als Maler und Architekt eine führende Stellung innerhalb des römischen Barock ein. Als Schüler des Malers Andrea Commodi folgt er diesem 1612 nach Rom und lernt dann in der Werkstatt des Baccio Ciarpi. Nahezu einzigartig verbindet er einen barocken Klassizismus mit einer venezianischen Farbigkeit. Seine bahnbrechende Bedeutung liegt in seinen illusionistisch-raumöffnenden Deckenmalereien begründet, die großartige Gesamtkunstwerke vorstellen. Besonders wird er von der Familie Sacchetti, aber auch von den Barberini und Papst Urban VIII. (1623–44) gefördert.

Dante (Dante Alighieri, 1265 Florenz – 1321 Ravenna) begründet mit seinem Hauptwerk »Göttliche Komödie« (»Divina Commedia«) die italienische Literatursprache und gilt als Nationaldichter des Landes. Von adliger Abstammung, widmet er sich der Philosophie und Theologie und wirkt im politischen Leben seiner Geburtsstadt mit. 1301 durch päpstliche Order bis an sein Lebensende aus Florenz verbannt, verbringt Dante die folgenden Jahre in Paris, Bologna, Padua sowie an den Fürstenhöfen von Verona und Ravenna. Von der »Divina Commedia«, die eine allegorische Darstellung des Weges der sündigen Seele zum ewigen Heil entwickelt, gehen wichtige Anregungen auf die bildenden Künstler der Renaissance aus, darunter Signorelli, Michelangelo und Raffael.

Domenichino (1581 Bologna – 1641 Neapel), eigentlich Domenico Zampieri, ist einer der bedeutendsten Nachfolger der Carracci. Zunächst lernt er in der Werkstatt Ludovico Carraccis und wird 1602 Mitarbeiter von Anni-

Domenichino, Selbstporträt, 1631, Landesmuseum Darmstadt

bale Carracci in Rom. Von ihnen wie auch von Correggio, Raffael und Caravaggio beeinflusst, entwickelt er einen eigenständigen Stil, für den eine klassizistische Klarheit und monumentale Ausdrucksform typisch sind. Nach dem Tod Annibale Carraccis wird Domenichino einer der Hauptmeister der Bologneser Landschaftsmalerei. Bis 1630 wirkt er in Rom, mit Ausnahme der Jahre 1617 bis 1620, in denen er in seiner Heimatstadt tätig ist. Dann geht er nach Neapel, wo er bis zu seinem Tod arbeitet. In seinen Fresken und Tafelbildern behandelt er religiöse und mythologische Themen.

Luca Signorelli, Porträt des Fra Angelico (Detail), 1499–1504, Dom, Capella di S. Brizio, Orvieto

Farnese, Alessandro (1468 – 1549), späterer Papst Paul III. (1534–1549). Der einer italienischen Adelsfamilie entstammende Farnese leitet die geistige Erneuerung der Gegenreformation durch die Einberufung des Tridentinischen Konzils (1545–1563) ein und führt die Kirche aus ihrer Existenz- und Sinnkrise. Darüber hinaus ist er ein bedeutender Kunstförderer. Er setzt den Bau der Peterskirche fort, erteilt Michelangelo (1475–1564) den Auftrag für das »Jüngste Gericht« in der Sixtinischen Kapelle und lässt eine Reihe bedeutender Bauwerke errichten. Alessandro Farnese begründet Macht und Reichtum der eigenen Familie, die zu den bedeutendsten Dynastien Italiens aufsteigt.

Filarete, Antonio (um 1400 Florenz – um 1469 Rom), eigentlich Antonio di Pietro Averlino, nahm erst spät den Namen Filarete, »Freund der Tugend«, an. Ab 1433 arbeitet er als Bildhauer in Rom. Als Architekt folgt er 1451 dem Ruf des Herzogs Francesco Sforza nach Mailand. Diesem widmet er 1465 seinen mit Zeichnungen illustrierten »Trattato di architettura«, die erste Abhandlung zur Architektur in italienischer Sprache. Die einflussreiche Schrift, die eine auf antiken Mustern gründende Idealstadt entwirft, hat sich in vielen Kopien erhalten und ist eines der Schlüsselwerke der Kunst- und Architekturtheorie der Renaissance.

Fontana, Carlo (1634 Brusata/Tessin – 1714 Rom) kommt um 1653 nach Rom. Als Architekt lernt er bei Giovanni Maria Bolino und Pietro da Cortona. In den 1660er-Jahren ist er unter Bernini durchgehend an baulichen Aufgaben beteiligt. Wegen seiner reichen Tätigkeit gehört er zu den führenden Architekten Roms, der durch zahlreiche Schüler seinen Einfluss verbreitet. Nördlich der Alpen wird sein Stil von Fischer v. Erlach aufgegriffen.

Fontana, Domenico (1543 Melide/Luganersee – 1607 Neapel) gehört zu den berühmten Architekten Roms des späten 16. Jh.s, die durch neuartige technische Verfahren als Planer und Leiter großer Bauvorhaben hervortreten. Er gilt als Hauptmeister des Frühbarock, der sich u. a. an den Werken Michelangelos orientiert. Seine wichtigste Schaffensphase fällt in die Amtszeit Papst Sixtus' V.

Fra Angelico (um 1395 Vicchio di Mugello bei Florenz – 1455 Rom), eigentlich Guido di Piero, wird auch Beato Angelico genannt. Er ist ein bedeutender Maler zwischen Spätgotik und Frührenaissance. Als fertiger Künstler tritt er unter dem Namen Fra Giovanni da Fiesole in das Domenikanerkloster in Fiesole ein. 1436 übersiedelt er mit dem Konvent nach S. Marco in Florenz. 1447/48 und dann ab 1452 ist er für den päpstlichen Hof in Rom tätig, daneben arbeitet er auch in Orvieto. Beeinflusst von Gentile da Fabriano und Lorenzo Ghiberti greift Fra Angelico in seinen Fresken und Tafelbildern zunehmend die neuen Renaissanceformen auf und entwickelt einen eigenen Stil, vor allem in der Geschlossenheit der plastischen Figur.

Galilei, Alessandro (1691 Florenz – 1736 Rom) gehört zu den wichtigen italienischen Architekten des frühen 18. Jh.s, die in ihrer antibarocken Haltung die Entstehung des Klassizismus vorbereiten. Er studiert an der Akademie in Florenz. Anschließend verbringt er fünf Jahre in London, wo er sich dem Theoretiker Anthony Ashley Cooper verpflichtet zeigt, der eine Rückkehr zur antiken griechischen Form fordert. Ab 1720 ist er in Florenz und Rom tätig. Hier entsteht sein Hauptwerk, die Fassade von S. Giovanni in Laterano (1732–1735), die zu den Höhepunkten des römischen Spätbarock zählt. Galileis Bauten treten durch klare funktionale Formen imposant hervor.

Garibaldi, Giuseppe (4. 7. 1807 Nizza – 2. 6. 1882 Caprera) hat als Führer von Freischaren, den sog. Rothemden, maßgeblichen Anteil an der Einigung Italiens. Durch die militärische Landung auf Sizilien und die Einnahme Palermos und Neapels 1860 gelingt es ihm und seinen Truppen, die österreichische Fremdherrschaft über Italien zu beenden. Nach Abstimmungen in Teilen Italiens legt Garibaldi seine ihm übertragene Diktatur zugunsten von Vittorio Emanuele II nieder, bleibt aber der Bewegung des »Risorgimento« verbunden.

Ghirlandaio, Domenico (1449 Florenz – 1494 Florenz), eigentlich Domenico di Tommaso Bigordi, ist einer der führenden Freskenmaler der Frührenaissance in Florenz. Nach einer Goldschmiedelehre wird er von Alesso

Domenico Indono, Porträt von Garibaldi, 1876, Museo del Risorgimento, Rom

Baldovinetti ausgebildet. Wichtige Anregungen erhält er von der niederländischen und antiken Kunst sowie besonders von del Castagno, Lippi und del Verrocchio. Ghirlandaio entwickelt einen von starker Plastizität und betonter Kontur geprägten Stil und arrangiert meisterlich seine figurenreichen Szenen. In seiner Darstellungsweise klingt die später aufkommende Genremalerei an. Michelangelo wird in Ghirlandaios Werkstatt ausgebildet.

Giotto di Bondone (um 1267 Colle di Vespignano bei Florenz – 1337 Florenz) ist einer der bestimmenden Künstler in der abendländischen Kultur und hat die Entwicklung der Malerei maßgeblich beeinflusst. Der Maler und Architekt steht sicherlich mit Cimabue in Verbindung und ist möglicherweise dessen Schüler. Nach 1292 arbeitet er in Assisi, anschließend in Rom, Padua,

Jacopino del Conte, Porträt von Ignatius von Loyola, 1556, Kurie des Generaloberen der Gesellschaft Jesu, Arbeitzimmer des Generals, Rom

Neapel, Mailand und Florenz. Hier wird er 1334 zum Dombaumeister ernannt. Giotto entdeckt die körperhaft-plastische und zugleich monumentale Anschauung der menschlichen Gestalt wieder und erfindet eine neue Formensprache für die Darstellung heiliger Ereignisse, die sich von der byzantinischen Tradition löst. Seine Gewandfiguren zeigt er in Landschaften und Innenräumen agierend und schildert feinsinnig ihre Empfindungen, sodass die Erzählungen als erlebbare Realität erscheinen.

Guercino (1591 Cento bei Bologna – 1666 Bologna), eigentlich Giovanni Francesco Barbieri, ist ein Hauptmeister der Schule von Bologna. Er lernt ab 1607 bei einem örtlichen Maler und reist um 1618 nach Venedig und Florenz. Um 1622 ist er für Papst Gregor XV. (1621–1623) in Rom tätig. Anschließend arbeitet er zurückgezogen in seinem Heimatort. 1642 übernimmt er als Nachfolger von Reni in Bologna die Leitung der Akademie. Guercino, »der Schieler«, erhält wichtige Anregungen von Ludovico Carracci und Bartolomeo Schedoni. Anfangs schafft er frische, dynamische Kompositionen, die von einem spannungsreichen Hell-Dunkel-Kontrast geprägt sind. Dann gelangt er mit kühleren Farben zu einem ausdrucksvollen, idealisierten Klassizismus.

Hertz, Henriette (1846–1913), deutsche Kunstsammlerin und Mäzenin. Sie erhält 1904 den Palazzo Zuccari in Rom als Geschenk, in dem sie eine bedeutende Privatbibliothek zur Kunstgeschichte Roms und Italiens, die Bibliotheca Hertziana, sowie eine Bildersammlung italienischer Meister einrichtet. Ihr Haus wird ein gesellschaftlicher Mittelpunkt für Gelehrte und Künstler. Henriette Hertz vererbte der Kaiser-Wilhelm-Gesellschaft den Palazzo samt Bibliothek (heute Max-Planck-Institut) und vermachte ihre Gemäldesammlung dem italienischen Staat.

Holbein, Hans d. J. (um 1497 Augsburg – 1543 London) ist der bedeutendste deutsche Bildnismaler seiner Zeit. Nach der Lehre bei seinem Vater ist er vorwiegend in Basel tätig, wo er 1519 in die Malerzunft aufgenommen wird und zahlreiche Aufträge erhält. Um 1527 reist er erstmals nach London, wo er sich 1532 niederlässt. Ab 1536 fertigt er ausschließlich Porträts v. a. von Adligen am königlichen Hof und hanseatischen Handelsleuten an. Holbeins frühe Bilder sind noch stark vom spätgotischen Geist geprägt, doch tritt durch die Berührung mit der italienischen Kunst allmählich ein Wandel zu einer klareren und einfacheren Anschauung ein. Eine kühle Distanz und Detailgenauigkeit zeichnen nicht nur seine Porträts aus.

Homer, griechischer Dichter (um 800 v. Chr.), lebt an der ionischen Küste Kleinasiens in Smyrna. Die ihm zugeschriebenen großen Epen »Ilias« und »Odyssee« markieren den Beginn der abendländischen Literaturgeschichte. Im Mittelpunkt seiner Werke stehen menschliche Empfindungen: Stolz und Tapferkeit des Achill im Trojanischen Krieg, Heimweh und Mut des Odysseus während seiner zehnjährigen Irrfahrt. Aus Homers Leben ist nichts Genaues bekannt. Die Überlieferung nennt ihn den »blinden Sänger«.

Ignatius von Loyola (1491 Loyola – 1556 Rom), Gründer des Jesuitenordens, führende Persönlichkeit der katholischen Reform. Ignatius wird 1520 im französisch-habsburgerischen Kampf um Pamplona verwundet und erfährt im Lazarett seine Berufung. Später lebt er als Einsiedler in Katalonien, wo er die in den »Exercitia spiritualia« beschriebenen Erleuchtungen erlebt. Studium der Theologie in Alcala, Salamanca und Paris. 1540 wird die Gründung der »Compañia de Jesus« von Papst Paul III. anerkannt, die in Folge v. a. mit der Durchführung der Gegenreformation betraut wird.

Karl der Große (742–814 Aachen) gilt als ein Begründer der Einheit des christlichen Abendlandes. Seit 768 König der Franken, am Weihnachtstag 800 in Rom durch Papst Leo III. zum römischen Kaiser gekrönt. Zwischen 772 und 804 unterwirft er die Sachsen. Karl der Große fördert Kunst und Wissenschaft (sog. karolingische Renaissance) und versammelt an seinem Hof die bedeutendsten Gelehrten seiner Zeit: den angelsächsischen Dichter und Theologen Alkuin, den langobardischen Mönch Paulus Diaconus und den fränkischen Dichter Einhard, der Karls Lebensgeschichte aufschreibt.

Landini, Taddeo (um 1550 Florenz – 1596 Rom) arbeitet in Rom als Bildhauer und Architekt unter Papst Gregor XIII., Sixtus V. und Clemens VIII. Zusammen mit Giacomo della Porta schafft er sein berühmtestes Werk, die nach den Schildkröten benannte »Fontana delle tartarughe«. Als Architekt wird er v. a. mit Ingenieurs- oder Wiederherstellungsarbeiten betraut.

Lanfranco, Giovanni (1582 Parma – 1647 Rom) nimmt im römischen Barock der 1620er-Jahre eine führende Stellung als Maler ein. Ersten Unterricht erhält er bei Agostino Carracci in Parma. Nach dessen Tod 1602 lernt er unter Annibale Carracci in Rom weiter, wird aber von Correggio maßgeblich beeinflusst: Vor allem erregen seine großen Wand- und Kuppelfresken durch ihren Illusionismus große Aufmerksamkeit. Ab 1634 ist er die meiste Zeit in Neapel für monumentale Aufträge tätig.

Albrecht Dürer, Porträt von Karl dem Großen, 1512, Germanisches Nationalmuseum, Nürnberg

Leochares (tätig 4. Jh. v. Chr., Athen) wird in verschiedenen antiken Quellen als Bildhauer gepriesen. Einige Beschreibungen lassen sich mit römischen Kopien verbinden, die einen Eindruck seiner Kunst vermitteln. Als charakteristisch lassen sich schlanke Proportionen und eine Bewegtheit in der Gesamtform ableiten. Stilistisch begründet kann deshalb der berühmte »Apoll vom Belvedere« mit ihm verbunden werden.

Leonardo da Vinci (1452 Vinci bei Empoli – 1519 Cloux bei Amboise) ist eines der Künstlergenies in der abendländischen Kunst. Ab etwa 1468 lernt er bei del Verrocchio, in dessen Werkstatt er bis 1477 arbeitet. Von 1482/83 bis 1499 steht er im Dienst von Ludovico il Moro in Mailand. Dorthin kehrt er nach Aufenthalten in Mantua, Venedig und Florenz 1506 zurück. 1513 geht er nach Rom und folgt schließlich 1516 dem Ruf Franz' I. von Frankreich. Leonardo wirkt als Maler, Bildhauer, Architekt und Ingenieur. Zudem konzentriert er sich zunehmend auf natur- und kunstwissenschaftliche Studien. So verkörpert er als Erster das Renaissanceideal des in allen Gattungen tätigen und zugleich universal gebildeten Künstlers. Durch seinen meisterlichen Bildaufbau und die neuartige Farbbehandlung gewinnt er großen Einfluss auf die folgende Malerei.

Ligorio, Pirro (um 1510 Neapel – 1583 Ferrara) ist gleichermaßen als Architekt, Maler und Altertumsforscher tätig. Er kommt 1534 nach Rom. Dort steht er ab 1549 im Dienst des Kardinals Ippolito d'Este von Ferrara, der ihn mit Plänen für seine Villa in Tivoli betraut. Zugleich arbeitet er für Papst Paul IV. (1555–1559) und seinen Nachfolger Pius IV. (1559–1565). 1568 wird er von Alfonso II. d'Este nach Ferrara berufen. Besonders bemerkenswert ist sein Einfluss auf die Gartenbauarchitektur der Renaissance. Seine archäologischen Rekonstruktionen des antiken Rom publiziert er in den »Libri dell' antichità di Roma«.

Lippi, Filippino (um 1457 Prato – 1504 Florenz) ist Sohn und Schüler des Fra Filippo Lippi. Nach dem Tod des Vaters folgt eine Lehre bei Sandro Botticelli in Florenz. Durch dessen Malerei und durch die Gemälde des südlich der Alpen gut bekannten Rogier van der Weyden erfährt Lippi insbesondere in seinen frühen Arbeiten wesentliche Anregungen. Neben Botticelli gilt Filippino Lippi als der bedeutendste Florentiner Maler an der Schwelle von der Früh- zur Hochrenaissance. Er hinterlässt große Altargemälde sowie Allegorien und Bildnisse und tritt v. a. als Freskomaler hervor: 1489–1492 malt Lippi die Cappella Caraffa in S. Maria sopra Minerva in Rom aus. Zahlreiche Zeichnungen von seiner Hand sind überliefert.

Lysipp (um 370 – 300 v. Chr.) ist als griechischer Bildhauer am Hof Alexanders des Großen tätig. Obwohl sein Werk umfangreich gewesen sein muss, hat sich kein einziges Original erhalten. Literarische Beschreibungen seiner Arbeiten und seines Stils können jedoch mit zahlreichen römischen Kopien verbunden werden, die ein Bild seiner Kunst vermitteln.

Maderno, Carlo (1555/56 Capolago/Lugano – 1629 Rom) gehört im ersten Drittel des 17. Jh.s zu den bedeutendsten Architekten in Rom. Er ist ab 1576 bei seinem Onkel Domenico Fontana beschäftigt, wo er an päpstlichen Aufträgen mitarbeitet. 1594 kann Maderno den Familienkonzern übernehmen. Ab 1603 wird ihm sogar die Oberaufsicht zum Weiterbau an St. Peter übertragen, unter die der Bau des Langhauses fällt. Da er häufig mit anderen Architekten zusammenarbeitet bzw. Projekte zu Ende führt oder nur beginnt, ist sein persönlicher Beitrag oft schwer zu bestimmen.

Maderno, Stefano (um 1576 Bissone bei Lugano – 1636 Rom), lombardischer Bildhauer und Antikenrestaurator in Rom und angeblich ein Bruder des Carlo Maderno. Unter seinen zahlreichen, später von Bernini beeinflussten Heiligenfiguren ragen seine Skulpturen in S. Cecilia (1599) und in der Cappella Paolina in S. Maria Maggiore (1608) in Rom hervor. Zwischen 1615 und 1622 ist sein Wirken im Vatikan und am Quirinal bezeugt.

Marcus Antonius (Mark Anton, 82–30 v. Chr.), römischer Staatsmann. Im Bürgerkrieg zwischen Pompeius und Cäsar (49) auf der Seite Cäsars stehend, verbündet er sich mit Octavian im Kampf gegen die Cäsarmörder. Er ist an der Bildung des zweiten Triumvirats mit Octavian und Lepidus (43) beteiligt und heiratet die ägyptische

Königin Kleopatra (36). Rivalisierende Machtansprüche im Triumvirat führen schließlich zur Seeschlacht bei Actium (31), bei der sich Octavians Flotte durchsetzt. Marcus Antonius flieht nach Ägypten. Als Octavian dort ein Jahr später erscheint, wählen Marcus Antonius und Kleopatra den Freitod.

Michelangelo Buonarroti (1475 Caprese, Toskana – 1564 Rom), eigentlich Michelangiolo di Ludovico di Lionardo di Buonarroti Simoni, ist einer der bestimmendsten Künstler des Abendlandes. Seine Ausbildung erhält er bei Ghirlandaio und um 1490 bei dem Bildhauer Bertoldo di Giovanni. Große Vorbilder dabei sind ihm v. a. Giotto, Masaccio und der Bildhauer Donatello (1386–1466). Von den Künstlern um seinen Gönner Lorenzo de' Medici wird er zum Studium antiker Skulpturen und der humanistischen Philosophie angeregt. Während eines Romaufenthaltes von 1496 bis 1501 vertieft er seine Kenntnisse zunächst in bildhauerischen Arbeiten. Wieder in Florenz entstehen dann auch erste Gemälde. 1505 folgt er dem Ruf an den päpstlichen Hof in Rom, für den er bis um 1520 und wieder ab 1534 tätig ist. Hier ist er zunächst v. a. mit der Ausmalung der Sixtinischen Kapelle beschäftigt, und 1535 wird er zum obersten Architekten, Bildhauer und Maler ernannt. In seiner Malerei entwickelt Michelangelo, vom traditionellen Menschenbild befreit, ganz neue Ausdrucksmöglichkeiten und schafft individuelle Gestalten mit zuvor nicht erreichter plastischer Intensität.

Mussolini, Benito (29. 7. 1883 Predappio – 28. 4. 1945 Giulino de Mezzegra) sammelt unter seiner Führung eine politische Bewegung, die nach ihrem Symbol der römischen Rutenbündel (lat. fascis) bald Faschisten genannt wird. Nach dem »Marsch auf Rom« erringt er ab 1922 die Alleinherrschaft in Italien. Die totalitäre Diktatur des »Duce« (Führers) kann zunächst innen- und außenpolitische Erfolge verbuchen. Spätestens mit dem Kriegseintritt 1940 als Verbündeter Hitlers gerät das Regime jedoch zunehmend unter Druck. Vom eigenen Staatsapparat abgesetzt, flüchtet Mussolini unter dem Schutz Hitlers in einen Rumpfstaat am Comer See, wo er kurze Zeit später von Widerstandskämpfern hingerichtet wird.

Daniele da Volterra, Büste des Michelangelo, um 1565, Museo Nazionale del Bargello, Florenz

Myron von Eleutherai (tätig um 470 – 440 v. Chr.) ist als Bildhauer hauptsächlich in Athen tätig und wird in den Quellen neben Phidias und Polyklet besonders hervorgehoben. Innerhalb der meist in ruhiger Haltung dargestellten Werke der Klassik nehmen seine bewegten Figuren eine Sonderstellung ein. So bleibt er seinerzeit ohne direkte Nachfolge, und erst der Hellenismus knüpft wieder an ihn an. Am bekanntesten ist sein hoch gerühmter »Diskuswerfer«, der durch zahlreiche Kopien gut überliefert ist.

Nervi, Pier Luigi (1891 Sondrio – 1979 Rom) wirkt als italienischer Architekt und Ingenieur international und gehört neben Le Corbusier und Mies van der Rohe zu den führenden Vertretern des neuzeitlichen Bauens. Er studiert und arbeitet zunächst in Bologna. In Rom gründet er mit Nebbiosi (1923–32), dann mit Bartolia ein Partnerunternehmen, bevor er 1960 mit seinen drei Söhnen

Pietro Perugino, Selbstporträt, um 1500, Uffizien, Florenz

unter seinem Namen tätig ist. Nervis Bedeutung liegt in der Verbindung funktionaler Elemente mit abstrakten skulpturalen Formen. In den frühen 1940er-Jahren erfindet er den »ferro-cimento«, einen feinen eisenhaltigen Zementmix, der sich durch besondere Leichtigkeit und Stabilität seiner Bauweise auszeichnet.

Ovid (Publius Ovidius Naso, 43 v. Chr. – 17 n. Chr.), Dichter. Ovids Jugendwerke widmen sich der Liebeskunst (»Amores«, »Epistulae Heroidum«, »Ars amatoria«). Später wendet er sich einer narrativen Poetik zu. In den 15 Büchern der »Metarmorphoses« verarbeitet er hellenistische und römische Mythen, vom Ursprung des Universums bis zum Tod Cäsars. Seit der Renaissance dienen sie als beliebte Quelle für mythologische Bildthemen. Augustus ließ seine Werke aus den Bibliotheken entfernen und schickte ihn in die Verbannung ans Schwarze Meer. Seit dem 12. Jh. ist Ovid neben Vergil als einer der bedeutendsten römischen Dichter anerkannt.

Perugino, Pietro (um 1448 Città della Pieve bei Perugia – 1523 Fontignano), eigentlich Pietro di Cristoforo Vannucci, ist Hauptmeister der Umbrischen Schule und Wegbereiter der Hochrenaissance. Seine erste Lehrzeit verbringt er wohl in Perugia. Seit 1472 ist er Mitglied der Malerzunft in Florenz, wo er vielleicht ein Schüler del Verrocchios und Piero della Francescas ist. Ausgehend von diesen Vorbildern setzt Perugino sich mit der neuen Raum- und Körpergestaltung sowie mit dem Gleichgewicht von Bildfläche und -raum auseinander. Dabei gelangt er zu klaren, ausgewogenen und geschlossenen Kompositionen mit weicher, einheitlicher Farbgebung. Er wirkt in Umbrien, Venedig und in der Toskana. Mehrfach ist er zwischen 1478 und 1492 für den Vatikan in Rom tätig. Anschließend arbeitet er überwiegend in Florenz. Aus seiner Werkstatt geht Raffael hervor.

Piero di Cosimo (1462 Florenz – 1521 Florenz), eigentlich Piero di Lorenzo, lernt in Florenz bei Cosimo Rosselli, dessen Vornamen er annimmt. 1481–1482 arbeitet er gemeinsam mit Rosselli an den Fresken in der Sixtinischen Kapelle in Rom, die nachfolgende Schaffenszeit verbringt er überwiegend in Florenz. Sein Stil ist u. a. durch Filippino Lippi, Domenico Ghirlandaio, die frühen Arbeiten Leonardo da Vincis und durch Hugo van der Goes geprägt. Die vielfältigen Anregungen verarbeitet er zu einer Verbindung von lyrischen und dramatischen Bildelementen, die nicht selten auch phantastisch und grotesk ist.

Pinturicchio (um 1454 Perugia – 1513 Siena), eigentlich Bernardino di Betto Biagio, lernt vermutlich in der Werkstatt des Fiorenzo di Lorenzo. Er wird aber auch durch Perugino stark beeinflusst, als dessen Gehilfe er 1481–1483 an der Ausmalung der Sixtinischen Kapelle in Rom beteiligt ist. Außer in Perugia und Rom arbeitet der Maler in Orvieto, Spoleto, Spello und Siena, wo er seit 1502 ansässig ist. Pinturicchio ist in erster Linie als Freskomaler tätig, hinterlässt aber auch religiöse Historiengemälde und Bildnisse. In seiner Zeit ist er in Rom einer der meistgefragten Maler zur Ausstattung von Palästen. Er pflegt einen anmutigen, bisweilen genrehaft erzählenden Stil von dekorativer Wirkung, der auf stark bewegte und dramatische Elemente in der Regel verzichtet. Seine Farben sind von großer Leuchtkraft. Pinturicchio bringt als einer der ersten Maler der italienischen Renaissance die aus der Antike rezipierte Groteskenornamentik in sein Werk ein.

Piombo, Sebastiano del (um 1485 Venedig – 1547 Rom), eigentlich Sebastiano Luciani, genannt Viniziano, lernt zunächst bei Giovanni Bellini und anschließend bei Giorgione in Venedig, dessen Malerei den jungen Künstler stark beeinflusst. 1511 geht er nach Rom, um die Villa Farnesina mit Fresken auszuschmücken. Abgesehen von einem einjährigen Aufenthalt in Venedig 1528–1529 bleibt Sebastiano bis zu seinem Lebensende in Rom ansässig. Dort wird ihm 1531 das ehrwürdige Amt des Siegelbewahrers an der Kurie, das »officio del Piombo«, übertragen, dem er seinen Beinamen verdankt. Sebastiano del Piombo führt in erster Linie große Altartafeln für die römischen Kirchen aus und ist als Porträtmaler tätig. Sein Stil ist durch den Einfluss Raffaels und Michelangelos geprägt und durch Monumentalität und eine kraftvolle Formensprache gekennzeichnet.

Piranesi, Giovanni Battista (1720 Mogliano/Mestre – 1778 Rom), seine eigentliche Bedeutung liegt auf dem Gebiet des Kupferstichs, doch ist er auch als Architekt, Archäologe und Theoretiker tätig. 1740 geht er nach Rom, wo er als Stecher lernt. Auf großformatigen Blättern stellt Piranesi Veduten von Rom mit seinen antiken und barocken Baudenkmälern dar, die in ihrer Kombination nicht der Realität entsprechen, sondern phantastisch sind. Diese sog. Capriccios sind von Erläuterungen und archäologischen Erörterungen begleitet. Seine Kenntnis der Antike stellt er in dem vierbändigen Werk »Le antichità Romane« von 1756 vor, das die Vorbildhaftigkeit der römischen und nicht der griechischen Architektur propagiert. Von Piranesis großen architektonischen Entwürfen kommt nur ein einziger, die römische Kirche S. Maria del Priorato, zur Ausführung.

Sarkophag des Plotin (Detail), um 270, Vatikanisches Museum, Museo Gregoriano Profano, Rom

Platon (427 – 347 v. Chr., Athen), Schüler von Sokrates. Nach dessen Tod zwölf Jahre im Ausland (u. a. bei Euklid), bevor er 387 in Athen die berühmteste Philosophenschule der Antike, die Akademie, gründet. Er hinterlässt seine Gedanken in Form von aufgeschriebenen Gesprächen. Kern seiner Lehre ist die Unterscheidung der sinnlich wahrnehmbaren, veränderlichen Dinge und der unveränderlichen Urbilder oder »Ideen« von den Dingen. Platons Lehre vom Idealstaat (»Politeia«) bildet die Grundlage zahlreicher staatsphilosophischer Utopien des Abendlandes.

Plotin (Plotinos, um 205 Lykonpolis? – 270 bei Minturnae) ist der Begründer der philosophischen Schule des Neuplatonismus. Nach seiner Ausbildung in Alexandria lässt er sich in Rom nieder und lehrt dort als Erster die platonische Philosophie. Er findet insbesondere in Adelskreisen großen Zuspruch. Plotins Schriften fanden besonderen Eingang in die Philosophie der Kirchenväter und wirkten bis in den Deutschen Idealimus im 18. Jh. fort.

Pompeius (Gnaeus Pompeius Magnus, 106 – 48 v. Chr.), römischer Feldherr. Erste militärische Erfolge als 17-jähriger an der Seite des Vaters Gnaeus Pompeius Strabo, später folgen Siege über Gaius Marius in Afrika und Sizilien (84), die Niederschlagung des Sklavenaufstands (70) sowie der Sieg über die Seeräuber (67). Er ist beteiligt an der Ausweitung des Römischen Reichs durch Siege über Mithradates in Kleinasien (66), den armenischen König Tigranes und die Eroberung Syriens (64). Pompeius bildet mit Crassus und Cäsar das erste Triumvirat (60), wird von Cäsar jedoch bei Pharsalos politisch und militärisch vernichtet (48) und auf der Flucht in Ägypten am 28. September 48 ermordet.

Porta, Giacomo della (1532 Porlezza – 1602 Rom) nimmt im letzten Viertel des 16. Jh.s als Architekt in Rom eine führende Stellung ein. Er ist v. a. für die Fertigstellung vieler begonnener Großprojekte verantwortlich. Nach Michelangelos und Vignolas Tod erhält er seine bedeutendsten Aufträge und ist auch am Neubau von St. Peter tätig, wo er Michelangelos Kuppel vollendet.

Porta, Giovanni Giacomo della (um 1485 Porlezza – 1555 Genua) ist als Bildhauer und Architekt ab 1513 in Genua nachweisbar und auch in Mailand tätig. Eine Zusammenarbeit mit seinem Sohn Guglielmo ist dokumentiert, der jedoch nicht mit Giovannis Neffen Guglielmo del Piombo identisch ist, mit welchem Vasari diesen verwechselt.

Pozzo, Andrea (1642 Trient – 1709 Wien) tritt 1665 als Laienbruder in das Noviziat des Jesuitenordens in der Mailänder Ordensprovinz ein. 1676–1678 erfolgt die Ausmalung der Jesuitenkirche S. Francesco in Mondovi. Ende 1681 wird er auf Empfehlung Carlo Marattas von dem Jesuitengeneral Padre Oliva nach Rom berufen. Dort entsteht zu Beginn der 1690er-Jahre die Ausmalung der monumentalen Decke in der Jesuitenkirche S. Ignazio. Seit 1703 ist der Künstler in Wien tätig, wo er u. a. das Gewölbe in der Universitätskirche ausmalt und die Deckenfresken mit den Taten des Herkules im Lichtensteinschen Gartenpalais in der Roßau ausführt. Andrea Pozzo arbeitet als Maler, Architekt und Kunsttheoretiker. Sein Traktat »Prospettiva de pittori e architetti« erscheint 1693 in Rom und in deutscher Übersetzung 1706 in Augsburg.

Raffael (1483 Urbino – 1520 Rom), eigentlich Raffaello Santi, erfährt seine erste künstlerische Ausbildung bei seinem Vater, dem Maler und Dichter Giovanni Santi. Gegen 1500 kommt er nach Perugia in die Werkstatt des

Andrea Pozzo, Selbstporträt, nach 1685, Uffizien, Florenz

Pietro Perugino. 1504 geht er nach Florenz, wo er die ältere und die zeitgenössische Malerei studiert. 1508 wird Raffael von Papst Julius II. nach Rom berufen. Hier arbeitet er seit 1509 v. a. an den Fresken für die Stanzen des Vatikans. Nach dem Tod Bramantes wird er 1514 zum Bauleiter der Peterskirche ernannt. 1515 übernimmt er das Amt des Konservators der Altertümer Roms. Raffael gilt als bedeutendster Maler der Hochrenaissance. Seine Altartafeln, Madonnenbilder und Bildnisse, aber auch die großformatigen, inhaltlich komplexen Wandfresken sind durch formale Klarheit und tief empfundene natürliche Ausdruckskraft gekennzeichnet und beeinflussen die Malerei der folgenden Jahrhunderte.

Rainaldi, Carlo (1611 Rom – 1691 Rom) ist als Architekt an verschiedenen großen Projekten in Rom beteiligt. Er lernt beim Vater Girolamo, der auch in Oberitalien tätig ist. Da er häufig mit Architekten zusammenarbeitet, Planungen nur beginnt oder zu Ende führt, zeigen wenige Werke seinen eigenen Stil als geschlossenes Ganzes.

Reni, Guido (1575 Calvenzano bei Bologna – 1642 Bologna) lernt seit etwa 1584 bei dem in Bologna ansässigen Niederländer Denis Calvaert, mit dem er anschließend in einer Werkstattgemeinschaft zusammenarbeitet. Um 1595 schließt sich Reni in Bologna der Akademie der Carracci an. Ab 1600 lebt er mit einigen Unterbrechungen in Rom. Seit 1614 ist der Maler wieder dauerhaft in Bologna nachgewiesen, wo er, abgesehen von kürzeren Aufenthalten u. a. in Ravenna (1620), Neapel (1622) und Rom (1627), bis zu seinem Lebensende ansässig ist. Nach dem Tod Annibale Carraccis im Jahr 1609 avanciert Guido Reni unbestritten zum führenden Meister der Bologneser Barockmalerei. Er malt Fresken, Altartafeln, mythologische Historienbilder sowie Porträts.

Ricci, Sebastiano (1659 Belluno – 1734 Venedig) geht bereits im jugendlichen Alter nach Venedig, wo er zunächst bei Sebastiano Mazzoni und Federico Cervelli lernt. Seit den späten 1670er-Jahren arbeitet er bei Giovanni Giuseppe dal Sole in Bologna. Gefördert durch Herzog Ranuccio II. Farnese erhält Ricci zahlreiche Aufträge in Piacenza und in Rom, wo er mehrere Jahre lang lebt. 1694 geht er nach Florenz, 1696–1698 ist er in Mailand tätig. Dort lernt er wahrscheinlich seinen Kollegen Magnasco kennen. In der Folgezeit ist Ricci wieder überwiegend in Venedig ansässig, allerdings unterbrochen von längeren Aufenthalten in Wien (1701–1703), Florenz (1706–1707) und London (1712–1716). Die Bilder dieses bedeutenden venezianischen Rokokomalers zeichnen sich durch ihre bewegte, dekorativ illusionistische Formensprache und eine helle Farbpalette aus.

Romano, Giulio (um 1499 Rom – 1546 Mantua), eigentlich Giulio Pippi, lernt in der Werkstatt Raffaels, dessen bedeutendster Schüler und bevorzugter Gehilfe er wird. Bis 1524 ist der junge, auch durch Bramante und Michelangelo beeinflusste Künstler in Rom tätig, wo er v. a. nach Raffaels Tod den Nachlass seines Meisters verwaltet. So ist er maßgeblich an der Vollendung der Sala di Costantino im Vatikanpalast beteiligt. Anschließend geht er als Hofmaler und Baumeister der Gonzaga nach Mantua, wo er 1525–1535 für Herzog Federigo Gonzaga ein Landschloss, den Palazzo del Tè, errichtet und aufwändig freskiert. Mit diesem Hauptwerk entwickelt er ausgehend von seinen römischen Erfahrungen sowohl in der Architektur als auch in der Malerei eine eigene Formensprache, die in ihrer kraftvollen Ausdrucksweise sogar über Michelangelo hinausgeht und maßgeblich zur Entwicklung des sog. Manierismus beiträgt. Giulio Romano ist wesentlich an der Ausbreitung von Raffaels römischem Stil in Oberitalien beteiligt.

Rubens, Peter Paul (1577 Siegen – 1640 Antwerpen) lernt in Antwerpen bei den Malern Tobias Verhaecht, Adam van Noort und Otto van Veen. 1598 wird er als Meister in die Lukasgilde der Stadt aufgenommen. 1600–1608 hält er sich in Italien auf, wo er Hofmaler von Vicenzo Gonzaga II., dem Herzog von Mantua, wird und Genua, Vene-

Raffael, Selbstporträt, um 1506, Uffizien, Florenz

dig, Florenz und Rom kennen lernt. 1608 lässt er sich in Antwerpen nieder. 1609 wird er in Brüssel Hofmaler des Erzherzogspaares Albrecht und Isabella, seinen Wohnsitz behält er jedoch in Antwerpen. 1628–1630 reist er in diplomatischen Diensten an die Höfe von England und Spanien. Rubens ist der bedeutendste flämische Maler des Barock. Sein umfangreiches Werk umfasst religiöse und mythologische Historienbilder, monumentale Decken- und Gemäldezyklen, Porträts und Landschaften. Es wird durch eine große Zahl von Ölskizzen und Zeichnungen ergänzt.

Sallust (C. Sallustius Crispus, 86–35 v. Chr.), römischer Geschichtsschreiber und Chronist der späten Republik. Er verfasst Monografien über den Jugurthinischen Krieg (»Bellum Iugurthinum«), die Catilinische Verschwörung (»De Catilinae Coniuratione«) sowie als Hauptwerk die »Historiae«, eine Abhandlung über die Jahre 78 bis 67. In seinen Schriften analysiert Sallust die Ursachen politischer Ereignisse, wobei sein Menschen- und Geschichtsbild stets pessimistisch ist. So sieht er in der Korruption des Adels die Ursache für den Niedergang der römischen Republik.

Salvi, Nicola (1697 Rom – 1751 Rom), dessen Name durch einzelne Werke, wie die »Fontana di Trevi«, Bedeutung besitzt, ist als Architekt in Rom tätig. Er erhält eine handwerkliche Ausbildung bei Antonio Canevari. Die Auseinandersetzung mit Bauten der Renaissance und des Barock sowie ein intensives Studium von Vitruvs »De architectura« prägen seine Leistungen.

Salviati (1510 Florenz – 1563 Rom), eigentlich Francesco de' Rossi, wird in Florenz bei G. Bugiardini, B. Bandinelli und gegen 1529 bei Andrea del Sarto ausgebildet. Seit 1531 arbeitet er in Rom für Kardinal Salviati, dessen Namen der Maler annimmt. Nach einem Aufenthalt in Florenz 1544–1548 kehrt er nach Rom zurück und bleibt dort – abgesehen von einem Aufenthalt in Frankreich 1554–1555 – bis zu seinem Lebensende ansässig. Der Maler gilt als einer der bedeutenden Vertreter des florentinisch-römischen Manierismus. Sein vielseitiges Œuvre umfasst Fresken, Altartafeln, Porträts, aber auch Teppichentwürfe sowie Bühnendekorationen.

Sansovino, Andrea (um 1460 Monte Sansovino – 1529 Monte Sansovino) vertritt als Bildhauer und Architekt vorbildhaft die florentinische Kunst des späten 15. Jh.s, auch wenn er meist andernorts tätig ist. Seine Ausbildung erhält er in Florenz, und 1491 wird er in die Zunft der »maestri di pietra«, der Steinmeister, aufgenommen. Im gleichen Jahr sendet ihn Lorenzo de' Medici auf Ersuchen König Johanns II. nach Portugal, wo er mit Unterbrechung bis 1500 bleibt. 1505 bis 1513 ist er im Auftrag Papst Julius' II. in Rom tätig. Bis zu seinem Tod arbeitet er wechselnd in Loreto, Rom und Sansovino.

Sappho (um 600 v. Chr., Mytilene/Lesbos), griechische Dichterin und bedeutendste Lyrikerin der Antike, leitet in Mytilene eine Frauengemeinschaft. Als die Aristokraten aus der Stadt verbannt werden, geht sie zeitweilig nach Sizilien. Für die ihr anvertrauten Mädchen schreibt sie Liebes- und Hochzeitslieder sowie auch Götterhymnen in einer eigenen Strophenform (sapphische Ode: dreizeiliges Gedicht mit typischem Versmaß).

Seneca (Lucius Annaeus Seneca, 4 v. Chr. Corduba – 65 n. Chr. nahe Rom) zählt zu den bedeutendsten römischen Philosophen und Tragikern. Seneca kommt früh nach Rom und erhält eine rhetorische und philosophische Ausbildung. Er schlägt die politische Laufbahn ein und übernimmt die Ausbildung des späteren Kaisers Nero. Nach dessen Machtantritt steigt er zum Mitverwalter des Reiches auf, das unter seiner Leitung eine kurze Blüte erfährt. In Ungnade gefallen, nimmt er sich 65 auf Befehl Neros das Leben.

Sodoma (um 1477 Vercelli – 1549 Siena), eigentlich Giovanni Antonio Bazzi, stammt aus einem kleinen Ort in Piemont. Etwa 1490–1497 wird er im Atelier des einheimischen Malers Giovanni Martino Spanzotti ausgebildet. 1500 geht der junge Künstler durch Vermittlung der Bankiersfamilie Spanocchi nach Siena. 1508 wird Sodoma zur Ausmalung der Stanza della Segnatura im Vatikan nach Rom berufen, wobei er jedoch über die ersten Anfänge nicht hinausgelangt. 1512 hält er sich zum zweiten Mal in Rom auf, wo er für Agostino Chigi das berühmte Alexander-Fresko in der Villa Farnesina gestaltet. Nach 1515 ist Sodoma zumeist in Siena tätig, in seinen späten

Büste des Seneca, um 50/60, Rubenshaus, Antwerpen

Schaffensjahren arbeitet er auch in Volterra (1539–1540), Pisa (1540–1543), Lucca (1545) und Piombino.

Sokrates (469–399 v. Chr., Athen) gilt als Begründer der klassischen Philosophie. Alle vor ihm tätigen Philosophen, wie Thales und Pythagoras, werden als Vorsokratiker bezeichnet. Mit seinem Ausspruch »Ich weiß, dass ich nichts weiß« wendet er sich gegen die Sophisten, die den Menschen zum Maß aller Dinge erklärt haben. Erkenntnis und tugendhafte Lebensführung sind für ihn eins: Die Erkenntnis des Guten und Richtigen führen den Menschen laut Sokrates zu einem entsprechenden Verhalten. Seine Lehre, die er selbst nicht aufgeschrieben hat, geht nur aus den Aufzeichnungen seines Schülers Platon hervor.

Sueton (Gaius Suetonius Tranquillus, um 69–130), Verfasser von Biografien, gefördert von Plinius d. J., war unter Hadrian Leiter der kaiserlich-römischen Bibliotheken und Archive sowie Berater des Kaisers in Kulturfragen. Seine Biografiensammlung »De viris illustribus« prägt bis heute unser Bild von den wichtigsten römischen Dichtern und Denkern. »De vita Caesarium« schildert Leben und Wirken der römischen Kaiser von Julius Cäsar bis Domitian.

Tacitus (Publius Cornelius Tacitus, 55/56 Patavium? – um 118 vermutlich in der Provinz Asia) ist der letzte große römische Geschichtsschreiber. Neben kleineren literarischen Schriften beschreibt er in seinen »Historiae« und »Annales« die römische Kaiserzeit, um den politischen und moralischen Verfallsprozess unter der Monarchie aufzuzeigen. Seine systematische Vorgehensweise beeinflusste die nachfolgende Geschichtsschreibung nachhaltig.

Thomas von Aquin (1225 Roccasecca bei Monte Cassino – 1274 Fossanuova), Theologe und Philosoph, wichtigster Vertreter der Scholastik, tritt gegen den Wunsch seiner Eltern in den Dominikanerorden ein und studiert Theologie in Köln und Paris. Er schafft eine Synthese aus dem christlichen Weltbild und der im Hochmittelalter wieder entdeckten Lehre des Aristoteles. Er systematisiert in zwei »Summen« das theologische und philosophische Wissen seiner Zeit (»Summa theologica«, »Summa contra gentiles«). Glaube und Wissen sind für ihn in der gemeinsamen Ausrichtung auf Gott vereinbar.

Thorvaldsen, Bertel (1768/1770 Kopenhagen – 1844 Kopenhagen) ist als dänischer Bildhauer die meiste Zeit in Rom tätig. Er lernt an der Akademie in Kopenhagen. 1797 geht er mit einem Stipendium für ein Antikenstudium nach Rom, wo er schließlich bleibt. Durch seinen schnellen Erfolg arbeitet er schon bald mit einer großen Werkstatt und erfüllt Aufträge aus ganz Europa. Als Hauptvertreter eines vollendeten Klassizismus schafft er neben antiken Themen zahlreiche Porträts. Im Unterschied zu den stärker hellenistisch inspirierten Arbeiten Canovas vermitteln seine Skulpturen dauerhafte Ruhe.

Tizian (1488/1490 Pieve di Cadore – 1576 Venedig), eigentlich Tiziano Vecellio, gilt als der bedeutendste venezianische Maler des Cinquecento. Über sein Geburtsdatum und die frühen Schaffensjahre liegen keine gesicherten Angaben vor: Als seine Lehrer werden der venezianische Mosaizist Sebastiano Zuccato sowie Gentile und Giovanni Bellini erwogen. 1508–1509 führt Tizian zusammen mit Giorgione die Fresken des Fondaco dei Tedeschi in Venedig aus, 1510–1511 folgen die Fresken in der Scuola del Santo in Padua. Seit 1515 arbeitet er u.a. für die Familien der Este, Gonzaga, Farnese und Rovere, ebenso wie für König Franz I. von Frankreich. 1533 wird er Hofmaler Kaiser Karls V. und erhält den Orden vom Goldenen Vlies. 1545–1546 ist er für Papst Paul III. in Rom tätig. In seiner Spätzeit steht Tizian fast ausschließlich am spanischen Hof in den Diensten Philipps II.

Vasari, Giorgio (1511 Arezzo – 1574 Florenz) arbeitet als Maler, Architekt und Schriftsteller. Er beginnt seine vielseitige humanistische Ausbildung bei dem Glasmaler Guillaume de Marcillat in Arezzo und setzt ab 1524 seine Lehrzeit in Florenz u. a. bei Andrea del Sarto und Baccio Bandinelli fort. 1531/32 folgt er dem Ruf des Kardinals Ippolito de' Medici nach Rom, wo er sich mit Unterbrechungen vorwiegend aufhält. Hier studiert er die Werke Raffaels, Peruzzis und Michelangelos, wobei er zu Letzterem einen engen persönlichen Kontakt pflegt. 1546 führt Vasari für Alessandro Farnese einen Freskenzyklus mit Taten Pauls III. im Palazzo della Cancelleria aus. Nach erfolglosen Versuchen, Aufträge von dem neu gewählten Papst Julius III. (1550–1555) zu erlangen, kehrt er endgültig nach Florenz zurück. Vasari, der auf vielen Reisen die italienische Kunst von der Antike bis in die Gegenwart studiert, verdankt seinen außerordentlichen Ruhm v. a. seinen »Vite de' più eccellenti pittori, scultori e architetti«, den »Lebensbeschreibungen der berühmtesten Maler, Bildhauer und Architekten«, die 1550 und in einer erweiterten zweiten Auflage 1568 erscheinen und als das bedeutendste Quellenwerk der italienischen Kunstgeschichte gelten.

Velázquez, Diego Rodriguez de Silva y (1599 Sevilla – 1660 Madrid) lernt zunächst bei Francisco Herrera d. Ä. und 1613–1617 bei Francisco Pacheco in Sevilla. 1622 und 1623 unternimmt er zusammen mit Pacheco seine ersten beiden Reisen nach Madrid, wobei es Velázquez bei der zweiten gelingt, Philipp IV. auf sich aufmerksam zu machen und als Hofmaler berufen zu werden. 1627 setzt seine steile Hofkarriere ein, die 1652 im Amt des Hofmarschalls gipfelt. 1628 lernt Velázquez Peter Paul Rubens in Madrid kennen. 1629–1631 und 1649–1651 reist er nach Italien, wo er für das spanische Königshaus Kunstwerke der Antike und der Renaissance ankauft. In Rom wird Velázquez 1650 Mitglied in der Accademia di San Luca. 1658 wird er unter Fürsprache des spanischen Königs zum Ritter des Santiago-Ordens geschlagen. Velázquez, der sich mit allen Gattungen der Malerei befasst, gilt als der bedeutendste spanische Maler des 17. Jh.s.

Vergil (Publius Vergilius Maro, 70–19 v. Chr.) wird als Dichter von Augustus begünstigt und gefördert. Zu sei-

Giorgio Vasari, Selbstporträt, undatiert, Uffizien, Florenz

nen Hauptwerken gehören die vier Bücher umfassende »Georgica«, ein Lehrgedicht über den Acker-, Wein- und Obstbau sowie die Vieh- und Bienenzucht, und die zehn Hirtenidyllen der »Bucolica«. Sein von Augustus angeregtes Nationalepos »Aeneis« erzählt in zwölf Büchern die Vorgeschichte Roms. Vergils Epik ist stilistisch dem großen Vorbild Homer verpflichtet. Sein Werk idealisiert das Landleben und konstruiert eine uralte, heroische Abstammung des römischen Volkes.

Verschaffelt, Peter Anton von (1710 Gent – 1793 Mannheim), in Italien als Pietro il Fiammingo bekannt, arbeitet als Bildhauer und Architekt. Eine erste Ausbildung erhält er in Gent. Anschließend ist er in Paris tätig, um an der Königlichen Akademie weiter zu lernen. 1737 geht er nach Rom, wo er bedeutsame Aufträge erhält. 1752 wird er schließlich von Kurfürst Karl Theodor von der Pfalz als Hofbildhauer nach Mannheim berufen.

Vignola, Giacomo (1507 Vignola/Modena – 1573 Rom) gehört Mitte des 16. Jh.s zu den führenden Architekten Roms. Vorher ist er die meiste Zeit in Bologna tätig. 1549 geht er dauerhaft nach Rom, wo er schon bald in den päpstlichen Dienst eintreten kann. Gleichzeitig erfüllt er bedeutende Aufträge für die Familie Farnese. Mit seinem Hauptwerk, der Jesuitenkirche Il Gesù, setzt er entscheidende Richtlinien für die Entwicklung des barocken Kirchenbaus in Rom. Als Theoretiker tritt Vignola mit seinem illustrierten Traktat von 1562, »Regola delli cinque ordini d' architettura«, hervor, das in ganz Europa Verbreitung findet.

Vitruv (tätig 1. Jh. v. Chr.) ist als römischer Architekt und Theoretiker überliefert. Herausragende Bedeutung kommt ihm für seinen zehnbändigen Traktat »De architectura« zu, die einzige aus der Antike erhaltene theoretische Abhandlung zur Architektur. Die ältesten Kopien reichen bis in karolingische Zeit. Doch erst mit seiner Wiederentdeckung in der Renaissance gewinnt der Text grundlegend an Relevanz, da er den Architekten einen unschätzbaren Fundus an antiken Bauformen- und -techniken bietet. So bildet Vitruvs Text auch die wichtigste Vorlage für Albertis Architekturtraktat »De re aedificatoria«.

Vittorio Emanuele II (14. 3. 1820 Turin – 9. 1. 1878 Rom) ist der erste von einem italienischen Parlament gewählte König von Italien. Als Sohn König Karl Alberts von Piemont-Sardinien wird ihm nach den Siegen der Freischaren unter Garibaldi 1861 vom neu konstituierten Parlament die Krone angetragen. Er regiert streng nach der Verfassung. Unter seiner Regentschaft wird Italien geeint und Rom 1870 zur neuen Hauptstadt des Landes.

Winckelmann, Johann Joachim (1717 Stendal – 1768 Triest) gilt als Begründer der modernen Archäologie und Kunstgeschichte. In seinem Essay »Gedanken über die Nachahmung der griechischen Werke in der Malerey und Bildhauerkunst« von 1755 postuliert er eine Rückkehr zur Antike und liefert so eine Programmschrift für den aufkeimenden Klassizismus in Deutschland. Lobend hebt er die »edle Einfalt« und »stille Größe« als Ausdruck einer verlorenen Zeit hervor. Seine »Geschichte der Kunst des Alterthums« von 1764 zeichnet sich durch eine geradezu neuartige Entwicklungsgeschichte antiker Kunst aus. An die Stelle der bisher üblichen Künstlergeschichte tritt eine Stilgeschichte, die auch die sozialen und kulturellen Bedingungen, unter denen die Werke geschaffen wurden, berücksichtigt.

Zuccari, Federico (1540–42 Sant' Angelo in Vado – 1609 Ancona) gehört als Maler zu anerkannten Vertretern des Spätmanierismus. 1555 kommt er nach Rom, wo er zunächst unter Aufsicht seines Bruders Taddeo arbeitet und auch an päpstlichen Aufträgen beteiligt ist. Ab 1564 wechselt seine Tätigkeit dort mit Aufgaben an verschiedensten Orten. Neben zahlreichen Städten Italiens ist er auch in den Niederlanden, Spanien und England tätig. Mit seinem Werk »Idea de' pittori, scultori ed architetti « von 1608 tritt er als bedeutender Kunsttheoretiker des Manierismus hervor.

Zuccari, Taddeo (1529 Sant' Angelo in Vado – 1566 Rom) lernt als Maler zunächst bei seinem Vater Ottaviano und geht dann zur weiteren Schulung nach Rom. Von den Werken der Hochrenaissance beeindruckt, wirkt in seinen Arbeiten besonders Michelangelo nach. Seine erfolgreiche Tätigkeit beweisen Aufträge im Dienst des Papstes sowie für die Familie Farnese.

Literaturhinweise

Apicius: Das Kochbuch der Römer, München, Zürich 1970

Ariès, Philippe, und Duby, Georges (Hrsg.): Geschichte des privaten Lebens, Frankfurt/Main 1989

Bachmann, Ingeborg: Römische Reportagen. Eine Wiederentdeckung, München 2000

Bergengruen, Werner: Römisches Erinnerungsbuch, Freiburg 1976

Brinkmann, Rolf-Dieter: Rom. Blicke, Reinbek bei Hamburg 1979

Burckhardt, Jacob: Der Cicerone. Eine Anleitung zum Genuss der Kunstwerke Italiens, Stuttgart 1986

Burke, Peter: Die Renaissance in Italien, Berlin 1984

Burkert, Walter: Antike Mysterien, München 1994

Bussagli, Marco (Hrsg.): Rom – Kunst & Architektur, Köln 1999

Calvino, Italo: Wo der Fluss am blauesten ist. Und andere römische Abenteuer des Herrn Marcovaldo, Freiburg 1993

Camusso, Lorenzo: Reisebuch Europa 1492, München, Zürich 1991

Coarelli, Filippo: Rom. Ein archäologischer Führer, Freiburg 1975

Conolly, Peter, und Dodge, Hazel: Die antike Stadt. Das Leben in Athen & Rom, Köln 1998

Cornell, Tim, und Matthews, John: Bildatlas der Weltkulturen: Rom, Augsburg 1998

Cresti, Carlo und Rendina, Claudio: Die römischen Villen & Paläste, Köln 1998

Dahn, Felix: Ein Kampf um Rom, Frankfurt 1999

Dante Alighieri: Die Göttliche Komödie. Das neue Leben, Zürich 1998

Eliade, Mircea: Christentum und Initiation, in: Eliade, Mircea: Das Mysterium der Wiedergeburt, Frankfurt 1988

Eliade, Mircea: Geschichte der religiösen Ideen, Freiburg 1978

Ewigleben, Cornelia, und Köhne, Eckart (Hrsg.): Gladiatoren und Caesaren. Die Macht der Unterhaltung im antiken Rom, Mainz 2000

Fernau, Joachim: Caesar läßt grüßen, München 1998

Friedländer, Ludwig: Sittengeschichte Roms, Essen 1995

Fuhrmann, Manfred: Rom in der Spätantike. Portrait einer Epoche, München, Zürich 1994

Fuhrmann, Manfred: Seneca und Kaiser Nero, Berlin 1997

Goethe, Johann Wolfgang von: Tagebuch der italienischen Reise 1786, Mainz 1997

Greenblatt, Stephen: Wunderbare Besitztümer. Die Erfindung des Fremden: Reisende und Entdecker, Berlin 1994

Gregorovius, Ferdinand: Geschichte der Stadt Rom im Mittelalter vom V. bis XVI. Jh., München 1988

Grimal, Pierre: Die Kirchen Roms. Glanzvolle Symbole der Ewigkeit, Stuttgart, Zürich 1997

Hardt, Manfred: Geschichte der italienischen Literatur, Düsseldorf, Zürich 1996

Hederich, Benjamin: Gründliches mythologisches Lexikon, Darmstadt 1996

Herzog, Valentin: Bastarde der Wölfin. Lebenszeichen aus Rom, Basel 1992

Hinterhäuser, Hans (Hrsg.): Poetischer Romführer, Darmstadt 1997

Jardine, Lisa: Der Glanz der Renaissance – Ein Zeitalter wird entdeckt, München 1999

Kaschnitz, Marie-Luise: Engelsbrücke. Römische Betrachtungen, Hildesheim 1988

Kern, Hermann: Labyrinthe, München 1983

Kolb, Frank: Rom – Die Geschichte der Stadt in der Antike, München 1995

Kostof, Spiro: Geschichte der Architektur. Band 1. Von den Anfängen bis zum Römischen Reich, Stuttgart 1993

Krautheimer, Richard: Rom – Schicksal einer Stadt 312–1308, München 1996

Magnani, Franca: Rom. Zwischen Chaos und Wunder, München 1999

Meiggs, Russell: Roman Ostia, Oxford 1973

Mela, Pomponius: Kreuzfahrt durch die Alte Welt, Darmstadt 1994
Merkelbach, Reinhold: Mithras, ein persisch-römischer Mysterienkult, Weinheim 1994
Moscati, Sabatino: Nuove passeggiate laziali, Rom 1996
Neumeister, Christoff: Das antike Rom. Ein literarischer Führer, München 1997
Norfolk, Lawrence: Ein Nashorn für den Papst, München 1998
O'Grady, Desmond: Alle Jubeljahre. Die »Heiligen Jahre« in Rom von 1300 bis 2000, Freiburg 1999
Pallottino, Massimo (Hrsg.): Die Etrusker und Europa, Berlin, Paris 1993
Patridge, Loren: Renaissance in Rom. Art in context, Die Kunst der Päpste und Kardinäle, Köln 1996
Pavia, Carlo: Roma Sotteranea, Rom 1999
Portella, Ivana della: Das unterirdische Rom. Katakomben, Bäder, Tempel, Straßen, Köln 2000
Previtali, Giovanni, und Zeri, Federico (Hrsg.): Italienische Kunst. Eine neue Sicht auf ihre Geschichte, Berlin 1987
Procacci, Giuliano: Geschichte Italiens und der Italiener, München 1989
Raffalt, Reinhard: Concerto Romano. Leben mit Rom. 1. Teil, München 1999
Ramage, Nancy und Andrew: Römische Kunst von Romulus bis Konstantin, Köln 1999
Ranke-Graves, Robert von: Ich, Claudius, Kaiser und Gott, München 1977
Reinhardt, Volker: Rom, Kunst und Geschichte 1480–1650, Freiburg, Würzburg 1992
Rendina, Claudio: Guida insolita ai misteri, ai segreti, alle leggende e alle curiosità di Roma, Rom 1998/1999
Rosa, Peter de: Gottes erste Diener – die dunkle Seite des Papsttums, München 1989
Rosendorfer, Herbert: Mitteilungen aus dem poetischen Chaos, München 1993
Rosendorfer, Herbert: Rom. Eine Einladung, Köln 1990
Scheurmann, Konrad, und Bongaerts-Schomer, Ursula (Hrsg.): »... endlich in dieser Hauptstadt der Welt angelangt!« Goethe in Rom, Bonn, Rom 1997
Schuder, Rosemarie: Der Gefesselte – Das Leben Michelangelos 1500–1527, Berlin 1991
Schuder, Rosemarie: Die zerschlagene Madonna – Das Leben Michelangelos 1527–1564, Berlin 1991
Sienkiewicz, Henryk: Quo vadis? Ein historischer Roman aus der Zeit Neros, Klagenfurt 1999
Simon, Erika: Die Götter der Römer, München 1990
Stone, Irving: Michelangelo, München 1999
Stützer, Herbert Alexander: Frühchristliche Kunst in Rom: Ursprung christlich-europäischer Kunst, Köln 1991
Stützer, Herbert Alexander: Kunst und Leben im antiken Rom, Köln 1994
Università degli studi di Roma »La Sapienza«, Facoltà di architettura: Progettare Roma – la Facoltà di Architettura e la Città del 2000, Rom 1998
Weeber, Karl-Wilhelm: Alltag im Alten Rom, Düsseldorf, Zürich 1995/98
Weeber, Karl-Wilhelm: »Decius war hier ...«. Das Beste aus der römischen Graffitti-Szene, Düsseldorf, Zürich 1996
Weeber, Karl-Wilhelm: Panem et circensis. Massenunterhaltung als Politik im antiken Rom, Mainz 1994
Worbs, Michael (Hrsg.): Rom – ein Städtelesebuch, Frankfurt/Main 1988
Yourcenar, Marguerite: Ich zähmte die Wölfin. Die Erinnerungen des Kaisers Hadrian, München 1998
Zanker, Paul: Augustus und die Macht der Bilder, München 1990

Quellennachweis

S. 68, 71, 72 nach einer Vorlage aus: Werner Hilgemann/ Hermann Kinder: dtv-Atlas Weltgeschichte. Graphiken von Ruth und Harald Bukor © 1964 Deutscher Taschenbuch Verlag, München
S. 83, 97 nach einer Vorlage aus: Filippo Coarelli: Rom. Ein archäologischer Führer, Verlag Herder, Freiburg 4. Aufl. 1989
S. 558, 560 nach einer Vorlage aus: Herbert Pothorn: Das große Buch der Baustile, 1997 Cormoran in der Südwest Verlag GmbH & Co. KG, München

Personenregister

Sachregister

Bild- und Kartennachweise

Die überwiegende Anzahl der Abbildungen stammt von Scala Group S.p.A in Florenz. Der Verlag hat sich bis Produktionsschluss intensiv bemüht, alle weiteren Inhaber von Abbildungsrechten ausfindig zu machen. Personen und Institutionen, die möglicherweise nicht erreicht wurden und Rechte an verwendeten Abbildungen beanspruchen, werden gebeten, sich nachträglich mit dem Verlag in Verbindung zu setzen.

©AP, Frankfurt/M. (452; M. Ravagli 455), ©AKG, Berlin (10, 11, 17, 45, 60 Reg.3 Abb.2, 61 Reg.5 Abb.1/2, 65, 73, 104, 111, 112, 113, 132, 135 r., 175, 182, 183, 192, 194, 266, 268, 269, 276, 286, 287, 288, 289, 291, 295, 316 l., 316 r., 317, 321, 332, 343, 345, 366, 369, 377, 378, 392, 400, 433, 434, 435, 460, 461, 462, 463, 516 Reg.3 Abb.2, 519 Reg.1 Abb.1, 542, 549 o., 573 Reg.1 Abb.2, 574 Reg.1 Abb.2, 575 Reg.1 Abb.3/4, 576 Reg.5 Abb.1, 606; E. Lessing 105, 135 l., 136 M., 147, 268, 269, 318, 342, 367, 398, 401, 403, 419, 573 M.; W. Forman 110, 134 r., 331; H. Heine 195; G. Lachmuth 421; Schütze/Rodemann 276; J. Sorges 73), ©Archivi Alinari, Florenz (74 u., 86 o., 95, 131 u., 408, 516 Reg.1 Abb.1/2), ©Archivio Fotografico dei Musei Capitolini, Rom (57; M. T. Natale 58 o.r., 59 o.l.), ©Archivio Magnus, Fagagna (226, 293, 574 Reg.4 Abb.3; M. Listri 107, 432; P. Marton 155; Magliani 576 Reg.2 Abb.2), ©Bayer. Verw. d. Staatl. Schlösser, Gärten u. Seen, München (61 Reg.2 Abb.1), ©Bibliothèque Nationale, Paris (19, 60 Reg.3 Abb.1, 574 Reg.5, Abb.1), ©Bildarchiv Foto Marburg (61 Reg.3, Abb.1), ©BPK, Berlin (60 Reg.5 Abb.3, 61 Reg.1 Abb.4, 344; J. P. Anders 347), ©Bridgeman Art Library, London (193; Lauros-Giraudon 133, 517 Reg.1 Abb.1, 573 Reg.5 Abb.2, 574 Reg.5 Abb.1, 575 Reg.5 Abb.1), ©Cinetext, Frankfurt/M. (255, 576 Reg.5 Abb.3), ©Martin Claßen, Köln (555), ©C.M. Dixon, Canterbury (546), ©Peter Connolly, Lincolnshire (69, 101, 121, 124, 146, 189, 567, 586), ©dpa, Frankfurt/M. (453, 519 Reg.3 Abb.2), ©DTV, München (68,71,72), ©ENSBA, Paris (39, 93, 138/9, 271, 393, 595), ©Jeannette Fentroß, Köln (24/25, 26), ©Das Fotoarchiv, Essen/T. Mayer (55 o.l., 478), ©The Fotomas Index, London (573 u.r.), ©Peter Frese, München (75/76, 128/9), ©Sonia Halliday Photographs, Buckinghamshire (19), ©Claus Hansmann, München (446 r., 448), ©Markus Hilbich, Berlin (197, 516 Reg.3 Abb.1), ©ICCD, Rom (383 o., 388) ©Andrea Jemolo, Rom (8, 40 o., 41 l., 43, 46, 48, 49, 52, 54 o.l., 55 o.r., 58 o.l., 58 u., 63 Reg.2 Abb.1, 63 Reg.4 Abb.2, 74 M., 75 r., 76 l., 77, 89, 92, 96, 98, 128 o., 134 l., 134 M., 136 l., 137, 142, 152 o.l., 154 u.r., 158, 163, 168, 170, 178, 180, 181, 188, 190, 197, 198, 199, 202 o., 203 o.r. und u., 204, 208, 210, 217 o.l., 224, 227, 229, 236 M., 245, 249, 264, 273, 281, 284 u., 292, 296 o.r., 298 o., 300 o.l., 300 o.r., 301 r., 302, 304, 305, 306, 308, 309, 311, 322, 324 u., 325 r., 338, 340, 349 M., 352, 354, 358, 360 u.l., 362, 372, 374, 380, 396, 411, 412, 416 u.l., 417 r., 426, 428, 431, 437, 444, 446 l., 451, 454, 516 Reg.2 Abb.2, 517 Reg.1 Abb.2, 517 Reg.2 Abb.1, 547, 552 r., 553 o., 553 2. v. o., 573 Reg.3 Abb.2, 573 Reg.4 Abb.1, 574 Reg.2 Abb.1/2/5, 574 Reg.3 Abb.4/5, 574 Reg.4 Abb.2, 576 Reg.1 Abb.1, 589), ©K & B News Photo, Florence (574 Reg.5 Abb.1), ©Andreas Koch, Wien (294, 379, 414, 449), ©KÖNEMANN in der Tandem Verlag GmbH, Königswinter/ A. Bednorz (251, 254), ©Kunsthistorisches Museum, Wien (223), ©Laif, Köln (F. Zanettini 7 u., 16, 36/37, 108 o., 123, 126, 148, 162, 191, 360, 364, 391, 413, 415, 458, 466, 544/5, 549 2. v. o., 549 u., 556/7; Celentano 184), ©Landesmuseum Trier/T. Zühmer (60 Reg.5 Abb.1), ©Lotos-Film, Kaufbeuren (389), ©Araldo de Luca, Rom (60 Reg.1 Abb.3, 62 Reg.1 Abb.2, 62 Reg.4 Abb.2, 70), ©Luftbild Klammet&Aberl, Ohlstadt (456/7), ©Musei Vaticani, Rom (494 o.r., 495 u.l., 512, 520, 575 Reg.2 Abb.4; A. Bracchetti/P. Zigrossi 522, 524, 525, 528, 529), ©Michael Neumeister, München (61 Reg.3 Abb.2, 381), ©G. Dagli Orti, Paris (103, 517 Reg.3 Abb.1, 519 Reg.1 Abb.2, 575 Reg.1 Abb.1), ©Andreas Post, Münster (61 Reg.1 Abb.3, 63 Reg.2 Abb.2, 106, 128 u., 139 o., 143 o., 164, 323, 355, 365 r., 467, 468/9, 472, 549 2. v. u., 550, 551, 552 l., 553 u.r.), ©Pubbli Aer Foto, Mailand (256 o.r., 270), ©RMN, Paris (459; H. Lewandowski 368), ©Roger-Viollet, Paris (127), Rolli Arts, Essen (14/15, 29, 32, 33, 54/55, 58/59, 79 o., 83, 97, 118/9, 203, 209, 219, 241, 246/7, 267, 301 o., 303 o., 314, 333, 349, 373, 399, 420, 471, 495, 497, 523, 548/9, 552/3, 558, 559, 560, 561, 562, 563, 564, 565, 566, 580, 596), ©SIME, S. Vendemiano (2, 38, 62 Reg.5 Abb.1, 63 Reg.1 Abb.1, 64, 86 o., 87), ©Soprintendenza Archaeologica di Roma (118 u., 119 o.r., 275, 278, 279), ©Jürgen Sorges, Berlin (385), ©Henri Stierlin, Genf (60 Reg.1 Abb.1, 61 Reg.2 Abb.2, 216 u.r., 218), ©Studio für Landkartentechnik, Norderstedt (30/31, 187, 217, 237, 257, 297, 325, 361, 382/3, 396/7, 417, 446, 465), ©Topham Picturepoint, Edenbridge (576 Reg.1 Abb.3), ©Alessandro Vasari, Rom (122), ©Joachim Willeitner, München (63 Reg.1 Abb.3)

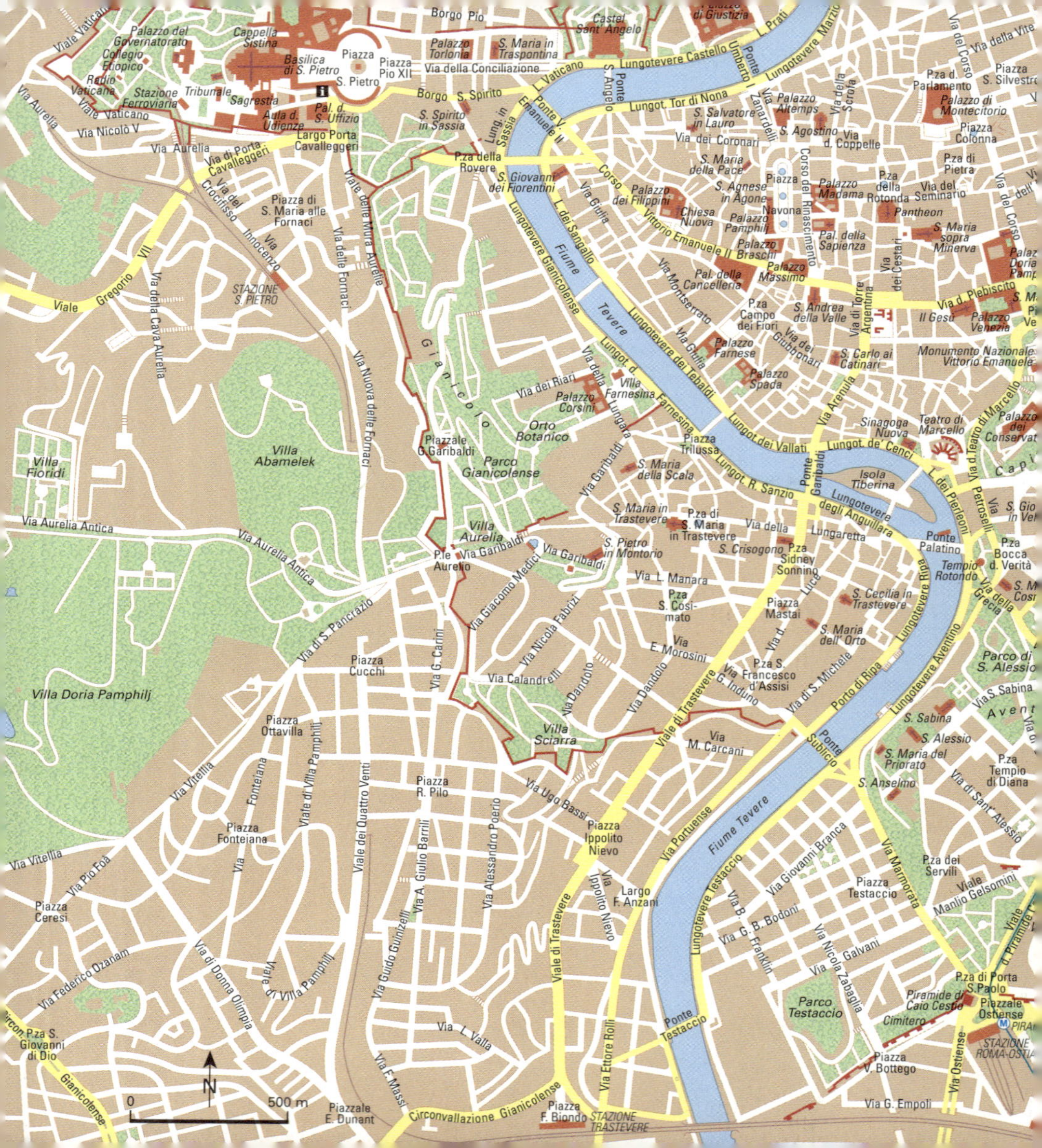

Borgo Pio
Castel Sant' Angelo
Palazzo di Giustizia
Viale Vaticano
Palazzo del Governatorato
Collegio Etiopico
Radio Vaticana
Cappella Sistina
Basilica di S. Pietro
Piazza S. Pietro
Piazza Pio XII
Palazzo Torlonia
S. Maria in Traspontina
Via della Conciliazione
Stazione Ferroviaria
Tribunale
Sagrestia
Aula d. Udienze
Pal. d. S. Uffizio
Borgo S. Spirito
S. Spirito in Sassia
Via Nicolò V
Via Aurelia
Largo Porta Cavalleggeri
Via di Porta Cavalleggeri
P.za della Rovere
Lung. in Sassia
L. Vaticano
Ponte V. Emanuele II
Ponte S. Angelo
Lungotevere Castello
Ponte Umberto
L. Prati
Lungotevere Marzio
Lungot. Tor di Nona
Via Zanardelli
S. Salvatore in Lauro
Palazzo Altemps
Via della Scrofa
S. Agostino
Via d. Coppelle
Via dei Coronari
S. Maria della Pace
S. Agnese in Agone
Piazza Navona
Corso del Rinascimento
Palazzo Madama
P.za della Rotonda
Pantheon
Via del Seminario
Piazza Colonna
P.za di Pietra
P.za d. Parlamento
Palazzo di Montecitorio
Piazza S. Silvestro
Via del Corso
Via della Vite
S. Giovanni dei Fiorentini
Corso Vittorio Emanuele II
Via Giulia
Palazzo dei Filippini
Chiesa Nuova
Palazzo Pamphilj
Palazzo Braschi
Palazzo Massimo
Pal. della Sapienza
Via dei Cestari
S. Maria sopra Minerva
Palazzo Doria Pamphilj
Piazza di S. Maria alle Fornaci
Via del Crocifisso
Via Innocenzo
Viale delle Mura Aurelie
Via delle Fornaci
Stazione S. Pietro
Viale Gregorio VII
Via della Cava Aurelia
Via Nuova delle Fornaci
L. dei Sangallo
Lungotevere Gianicolense
Fiume Tevere
Via Monserrato
Pal. della Cancelleria
P.za Campo dei Fiori
S. Andrea della Valle
Via di Torre Argentina
Via d. Plebiscito
Il Gesù
Palazzo Venezia
Monumento Nazionale Vittorio Emanuele
Lungotevere dei Tebaldi
Via dei Giubbonari
Palazzo Farnese
Palazzo Spada
S. Carlo ai Catinari
Via Arenula
Gianicolo
Via dei Riari
Palazzo Corsini
Villa Farnesina
Via della Lungara
Lungot. d. Farnesina
Orto Botanico
Piazzale G. Garibaldi
Parco Gianicolense
Villa Abamelek
Villa Fioridi
Lungot. dei Vallati
Sinagoga Nuova
Lungot. de' Cenci
Teatro di Marcello
Via d. Teatro di Marcello
Palazzo dei Conservatori
Piazza Trilussa
Lungot. R. Sanzio
Ponte Garibaldi
Isola Tiberina
L. dei Pierleoni
Lungotevere degli Anguillara
Via Garibaldi
S. Maria della Scala
S. Maria in Trastevere
P.za di S. Maria in Trastevere
Via della Lungaretta
Via Aurelia Antica
Villa Aurelia
P.le Aurelio
Via Garibaldi
S. Pietro in Montorio
S. Crisogono
P.za Sidney Sonnino
Ponte Palatino
Tempio Rotondo
P.za Bocca d. Verità
Via Petroselli
Via della Greca
Via L. Manara
P.za S. Cosimato
Via Giacomo Medici
S. Cecilia in Trastevere
Lungotevere Ripa
Via di S. Pancrazio
Via Nicola Fabrizi
Piazza Mastai
Via d. Luce
S. Maria dell' Orto
Via E. Morosini
Piazza Cucchi
Via G. Carini
Via Calandrelli
Via Dandolo
P.za S. Francesco d'Assisi
Via G. Induno
Via di S. Michele
Porto di Ripa
Lungotevere Aventino
Parco di S. Alessio
Via S. Sabina
Villa Doria Pamphilj
Piazza Ottavilla
Villa Sciarra
Viale di Trastevere
Via M. Carcani
S. Sabina
S. Alessio
S. Maria del Priorato
Ponte Sublicio
P.za Tempio di Diana
Via Vitellia
Viale di Villa Pamphili
Via Fonteiana
Piazza R. Pilo
Via Ugo Bassi
S. Anselmo
Via di Sant' Alessio
Viale dei Quattro Venti
Piazza Fonteiana
Via A. Giulio Barrili
Via Alessandro Poerio
Piazza Ippolito Nievo
Via Portuense
Fiume Tevere
Via Giovanni Branca
Via Marmorata
P.za dei Servili
Viale Manlio Gelsomini
Via Pio Foà
Via Ippolito Nievo
Largo F. Anzani
Lungotevere Testaccio
Piazza Testaccio
Piazza Ceresi
Via B. Bodoni
Via G. B. Franklin
Via Galvani
Via Nicola Zabaglia
Viale di Trastevere
Via Federico Ozanam
Via di Donna Olimpia
Viale di Villa Pamphili
Via Guido Guinizelli
Parco Testaccio
P.za di Porta S. Paolo
Piramide di Caio Cestio
Cimitero
Piazzale Ostiense
Stazione Roma-Ostia
Viale d. Piramide
Via L. Valla
Via Ettore Rolli
Ponte Testaccio
Piazza V. Bottego
Via Ostiense
P.za S. Giovanni di Dio
Circonvallazione Gianicolense
Via F. Massi
Piazzale E. Dunant
Piazza F. Biondo
Stazione Trastevere
Via G. Empoli
N
0
500 m